纪念改革开放四十周年丛书

40周年

王弟海 —— 著

中国二元经济发展中的经济增长和收入分配

复旦大学出版社

本丛书系"上海市中国特色哲学社会科学学术话语体系建设基地"研究成果

上海市社会科学界联合会
上海市哲学社会科学学术话语体系建设办公室
上海市哲学社会科学规划办公室
上海市"理论经济学高峰学科支持计划"
联合策划资助出版

纪念改革开放四十周年丛书
编委会

学术顾问	洪远朋　张　军　陈诗一
主　　任	寇宗来
委　　员	王弟海　尹　晨　李志青　朱富强
	陈　硕　陆前进　高　帆　高　虹
	张　涛　张晖明　许　闲　章　奇
	严法善　樊海潮
主　　编	张晖明
副 主 编	王弟海　高　帆

纪念改革开放四十周年丛书(12卷)作者介绍

丛书主编：张晖明，1956年7月出生，经济学博士，教授，博士研究生导师。现任复旦大学经济学系主任，兼任复旦大学企业研究所所长，上海市哲学社会科学研究基地复旦大学社会主义政治经济学研究中心主任，上海市政治经济学研究会会长。

丛书各卷作者介绍：

1.《国有企业改革的政治经济学分析》，张晖明。

2.《从割裂到融合：中国城乡经济关系演变的政治经济学》，高帆，1976年11月出生，经济学博士，复旦大学经济学院教授，博士生导师，经济学系常务副主任。

3.《中国二元经济发展中的经济增长和收入分配》，王弟海，1972年12月出生，经济学博士，复旦大学经济学院教授，博士生导师，院长助理，经济学系副系主任，《世界经济文汇》副主编。

4.《中国央地关系：历史、演进及未来》，陈硕，1980年2月出生，经济学博士，复旦大学经济学院教授。

5.《政治激励下的省内经济发展模式和治理研究》，章奇，1975年2月出生，经济学博士、政治学博士，复旦大学经济学院副教授。

6.《市场制度深化与产业结构变迁》，张涛，1976年4月出生，经济学博士，复旦大学经济学院副教授。

7.《经济集聚和中国城市发展》，高虹，1986年9月出生，经济学博士，复旦大学经济学院讲师。

8.《中国货币政策调控机制转型及理论研究》，陆前进，1969年9月出生，经济学博士，复旦大学经济学院教授。

9.《保险大国崛起：中国模式》，许闲，1979年9月出生，经济学博士，复旦大学经济学院教授，风险管理与保险学系主任，复旦大学中国保险与社会安全研究中心主任，复旦大学-加州大学当代中国研究中心主任。

10.《关税结构分析、中间品贸易与中美贸易摩擦》,樊海潮,1982年4月出生,经济学博士,复旦大学经济学院教授。首届张培刚发展经济学青年学者奖获得者。

11.《绿色发展的经济学分析》,李志青,1975年11月出生,经济学博士,复旦大学经济学院高级讲师,复旦大学环境经济研究中心副主任。

12.《中国特色社会主义政治经济学的新发展》,严法善,1951年12月出生,经济学博士,复旦大学经济学院教授,博士生导师,复旦大学泛海书院常务副院长。

总序一

改革开放到今天已经整整走过了四十年。四十年来,在改革开放的进程中,中国实现了快速的工业化和经济结构的变化,并通过城镇化、信息化和全球化等各种力量的汇集,推动了中国经济的发展和人均收入的提高。从一个孤立封闭型计划经济逐步转变为全面参与全球竞争发展的开放型市场经济。中国经济已经全面融入世界经济一体化,并成为全球第二经济大国。

中国社会经济的飞速发展源于中国改革开放的巨大成功。改革开放在"解放思想、实事求是"思想指导下,以"三个有利于"为根本判断标准,以发展社会生产力作为社会主义的根本任务,逐步探索建设中国特色社会主义事业的改革路径。四十年来的改革开放,是一个摸着石头过河的逐步探索过程和渐进性改革过程,也是一个伟大的社会发展和经济转型过程,是世界经济发展进程中的一个奇迹。当前,中国经济发展进入新常态,中国特色社会主义进入了新时代。回顾历史,借往鉴来,作为中国的经济学者,我们有义务去研究我们正在经历的历史性经济结构和制度结构转型过程,有责任研究和总结我们在过去四十年经济改革中所取得的众多成功经验和所经历过的经验教训。对这个历史变迁过程中已经发生的事件提供一个更好的理解和认识的逻辑框架,为解决我们当前所面临的困境和挑战提出一种分析思路和对策见解,从而让我们对未来尚未发生或者希望发生的事件有一个更加理性的预见和思想准备,这是每一个经济学者的目标。

为了纪念中国改革开放四十周年,深化对中国经济改革和社会发展过程的认识,加强对一些重大经济问题的研究和认识,同时也为更好解决当前以及未来经济发展所面临的问题和挑战建言献策,复旦大学经济学系主任张晖明教授组织编著了这套纪念改革开放四十周年丛书。本套丛书共包括十二卷,分别由复旦大学经济学系教师为主的十多位学者各自独立完成。丛书主要围绕四十年来中国经济体制改革过程中的重大经济问题展开研究,研究内容包括中国特色社会主义政治经济学的新发展、二元经济发展中的经济增长和收入分配、货币政策调控机制转型及理论研究、国企改革和基本经济制度完善、城乡关系和城乡融合、中央地方财政关系和财政分权、经济结构变迁和产业进入壁垒、经济集聚和城市发展、"一带一路"倡议和对外贸易、政治激励下的省内经济发展和治理模式、保险业的发展与监管、绿色发展和环境生态保护等十多个重大主题。

复旦大学经济学院具有秉承马克思主义经济学和西方经济学两种学科体系的对话和发展的传统。本套丛书在马克思主义指导下,立足中国现实,运用中国政治经济学分析方法、现代经济学分析方法和数理统计计量等数量分析工具,对中国过去四十年的改革开放的成功经验、特征事实以及新时代发展所面临的困境和挑战进行翔实而又深刻的分析和探讨,既揭示出了改革开放四十年来中国经济发展的典型事实和中国特色,也从中国的成功经验中提炼出了社会经济发展的一般规律和理论;是既立足于中国本土经济发展的事实分析和研究又具有经济发展一般机制和规律的理论创新和提升。

值得提及的是,编写纪念改革开放丛书已经成为复旦大学经济学院政治经济学科的一种传统。1998年复旦大学经济学院政治经济学教授伍柏麟先生曾主编纪念改革开放二十周年丛书,2008年复旦大学经济学院新政治经济学研究中心主任史正富教授曾主编纪念改革开放三十周年丛书。2018年正值改革开放四十周年之际,复旦大学经济学院经济学系主任张晖明教授主编了这套纪念改革开放四十周年丛书,也可谓是秉承政治经济学科的传统。

作为本套丛书的主要贡献者——复旦大学经济学院政治经济学科是国家的重点学科,也一直都是中国政治经济学研究和发展的最主要前沿阵地之一。复旦大学经济学院政治经济学历史悠久,学术辉煌,队伍整齐。她不但拥有一大批直接影响着中国政治经济学发展和中国改革进程的老一辈经济学家,今天更聚集了一批享誉国内的中青年学者。1949年中华人民共和国成立以后,老一辈著名政治经济学家许涤新、吴斐丹、漆琪生等就在复旦大学执鞭传道;改革开放之后,先后以蒋学模、张薰华、伍柏麟、洪远朋等老先生为代表的复旦政治经济学科带头人对政治经济学的学科建设和人才培养,以及国家改革和上海发展都做出了卓越贡献。蒋学模先生主编的《政治经济学教材》目前已累计发行2 000多万册,培育了一批批马克思主义的政治经济学理论学者和党政干部,在中国改革开放和现代化事业建设中发挥了重要作用。张薰华教授20世纪80年代中期提出的社会主义级差地租理论厘清了经济中"土地所有权"和"土地私有权"之间的关系,解释了社会主义经济地租存在的合理性和必要性,为中国的土地使用制度改革和中国城市土地的合理使用奠定了理论基础。目前,在张晖明教授、孟捷教授等国内新一代政治经济学领军人物的引领下,复旦大学政治经济学科聚集了高帆教授、陈硕教授、汪立鑫教授和周翼副教授等多位中青年政治经济学研究者,迎来新的发展高峰。2018年4月,由张晖明教授任主任的上海市哲学社会科学研究基地"复旦大学中国特色社会主义政治经济学研究中心"已经在复旦大学经济学院正式挂牌成立,它必将会极大推动复旦大学经济学院政治经济学理论研究和学科发展。作为复旦大学经济学院政治经济学理论研究宣传阵地,由孟捷教授主编的《政治经济学报》也已经获得国家正式刊号,未来也必将在政治经济学理论研究交流和宣传中发挥积极作用。

张晖明教授主编的本套丛书,可以视为复旦大学经济学院政治经济学科近来理论研究和学科发展的重要成果之一。通过对本套丛书的阅读,相信读者对中国的改革开放必将有新的认识和理解,对中国目前面临的挑战和未来发展必将产生新的思考和启发。

复旦大学经济学院教授、院长　张军
2018年12月9日

总序二

大约在两年前，我就开始考虑组织队伍，开展系列专题研究，为纪念改革开放四十周年撰写专著，承接和保持我们复旦大学政治经济学学科纪念改革开放二十周年、三十周年都曾经组织撰写出版大型丛书的学术传统，以体现经济理论研究者对经济社会发展的学术责任。我的这一想法得到学院领导的肯定和支持，恰好学院获得上海市政府对复旦理论经济学一级学科高峰计划的专项拨款，将我们这个研究计划列入支持范围，为研究工作的开展创造了一定的条件。在我们团队的共同努力下，最后遴选确定了十二个专题，基本覆盖了我国经济体制的主要领域或者说经济体制建构的不同侧面，经过多次小型会议，根据参加者各自的研究专长，分工开展紧张的研究工作。复旦大学出版社的领导对我们的丛书写作计划予以高度重视，将这套丛书列为2018年的重点出版图书；我们的选题也得到上海市新闻出版局的重视和鼓励。这里所呈现的就是我们团队这两年来所做的工作的最后成果。我们力求从经济体制的不同侧面进行系统梳理，紧扣改革开放实践进程，既关注相关体制变革转型的阶段特点和改革举措的作用效果，又注意联系运用政治经济学理论方法进行理论探讨，联系各专门体制与经济体制整体转型相互之间的关系，力求在经济理论分析上有所发现，为中国特色社会主义经济理论内容创新贡献复旦人的思想和智慧，向改革开放四十周年献礼。

中国经济体制改革四十年的历程举世瞩目。以1978年底召开的中国共产党十一届三中全会确定"改革开放"方针为标志，会议在认真总结中国开展社会主义实践的经验教训的基础上,纠正了存在于党的指导思想上和各项工作评价方式上存在的"左"的错误,以"破除迷信""解放思想"开路,回到马克思主义历史唯物主义"实事求是"的方法论上来,重新明确全党全社会必须"以经济建设为中心",打开了一个全新的工作局面,极大地解放了社会生产力,各类社会主体精神面貌焕然一新。从农村到城市、从"增量"到"存量"、从居民个人到企业、从思想观念到生存生产方式,都发生了根本的变化,改革开放激发起全社会各类主体的创造精神和行动活力。

中国的经济体制改革之所以能够稳健前行、行稳致远,最关键的一条就是有中国共产党的坚强领导。我们党对改革开放事业的领导,以党的历次重要会议为标志,及时地在理论创新方面作出新的表述,刷新相关理论内涵和概念表达,对实践需要采取的措施加以具体规划,并在扎实地践行的基础上及时加以规范,以及在体制内容上予以巩固。我们可以从四十年来党的历次重要会议所部署的主要工作任务清晰地看到党对改革开放事业的方向引领、阶段目标设计和工作任务安排,通过对所部署的改革任务内容的前一阶段工作予以及时总结,及时发现基层创新经验和推广价值,对下一阶段改革深化推进任务继续加以部署,久久为功,迈向改革目标彼岸。

党的十一届三中全会(1978)实现了思想路线的拨乱反正,重新确立了马克思主义实事求是的思想路线,果断地提出把全党工作的着重点和全国人民的注意力转移到社会主义现代化建设上来,作出了实行改革开放的新决策,启动了农村改革的新进程。

党的十二大(1982)第一次提出了"建设有中国特色的社会主义"的崭新命题,明确指出:"把马克思主义的普遍真理同我国的具体实际结合起来,走自己的道路,建设有中国特色的社会主义,这就是我们总结长期历史经验得出的基本结论。"会议确定了"党为全面开创社会主义现代化建设新局面而奋斗的纲领"。

党的十二届三中全会(1984)制定了《中共中央关于经济体制改革的决定》,明确坚决地系统地进行以城市为重点的整个经济体制的改革,是我国形势发展的迫切需要。这次会议标志着改革由农村走向城市和整个经济领域的新局面，提出了经济体制改革的主要任务。

党的十三大(1987)明确提出我国仍处在"社会主义初级阶段"，为社会主义确定历史方位，明确概括了党在社会主义初级阶段的基本路线。

党的十四大(1992)报告明确提出，我国经济体制改革的目标是建立社会主义市场经济体制，就是要使市场在社会主义国家宏观调控下对资源配置起基础性作用；明确提出"社会主义市场经济体制是同社会主义基本制度结合在一起的"。在所有制结构上，以公有制为主体，个体经济、私营经济、外资经济为补充，多种经济成分长期共同发展，不同经济成分还可以自愿实行多种形式的联合经营。国有企业、集体企业和其他企业都进入市场，通过平等竞争发挥国有企业的主导作用。在分配制度上，以按劳分配为主体，其他分配方式为补充，兼顾效率与公平。

党的十四届三中全会(1993)依据改革目标要求，及时制定了《中共中央关于建立社会主义市场经济体制若干问题的决定》，系统勾勒了社会主义市场经济体制的框架内容。会议通过的《决定》把党的十四大确定的经济体制改革的目标和基本原则加以系统化、具体化，是中国建立社会主义市场经济体制的总体规划，是20世纪90年代中国进行经济体制改革的行动纲领。

党的十五大(1997)提出"公有制实现形式可以而且应当多样化，要努力寻找能够极大促进生产力发展的公有制实现形式"。"非公有制经济是我国社会主义市场经济的重要组成部分"，"允许和鼓励资本、技术等生产要素参与收益分配"等重要论断，大大拓展了社会主义生存和实践发展的空间。

党的十五届四中全会(1999)通过了《中共中央关于国有企业改革和发展若干重大问题的决定》，明确提出，推进国有企业改革和发展是完成党的十五大确定的我国跨世纪发展的宏伟任务，建立和完善社会主义市场经济体制，保持国民经济持续快速健康发展，大力促进国有企业的体制改革、机制转换、结构调整和技术进步。从战略上调整国有经济布局，要同产业结构的优化升级和所有制结构的调整完善结合起来，坚持有进有退，有所为有所不为，提高国有经济的控制力;积极探索公有制的多种有效实现形式,大力发展股份制和混合所有制经济;要继续推进政企分开,按照国家所有、分级管理、授权经营、分工监督的原则,积极探索国有资产管理的有效形式;实行规范的公司制改革,建立健全法人治理结构;要建立与现代企业制度相适应的收入分配制度,形成有效的激励和约束机制;必须切实加强企业管理,重视企业发展战略研究,健全和完善各项规章制度,从严管理企业,狠抓薄弱环节,广泛采用现代管理技术、方法和手段,提高经济效益。

党的十六大(2002)指出,在社会主义条件下发展市场经济,是前无古人的伟大创举,是中国共产党人对马克思主义发展作出的历史性贡献,体现了我们党坚持理论创新、与时俱进的巨大勇气。并进一步强调"必须坚定不移地推进各方面改革"。要从实际出发,整体推进,重点突破,循序渐进,注重制度建设和创新。坚持社会主义市场经济的改革方向,使市场在国家宏观调控下对资源配置起基础性作用。

党的十六届三中全会(2003)通过的《中共中央关于完善社会主义市场经济体制若干问题的决定》,全面部署了完善社会主义市场经济体制的目标和任务。按照"五个统筹"①的要求,更大程度地发挥市场在资源配置中的基础性作用,增强企业活力和竞争力,健全国家宏观调控,完善政府社会管理和公共服务职能,为全面建设小康社会提供强有力的体制保障。主要任务是:完善公有制为主体、多种所有制经济共同发展的基本经济制度;建立有利于逐步改变城乡二元经济结构的体制;形成促进区域经济协调发展的机制;建设统一开放、竞争有序的现代市场体系;完善宏观调控体系、行政管理体制和经济法律制度;健全就业、收入分配和社会保障制度;建立促进经济社会可持续发展的机制。

党的十七大(2007)指出,解放思想是发展中国特色社会主义的一大法

---

① 即统筹城乡发展、统筹区域发展、统筹经济社会发展、统筹人与自然和谐发展、统筹国内发展和对外开放。

宝,改革开放是发展中国特色社会主义的强大动力,科学发展、社会和谐是发展中国特色社会主义的基本要求。会议强调,改革开放是决定当代中国命运的关键抉择,是发展中国特色社会主义、实现中华民族伟大复兴的必由之路;实现未来经济发展目标,关键要在加快转变经济发展方式、完善社会主义市场经济体制方面取得重大进展。要大力推进经济结构战略性调整,更加注重提高自主创新能力、提高节能环保水平、提高经济整体素质和国际竞争力。要深化对社会主义市场经济规律的认识,从制度上更好发挥市场在资源配置中的基础性作用,形成有利于科学发展的宏观调控体系。

党的十七届三中全会(2008)通过了《中共中央关于农村改革发展的若干重大问题的决议》,特别就农业、农村、农民问题作出专项决定,强调这一工作关系党和国家事业发展全局。强调坚持改革开放,必须把握农村改革这个重点,在统筹城乡改革上取得重大突破,给农村发展注入新的动力,为整个经济社会发展增添新的活力。推动科学发展,必须加强农业发展这个基础,确保国家粮食安全和主要农产品有效供给,促进农业增产、农民增收、农村繁荣,为经济社会全面协调可持续发展提供有力支撑。促进社会和谐,必须抓住农村稳定这个大局,完善农村社会管理,促进社会公平正义,保证农民安居乐业,为实现国家长治久安打下坚实基础。

党的十八大(2012)进一步明确经济体制改革进入攻坚阶段的特点,指出"经济体制改革的核心问题是处理好政府和市场的关系",在党中央的领导下,对全面深化改革进行了系统规划部署,明确以经济体制改革牵引全面深化改革。

党的十八届三中全会(2013)通过了《中共中央关于全面深化改革若干重大问题的决定》,全方位规划了经济、政治、社会、文化和生态文明"五位一体"的336项改革任务,面对改革攻坚,提倡敢于啃硬骨头的坚忍不拔的精神,目标在于实现国家治理体系和治理能力的现代化。会议决定成立中共中央全面深化改革领导小组,负责改革总体设计、统筹协调、整体推进、督促落实。习近平总书记强调:"全面深化改革,全面者,就是要统筹推进各领域改革。

就需要有管总的目标,也要回答推进各领域改革最终是为了什么、要取得什么样的整体结果这个问题。""这项工程极为宏大,零敲碎打调整不行,碎片化修补也不行,必须是全面的系统的改革和改进,是各领域改革和改进的联动和集成。"①

党的十八届四中全会(2014)通过了《中共中央关于全面推进依法治国若干重大问题的决定》,明确提出全面推进依法治国的总目标,即建设中国特色社会主义法治体系,建设社会主义法治国家。

党的十八届五中全会(2015)在讨论通过《中共中央关于"十三五"规划的建议》中,更是基于对社会主义实践经验的总结,提出"创新、协调、绿色、开放和共享"五大新发展理念。进一步丰富完善"治国理政",推进改革开放发展的思想理论体系。不难理解,全面深化改革具有"系统集成"的工作特点要求,需要加强顶层的和总体的设计和对各项改革举措的协调推进。同时,又必须鼓励和允许不同地方进行差别化探索,全面深化改革任务越重,越要重视基层探索实践。加强党中央对改革全局的领导与基层的自主创新之间的良性互动。

党的十九大(2017)开辟了一个新的时代,更是明确提出社会主要矛盾变化为"不充分、不平衡"问题,要从过去追求高速度增长转向高质量发展,致力于现代化经济体系建设目标,在经济社会体制的质量内涵上下功夫,提出以效率变革、质量变革和动力变革,完成好"第一个一百年"收官期的工作任务,全面规划好"第二个一百年"②的国家发展战略阶段目标和具体工作任务,把我国建设成为社会主义现代化强国。国家发展战略目标的明确为具体工作实践指明了方向,大大调动实践者的工作热情和积极性,使顶层设计与基层主动进取探索之间的辩证关系有机地统一起来,着力推进改革走向更深层

---

① 习近平在省部级主要领导干部学习贯彻十八届三中全会精神全面深化改革专题研讨班开班式上的讲话,2014年2月17日。
② "第一个一百年"指建党一百年,"第二个一百年"指新中国成立一百年。

次、发展进入新的阶段。

改革意味着体制机制的"创新"。然而，创新理论告诉我们，相较于对现状的认知理解，创新存在着的"不确定性"和因为这种"不确定性"而产生的心理上的压力，有可能影响到具体行动行为上出现犹豫或摇摆。正是这样，如何对已经走过的改革历程有全面准确和系统深入的总结检讨，对所取得成绩和可能存在的不足有客观科学的评估，这就需要认真开展对四十年改革经验的研究，并使之能够上升到理论层面，以增强对改革规律的认识，促进我们不断增强继续深化改革的决心信心。

四十年风雨兼程，改革开放成为驱动中国经济发展的强大力量，产生了对于社会建构各个方面、社会再生产各个环节、社会生产方式和生活方式各个领域的根本改造。社会再生产资源配置方式从传统的计划经济转型到市场经济，市场机制在资源配置中发挥决定性作用，社会建构的基础转到以尊重居民个人的创造性和积极性作为出发点。国有企业改革成为国家出资企业，从而政府与国家出资的企业之间的关系就转变成出资与用资的关系，出资用资两者之间进一步转变为市场关系。因为出资者在既已出资后，可以选择持续持股，也可以选择将股权转让，从而"退出"股东位置。这样的现象，也可以看作是一种"市场关系"。通过占主体地位的公有制经济与其他社会资本平等合作，以混合所有制经济形式通过一定的治理结构安排，实现公有制与市场经济的有机融合。与资源配置机制的变革和企业制度的变革相联系，社会再生产其他方方面面的体制功能围绕企业制度的定位，发挥服务企业、维护社会再生产顺畅运行的任务使命。财政、金融、对外经济交往等方面的体制架构和运行管理工作内容相应配套改革。伴随改革开放驱动经济的快速发展，城乡之间、区域之间关系相应得到大范围、深层次的调整。我们在对外开放中逐渐培养自觉遵循和应用国际经济规则的能力，更加自觉地认识到，必须积极主动地融入全球化潮流，更深层次、更广范围、更高水平地坚持对外开放，逐渐提升在对外开放中参与国际规则制定和全球治理的能力。也正是由于对经济社会发展内涵有了更加深刻的认识，摒弃了那种片面追求

GDP增长的"线性"发展思维和行为,我们开始引入环境资源约束,自觉探寻可持续的"绿色"发展道路。

可以说,改革开放对中国经济社会产生全方位的洗礼作用。正是基于这样的见解,我们的**丛书研究主题**尽可能兼顾覆盖经济体制和经济运行的相关主要方面。为了给读者一个概貌性的了解,在这里,我把十二卷论著的主要内容做一个大致的介绍。

高帆教授的《从割裂到融合:中国城乡经济关系演变的政治经济学》,基于概念界定和文献梳理,强调经典的二元经济理论与中国这个发展中大国的状况并不完全契合。我国存在着发展战略和约束条件—经济制度选择—微观主体行为—经济发展绩效(城乡经济关系转化)之间的依次影响关系,其城乡经济关系是在一系列经济制度(政府-市场关系、政府间经济制度、市场间经济制度)的作用下形成并演变的,政治经济学对理解中国的城乡经济关系问题至关重要。依据此种视角,该书系统研究了我国城乡经济关系从相互割裂到失衡型融合再到协同型融合的演变逻辑,以此为新时代我国构建新型城乡经济关系提供理论支撑,为我国形成中国特色社会主义政治经济学提供必要素材。

张晖明教授的《国有企业改革的政治经济学分析》,紧扣国有企业改革四十年的历程,系统总结国有企业改革经验,尝试建构中国特色的企业理论。基于对企业改革作为整个经济体制改革"中心环节"的科学定位分析,该书讨论了企业经营机制、管理体制到法律组织和经济制度逐层推进变革,促成企业改革与市场发育的良性互动;概括了企业制度变革从"国营"到"国有",再到"国家出资";从"全民所有""国家所有"到"混合所有";从政府机构的"附属物"改造成为法人财产权独立的市场主体,将企业塑造成为"公有制与市场经济有机融合"的组织载体,有效、有力地促进政资、政企关系的变革调整。对改革再出发,提出了从"分类"到"分层"的深化推进新思路,阐述了国有企业改革对于国家治理体系现代化建设的意义,对于丰富和完善我国基本经济制度内涵的理论意义。

王弟海教授的《中国二元经济发展中的经济增长和收入分配》,主要聚焦于改革开放四十年来中国二元经济发展过程中的经济增长和收入分配问题。该书主要包括三大部分:第1编以中国实际GDP及其增长率作为分析的对象,对中国经济增长的总体演化规律和结构变迁特征进行分析,并通过经济增长率的要素分解,研究了不同因素对中国经济增长的贡献;第2编主要研究中国经济增长和经济发展之间的关系,探讨一些重要的经济发展因素,如投资、住房、教育和健康等同中国经济增长之间相动机制;第3编主要研究了中国二元经济发展过程中收入分配的演化,包括收入分配格局的演化过程和现状、收入差距扩大的原因和机制,以及未来可能的应对措施和策略。

陈硕教授的《中国央地关系:历史、演进及未来》,全书第一部分梳理我国历史上央地关系变迁及背后驱动因素和影响;第二和第三部分分别讨论当代央地财政及人事关系;第四部分则面向未来,着重讨论财权事权分配、政府支出效率、央地关系对国家、社会及政府间关系的影响等问题。作者试图传达三个主要观点:第一,央地关系无最优之说,其形成由历史教训、政治家偏好及当前约束共同决定;第二,央地关系的调整会影响国家社会关系,对该问题的研究需借助一般均衡框架;第三,在更长视野中重新认识1994年分税制改革对当代中国的重要意义。

章奇副教授的《政治激励下的省内经济发展模式和治理研究》认为,地方政府根据自己的政治经济利益,选择或支持一定的地方经济发展模式和经济政策来实现特定的经济资源和利益的分配。换言之,地方经济发展模式和政策选择本质上是一种资源和利益分配方式(包含利益分享和对应的成本及负担转移)。通过对发展模式的国际比较分析和中国20世纪90年代以来的地方经济发展模式的分析,指出地方政府领导层的政治资源的集中程度和与上级的政治嵌入程度是影响地方政府和官员选择地方经济发展模式的两个重要因素。

张涛副教授的《市场制度深化与产业结构变迁》,讨论了改革开放四十年来,中国宏观经济结构发生的显著变化。运用经济增长模型,从产品市场和劳动力市场的现实特点出发，研究开放经济下资本积累、对外贸易、产业政策等影响宏观经济结构变化的效应、机制和相应政策。

高虹博士的《经济集聚和中国城市发展》，首先澄清了对于城市发展的一个误解，就是将区域间"协调发展"简单等同于"同步发展"，并进一步将其与"经济集聚"相对立。政策上表现为试图缩小不同规模城市间发展差距，以平衡地区间发展。该书通过系统考察经济集聚在城市发展中的作用发现，经济集聚的生产率促进效应不仅有利于改善个人劳动力市场表现，也将加速城市制造业和服务业产业发展，提升经济发展效率。该书为提高经济集聚程度、鼓励大城市发展的城市化模式提供了支持。

陆前进教授的《中国货币政策调控机制转型及理论研究》，首先从中央银行资产负债表的角度分析了货币政策工具的调控和演变，进而探讨了两个关键变量（货币常数和货币流通速度）在货币调控中的作用。该书重点研究了货币和信贷之间的理论关系以及信贷传导机制——货币调控影响货币和信贷，从而会影响中央银行的铸币税、中央银行的利润等——进而从货币供求的角度探讨了我国中央银行铸币税的变化，还从价格型工具探讨了我国中央银行的货币调控机制，重点研究了利率、汇率调控面临的问题，以及我国利率、汇率的市场化形成机制的改革。最后，总结了我国货币政策调控面临的挑战，以及如何通过政策搭配实现宏观经济内外均衡。

许闲教授的《保险大国崛起：中国模式》，讨论了改革开放四十年中国保险业从起步到崛起，按保费规模测算已经成为全球第二保险大国。四十年的中国保险业发展，是中国保险制度逐步完善、市场不断开放、主体多样发展、需求供给并进的历程。中国保险在发展壮大中培育了中国特色的保险市场，形成了大国崛起的中国模式。该书以历史叙事开篇，从中国保险公司上市、深化改革中的保险转型、中国经济增长与城镇化建设下的保险协同发展、对外开放中保险业的勇于担当、自贸区和"一带一路"倡议背景下保险业的时代作为、金融监管与改革等不同视角，探讨与分析了中国保险业改革开放四十年所形成的中国模式与发展路径。

樊海潮教授的《关税结构分析、中间品贸易与中美贸易摩擦》,指出不同国家间关税水平与关税结构的差异,往往对国际贸易产生重要的影响。全书从中国关税结构入手,首先对中国关税结构特征、历史变迁及国际比较进行了梳理。之后重点着眼于2018年中美贸易摩擦,从中间品关税的角度对中美贸易摩擦的相关特征进行了剖析,并利用量化分析的方法评估了此次贸易摩擦对两国福利水平的影响,同时对其可能的影响机制进行了分析。全书的研究,旨在为中国关税结构及中美贸易摩擦提供新的研究证据与思考方向。

李志青高级讲师的《绿色发展的经济学分析》,指出当前中国面对生态环境与经济增长的双重挑战,正处于环境库兹涅茨曲线爬坡至顶点、实现环境质量改善的关键发展阶段。作为指导社会经济发展的重要理念,绿色发展是应对生态环境保护与经济增长双重挑战的重要途径,也是实现环境与经济长期平衡的重要手段。绿色发展在本质上是一个经济学问题,我们应该用经济学的视角和方法来理解绿色发展所包含的种种议题,同时通过经济学的分析找到绿色发展的有效解决之道。

严法善教授的《中国特色社会主义政治经济学的新发展》,运用马克思主义政治经济学基本原理与中国改革开放实践相结合的方法,讨论了中国特色社会主义政治经济学理论的几个主要问题:新时代不断解放和发展生产力,坚持和完善基本经济制度,坚持社会主义市场经济体制,正确处理市场与政府关系、按劳分配和按要素分配关系、对外开放参与国际经济合作与竞争关系等。同时还研究了改革、发展、稳定三者的辩证关系,新常态下我国面临的新挑战与机遇,以及贯彻五大新发展理念以保证国民经济持续快速、健康、发展,让全体人民共享经济繁荣成果等问题。

以上十二卷专著,重点研究中国经济体制改革和经济发展中的一个主要体制侧面或决定和反映经济发展原则和经济发展质量的重要话题。反映出每位作者在自身专攻的研究领域所积累的学识见解,他们剖析实践进程,力求揭示经济现象背后的结构、机制和制度原因,提出自己的分析结论,向读者传播自己的思考和理论,形成与读者的对话并希望读者提出评论或批评的回应,以求把问题的讨论引向深入,为指导实践走得更加稳健有效设计出更加完善的政策建议。换句话说,作者所呈现的研究成果一定存在因作者个人的认识局限性带来的瑕疵,欢迎读者朋友与作者及时对话交流。作为本丛书的主编,在这里代表各位作者提出以上想法,这也是我们组织这套丛书所希望达到的目的之一。

是为序。

张晖明

2018 年 12 月 9 日

目 录

绪 论 1
  0.1 改革开放以来中国的经济发展：成就与变化 3
  0.2 中国经济增长40年：主要特征、典型事实和面临困境 8
  0.3 本书的研究内容、基本结论和结构安排 21

第1编　中国的经济增长

第1章　中国经济增长概况：1960—2016 31
  1.1 GDP总量和占比的变化 34
  1.2 GDP增长率和人均GDP增长率：1960—2016 37
  1.3 中国经济增长的总体概况：1960—2016 44
  1.4 中国仍然是一个发展中国家：低水平的人均GDP 48
  1.5 本章小结 52

第2章　中国改革开放后的经济增长和人民生活 55
  2.1 中国居民生活水平的变化：概要 57
  2.2 中国城镇居民的生活变化 60
  2.3 农村居民生活变化 68
  2.4 本章小结 77

第3章　GDP支出结构变化及其增长率的需求因素分解 81
  3.1 GDP及其四大支出类别的增长和波动 83
  3.2 GDP增长率的需求结构分解 94
  3.3 本章小结 103

第4章 中国产业结构的变迁和GDP增长率的产业分解　107
4.1　三次产业的增长状况和中国产业结构的变迁　109
4.2　三次产业对GDP增长的贡献：不考虑相对价格的变化　118
4.3　三次产业对GDP增长的贡献：考虑相对价格的变化　128
4.4　本章小结　136

第5章 中国就业产业结构的变迁和劳均实际GDP增长率的产业分解　139
5.1　中国人口总量和就业人口量的变迁：1952—2016　141
5.2　劳均实际GDP和三次产业劳均产值的变化：1952—2016　154
5.3　中国劳均实际GDP增长率的分解：1952—2016　163
5.4　本章小结　185

第2编　经济发展和经济增长

第6章 中国的高储蓄、高投资和高经济增长　191
6.1　引言　193
6.2　文献综述　197
6.3　基本模型设定　202
6.4　加总经济的动态行为　206
6.5　消费率和储蓄率的决定：短视性预期和完全理性预期　209
6.6　长期储蓄率的数值模拟：对中国高储蓄率原因的解释　211
6.7　高储蓄高投资的增长方式能否持续？　216

第7章 中国房地产的发展和经济增长　219
7.1　中国房地产行业的现状及其特征　222
7.2　本章文献综述　228
7.3　本章基本模型和理论分析　233
7.4　经验研究——以中国跨省（区、市）面板数据为例　250
7.5　本章研究的主要结论和未来研究的可能扩展　259
7.6　中国房价居高不下持续上涨的原因以及政府面临的困境　261

目 录

第8章 中国经济增长过程中的教育发展 267
- 8.1 中国教育费用支出的变化：国家层面和个人层面 269
- 8.2 各级教育的教学规模和教育质量的演变 276
- 8.3 中国教育人力资本的变化：各类学校毕业人数和全国平均受教育年限 300

第9章 中国教育发展对经济增长的贡献 311
- 9.1 引言 313
- 9.2 基本假定、理论模型、计量方程与数据说明 316
- 9.3 实证研究结果 322
- 9.4 中国人力资本对经济增长和产出的贡献 324
- 9.5 本章主要结论和不足 331

第10章 中国经济增长中的健康医疗卫生发展 335
- 10.1 中国健康医疗卫生方面的费用支出情况 337
- 10.2 中国健康医疗卫生机构、设施和技术人员的变化 353
- 10.3 中国居民健康状况的变化和现状 361

第11章 健康人力资本和健康投资对中国经济增长的影响 375
- 11.1 引言 377
- 11.2 本章文献综述 380
- 11.3 基本模型和理论分析：健康和经济增长 383
- 11.4 中国跨省（区、市）面板数据的经验研究 388
- 11.5 本章小结 396

第3编 二元经济发展中的收入分配

第12章 中国收入分配格局的演化和现状 401
- 12.1 中国同世界各国收入分配不平等状况的比较 403
- 12.2 中国收入分配格局的现状和变迁：概览和趋势 405
- 12.3 中国城乡居民收入差距的变化和现状 413

12.4 中国地区收入差距的演变和现状　416
12.5 中国农村内部和城镇内部的收入差距　427
12.6 行业收入差距和资本劳动收入占比　441
12.7 本章小结：中国收入分配格局的现状和特点　447

第13章　不完全竞争劳动力市场、地区经济不平衡发展和地区收入差距　449
13.1 引言　451
13.2 地区经济发展和地区收入差距：完全竞争劳动力市场　453
13.3 地区经济发展和地区收入差距：地区间劳动力市场分割　458
13.4 本章小结　463

第14章　垄断劳动力市场、最低工资限制和收入分配差距　465
14.1 引言　467
14.2 竞争和垄断劳动力市场对收入分配的影响　469
14.3 完全竞争劳动力市场下最低工资限制对不平等的影响　472
14.4 最低工资限制对完全垄断劳动力市场中不平等的影响　475
14.5 本章小结　477

第15章　从收入分配和经济发展视角看中国最低工资制度　479
15.1 引言　481
15.2 最低工资制度可能产生的经济效应　482
15.3 中国最低工资制度的现状　487
15.4 关于中国最低工资制度的一些建议　493

第16章　中国收入差距扩大的原因及其对策　495
16.1 收入分配不平等产生、持续和加剧的原因的理论探讨　497
16.2 中国收入差距扩大的原因：基于文献的讨论　506
16.3 通过完善市场经济体制来改善中国收入分配格局，缩小居民收入差距　514

附录　520
参考文献　521

中国二元经济发展过程中的经济增长和收入分配

绪 论

1978年改革开放以来,中国一直保持着高速经济增长,是这个世界上增长最快的国家。40年来,中国经济一直处于变革和转型之中,它是一个"摸着石头过河"的探索过程,是一个从计划经济向社会主义市场经济转型的改革开放过程,是一个从孤立封闭走向全球竞争的经济开放过程,是一个从传统农业经济成长为高度工业化和商业化现代经济的发展过程。中国改革开放以来的经济增长是世界上独一无二的发展过程,是毫无疑问的具有中国特色的发展道路。改革开放使得中国经济发展取得了巨大成就,经济持续高速增长,国家综合国力显著增强,人民生活水平不断提高,社会各个方面日益进步。当前,中国特色社会主义进入了新时代,中国经济发展也呈现新常态。中国经济新常态主要表现为经济增速的放缓、经济结构的全面优化升级,以及增长动力从要素投资驱动向创新驱动转变。新时代经济发展的本质是提质增效,即居民生活质量提高、老百姓的"获得感"提升,以及就业稳定、价格平稳和民生保障完善。当然,新时代的经济发展新常态也面临着诸多困境和挑战。在纪念改革开放40周年之际,我们无论是立足现在,还是回顾过去的历史和经验,抑或是探索未来的发展道路和选择,都需要认真总结和思考40年来的经济发展道路、经验和规律。这既是当前中国继续深化改革开放发展经济的需要,也是经济学理论研究探索经济发展和经济增长一般规律的要求。

0.1 改革开放以来中国的经济发展: 成就与变化

0.1.1 改革开放以来中国经济发展的伟大成就

自1978年改革开放以来,中国社会经济发展取得了巨大进步,经济持续高速增长,国家综合国力显著上升,人民生活水平明显提高,社会各个方面日益进步。根据《中国统计年鉴》的数据显示,改革开放40年来中国经济飞速发展,增长速度惊人。1978年,中国内地名义国内生产总值(以下简称GDP)为0.3679万亿元,2016年约为74.4万亿元[1],以1978年不变价格计算约为11.88万亿元。38年间中国GDP实际增长约31.2倍,年平均

---

[1] 本书数据和分析均未包括中国台湾、香港和澳门地区的。后面的数据和相关分析也一样,不再重复说明。

实际增长率高达9.6%。1978年中国人均GDP约为382元,2016年约为53 800元,以1978年不变价格计算约为8 593元。38年间中国人均GDP实际增长约21.5倍,年平均实际增长8.5%。1978年中国人均消费水平为184元,2016年为21 200元,以1978年不变价格计算约为3 384元。38年间中国人均消费水平大约增长17.6倍,年平均实际增长8.0%。改革开放以来中国的高速经济增长主要得益于中国劳动生产力水平的提高。1978年中国劳均GDP为91.32元,2016年为9 588.90元,以1978年不变价格计算约为1 527.87元,38年间实际增长15.73倍,年平均增长7.70%。

40年来的高速经济增长使得中国综合经济实力显著提高,中国GDP总量在全球中的排名和占比迅速上升。据世界银行《世界发展指标》(*World Development Indicators*)数据显示,按照当年市场汇率计算,1978年中国GDP占世界生产总值的比重(以下简称GDP全球占比)约为1.8%,全球排名大概第十一位;2005年中国GDP全球占比上升到4.8%,居世界第五位;2006年超过英国位居第四;2007年超越德国成为世界第三;2010年达到58 786亿美元,超过日本成为世界第二大经济体。2016年中国GDP约为11.2万亿美元,全世界生产总值约为75.5万亿美元,中国GDP全球占比为14.8%。2017年中国GDP约为12.24万亿美元,全世界生产总值约为80.68万亿美元,中国GDP总量占世界生产总值的15.2%。中国对全球经济的影响和作用也不断增加。1998年东南亚金融危机期间,中国依靠其强劲的经济实力和外汇储备,在香港地区成功狙击了世界金融大鳄对港币的攻击,止住了金融危机的继续蔓延。2008年中国又成功避开了肇始于美国的全球金融危机的不良影响效应。通过及时调整各项政策,中国在2008年底就止住了经济增速下滑,2009年成功摆脱了全球金融危机的影响,第一个走出了世界经济危机的阴影,为全球的经济复苏铺平了道路(巴里·诺顿,2010)。1978年以来,中国经济增长对世界GDP增长贡献的年增长点和贡献率一直上升。如图0.1所示,1978年中国拉动全球GDP增长大约0.12个百分点,对该年世界经济增长的贡献率为3.05%;2016年中国拉动全球经济增长大约0.78个百分点,贡献率为31.52%。

改革开放40年来,中国社会发展得到巨大进步,居民健康状况和教育水平显著上升。相关数据都表明,40年来中国居民医疗健康卫生条件明显改善和提高。根据《中国统计年鉴》的数据:1978年中国每千人拥有的医疗床位数、执业医生数和卫生技术人员数分别为2.12张、1.07位和2.56位,2016年这三个指标上升为5.6张、2.54位和6.11位;1978年中国婴儿死亡率、成年男性死亡率和成年女性死亡率分别为53.0‰、177.4‰和144.0‰,2016年这三个指标分别下降到8.5‰、92.1‰和67.1‰。根据《世界发展指标》数据,1978年中国人均预期寿命为65.9岁,其中男性为64.5岁,女性为67.3岁,2016年中国人均预期寿命提高到76.3岁,其中男性74.8岁,女性77.8岁。根据《中国卫生和计划生育统计年鉴》的数据,1978年中国甲、乙类法定报告传染病的发病率和死亡率分别为23.7‰和10万分之4.86,2016年时这两个数据分别下降到2.1‰和10万分之1.31。中国居民的教育条

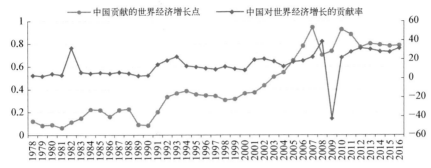

图 0.1 中国经济增长拉动世界经济增长的年增长点和贡献率：1978—2016

注：① 原始数据来源：世界银行《世界发展指标》(World Economic Development Indicators)。② 中国经济增长拉动世界经济增长点为左边纵坐标，中国经济增长对世界经济增长的贡献率为右边纵坐标。纵坐标单位都是%。③ 贡献率为负数表示中国经济增长率和世界经济增长率的方向相反。如2009年世界经济负增长，中国经济增长率为正，所以中国对世界经济增长贡献率为负数。

件和教育水平也显著提高。根据《世界发展指标》数据，1978年中国各级学校在校学生人数占适龄年龄人口的比重分别为：幼儿教育8.72%，小学教育110.10%、中学教育60.03%、大学教育7.72%，到2015年时，这四个比重分别为幼儿教育83.62%，小学教育104.13%、中学教育94.30%、大学教育43.39%①。中国各级学校的生师比也显著改善。1978年中国幼儿园、小学和中学的生师比分别为26.8、28.0和20.9，2016年则分别下降为19.1、16.5和13.5。中国人均教育年限显著提高。根据《中国统计年鉴》（历年）数据测算，1982年中国人均教育年限大约为5.27年，2016年则上升到大于9.07年；中国15岁人口中大专以上毕业人口占比1989年为1.62%，2016年上升到12.94%。

改革开放40年来中国经济增长所取得的最大成就是中国居民生活水平得到普遍改善和提高。经过40年来的经济发展，中国居民已经从主要解决温饱问题转向追求高质量的幸福美好生活。根据《中国统计年鉴》的数据，中国农村和城镇居民的恩格尔系数已经分别从1978年的67.7%和57.5%下降到2016年的32.2%和29.3%。按照联合国粮食及农业组织关于恩格尔系数的标准，中国居民生活改革开放初期基本处于贫困国家行列，2016年已经达到相对富裕国家行列，即将跨入富足国家行列。中国城乡居民的消费支出结构、食品结构和耐用消费品结构也在明显改善和提高。1985年中国城镇居民食物、衣着和家用设备及服务这三项基本生活支出之和占总消费支出之比高达76%，农村居民为

---

① 在校学生人数占适龄人口的比重等于在校学生人数除以小学学龄人口人数。小学在校学生人数占适龄人口的比重大于100%，可能是由于中国幼儿教育的相对不足，很多地方都有未到小学入学年龄而进入小学就读的学生。另外，落后地区可能还有部分超龄儿童仍在小学就读。

73%;2016年中国城乡居民三项支出之和占总消费支出之比都下降到44%。改革开放初期的1985年,中国城镇居民食物主要以粮食(年人均135千克)和蔬菜(年人均144千克)为主,肉类(年人均18.7千克)、家禽(年人均3.2千克)、水产(年人均7.1千克)消费量都很少;2016年中国城镇居民消费主要以肉食性食物为主,其中肉类(年人均29千克)、鱼虾(年人均14.8千克)、家禽(年人均10.2千克)和蛋(年人均10.7千克)奶(年人均16.5千克)制品等消费量大幅度增加,而粮食和蔬菜的消费量大量减少,已经不再是主要食物。1978年,农村居民食物基本是粮食(年人均248千克)和蔬菜(年人均142千克),肉类(年人均5.8千克)基本没有;2016年时,虽然粮食(年人均157千克)和蔬菜(年人均96千克)仍是中国农村居民非常重要的食品,但消费量已经大大下降;肉类(年人均21千克)、鱼虾(年人均7.5千克)、家禽(年人均7.9千克)、奶(年人均6.6千克)蛋(年人均8.5千克)制品等已经成为农村居民餐桌上的常见食品。改革开放初期,中国城镇居民的耐用消费品主要是缝纫机、自行车、电风扇、大衣柜和沙发等最基本的生活必需品,农村居民主要耐用消费品只有自行车、缝纫机、钟表和收音机等一些简单机械用品,且家庭拥有率基本不超过30%。目前中国城镇居民的主要耐用消费品已经提升为空调、彩电、冰箱、洗衣机、手机、家用电脑、热水器和小汽车等高档家用品;农村居民家中,手机和彩电已经普及,洗衣机和冰箱已被大多数家庭拥有,空调和家用电脑也已经比较常见。中国人均住房面积也从1985年人均10平方米提高到2016年人均36.6平方米。目前中国城乡家庭都已呈现出行自动化、生活电器化、通信无线化和娱乐网络化的趋势。

改革开放40年来,中国经济的快速增长已经使得中国特色社会主义进入新时代,中国社会的主要矛盾也已经从改革开放初期的"人民日益增长的物质文化需要同落后的社会生产之间的矛盾"转变为当前的"人民日益增长的美好生活需要和不平衡不充分的发展之间的矛盾"。

0.1.2 改革开放以来中国经济发展的结构变化

从以上分析可以看出,改革开放40年来,中国在各个经济领域的发展都成绩斐然,增长速度惊人。其实,在中国经济快速增长的同时,中国的经济结构也发生了重大变化。中国经济结构的变化表现在国民经济的各个方面,包括需求结构、产业结构、人口结构、就业结构,以及居民收入结构等。在需求结构方面,按照支出法核算的GDP构成来看,由于中国长期以来采取的是投资拉动型经济增长方式,投资在GDP中的占比不断上升,消费占GDP的比重则日益下降。根据《中国统计年鉴》数据显示,1978年中国居民消费、总投资、政府消费和净出口在GDP中的占比分别为48.4%、38.9%、13.0%和-0.3%,到了2016年,这四个占比分别为39.2%、44.2%、14.4%和2.2%。这种高投资、低消费的需求结构,在世界各国中都属罕见。根据世界银行数据,当今全球各国中,只有能源出口国伊朗和转口贸易国新加坡的投资GDP占比接近中国,超过了40%,其他各国的投资GDP占比基本都在30%以下,而发达国家基本在20%以内。

在产业结构方面,根据CEIC数据库数据显示,改革开放初期的1978年,中国基本上是三次产业平分天下。其中第二产业最大,其产值GDP占比达到47.7%;第二产业中又以工业为主,工业产值占第二产业产值的92.4%。第一产业产值GDP占比为27.7%,第三产业产值GDP占比为24.6%。在第三产业中,最主要的两个行业是交通运输、仓储和邮政行业(以下简称交运仓邮行业)与批发零售行业,这两个行业占第三产业产值的比重分别为21.1%和26.8%,两者加起来差不多占第三产业产值的一半,其他如房地产业和金融业占第三产业产值的比重分别为8.5%和8.8%。到2016年,中国第一产业产值GDP占比已经下降到8.6%;第二产业产值GDP占比也下降到39.8%,其中工业产值占第二产业产值的比重下降到83.7%;第三产业产值GDP占比上升到了51.6%,其中交运仓邮行业和批发零售行业占第三产业产值的比重分别下降到8.7%和18.5%,房地产业和金融业占第三产业产值的比重分别上升到16.2%和12.5%。经过40年的发展,中国产业结构已经转变为以第三产业和第二产业为主,特别是第三产业,已成为最大产业,而第一产业在整个经济中的比重还不及第三产业中稍大一点的行业在整个经济中的比重。

中国劳动人口的就业结构在改革开放后也得到很大改善。第一产业和农业的就业人口量及其在总就业人口的占比都大幅度下降,第二产业和服务业的就业人口及其在总就业人口的占比大幅度上升。改革开放初期,中国劳动力绝大部分都在以农业为主的第一产业就业,第二、第三产业的就业人口很少。根据CEIC数据库数据显示,1978年第一产业就业人口占总就业人口的比重为70.5%,第二产业和第三产业就业人口占总就业人口的比重分别为17.3%和12.2%。到2016年时,第一产业就业人口占比下降到27.8%,第二产业和第三产业就业人口占比分别上升到28.8%和43.5%。由此可见,当前中国三次产业就业人口结构形成三分天下的局面,但第三产业就业人口占比最大。通过分析中国三次产业的产值结构和就业结构的变化可以发现一个有趣的现象:如果从产业产值占比结构来看,中国第二、第三产业产值占GDP的比重超过90%,第一产业即农业的产值在GDP中的占比还不到10%,似乎中国已经进入工业化阶段。但是从就业人口结构和城乡人口结构来看,中国可能还是一个以农业为主的国家,二元经济结构的特征非常明显。这一现象也显示出中国渐进性改革开放过程中劳动力市场改革开放的不完备性和滞后性。

随着经济的增长和社会的发展,中国的人口结构也发生了重大变化。这种人口结构变化体现在两个方面:一方面是随着中国工业化和城镇化的发展,城乡人口结构出现了很大变化,城镇人口占比不断扩大,乡村人口占比逐步缩小。根据国家统计局的数据,1978年中国乡村人口占比为82.1%,城镇人口占比为27.9%;2016年中国乡村人口占比为42.7%,城镇人口占比达到57.3%,已经超过乡村人口占比。另一方面是随着中国计划生育政策的持续和经济发展过程中人口结构转变规律的作用,中国人口年龄结构发生重大变化。0—14岁的儿童人口占总人口比重不断下降,65岁以上的老年人口占总人口比重不断上升,而15—64岁劳动年龄人口占总人口的比重则经历了一个先上升后下降的过程,目前正处在开始下降的阶段。根据《世界发展指标》的数据,1978年,中国0—14岁人口、15—64岁人口和65岁以上人口占总人口的比重分别为37.6%、57.9%和4.46%;2016年时,0—14岁人口占比下降到17.7%,65岁以上人口占比上升到10.1%;15—64岁劳动年龄人口占比则先从1978年一直上升,到2010年的73.75%后开始下降,2016年为72.2%。

改革开放过程中,我国收入分配从按劳分配为主向按劳分配和按要素分配结合的方式转变,中国居民收入结构也发生重大变化。改革开放初期,中国农民基本是以家庭承包责任田中的农作物经营收入为主,城镇居民则主要以工资收入为主,而目前中国城乡居民的收入结构已经呈现出明显的多元化特征。根据《中国统计年鉴》的数据：1985年中国城镇职工从工作单位获得的工资性收入占可支配收入比重为83.1%,2000年这一比重下降为71%,2016年进一步下降到61%。1985年中国城镇居民经营性收入和财产性收入占可支配收入之比之和只有1.9%,2000年这两者之和上升到5.9%;2016年,经营性收入占比达到11.2%,财产性收入占比达到9.7%。1978年改革开放初期,中国农民从集体单位获得的劳动收入占纯收入的比重为66.1%,家庭经营收入占纯收入之比为26.8%,其中农林牧渔收入占比为21.4%;到1985年完成家庭联产承包责任制改革开放时,中国农民劳动收入占纯收入比重为18.0%,家庭经营收入占比为74.4%,其中农林牧副收入占比为61.8%;2000年时,中国农民工资性收入占纯收入比重为31.2%,家庭经营收入占比为63.3%,其中农林牧渔收入占比为48.4%;到2012年时,工资性收入占纯收入比重为43.5%,家庭经营收入占比为44.6%,其中农林牧渔收入占比为34.4%。2016年中国农村居民的可支配收入中,工资性收入、经营性收入、财产性收入和转移性收入的占比分别为40.6%、38.3%、2.2%和18.8%。

0.2 中国经济增长40年：主要特征、典型事实和面临困境

40年来的改革开放,中国经济发展取得巨大成就。在我国经济的成功发展过程中产生了很多具有中国特色的独有特征和典型事实,这些特征和事实有些是中国经济成功发展的宝贵经验,有些则是中国特有体制下发展经济的政策折中和妥协的产物。这种在经济发展初期对经济无害、有时甚至还会促进经济增长的折中妥协,随着经济的进一步发展,有可能会成为阻碍中国未来发展和增长的力量。本节将对这些典型的特征事实及其对中国未来经济增长的影响进行讨论。

绪 论

0.2.1 渐进式改革开放下中国不完全市场经济的不断完善

中国的改革开放是一个从计划经济体制向社会主义市场经济体制的渐进性改革开放过程,是一个由计划逐步走向市场的经济转型过程。在原有计划经济体制下,没有商品和市场,缺乏市场交易主体和市场机制,所有经济活动都按照政府指令性计划实施运转。这种计划经济体制由于产权不清晰和信息不对称等问题,对经济活动主体缺乏有效激励,经济效率低下。改革开放之后向市场经济转型,一切市场经济运转所需要的条件,包括市场交换主体(即产品的产权主体)、产品定价机制、市场价格体系、规范市场交易的法律法规等,都必须从零开始。不同于东欧和独联体国家"休克疗法"的激进式市场经济改革开放,中国经济改革开放是一个"摸着石头过河"的渐进式改革开放。市场经济所需要的一切市场要素、主体、机制和法规的建立都是一个渐进形成和不断完善的过程,各项具体的改革开放措施也都是一个先局部试点再全国推广的分阶段实施过程。在这个过程中,市场经济肯定存在很多不完善的地方。但每一步向市场经济推进的过程,市场体制的每一次完善都推动了中国经济的快速增长。同时,渐进的推进方式没有像东欧国家的"休克疗法"那样给社会带来巨大的冲击和震荡,以致阻碍经济发展。

中国经济体制改革开放首先从20世纪70年代末和80年代初的农村家庭联产承包责任制开始。联产承包责任制明确了生产各方对生产剩余控制权和索取权的界限,把劳动者的产出同其报酬直接联系起来,极大地促进了农民的生产积极性,也降低了由于私人信息所带来的监督成本(张军,1998年第13页)。根据《中国统计年鉴1995》的数据,家庭联产承包责任制在中国的普遍推行使得1978—1984年中国粮食总产量年平均增长4.95%,棉花产量年平均增长19.3%,油料产量年平均增长14.7%,糖料产量年平均增长12.3%。根据林毅夫(1994,第95页)教授的测算,1978—1984年中国农村各项改革对农村产出增长的贡献率总和为48.6%,其中家庭联产承包责任制的贡献率为46.89%。联产承包责任制带来的农村生产力水平的提高释放了大量的剩余劳动生产力。同时,这一时期中国放松了对农产品买卖的国家垄断,允许之前"社队企业"生产的只能自产自销的农产品进入更广阔的全国农村市场,这给中国农村乡镇企业释放出大量的产品市场。① 这两个方面的

---

① "文化大革命"结束前,中国采取了户籍制度来控制城市户口,"农转非"(即农业户口转为非农业户口)受到严格控制,同时,农村发展的"社队企业"(即后来的乡镇企业)也必须遵循"三就地"(就地取材、就地加工和就地销售)原则(吴敬琏,2016,第120页)。因此,社队企业产品的市场受到极大限制。1984年国家实行新的政策规定:"无论合适,在农村地区加工农产品都具有经济上的合理性,因此农村企业应该逐渐接管加工业"(国家体制改革开放委员会,1984,第97—104页)。这一政策解放了农村企业的产品市场。

因素使得中国农村的乡镇企业得到了快速发展。根据相关资料显示，1980—1990年，中国乡镇企业增加值从285.3亿元增长到2 504.3亿元，年平均增长率为24.3%；职工就业人数从3 000万人增加到9 260万人，年平均增长11.9%；乡镇企业增加值占GDP的比重从1978年不到6%增加到1996年的26%（吴敬琏，2016，第120页）。这一时期的改革对乡镇企业开放国内产品市场是促进中国经济增长的主要力量之一。但这一时期中国实施的是指令性计划经济和市场经济同时存在的双轨制经济，包括国有部门和私有部门的双规制、生产资料分配和价格的双轨制、国家银行贷款利率和市场利率的双轨制等。中国城乡劳动力流动的劳动力市场无法建立，市场价格体系和价格机制也没有完全形成，市场交易主体的确认和企业产权的界定仍不清晰。

1992年邓小平同志南方谈话之后，中国各项改革开放历程加快，促进了中国经济更快增长。1992年中共十四次全国代表大会确定了建立社会主义市场经济的改革开放目标。1993年十四届三中全会要求在20世纪末初步建立社会主义市场经济制度。1994年国务院开始进行国有企业改革开放，对国有企业改革确定了"抓大放小"的指导方针。之后国有大中型企业按照"实现政企职责的分离""打破垄断、促进竞争"和"企业重组上市"三个步骤进行了公司化改制（吴敬琏，2016，第159页）。1997年中共十五大把"公有制为主体、多种所有制经济共同发展"确定为中国的基本经济制度，把非公有制经济制度确定为"中国社会主义市场经济的重要组成部分"。中国的国有经济体制改革和中国对非公有制经济发展政治上的认可，保障了中国市场经济中生产和交易主体的确认，促进了20世纪90年后期中国民营企业的快速发展，对推动中国经济增长和就业起到了极为重要的作用。根据《中国统计年鉴》数据显示，1997—2002年中国民营企业年固定资产投资占比由32%上升到43%，民营企业城镇就业人数占比由33%上升到67%。当然，这一时期的国有企业改革开放和国企工人下岗等因素，也使得经济增速明显下降。但市场机制的完善为下一阶段的经济增长奠定了基础。

2001年之后，随着国有企业改革的完成和现代企业制度的完善，具有清晰产权的中国现代企业作为市场交易的主体，其发现市场并有效生产适应市场需求产品的积极性和能动性大大提高。市场经济体制的完善所带来的企业生产能力和效率的提高，伴随着中国加入WTO所带来的巨大世界市场，成为中国经济继续增长的强劲动力，推动中国迎来了新一轮的高速经济增长。2002—2011年中国GDP实际年增长率都在9%以上。根据世界银行数据显示（如图0.2所示），1978—2001年这20年间，中国净出口GDP占比仅从－0.54%上升到2.62%，外贸依存度（即进口加出口之和占GDP的比重）从9.65%提高到39.0%。2001年中国入世之后，净出口GDP占比迅速由2001年的2.62%上升到2007年的9.23%，2008年全球金融危机之后开始下降，2016年下降到2.23%；外贸依存度在2002年当年就上升到43.1%，2006年达到最高峰65.6%，之后开始下降，2016年下降到37.1%。

根据世界银行数据的计算结果显示，2002—2007年出口拉动中国GDP年平均实际增长6.2%，对中国经济增长的贡献率年平均为56.2%，净出口拉动中国GDP年平均实际增长1.77%，对中国经济增长的贡献率年平均为14.8%。住房制度的改革所释放出来的由于中国居民收入水平提高而产生的对住房的强烈需求，也是2001年之后中国经济增长的主要动力之一。特别是当2008年世界金融危机之后，在中国出口下降的情况下，住房制度改革所带来房地产行业的发展更是中国经济增长的主要推动力。

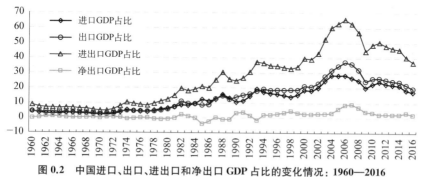

图0.2 中国进口、出口、进出口和净出口GDP占比的变化情况：1960—2016

数据来源：世界银行《世界发展指标》(World Development Indicators)。

改革开放以来，尽管中国在不断进行市场经济体制改革和完善，但总体来说，目前中国各类市场条件仍很不完备。这一不完备的市场经济条件是当前中国经济进一步增长的最主要障碍。例如，户籍制度所造成的城乡劳动力流动和地区劳动力流动的障碍严重阻碍了劳动力的自由流动，造成了中国不完备的劳动市场。中国金融体制的不完善和政府垄断使得国有企业和民营企业的融资成本存在巨大差异，国有银行对不同所有制的歧视使得民营企业不但借贷成本更高，而且有时甚至无法借贷。很多市场的国有垄断和行政垄断严重阻碍了这些行业的技术进步和生产效率的提高，如电信、银行、石化、铁路、水电等行业的国有垄断不但使得这些行业和部门经常通过提高价格或降低质量来获得垄断利润，而且也造成了这些行业和部门长期存在产品供给不足、技术停滞，以及企业缺乏创新和资源浪费等问题。另外，国有垄断和行政垄断也扩大了行业收入差距，加剧了收入不平等。不完善的市场经济体制已经严重阻碍了中国经济的进一步增长。如何进一步深化改革开放，不断完善社会主义市场经济，是当前中国经济发展所面临的最大困境和挑战之一。

0.2.2 通过持续的对外开放来促进制度改革和经济发展

40年来的改革开放是中国逐步从封闭经济走向竞争开放型经济的过程，是中国从内向型经济持续向外向型经济的转变过程。当今世界各国的经济增长经验都表明,任何一个闭关自守的国家都不可能得到发展,闭关锁国的结果一定是贫穷和落后。所以,中国改革开放伊始就把对外开放作为改革的重要组成部分和直接目标。改革开放40年来,对外开放也一直是促进中国制度改革和经济增长的重要力量。在20世纪80年代,中国首先通过设立经济特区进行了改革的地区性试验,大量吸引外资和发展对外贸易,以此带动内资企业发展和促进区域经济增长,并在这一过程中汲取发达国家市场经济的经验,探索经济改革和对外开放的新体制。然后在90年代,基于经济特区改革的成功实践,中国按照沿海、沿边、沿江和沿路的"四沿战略",区域性地逐步推广特区改革的成功经验和措施,加快内陆经济的开放步伐,形成了宽领域、多层次、有重点、点线面结合、全方位对外开放的新格局。从21世纪初开始,中国又以加入世界贸易组织(WTO)为契机,在全国范围内全面提高对外开放水平,更深层次地融入经济全球化竞争和发展的大环境,在更大范围、更广领域和更高层次上参与国际合作和竞争。在这一政策指导和中国入世的利好局面下,中国又迎来了10多年的高速经济增长。与此同时,中国也开始按照"西部大开放"的战略给西部更优惠的政策来吸引外资,鼓励外商和东部企业向中西部转移,引导中西部企业开展对外贸易和进行劳务输出。2013年之后,中国又提出了"一带一路"的对外开放新倡议。

通过出口导向型对外经济发展战略和以沿海为战略重点分阶段分层次逐步推进的对外开放战略,对外开放至少从供给和需求两个方面促进了中国的经济增长。首先,在供给方面,由于改革开放前中国生产技术设备和管理水平都很落后,发展经济所需要的资本也相当匮乏。因此,在生产过程中所需要的劳动、资本、技术和组织管理水平这四大因素中,除劳动外的其他三项都严重不足和相对落后。对外开放过程中以特区经济和浦东大开发等政策倾斜所引进的大量外资和外资企业,不但通过进口国外的先进技术和设备直接提高了国内的生产技术能力,而且通过引进外资迅速获得了生产所需要的资本积累,更重要的是还通过引进的外资企业向国外学习了先进的技术和管理经验。正如邓小平同志在1984年所指出,对外开放中的经济"特区是个窗口,是技术的窗口,管理的窗口,知识的窗口,也是对外政策的窗口"。1978—2016年的对外开放过程中,中国引进的外资不断增长。根据中国商务部数据,改革开放初期的1983年,中国实际使用外资9.16亿美元,占当年GDP比重(以下简称GDP占比)的0.3%;1994年时,中国实际使用外资336.67亿美元,GDP占比6.0%;入世前的2001年,中国实际使用外资407.15亿美元,GDP占比3.4%(吴敬琏,2016,第331页)。根据中国国家统计局2018年8月公布的数据,改革开放以来,中国累计使用外商直接投资超过2万亿美元,实有注册的外商投资企业近54万家,2017年中国实际使用外资1363亿美元,GDP占比1.07%,是全球第二大外资流入国;2017年中国使用外资规模是1983年的60倍,年均增长12.8%。在技术和设备引进方面,20世纪80年代中国政府就曾出资166亿美元用于为工厂引进技术,出资302亿美元用于引进新的资本建设项目;80年初期仅彩色电视机生产线中国就引进了100多条(巴黎诺顿,2010年第320页)。2000年之后中国技术进口由直接进口"硬"设备转变为进口"软"技术的许可权,仅2003年中国就签署了134.5亿美元的技术进口合同,其中95亿美元用于知识产权的进口(巴黎诺顿,2010年第320页)。对外开放对本土企业的发展也具有巨大的促进作用。一方面,对外开放促使中国市场经济条件不断改善,为本土企业创造更好的市场环境。为了吸引外资,中国各级政府不断提升自身的行政和管理水平,维护和完善公平规范开放的市场,加强基础设施的建设和配套政策的改革,放开了众多领域的政府行政垄断权,拓展了企业的国内外市场。另一方面,对外开放也促进了本土企业的竞争意识,迫使并激励本土企业改进技术、提高产品质量和加强企业竞争力。同时,本国劳动力在外资企业通过"干中学"获得了技术和管理知识,这种提升了的人力资本在外资企业和本土企业间的流动提高了本土企业的技术和管理水平,增强了本土企业的生产能力和竞争能力。

其次,在需求方面,对外开放也给中国带来巨大的商品市场空间。改革开放前的计划经济体制下,中国对外贸易的所有权、管理权和经营权都实行国有垄断,对外贸易只能由国家对外贸易部的外贸总公司独家垄断经营。改革开放后的第一步就是打破外贸的国有垄断制度,赋予各种所有制企业进出口自营权。这一改革措施直接扩大了国内众多企业的市场范围。此外,中国还不断降低进出口关税、取消进口配额和许可证制度、改革外汇管理体制,实现了经常项目下的人民币自由兑换。这些改革措施大大降低了国内产品进入国际市场的交易成本,增强了国内产品的国际竞争力。随着中国对外开放的深化改革,中国的进出口贸易总额不断增长,经济发展的外贸依存度日益提高,中国融入世界经济发展和参与全球竞争的程度日益加深。根据《中国统计年鉴》数据,1978年中国对外贸易进出口总额为355亿元,其中出口167.6亿元,进口187.4亿元。入世前的2001年达到42 183.6亿元,其中出口22 024.4亿元,进口20 159.2亿元;按GDP消胀指数剔除通胀因素以1978年不变价格计算分别为11 331.9亿元、5 916.48亿元和5 415.42亿元;1978—2001年外贸总额、进口和出口的年平均实际增长率分比为5.1%、16.8%和15.7%。2016年中国外贸总额达到243 386.5亿元,其中出口138 419.3亿元,进口104 967.2亿元;以1978年的不变价格计算分别为38 203.3亿元、21 726.5亿元和16 475.8亿元;2001—2016年外贸总额、进口和出口的年平均实际增长率分比为8.4%、9.1%和7.7%。根据《世界发展指标》数据(如图0.2所示),1960—1977年中国进口和出口占GDP的比重一直都维持在5%以上,外贸易依存度也基本都在10%以下,净出口GDP占比基本在1%左右。1978年改革开放之后,中国进口和出口的GDP占比分别从1978年的5.1%和4.5%上升到2001年的20.1%和23.0%;入世之后则继续上升到2006的最高峰28.4%和37.2%;2008年全球金融危机之后开始下降,但2016年仍然高达17.4%和19.6%。中国外贸依存度从1978年的9.7%提高到2001年的39.1%,再提高到2006年的65.7%,2016年中国外贸依存度达到

37.1%。根据中国海关2018年8月发布的统计数据,2017年中国货物贸易进出口总值27.79万亿元人民币,已经连续多年居全球第一。根据WTO发表的数据,2017年全球贸易总额为34.77亿美元,其中出口17.198亿美元,进口17.572亿美元;中国进出口贸易总额为4.1万亿美元,全球贸易占比为11.8%;其中出口总额为2.26亿美元,全球占比13.14%,进口总额为1.84亿美元,全球占比10.47%;中国外贸依存度为33.50%。中国经济的发展再也离不开世界市场,中国经济增长已经和全球经济增长融为一体。

需要指出的是,对外开放在过去曾经给中国经济发展带来巨大的活力和契机,推动了中国经济的高速增长,加深了中国经济融入世界经济中的全球一体化程度,同时也加深了中国经济增长特别是中国需求市场对全球的依赖程度。然而,近来全球出现了一股逆全球化的思潮和趋势。在这股思潮和趋势的影响下,中国的商品出口需求以及一些重要技术设备和原配件的进口都可能会受到严重影响和限制。如何提高中国的内需,减少国外市场对中国有效需求的影响?如何进行自主技术创新,减少中国对国外技术的依赖?如何降低中国经济发展对国外的依赖程度,减小世界经济波动等不确定因素对中国经济增长的影响?这些都是中国当前经济发展面临的难题和挑战。

0.2.3 典型的城乡二元经济发展模式

从1978年改革开放开始,中国二元经济的特征就一直很明显。在人们的印象中,1978年中国显然是一个农业大国。相关数据也显示,1978年农村人口占总人口的比重达到了82%,第一产业的就业人口占总就业人口的比重超过70%。但是,从GDP的产业结构来看,1978年中国的第二产业总产值占GDP的比重达到48%,其中工业占GDP的比重达到44%;而1978年中国第一产业即农业产值占GDP的比重只有27.8%。由此可见,1978年工业在中国经济中的地位和作用并不低,而农业在整个经济中的地位也没有大家想象得那么高。在改革开放40年的经济发展过程中,虽然中国的经济结构发生了很大的变化,工业化率和城镇化率都在显著提高,但农民、农村和农业仍是中国社会经济中的重要领域和当前面临的重要问题。其实,在2016年,虽然从中国三次产业产值在GDP中占比来看,第一产业产值占比已经下降到了9%左右,但从中国居民的就业和生活情况来看,农村仍然是一个非常重要的领域或地区。中国的农村人口在总人口中的占比仍然高达42.7%,也就是说,仍有近一半人口生活在农村。农业的就业人口在总就业人口中的占比也达到27.8%,也就是说,仍有近1/3的劳动力在农村就业。因此,1978年开始中国经济发展,就是一个农业和工业共同发展、城市经济和乡村经济同时增长的二元经济发展过程。

中国40年来的二元经济发展过程主要是中国经济不断工业深化的现代化过程,是就业人口不断从第一产业流向第二、第三产业的就业转型过程和农村人口不断流向城镇的城镇化过程。1978—2016年,中国工业产值在GDP中的占比并没有提高,实际上反而下降了4个百分点,第二产业就业人口占比也只从14.8%提高到了28.8%,2016年第二产业就业人口占比仍不到总就业人口的1/3。但是,中国第二产业的劳均生产力得到了巨大的提高。按照第二产业产品不变价格计算,第二产业劳均实际产值提高了14.3倍,年平均增长率达到7.2%,这一增长率与同期的劳均实际GDP增长率(7.7%)基本持平。一国物质产品的丰裕是其居民收入水平和生活水平提高的物质基础。正是由于工业劳均生产力水平的提高,使得中国工业发展为中国服务业的发展提供了大量的劳动力,同时也为工业物质产品的供给和人们收入水平的提高提供了巨大的保障。改革开放40年来的经济发展过程中,得到最大发展的是中国第三产业即服务业的发展。1978—2016年,中国第三产业实际产值增长75.5倍,年平均增长率为11.8%,比同期GDP实际年平均增长率(9.6%)高出2.2个百分点。第三产业GDP占比从25%提高到52%,目前第三产业产值占GDP的比重超过一半。第三产业就业人口占比也从1978年的12.2%提高到2016年的43.5%。第三产业的快速发展是基于第二产业劳均生产力的不断提高,因为第二产业产出水平的提高为第三产业发展提供了物质产品和劳动生产力。第三产业的发展则是中国实现劳动就业结构转型和城镇化过程的关键和基础。第三产业对劳动力的巨大需求使得农业人口能够在城镇实现就业,第三产业实际产值的增长则为农业人口进城提供了收入保障,并进一步带动对第二产业产品的需求。

中国二元经济发展模式也给当前中国经济的继续发展带来重大的挑战。如上所述,目前中国第一产业产值GDP占比只有8%左右,第二、第三产业产值GDP占比之和超过90%,中国工业化程度并不低。但中国城镇化水平并不高,总人口中农村人口占比高达42.7%,产业就业人口占比接近1/3。农民和农村在中国经济中仍占有非常大的比重,还有大量人口依靠农业和农村生存。另一方面,中国农业和农村还非常落后,农业仍采用一种以人力和畜力为主要动力的传统粗放式生产方式,生产力低下,农业的人均产出和人均收入都很低。如果不能完全解决农民和农村的发展问题,中国经济不可能实现长期的可持续增长,人均收入水平也永远无法达到发达国家水平。要解决农民和农村问题,就需要推进中国农村的城镇化进程,让大量的农民成为城镇居民,同时让农业实现规模化和机械化经营,发展现代农业。然而,要推进中国农村的城镇化和农业的规模化,中国农村的土地所有权和经营权如何解决?如何推进中国的农村土地制度改革?如何解决农村土地的流转问题?农民离开土地之后的生活保障和就业问题如何解决?中国非农经济未来的发展是否有足够的工作岗位吸收离开土地的农民?如何在土地制度改革开放和流转过程中保障农民的权利?如何避免在中国未来的农村城镇化和土地所有制改革过程中出现新的收入不平等加剧和两极分化?这些都是当前中国发展所面临的巨大挑战。农民、农村和农业的发展问题,也是中国发展面临的最大困境之一。

0.2.4 高储蓄高投资的经济增长方式

改革开放以来,中国一直保持了极高的经济增长率。1978—2016年,中国实际GDP年平均增长率高达9.6%。中国能持续保持近40年的高速经济增长,这是世界上任何一个国家在任何一段时间都没有出现过的,可以说堪称中国增长奇迹。不过,通过对中国经济增长的研究就会发现,中国这一极高的增长速度同中国高储蓄高投资的经济增长方式有极大的关系。本书第6章的研究也表明,高储蓄高投资既是中国高速经济增长的前提条件,也是中国经济增长的必然结果。因为在居民边际消费倾向递减的情况下,经济高速增长所带来的产品供给无法通过居民的消费需求增长来支撑,消费需求的不足必定要通过投资需求的增长来弥补。其实,1953年以来,高储蓄高投资的增长方式就一直是中国经济发展的一个明显特征。根据《中国统计年鉴》数据,在整个1953—2016年,中国投资年平均实际增长率高达11.1%,其中固定投资增长率年平均为12.7%。改革开放前的增长比改革开放后更高。改革开放前的1953—1978年,中国投资实际增长率年平均为11.8%,其中固定资产投资年平均增长13.8%。改革开放后的1978—2016年,中国投资实际增长率年平均为10.6%,其中固定资产投资年平均增长11.1%。

不过,改革开放前后中国实施高储蓄高投资增长方式的原因和特点并不一样。改革开放前中国为了快速发展重工业和军事工业、实现富国强兵的目标,实行的是重工业优先发展战略(林毅夫,2012,第76—77页)。重工业一般都是资本密集型产业,它的建设周期长,资金投入量大,且关键技术和设备都需要进口,而当时的中国作为以农业为主的落后发展中国家,资金少,外汇缺乏,且当时的外汇价格昂贵。中国政府为了优先发展重工业,就必须通过扭曲的价格体系来压低农产品价格,压缩消费需求来支持投资。这种强制压缩消费来进行重工业投资的发展方式会受到消费需求下限的限制,因此投资极不稳定。因为一旦消费压缩到会影响保障人们基本生存条件所需的最低食物需求时,投资就无法再提高,高投资增长率就无法持续。正是由于这一原因,所以改革开放前中国投资增长率出现了大起大落的趋势。同改革开放前通过指令性计划经济来强制压缩消费提高投资的方式不同,改革开放后在以提高居民生活收入的最终目标下,中国政府主要在市场经济体制下通过各种政策和措施来引导经济减少消费提高储蓄和投资。在以促进经济增长和提高居民收入水平的目标指引下,改革开放后中国的投资方向主要是基本建设投资,包括铁路公路、机场桥梁、水利工程等一些基本设施建设。这种投资并不会直接强制居民压缩消费,而是通过市场价格体制和政策引导经济主体做出选择,因而比改革开放前的投资增长更具有可持续性,且波动性也更小。

绪 论

高储蓄高投资的增长方式对中国经济增长有两方面的深厚影响。首先,高投资直接影响了中国的经济增长方式。一方面,投资增长对产出具有乘数效应。作为有效需求的直接组成部分,投资增长能够直接拉动有效需求从而提高产出;同时,投资增长还可以通过提高收入水平间接拉动消费需求来提高产出。其实,正是由于中国具有极高的投资增长率,才使得中国在改革开放前后都能保持较高的增长率。根据本章第3章的研究,1953—2016年,中国总投资增长直接拉动实际GDP年平均增长3.48%,对GDP增长的直接贡献率为41.3%。其中改革开放前的1953—1977年,总投资增长直接拉动实际GDP年平均增长2.54%,直接贡献率为39.2%;改革开放后的1978—2016年投资增长直接拉动实际GDP年平均增长4.01%,直接贡献率为43.4%。另一方面,由于投资的波动性比较大,在投资乘数作用下,中国增长对投资的高度依赖也使得中国经济增长率的波动比较大,这对于改革开放前的经济增长特别明显。根据《中国统计年鉴》数据,1953—2016年,中国投资增长率的标准差和变异系数分别为18.1%和1.64,是居民消费增长率标准差和变异系数的4.16倍和2.78倍,是GDP增长率标准差和变异系数的2.60倍和1.98倍。其中,改革开放前的1953—1977年,中国投资增长率的标准差和变异系数分别为27.5%和2.34,是居民消费增长率的5.11倍和2.23倍,是GDP增长率标准差和变异系数的2.62倍和1.44倍;改革开放后的1978—2016年,中国投资增长率的标准差和变异系数分别为8.17%和0.77,是居民消费增长率的2.98倍和2.48倍,是GDP增长率标准差和变异系数的3.03倍和2.75倍。其次,中国的高储蓄高投资的增长方式也改变了中国经济的需求结构,使得GDP的总需求构成中,投资占比越来越大,而消费占比越来越小。根据《中国统计年鉴》数据,1953—2016年,中国投资年平均增长率比居民消费高出约3.4个百分点。其中,改革开放前投资年平均增长率为11.76%,比居民消费高6.5个百分点;改革开放后投资年平均增长率为10.59%,比居民消费高1.73个百分点。由于投资增长率持续高于居民消费增长,中国的投资GDP占比从1953年的22%上升到1978年的39%,改革开放后再上升到2016年的44%;居民消费GDP占比从1953年的65%下降到1978年的48%,再持续下降到2016年的39%。目前中国居民消费GDP占比不到40%,是世界各国中居民消费占比最小的国家之一。

中国长期高储蓄高投资的经济增长方式使得中国投资GDP占比日益扩大,居民消费需求占比不断下降。由此,这种高储蓄高投资的增长方式也给中国长期经济发展带来重大问题。根据乘数-加速原理,投资GDP占比越大,在经济增长率相同的情况,所需要的投资增长量就越高;投资是一种生产能力的增长,更高的投资量就会使得生产能力增长更快,从而又需要更高的有效需求增长来维持。在长期内,投资需求的增长不可能跟得上经济增长所带来的产出增长。因此,长期经济增长所需要的有效需求就必须依靠居民消费需求的增长来拉动。但高储蓄高投资的增长方式使得居民消费GDP占比不断下降,消费需求增长明显不足。所以,未来中国如何通过提高居民有效需求,如何从高投资拉动的经济增长转变为由居民消费拉动的增长方式,是当前中国新时代经济发展面临的一个重大挑战。

0.2.5 收入分配格局的变化和居民收入差距的持续扩大

改革开放40年来,中国在经济增长取得巨大成就同时,收入分配格局也发生的激烈的变化。自1978年以来,中国社会收入差距扩大明显,收入分配不平等程度迅速上升。中国已经由一个全球收入分配最平等的国家演变为全球收入差距悬殊的国家之一。例如,根据世界银行的数据,中国收入分配基尼系数1981年为0.29,1995年为0.39,2005年已达到0.45,突破了国际警戒线。根据国家统计局的统计数字,中国全体居民收入基尼系数2003年为0.479,2008年上升到0.491,2009年之后开始下降,2015年下降到0.462,但2016年又上升到0.465,2017年继续上升到0.467。其他研究机构和学者所估计的不平等程度甚至更高(李实,2003)①。不过,大概从2010年前后,随着中国经济发展进入新常态,在中国经济增长速度放缓的同时,中国收入差距也有所减小。目前学界普遍认为,中国收入分配的总体基尼系数已经接近0.5。在世界主要经济大国和人口大国中,只有南非(0.630)、巴西(0.513)等少数发展中国家的基尼系数高于中国。

改革开放后中国的收入差距扩大可以说是全方位的,它表现经济发展的各个方面,如城乡之间、地区之间、城乡内部之间、行业之间以及要素分配之间等。从城乡收入差距来看,1978年中国城镇居民年人均可支配收入和农村人均纯收入绝对差额为109.8元,城镇居民收入是农村居民收入的2.57倍。2000年时,城乡收入绝对差距上升为4027元,城乡收入之比上升到2.79倍。2010年城乡绝对收入差距达到13 190元,相对收入差距扩大到3.23倍。据国家统计局2018年的报告显示,2017年中国城乡居民的年均收入分别为36 396元和13 432元,城乡绝对差距仍在扩大,达到22 964元;不过相对差距有所缩小,城乡居民收入比下降为2.71。就中国各省(区、市)居民的收入差距来看,虽然改革开放初始地区间差距曾经缩小过,但1982年之后这一差距在不断扩大,然后一直到2006年之后,地区收入差距才又有所缩小。根据中国统计年鉴数据计算,中国各省(区、市)城镇居民年平均收入的变异系数1978年为0.179,最大最小值之比为1.87;2000年分别上升到0.275和2.31;2006年之后变异系数有所下降,最大最小值之比则在2013年左右才开始下降;2010年变异系数下降到了0.260,最大最小值之比继续上升到2.41;2016年变异系数为

---

① 有关基尼系数和中国收入差距更详细的数据参加本书第12章,此处所有收入差距的数据也都来自第12章。

0.252,最大最小值之比为 2.25。中国各省(区、市)农村居民收入差距也经历了相似的变化过程。1978 年中国各省农村居民年平均收入的变异系数为 0.286 8,最大最小值之比为 2.784;2006 年左右这两个数值达到最大值,其中变异系数上升到 0.462,最大最小值之比上升到 4.40;之后这两个指标都开始下降;2016 年变异系数为 0.358,最大最小值之比为 3.38。在中国城镇居民内部和乡村居民内部的收入差距也在扩大。不同学者的估计都认为,中国农村基尼系数 1978 年大概在 0.21—0.25,2000 年上升到 0.35 左右;2010 年之后基本都维持在 0.35—0.37。目前中国农村内部基尼系数大概在 0.36 左右,同发达国家在 2010 年左右的基尼系数差不多,低于 0.4 的国际警戒线。中国城镇基尼系数 1978 年大约为 0.16,2000 年上升到 0.25—0.35;2010 年之后基本都维持在 0.30—0.35。根据不同学者的估计,目前中国城镇内部基尼系数应该超过 0.30,但低于 0.4 的国际警戒线。1978—2016 年中国行业收入差距则呈现出波浪形扩大趋势。国家统计局数据显示,中国最高最低行业工资比 1990 年之前一直下降,1991 年后逐渐扩大,2008 年后略有缩小趋势,但 2016 年又在扩大;行业最高工资同全国平均工资之比和行业最低工资同全国平均工资之比也显示了同样的趋势;行业工资变异系数在改革开放初期至 1989 年一直缩小;1990 年之后逐步扩大,1994 年达到改革开放之前的水平,不过 2008 年之后略呈缩小趋势。在要素收入差距方面,如果按照劳动报酬占 GDP 之比的数据来看,中国劳动收入占比已从 1987 年 52.0% 的峰值下降至 2007 年的 39.7%,2007 年这一占比开始上升,2016 年上升到 50.9%,但相对于改革开放初期仍下降了很多。如果按照劳动报酬占总增加值之比来看,中国劳动收入占比下降的更厉害(见本书第 12 章图 12.17)。

  中国收入差距扩大的原因很多,也很复杂。一般认为,市场经济改革可能是中国收入差距扩大的最初诱因。因为如果未进行市场经济改革,原有计划经济体制下公有制经济和按劳分配不可能也不允许有过大的收入差距,因为生产和生活物质的短缺和匮乏使得大家只能几乎是平均分配,否则,就有可能有人连基本的生活都无法维系。实施市场经济改革后,一方面,生产效率的提高所带来的丰富物质生活产品使得人们之间有可能进行非平均主义的分配,而为了激励生产者的积极性和促使生产资料的有效利用,也必须要按照边际贡献实行非平均主义的按要素分配。另一方面,实行市场化改革开放之后,收入分配由按劳分配逐步转向按劳分配和按要素分配相结合,资本、土地和知识技术等要素获得的收入在个人收入中所占的比重越来越大。当收入分配形式从单纯的按劳分配向按劳分配和按要素分配相结合的分配方式转变时,这其实相当于扩大了个人劳动能力的不平等对收入差距的影响,因而肯定会扩大个人收入差距的影响,同时财富不平等的时间积累也会进一步扩大收入差距。但是,二元经济发展下的渐进性改革所导致不完善的市场经济体制,才是中国收入差距持续扩大的主要原因。例如,现有研究表明,二元经济发展、户籍制度和城乡劳动力市场分割导致了中国城乡收入差距的持续扩大和劳动收入占比的不断下降,地区经济不平衡发展、户籍制度和地区劳动力市场分割则是地区收入差距扩大的根本原因,而教育、行政垄断和权力寻租等和不完善市场机制更进一步加深了收入差距的扩大。

改革开放以来中国收入分配不平等加剧,居民收入差距明显扩大。虽然近年来中国收入差距有缩小的趋势,但这是否只是近来中国经济增速下滑下的短期现象,这一点还很不确定。过大的收入差距不但有悖于"共同富裕"的改革开放目标,影响社会公平,而且会降低居民整体消费需求,导致经济有效需求不足从而阻碍经济增长,它还可能引起社会不稳定或动荡,加大经济中的不确定性和风险,从而影响到投资者投资和生产的积极性。如何改善中国的收入分配格局,缩小居民收入差距,也是中国经济发展当前所面临的困境和挑战之一。

0.2.6 其他特征和问题

中国高速经济增长过程还有其他一些典型特征及其带来的困境和挑战。例如,2000年以来住房改革所释放出来的居民住房需求,以及中国政府为改善居民居住条件所采取的一些政策措施,促进了中国房地产行业的快速发展。房地产行业的发展成为拉动中国近10年来经济高速增长的主要动力,这是中国近年来经济增长过程中一个典型特征。但与此同时,这也带来了居高不下持续上涨的房价。居高不下持续上涨的房价严重破坏了中国其他实体经济同房地产行业之间的价格结构和利润结构的均衡,导致目前中国经济增长对房地产行业的发展产生了高度的依赖性。如何走出目前中国对房地产的高度依赖,也是中国经济目前所面临的困境和难题之一。再如,尽管中国经济得到快速发展,但由于中国人均GDP仍然很低。中国较低的人均收入水平限制了中国医疗和教育的发展,使得人均的教育和医疗健康水平都不高。根据新增长理论,长期来看,一国健康人力资本和教育人力资本的提高是其经济增长最主要的内在动力之一。中国如何通过提升教育和健康人力资本来促使经济可持续发展,这可能也是中国当前经济增长所要解决的问题。此外,正如本书第5章所分析的,中国过去的增长在很大程度上依赖于中国劳动生产力的增长以及产业间的就业结构调整。人口红利是过去40年来中国经济高速增长的主要动力之一。但在中国计划生育政策的作用下,中国在人均收入没有达到发达国家水平时就提前进入了人口结构转型阶段,中国开始出现人口老龄化趋势,劳动力供给相对下降。未来随着中国人口老龄化的加深,如何应对劳动力供给下降和劳动人口抚养比上升对经济增长的阻碍作用,也是中国经济长期增长所面临的重大问题之一。中国是否能圆满妥善地解决和处理这些问题,可能会直接影响中国未来的经济增长。

绪　论

0.3　本书的研究内容、基本结论和结构安排

0.3.1　本书研究主要内容和基本框架

改革开放 40 年以来,中国经济取得巨大成就,中国特色社会主义进入了新时代,中国经济发展也呈现出新常态。新时代的经济发展新常态面临着诸多问题和挑战。总结经验,立足现在,展望未来,认真研究中国这 40 年经济发展的宝贵经验和特色,既是中国进一步发展经济的需要,也是科学经济学理论研究的要求。当然,中国经济在很多方面都显现出非常明显的中国社会主义经济特色,中国经济发展在各个方面都有其值得认真研究和总结的经验和议题。仅就宏观经济方面,就存在众多需要并值得研究的理论和现实问题,如金融体制和利率制度改革开放、货币政策和价格变动、汇率制度和资本流动、财政体制和税收制度改革开放、经济增长和就业、经济发展和产业结构优化升级、可持续发展和能源环境问题等等。这些问题在本套丛书中都有专著进行研究和讨论,本书将主要聚焦于中国二元经济发展过程中的经济增长和收入分配问题。

本书研究的第一个目的就是探究中国经济增长的总体规律和结构变化特征。这一重大问题是本书首先要探讨的内容。本书将在第 1 编以中国实际 GDP 及其增长率作为衡量中国经济增长的分析指标,对中国经济增长的总体演化规律和结构变迁特征进行分析。如上所述,改革开放 40 年来,中国的持续经济增长带来了社会综合实力的稳步提升,中国在全球经济中的地位和影响力显著增强,人们生活水平显著提高。但是,中国如何从一个落后的国家逐步走向全球第二经济大国？改革开放前后中国经济发展的差异性有哪些？改革开放前的经济发展对于中国总体经济增长有何影响？与同时期其他国家的经济发展相比,中国改革开放前后的经济发展有哪些不同？经历了近 40 年的高速经济增长,同世界其他国家相比,中国目前的发展水平如何？这是本书第 1 章所要回答的问题。中国改革开放 40 年来的经济发展大大改善和提高了中国居民的收入水平。人民生活收入改善和提高的具体程度如何？目前中国城乡居民的生活水平和状态位于一个怎样的状态？这是本书第 2 章所要分析的问题。在中国经济持续增长的过程中,需求方面主要由哪些因素来推动,供给方面又是如何影响经济增长？供给和需求的结构如何演变？经济增长过程中的结构变化,包括需求结构、产业结构、价格结构和就业结构等,对推动中国经济增长各有什么影响和作用？这是本书第 3 章到第 5 章所要研究的问题。其中,第 3 章从需求方面研究了按 GDP 支出法构成的居民消费、投资、政府消费和净出口等四大需求项对中国经济增长的贡献。第 4 章分析了三次产业增长对中国经济增长的贡献,及其三次产业间

的价格结构变化对经济增长的影响。第5章研究了三次产业劳均生产力的提高对中国劳均GDP的影响,并分析三次产业就业结构和价格结构变化对劳均实际GDP增长的影响。

其次,本书还希望研究中国经济增长和经济发展之间的关系,探讨一些重要的经济发展因素,如投资、住房、教育和健康等同中国经济增长之间互动机制。这些构成本书第2编的主要研究内容。正如以上分析所指出,中国长期以来依靠高储蓄高投资的方式来带动经济增长,那么中国高投资高储蓄的增长方式同中国的高经济增长率有何关系?中国出现高储蓄率的原因是什么?中国高储蓄高投资的经济增长方式还能持续吗?本书第6章对这些问题进行了探讨。中国近年来的发展对房地产行业存在很严重的依赖性,中国居高不下持续上涨的房价不但影响了中国的经济增长,而且还严重影响了居民的生活幸福指数。中国房价居高不下持续上涨的原因和机制是什么?土地和住房供给对中国经济增长和房价有影响吗?中国的土地和住房供给同经济增长的互动机制是什么?中国应该如何调控住房价格以促进经济稳定和发展?这是本章第7章所要回答的问题。通过这两章的分析,本书研究表明,高投资和房地产发展这些以往曾经推动中国经济快速增长的主要力量在未来都不可能再推动中国经济持续增长了。根据新经济增长理论,人力资本应该是促进经济内生经济增长主要因素之一。人力资本的积累是否能成为推动中国经济继续增长的动力呢?文献中的人力资本包括健康人力资本和教育人力资本。中国过去的高速经济增长提高了居民教育水平和健康水平吗?中国目前的教育人力资本和健康人力资本状况如何?教育人力资本和健康人力资本过去对中国的经济增长有推动作用吗?为了回答这些问题,就有必要研究中国经济增长过程中健康人力资本和教育人力资本同经济增长的关系。这些也是本书第2编的主要研究内容。本书第8章和第9章主要研究教育同经济增长的关系,第10章和第11章主要研究了健康同经济增长的关系。

本书第3编主要研究了中国二元经济发展过程中收入分配的演化,包括收入分配格局的演化过程和现状、收入差距扩大的原因和机制,以及未来可能的应对措施和策略。中国改革开放在经济增长方面取得重要成就,但在公平方面却出现了问题。改革开放40年来中国居民收入差距持续扩大,收入不平等持续加剧。中国居民收入分配格局的演变历程如何?中国居民收入差距的扩大有哪些体现?目前中国收入不平等状态达到什么样的程度?目前中国收入分配格局有什么特点?这些是本书第12章所要回答的问题。中国收入差距扩大主要以城乡收入差距和地区收入差距扩大最为主。中国户籍制度所带来的不完全竞争劳动力市场严重限制城乡之间和地区之间的劳动力流动。不完全竞争劳动力市场对劳动力流动的限制对不同地区的经济发展和收入差距有什么影响,影响的机制是什么?这是本书第13章研究的问题。中国的劳动力市场还存在垄断现象,同时最低工资制度也在中国经济发展过程逐步实行和不断完善。垄断劳动力市场对居民收入不平等和

绪 论

福利不平等有何影响？最低工资制度能缩小收入差距吗？最低工资制度对中国的经济发展和收入分配有何影响？这是本书第14章和第15章的主要研究议题。本书第16章对经济中影响收入分配不平等动态演化的经济机制进行了回顾和总结，对中国收入差距持续扩大的原因进行的分析和评述，在此基础上，还对中国未来如何改善收入分配格局、缩小居民收入差距提出一些意见和建议。

0.3.2 本书的结构安排和主要结论

除本绪论外，本书主要分为3编，共16章。第1编包括第1—5章，主要研究改革开放以来中国GDP的增长历程和人们生活的变化情况；第2编包括第6—11章，主要研究与经济发展有关的投资、住房、健康和教育等问题同中国经济增长的关系；第3编包括第12—16章，主要研究中国经济增长过程中的收入分配问题。各章具体内容和主要结论如下：

本书第1编解析了改革开放40年来中国经济的增长过程和原因，在数据可获得的情况下，也对改革开放之前的经济增长状况进行了比较研究。第1编分为5章。第1章主要研究1960—2016年中国经济增长的历程，分析中国GDP总量及其GDP全球占比的变化情况，比较不同时期中国经济增长的阶段差异性，以及同一时期各国经济增长的差异性。这一章的研究表明，1960—1977年，中国经济总体呈现出激烈波动且相对世界经济低速增长的局面，中国GDP全球占比和排名也一直下降。1978—2001年，中国经济增长速度明显快于改革开放前以及同一时期的其他国家，但经济波动的绝对幅度仍比较大，相对幅度较小；直到2001年中国GDP全球占比和世界排名才恢复到1960年的水平。2001—2016年，中国经济更加高速平稳增长，与之前的中国经济增长和同期其他国家的经济增长相比，中国经济增长更快且波动更小；中国GDP全球占比和世界排名都连续上升，2010年GDP总量跃居全球第二。这一章的分析也表明，尽管中国目前经济总量已经很大，但人均GDP还很低，仍处于中高收入组国家的平均水平，同发达国家还有很大差距。

第2章研究改革开放以来中国居民收入水平的变化情况。这一章的分析表明，改革开放以来，中国居民收入水平和消费水平都得到明显改善和提高，中国居民生活水平已经由改革开放初期的贫困生活状态变化为2016年的相对富裕状态。1978—2016年，中国城乡居民人均实际可支配收入年平均增长率分别到达7.4%和7.7%，全国人均实际消费水平年增长率为8.0%。中国居民的消费结构也得到改善，农村居民恩格尔系数从1978年的67.7%下降到2016年32.2%，同一时期的城镇居民恩格尔系数从57.5%下降到29.3%。不过，中国的人均消费支出仍只有3 000美元左右，远低于发达国家，甚至低于其他金砖国家，仍有待于提高。总体来看，目前中国城乡家庭生活都已经呈现出行自动化、生活电器化、通信无线化和娱乐网络化的趋势。

第3—5章分别从需求和供给两个视角对中国经济增长的原因进行探究。第3章从需求方面分析1953—2016年中国经济增长的原因,考察改革开放前后中国经济增长的结构变化特征,并通过对GDP增长率的需求因素分解,研究不同需求类别对中国经济的贡献。这一章的分析表明,改革开放前后中国经济实际增长率都很高,但改革开放后的增长率更高,改革开放前的波动更大;改革开放前后投资的波动在四大需求项中都最大,它是造成经济波动的主要需求因素;改革开放前后GDP增长率以及居民和政府消费增长率都相差很大,但投资增长率相差不大;1953年以来投资GDP占比一直上升,居民消费占比一直下降,政府消费占比变化不大。这一章的分析还表明,1953—2016年中国GDP增长主要由居民消费和总投资拉动,居民消费对GDP增长的贡献率约为40%,总投资的贡献率约为44%;改革开放前居民消费对GDP增长的贡献率比投资高约14个百分点,改革开放后总投资的贡献率比居民消费高1.34个百分点;改革开放前后总投资的年平均增长率变化不大,但改革开放前投资拉动GDP年平均增长2.54%,改革开放后提高到4.08%;改革开放后四大需求因素拉动GDP的年平均增长点和贡献率都比改革开放前更稳定。

第4章从供给角度分析了1952—2016年产业结构变化对中国经济增长的影响,通过实际GDP增长率的产业因素分解,这章还考察了三次产业增长和结构变化对中国经济增长的贡献。这一章的分析表明,如果不考虑价格结构的变化,1952—2016年,中国实际GDP增长151倍,年平均增长率为8.17%;其中,第一产业对GDP增长的贡献率为8.3%,第二产业贡献率39.8%,第三产业51.7%。改革开放前的1952—1977年,中国实际GDP增长3.22倍,年算术平均增长率为6.48%①;第一产业贡献率约为22%,第二产业55%左右,第三产业23%。改革开放后1978—2016年,中国实际GDP增长35.1倍,年算术平均增长率为9.66%;第一产业贡献率大约7.96%,第二产业39.6%,第三产业52.3%。如果考虑价格结构变化相应,尽管价格结构变化对经济增长的直接影响效应不大,但各产业对经济增长的贡献却出现了明显变化:三产和一产对经济增长的贡献显著下降,二产对经济增长的贡献大大提高。另外,在长期经济增长过程中,价格结构变化效应对经济增长具有很大的影响。

第5章主要研究中国劳均生产力提高的原因。这一章首先提出了一种劳均GDP增长率产业分解的新方法,这种方法能够分解出价格结构变化和就业结构变化对劳均GDP增长的贡献;然后,这一章利用这一方法对中国劳均实际GDP增长率进行了产业分解,并分析三次产业增长和结构变化对劳均GDP增长的影响。第5章的分析表明,1953—2016年期间中国劳均实际GDP增长39.6倍,年平均增长5.96%,一二三产业劳均实际产值分

---

① 由于这里的年算术平均增长率是按各年实际增长率的简单平均计算得到,各时间段的总增长倍数计算的几何年增长率有差异。具体见第4章的分析和解释。

别年平均增长4.85%、4.79%和4.35%。其中,改革开放前的1952—1977年,劳均实际GDP增长1.22倍,年平均增长3.24%,一二三产业的年平均增长率分别为1.44%、3.72%和1.90%;改革开放后的1978—2016年,劳均实际GDP增长17.3倍,年平均增长7.7%,一二三产业的年平均增长率分别为7.10%、5.48%和5.95%。本章研究还表明,1953—2016年,一二三产业增长效应和就业结构变化效应以及价格结构变化效应对中国劳均实际GDP年平均增长率的贡献率分别为0.67%、2.96%、1.40%、1.97%和0.09%,而就业增长交叉效应、价格增长交叉效应、就业价格交叉效应和就业价格增长交叉效应对年GDP增长率的贡献都很小。就这一期间劳均实际GDP的总增长倍数来看,三次产业劳均生产力的提高使劳均实际GDP共增长16.29倍,贡献率为41.1%;两种结构变化效应使劳均实际GDP共增长12.28倍,贡献率为31.0%;四种交叉效应共使得劳均实际GDP增长11.03倍,贡献率为27.8%。

本书第2编主要研究中国二元经济发展过程中一些重要因素,包括投资、房地产、教育和健康等同经济增长的相互关系,分析这些因素同中国经济增长相互作用的经济机制,探讨它们对中国未来经济增长可能存在的影响。第2编共包括6章。第6章主要研究投资同中国经济增长的关系。这一章首先利用一个新古典拉姆齐模型,对经济增长过程中储蓄率和投资率的决定机制进行了理论分析;然后基于这一理论模型对中国高储蓄率现象进行了分析和解释。这一章的理论研究表明,在平衡增长路径上,一个国家的消费率和储蓄率主要取决于经济增长率、主观贴现率(或者说资本收益率)、资本产出弹性,以及居民对未来工资的预期形式。这一章有关中国高投资高储蓄的研究表明,中国的高储蓄率和高投资率首先是其高经济增长率的必要前提,而中国的其他特有因素,如高资本产出弹性、居民对未来工资的短视性预期,以及居民的高主观贴现率和高风险规避性(跨期替代弹性)等进一步提高储蓄率。由于高储蓄-高投资可能具有经济结构效应和加速投资效应,中国高储蓄高投资的经济增长方式长期难以维系。

第7章分析房地产的发展和中国经济增长的关系。这一章首先从理论上研究了土地和住房供给同经济增长和房价之间的相互影响机制,以及土地和住房供给增长对房价和经济增长的长期影响;然后运用中国跨省面板数据分析了中国住房供给对各省经济增长和房价上涨的影响;最后对中国房价持续高涨的原因以及政府调控所面临的困境进行了讨论。这一章的理论研究表明,在一个具有个人住房"消费"的OLG模型中存在唯一不稳定的均衡状态,这一均衡状态下的房价上涨率等于经济增长率加上人口增长率再减住房供给增长率。由于均衡状态不稳定,一旦房价过高使得人均住房消费占人均收入之比高于均衡状态时,房价将会出现泡沫,经济将会陷入长期的萧条并最终导致房价泡沫破灭。这一章的实证研究则表明,中国人均住房供给增长率对经济增长率具有显著正效应,对房价上涨具有显著负效应;人口增长率和人均住房价值与人均城镇可支配收入之比这两个变量则对经济增长率都有显著负效应,对房价上涨都有显著正效应;经济增长率则通过提高人均收入水平而对房价具有显著的正效应。这一章的分析认为,中国长期的高速经济增长所带来的收入增长是房价上涨的基本动因,而中国土地财政收入最大化机制所导致的土地供给政策和中国金融系统对居民购买住房实行分期付款的房贷按揭制度则是推动中国房价居高不下持续上涨的直接原因。

第8章和第9章研究了中国二元经济发展过程中教育和经济增长之间的关系。第8章主要分析中国经济增长过程中教育水平的发展状况,并详细解析了改革开放前后中国教育发展水平的特征和差异。这一章首先分析中国教育经费的变化情况,包括国家总教育经费及其GDP占比、国家公共教育经费支出及其在财政支出中的占比,以及个人教育经费支出及其在个人消费支出中的占比;然后讨论中国各级教育的教学规模和教育质量的变化过程,包括中国各级教育教师人数、学生规模,以及学校生师比的变化情况;最后研究中国教育人力资本的发展状况,包括中国各级教育毕业人数的变化过程 15—65 岁人口平均受教育年限的变化趋势,以及 15—65 岁人口中大专以上学历人口占比的变化情况。这一章的各种指标分析都表明,中国的教育在改革开放以来的经济增长过程中得到了巨大的发展。

第9章研究了中国教育发展对经济增长的作用。这一章首先对现有文献认为"中国教育水平提高对经济增长没有作用"的观点提出质疑,认为现有研究之所以得出这一结论,主要是因为未能考虑到人力资本在公私部门间的配置结构对教育回报率的影响。由于教育人力资本在公私部门间的生产能力存在差异,它在部门间配置结构的变化会影响教育对经济增长的贡献。以往研究由于忽视了中国人力资本配置结构的变化,因而低估了教育人力资本对中国经济增长的作用。然后,这章利用 2000—2010 年中国跨省面板数据,通过公共部门工资溢价来刻画人力资本在公私部门间配置结构的变化对教育经济增长效应的影响,重新估计了中国教育提高对经济增长的贡献。这章的实证研究发现,如果通过公共部门工资溢价这一代理变量剔除人力资本配置结构的影响,中国教育水平的提升对经济增长和社会产出具有显著正效应。研究还发现,中国生产部门中人均教育年限每提高 1 年,人均产出大约会提高 0.8—1.7 个百分点。这同文献中估计的其他国家教育回报率——生产部门中的人均受教育年限每增加 1 年,人均 GDP 增长率平均提高大约在 0.7 至 1.4 个百分点之间——相比差距不大。这章还估算了中国各地区的教育产出弹性和教育边际产出效益。估算结果表明,尽管中国不同地区的教育产出弹性差别不大,但地区间的教育边际产出差异巨大。

第10章和第11章研究中国二元经济发展过程中健康和经济增长之间的关系。第10章详细考察了 20 世纪 50 年代特别是 1978 年改革开放以来中国居民健康医疗卫生状况的发展变化情况,包括健康卫生总费用及其结构的变化情况,医疗机构、卫生技术人员、医疗床位数等国家医疗卫生设施条件变化情况,以及以各类死亡率、预期寿命和传染疾病的发病率和死亡率衡量的中国居民的健康水平的变化情况。利用以上各种有关中国健康医疗卫生水平的指标,这一章的分析都表明,中国的健康医疗卫生水平在改革开放以来的经济增长过程中得到巨大的发展,但同发达国家还有很大差距。

第11章研究中国健康人力资本和健康投资对经济增长的作用,分析健康因素对经济增长的影响机制和长期效应。这一章首先利用一个具有 Arrow-Romer 生产函数的代际交替模型,从理论上来分析健康和经济增长之间相互影响的机制,以及健康人力资本对经济增长的影响。然后,这章还运用中国 1978—2003 年的跨省面板数据,实证研究中国健康人力资本对经济增长的影响。这章的理论分析表明,经济增长既同健康投资的增长有关,也同健康人力资本存量有关。健康人力资本存量对经济增长的总效应取决于它如何影响物质资本积累。如果排除健康投资对物质资本积累的挤出效应,由于健康人力资本存量会提高个人的劳动生产能力,因此它肯定会促进经济增长。然而,由于健康投资可能会挤占物质资本积累,因此,过高的健康人力资本和健康投资可能会抑制经济增长。此外,如果考虑健康投资通过影响物质资本投资从而对劳动生产率产生了正的外部性,把健康人力资本引进经济中可能会使得经济发展过程中出现贫困性陷阱。运用中国跨省面板数据的实证研究表明,中国健康投资增长率(GPCMB)同经济增长率存在显著的正相关;在健康人力资本-物质资本之比保持不变的情况下,健康投资从而健康人力资本存量(PCMB)同经济增长率也存在显著的正相关,但健康人力资本-物质资本之比同经济增长率却存在显著的负相关。这一结论同理论分析结果一致。

本书第3编主要研究中国二元经济发展过程中的收入分配问题。这一编共包括6章。第12章主要关注中国收入分配格局的演变和现状,详细分析和讨论了改革开放以来中国居民各种收入差距的演变过程和变化趋势。这一章的研究表明,改革开放以来中国居民收入差距总体呈现扩大趋势,且收入差距的扩大是全面持续的,收入差距的扩大表现在经济生活的各个领域,如城乡之间、地区之间、城乡内部之间、行业之间和要素收入分配之间。目前中国基尼系数已突破国际警戒线 0.4,处于收入分配差距悬殊国家之列。不过,目前中国城镇内部和农村内部的收入不平等仍处于国际警戒线(0.4)以内,同世界其他发达国家的不平等程度相差不大。但值得注意的是,中国城镇内部和农村内部收入差距目前也在持续扩大,且这种扩大有加快的趋势;中国社会阶层流动性正在变小,社会分层正在形成,社会阶层正在固化;中国财富分配的不平等远比收入分配的不平等大得多。随着中国改革开放的深入和城市化进程的加快,中国收入分配的这三个变化特征可能会成为影响社会稳定和经济发展的最重要因素。

第13章主要研究不完全竞争劳动力市场对地区收入差距的影响。以往很多研究文献都把中国地区间居民收入差距的扩大归为地区经济发展不平衡。这章的理论分析表明：第一，如果地区间劳动力市场是完全竞争的，即劳动力可以在地区间自由流动，则两个地区间不存在工资收入差距，且具有相同人均产出增长率；两个地区初始财富水平的不同可能会带来人均收入水平的差距，但这种差距会随着经济的发展不断缩小；两个地区间的技术水平及其增长率的差距对两地经济增长和收入差距没有影响，资本和劳动的流动完全可以弥补两地的技术水平差异。第二，如果地区间劳动力市场不完全，那么两地区间的工资和人均收入差距会持续存在，两地区不同的资本产出弹性和技术水平是影响两地区产出差距和经济增长率差距的主要因素；如果发达地区比不发达地区具有更高经济增长率，两个地区的收入差距和工资差距持续扩大。基于这一分析，这章研究认为，中国地区收入差距扩大的不一定是地区经济不平衡发展结果，而更有可能的是，地区经济发展不平衡和地区收入差距扩大都是地区劳动力市场分割的结果。

第14章研究垄断劳动力市场和最低工资限制对收入差距的影响。这一章的研究表明，同完全竞争的劳动力市场相比，完全垄断市场肯定会加剧不平等；即使在完全竞争劳动力市场下，最低工资限制对不平等的影响也是不一定的，它具体同均衡状态劳动需求弹性的大小有关；在劳动力市场存在买方垄断的情况下，高于完全垄断市场工资水平的最低工资限制肯定会使得失业和不平等同时改善。

第15章进一步讨论最低工资限制对收入差距和经济发展的影响。这一章的分析表明，由于中国特殊的国情，一种合适的最低工资制度在中国可能会产生以下三种效应：第一，最低工资制度具有改善中国收入分配格局，缩小收入差距的功能；第二，一个各地区有差别的最低工资限制可能会促进中国的产业结构向内地转移，提升中国的产业结构升级；第三，长期来看，最低工资限制可能会导致低人力资本工人被迫进行人力资本投资，从而有助于中国人力资本的提升。

第16章分析中国收入差距持续扩大的原因，并就如何改善中国收入分配格局、缩小居民收入差距提出政策建议和意见。这一章的分析认为，中国市场经济改革可能是中国收入差距扩大的初始诱因，但是，渐进性改革所导致的不完善市场经济体制，才是中国收入差距持续扩大的根本原因；而教育、行政垄断和权力寻租等因素同不完善市场机制的交织作用又进一步加剧了收入差距的扩大。改善中国收入分配格局，缩小居民收入差距，最根本的就是要完善社会主义市场经济体制。

第1编

中国的经济增长

1978年改革开放以来,中国经济以实际GDP年平均9.6%的速度高速增长。国家综合国力大大增强,人们生活水平日益提高,经济结构和社会生活发生巨大转变。根据世界银行《世界发展指标》的数据,1978年中国GDP总量全球占比1.75%,排名第11位,人均GDP为156.40美元,在世界银行给出的134国家中排名倒数第4。2017年中国GDP总量全球占比15.17%,排名第2位,人均GDP为8 826.99美元,在世界银行给出的189国家中排名第73位。根据《中国统计年鉴》的数据,中国城镇名义人均可支配收入已经由1978年的343元增长到2017年的33 616元,中国城镇实际人均可支配收入增长13.75倍,年平均增长7.4%;中国农村名义人均纯收入从134元增长到12 363元,农村实际人均可支配收入增长15.03倍,年平均增长7.7%;全国人均消费水平从184元增加到2016年的21 228元,人均实际消费水平40年间增长17.39倍,年增长率平均为8.0%。按照联合国粮农组织的标准,中国居民生活水平已经由改革开放初期的贫困生活状态改变为2016年的相对富裕状态。1978年中国第一产业GDP占比为28%,就业人口占比达到70.5%;第二产业产值GDP占比48%,就业人口占比为17.3%;第三产业GDP占比为25%,就业人口占比12.2%。到了2016年,中国第三产业GDP占比达到52%,就业人口占比达到43.5%;第二产业GDP占比为40%,就业人口占比28.8%;第一产业GDP占比下降到9%,就业人口占比27.7%。本书第1编主要对中国改革开放40年的经济增长趋势和经济发展状况进行分析和讨论,在数据可获得的情况下,也对改革开放之前的经济增长状况进行比较分析。第1编主要包括五章:第1章主要研究1960—2016年特别是改革开放以来中国经济增长的历程,回顾中国GDP总量及其全球占比的变化过程,并通过国际比较分析,考察中国改革开放前后不同时期经济增长方式的差异及其转变。第2章研究改革开放以来中国居民收入水平、消费水平和消费结构的变化历程,考察中国城镇居民的生活水平和生活方式的转变过程和现有状态。第3章主要按照GDP支出法构成的分类方法分析中国经济需求结构的变化过程,考察各类需求在GDP构成中的变化趋势,并对GDP实际增长率进行需求因素分解,研究不同需求因素对中国经济增长的影响和作用。第4章研究中国经济增长过程中的产业结构变化,从产业结构变迁视角对中国实际GDP增长率进行产业因素分解,考察三次产业增长和产业价格结构变化对中国经济增长的贡献和影响。第5章考察1952—2016年中国产业就业结构的变迁,分析中国劳均实际GDP和三次产业劳均产值的变化情况,并对中国劳均实际GDP增长率进行产业分解,研究三次产业相对价格变化和就业结构变化对经济增长的影响。

第1章

中国经济增长概况：1960—2016

如果说1949年中华人民共和国成立结束了列强践踏中国的历史,中国人民从此站起来了,那么1978年以来的改革开放则使得中国日益富强起来,以GDP增长为基础的持续经济增长和经济发展带来了中国社会综合实力的稳步提高,中国在全球经济中的地位和影响力显著增强。据世界银行资料显示,按照市场汇率进行计算,1978—2017年中国GDP总量在全球的排名稳步上升,目前已经是全球第二大经济体。图1.1显示了2017年世界主要经济大国GDP总量及其全球GDP占比的情况。按照当年官方汇率计算,2017年世界GDP总量为80.7万亿美元。其中,排名第一的美国GDP总量为19.4万亿美元,全球GDP占比为24.0%;中国排名第二,GDP总量为12.2万亿美元,是美国的63.1%,其全球GDP占比为15.2%。日本排名第三,GDP总量为4.9万亿美元,全球GDP占比为6.0%,其经济总量是中国的39.8%。德国、英国、法国、印度、巴西、意大利和加拿大等国分别位列第4—10位,其GDP总量分别占中国GDP总量的30.1%、21.4%、21.2%、21.1%、16.8%、15.8%和13.5%。

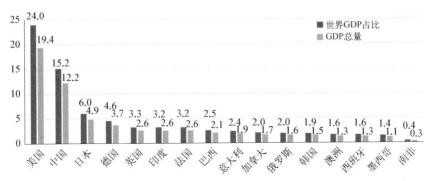

图1.1 世界主要经济大国2017年GDP总量及全球占比

资料来源:http://data.worldbank.org/data-catalog/world-development-indicators.

中国是如何从一个落后的国家逐步走向全球第二经济大国的呢?中国改革开放40年来的经济发展历程如何?改革开放前的经济发展对于中国总体经济增长有何影响?改革开放前后的经济发展有什么显著的不同?其差异性有哪些?与同时期其他国家的经济发展相比,中国改革开放前后的发展有哪些不同?这些问题都是本章将要探讨的内容。

本章将详细分析和讨论1978—2016年中国经济增长状况。当然,为了进行比较分析,在数据允许的情况下,本章也对中国改革开放前的经济发展进行了分析。

第1节以当年官方汇率为换算标准,分析了1960—2016年中国GDP总量及全球占比的变化情况,概览中国经济总量在全球经济地位的变化过程;第 2 节以不变价格计算,通过对中国不同时期实际 GDP 增长率和人均实际 GDP 增长率的时期比较分析,以及对各国实际 GDP 增长率和人均实际 GDP 增长率的国别比较分析,研究了中国不同历史时期经济增长的特点和变化趋势;第 3 节分析了 1960—2016 年期间,特别是改革开放以来,以不变价格计算的中国实际 GDP 总量和人均实际 GDP 的增长情况,并通过国际比较分析探讨改革开放后中国经济增长的特征及其所取得的成就;第 4 节仍以当年官方汇率为换算标准,通过分析中国人均 GDP 的增长情况,考察目前中国经济同发达国家间的差距。

1.1 GDP 总量和占比的变化

中国改革开放 40 年来所取得的最醒目成就是中国经济总量的明显上升和全球经济地位的显著提高。图 1.2 分别显示 1960 年、1978 年、2001 年和 2016 年世界主要经济大国 GDP 全球占比的情况,图 1.3 还进一步显示了 1960—2016 年世界主要国家历年 GDP 全球占比的变化情况。从这两张图中可以看出,由于 20 世纪 50—70 年代是西方国家经济高速发展的黄金时期,这期间中国经济相对于世界其他国家发展明显落后。由于 20 世纪 50 年代的数据缺失,图 1.2 和图 1.3 显示的仅是从 1960 年开始的数据。从图 1.2 可知,根据世界银行数据,按当年价格计算,1960 年全球 GDP 总量为 1.366 万亿美元,中国为 0.06 万亿美元,中国全球 GDP 总量占比为 4.4%;美国则一家独大,其 GDP 全球占比约为 40%。除了现在已经解体的苏联和当时尚未统一的德国,1960 年中国 GDP 总量在全球现有国家中排名大概第 4 位,加上德国(德国数据为合并了民主德国和联邦德国后的数据)和苏联,在当时的国际排名大概第 6 位。

从图 1.3 中可以看出,整个 20 世纪 60—70 年代,中国经济相对其他国家基本都没有增长。由于相对发展缓慢,按照官方公布的当年汇率计算(如图 1.3 所示),1961 年法国和日本经济总量超过中国,1962 年意大利经济总量超过中国,1974 年加拿大超过中国,1977 年巴西超过中国,1978 年西班牙超过中国。到改革开放初期的 1978 年,全球 GDP 总量已经达到 8.538 万亿美元,相对于 1960 年增长了 5.2 倍,按美元计算的全球 GDP 年平均增长率达到 9.6%①;中国 1978 年 GDP 约为 0.154 万亿美元,相对于 1960 年,

---

① 注意,这时按照美元计算的全球经济增长率高估了全球实际经济增长率。其中有两个重要因素使得全球 GDP 增长率被高估,第一,由于美国本身的经济总量占全球 GDP 的比重较大,美元本身存在通货膨胀使得以美元计价的全球 GDP 可能存在通货膨胀,因而会高估全球实际 GDP 增长率;第二,由于其他发达国家经济相对美国发展更快,其他国家的货币相对美元在升值,这使得其他发达国家的 GDP 用美元计价后其增长可能会再次被高估。

第1章 中国经济增长概况：1960—2016

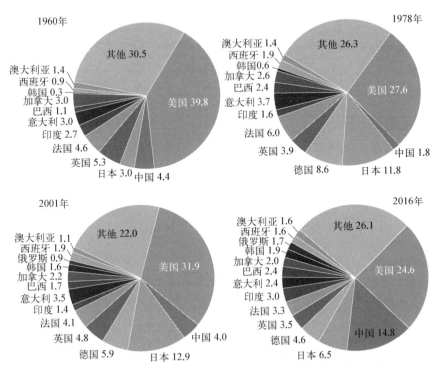

图1.2 1960年、1978年、2001年和2016年世界主要经济大国全球GDP占比

注：① 原始数据来源世界银行 http://data.worldbank.org/data-catalog/world-development-indicators；② 由于德国GDP1960年的数据缺失，1960年图中德国用的是1970年的数据；③ 1960和1978年德国数据是合并了民主德国与联邦德国的数据。

中国近20年间GDP只增长了1.50倍,年平均增长率不到2.5%①。1978年中国全球GDP总量占比为1.8%,位居第一的美国GDP全球占比约为27.6%,排名第二的日本和排名第三的德国全球GDP占比分别为11.8%和8.6%。当然,如果按照2010年各国官方汇率这一不变汇率计算(如图1.3所示),中国在1960年的排名更后,在1960—1978年中国超过了印度,但在1978年,中国GDP总量全球占比仍然落在美国、日本、德国、法

---

① 注意,这一按美元计价的中国GDP增长率低估了中国实际经济增长率。这主要是因为这一期间西方国家对中国采取封锁政策,使中国经济脱离世界经济发展,从而导致人民币在国际市场不断贬值,人民币对美元汇率持续下降。所以,以美元计价的中国实际增长率包含了人民币贬值的因素,因而低估中国的经济增长率。本章后面的数据将表明,按照中国不变价格计算的实际GDP增长率会显著高于按美元计价的实际经济增长率。同理,在2000年之后,由于人民币相对美元不断升值,因而按照美元计价的中国经济增长率会被高估。不过,由于人民币大幅度升值或贬值也是中国在世界经济中地位升降的体现,因此,如果用美元计价的GDP来衡量一国的综合实力,GDP增长率的变化大概能全面反应一国综合实力在全球的变化。

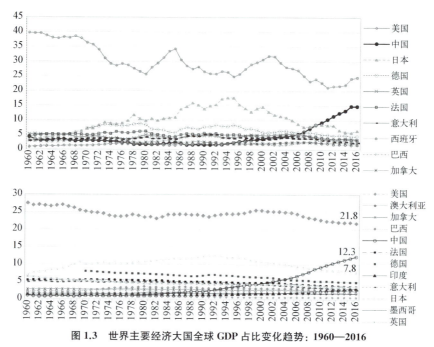

图 1.3 世界主要经济大国全球 GDP 占比变化趋势：1960—2016

注：①纵坐标单位是占全球 GDP 的比重(%)；②上图以当年汇率计算，下图以 2010 年不变汇率计算；③原始数据来源为世界银行，http://data.worldbank.org/data-catalog/world-development-indicators。

国、意大利、英国、巴西、加拿大、西班牙、澳大利亚之后，除了当时的苏联之外，中国排名第 11 位。

1978 年改革开放之后，中国经济发展相对于其他国家显著加快。不过，如果按照官方公布的当年汇率计算，由于汇率波动的影响，在改革开放初期，中国经济相对其他国家的增长波动较大。如图 1.3 所示，从 1978—1990 年，中国 GDP 全球占比出现先上升后下降的趋势，其中 1978—1985 年中国 GDP 全球占比显著提高，GDP 总量也于 1982 年超过西班牙，1983 年超过巴西，1985 年全球 GDP 占比达到 2.44%。1985 年之后持续下降，1991 中国 GDP 全球占比下降到新的最低点 1.6%。1991 年之后，中国经济总量相对世界其他国家明显增长更快。其中，1992 年中国经济总量超过巴西，1994 年超过西班牙，1995 年超过加拿大，全球排名第六。到了加入世界贸易组织(以下简称入世)前的 2001 年，按照当年实际名义汇率计算，全球 GDP 总量约为 33.34 万亿美元，中国 GDP 总量约为 1.34 万亿美元，GDP 全球占比约为 4.0%。当年美国 GDP 全球占比为 31.9%，日本占比为 12.9%，德国为 5.9%，英国为 4.8%，法国为 4.1%。2001 年中国 GDP 全球排名第六位，中国在全球的经济地位恢复到 1960 年的水平。

2001年入世之后,中国经济发展更快,GDP全球占比连续上升。2005年中国GDP全球占比为4.8%,超过法国居全球第五;2006年超过英国位居全球第四;2007年超越德国成为全球第三;2010年GDP全球占比达到9.3%,超过日本成为世界第二大经济体。如果剔除汇率变化影响,1978年后中国经济增长更加显著。如图1.3所示,如果按照2010年各国官方汇率计算,1978年之后中国GDP全球占比持续上升。1984年中国GDP全球占比超过澳大利亚,1986年超过墨西哥,1992年超过西班牙,1993年超过加拿大,1995年中国GDP全球占比达到3.5%,超过巴西成为全球第七。1995—2004年,中国GDP全球占比增到5.73%,连续超过意大利、英国、法国和德国,成为世界第三。2009年中国GDP超过日本,此后一直维持全球第二的总量水平。

根据世界银行的《世界发展指标》(*World Development Indicators*)最新数据(2018年10月1日),按照2017年各国官方汇率计算,2017年全球GDP总量为80.68万亿美元。其中,美国GDP总量为19.39万亿美元,全球GDP占比为24.03%;中国GDP总量为12.27万亿美元,全球GDP占比为15.17%。其他全球10大经济大国的GDP总量和全球GDP占比分别为:日本4.87万亿美元,全球占比6.04%;德国3.68万亿美元,全球GDP占比4.56%;英国2.62万亿美元,全球GDP占比3.25%;印度2.60万亿美元,全球占比3.22%;法国2.60万亿美元,全球占比3.22%;巴西2.06万亿美元,全球占比2.54%;意大利1.93万亿美元,全球占比2.40%;加拿大1.65万亿美元,全球占比2.04%。但是,目前中国人均GDP仍然很低。根据世界货币基金组织公布的2017年全球人均GDP数据(按当前美元价格),2017年全球人均GDP为平均为10 728美元,中国人均GDP为8 643美元,全球排名第71名。

1.2 GDP增长率和人均GDP增长率: 1960—2016

上一节以基于当年汇率计算的各国GDP全球占比作为衡量指标,分析了各经济总量的相对变化和中国经济相对于全球经济增长的情况。虽然汇率在一定程度上也能反映各国价格的变化,但由于汇率还受到一国外汇市场供求等短期因素的影响,通过以汇率换算的GDP全球占比来比较分析各国的增长情况,不能完全真实反映各经济增长的实际情况,尽管它能综合反应一国经济实力及其在国际上的地位。图1.4和表1.1分别显示了以各国不变价格计算的世界主要经济大国的实际GDP增长和人均实际GDP增长的状况。同第一节的分析一样,1960—1977年中国相对于其他国家增长较慢,1978—2016年相对于其他经济大国增长明显更快。下面通过国际比较分析来详细考察中国改革开放前和改革开放后的实际经济增长率状况。

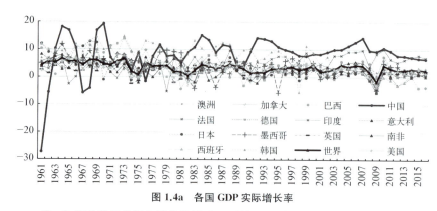

图1.4a 各国GDP实际增长率

注：① 原始数据来源为世界银行，http://data.worldbank.org/data-catalog/world-development-indicators。② 各国GDP按各国当地不变价格计算。③ 世界平均水平按照2010年固定美元计算。

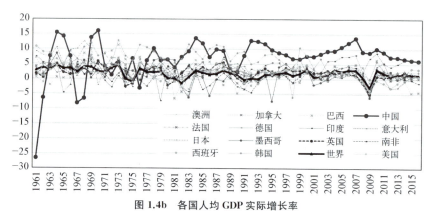

图1.4b 各国人均GDP实际增长率

注：原始数据来源为世界银行，http://data.worldbank.org/data-catalog/world-development-indicators。

表1.1 世界重要国家经济增长率

变量	人均实际GDP年均增长率(%)			实际GDP年均增长率(%)		
时间	1961—1977	1978—2001	2002—2016	1961—1977	1978—2001	2002—2016
美国	2.83	2.13	1.01	4.03	3.23	1.86
日本	6.01	2.60	0.82	7.23	3.08	0.82
德国	2.93[a]	2.01	1.17	2.91[b]	2.23	1.20
英国	2.42	2.39	0.98	2.85	2.61	1.68
法国	3.92	1.89	0.51	4.87	2.38	1.09
意大利	4.21	2.22	−0.43	4.85	2.29	−0.02

(续表)

变量	人均实际GDP年均增长率(%)			实际GDP年均增长率(%)		
加拿大	3.13	1.66	0.90	4.86	2.80	1.95
西班牙	5.18	2.24	0.52	6.31	2.72	1.39
澳洲	2.34	1.89	1.51	4.28	3.23	2.99
韩国	7.63	6.82	3.30	9.99	8.00	3.85
墨西哥	3.09	1.42	0.92	6.27	3.43	2.36
南非	1.90	-0.09	1.46	4.57	2.08	2.89
印度	1.53	2.99	5.94	3.71	5.16	7.44
巴西	4.74	0.75	1.46	7.46	2.67	2.52
中国	2.24	8.37	8.97	4.34	9.73	9.56
世界平均	2.90	1.34	1.60	4.89	2.98	2.85

注：① 原始数据来源为世界银行，http://data.worldbank.org/data-catalog/world-development-indicators。② a.b. 德国数据是1971—1977年的年均增长率数据。

1.1.1 改革开放前的经济增长状况：1960—1977

从图1.4可以看出，1960—1977年，中国经济总体呈现大起大落的激烈波动和相对世界经济低速增长的局面。从表1.1可以看出，1960—1977年这18年间，世界实际GDP增长了1.25倍，年平均增长率约为4.9%；中国实际GDP年增长1.06倍，年平均增长率大约4.3%，比世界实际GDP年平均增长率约低0.6个百分点。在此期间，中国的近邻日本和韩国的实际GDP年平均增长率分别高达7.2%和10%，其经济总量分别增长了2.27倍和4.05倍；同中国经济总量差不多的巴西其实际GDP年均增长率也达到7.5%，经济总量增长了2.40倍。其实，除了印度、德国、英国和澳大利亚等少数国家之外，这18年间大多数世界经济大国的实际GDP年均增长率都高于中国。从人均实际GDP的增长率来看，1961—1977年世界人均实际GDP增长了62%，年平均增长率为2.9%，而中国人均实际GDP增长了46%，年平均增长率为2.24%，中国人均实际GDP增长率也明显低于世界平均增长水平。此外，在表1.1中所列的世界主要经济大国中，除了印度、南非等极少数国家外，其他国家的人均GDP实际增长率也都明显高于中国。由于这17年间中国人均GDP增长显著低于其他世界主要大国，所以到1977年为止，中国人均生活水平也显著低于世界其他主要经济大国。

从经济增长的平稳性方面来看，在1960—1977年这18年间，中国不但相对世界其他经济大国增长缓慢,而且中国本身的经济波动也显著高于其他经济大国,呈现出大起大落的经济增长局面。图1.3a和1.3b显示了按照各国不变价格水平计算的世界主要经济大国实际GDP增长率和人均实际GDP增长率。从图1.3中可以看出,中国1960—1977年的经济增长率图像呈现出非常明显的锯齿状,其波动幅度超过了所有其他经济大国波幅的上下限。实际上,1960—1977年,中国实际GDP增长率超过10%的有6年,但经济负增长的有5年,且有4年的负经济增长在−5%左右。这期间经济增长最快的年份1970年实际GDP增长率和人均实际GDP增长率分别达到19.3%和16%,增长第二快的1964年实际GDP增长率和人均实际GDP增长率分别达到18.2%和15.5%。同时,经济增长最糟糕的1961年实际GDP增长率和人均实际GDP增长率分别达到−27.3%和−26.5%,次一轮经济下滑的1967年实际GDP增长率和人均实际GDP增长率分别达到−5.8%和−8.2%。中国这一期间的经济增长就像是坐过山车,跌宕起伏,大起大落。纵观世界,同一时期世界上其他国家的年增长率基本都在0—5%(巴西、日本和韩国除外,因为它们本身的年经济增长率就超过了7%)。

表1.2a和表1.2b是根据世界银行公布的原始数据计算得到的世界主要经济大国实际GDP增长率/人均实际GDP增长率的变异系数和标准差。从表1.2a和表1.2b中的数据可知,1960—1977年世界实际GDP增长率/人均实际GDP增长率的标准差和变异系数①分别为1.56/1.49和0.32/0.52,世界其他主要经济大国实际GDP增长率/人均实际GDP增长率的波动幅度一般都在1.6—4.5/1.5—4.5个标准差之间,而变异系数都在0.3—0.9/0.4—2.2,只有印度和南非的人均实际GDP增长率变异系数超过了1,分别为2.13和1.13。中国实际GDP增长率和人均实际GDP增长率的标准差和变异系数分别高达11.6/10.8和2.23/3.84。

表1.2a 世界主要经济大国实际GDP年均增长率的波动

变量	变异系数(CV)			标准差(STDEV)		
时间	1961—1977	1978—2001	2002—2016	1961—1977	1978—2001	2002—2016
美国	0.53	0.61	0.86	2.12	1.98	1.60
日本	0.61	0.72	2.58	4.46	2.21	2.10
德国	0.74	0.68	1.99	2.17	1.51	2.38
英国	0.82	0.75	1.10	2.33	1.95	1.86

① 一个变量的变异系数是指该变量的标准差(即方差开根号)除以该变量的均值。方差和标准差都受到该变量均值和变量的度量单位的影响,其衡量的是该变量的绝对波动幅度。变异系数剔除了均值,特别是变量的度量单位的影响,它是一个无量纲的单位,衡量的是该变量相对于均值的波动幅度。但变异系数在均值很小时,变量微小的波动幅度也可能会出现较大的变异系数值。

(续表)

变量	变异系数(CV)			标准差(STDEV)		
法 国	0.37	0.53	1.26	1.80	1.25	1.37
意大利	0.53	0.62	-86.15	2.58	1.43	2.01
加拿大	0.33	0.79	0.80	1.63	2.21	1.56
西班牙	0.46	0.66	1.88	2.90	1.78	2.61
澳 洲	0.47	0.58	0.24	2.02	1.87	0.71
韩 国	0.30	0.53	0.45	2.99	4.22	1.75
墨西哥	0.36	1.21	1.03	2.28	4.16	2.43
南 非	0.49	1.16	0.68	2.22	2.42	1.96
印 度	0.88	0.56	0.26	3.32	2.89	1.96
巴 西	0.51	1.34	1.30	3.80	3.58	3.28
中 国	2.32	0.31	0.22	11.62	3.03	2.13
世界平均	0.32	0.37	0.54	1.56	1.11	1.53

注：① 原始数据来源世界银行 http://data.worldbank.org/data-catalog/world-development-indicators。② a.b. 德国此处是从1971—1977年的数据。

表1.2b 世界主要经济大国人均实际GDP年均增长率的波动

变量	变异系数(CV)			标准差(STDEV)		
时 间	1961—1977	1978—2001	2002—2016	1961—1977	1978—2001	2002—2016
美 国	0.73	0.93	1.58	2.06	1.98	1.59
日 本	0.74	0.80	2.55	4.47	2.08	2.10
德 国	0.71[a]	0.72	2.18	2.07	1.44	2.56
英 国	0.93	0.81	1.93	2.26	1.94	1.89
法 国	0.43	0.64	2.62	1.66	1.21	1.33
意大利	0.60	0.63	-4.91	2.54	1.40	2.12
加拿大	0.51	1.39	1.75	1.58	2.30	1.58
西班牙	0.57	0.85	4.38	2.93	1.91	2.29
澳 洲	0.87	0.98	0.60	2.03	1.85	0.91
韩 国	0.42	0.61	0.53	3.18	4.16	1.75
墨西哥	0.70	2.80	2.61	2.17	3.98	2.41
南 非	1.13	-26.94	1.38	2.14	2.47	2.02

(续表)

变量	变异系数(CV)			标准差(STDEV)		
印 度	2.13	0.96	0.33	3.26	2.88	1.93
巴 西	0.81	4.67	2.18	3.83	3.49	3.18
中 国	3.84	0.36	0.24	10.79	2.99	2.11
世 界	0.52	0.83	0.94	1.49	1.10	1.51

注：① 原始数据来源世界银行 http://data.worldbank.org/data-catalog/world-development-indicators。② a.b. 德国此处是从 1971—1977 年的数据. ③ 意大利由于 2002—2016 年间经济增长率为负，所以其变异系数也为负。

1.1.2 改革开放后到入世前的经济增长状况：1978—2001

从图 1.4 可以看出，从 1978 年到入世前的 2001 年期间，无论是相对于中国之前的经济增长，还是相对于同一时期世界其他国家的经济增长，中国经济都呈现出高速增长的趋势。当然，这一期间中国经济波动的绝对幅度仍然比较大，但相对幅度较小。从表 1.1 可以看出，1978—2001 年这 24 年间，世界实际 GDP 增长了 1.02 倍，年平均增长率约为 2.9%；中国实际 GDP 增长了大约 8.2 倍，年平均增长率高达 9.7%，是世界实际 GDP 年平均增长率的近 3 倍，这是一个经济高速发展的奇迹。在此期间，只有韩国和印度保持了较高的增长率，其实际 GDP 年平均增长率分别为 8% 和 5.7% 外，世界其他经济大国的经济增长率都在 2%—3%，同世界平均增长率相差不多。从人均实际 GDP 的增长率来看，1978—2001 年世界人均实际 GDP 只增长了 34%，年平均增长率只有大约 1.34%；中国人均实际 GDP 增长了 5.8 倍，年平均增长率大约 8.7%。同一时期只有韩国增长了约3.8倍，年平均增长率为 6.7%，其他世界主要经济大国人均实际 GDP 的年增长率都在 2%—3%。中国人均实际 GDP 增长率明显高于世界其他国家和世界平均增长水平。总之，这 24 年间中国经济增长是显著的，不但显著高于中国改革开放前的经济增长速度，而且也高于世界其他任何国家的经济增长速度。

此外，在 1978—2001 年这段时间内，从经济发展的平稳性方面来看，虽然中国经济波动的绝对幅度比较大，但如果考虑到这一期间的高经济增长率，中国经济的相对波动其实不算太大。根据世界银行数据和中国统计年鉴数据，这段时间中国经济增长最快的 1984 年实际 GDP 年增长率达到 15%，人均实际 GDP 增长率达到 13.6%，而 1992—1995 年每年的实际 GDP 增长率和人均实际 GDP 增长率都几乎超过了 10%，但经济增长最慢的 1989 年和 1990 年，实际 GDP 增长率和人均实际 GDP 增长率都在 3% 左右。经济波动的绝对幅度高达 10% 以上，超过世界上任何一个国家经济增长率最大值，是这一期间世界上任意其他国家在任何时期都没有的波动幅度。表1.2表明,1978—2001年中国的实际GDP增长率和人均实际GDP增长率的波动幅度分别为3.3和2.9个标准差,同一时间世界平均实际GDP增长率和人均实际GDP增长率的波动幅度分别仅为1.11和1.10个标准差。世界其他主要经济大国中,除了韩国、印度、巴西和墨西哥等新兴发展国家的经济增长率波动幅度在3—4个标准差之外,其他国家经济增长率的波动幅度都在2个标准差之内。中国经济增长率波动幅度相对较高同中国的高平均增长率有关,如果扣除高经济增长率的影响,中国经济相对于平均增长率的波动不算太大,从表1.2可以看出,中国1978—2001年实际GDP增长率和人均实际GDP增长率的变异系数分别为0.31和0.36。同一时期世界平均实际GDP增长率和人均实际GDP增长率的变异系数分别为0.37和0.83,而世界其他主要经济大国的实际GDP增长率和人均实际GDP增长率的变异系数也都在0.5以上。因此,如果从相对波动幅度来看,相对于世界平均水平和其他国家而言,中国经济在这一期间的经济波动还是比较小的。

1.1.3 入世后的经济增长状况：2002—2016

从2001年中国加入世贸组织到2016年这段时间,中国的经济增长可以用四个字来形容：高速平稳。从图1.4可以看出,相对于其他国家而言,中国不但保持了极高的经济增长率,而且经济波动也是最小的。表1.1表明,2002—2016年这15年间,世界实际GDP增长了56%,年平均增长率约为2.85%,中国实际GDP增长了大约3.3倍,年平均增长率高达9.3%。在此期间,只有印度实际GDP能保持了7.4%的年平均增长率,其次是韩国,不过其实际GDP增长率已经下降到3.85%,除此之外,世界其他经济大国的经济增长率都不到3%。从人均实际GDP的增长率来看,2002—2016年世界人均实际GDP仅增长了27.5%,年平均增长率只有大约1.6%,而中国人均实际GDP增长了5.8倍,年平均增长率大约9%。同一时期,韩国增长了大约62.4%,年增长率为3.3%,印度增长了1.37倍,年增长率为5.9%。其他世界主要经济大国人均实际GDP的年增长率都在1.5%以下。中国人均实际GDP增长率明显高于世界其他国家和世界平均增长水平。总之,这25年间中国经济增长几乎可以用"这边风景独好"来形容,中国、印度和韩国这三个国家构成了世界经济增长的核心地带。

在经济增长的波动方面,无论是同中国此前的经济波动相比,还是同这一时期其他经济大国相比,入世之后到2016年中国经济增长的波动都是最小的。从表1.2可以看出,2002—2016年中国实际GDP增长率的波动幅度是2.13个标准差,相对1960—1978年(标准差11.63)和1978—2001年(标准差3.03)这两个时期而言,在经济增长率没有下降的情况下,波动的绝对幅度却显著下降。当然,同世界平均和其他经济大国的波动幅度相比,中国增长率的波动幅度位于中间水平,高于世界实际 GDP 增长率 1.51 个标准差的波动幅度,但低于德国(标准差为 2.38)、西班牙(标准差为 2.61)、墨西哥(标准差为 2.43)和巴西(标准差为 3.28),同经济增长率只有 0.82 的日本(标准差为 2.10)差不多。如果剔除经济增长率均值的影响,从经济增长率的变异系数来看,中国 2002—2016 年实际 GDP 增长率的变异系数为 0.22,低于 1960—1977 年的 2.32 和 1978—2001 年的 0.31。同一时期世界平均水平为 0.94,世界其他主要经济大国中除了印度(0.26)、澳大利亚(0.24)和韩国(0.45)在 0.5 以下外,其他都在 0.5 以上。如果剔除人口增长的影响因素,从人均实际 GDP 增长率的波动来看,数据同样显示出中国保持了最平稳的增长。表 1.2b 显示,2002—2016 年中国人均实际 GDP 增长率波动是 2.11 个标准差,小于改革开放前的 10.79 和改革开放至入世前的 2.99,相对于同一时期的其他经济大国而言处于中间水平。人均实际 GDP 增长率的变异系数为 0.24,小于 1960—1977 年的 3.83 和 1978—2001 年的 0.33。

1.3 中国经济增长的总体概况:1960—2016

这一小节我们以当前的经济状况作为出发点,分析中国当前的经济相对于不同时期的经济增长状况,以及与其他世界经济大国的同期增长的比较。表 1.3a 和表 1.3b 根据世界银行的数据,分别列出了中国 2016 年的实际 GDP 和人均实际 GDP 相对于 1960 年、1977 年和 2001 年的增长状态。从表中可以看出,1960—2016 年,全球实际 GDP 增长 5.92 倍,美国和经济合作与发展组织(OECD)国家大约增长 4.5 倍,其他国家增长倍数也都在 2—10,亚洲的韩国和印度增长相对其他较快,其增长倍数分别为 54.24 倍和 17.03 倍。中国是这一时期全球增长最快的国家,实际 GDP 增长 73.29 倍。从人均实际 GDP 的增长来看也是一样。1960—2016 年全球人均实际 GDP 平均仅增长 1.82 倍,除韩国、日本和印度分别增长 25.96、5.12 和 4.53 倍之外,其他国家增长倍数都在 1—3,而中国人均实际 GDP 增长 34.94 倍。正是由于这一巨大的增长,中国在这近 60 年时间里,从一个全球经济弱国一跃而成为世界第二大经济强国。

表 1.3a 世界各主要经济大国不同时期实际 GDP 增长倍数

时期	1960—1977	1977—2001	2001—2016	1960—2016	1977—2016
美国	0.95	1.13	0.32	4.49	1.81
OECD	1.18	0.99	0.28	4.53	1.54
日本	2.27	1.05	0.13	6.60	1.32
德国	0.22[a]	0.70	0.19	1.47[a]	1.02

第1章 中国经济增长概况：1960—2016

(续表)

时 期	1960—1977	1977—2001	2001—2016	1960—2016	1977—2016
英 国	0.60	0.85	0.28	2.80	1.37
法 国	1.24	0.76	0.17	3.62	1.06
意大利	1.24	0.73	−0.01	2.82	0.71
加拿大	1.24	0.93	0.33	4.76	1.57
西班牙	1.81	0.89	0.23	5.53	1.32
澳大利亚	1.04	1.13	0.56	5.77	2.32
韩 国	4.05	5.22	0.76	54.24	9.94
墨西哥	1.82	1.21	0.41	7.80	2.12
南 非	1.13	0.63	0.53	4.31	1.49
印 度	0.86	2.31	1.93	17.03	8.70
巴 西	2.40	0.86	0.44	8.09	1.68
中 国	**1.06**	**8.20**	**2.92**	**73.29**	**35.06**
世 界	1.25	1.02	0.52	5.92	2.07
中国/世界	0.85	8.04	5.62	12.38	16.94

① 数据来源：根据世界银行的原始计算得到。② 实际GDP按照各国本币的不变价格计算；
③ a. 德国是相对于1970年的增长，且统一前的数据合并了民主德国与联邦德国。

表 1.3b 世界各主要经济大国不同时期实际人均GDP增长倍数

时 期	1960—1977	1977—2001	2001—2016	1960—2016	1977—2016
美 国	0.60	0.66	0.16	2.07	0.92
OECD	0.79	0.64	0.15	2.38	0.89
日 本	1.66	0.84	0.13	4.53	1.08
德 国	0.22[a]	0.61	0.19	1.33[a]	0.91
英 国	0.50	0.77	0.15	2.03	1.03
法 国	0.92	0.56	0.08	2.23	0.69
意大利	1.01	0.70	−0.07	2.16	0.58
加拿大	0.69	0.48	0.14	1.84	0.69
西班牙	1.35	0.69	0.08	3.28	0.83
澳大利亚	0.48	0.56	0.25	1.88	0.95
韩 国	2.47	3.80	0.62	25.96	6.77
墨西哥	0.67	0.38	0.14	1.63	0.57
南 非	0.37	−0.03	0.24	0.65	0.20

(续表)

时期	1960—1977	1977—2001	2001—2016	1960—2016	1977—2016
印 度	0.28	1.01	1.37	5.12	3.77
巴 西	1.17	0.18	0.23	2.16	0.45
中 国	**0.46**	**5.82**	**2.62**	**34.94**	**23.68**
世 界	0.62	0.37	0.27	1.82	0.74
中国/世界	0.74	15.72	9.70	19.20	32.00

① 数据来源：根据世界银行的原始计算得到；② 实际人均 GDP 按照各国本币的不变价格计算；③ a. 德国是相对于 1970 年的增长,且统一前的数据合并了民主德国与联邦德国。

其实,如果进一步对数据进行分析,就会发现在中国成为经济大国的过程中,改革开放之后的经济发展起着决定性的作用。表 1.3 表明,在改革开放之前的 1977 年相对于 1960 年,中国实际 GDP 增长了 1.06 倍,而实际平均增长是 1.25 倍,其他经济大国中除了美国、英国和澳大利亚,以及印度之外,其他国家的增长倍数都高于中国。正是因为 1960—1977 年中国经济发展相对落后,这一期间中国 GDP 全球占比从 5% 下降到 2%,GDP 总量全球排名也从全球第 6 位下降到第 11 位。中国的人均实际 GDP 这一期间仅增长 46%,而同一时期全球人均实际 GDP 增长 62%。除印度和南非外,其他经济大国的人均实际 GDP 增长率都高于中国。因此,1960—1977 年,中国的实际 GDP 和人均实际 GDP 虽然都有所增长,但无论是同世界平均水平相比,还是同世界其他经济大国相比,中国的经济增长速度都相对落后。在改革开放后的 1978—2016 年,中国实际 GDP 增长 35 倍多,同期世界平均实际 GDP 仅增长 2.07 倍,除印度和韩国分别增长 8.70 倍和 9.94 倍外,世界其他经济大国增长幅度都在 2.5 倍以下。这一期间中国实际人均 GDP 增长 23.68 倍,世界平均实际人均 GDP 仅增长 74%,除印度和韩国分别增长 3.77 倍和 6.77 倍外,世界其他经济大国的增长都基本在 1 倍以内。1977—2016 年,中国实际 GDP 和人均实际 GDP 增长倍数是世界平均水平的 17 倍和 32 倍。由此可见,改革开放后的中国经济增长之快、增长幅度之大是亘古未见的。中国全球经济大国地位的取得也主要是得益于 1978 年之后中国经济相对于其他国家的超高速发展。

表 1.4a 世界各主要经济大国不同时期名义 GDP 增长倍数

时期	1960—1977	1977—2001	2001—2016	1960—2016	1977—2016
美 国	2.84	4.09	0.75	33.28	7.93
OECD	4.31	3.76	0.75	43.25	7.32
日 本	15.20	5.00	0.15	110.50	5.88
德 国	1.78[a]	2.26	0.78	15.17[a]	4.81

第 1 章 中国经济增长概况：1960—2016

(续表)

时　期	1960—1977	1977—2001	2001—2016	1960—2016	1977—2016
英　国	2.64	5.16	0.63	35.61	9.07
法　国	5.57	2.36	0.78	38.35	4.99
意大利	5.36	3.53	0.60	45.03	6.24
加拿大	4.15	2.48	1.08	36.23	6.23
西班牙	9.94	3.74	0.98	101.49	8.37
澳大利亚	4.93	2.44	2.18	63.79	9.92
韩　国	8.67	12.93	1.65	355.57	35.88
墨西哥	5.27	7.86	0.44	79.19	11.79
南　非	4.37	1.99	1.43	38.00	6.27
印　度	2.28	3.00	3.73	60.96	17.89
巴　西	10.62	2.18	2.21	117.44	9.20
中　国	**1.93**	**6.66**	**7.36**	**186.54**	**63.02**
世　界	4.31	3.60	1.27	54.50	9.45
中国/世界	0.45	1.85	5.78	3.42	6.67

① 数据来源：根据世界银行的原始计算得到；② 名义 GDP 按照当年官方汇率换算成美元计算；③ a. 德国是相对于 1970 年的增长，且数据合并了民主德国与联邦德国，b. 俄罗斯是相对于 1989 年的增长。

表 1.4b　世界各主要经济大国不同时期人均名义 GDP 增长倍数

时　期	1960—1977	1977—2001	2001—2016	1960—2016	1977—2016
美　国	2.15	2.94	0.54	18.11	5.07
OECD	3.36	2.93	0.58	26.05	5.21
日　本	12.16	4.37	0.15	80.20	5.17
德　国	1.78[a]	2.09	0.77	14.25[a]	4.48
英　国	2.39	4.83	0.46	27.91	7.52
法　国	4.61	2.00	0.64	26.54	3.91
意大利	4.70	3.45	0.50	36.95	5.65
加拿大	2.88	1.66	0.78	17.37	3.74
西班牙	8.13	3.24	0.74	66.21	6.36
澳大利亚	3.29	1.51	1.56	26.59	5.43
韩　国	5.64	9.71	1.45	173.04	25.21
荷　兰	7.47	1.94	0.70	41.38	4.01
墨西哥	2.72	4.53	0.17	22.98	5.45

（续表）

时期	1960—1977	1977—2001	2001—2016	1960—2016	1977—2016
俄罗斯		-0.39[b]	3.17		1.55[b]
南 非	2.46	0.78	0.97	11.11	2.50
印 度	1.27	1.43	2.82	20.03	8.28
巴 西	6.43	1.02	1.75	40.18	4.54
中 国	**1.07**	**4.68**	**6.71**	**89.74**	**42.81**
世 界	2.82	2.12	0.89	21.54	4.89
中国/世界	0.38	2.20	7.57	4.17	8.75

① 数据来源：根据世界银行的原始计算得到；② 人均名义GDP按照当年官方汇率换算成美元计算；③ a. 德国是相对于1970年的增长，且数据合并了民主德国与联邦德国，b. 俄罗斯是相对于1989年的增长。

当然，1978改革开放之后，入世前和入世后这两个时期的发展对中国经济的影响也有所不同。表1.3a和表1.3b表明，从改革开放到入世前（1978—2001年）这14年间，中国实际GDP和人均实际GDP分别增长8.20倍和5.82倍，比世界平均增长水平分别高出7.04倍和14.72倍；2001年入世后到2016年的这16年间，中国实际GDP和人均实际GDP分别增长2.92倍和2.62倍，比世界平均增长水平分别高出4.62倍和8.70倍。由此可见，入世前中国相对于世界平均增长得更快些。不过，如果考虑人民币汇率的变化对中国经济实力国际排名的影响，由于入世之后人民币升值更大，按照当期汇率计算的中国相对世界平均的增长反而是在入世之后更快些。表1.4a和表1.4b分别显示了以当年汇率核算了各国名义GDP和人均名义GDP在不同时期的增长倍数。从这两张表中可以看出，2001—2016年中国经济增长的幅度高出其他国家以及全球平均水平的倍数要明显高于1960—1977年和1978—2001年这两个时期。

1.4 中国仍然是一个发展中国家：低水平的人均GDP

尽管中国经过改革开放后近40年的高速经济增长，GDP总量和人均GDP都得到巨大的提高，GDP总量也达到全球第二的水平，但中国的人均GDP水平仍然比较低。从人均GDP水平来看，中国还是一个典型的发展中国家。图1.5显示了1960—2016年间世界主要经济大国人均GDP的变化趋势图。从图中可以看出：第一，尽管中国人均GDP一直在增长，但中国人均GDP的增长曲线一直位于低收入组国家群中，并且一直低于世界人均GDP增长曲线。第二，尽管中国人均GDP的增长速度很快，但由于中国基数比较低（1960年人均GDP仅有90美元），因此相对于欧美发达国家而言，中国人均GDP的绝对增长量仍然非常低。

第1章 中国经济增长概况：1960—2016

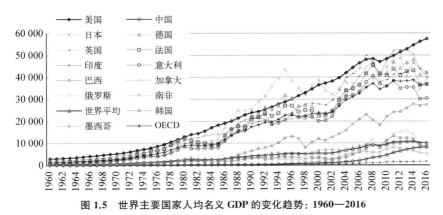

图 1.5　世界主要国家人均名义 GDP 的变化趋势：1960—2016

注：① 纵坐标单位为美元；② 数据来源：世界银行 http://data.worldbank.org/data-catalog/worldzht-development-indicators；③ 各国人均 GDP 按照各国当年官方汇率转化为美元计算。

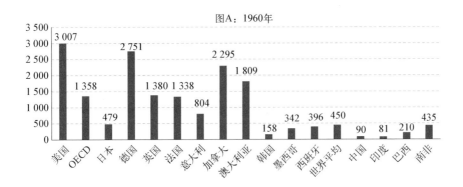

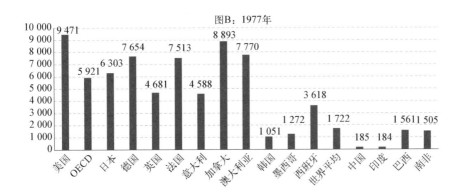

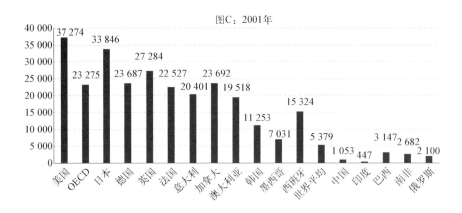

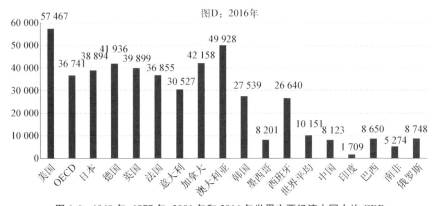

图1.6 1960年、1977年、2001年和2016年世界主要经济大国人均GDP

注：① 数据来源世界银行 http://data.worldbank.org/data-catalog/world-development-indicators。② 1960和1977年德国数据合并了民主德国与联邦德国的数据，1960年图中德国数据缺失，用的是1970年的数据。

图1.6中的四幅图分别显示了1960年、1977年、2001年和2016年世界主要经济大国按照当年汇率计算的人均GDP状况。从图1.6中A图可以看出，1960年中国人均GDP只有90美元，大约是美国的1/33，是世界平均水平的1/5；在金砖5国中中国排倒数第二，只高于印度的人均GDP水平。由于中国1960—1977年的经济增长落后于世界其他国家，中国人均GDP增长幅度低于图1.6中的任何一个国家，18年间仅增长了95美元。图1.6中B图显示，1977年中国人均GDP为185美元，同印度只相差1美元。它不到美国的1/50，只有世界平均水平的1/10，大约相当于巴西和南非人均GDP的1/8。1978年中国实行改革开放后，由于中国比世界其他国家具有更高的人均GDP增长率，到2001年，按美元计算的中国人均GDP已经有了极大地提高。1978—2001年这14年

间,中国人均 GDP 从 151 美元提高到 1 053 美元,增长 900 多美元。2001 年中国人均 GDP 是印度的 2 倍多,同巴西和南非之间的相对差距也分别缩小到 1/3 左右。不过,由于中国这期间还没有加入世贸组织,开放程度还受到影响,因而汇率还相对偏低,这导致中国人均 GDP 同巴西、南非和俄罗斯等金砖国家,以及欧美发达国家的差距还较大。2001 年中国人均 GDP 大约是美国的 1/35,是世界平均水平的 1/5。到了 2016 年,在入世后 15 年的高速经济增长和人民币持续升值的双重因素影响下,中国人均 GDP 达到 8 000 美元,在金砖 5 国中排名第三,已经同巴西和俄罗斯的人均 GDP 水平相差不到 1/10,高于印度和南非,同 10 000 美元的世界平均水平也相差不远,但同发达国家仍很大的差距。2016 年中国人均 GDP 大约是美国的 1/7,日本的 1/5,韩国的 1/3。另外,根据世界银行 2017 年发布的数据,2016 年中国人均 GDP 为 8 123 美元,在全球 187 个国家中排名第 68 位。世界货币基金组织公布的 2017 年全球人均 GDP 数据(按当前美元价格)则显示,2017 年全球人均 GDP 平均为 10 728 美元,中国人均 GDP 为 8 643 美元,全球排名第 71 位。

当然,关于如何定义一个国家是否属于发展中国家,并没有一个绝对的人均 GDP 范围来界定。也从来没有一个国际组织明确提出过发展中国家的概念,并在法律上予以确定。联合国曾明确认定了 50 个最不发达国家,但没有对发展中国家的确切定义。世界银行发布的《世界发展指标》把全世界所有国家分为 3 大类:高收入国家、中等收入国家和低收入国家。根据联合国和世界银行的这些分类,表 1.5 给出了 1960 年、1977 年、2001 年和 2016 年不同收入组国家平均人均 GDP 水平以及相对应年份中国人均 GDP 水平的对比情况。图 1.7 进一步显示了 1960—2016 年其他收入组国家平均人均 GDP 同最高收入组国家平均人均 GDP 比值的变化趋势,以及中国同最高收入组国家平均人均 GDP 比值的变化趋势。从图 1.7 中可以看出,一直到 1984 年,中国人均 GDP 才达到低收入组国家和最不发达国家组的平均水平。从 1984 年到 1991 年期间,中国人均 GDP 都位于低收入组国家和最不发达组国家的平均水平之间。从 1992 年开始,中国才开始超过低收入组国家和最不发达国家组的平均水平,1995 年开始超出中低收入组的平均水平,2001 年达到低中收入组的平均水平,2008 年左右超过中等收入国家的平均水平。目前,中国人均 GDP 大约相当于中等收入组中的中高组国家平均水平。也就是说,中国人均 GDP 仍属于世界银行划分标准中的中等收入国家行列,其人均 GDP 大约相当于高收入组国家平均水平的 20%。从以上的分析可以看出,经过改革开放后 40 年的发展,从人均 GDP 水平来看,中国基本从一个最不发达的低收入国家,上升到一个中等收入组中较高人均收入的国家,但同发达国家的人均 GDP 仍有很大差距,仍属于一个发展中国家。

表 1.5　中国和不同收入组国家平均人均 GDP 水平　　　　　单位：美元

	最不发达国家组	低收入国家组	中等收入国家组			低中组平均	高收入国家组	中　国
			中低收入组	中等收入组	中高收入组			
1960	—	—	—	146.1	185.7	141.6	1 405	89.5
1977	—	—	314.5	521.4	698.3	500.9	7 552	185.4
2001	287.6	234.2	566.4	1 263.6	1 983.6	1 170.9	25 341	1 053.1
2016	960.1	615.1	2075.1	4 781.4	7 937.3	4 334.0	40 678	8 123.2

注：① 原始数据来源世界银行 http://data.worldbank.org/data-catalog/world-development-indicators；② 表中各个组国家按照当年汇率计算的名义人均 GDP。

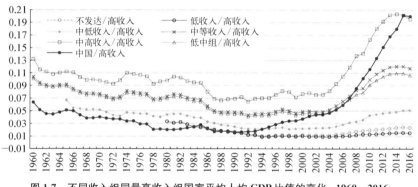

图 1.7　不同收入组同最高收入组国家平均人均 GDP 比值的变化：1960—2016

1.5　本章小结

　　本章主要讨论了 1960—2016 年，特别是 1978 年改革开放以来中国经济增长情况。本章首先以当年官方汇率为换算标准，分析了 1960—2016 年中国 GDP 总量及其 GDP 全球占比的变化情况。这一分析表明，按照当年官方汇率计算，1960 年中国 GDP 全球占比为 4.4%，全球排名大概第六。1960—1978 年，由于中国相对于世界其他国家经济发展缓慢，且人民币也在贬值，1978 年中国 GDP 全球占比下降到 1.8%，世界排名下降到第十一位。1978 年改革开放之后，中国经济发展相对于其他国家明显加快。在改革开放初期，受到人民币汇率波动的影响，1978—1990 年中国 GDP 全球占比出现先上升后下降的趋势，1991 年中国 GDP 全球占比下降到新的最低点 1.6%。1991 年之后，中国经济总量相对于世界其他国家明显增长更快。到入世前的 2001 年，中国 GDP 全球占比约为 4.0%，全球排名第六位，中国在全球的经济地位恢复到 1960 年的水平。2001 年入世之后，中国经济增长更快，

GDP全球占比连续上升。2005年中国GDP全球占比为4.8%,超过法国居世界第五位;2006年超过英国位居全球第四,2007年超越德国成为世界第三。2010年中国GDP全球占比达到9.3%,超过日本成为世界第二大经济大国。根据世界银行最新数据(2018年10月1日),按照2017年各国官方汇率计算,2017年中国GDP总量为12.27万亿美元,全球GDP占比为15.17%,排名全球第二,大约是美国GDP总量的63%。

然后,本章以各国不变价格计算的数据为基础,通过国际比较分析,详细考察了中国改革开放前和改革开放后的实际经济增长率状况。这一分析表明,1960—1977年,中国经济总体呈现出大起大落的激烈波动和相对世界经济低速增长的局面。这一期间,不仅中国的年平均经济增长率(4.3%)低于同一时期的世界其他经济大国和世界平均水平(4.9%),而且经济增长率的波动也比其他国家更大。1960—1977年,世界实际GDP增长率的标准差和变异系数分别为1.56和0.32,世界其他主要经济大国实际GDP增长率的波动幅度一般都在1.6—4.5个标准差之间,变异系数在0.3—0.9之间,只有印度和南非的人均实际GDP增长率变异系数超过了1,分别为2.13和1.13。这一期间中国实际GDP增长率的标准差和变异系数分别高达11.6和2.23。1978—2001年,无论是相对于中国之前的经济增长,还是相对于同一时期世界其他国家的经济增长,中国经济都显现出更高的增长速度。不过,这一期间中国经济波动的绝对幅度仍比较大,但相对幅度较小。1978—2001年,世界实际GDP年平均增长率约为2.9%;中国实际GDP年平均增长率高达9.7%,大约是世界平均水平的3倍。这一期间,只有韩国和印度分别保持了8%和5.7%的年平均增长率,世界其他经济大国的经济增长率都在2%—3%。1978—2001年,中国实际GDP增长率的标准差和变异系数分别为3.3和0.31,同一时期世界平均实际GDP增长率的标准差和变异系数为1.11和0.36。2001—2016年,中国经济显现出更加高速平稳的经济增长趋势。与中国之前的经济增长和同期其他国家的经济增长相比,中国不但经济增长率更高,而且经济波动也更小。这一期间,中国实际GDP年平均增长率高达9.3%,远高于世界2.85%的平均水平。同一时期只有印度保持了7.4%的年平均增长率,韩国有3.85%年平均增长率,世界其他经济大国的经济增长率都不到3%。在波动性方面,2001—2016年世界实际GDP增长率的标准差和变异系数分别为1.51和0.94,世界其他经济大国的标准差和变异系数也都分别在2和1左右,中国2002—2016年实际GDP增长率的标准差和变异系数分别为2.13和0.22。中国经济增长率的波动不但小于同期其他国家,同中国之前的两个时期相比也更小。

接着本章又以当前的经济状况作为出发点,通过国家比较研究,分析了从1960年、1978年和2011年这三年开始到2016年中国经济的增长状况。这一分析表明,无论是从1960年开始,还是从1978年或2011年开始,与同期世界其他国家相比,平均来说,中国经济增长都最快。从1960年开始,全球实际GDP增长5.92倍,美国和OECD国家都大约增长4.5倍,其他国家增长则在2—10之间,亚洲的韩国和印度增长相对较快,其增长倍数分别是54.2倍和17.0倍。中国这一期间实际GDP增长73.3倍。从人均实际GDP的增长来看,2016年人均实际GDP相对于1960年全球平均增长1.82倍,韩国、日本和印度分别增长26.0倍、5.1倍和4.5倍,其他国家增长倍数都在1—3,中国这一期间人均实际GDP增长了34.9倍。不过,本章最后的分析表明,尽管中国经济增长飞快,中国目前的经济总量也很大,但由于中国初始人均GDP太低,中国的人口基数太大,中国的人均GDP还很低。2017年中国人均GDP还只有8 643美元,全球排名第71名。目前中国人均GDP大约相当于世界银行划分的中等收入组中的中高收入组国家的平均水平,仍是一个典型的发展中国家,同发达国家还有很大距离。

第 2 章

中国改革开放后的经济增长和人民生活

第1章的分析已经表明,经过改革开放后40年的发展,中国GDP总量和人均GDP水平都得到巨大发展。然而,尽管中国GDP总量现在已经位于全球第二,但人均GDP水平仍然很低,只有发达国家的1/4左右。由于人们的生活水平仍然主要取决于人均所能获得的物质水平,改革开放以来中国人民的生活水平变化如何?人们的生活水平和方式有怎么样的变化?目前中国居民的生活达到了什么样的水平?这是本章所关注的主要问题。本章将主要分析改革开放以来中国居民生活水平的变化情况。

本章以下的结构安排是:第1节先从整体上分析中国居民人均可支配收入和人均消费的变化情况,以及中国居民的恩格尔系数的变化趋势;第2节讨论改革开放以来中国城镇居民生活水平的变化情况,包括城镇居民人均可支配收入和人均消费的变化、居民消费支出结构的变化、居民食物消费结构的变化和家庭主要耐用消费品种类和数量变化,以及城镇居民恩格尔系数的变化和人均居住面积的变化;第3节讨论中国农村居民生活水平的变化,包括中国农村居民人均纯收入和人均消费的变化、消费支出结构的变化、居民食物消费结构的变化和家庭主要耐用消费品种类和数量变化,以及农村居民恩格尔系数的变化和人均居住面积的变化。

2.1 中国居民生活水平的变化: 概要

改革开放40年以来,得益于中国的高速经济增长,中国居民的收入水平和消费水平都得到极大的提高,人均生活水平普遍得到改善。根据《中国统计年鉴2017》数据,1978—2016年,中国城镇名义人均可支配收入从343元增长到33 616元。以1978年不变价格计算,2016年约为5 060元。城镇实际人均可支配收入40年间增长13.75倍,年平均增长7.4%。农村名义人均纯收入从134元增长到12 363元。以1978年不变价格计算,2016年约为2 149元。农村实际人均可支配收入40年间增长15.03倍,年平均增长7.7%。全国人均消费水平从1978年184元增加到2016年的21 228元。以1978年不变价格计算,2016年人均消费水平约为3 383元,人均实际消费水平40年间增长17.39倍,人均消费水平年增长率为8.0%(参见附表2)。

另据国家统计局2018年公布的数据,2017年全国居民人均可支配收入达到25 974元,比上年名义增长9.0%,实际增长7.3%。其中,城镇居民人均可支配收入36 396元,名义增长8.3%,实际增长6.5%;农村居民人均可支配收入13 432元,名义增长8.6%,实际增长7.3%。2017年全国居民人均消费支出18 322元,比上年名义增长7.1%,实际增长5.4%。其中,城镇居民人均消费支出24 445元,名义增长5.9%,实际增长4.1%;农村居民人均消费支出10 955元,名义增长8.1%,实际增长6.8%。为了能更清楚地看出中国居民生活水平的变化情况,图2.1和图2.2分别显示了自1978年改革开放以来,中国人均收入水平和人均消费及其增长率的变化情况。

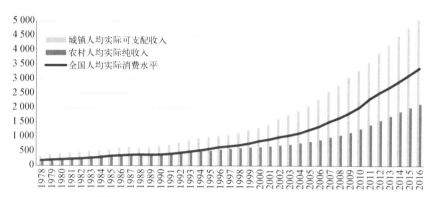

图 2.1　中国城镇人均可支配收入、农村人均纯收入和人均实际消费:1978—2016
注:数据来源为《中国统计年鉴》(历年)。

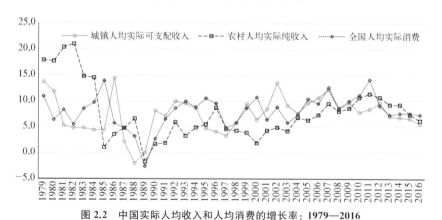

图 2.2　中国实际人均收入和人均消费的增长率:1979—2016
注:数据来源为根据《中国统计年鉴》(历年)数据计算得到。

中国居民的消费结构也得到改善。以恩格尔系数为例[①]。根据《中国统计年鉴》(历

[①] 恩格尔系数是指个人和家庭消费支出中食品支出占其消费总支出的比重,它反映的是居民生活水平的高低。一般来说,越富裕的家庭,食品支出占比越低,因而恩格尔系数也越低。按照联合国粮农组织的标准划分,一个国家平均家庭恩格尔系数大于60%为贫穷,50%—60%之间为温饱;40%—50%之间为小康;30%—40%之间属于相对富裕;20%—30%之间为富足;20%以下为极其富裕。

年)数据,中国农村和城镇居民的恩格尔系数 1978 年分别为67.7%和57.5%。改革开放这40 年间,由于收入水平和消费水平的提高,城镇和农村居民的恩格尔系数一直在下降,如图 2.3 所示。到了 2016 年,中国农村和城镇居民的恩格尔系数分别下降到 32.2%和 29.3%。根据联合粮农组织关于恩格尔系数的标准,改革开放初期中国人民生活基本处于贫穷国家行列,到了 2016 年,中国居民生活已经进入相对富裕国家行列,即将跨入富足国家行列。如果按照美国农业部经济研究的数据,中国的恩格尔系数更低,只有 22.5%左右(如图 2.4 所示)。不过,需要指出的是,由于中国仍然是发展中国家,中国的人均消费支出仍然很低。从图 2.4 中可以看出,中国的人均消费支出只有 3 000 美元左右,远低于发达国家的水平,甚至低于墨西哥、巴西和俄罗斯等金砖国家,同南非和埃及差不多,但比印度高出 2 000 美元左右。由于中国经济是一个典型的城乡二元经济,城镇居民生活水平长

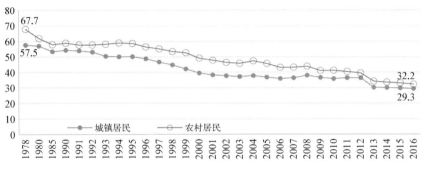

图 2.3 中国城乡居民人均收入及恩格尔系数:1978—2016

注:1978—2013 年数据来源于《中国统计年鉴 2014》,2014—2016 年数据来自中国产业信息网:http://www.chyxx.com/industry/201708/551472.html。

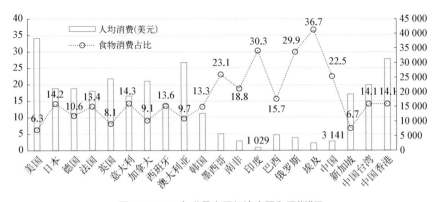

图 2.4 2016 年世界主要经济大国和亚洲"四小龙"人均消费水平和食物消费占比

注:数据来源为美国农业部经济研究局。

期以来同中国的农村生活水平存在巨大差距,把全国作为一个总体所讨论的平均水平可能距离中国城乡居民的实际生活水平都有很大差距。为此,以下将分别讨论中国城镇和农村居民的生活变化情况。

2.2 中国城镇居民的生活变化

这一小节讨论中国城镇居民生活的变化情况。由于数据的限制,以下分析仅以1985—2016年的数据为样本来分析中国城镇居民生活水平的变化。

2.2.1 中国城镇居民总体收入水平和消费水平的变化

图 2.5 给出了 1985—2016 年中国城镇居民人均实际可支配收入、人均实际消费支出,以及消费支出占可支配收入之比的变化趋势。从城镇居民收入水平来看(如附表 2 所示),1978—2016 年中国城镇居民人均可支配收入增长 13.75 倍,年平均增长 7.34%。中国城镇居民的人均实际支出水平则从 1985 年的 673 元增长到 2016 年的 4 577 元,年平均增长率为 6.38%。人均消费支出占实际可支配收入之比(即平均消费倾向)从 1985 年的 91% 下降到 2016 年的 69%。也就是说,在 1985 年,中国城镇居民的可支配收入 90% 以上都用于当期的消费支出,大多数居民基本都没有任何储蓄。到了 2016 年,中国城镇居民当期可支配收入中有 30% 以上被储蓄。居民的收入水平相对于其消费支出来说显著提高。

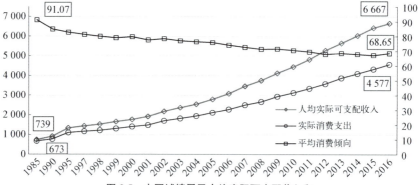

图 2.5 中国城镇居民人均实际可支配收入和
人均实际消费的变化:1985—2016

注:① 原始数据来源为《中国统计年鉴》(历年);② 实际收入按 1985 年城镇消费物价指数调整;③ 消费支出占比为右边纵坐标,单位为%;其他数据在左边纵坐标,单位为元。

2.2.2 中国城镇居民消费支出结构的变化

随着中国城镇居民消费支出不断增长,其消费结构也不断改善。表 2.1 显示了 1985—2016 年中国城镇人均消费支出总额以及各类消费子项目支出金额的变化情况。从表 2.1 中可以看出,1985—2016 年,中国城镇名义人均消费总支出从 673 元增加到 23 079 元,增长 33.3 倍。如果以 1985 年不变价格计算,2016 年城镇实际人均消费支出为 4 577 元,大约增长 6 倍,年平均增长率达到 6.38%。源于总消费支出的增长,城镇居民家庭的各类消费子项目的人均支出也都在增长。不过,由于人们消费需求的层次性会随着收入和消费水平的提高而提高,城镇居民消费的各子项支出增长的幅度并不相同。从表 2.1 中可以看出,中国城镇居民的消费变化符合消费层次按照衣食住行依次从低往高发展的规律。1985—2016 年,在中国城镇居民消费支出结构中,衣服和食物支出分别提高 16.7 倍和 18.2 倍,其增长的倍数低于总消费支出增长的倍数,家用设备及服务增长的倍数也低于总消费支出增长的倍数。居住和交通通信这两项的支出则分别提高了 155.8 倍和 225.7 倍,远远超过了消费总支出的增长,其他两项超出消费总支出增长的是医疗保健支出和娱乐教育文化服务支出,分别增长了 94.9 倍和 47 倍。

需要指出的是,因为在供给相对不变的情况下,不同商品的物价水平会随着需求的变化而变化。由此,居民消费层次的提高会同时通过需求量和价格两重因素来影响不同消费类别的总支出。由于名义消费支出中包含了物价因素,仅仅通过比较各项支出的名义增长率会夸大消费结构的变化。为了进一步研究中国城镇居民消费结构的变化,下面进一步分析各类子项消费支出在总消费支出中占比的变化情况。图 2.6 和图 2.7 分别给出了中国 1985 年、2001 年和 2016 年这三年中国城镇居民的消费结构图和 1985—2016 年中国城镇居民各项现金消费支出占比的变化趋势图。从图 2.6 可以看出,在 1985 年,中国城镇居民消费支出中的绝大部分都用于食品和衣着等生活必须品的支出,其中食品支出占比为 52%,衣着支出占比为 15%,家用设备服务占比为 9%,这三项生活必须品支出加起来占消费总支出的 76%;医疗保健和交通通信的支出占比都只有 2%,文教娱乐占比也只有 8%。这是一种典型的温饱型生活消费结构。2001 年时,在中国城镇居民消费支出中,食品和衣着支出占比分别下降到 38% 和 10%,衣食两者加起来占消费总支出的比重不到 50%,家用设备服务占比下降到 7%,医疗保健、交通通信和文化教育娱乐则分别提高到 6%、9% 和 14%,居住支出占比也从 1985 年的 5% 提高到 12%。可以说,2011 年中国城镇居民的消费支出中,医疗保健、交通通信和文教娱乐等这些追求生活质量方面的支出已经大幅度提高。居民已经从主要关注吃穿的温饱型甚或阶段过渡到追求人际之间交往和社会娱乐方面等生活质量的享受型生活阶段。到了 2016 年,中国城镇居民的食品、衣着和

表 2.1 城镇居民人均消费支出结构：1985—2016

(单位：元)

年份	名义消费支出	实际消费支出	食品	衣着	家用设备服务	医疗保健	交通通信	文教娱乐	居住	其他支出
1985	673	673	352	98	58	17	14	55	32	47
1990	1 279	773	694	171	108	26	41	112	61	67
1995	3 538	1 105	1 772	479	263	110	183	331	284	115
1997	4 186	1 166	1 943	521	317	180	233	448	359	186
1998	4 332	1 214	1 927	481	357	205	257	499	408	197
1999	4 616	1 310	1 932	482	395	246	311	567	454	229
2000	4 998	1 407	1 971	500	374	318	427	670	565	172
2001	5 309	1 485	2 028	534	376	343	494	737	611	187
2002	6 030	1 703	2 272	591	389	430	626	902	624	196
2003	6 511	1 823	2 417	638	410	476	721	934	699	215
2004	7 182	1 946	2 710	687	407	528	844	1 033	734	240
2005	7 943	2 119	2 914	801	447	601	997	1 097	809	278
2006	8 697	2 286	3 112	902	498	621	1 147	1 203	904	309
2007	9 997	2 514	3 628	1 042	602	699	1 357	1 329	982	358
2008	11 243	2 678	4 260	1 166	692	786	1 417	1 358	1 145	418

(续表)

年份	名义消费支出	实际消费支出	食品	衣着	家用设备服务	医疗保健	交通通信	文教娱乐	居住	其他支出
2009	12 265	2 948	4 479	1 284	787	856	1 683	1 473	1 229	474
2010	13 471	3 137	4 805	1 444	908	872	1 984	1 628	1 332	499
2011	15 161	3 353	5 506	1 675	1 023	969	2 150	1 852	1 405	581
2012	16 674	3 590	6 041	1 823	1 116	1 064	2 456	2 034	1 484	657
2013	18 488	3 880	5 571	1 554	1 129	1 136	2 318	1 988	4 301	490
2014	19 968	4 104	6 000	1 627	1 233	1 306	2 637	2 142	4 490	533
2015	21 392	4 332	6 360	1 707	1 307	1 443	2 895	2 383	4 726	572
2016	23 079	4 577	6 762	1 739	1 427	1 631	3 174	2 638	5 114	595
增长倍数	33.3	5.8	18.2	16.7	23.6	94.9	225.7	47.0	158.8	11.7

注：①原始数据来源为《中国统计年鉴》（历年）；②人均实际消费支出以1985年不变价格计算，它是由人均名义消费支出除以城镇居民消费价格指数。人均各分项消费支出都是以《中国统计年鉴》中给出的各分项占比得出，它由当年名义消费支出乘以《中国统计年鉴》中给出的各分项占比得出，2012年及以后的数据。人均各分项消费支出及其结构的数据，也有人均现金消费支出及其结构的数据。虽然本表采用的都是《中国统计年鉴》中人均消费支出及其结构的数据，但其实观察数据可以发现，2012年之后的人均消费数据同2012年及以前数据统计口径发生了明显的变化。2012年及以前人均消费支出的数据同2012年之后的人均现金消费支出的数据更一致。

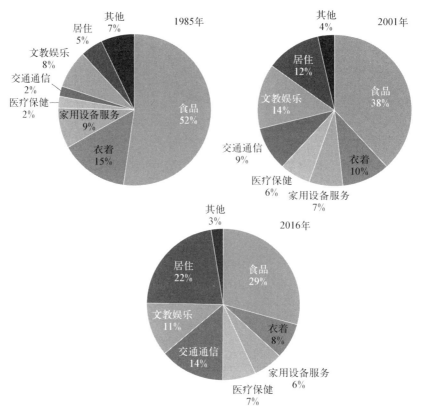

图 2.6 中国城镇居民人均总消费支出结构：1985 年、2001 年和 2016 年

数据来源：《中国统计年鉴》（历年）。

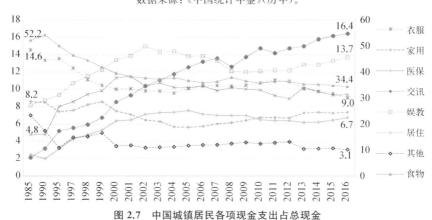

图 2.7 中国城镇居民各项现金支出占总现金
支出比例的变化趋势：1985—2016

注：① 数据来源为根据表 2.2 中数据计算所得；② 食物的纵坐标标识在右边，其他纵坐标标识在左边；③ 为了统计口径一致，2013 年及以后的数据用的是《中国统计年鉴》中人均现金消费支出结构的数据。

家用设备服务在总消费支出中的占比分别继续下降到29%、8%和6%,这三种生活必需品支出占比之和大约为44%,医疗保健和交通通信的占比分别提高到7%和14%,住房支出占比则大幅度地上升到22%,成为居民消费支出中仅次于食物的部分,文化教育娱乐的支出反而下降到11%。因此,目前中国城镇居民的生活消费水平已经发展到主要注重于住行方面的安居乐业阶段了。

从图2.7中还可以看出,在中国城镇人均消费支出结构中,食物消费占比一直在下降,其中以20世纪90年代下降最快。衣服消费的占比也表现出同样的趋势。上升最快的是交通通信消费的支出占比,从1985—2016年,除了2008年之外,几乎都在以一个不变的速度快速上升。文教娱乐和医疗保健的消费支出占比都是先上升后下降,这可能主要同中国的教育制度改革开放和医疗制度改革开放有关。公费义务教育的普及可能是导致2000年后的教育支出占比下降的主要原因,而当公费义务教育普及之后,高等教育的扩招和普及可能是导致2010年之后教育支出占比增加的主要原因。医疗保健支出占比的变化趋势也同样主要受医疗保险制度改革开放的影响,尽管收入水平增加也提高了居民对医疗健康的关注。1985年之后,由于城镇居民的医疗费用逐步由全部公费改为自费医疗,以及医疗保险制度改革对居民看病的限制,居民的健康医疗费用大幅度提高。不过,随着医疗保险制度的不断完善和健全,城镇居民的医疗保健支出占比又有所下降。住房支出占比也同样受到住房制度改革的影响。改革开放之前和初期,城镇居民的住房都由其所在单位提供,房租即使有也是很低的,其住房支出占比很小。之后随着住房商品化和私有化,以及房价和房租的快速上涨,住房支出占比也快速上升。当然,在图2.7中,由于数据统计的是住房现金消费支出的占比,住房改革之后自有住房比例的上升使得2001年之后住房的现金消费支出占比反而下降。但是,图2.6中最右边2016年的图表明,如果从总消费支出占比来看,住房消费支出已经非常高。

2.2.3 中国城镇居民食品消费结构和耐用消费品结构的变化

以上按货币金额度量的居民生活变化状态已经充分说明,中国城镇居民收入水平自改革开放以来已经得到极大的丰富和提高,但这一数字上的分析仍然可能比较抽象,同时,价格水平变动的影响也会导致货币数字同实际生活的偏差。下面进一步通过居民消费品的实物数量来更具体地分析中国城镇居民生活的变化情况。

图2.8显示了1985—2016年中国城镇居民家庭平均每人全年购买主要商品数量变化趋势。从图2.8可以看出,在1985年中国城镇居民的食品消费中,粮食和蔬菜是居民最主要的食品,城镇居民每人每年消费134.8千克粮食和144.4千克蔬菜;居民肉类消费则只有每人每年18.7千克,平均每人每天肉类消费量只有1两;其他消费品数量分别为每年人

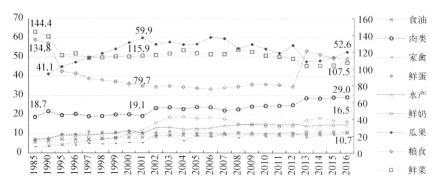

图 2.8　中国城镇居民家庭平均每人全年购买主要商品数量：1985—2016

注：① 原始数据来源为中国统计年鉴（历年）；② 横坐标为年份，纵坐标为消费量，单位为千克；③ 粮食和蔬菜为右边纵坐标，其他为左边纵坐标；④ 根据中国统计年鉴数据介绍，1985—2012 年为家庭商品购买量，2013—2016 年为家庭商品消费量。

均水产品 7.1 千克、食用油 5.8 千克、家禽 3.2 千克，而鲜蛋、瓜果和鲜奶都没有进入当时《中国统计年鉴》的统计范围。直到 1990 年，城镇居民鲜蛋、瓜果和鲜奶的人均年消费量也只有 9.74 千克(1995 年数据)、41.1 千克和 4.6 千克。可以说，1985 年中国城镇居民基本还是一种以粮食和蔬菜等素食为主要食物的、以解决饥饿为主要目的的温饱型生活方式。从 1985 年到 2001 年，随着人们收入水平的提高，中国城镇居民的粮食和蔬菜的消费量迅速下降，食用油、瓜果、鲜奶、家禽和水产都大幅度提高，肉类和鲜蛋则基本变化不大。2001 年中国城镇居民粮食和蔬菜人均年消费量分别为 79.7 千克和 115.9 千克；食用油、瓜果、鲜奶、家禽和水产的人均年消费量分别为 8.1 千克、59.9 千克、11.9 千克、5.3 千克和 10.3 千克；肉类和鲜蛋则分别为 19.1 千克和 10.1 千克。2001 年中国城镇居民的食物消费已经趋于多样化，粮食的消费量相对 1985 年差不多下降一半，瓜果和肉类在人们的营养中已经占一定比重，但粮食和蔬菜仍是主要食物。2001 年至 2016 年期间，中国城镇居民食物消费中变化最大是肉类，2016 年的人均年消费量为 29 千克，相对于 2001 年增长 50％多。其次是家禽和水产，家禽由 2001 年的 5.3 千克增长到 10.2 千克，增长约 1 倍，水产由 2001 年 10.3 千克增长到 14.8 千克，增长幅度超过 40％。奶类则经历了先上升后下降的趋势，2016 年为 16.56 千克，相对 2001 年仍然增加了近 40％。鲜蛋和食用油基本变化不多，粮食、蔬菜和瓜果则出现下降趋势。由此可见，到了 2016 年，中国城镇居民已经转变为主要以肉类为主的食物消费方式。

表 2.2 给出了 1985—2016 年中国城镇居民人均住房面积和平均每百户家庭年底耐用消费品拥有量状况。从表 2.2 可以看出，1985 年中国城镇居民家中普及率超过 50％的耐用消费品主要有自行车(152.3 辆/每百户)、电扇(73.9 台/每百户)、缝纫机(70.82 台/每百

户),其他就是呢大衣(116.2 件/每百户)、毛毯(86.79 件/每百户)、大衣柜(102.08 件/每百户)、沙发(131.49 件/每百户)和写字台(80.06 张/每百户)。其他稍微高档一点的耐用消费品其拥有率都非常低,如洗衣机(48.3 台/每百户)、冰箱(6.6 台/每百户)、彩电(17.2 部/每百户)和照相机(8.5 架/每百户)等,这些在当时可能都属于奢侈品,仅较富裕的家庭才能拥有。人均住房面积仅有 10 平方米。到了 2000 年,自行车、缝纫机、大衣柜和写字台等都逐渐被替代或淘汰,呢大衣、毛毯、沙发和电风扇已经基本普及,以致于 2001 年之后《中国统计年鉴》都不再对这些耐用品进行统计。2000 年中国城镇居民家中的主要耐用消费品已经变为洗衣机(90.5 台/每百户)、冰箱(80.1 台/每百户)和彩电(116.6 部/每百户)、空调(30.8台/每百户)、照相机(38.4 台/每百户)和热水器(49.1 台/每百户),这些耐用消费品的拥有率也都超过了 30%;中高收入的家庭已经开始购买摩托车(0.5 辆/每百户)、手机(19.5 台/每百户)和家用电脑(9.7 台/每百户),家用汽车(18.8 辆/每百户)也已经开始进入城镇居民的消费视野。人均住房面积达到 16.3 平方米/人,相对 1985 年也增长了 60%多。到了 2016 年,中国城镇居民家中,手机(223 部/每百户)、空调(114.6 台/每百户)、冰箱(94 台/每百户)、热水器(85.6 台/每百户)、洗衣机(96.2 台/每百户)和彩电(122.3 台/每百户)已经基本普及,出行方面也已基本由原来以步行和自行车等人力出行方式提升到以电动车(45.8 辆/每百户)、摩托车(22.7 辆/每百户)和家用汽车(30 辆/每百户)等自动动力出行方式,家用电脑的普及率也达到 78.5 台/每百户。人均住房面积提高到 36.6 平方米。由此可见,目前中国城镇家庭已经达到出行自动化、生活电器化、通信无线化和娱乐网络化的状态了。所以,改革开放后我国城镇居民生活质量的提高是显然的和巨大的。

表 2.2 城镇居民人均住房面积和平均每百户家庭年底耐用消费品拥有量

年 份	1985	1990	1995	2000	2005	2010	2015
缝纫机(台)	70.82	70.14	63.67	51.46	—	—	—
呢大衣(件)	116.2	169.98	204.15	169.63	—	—	—
毛毯(件)	86.79	123.82	139.75	143.27	—	—	—
大衣柜(件)	102.08	99.85	88.3	83.45	—	—	—
沙发(件)	131.49	157.3	210.12	198.82	—	—	—
写字台(张)	80.06	87.23	88.14	83.44	—	—	—
自行车/电动车(辆)	152.3	188.6	194.3	162.7	—	—	45.8[a]
摩托车(辆)	—	1.9	6.3	18.8	24.8	22.5	22.7
家用汽车(辆)	—	—	—	0.5	3.4	13.1	30

(续表)

年 份	1985	1990	1995	2000	2005	2010	2015
电扇(台)	73.9	135.5	167.4	167.9	—	—	—
空调(台)	—	0.3	8.1	30.8	80.7	112.1	114.6
洗衣机(台)	48.3	78.4	89	90.5	95.9	96.9	92.3
冰箱(台)	6.6	42.3	66.2	80.1	90.2	96.6	94
彩电(台)	17.2	59	89.8	116.6	133.4	137.4	122.3
照相机(台)	8.5	19.2	30.6	38.4	46.9	43.5	33
手机(部)	—	—	—	19.5	137	188.9	223
家用电脑(台)				9.7	41.5	71.2	78.5
热水器(台)	—		30.1	49.1	72.7	84.8	85.6
人均住房面积（平方米）	10	13.7	16.3	20.3	27.8	32.7	36.6b

数据来源：《中国统计年鉴》(历年)。由于《中国统计年鉴》2001年之后没有自行车的数据，2013年之前没有电动车的数据，a. 是电动车的数据，2012年之后没有城镇人均住房数据；b. 是2017年中国国家统计局公布的2016的数据。

2.3 农村居民生活变化

这一小节讨论中国农村居民的生活水平和生活方式的变化情况。

2.3.1 农村居民总体收入水平和消费水平的变化

图2.9首先给出1978—2016年中国农村居民人均纯收入、人均实际消费支出和平均消费倾向的变化情况。从图2.9中可以看出，1978年中国农村居民人均纯收入只有134元，人均消费支出只有116元，平均消费倾向为86.6%。1978—2016年中国农村居民人均纯收入和人均消费支出一直呈递增趋势。到2016年，中国农村人均实际纯收入增长到2 149元，相对于1978年增长了15.0倍，年平均增长率为7.58%。农村人均实际消费支出为1 649元，相对于1978年增长13.2倍，年平均增长率为7.23%。农村居民平均消费倾向呈现出微弱的先下降后上升再下降再上升的波动趋势。2016年中国农村居民的平均消费倾向为85.7%，相对1978年基本持平，仅下降了0.9个百分点。

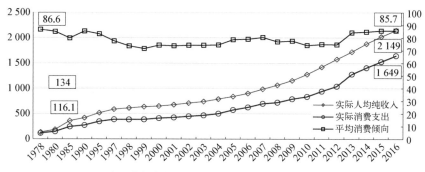

图 2.9 中国农村人均实际纯收入和消费支出情况：1978—2016

注：① 原始数据来源为《中国统计年鉴》历年；② 实际收入按1978年城镇消费物价指数调整；③ 消费支出占比为右边纵坐标，单位为％，其他数据在左边纵坐标，单位为元。

2.3.2 中国农村居民消费支出结构的变化

表2.3给出了1978—2016年中国农村居民人均消费支出及其结构的变化情况。从表2.3中可以看出，1978—2016年中国农村居民名义人均消费总支出从116.1元增加到10 130元，增加85.3倍。如果以1978年不变价格计算，2016年中国农村实际人均消费支出为1 649元，增长13倍多。

表2.3 农村居民人均消费支出结构：1978—2016 （单位：元）

年份	名义消费支出	实际消费支出	食品	衣着	居住	家用设备服务	交通通信	文教娱乐	医疗保健	其他支出
1978	116.1	116.1	78.6	14.7	12.0	—	10.8	—	—	—
1980	162.2	147.9	100.2	20.0	22.5	—	19.6	—	—	—
1985	317.4	244.3	183.4	30.9	57.9	16.3	5.5	12.5	7.7	3.4
1990	584.6	272.8	343.8	45.4	101.4	30.9	8.4	31.4	19.0	4.3
1995	1 310	346.2	768.2	89.8	182.2	68.5	33.8	102.4	42.5	23.1
1997	1 617	386.4	890.3	109.4	233.2	85.4	53.9	148.2	62.5	34.3
1998	1 590	383.8	849.6	98.1	239.6	81.9	60.7	159.4	68.1	32.9
1999	1 577	386.4	829.0	92.0	232.7	82.3	68.7	168.3	70.0	34.3
2000	1 670	409.6	820.5	95.9	258.3	75.4	93.1	186.7	87.6	52.4
2001	1 741	423.6	830.3	98.7	279.1	77.0	110.0	192.2	96.6	56.4
2002	1 834	448.0	848.4	105.0	300.2	80.4	128.5	210.4	103.9	57.7
2003	1 943	467.1	886.0	110.3	308.4	81.7	162.5	235.7	115.8	43.0

(续表)

年份	名义消费支出	实际消费支出	食品	衣着	居住	家用设备服务	交通通信	文教娱乐	医疗保健	其他支出
2004	2 185	501.1	1 032	120.2	324.2	89.1	192.7	247.5	130.6	48.3
2005	2 555	573.4	1 162	148.6	370.2	111.4	245.0	295.5	168.1	54.5
2006	2 829	625.5	1 217	168.0	469.0	126.6	288.8	305.1	191.5	63.1
2007	3 324	697.3	1 432	199.5	591.6	153.8	338.6	315.1	216.8	76.5
2008	3 661	721.1	1 599	212.0	678.7	173.9	360.2	314.5	246.0	76.5
2009	3 994	789.0	1 636	232.4	805.1	204.9	402.9	340.6	287.5	84.3
2010	4 382	835.6	1 801	264.0	835.2	234.1	461.1	366.7	326.0	94.0
2011	5 221	941.1	2 109	339.4	960.7	308.0	548.2	396.8	438.6	120.1
2012	5 908	1 039	2 322	395.8	1 087	342.7	649.9	443.1	514.0	147.7
2013a	6 626	1 133	2 496	438.3	1 234	387.1	796.0	486.0	614.2	174.9
2013b	7 485	1 280	2 554	453.8	1 580	455.1	874.9	754.6	668.2	144.3
2014	8 383	1 409	2 814	510.1	1 763	506.2	1 013	859.5	753.9	163.0
2015	9 223	1 530	3 048	550.5	1 926	545.6	1 163	969.3	846.0	173.9
2016	10 130	1 649	3 266	575.4	2 147	595.7	1 360	1 070	929.2	186.1
增长倍数	86.25	13.20	40.55	38.14	177.9	35.55c	124.9	84.60c	119.7c	53.74c

注：① 原始数据来源为《中国统计年鉴》（历年）；② 人均实际消费支出以 1978 年不变价格计算，它是由人均名义消费支出除以农村居民消费价格指数。人均各分项消费支出都是名义值，它由当年名义消费支出乘以《中国统计年鉴》中给出的各分项占比得出；③ 2014 年及以前的《中国统计年鉴》的数据给出了国家统计局农村住户调查的数据，而 2015 年《中国统计年鉴》中农村人均消费支出的数据是国家统计局开展的城乡一体化住户收支与生活状况调查的数据，数据从 2013 年开始。因此，2013 年在《中国统计年鉴》中有两个数据。为了便于比较，表中都列出，其中 a 行是 2014 年《中国统计年鉴》数据，b 行是 2015 年《中国统计年鉴》数据；④ 这 4 项都是相对 1985 年的增长倍数。

同城镇居民一样，收入水平的提高使得农村居民的消费结构和消费层次也得到了提高。从表 2.4 中可以看出，农村居民的居住和交通通信相对于 1978 年分别增长 178 倍和 125 倍，文化教育娱乐和医疗保健相对于 1985 年分别大约增长 85 倍和 120 倍，其增长幅度都高于总消费支出的增长倍数。但食品、衣着和家用设备服务这三项支出的增长速度比总消费支出的增长倍数低很多，分别只增长 41 倍、38 倍和 36 倍，增长的倍数不到总消费支出增长倍数的一半。

由于名义消费支出中包含物价因素，绝对价格的上涨和相对价格的变化都会影响以上基于名义支出对消费结构变化所进行的分析。因此，仅仅通过比较各项支出的名义增长率不足以分析消费结构的真实变化。为了更准确地分析中国农村居民消费结构的变化,下面进一步分析各类子项消费支出在总消费支出中占比的变化情况。图 2.10 和图 2.11分别给出了中国农村居民 1985 年、2001 年和 2016 年的消费结构图和 1978—2016 年中国农村居民各类子项消费现金支出占比的变化趋势图。

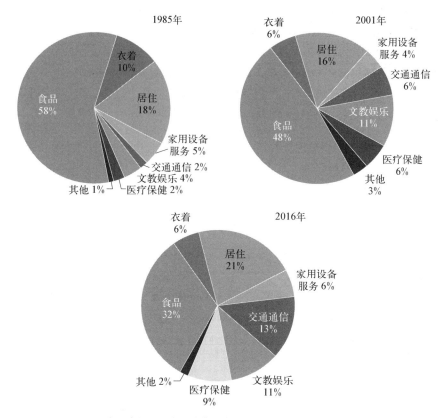

图 2.10　中国农村居民人均消费支出结构：1985 年、2001 年和 2016 年

从图 2.10 可以看出,在 1985 年中国农村居民消费支出中,绝大部分都是用于食品和衣着等生活必需品的支出,其中食品支出占比为 58%,衣着支出占比为 10%,家用设备及服务占比为 5%,这三项生活必需品支出加起来占消费总支出的 73%。医疗保健和交通通信分别都只占总消费支出的 2%,文教娱乐支出占比也只有 4%。这一消费支出结构同同期中国城镇居民非常相似,属于典型的温饱型生活消费结构。不同的是,中国农村居民这一时间的住房支出占到总消费支出的 18%,高于同期城镇居民的住房支出占比,而衣着和家用设备服务的占比比城镇低了很多。2001 年时,在中国农村居民消费支出中,食品和衣着支出占比分别下降到 48% 和 6%,衣食两者加起来占消费总支出的比重为 52%,家用设备及服务占比下降到 4%;医疗保健、交通通信和文教娱乐则分别提高到 6%、6% 和

11%;居住支出消费占比则从1985年的18%下降到16%。同中国城镇居民的消费支出结构的变化相似,注重于生活质量方面的文化教育娱乐、交通通信和医疗保健支出已经有很大的提高。农村居民生活方式已经开始从解决吃穿的温饱阶段向追求人际交往和社会娱乐等生活质量提升的小康阶段转变。到了2016年,中国农村居民的食品、衣着和家用设备服务在总消费支出中的占比分别下降到32%、6%和6%,这三项必需品占比之和大约为44%,医疗保健和交通通信的占比分别提高到9%和13%,住房支出占比则大幅度地上升到21%,成为居民消费支出中仅次于食物的部分,文化教育娱乐的支出占比保持不变,仍为11%。因此,同中国城镇居民的消费结构基本相似,目前中国农村居民的生活消费水平也已经发展到主要注重于住行方面的安居乐业阶段。

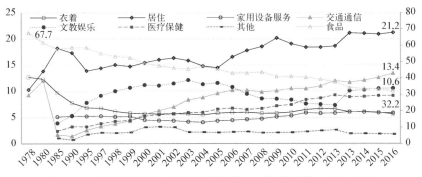

图 2.11　中国农村居民各项支出占总消费之比的变化趋势：1978—2016

注：① 原始数据来源为《中国统计年鉴》(历年)；② 纵坐标单位都是百分比,其中食品占比为右边纵坐标标识,其他为左边纵坐标标识。

从图 2.11 中还可以看出,首先,在中国农村居民人均消费支出的结构中,除了1985—1995年这段时间外,居民食品消费支出占比一直在下降,从1978年的58%一直下降到2016年的32%,尽管各时期的下降速度有所不同。衣着消费支出的占比也一直下降,但1978—2000年下降得更快,2001年之后下降趋势不太明显。由此可见,衣食方面的必需品支出占比一直随着农村居民收入的提高而下降,这符合人们的一般消费规律。

其次,家用设备服务支出的占比经历了先下降(1985—2003)、再上升(2003—2013)、然后再下降(2013—2016)的波动趋势。不过,整个1978—2016年的波动幅度并不太大,最低点和最高点只相差1.1个百分点。另外,相对于1978年来说,2016年农村居民的家用设备服务支出占比仍提高0.9个百分点。同家用设备服务占比的波动变化相反,文教娱乐支出占比则表现出先上升(1985—2003)、再下降(2003—2013)、然后又上升(2013—2016)的波动趋势。而且文教娱乐支出占比的波动幅度较大,最高的2003年(12.1%)同最低的2013年(7.3%)之间相差近5个百分点。同城镇居民一样,文化教育娱乐支出占比的剧烈波动可能同中国教育制度改革有关。改革开放初期,一方面,由于中国初等教育费用逐步由农村居民自己承担,初等教育也逐步由公费变为半自费和自费,且价格体制改革后价格的放开使得学费也不断上涨;另一方面,收入增加也提高了农村居民的教育需求,这两方面的因素都使得农村居民的教育支出增加。2003年之后,一方面,由于国家义务教育的普及和义务教育由国家免费提供,从供给方面降低了教育支出;另一方面,由于大学毕业不再分配工作也降低了农村居民上大学的积极性,以及农村小孩数量下降减少了初等教育需求,这又从需求方面降低了农村居民教育的支出。供求两方面的因素共同导致了农村居民教育支出占比的快速下降。一旦这两种力量达到均衡之后,人们收入的提高导致对教育和娱乐本身的需求提高又导致了文教娱乐占比的缓慢上升。

第三,交通通信、医疗保健和居住方面的支出占比都呈现出明显的上升趋势。这三者中上升最快的是交通通信支出占比。从1985—2016年,除了1980—1985年和2008年之外,交通通信消费支出占比几乎在以一个不变的速度快速上升。1985年中国农村居民的交通通信支出占比仅有1.7%,在整个消费支出中几乎微不足道。到了2016年,农村居民的交通通信支出占比上升到13.4%。这显然已经是农村居民消费支出中非常重要的一项。改革开放以来的40年间,交通通信支出占比提高了近12个百分点。1978—2016年,农村居民居住方面的支出占比也有了很大幅度的提高,它从1978年的10.3%上升到了2016的21.2%,提高了10个百分点。但与交通通信支出占比的变化不同,居住支出占比的上升过程中呈现出大幅度的波动。它首先从1978年的10.3%快速上升到1985年的18%;然后又连续10年下降,1995年下降到14%,再经过7年缓慢上升到2002年的16.4%;然后又下降到2005年的14.5%,再上升到2009年的20.2%;又小幅度下降到2013年的18.6%,最后上升到2016年的21.2%。农村居民的医疗保健支出虽然在1978—2016年也呈现上升趋势,但其上升的幅度要比前两者小得多,且近年来随着农村医保制度的健全,农村居民的医疗保健支出占比又有下降的趋势。具体来说,1985年农村居民医疗保健支出占比约为2.4%,2013年达到最高点时约为9.27%,近3年来略有下降,2016年约为9.17%。农村居民医疗保健支出在这40年中大约增加7个百分点。

2.3.3　中国农村居民食品消费结构和耐用品结构的变化

正如前文所说,以上基于货币金额度量对居民生活方式变化的分析可能比较抽象,且容易受到价格水平变动的影响。下面进一步通过居民消费品的实物数量来分析中国农村居民生活变化的情况。

图2.12显示了1978—2016年中国农村居民家庭平均每人全年购买主要食品数量的

变化趋势。从图 2.12 可以看出,中国农村居民 1978 年的食品消费中,粮食和蔬菜是其最主要的食物,其中粮食年人均消费量为 247.8 千克,蔬菜为 141.5 千克;肉类年人均消费量则只有 5.8 千克,每个月的人均肉消费量不足 0.5 千克;食用油为年人均 2 千克,其他如家禽、蛋类、鱼虾和奶制品等的年消费量都不到人均 1 千克;瓜果的消费量则没有进入统计范围,其消费量可能主要以自种或天然采集的"自产自销"方式为主。由此可见,1978 年中国农村居民基本上都是以填饱肚子为主要目标的"素食主义者"。

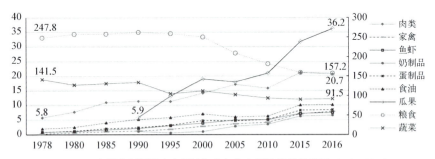

图 2.12 中国农村居民家庭平均每人每年主要消费品消费量 1978—2016

注:① 原始数据来源为中国统计年鉴(历年);② 横坐标为年份,纵坐标为消费量,单位为千克;③ 粮食和蔬菜为右边纵坐标,其他为左边纵坐标。

1978—1990 年,粮食和蔬菜仍然是农村居民的最主要食品。其中,粮食消费量一直上升,从 1978 年的年人均 247.8 千克增加到 1990 年的年人均 261.2 千克;蔬菜的消费量在 1978—1980 年显著下降,但从 1980—1990 年则出现略微上升趋势;其他如肉类、家禽、奶制品、蛋制品和鱼虾等消费量在此期间也都有所增加。到 1990 年时,中国农村居民粮食和蔬菜消费量达到最高峰,年人均消费量分别为 261.2 千克和 134.0 千克;肉类消费量增加到年人均 11.3 千克,大约为每月 1 千克;其他消费品年人均消费情况分别是:食用油 5.2 千克、蛋制品 2.4 千克、鱼虾 2.1 千克、家禽 1.3 千克、奶制品 1.1 千克、瓜果 5.9 千克。由此可见,到 1990 年时,中国农村居民已基本解决温饱问题。可以说在此之前,农村居民都在为解决温饱问题而奋斗,因此对粮食的消费一直在上升。

1990—2000 年,中国农村居民的粮食和蔬菜的消费量开始下降;除了奶制品外,其他各项食品的消费量都呈现上升趋势。这表明中国农村居民已经开始追求食物的质量水平。2000 年时,农村居民粮食和蔬菜的年人均消费量分别为 250.2 千克和 112.0 千克;肉类的消费量已达到年人均 14.1 千克,大约每月人均 1.2 千克;其他消费品的年人均消费情况分别是:食用油 7.1 千克、蛋制品 4.8 千克、鱼虾 3.9 千克、家禽 2.8 千克、奶制品 1.06 千克、瓜果 19.05 千克。相对于 1990 年而言,中国农村居民 2000 年对蛋制品、鱼虾、家禽和瓜果的年人均消费量都几乎增加了一倍。

2000—2016 年,中国农村居民食物消费中,粮食和蔬菜的消费量仍在下降,其中粮食的消费量大幅度下降,其他各项食品的消费都大幅度上升。2016年时,农村居民的粮食消费量为年人均157.2千克,相对2000年下降大约40%,蔬菜消费量为年人均91.5千克,相对2000年下降大约20%;肉类年人均消费量为20.7千克,人均月消费量达到1.7千克,肉类消费量相对2000年增长50%;其他消费品年人均消费情况分别是:食用油10.2千克、蛋制品8.5千克、鱼虾7.5千克、家禽7.9千克、奶制品6.6千克、瓜果36.2千克。除了食用油之外,其他相对于2000年都增长1倍以上。

表2.4显示了1978—2016年中国农村居民人均住房面积和平均每百户家庭年底耐用消费品拥有量的变化情况。根据《中国统计年鉴》(历年)数据显示(见表2.4),1978年中国农村居民家中最贵重的耐用消费品基本上都是一些家用必需品,如自行车(30.73辆/每百户)、缝纫机(19.8台/每百户)、钟(24.33只/每百户)、表(27.43只/每百户)和收音机(17.44台/每百户)等,且普及率基本上都非常低,拥有率基本不超过30%。到了1980年,这些耐用消费品的拥有率也才基本达到30%左右,人均住房面积只有每人4.06平方米。

表2.4 中国农村人均住房面积和平均每百户家庭年底耐用消费品拥有量

年　份	1980	1985	1990	1995	2000	2005	2010	2015
缝纫机(台)	23.31	43.21	55.19	65.74	67.06[a]	—	—	—
手表(只)	37.58	126.3	172.2	169.1	152.7[a]	—	—	—
钟(只)	30.95	37.32	49.01	67.95	81.45[a]	—	—	—
大衣柜(件)	—	53.37	75.67	84.88	86.47[a]	—	—	—
沙发(件)	—	13.7	36.98	65.41	84.24[a]	—	—	—
写字台(张)	—	38.21	56.08	79	84.52	—	—	—
自行车/电动车(辆)	30.7	80.6	118.8	147.0	120.5	98.4	96.0	50.1[b]
摩托车(辆)	—	—	0.89	4.91	21.94	40.7	59.0	67.5
家用汽车(辆)	—	—	—	—	—	—	9.9[c]	13.3
电扇(台)	—	9.66	41.36	88.96	122.6	146.4	—	—
空调(台)	—	—	—	0.18	1.32	6.40	16	38.8
洗衣机(台)	—	1.9	9.12	16.9	28.6	40.2	57.3	78.8
冰箱(台)	—	—	0.06	1.22	5.15	12.31	20.1	45.2	82.6
黑白电视机(台)	—	10.94	39.72	63.81	52.97	21.77	6.38	1.66[d]

(续表)

年 份	1980	1985	1990	1995	2000	2005	2010	2015
彩电(台)	0.39	0.8	4.72	16.9	48.7	84.0	111.8	116.9
照相机(台)	—	—	0.7	1.42	3.12	4.05	5.17	4.10
手机(部)	—	—	—	—	4.30	50.24	136.5	226.1
家用电脑(台)	—	—	—	—	0.47	2.10	10.37	25.7
人均住房面积(平方米)	4.06	5.11	17.83	21.01	24.82	29.68	34.08	45.8^e

注：数据来源为《中国统计年鉴》(历年)。由于《中国统计年鉴》2001年后没有自行车数据，2013年前没有电动车数据，a为1999年数据；1999年后没有统计这些数据，b电动车数据；c是2013年数据，此前没有该项统计数据；d为2011年数据，此后没有该项统计数据；e是2016年中国统计局公布的数据。

经过5年农村家庭联产承包责任制的经济改革后，到了1985年，手表(126.3只/每百户)和自行车(80.6辆/每百户)已经成为中国农村居家中比较常见的生活用品。大衣柜(53.37件/每百户)、写字台(38.21件/每百户)、缝纫机(43.21台/每百户)已经开始进入普通农民家中。一些比较富裕的家庭已经使用上沙发(13.7件/每百户)、电扇(9.66台/每百户)、洗衣机(1.9台/每百户)、黑白电视机(10.4台/每百户)等享受型耐用消费品。彩电(0.8台/每百户)和冰箱(0.06台/每百户)等一些比较高档的耐用消费品也已经开始进入农村居民的消费视野。农村人均住房面积增加到每人5.11平方米，相对于1980年约增长15%。

到了2000年，中国农村生活水平进一步提高。自行车(120.5辆/每百户)、缝纫机(67.6台/每百户)、大衣柜(86.47件/每百户)、写字台(84.52张/每百户)、沙发(84.24件/每百户)和电风扇(122.6台/每百户)在农村的普及率都非常高，普通家庭都已基本拥有这些耐用品。以至于2001年之后，《中国统计年鉴》都不再对这些耐用品进行统计。洗衣机(28.6台/每百户)、冰箱(12.31台/每百户)和彩电(48.7部/每百户)，空调(12.3台/每百户)、摩托车(21.94辆/每百户)在农村最富裕的前10%的家庭已经比较常见，拥有这些耐用商品同时也成为农村家庭富裕的一种体现。手机(4.3台/每百户)、照相机(3.12台/每百户)和空调(1.3台/每百户)的拥有率都超过了1%，成为富裕家庭追求的目标商品。电脑(0.47台/每百户)开始进入最富裕家庭的消费视野。人均住房面积则达到每人24.82平方米。

根据《中国统计年鉴2017》数据显示，在2015年中国农村居民家中，手机(226.1部/每百户)和彩电(126.9台/每百户)已经基本普及；洗衣机(78.8台/每百户)和冰箱(82.6台/每百户)已经被大多数农村家庭拥有；空调(38.8台/每百户)和家用电脑(25.7台/每百户)

也比较常见,基本每4户家庭中就有一台了。出行方式已经基本由以前的以步行和自行车为主的人力出行方式转变为以电动车、摩托车甚至小汽车为主的动力出行方式,电动车(50.1辆/每百户)、摩托车(67.5辆/每百户)和家用汽车(13.3辆/每百户)等动力型车辆的拥有率之和超过100%。由此可见,目前中国农村家庭也开始逐步走向出行自动化、生活电器化、通信无线化和娱乐网络化的状态了。

2.4 本章小结

本章主要分析了改革开放以来中国居民生活水平和生活方式的变化情况,考察了中国城镇居民生活的现状。本章第1节首先分析中国居民人均可支配收入和人均消费的变化情况。第1节的分析表明,1978—2016年,中国居民的收入水平和消费水平都得到巨大提高。这一期间,中国城镇居民人均实际可支配收入增长13.8倍,年平均增长率为7.4%;农村居民人均实际可支配收入增长15.0倍,年平均增长率为7.7%。全国人均实际消费水平增长17.4倍,年增长率为8.0%。中国居民的消费结构也得到改善,中国农村居民恩格尔系数从1978年的67.7%下降到2016年32.2%,城镇居民的恩格尔系数从1978年的57.5%下降到2016年的29.3%。根据联合国粮农组织的标准,中国居民生活水平已经由改革开放初期的贫困生活状态改变为2016年的相对富裕状态。不过,中国居民的年人均消费支出仍只有3 000美元左右,远低于发达国家,甚至低于其他金砖国家,因此仍有待于提高。

其次,本章还详细考察了中国城乡居民生活水平的变化过程和现状。本章第2节的分析表明,首先,中国城镇居民逐渐富裕起来,其总体收入状况已经从1985年的90%以上可支配收入都用于当期消费支出,提高到2016年的有30%以上可支配收入被储蓄。城镇居民的收入水平已经足以满足当期生活支出所需。其次,在消费支出结构方面,中国城镇居民已经从改革开放初期典型的以解决吃穿为主的温饱型生活消费结构转变为现在主要注重于生活享受的小康型生活消费结构。例如,1985年中国城镇居民食物、衣着和家用设备及服务这三项基本生活支出之和占总消费支出之比达到了76%,医疗保健、交通通信和文化教育娱乐这三项支出之和在总消费支出中的占比仅有12%。2016年城镇居民食物、衣着和家用设备及服务这三项支出之和占总消费支出之比下降到44%,医疗保健、交通通信和文化教育娱乐这三项支出占比之和达到了32%,居住方面的支出占比则从1985年的5%上升到22%。最后,城镇居民的食品结构和耐用消费品的结构也在改善,档次在提高。改革开放初期城镇居民食物主要以粮食(人均135千克/年)和蔬菜(人均144千克/年)为主,肉类(人均18.7千克/年)、家禽(人均3.2千克/年)、水产(人均7.1千克/年)消费量都很少,每人每月消费肉量不到 2 千克。目前城镇居民主要以肉食性食物为主,包括肉类(人均 29 千克/年)、鱼虾(人均 14.8 千克/年)、家禽(人均 10.2 千克/年)和蛋(人均 10.7 千克/年)奶(人均 16.5 千克/年)制品等,粮食和蔬菜的消费量大量减少,已经不再是主要食物。改革开放初期,中国城镇居民的主要耐用消费品是缝纫机、自行车、电风扇、大衣柜和沙发等最基本的生活必需品,现在中国城镇居民的主要耐用消费品已经提升为空调、彩电、冰箱、洗衣机、手机、家用电脑、热水器和小汽车等高档家用品。人均住房面积从 1985 年人均 10 平方米提高到 2016 年人均 36.6 平方米。目前中国城镇家庭已经达到出行自动化、生活电器化、通信无线化和娱乐网络化的状态。

  本章第 3 节的分析表明,中国农村居民的生活水平改革开放以来也得到了很大的提高。首先,中国农村居民的人均纯收入和人均消费支出一直在提高,2016 年相对于 1978 年分别增长了 15 倍和 13 倍。不过,同城市不同,中国农村居民的储蓄率并没有提高多少,2016 年(14.3%)相对于 1978 年(13.4%)仅提高约 1 个百分点。其次,收入水平的提高使得农村居民消费结构日益改善、消费层次不断提升。1985 年中国农村居民消费支出中的绝大部分都用于食物和衣着等生活必需品的支出,其中食物、衣着和家用设备服务这三项支出占消费总支出的 73%,医疗保健、交通通信和文化教育娱乐这三项之和的占比还不到 10%。同当时城镇居民一样,1985 年中国农村居民是一种典型的以解决吃穿为主的温饱型生活消费结构。2016 年中国农村居民的食物、衣着和家用设备服务之和在总消费支出的占比下降到 44%,医疗保健、交通通信和文化教育娱乐这三项之和的占比提高到 34%。农村居民生活消费水平已经发展到主要注重于住行方面的安居乐业阶段。最后,中国农村居民的食品结构和耐用消费品的档次也同样在提高、结构在改善。1978 年农村居民的食物基本是粮食(人均 248 千克/年)和蔬菜(人均 142 千克/年),肉类(人均 5.8 千克/年)基本没有,每人每月肉消费量不到 0.5 kg。在 2016 年中国农村居民的食物消费中,粮食(人均 157 千克/年)和蔬菜(人均 96 千克/年)虽然仍是非常重要的食品,但消费已经大大下降;肉类(人均 21 千克/年)、鱼虾(人均 7.5 千克/年)、家禽(人均 7.9 千克/年)、奶(人均 6.6 千克/年)蛋(人均 8.5 千克/年)制品等高档食物已经成为农村居民餐桌上的常见食品了。在耐用消费品方面,1978 年中国农村的主要耐用消费品是一些必需家用物品,如自行车、缝纫机、钟表和收音机等,且家庭拥有率非常低,基本都不超过 30%。而目前中国农村居民家中,手机和彩电已经普及,洗衣机和冰箱已被大多数家庭拥有,空调和家用电脑也已经比较常见;出行方面已经基本由改革开放初期的人力出行提升到动力出行,电动车、摩托车和家用汽车等自动车辆的拥有率加起来超过 100%。目前中国农村家庭也开始逐步走向出行自动化、生活电器化、通信无线化和娱乐网络化的状态。

  最后,通过本章的分析还可以看出,中国城镇和农村居民的差距是非常明显的。无论

第 2 章 中国改革开放后的经济增长和人民生活

是以货币衡量的收入水平和消费支出水平上,还是在消费支出结构、食品消费结构和家用耐用消费品的数量和结构上,农村居民都大大落后于城镇居民。虽然经过了 40 年的发展,中国农村和城镇居民的生活水平都得到了提到,但它们之间的绝对差距并没有缩小。因此,中国目前仍属于典型的二元经济结构,农村和城镇生活在各个方面都存在不可逾越的鸿沟。关于中国城乡收入差距,本书将在第 3 编再详细讨论。

第3章

GDP 支出结构变化及其增长率的需求因素分解

第1章分别从国别和时期两个维度对中国不同时间段的经济增长趋势和特征进行了比较分析,这一章和下一章将分别从 GDP 支出法构成和 GDP 产业构成这两个不同的视角对中国不同时期的经济增长趋势和特征进行研究,并按照这两种不同的视角对实际 GDP 增长率进行因素分解分析,以探讨不同因素对中国经济增长的影响。本章主要按照支出法的 GDP 构成分类,从需求方面分析中国经济结构的变化特征,考察各类需求在 GDP 构成中变化趋势,并对 GDP 实际增长率按照支出法类别进行因素分解,研究不同需求类别对中国实际经济增长率的贡献,分析它们对中国经济增长的影响和作用。本章的结构如下:第1节分析中国 GDP 支出法构成中的四大支出项(居民消费、政府消费、总投资和净出口)随着 GDP 增长而变化的情况;第2节首先研究 GDP 增长率需求因素分解的理论依据,解释这一因素分解的科学性和合理性。然后基于这一理论基础,分析按支出法构成的四大支出项对 1953—2016 年中国 GDP 增长的贡献率;第3节是本章小结,对本章的主要结论进行概括和总结。

3.1 GDP 及其四大支出类别的增长和波动

3.1.1 数据来源

为了研究 1978 年改革开放以来中国经济增长的成就和特点,本章以下分析将根据数据的可获得性,从中华人民共和国成立后中国经济发展的整体视角,全面解析中国经济增长的状况。在数据方面,首先,通过《中国统计年鉴》(历年)和《新中国 50 年统计资料汇编》可以获得 1953—2016 年中国 GDP 实际增长率数据(如本章附表 3.1 所示)。根据 1952 年中国实际 GDP 数据和 1953—2016 年中国 GDP 实际增长率的数据,可以计算出以 1952 年不变价格计算的中国 1952—2016 年实际 GDP(如图 3.1 所示)。其次,通过中国企业家投融资俱乐部数据库(以下简称 CEIC 数据库)可获得中国 1952—2016 年名义 GDP 及其按支出法构成的四大类别(包括居民消费、政府消费、总投资、固定资产投资、库存投资和净出口)的数据(如本章附表 3.1 所示)。根据这些数据,可以计算出 1952—2016 年中国 GDP 各构成分类的占比(如图 3.3 所示)。最后,用 GDP 各构成分类占比数据和实际 GDP 数据,可以计算出 1952—2016 年中国 GDP 各构成分类(包括居民消费、政府消费、总投资、固定资产投资、库存投资和净出口)实际数值(如图 3.1 所示)。由此,可以进一步计算出各构成分类(包括居民消费、政府消费、总投资、固定资产投资、库存投资和净出口)的实际增长率(如图 3.2 所示)。

3.1.2　GDP 总量及其构成的增长和波动:基于图形的直观分析

根据以上计算方法得到的数据,以 1952 年价格计算的,图 3.1 显示 1952—2016 年中国 GDP 以及总消费、居民消费、政府消费、总投资、固定资产投资和库存投资等变量的变化趋势。图 3.1 中纵坐标是以 1952 年价格计算的十亿元人民币为单位的 GDP 及其分项的对数值。因此,图中每条曲线的斜率可以代表该变量的增长率。

图 3.1　中国实际 GDP 及其构成分类对数值的变化趋势:1952—2016

注:① 原始数据来源为《中国统计年鉴》历年和 CEIC 数据库;② 纵坐标单位为十亿元取对数,以 1952 年不变价格计算;横坐标为时间;③ 库存投资由右边坐标值标识,其他变量由左边坐标数值标识;④ 净出口由于变化幅度较大,且有负数值,所以无法在图中标识。

从图 3.1 可以看出,除库存投资这一项外,其他各项支出在绝大多数年份里几乎都以直线的形式在增长,只有 1958—1970 年这段时间里有些例外。具体来说,以 1952 年不变价格计算,1952 年中国 GDP 总量为 692 亿人民币,2016 年为 10.5 万亿人民币,64 年增长大约 151 倍。GDP 曲线的变化趋势除 1958—1966 年有一个明显的大波动和 1966—1970 年有一点小波动外,其他年份都基本呈直线上升趋势。在 GDP 构成的三大分类中,以 1952 年不变价格计算,居民消费从 1952 年的 453 亿元增长到 2016 年的 4.13 万亿元,实际增长大约 90 倍;居民消费曲线基本以直线形式稳步上升。政府消费从 1952 年的 93 亿元增长到 2016 年的 1.52 万亿元,实际增长 162 倍;政府消费曲线在 1959—1962 年有一个波动上升趋势,1965—1969 年有一个波动下降趋势,其余年份都呈直线上升趋势。总投资(即总资本形成)从 1952 年的 154 亿元增长到 2016 年的 4.65 万亿元,实际增长大约 302 倍,总投资曲线的波动比 GDP 曲线和消费曲线大得多。在总投资中,固定资产形成从

第3章 GDP支出结构变化及其增长率的需求因素分解

1952年的81亿元增长到2016年的4.50万亿元,实际增长556.2倍;库存投资变化相对来说不大,从1952年的73亿元增长到2016年的1 500万亿元,实际仅增长约20倍。另外,在绝大多数年份中,不同曲线的位置基本上都是:

GDP＞居民消费＞总投资＞固定资产投资＞政府消费＞库存投资。

但投资曲线和居民消费曲线的关系随着时间的推移出现一些明显的变化。具体来说,1952—1993年虽然消费曲线一直都高于投资曲线,但两者之间的差距越来越小,1993年两条曲线第一次相交;1993—2000年两者间的距离有所扩大,到2001年之后两者的距离再度缩小,2005年之后投资曲线一直高于消费曲线,近年来两者又有缩小趋势。

图3.2显示了1952—2016年中国GDP、居民消费、政府消费和总投资的实际增长率变化情况。从图3.2可以看出,1952—2016年中国经济增长有以下几个特征:第一,投资增长率一直在激烈波动,其波动幅度和频率在这四者中最大;政府消费增长率的波动第二大,其波动幅度和频率也都比GDP增长率的更大;居民消费增长率的波动比GDP增长率的波动更小,它在四者中波动最小。第二,在绝大多数年份里,居民消费增长率都低于GDP增长率,而且在消费增长率高于GDP增长率的年份,一般都是GDP增长率下降的年份。第三,除少数年份(如1996—1999)外,政府消费增长率的变化趋势同GDP增长率基本保持一致。最后,统计数据还显示,对外净出口的变化频率和幅度都特别大,远超过以上四项增长率的变化幅度。为了不影响GDP、居民消费、投资和政府消费增长率变化的整体视觉效果,图3.2中没有给出净出口增长率变化的曲线图。

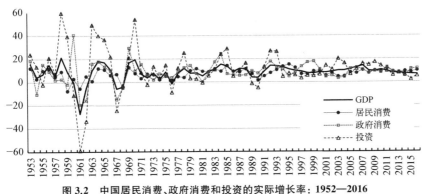

图3.2 中国居民消费、政府消费和投资的实际增长率:1952—2016

注:① 原始数据来源为《中国统计年鉴》(历年),此处数据系作者根据《中国统计年鉴》数据计算得到。

图3.3给出了1952—2016年中国GDP构成中居民消费、投资、政府消费和净出口占比的变化情况。图3.3显示,从整体来看,第一,中国政府消费GDP占比基本比较稳定,样本期间基本呈水平趋势变化,没有明显的波动趋势和上升或下降趋势;除1958—1959年

85

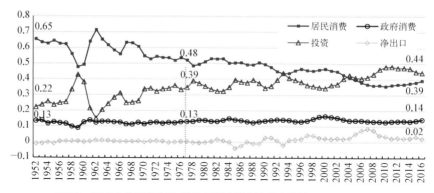

图 3.3 按支出法核算中国 GDP 四类支出占比的变化情况：1952—2016

注：原始数据来源为《中国统计年鉴》（历年），此处数据系作者根据《中国统计年鉴》数据计算得到。

低于 10% 外，政府消费 GDP 占比一般都在 11%—16%，样本期间的均值为 13.2%。第二，净出口在 GDP 中的占比一直都很小，一般 −2%—3%，样本期间的均值为 1.3%；样本期间这一曲线图也基本呈水平趋势，没有明显的上升或下降趋势，但 1982 年前后波动趋势上显现出明显的差异。由于 1982 年之前中国的开放程度很小，净出口基本都在 0 附近，几乎没有波动；1982 年之后净出口出现了明显的波动趋势。以 1985 年、1993 年和 2007 年这三年为极值点，出现了 3 次明显的波动。另外，在 1989 年前后和 1997 年前后还各有一个小的波动。不过，中国进口、出口和进出口总和占 GDP 的比重并不低，特别是改革开放之后的 1978—2006 年，这三者的占比一直呈波动性上升趋势，2006 年只有下降趋势（见图 3.4 所示）。第三，居民消费占比和投资占比基本呈现出镜像对称的变化趋势。具体来说，居民消费占比呈现出明显波动性下降趋势，投资占比呈现明显波动性上升趋势；且在居民消费占比下降的阶段都对应投资占比上升的阶段，居民消费占比的波谷对应投资占比的波峰，居民消费占比的波峰对应投资占比的波谷。不过，投资 GDP 占比的波动幅度还是比居民消费 GDP 占比更大。第四，在整个样本期间，居民消费 GDP 占比从 1952 的 65% 下降到 1978 年的 48%，再下降到 2016 年的 39%，64 年间下降了 26 个百分点；投资 GDP 占比则从 1952 年的 22% 上升到 1978 年的 39%，再上升到 2016 年的 44%，同一时期的投资 GDP 占比上升了 22 个百分点，投资占比的百分点上升了一倍。由此可见，中国投资 GDP 占比的上升一般都是由居民消费 GDP 占比下降来代替。尽管很长时间内中国居民消费 GDP 占比都高于投资 GDP 占比，但 2005 年之后，中国居民消费 GDP 占比已经低于投资 GDP 占比，中国经济基本上已经成为一个投资需求主导型的经济结构。投资主导型的经济增长方式对中国的长期经济增长具有非常重要的影响，本书第 6 章再对这一问题进行详细讨论。

第3章 GDP支出结构变化及其增长率的需求因素分解

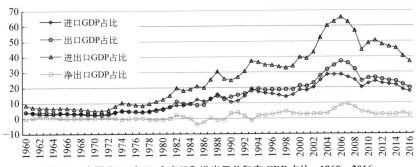

图 3.4 中国进口、出口、净出口和进出口总和在 GDP 占比：1960—2016

注：数据来源为世界银行《世界发展指标》(World Development Indicators)。

3.1.3 GDP及其各构成项的变化：基于数据的统计分析

图 3.1—图 3.3 虽然能从视觉上让我们对中国 GDP 构成的变化趋势及其增长和波动情况有一个很好的直觉感观,但它缺少一种量化的指标来具体刻画 GDP 及其构成的变化、增长和波动的具体状态。为了更准确地分析不同时期中国 GDP 及其构成中各类分项的变化、增长和波动状况,表 3.1 和表 3.2 进一步分阶段核算不同时期中国消费、投资和净出口实际增长率的情况,统计指标包括各个时期的总增长倍数、年平均增长率及其标准差和变异系数。下面根据表 3.1 和表 3.2 中的数据来量化分析各阶段中国经济增长率的情况。

表 3.1 按支出法核算中国实际 GDP 及其构成项的增长状态：1952—2016

总增长倍数（单位：倍）					
时间段	1952—2016	1952—1977	1977—2016	1977—2001	2001—2016
GDP	**151.01**	**3.22**	**35.00**	**8.18**	**2.92**
总消费	**102.28**	**2.48**	**28.70**	**7.71**	**2.41**
居民消费	90.09	2.36	26.13	7.04	2.37
政府消费	161.47	3.06	39.05	10.37	2.52
总投资	**301.46**	**5.60**	**44.86**	**8.61**	**3.77**
固定投资	556.16	9.42	52.46	9.92	3.90
库存投资	19.89	1.36	7.83	2.24	1.73
净出口	(297.66)[a]	(2.20)[a]	247.17	59.16	3.13

87

(续表)

几何平均年增长率(单位：%)①					
时间段	1953—2016	1953—1977	1978—2016	1978—2001	2002—2016
GDP	**8.17**	**5.93**	**9.62**	**9.68**	**9.53**
总消费	7.51	5.11	9.08	9.44	8.52
居民消费	7.30	4.96	8.83	9.08	8.44
政府消费	8.28	5.76	9.92	10.66	8.76
总投资	9.34	7.84	10.31	9.89	10.98
固定投资	10.38	9.83	10.74	10.47	11.17
库存投资	4.86	3.50	5.74	5.01	6.92
净出口	—	—	15.19	18.61	9.91
算数平均年增长率(单位：%)					
时间段	1953—2016	1953—1977	1978—2016	1978—2001	2002—2016
GDP	**8.42**	**6.48**	**9.66**	**9.72**	**9.55**
总消费	7.61	5.28	9.11	9.47	8.54
居民消费	7.39	5.10	8.86	9.12	8.46
政府消费	8.69	6.61	10.02	10.79	8.79
总投资	11.05	11.76	10.59	10.28	11.10
固定投资	12.17	13.84	11.10	10.98	11.28
库存投资	37.67	73.80	14.50	11.47	19.35
净出口	**−407.38**	103.96	**−735.16**	**−1 204.9**	16.42

注：① 原始数据来源《中国统计年鉴》(历年)，此处数据系作者根据《中国统计年鉴》数据计算得到；② a 是按定义计算得到的数值。由于中国 1952 年净出口为负，1977 年和 2016 年净出口都为正，按定义计算都为负值。增长率为负一般都表示负增长，而此处负值是指净出口由逆差变为顺差，其含义与一般意义不同，故加粗以作标识。

---

① 假设某一变量 t 年增长率为 g^t。从 1 到 T 年的算数平均年增长率为 $\bar{g} = \sum_{t=1}^{T} g_t / T$，几何平均年增长率为 $(1+\bar{g})^T = \prod_{t=1}^{T}(1+g_t) \Leftrightarrow \bar{g} = [\prod_{t=1}^{T}(1+g_t)]^{1/T} - 1$。其实，只要在几何平均增长率计算公式第一个等式两边同时取对数，再利用(当 x 绝对值很小时)$\ln(1+x) \approx x$，就可得到算数平均增长率计算公式。一般来说，由于算数平均增长率忽略了高阶项的累计影响，因此，对于同一组都是正增长的数据，几何平均年增长率要低于算数平均增长率。但如果增长率有正有负，正负增长率年份正好相邻年份，且数值比较大，则也可能出现算数平均增长率大于几何平均增长率。如表 3.1 库存投资和净出口的算数平均年增长率都大于其几何平均年增长率。

第3章 GDP支出结构变化及其增长率的需求因素分解

表 3.2 按支出法核算中国实际GDP及其
构成项增长率的波动：1952—2016

年增长率的标准差（单位：%）					
时间段	1953—2016	1953—1977	1978—2016	1978—2001	2002—2016
GDP	**6.98**	**10.48**	**2.70**	**3.05**	**2.12**
总消费	4.52	5.92	2.43	2.64	1.99
居民消费	4.36	5.38	2.74	3.20	1.83
政府消费	9.37	13.67	4.79	5.54	3.02
总投资	18.12	27.49	8.17	9.65	5.27
固定投资	19.21	28.86	9.10	10.97	5.17
库存投资	201.53	317.53	47.39	41.21	57.14
净出口	3 343	329	4 263	5 425	42.76
年增长率的变异系数					
时间段	1953—2016	1953—1977	1978—2016	1978—2001	2002—2016
GDP	**0.83**	**1.62**	**0.28**	**0.31**	**0.22**
总消费	0.59	1.12	0.27	0.28	0.23
居民消费	0.59	1.05	0.31	0.35	0.22
政府消费	1.08	2.07	0.48	0.51	0.34
总投资	1.64	2.34	0.77	0.94	0.48
固定投资	1.58	2.08	0.82	1.00	0.46
库存投资	5.35	4.30	3.27	3.59	2.95
净出口	－8.21	3.16	－5.80	－4.50	2.60

注：数据来源系作者根据《中国统计年鉴》数据计算得到。

3.1.3.1 1952—2016年经济增长的整体特征

首先讨论1952—2016年整个样本区间中国经济增长的情况。由表3.1中的第一列可知，1952—2016年这65年间，中国实际GDP共增长约151倍，年增长率约为8.17%，GDP经济增长率的标准差为6.98%，变异系数为0.83。在GDP支出法的构成中，实际投资增长最快，65年共增长大约301倍，增长的总倍数几乎是GDP增长倍数的2倍，投资年平均增长率达到9.34%。投资的增长主要集中在固定资产投资的增长上。这一期间固定资产投资增长大约556倍，年平均增长率10.38%；库存投资增长则非常小，仅增长20倍，年增长率4.86%。1952—2016年中国居民消费共增长大约90倍，增长倍数是GDP增长的60%，年平均增长率约为7.3%；政府消费增长约161倍，增长倍数同GDP基本相当，年增长率约为8.28%。

就波动幅度来看，表3.2给出的数据同图3.2中的直观感觉一致。表3.2数据表明，第一,无论是从标准差来看还是从变异系数来看,居民消费增长率波动都最小。居民消费年增长率标准差为4.36%,相当于GDP增长率标准差的62.5%;变异系数为0.59,相当于GDP增长率变异系数的71%。第二,增长率波动程度最大的是净出口。净出口增长率的标准差超过了3 000,是GDP增长率标准差的478倍;其变异系数为8.21,为GDP增长率变异系数的9.9倍。第三,投资增长率的波动也比较大。其标准差约为18,是GDP增长率的2.6倍;变异系数约为1.64,是GDP增长率变异系数的1.98倍。第四,政府消费增长率的波动也超过GDP增长率的波动。其标准差为9.37,大约是GDP增长率标准差的1.34倍;变异系数为1.08,大约是GDP增长率变异系数的1.3倍。GDP及其各构成项的实际增长率的波动情况符合经济增长的一般规律,即投资增长率的波动一般大于经济增长率的波动,居民消费增长率的波动一般要小于经济增长率的波动。但中国投资增长率持续高于经济增长率却是一国经济增长过程不多见的现象,特别是在中国投资GDP占比非常高的情况下,这就更为罕见。下面来讨论中国不同阶段的经济增长状况,特别是要比较改革开放前后中国经济增长的差异。

3.1.3.2 1978年前后两个时期经济增长的差异性

表3.1和表3.2的第二列和第三列分别给出了在改革开放前后两个不同时期内,中国GDP支出法核算的各分项增长的一些数字化指标。基于表3.1和3.2的指标,可以从经济增长速度和经济波动两个方面来比较改革开放前后中国经济增长的差异。改革开放前后中国经济增长差距首先表现在两个时期的GDP增长率存在巨大差距。由表3.1可知,在1952—1977年改革开放前的25年里,中国GDP总增长3.22倍,年平均增长5.93%。在1977—2016年改革开放后的39年里,中国GDP共增长35.00倍,年平均增长9.62%。虽然改革开放前中国GDP年平均增长率也比较高,但改革开放后中国GDP年平均增长率明显更高,是改革开放前的1.62倍。其次,两个时期的经济增长结构呈现出很大差距。1952—1977年期间,中国居民消费年平均增长4.96%,政府消费年平均增长5.76%,总投资年平均增长7.84%,净出口已经由逆差7.8亿元变为顺差9.3亿元。总投资中固定资产投资年平均增长9.83%,库存投资年平均增长3.50%。居民消费、政府消费和总投资的增长率分别是GDP增长率的83%、97%和1.32倍,增长速度的大小排列为:总投资增长率大于GDP增长率大于政府消费增长率大于居民消费增长。1978—2016年,中国居民消费年平均增长8.83%,政府消费年平均增长9.92%,总投资年平均增长10.31%,净出口已经由顺差9.3亿元增长到2 313.9亿元,增长247倍,年平均增长15.19%。总投资中固定资产投资年平均增长10.74%,库存投资年平均增长5.74%。居民消费、政府消费、总投资和净出口的增长率分别是GDP增长率的92%、1.03倍、1.07倍和1.57倍。增长速度的大小排列为:净出口增长率大于总投资增长率大于政府消费增长率大于GDP增长率大于居民消

第3章 GDP支出结构变化及其增长率的需求因素分解

费增长率。通过比较这些数字可知,在改革开放后40年的经济发展中,中国GDP各构成项的增长速度都远高于改革开放前,居民消费、政府消费、总投资和库存投资的增长率分别比改革开放前高出62.3%、77.9%、72.2%、35.5%和9.3%。因此,尽管改革开放前后投资的增长都快于GDP的增长,但相对于改革开放前的经济发展而言,改革开放后GDP各分项的增长更平衡,特别是改革开放后消费和投资之间的年平均增长差距(几何平均相差1.48%,算数平均相差1.73%)比改革开放前的差距(几何平均相差2.88%,算数平均相差6.66%)大大缩小。这也说明,改革开放后的经济增长对提高居民生活水平的效应比改革开放前要显著得多。另外有一点需要注意的是,同改革开放前政府消费增长率低于GDP增长率不同,改革开放后政府消费增长率要高于GDP增长率。

其次,从经济增长的波动方面来看,由表3.2可知,在改革开放前的1952—1977年,无论是增长率的绝对波动幅度还是相对波动幅度,都是净出口大于总投资大于政府消费大于GDP大于居民消费。以标准差衡量的绝对波动幅度来看,净出口、总投资、政府消费和居民消费增长率的波动分别是GDP增长率的31.4倍、2.62倍、1.30倍和51%;以变异系数衡量的相对波动幅度来看,净出口、总投资、政府消费和居民消费增长率的波动分别是GDP增长率的1.96倍、1.44倍、1.28倍和65%。改革开放后的1978—2016年同改革开放前相比有三点不同:一是除净出口之外,GDP增长率及其各分项增长率的波动相对于改革开放前大幅度下降。以标准差衡量的绝对波动幅度来看,GDP、居民消费、政府消费、总投资、固定资产投资和库存投资增长率的波动分别只有改革开放前的26%、51%、35%、30%、32%和15%;以变异系数衡量的相对波动幅度来看,GDP、居民消费、政府消费、总投资、固定资产投资和库存投资增长率的波动分别只有改革开放前的17%、29%、23%、33%、36%和76%。净出口增长率的波动以变异系数衡量扩大83%。这主要是由于中国对外开放造成。二是在各种增长率波动大小排序上,除改革开放后居民消费增长率的波动要大于GDP,其他波动大小都一样。以标准差和变异系数来衡量的波动大小排序都是,净出口波动大于总投资波动大于政府消费波动大于居民消费波动大于GDP波动。三是GDP各分项增长率的波动相对GDP增长率的波动都变大。从绝对波动幅度来看,净出口、总投资、政府消费和居民消费增长率的波动分别是GDP增长率的1 579倍、3.03倍、1.77倍和1.02倍;从以变异系数衡量的相对波动幅度来看,净出口、总投资、政府消费和居民消费增长率的波动分别是GDP增长率的20.74倍、1.71倍、2.76倍和1.11倍。之所以出现这一变化同以下第四点有关。四是改革开放后GDP各分量之间的相关性比改革开放前要小得多。表3.3给出在改革开放前后两个不同时期居民消费、政府消费、投资和GDP增长率两两之间的相关系数。改革开放之前,居民消费、政府消费和投资两两之间都显著相关,相关系数都在0.3—0.5之间,而改革开放之前居民消费同政府消费和投资之间的相关系数不到0.1,总投资同政府消费之间相关系数也只有0.19,且它们都不显著。图

3.5 则直观给出了改革开放前后居民消费、政府消费和总投资三者增长率之间的散点图。从图 3.5 中可以直观看出,改革开放前居民消费、政府消费和总投资三者增长率之间呈现明显的正相关,而改革开放后它们之间趋势线几乎呈现水平趋势。居民消费、政府消费和投资三者增长率之间的相关性出现这一变化可能同改革开放前后的不同经济体制有关。改革开放前是计划经济体制,居民消费、政府消费和投资都是由国家根据整体经济增长情况统一制定,相互之间存在关联性也就不言而喻了。改革开放后实行社会主义市场经济体制,居民消费、政府消费和投资由不同的经济主体根据自身的情况制定,相互之间自然就不存在相关性。

表 3.3 GDP 及其各分量实际增长率之间的相关系数

	1953—1977 年				1978—2016 年		
	居民消费	政府消费	总投资		居民消费	政府消费	总投资
政府消费	0.447** (0.025)	1		政府消费	0.039 (0.816)	1	
总投资	0.342* (0.094)	0.431** (0.032)	1	总投资	0.026 (0.876)	0.193 (0.238)	1
GDP	0.648* (0.077)	0.570 (0.190)	0.913*** (0.009)	GDP	0.333* (0.059)	0.033 5 (0.510)	0.780*** (0.018)

注:数据来源系作者根据《中国统计年鉴》数据计算得到。括号内的数值表示 p 值,*、**、*** 分别表示在 10%、5% 和 1% 的水平上显著。

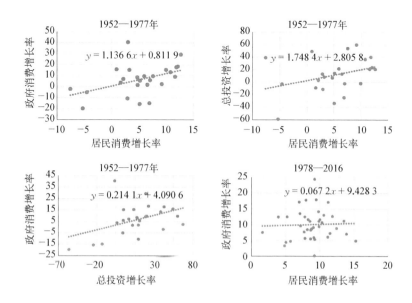

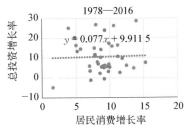 

图 3.5　居民消费、政府消费和总投资增长率间的散点图

3.1.3.3　为什么相关性会影响波动性

正是由于改革开放后居民消费、政府消费和投资之间的相关系数下降,使得改革开放后 GDP 各分项增长率的波动相对 GDP 增长率的波动都变大。这一点借助数学公式可以很容易看出。不妨以只有两个分项情况为例。假设 $Y = x_1 + x_2$,通过简单计算可得,它们增长率之间的关系为

$$g_Y = \alpha_1 g_1 + \alpha_2 g_2$$

其中,$\alpha_i = x_i/Y$ 表示 x_i 在 Y 中的占比,$g_i = (x_{it} - x_{it-1})/x_{it-1}$ 表示 x_i 的增长率。在上式两边同时取方差可得,Y、x_1 和 x_2 三者增长率的方差有如下关系,

$$\begin{aligned} V(g_Y) &= \alpha_1^2 V(g_1) + \alpha_2^2 V(g_2) + 2\alpha_1\alpha_2 Cov(g_1, g_2) \\ &= [\alpha_1 \sqrt{V(g_1)} + \alpha_2 \sqrt{V(g_2)}]^2 \\ &\quad + 2\alpha_1\alpha_2 \sqrt{V(g_1)} \sqrt{V(g_2)} (1 - \rho_{12}^2) \end{aligned}$$

其中,$V(g_i)$ 表示 g_i 方差,ρ_{12} 表示 x_1 和 x_2 的相关系数。由此,当 $\rho_{12} \approx \pm 1$ 时,则有

$$\sqrt{V(g_Y)} = \alpha_1 \sqrt{V(g_1)} + \alpha_2 \sqrt{V(g_2)} \tag{3.1}$$

即 g^y 的标准差正好是 g_1 和 g_2 的标准差的加权平均,因此它一定位于 g_1 和 g_2 的标准差之间。当 $\rho_{12} \approx 0$ 时,则有

$$V(g_Y) = \alpha_1^2 V(g_1) + \alpha_2^2 V(g_2) \tag{3.2}$$

此时,g^y 的方差(标准差)仍然小于 g_1 和 g_2 中最大值,且在一定条件下,甚至小于其最小值。不妨假设 $V(g_2) > V(g_1)$,由此,只要 $(1 + \alpha_1)V(g_1) > \alpha_2 V(g_2)$,则有

$$\begin{aligned} (1 - \alpha_1^2)V(g_1) &= (1 + \alpha_1)\alpha_2 V(g_1) > \alpha_2^2 V(g_2) \\ &\Leftrightarrow V(g_1) > \alpha_2^2 V(g_2) + \alpha_1^2 V(g_1) \\ &= V(g_Y) \end{aligned}$$

即 g^y 的方差(标准差)小于 g_1 和 g_2 方差中的最小值。这正是以上分析的第二点,即改革开放后 GDP 增长率的方差小于其分项增长率方差。另外,通过(3.1)式和(3.2)式可知,当各分项之间的相关系数越小时,GDP 增长率的方差相对于各分项越小,这正是以上分析的第三点,即各分项增长率的波动相对 GDP 增长率的波动更大。

3.1.3.4 改革开放以来入世前后两个时期经济增长的差异性

下面简要讨论一下改革开放以来中国经济增长在入世前后两个阶段的差异性。从表 3.1 和 3.2 可以看出,1978—2016 年,经济增长率的连续性还是很强。如果以 2001 年入世为分界点,无论是经济增长的速度还是波动,同改革开放之前相比,改革开放后的入世前后两个时期变化都不是很大。不过,由于入世后开放程度和改革开放力度都在不断加大,再加上经济增长内在规律的影响,经济增长方式还是出现了一些差异,具体表现如下:第一,2001 年之后的经济增长率要略低于入世前。1978—2001 年的 GDP 年平均增长率为 9.68%,2001—2016 年的年平均增长率为 9.53%。不过,这两个时期的年平均增长率都比 1952—1977 年要高出很多。其次,就 GDP 各分项的增长率来看,2001 年以前的增长更均衡些。由表 3.1 可知,2002 年之后投资的年平均增长率(10.98%)要高于 2001 年之前的投资增长率(年平均 9.89%),但 2001 年之后居民消费年增长率(8.44%)却低于 2001 年之前的年平均增长率(9.08%)。2001 年之后消费增长率和投资增长率之间的差距(2.54%)要比之前的差距(0.45%)大很多。因此可以说,2001 年之后通过投资拉动经济增长的趋势更明显。第三,2001 年之后中国经济增长的波动要小于 2001 年之前的波动。1978—2001 年中国 GDP 增长率的变异系数为 0.31,2002—2016 年中国 GDP 增长率的变异系数为 0.22,下降近 1/3,GDP 各分项增长率的变异系数也都较入世前明显下降,特别是总投资和固定资产投资增长率的变异系数大幅度下降。就 GDP 各分项增长率的相对波动来看,入世后 GDP 各分项的波动相对于 GDP 增长率的波动都更小。例如,从改革开放到入世前中国居民消费、政府消费和总投资增长率的变异系数分别是 GDP 的 1.29 倍、1.65 倍和 3.02 倍,入世后这些指标分别下降为 1.00 倍、1.55 倍和 2.18 倍。总之,2001 年之后较 1978—2001 年经济增长相比,居民消费的年平均增长率下降,而投资的年平均增长率上升,且投资增长率的波动在下降。

3.2 GDP 增长率的需求结构分解

上一节讨论了中国 GDP 及其各项需求构成分项的增长情况及其结构变化。这一节研究 GDP 按支出法分类的各分类项对经济增长的贡献率。在分析之前,先从理论上推导出 GDP 各分类项对 GDP 增长贡献率的数学分解公式。

3.2.1 GDP 需求结构分解的理论基础

用 Y 表示一国国内生产总值（GDP），C 表示消费，用 I 表示投资，G 表示政府购买，NX 表示进出口。根据国民收入核算公式，一国 t 时期 GDP 按照支出法可以分解为

$$Y_t = C_t + I_t + G_t + NX_t$$

由此，则对于任意 t 时期都有

$$\frac{Y_t}{Y_{t-1}} = \frac{C_t}{C_{t-1}}\frac{C_{t-1}}{Y_{t-1}} + \frac{I_t}{I_{t-1}}\frac{I_{t-1}}{Y_{t-1}} + \frac{G_t}{G_{t-1}}\frac{G_{t-1}}{Y_{t-1}} + \frac{NX_t}{NX_{t-1}}\frac{NX_{t-1}}{Y_{t-1}} \tag{3.3}$$

用 α^C、α^I、α^G、α^{NX} 分别表示 C、I、G 和 NX 在 GDP 中所占的比重，即

$$\alpha_t^C \equiv \frac{C_t}{Y_t},\ \alpha_t^I \equiv \frac{I_t}{Y_t},\ \alpha_t^G \equiv \frac{G_t}{Y_t},\ \alpha_t^{NX} \equiv \frac{NX_t}{Y_t}$$

用 g^Y、g^C、g^I、g^G 和 g^{NX} 分别表示 Y、C、I、G 和 NX 的增长率，即

$$g_t^Y \equiv \frac{Y_t - Y_{t-1}}{Y_{t-1}},\ g_t^C \equiv \frac{C_t - C_{t-1}}{C_{t-1}},\ g_t^I \equiv \frac{I_t - I_{t-1}}{I_{t-1}},$$

$$g_t^G \equiv \frac{G_t - G_{t-1}}{G_{t-1}},\ g_t^{NX} \equiv \frac{NX_t - NX_{t-1}}{NX_{t-1}}$$

由于 $\alpha^C + \alpha^I + \alpha^G + \alpha^{NX} = 1$，根据(3.3)式可得

$$g_t^Y = \alpha_{t-1}^C g_t^C + \alpha_{t-1}^I g_t^I + \alpha_{t-1}^G g_t^G + \alpha_{t-1}^{NX} g_t^{NX} \tag{3.4}$$

(3.4)式给出了 GDP 增长率同居民消费、投资、政府消费和对外进出口这四类支出分项增长率之间的关系。由(3.4)式可知，C、I、G 和 NX 各自的增长所带来的 GDP 增长点和它们对 GDP 增长的贡献率分别可以表示为①

---

① 《中国统计年鉴》中也给出了三大需求（最终消费支出、资本形成总额以及货物和服务净出口）拉动实际 GDP 增长点和三大需求对实际 GDP 增长的贡献率。其关于三大需求对实际 GDP 增长的贡献率是指三大需求增加值与 GDP 增量之比（$\bar{R}_t^j = \Delta j_t / \Delta Y_t$，其中 $j = C, I, G, NX$），这一概念同本书中的"四类支出分项对 GDP 增长率的贡献率"这一概念其实是相同的。这一点通过简单推导可以看出，

（转下页）

$$g_t^{jY} = \alpha_{t-1}^j g_t^j = (j_t - j_{t-1})/Y_{t-1}, \text{ 其中 } j = C, I, G, NX \tag{3.5}$$

$$R_t^j = g_t^{jY}/g_t^Y = \alpha_{t-1}^j g_t^j/g_t^Y, \text{ 其中 } j = C, I, G, NX \tag{3.6}$$

其中，$g_t^{jY}(j=C、I、G 和 NX)$表示 j 类支出所带来的经济增长点，$R_t^j(j=C、I、G$ 和 $NX)$表示 j 类支出对 GDP 增长的贡献率。

3.2.2 中国 GDP 实际增长率按支出法的因素分解

运用(3.5)式和(3.6)式，利用本章上面所获得的有关中国历年 GDP 以及居民消费、政府消费、投资和净出口的数据，可以按照支出法核算 GDP 的方法，从需求方面把中国实际经济增长率分解为由居民消费、投资、政府消费和净出口所带来的增长点，并计算出它们各自对 GDP 增长率的贡献率。具体来说，根据上文计算得到的 1952—2016 年中国实际居民消费、投资、政府消费和净出口的数据，可以计算出它们各自的实际增长率(即 g^Y、g^C、g^I、g^G 和 g^{NX} 的数据，如图 3.2 所示)。再根据上文所获得的居民消费、投资、政府消费和净出口在 GDP 中占比的数据(即 α^C、α^I、α^G 和 α^{NX} 的数据，如图 3.3 所示)，运用(3.5)式可以计算出居民消费、政府消费、投资和净出口所带来的实际 GDP 增长点(如图 3.6 和附表 3.2 所示)。最后，根据这些数据，运用(3.6)式可以计算出中国居民消费、政府消费、投资和进出口对 GDP 增长率的贡献率，如图 3.7 所示②。依据这些分解数据，表 3.4 显示了不同时间段这四大支出类别对中国经济增长率的贡献点和贡献率。下面根据这些数据来具体分析 1952 年以来中国居民消费、政府消费、投资和净出口对中国 GDP 增长的贡献情况，以及不同时间段的差异性。

3.2.2.1 总体概况：1952—2016

先来分析 1952—2016 年这整个样本区间的中国实际 GDP 增长率分解情况。1952—

(接上页) 　　　　　$\overline{R}_t^j = \Delta j_t/\Delta Y_t = (\Delta j_t/Y_{t-1})/(\Delta Y_t/Y_{t-1})$
　　　　　　　　$= (\Delta j_t/j_{t-1})(j_{t-1}/Y_{t-1})/(\Delta Y_t/Y_{t-1})$
　　　　　　　　$= \alpha_{t-1}^j g_t^j/g_t^Y = R_t^j$

它同正文中的公式一样。关于三大需求拉动实际 GDP 增长点(《中国统计年鉴》中称为三大需求对国内生产总值的拉动)的计算方法是用 GDP 的增长率乘积三大需求对 GDP 增长的贡献率，从这一计算方法可以看出，这一概念同本书中四类支出分项拉动实际 GDP 增长点的概念相同。

② 注意，按照这种方法计算的实际 GDP 分解没有考虑家庭消费、投资、政府消费和净出口四者相对价格的变化及其对实际经济增长率的影响，其实相对价格变化也会对实际经济增长率有影响。如果要考虑相对价格对实际经济增长率的影响，应该运用下文按产业分解实际 GDP 增长率的方法。这里之所以不用那种方法，是由于可获得数据的限制，我们即无法直接找到也无法通过其他数据间接获得家庭消费、投资、政府消费和净出口的实际产值或实际价格变化。

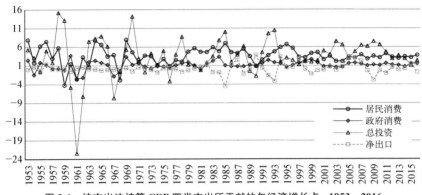

图 3.6 按支出法核算 GDP 四类支出所贡献的年经济增长点：1953—2016

注：① 原始数据来源为《中国统计年鉴》（历年），此处数据系作者根据《中国统计年鉴》数据计算得到。

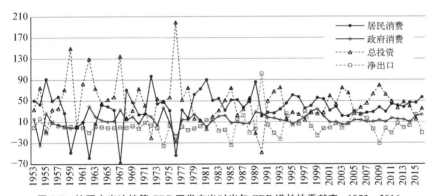

图 3.7 按照支出法核算 GDP 四类支出对当年 GDP 增长的贡献率：1953—2016

注：① 原始数据来源为《中国统计年鉴》（历年），此处数据系作者根据《中国统计年鉴》数据计算得到。② 由于 1964 年中国的经济增长率非常低，而各分项拉动 GDP 的增长点有正有负，这使得最后核算贡献率时，出现了非常大的数值。为了不影响试图的整体效果，图中把 1964 年各分项的贡献都设定为 0。③ 图中居民消费对 GDP 增长的贡献率在 1959 年、1962 年、1967 年和 1976 年都是负值，但这四年中有两种情况，1959 年和 1962 年由于 GDP 增长率为正，负增长的居民消费确实降低了经济增长；1967 年和 1976 年由于 GDP 增长率为负，这两年的居民消费正增长，其实是促进当年的 GDP 增长。

2016 年中国实际 GDP 增长 151 倍。其中，居民消费增长拉动 GDP 增长 59.96 倍，居民消费对 GDP 增长的贡献率为 39.04%；政府消费增长拉动 GDP 增长 21.76 倍，贡献率为 14.41%；总投资增长拉动 GDP 增长 66.94 倍，其中固定资产投资拉动 GDP 增长 64.82 倍，库存投资拉动 GDP 增长 2.10 倍，总投资对 GDP 增长的贡献率为 44.33%；净出口增长拉动 GDP 增长 3.35 倍，贡献率为 2.22%。从这一分解结果来看，在中国近 65 年的经济增长过程中，在拉动 GDP 增长的三驾马车中，最主要的力量是居民消费和总投资，两者对 GDP 增长的贡献率总和接近 83.37%。居民消费和总投资对 GDP 增长的贡献基本上相差不大,基本都在40%左右;投资的贡献率要略高于居民消费,高出大约5个百分点。政府消费对GDP增长的贡献要远低于居民消费和总投资,它只有14%左右。净出口对GDP增长的贡献率不到3%。根据GDP分解(3.5)式、(3.6)式可知,这种按照GDP区间总增长倍数分解方法只考虑了GDP期初和期末总的结构变化对增长结构的影响,它没有考虑中间增长过程对各分解因素拉动GDP增长点和增长贡献率的影响。其实,通过观察图3.6和图3.7可知,无论是从各因素对GDP的贡献点来看,还是从其贡献率来看,居民消费对中国GDP年增长率的贡献点和贡献率都比投资要平稳得多。特别是,投资年增长对GDP增长的贡献点有很多年份都是绝对值很大的负增长。前面表3.2也表明,中国居民消费增长率的变异系数要远小于投资增长率的变异系数,甚至小于政府消费增长率的变异系数。总区间增长倍数的核算方法无法体现居民消费和投资两者波动差异因素对GDP增长率分解的影响。

为了体现增长过程各因素增长波动性对GDP增长率的负面影响,下面进一步按照年算数平均的方法核算了GDP年平均增长率的分解。按平均增长率来看,1952—2016年GDP年平均增长率为8.43%,其中消费增长拉动GDP年平均增长3.63%,贡献率为43.04%;政府消费增长拉动GDP年平均增长1.13%,贡献率为13.41%;总投资增长拉动GDP年平均增长3.48%,其中固定资产投资拉动年平均增长3.16%,库存投资拉动年平均增长0.32%,总投资对GDP年平均增长率的贡献率为41.27%;净出口增长拉动的GDP年平均增长0.19%,其贡献率为2.28%。由于投资增长率和政府消费增长率的波动都比消费大,因此,按照这一分解方法,投资和政府消费对GDP增长的贡献率分别下降3个百分点和1个百分点,居民消费的贡献率上升4个百分点。净出口的贡献率也下降了,但幅度不大,仅下降0.02个百分点。按照年平均增长率的核算方法来看,居民消费和总投资对GDP增长的总贡献率为84.31%,但居民消费对GDP增长的贡献比总投资要高出大约1.8个百分点。

3.2.2.2 改革开放前:1952—1977

下面讨论不同阶段GDP增长要素分解的差异性。首先比较改革开放前后的经济增长分解情况。从表3.4可以看出,1952—1977年的这段时期内,中国实际GDP增长3.22倍,其中居民消费增长拉动GDP增长1.96倍,贡献率为47.89%;总投资增长拉动GDP增长1.24倍,贡献率为38.56%。如果按照年平均增长率核算,中国实际GDP年增长率为6.48%,其中居民消费增长拉动GDP增长点为3.12%,贡献率为48.12%;投资增长拉动GDP的增长点为2.54%,贡献率为34.04%。由此可见,尽管这一期间居民消费的增长速度(共增长了2.48倍,年平均增长率为5.28%)远小于总投资的增长速度(共增长5.60倍,年平均增长率为11.76%),但由于1952年消费在GDP中比重(消费GDP占比65%)比较大,消费对经济增长的贡献率要大于总投资。政府消费拉动GDP总增长为41%,拉动GDP年平均增长点为0.75%,对经济增长的贡献率大约为11.52%—12.79%。净出口拉动 GDP 的总增长点约为 2%,拉动 GDP 的年平均增长点大约为 0.08%,对经济增长的贡献率大约为 0.77%—1.17%。

表 3.4 按照支出法核算 GDP 四类支出所带来的增长点和贡献率

不同支出类别的增长所带来的 GDP 增长倍数(单位:倍)					
类 别	1952—2016	1952—1977	1977—2016	1977—2001	2001—2016
总消费	80.72	1.96	18.65	5.01	1.49
家庭消费	58.96	1.54	13.60	3.67	1.08
政府消费	21.76	0.41	5.06	1.34	0.40
总投资	66.94	1.24	15.56	2.99	1.37
固定投资	64.84	1.10	15.10	2.85	1.33
库存投资	2.10	0.14	0.46	0.13	0.04
出口净值	3.35	0.02	0.79	0.19	0.07
合计:GDP	151.01	3.22	35.00	8.18	2.92
不同支出类别的增长所带来的 GDP 年算数平均增长点(单位:%)					
类 别	1953—2016	1953—1977	1978—2016	1978—2001	2002—2016
总消费	4.76	3.86	5.33	5.89	4.44
家庭消费	3.63	3.12	3.96	4.40	3.24
政府消费	1.13	0.75	1.38	1.49	1.20
总投资	3.48	2.54	4.08	3.70	4.69
固定投资	3.16	2.21	3.77	3.28	4.55
库存投资	0.32	0.33	0.32	0.43	0.14
出口净值	0.19	0.08	0.27	0.13	0.48
合计:GDP	8.43	6.48	9.41	9.59	9.13
不同支出主体对 GDP 增长倍数的贡献率(单位:%)					
类 别	1952—2016	1952—1977	1977—2016	1977—2001	2001—2016
总消费	53.45	60.68	53.30	61.20	50.88
家庭消费	39.04	47.89	38.85	44.79	37.03
政府消费	14.41	12.79	14.45	16.41	13.85
总投资	44.33	38.56	44.45	36.49	46.88
固定投资	42.94	34.09	43.13	34.88	45.65
库存投资	1.39	4.47	1.32	1.61	1.23
出口净值	2.22	0.77	2.25	2.31	2.24
合计:GDP	100	100	100	100	100

(续表)

不同支出主体对GDP年平均增长率的贡献率(单位：%)					
类 别	1953—2016	1953—1977	1978—2016	1978—2001	2002—2016
总消费	56.45	59.63	56.64	61.39	48.65
家庭消费	43.04	48.12	42.02	45.90	35.49
政府消费	13.41	11.52	14.62	15.49	13.16
总投资	41.27	39.19	43.36	38.61	51.35
固定投资	37.44	34.04	40.00	34.16	49.81
库存投资	3.83	5.15	3.36	4.44	1.54
出口净值	2.28	1.17	2.83	1.37	5.29
合计：GDP	100	100	100	100	100

注：原始数据来源为《中国统计年鉴》(历年)，此处数据系作者根据《中国统计年鉴》数据计算得到。

3.2.2.3 改革开放后：1978—2016

1978—2016年改革开放后的这段时间内，中国实际GDP增长35.00倍，其中居民消费增长拉动GDP增长13.60倍，贡献率为38.85%；投资增长拉动GDP增长15.56倍，贡献率为44.45%。同改革开放前相比，改革开放后消费对GDP增长的总贡献率下降近10个百分点，总投资的贡献率上升近6个百分点。如果按照年平均增长率核算，中国实际GDP年增长率为9.41%，其中居民消费增长拉动GDP的增长点为3.96%，贡献率为42.02%。居民消费拉动GDP的年平均增长点同改革开放前相差不大，仅差0.84个百分点，但对GDP增长的贡献率下降6个百分点。改革开放后总投资增长拉动GDP的增长点为4.08%，贡献率为43.36%。同改革开放前相比，总投资拉动GDP的年增长点上升了1.54个百分点，但GDP年平均增长率的贡献率上升了4.17个百分点。政府消费拉动GDP的增长了5.06倍，拉动GDP年平均增长点为1.38%，对GDP增长的贡献率大约为14.5%。净出口拉动GDP总增长为79%，拉动GDP年平均增长点为0.27%，对GDP增长的贡献率大约为2.25%—2.83%。

3.2.2.4 改革开放前后的比较

通过比较改革开放前后的数据可以发现，改革开放前后中国GDP增长结构最大的不同点在于，居民消费和总投资对经济增长的贡献率发生了变化。相对于改革开放前，改革开放后居民消费对GDP增长的贡献下降6—10个百分点，总投资对GDP增长的贡献率上

第3章　GDP支出结构变化及其增长率的需求因素分解

升4—6个百分点。但改革开放前后投资和居民消费的年平均增长率的差距并没有太大的变化,反而是改革开放后投资同居民消费年平均增长率的差距(相差1.48%)相对于改革开放前(相差2.88%)缩小了1.4个百分点。所以,出现这样的变化主要是因为改革开放后居民消费和总投资在GDP中的占比较改革开放前发生很大变化。改革开放后居民消费占比不断下降,总投资占比不断上升。以两个时间段为例,从1952年到1977年,中国居民消费占比从65%下降到48%,到2016年下降到39%;同一时间内投资从22%上升到39%,到2016年继续上升到44%。改革开放前后GDP增长结构的另一变化表现在,政府投资和净出口对GDP增长的贡献在改革开放后都明显提高,其中政府投资的贡献率提高1.6—2个百分点,净出口的贡献率大约提高1.5个百分点。这两者的贡献率提高都是由于改革开放后具有比GDP增长更高的增长率,政府投资和净出口的增长率分别比GDP高出0.3个百分点和5.5个百分点。改革开放前后投资对拉动经济增长的效率出现了很大的变化。改革开放前后总投资的年平均增长率变化不大,改革开放前的投资增长率甚至还更高些,但改革开放前投资拉动GDP年平均增长点只有2.54%,改革开放后提高到4.08%,比改革开放前高出1.54个百分点。尽管改革开放前经济增长率更低,改革开放前更高的投资增长率对经济增长的贡献率也低于改革开放后投资贡献率。之所以出现这一结果,可能还是同GDP构成中投资占比在不断提高有关。另外,通过观察图3.4和图3.5还可以发现,改革开放后GDP四大构成项对GDP年平均增长率所贡献的增长点和贡献率都比改革开放前要稳得多。以变异系数来衡量各因素贡献点和贡献率的波动也可以证明这一事实。仅以居民消费和总投资为例。改革开放前居民消费和总投资对GDP增长贡献点的变异系数分别为1.06和3.11,贡献率的变异系数分别为15.5和2.5,改革开放后两者对GDP增长贡献点的变异系数分别为0.41和0.64,贡献率的变异系数分别为0.39和0.71(见表3.5)。根据(3.5)式和(3.6)式不难理解,改革开放前后各因素对GDP增长的贡献点和贡献率的波动之所以差异这么多,主要还是由于改革开放前后经济增长率的波动差异造成的。

表3.5　按照支出法核算四类支出对GDP增长贡献点和贡献率的变异系数

对GDP年平均增长贡献点的变异系数			
时　间	1953—1977	1978—2016	1978—2001	2002—2016
居民消费	1.06	0.41	0.34	0.18
政府消费	2.13	0.55	0.52	0.32
总投资	3.11	0.64	0.93	0.43
出口净值	6.16	3.70	14.51	3.36

(续表)

对GDP年平均增长贡献率的变异系数				
时　间	1953—1977	1978—2016	1978—2001	2002—2016
居民消费	15.55	0.39	0.39	0.29
政府消费	-6.53	0.50	0.54	0.39
总 投 资	2.50	0.71	0.92	0.37
出口净值	6.48	4.75	5.24	3.96

3.2.2.5　改革开放后入世前的比较

最后分析改革开放后到入世前(1978—2001)和入世后(2002—2016)中国GDP增长率的因素分解有何变化。通过表3.4和表3.5可知，如果以2001年中国加入世贸组织为分界线，同改革开放到入世前后(1978—2001)相比，入世后(2002—2016)中国GDP增长率因素分解的差异主要有以下两个方面。

首先，入世后投资在拉动中国经济增长方面的作用更强，消费在拉动经济增长中的作用下降。具体表现在居民消费和政府消费拉动GDP增长的增长点以及它们对GDP增长的贡献率都在下降，而投资拉动GDP的增长点及其贡献率都在上升。居民消费拉动GDP的年增长点从4.40%下降到3.24%，下降了1.46个百分点，其对GDP年增长的贡献率从45.9%下降到35.49%，下降幅度超过10%。投资拉动GDP的年增长百分点从3.7上升到4.67，上升近1个百分点，其对GDP增长的贡献率则从38.61%上升到51.85%，上升幅度达到13.24%。政府消费拉动GDP的年增长点从1.49%下降到1.20%，其对GDP年增长率的贡献率则从16.41%下降到13.85%。

其次，入世后中国GDP增长的结构更稳定，这表现在GDP增长的因素分解中，各因素对GDP增长的作用比入世前更稳定，GDP各构成因素拉动GDP年增长的百分点和对GDP增长的贡献率的波动都更小。从表3.5可以看出，同改革开放后到入世前这段时间相比，入世后各因素拉动GDP增长点的变异系数都几乎下降了40%以上，而各因素对GDP贡献率的变异系数也下降了0.1以上。最后还有一点值得注意的是，随着投资在GDP中比重的不断上升，投资增长的速度越来越受到经济本身体量的限制，近年来投资在拉动中国经济增长的贡献率有下降的趋势。图3.8a和3.8b分别显示了居民消费和总投资对GDP增长的贡献率，包括当年居民消费和投资对当年经济增长的贡献率、当前到2016年的居民消费和投资对当年到2016年累计增长的贡献率，以及1978年以来的居民消费和投资对当年累计经济增长的贡献率。从1978年以来的居民消费和投资对从1978年当年累计增长的贡献率来看，1978—2010年消费对经济增长的贡献率都明显在下降，而

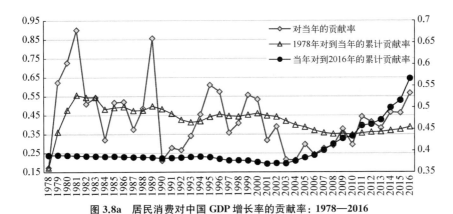

图 3.8a 居民消费对中国 GDP 增长率的贡献率：1978—2016

注：① 原始数据来源为《中国统计年鉴》(历年)，此处数据系作者根据《中国统计年鉴》数据计算得到；② 消费增长对 2016 年经济增长的累计贡献率纵坐标在右边，其他在左边。

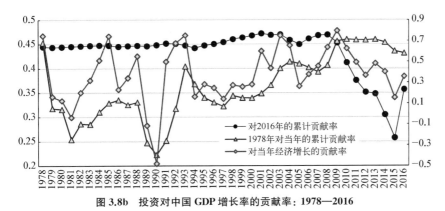

图 3.8b 投资对中国 GDP 增长率的贡献率：1978—2016

注：① 原始数据来源为《中国统计年鉴》(历年)，此处数据系作者根据《中国统计年鉴》数据计算得到；② 投资增长对当年经济增长的贡献率纵坐标在右边，其他在左边。

投资的贡献率在上升，2010 年之后则出现了相反的趋势。从当年居民消费和投资对当年经济增长的贡献率来看，消费的贡献率大概是从 2006 年开始出现上升趋势，投资的贡献率从 2009 年开始出现了下降的趋势。

3.3 本章小结

本章主要基于 GDP 支出法构成的视角，从需求方面分析了 1952—2016 年中国经济需求面结构的变化趋势和特征，并对这一期间中国实际 GDP 增长率按支出法进行了因素分解,以考察研究不同需求因素对中国经济增长的影响和作用。

本章第1节的分析表明,以1952年不变价格计算,中国GDP总量从1952年的692亿人民币增长到2016年的10.5万亿人民币,实际增长约151倍,年(几何)平均增长率约为8.17%。其中,居民消费从453亿元增长到4.13万亿元,实际增长约90倍,年平均增长率约7.30%;政府消费从93亿元增长到1.52万亿元,实际增长162倍,年平均增长率约8.28%;总投资从154亿元增长到4.65万亿元,实际增长约302倍,年平均增长率约9.34%。从改革开放前后两个不同时期来看,改革开放前的1952—1977年,中国GDP年平均增长率为6.48%,增长率标准差和变异系数分别为10.5和1.62。其中,居民消费年平均增长率为5.10%,增长率标准差和变异系数分别为5.38和1.05;政府消费年平均增长率为6.11%,增长率标准差和变异系数分别为13.7和2.07;总投资年平均增长率为11.8%,增长率标准差和变异系数分别为27.5和2.34。改革开放后的1977—2016年,中国GDP年平均增长率为9.66%,增长率标准差和变异系数分别为2.7和0.28。其中,居民消费年平均增长率为8.86%,增长率标准差和变异系数分别为2.74和0.31;政府消费年平均增长率为10.0%,增长率标准差和变异系数分别为4.79和0.48;总投资年平均增长率为10.6%,增长率标准差和变异系数分别为8.17和0.77。

本章第1节对改革开放前后中国经济增长结构的比较分析表明:第一,中国改革开放前后都有很高的经济增长率,改革开放后的(算术)平均年经济增长率要比改革开放前高3.18个百分点;但是,改革开放前的经济波动要比改革开放后大得多,这使得改革开放后的(几何)平均年经济增长率比改革开放前要高出3.69个百分点。第二,尽管改革开放前GDP的各项构成增长率的波动都比改革开放后大,但改革开放前后投资的波动都是最大的,它都是造成经济增长率波动的主要因素。第三,尽管改革开放前后GDP年平均增长率以及居民和政府的年平均消费增长率差距都很大,但改革开放前后投资的年平均增长率相差不大,改革开放后反而比改革开放前低1.17个百分点。第四,无论是改革开放前还是改革开放后,中国GDP支出法构成中,投资占比都一直在上升,居民消费占比一直在下降,政府消费占比变化不大,基本稳定在12%—14%。具体来说,1952年中国居民消费占比为65%,政府消费占比13%,总投资占比22%;1978年居民消费占比48%,政府消费占比13%,总投资占比39%;2016年居民消费占比39%,政府消费占比14%,总投资占比44%。第五,改革开放前的进口和出口以及净出口占GDP的比重都很小;改革开放后尽管净出口占GDP比重很小,但进口、出口和进出口总和占GDP的比重都非常大。因此,改革开放后中国外贸依存度得到了极大地提高。另外,改革开放前各支出分类之间的相关性要比改革开放后大得多,这可能是中国经济体制从计划经济的集中决策向市场经济的分散决策所带来的结果。本章第1节最后还对改革开放后入世前后两个不同时期的经

第3章　GDP 支出结构变化及其增长率的需求因素分解

济增长进行了比较分析,分析发现,入世之后的经济增长率略低于入世前,但经济增长的波动性比入世前要更小。

本章第2节关于中国 GDP 增长率需求因素分析的研究表明:第一,1953—2016 年中国实际 GDP 增长了151 倍,其中居民消费增长拉动 GDP 增长 59.96 倍,对 GDP 增长的贡献率为 39.04%;政府消费增长拉动 GDP 增长 21.76 倍,贡献率为 14.41%;总投资增长拉动 GDP 增长 66.94 倍,贡献率为 44.33%;净出口增长拉动 GDP 增长 3.35 倍,净出口对 GDP 增长的贡献率为 2.22%。因此,居民消费和总投资是拉动中国 GDP 增长的最主要力量,这两者的贡献率占 87.4%,而总投资的贡献率最大。如果考虑到经济波动的影响,从年平均增长率的分解角度来看,1952—2016 年中国 8.43%的 GDP 年(算术)平均增长率中,消费拉动 GDP 年增长 3.63%,贡献率为 43.04%;政府拉动 GDP 年增长 1.13%,贡献率为 13.41%;总投资拉动 GDP 年增长 3.48%,贡献率为 41.27%。从这一核算结果来看,仍然拉动 GDP 增长的仍然主要是投资和居民消费,不过居民消费和总投资的贡献率差不多,居民消费还略高于总投资。从改革开放前后两个不同时期来看,改革开放前的 1952—1977 年,中国实际 GDP 年增长率为 6.48%,居民消费拉动 GDP 年增长 3.12%,贡献率 48.12%;投资拉动 GDP 年增长 2.54%,贡献率为 34.04%;政府消费拉动 GDP 年增长 0.75%,对经济增长的贡献率大约为 11.52%。净出口拉动 GDP 年增长 0.08%,贡献率大约为 1.17%。改革开放后的 1978—2016 年,中国实际 GDP 年增长率为 9.42%,居民消费拉动 GDP 年增长 3.96%,贡献率 42.02%;投资拉动 GDP 年增长 4.08%,贡献率为 43.36%;政府消费拉动 GDP 年增长 1.38%,对经济增长的贡献率大约为 14.62%。净出口拉动 GDP 年增长 0.27%,贡献率大约为 2.83%。

本章第2节对改革开放前后经济增长因素分解的比较分析表明:第一,改革开放前后居民消费和总投资对经济增长的贡献率发生了变化。按照年增长率的分解结果来看,改革开放前居民消费对 GDP 增长的贡献比投资高大约 14 个百分点,改革开放后总投资的贡献率反而比居民消费高 1.34 个百分点。如果按照总增长倍数的分解结果来看,改革开放前后的这种变化更大。第二,改革开放前后投资拉动经济增长的效率出现了很大的变化,改革开放后投资的效率明显更高。改革开放前后总投资的年平均增长率变化不大,甚至改革开放前的投资增长率还更高。但改革开放前投资拉动年平均经济增长点只有 2.54%,改革开放后提高到 4.08%,比改革开放前高出了 1.54 个百分点。尽管改革开放前经济增长率更低,改革开放前更高的投资增长率对经济增长的贡献率也低于改革开放后投资贡献率。第三,改革开放后政府投资和净出口对 GDP 增长的贡献都在增加,其中政府投资的贡献率上升了 1.6—2 个百分点,净出口的贡献率大约上升了 1.5 个百分点。第四,改革开放后四大构成因素对 GDP 年平均增长率所贡献的增长点和贡献率都比改革开放前要稳定得多,这一差异可能是由于改革开放前后经济增长率的波动差异造成的。第2

节最后对改革开放后入世前后两个不同时期的经济增长因素的比较分析还发现,入世后投资在拉动中国经济增长方面的作用进一步增强,消费在拉动经济增长中的作用继续下降;入世后中国 GDP 增长的结构更稳定,各因素拉动 GDP 年增长率和贡献率的波动都更小。

第4章

中国产业结构的变迁和 GDP 增长率的产业分解

上一章从需求视角出发,按 GDP 支出法核算方法对中国经济的需求结构变化进行了详细研究,并按照支出法对中国的实际 GDP 增长率进行了需求因素分解。本章将从供给角度来分析中国经济的产业结构变化,并从产业结构变迁的视角,对中国实际 GDP 增长率进行产业因素分解,以考察中国产业结构变化对中国经济增长的贡献。本章以下的结构安排是:第 1 节按照 GDP 的产业构成分类从供给方面对中国经济产业结构的变化和经济增长的特征进行研究;第 2 节不考虑各产业间相对价格变化,按照 GDP 消涨指数剔除三次产业的通货膨胀因素,对中国实际 GDP 增长率进行产业分解,并基于这一分解结果计算各产业对中国实际经济增长率的贡献情况;第 3 节在考虑各产业相对价格变化的情况下,再次对中国实际 GDP 增长率进行产业分解,并分析相对价格变化如何影响三次产业增长对 GDP 增长率的贡献。

4.1 三次产业的增长状况和中国产业结构的变迁

4.1.1 数据来源

在进行分析之前,先对本章所用数据来源进行简单介绍。首先,从 CEIC 数据库可以获得 1952—2016 年中国名义 GDP 和三次产业的名义产值数据(如附表 4.1 所示)。根据这些数据,可计算出中国三次产业产值 GDP 占比的数据。其次,从《中国统计年鉴》(历年)和《新中国 50 年统计资料汇编》中可以获得 1952—2016 年中国实际 GDP 年增长率数据(如附表 4.2 所示)。利用 1952—2016 年中国 GDP 实际增长率数据和 1952 年中国名义 GDP 数据,可计算出 1952—2016 年中国实际 GDP 数据。用实际 GDP 乘以各产业产值的 GDP 占比,可计算出各产业的实际产值。利用实际 GDP 数据和三次产业的实际产值数据,可计算出 1953—2016 年中国实际 GDP 增长率和三次产业产值实际增长率的数据(如附表 4.2 所示)。

4.1.2 产业的总体变化趋势:基于图表的直观分析

1952—2016 年,中国三次产业都得到了快速增长;同时,由于三次产业的增长并不平衡,中国产业结构也发生了巨大变化。图 4.1 显示了按照 GDP 消涨指数调整、以 1952 年不变价格计算的中国1952—2016年实际GDP和三次产业实际产值(取对数)的变化情况。从图4.1可以看出,1952—2016年中国三次产业实际产值都实现了快速增长。其中,第一产业实际产值从342.9($=10*e^{3.53}$)亿元增长到8 832.87($=10*e^{6.78}$)亿元,增长近25($=e^{6.78-3.53}$)倍;第二产业实际产值从141.1($=10*e^{2.65}$)亿元增长到41 096.1($=10*e^{8.32}$)亿元,增长约290($=e^{8.32-2.56}$)倍;第三产业实际产值从195.1($=10*e^{2.97}$)亿元增长到53 301.9($=10*e^{8.58}$)亿元,增长约272($=e^{8.58-2.97}$)倍。由于取对数之后,曲线斜率可表示该变量的增长率,因此,从图4.1中还可以看出,第一产业实际产值增长率始终最小(其斜率最小),第二产业实际产值增长在1982年之前快于第三产业,1983年之后慢于第三产业。

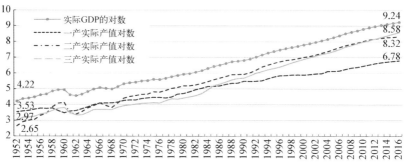

图4.1 中国实际GDP和三次产业实际产值的变化:1952—2016

注:① 原始数据来源为CEIC数据库;② 纵坐标为实际GDP和三次产业实际产值的对数;③ GDP和三次产业产值都按照GDP消胀指数指数剔除价格上涨调整,以1952年不变价格计算,单位为1952年的十亿元人民币。

图4.2进一步显示了1953—2016年中国三次产业实际产值增长率的变化情况。从图中可以看出,中国三次产业的实际增长率存在显著差异性。除个别年份外,一产增长率在整个时期基本都最低。二产增长率1978年之前基本都最快,但波动幅度也最大,1978年之后二产增长率下降,波动幅度也下降。在1978年之前,三产增长率一直都低于GDP增长率;1978年之后的大多数年份中,三产增长率基本都最高,而且波动幅度也最小[①]。

---

① 需要指出的是,一方面,这种按照GDP消胀指数计算各产业产值实际增长率的方法是以统一的价格指数来调整各产业价格的上涨率,因而无法消除各产业相对价格变化对各产业实际增长率的影响。同以各产业内部价格计算的实际增长率相比,此处计算的各产业实际增长率夸大了各产业的波动幅度,同时也高估了价格上涨高于GDP消胀指数产业的实际增长率,如第一产业在绝大多数年份的实际增长率都被高估。另一方面,由于相对价格的变化也是经济发展本身供求关系的反映,同按照各产业内部不变价格计算的实际增长率相比,按照GDP消胀指数调整的各产业实际增长率可能更能反映经济发展所带来的各产业产值的变化。正因为如此,所以,第1节按照GDP消胀指数调整的各产业的实际增长率来分析GDP产业结构的变化情况。

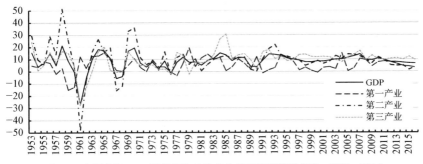

图 4.2 中国实际 GDP 增长率和三次产业的实际产值增长率：1953—2016

注：① 原始数据来源为 CEIC 数据库；② 三次产业的实际增长率按照 GDP 消胀指数进行调整。

4.1.3 产业的总体变化趋势：基于数据的统计分析

上面的分析只是一个基于图形的直观感觉，为了用更数量化的指标来分析中国三次产业在不同时期增长的差异性，表 4.1 给出了中国不同时期三次产业实际产值的增长倍数、年平均增长率，以及年增长率的标准差和变异系数。下面基于这些统计数据来详细分析中国三次产业的增长变化情况。

4.1.3.1 各产业增长率及其波动性：1952—2016

首先讨论 1952—2016 年这整个样本区间中国三次产业的增长情况。表 4.1 显示，在整个样本区间，中国第一产业增长 24.8 倍，年平均增长 5.21%，远低于 GDP 增长速度。但第一产业增长率的相对波动却比 GDP 增长率更大。整个样本区间第一产业增长率的标准差为 6.07，略低于 GDP 增长率的标准差(6.97)。由于其年平均增长率低于 GDP，一产增长率的变异系数(1.13)比 GDP 增长率的变异系数(0.83)高出 36%。第二产业是三个产业中增长最快的产业，整个样本区间共增长 290.3 倍，年平均增长 9.27%，比 GDP 平均增长率(8.17%)高出 1.1 个百分点。二产中建筑业的增长要高于工业的增长；建筑业增长 311 倍，年平均增长 9.39%；工业增长 286.5 倍，年平均增长 9.25%。在增长率的波动性方面，二产增长率的波动在三个产业中最大。整个样本区间二产增长率的标准差为 12.79，变异系数为 1.26，比 GDP 增长率的变异系数高出 52%。在二产内部的两个产业中，建筑业增长率的波动大于工业。建筑业增长率的变异系数为 1.64，比工业增长率的变异系数(1.27)高出 30%。第三产业在整个样本区间的增长倍数也远高于 GDP，共增长 272.2 倍，年平均增长 9.16%。整个样本区间第三产业增长率的相对波动最小，但绝对波动比第一产业大。第三产业增长率的标准差为 8.52，比第一产业增长率的标准差高出 2.53，但比第

表 4.1 中国三次产业在不同时期的增长状况：1952—2016

增长总倍数（单位：倍）

时 间	GDP	第一产业	第二产业	工业	建筑业	第三产业	交运仓邮	批发零售	住宿餐饮	金融行业	房地产业	其他三产
1952—2016	151.0	24.8	290.3	286.5	311.3	272.2	158.6	139.7	124.3	735.7	476.0	388.8
1952—1977	3.22	1.42	8.49	9.22	4.51	2.57	4.03	1.46	1.25	4.19	3.64	2.96
1977—2016	35.00	9.63	29.69	27.14	55.71	75.47	30.75	56.31	54.69	141.0	101.8	97.32
1977—2001	8.18	3.43	7.81	7.53	10.66	14.58	10.20	11.59	16.23	19.33	16.25	17.75
2001—2016	2.92	1.40	2.48	2.30	3.86	3.91	1.83	3.55	2.23	5.98	4.96	4.24

年几何平均增长率（单位：%）

时 间	GDP	第一产业	第二产业	工业	建筑业	第三产业	交运仓邮	批发零售	住宿餐饮	金融行业	房地产业	其他三产
1953—2016	8.17	5.21	9.27	9.25	9.39	9.16	8.25	8.04	7.84	10.87	10.12	9.77
1953—1977	5.93	3.61	9.42	9.74	7.06	5.22	6.67	3.66	3.30	6.81	6.33	5.66
1978—2016	9.62	6.25	9.18	8.93	10.91	11.76	9.27	10.94	10.86	13.55	12.61	12.48
1978—2001	9.68	6.40	9.49	9.34	10.78	12.12	10.59	11.13	12.59	13.37	12.60	12.99
2002—2016	9.53	6.01	8.68	8.29	11.12	11.19	7.19	10.63	8.13	13.83	12.64	11.68

年算数平均增长率（单位：%）

时 间	GDP	第一产业	第二产业	工业	建筑业	第三产业	交运仓邮	批发零售	住宿餐饮	金融行业	房地产业	其他三产
1953—2016	8.42	5.38	10.12	10.05	11.35	9.52	8.93	9.77	8.28	12.73	10.48	10.05
1953—1977	6.48	3.87	11.43	11.65	11.51	5.83	8.19	5.31	3.87	10.51	6.76	6.14
1978—2016	9.66	6.36	9.27	9.03	11.26	11.88	9.41	12.63	11.12	14.15	12.87	12.56
1978—2001	9.72	6.54	9.60	9.44	11.29	12.30	10.77	13.83	12.96	14.09	12.89	13.10
2002—2016	9.48	5.89	8.61	8.26	10.83	11.27	7.35	10.62	8.26	13.67	12.75	12.09

第 4 章 中国产业结构的变迁和 GDP 增长率的产业分解

（续表）

						标 准 差						
时 间	GDP	第一产业	第二产业	工业	建筑业	第三产业	交运仓邮	批发零售	住宿餐饮	金融行业	房地产业	其他三产
1953—2016	6.98	6.07	12.79	12.65	18.57	**8.53**	11.58	20.60	9.66	19.61	9.15	7.66
1953—1977	10.48	7.35	19.79	19.55	27.85	**11.04**	17.28	18.82	10.65	27.61	9.91	9.99
1978—2016	2.70	4.95	4.69	4.59	9.04	**5.37**	5.76	21.41	7.87	12.27	7.86	4.21
1978—2001	3.02	5.86	5.03	4.76	11.04	**6.53**	6.56	27.36	9.42	13.35	8.39	5.15
2002—2016	2.12	3.81	4.01	4.28	4.35	**2.28**	2.83	3.90	2.94	10.25	7.14	2.12

						变 异 系 数						
时 间	GDP	第一产业	第二产业	工业	建筑业	第三产业	交运仓邮	批发零售	住宿餐饮	金融行业	房地产业	其他三产
1953—2016	**0.83**	1.13	1.26	1.26	1.64	**0.90**	1.30	2.11	1.17	1.54	0.87	0.76
1953—1977	**1.62**	1.90	1.73	1.68	2.42	**1.89**	2.11	3.55	2.76	2.63	1.47	1.63
1978—2016	**0.28**	0.78	0.51	0.51	0.80	**0.45**	0.61	1.70	0.71	0.87	0.61	0.33
1978—2001	**0.31**	0.90	0.52	0.50	0.98	**0.53**	0.61	1.98	0.73	0.95	0.65	0.39
2002—2016	**0.22**	0.65	0.47	0.52	0.40	**0.20**	0.39	0.37	0.36	0.75	0.56	0.18

二产业的标准差低4.26;其增长率的变异系数为0.90,比第一和第二产业增长率的变异系数都小。在第三产业内部,金融行业和房地产行业的实际产值增长最快。1952—2016年,金融行业产值增长735.7倍,大约是GDP增长倍数的5倍,年平均增长率达到10.9%;房地产行业产值增长476倍,是GDP增长倍数的2.5倍,年平均增长10.12%;交通运输仓储邮政行业(以下简称交运仓邮行业)增长158.6倍,年平均增长8.25%,同GDP增速基本持平;其他如批发零售行业和住宿餐饮行业的增长速度都比GDP增速慢。图4.3显示了1953—2016年中国工业、建筑业、交运仓邮业、批发零售业、住宿餐饮业、金融行业、房地产行业以及其他三产的增长率变化趋势。

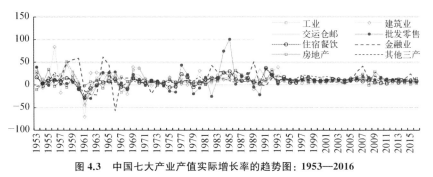

图4.3　中国七大产业产值实际增长率的趋势图:1953—2016

注:原始数据来源为CEIC数据库。

此外,各产业增长率间的关联性也显现出比较有意思的现象。表4.2表明,1952—2016年中国第一产业同第二和第三产业的增长率之间基本上没有相关性,特别是它同GDP的增长也相关性不大。但第二和第三产业增长率之间以及二三产业同GDP增长率之间具有非常大的显著相关性。表4.3则进一步给出了七大行业之间以及它们同GDP和一产之间的增长率间的相关性。从表中可以看出,一方面,1953—2016年除一产和房地产行业外,GDP增长率同所有行业的增长率之间都具有显著的正相关性,且同工业、建筑业

表4.2　1953—2016年中国GDP和三次产业增长率之间的相关系数

	第一产业	第二产业	第三产业
第二产业	-0.0288 (0.82)		
第三产业	-0.0987 (0.44)	0.6620*** (0.00)	
GDP	0.1779 (0.16)	0.9068*** (0.00)	0.8215*** (0.00)

注:括号内为相关系数的P值。*、**、***分别表示在1%、5%、10%的水平上显著。

第4章 中国产业结构的变迁和GDP增长率的产业分解

和交运仓邮行业的相关性都在70%以上;工业和交运仓邮行业的增长率同除房地产和一产外的其他所有行业间都具有显著相关性,且相关系数都非常大;住宿餐饮业增长率只同一产和金融业不相关,批发零售业增长率也只同一产、金融业和房地产不相关,同其他行业都显著正相关。另一方面,一产的增长率同所有行业的增长率都不相关,房地产行业只同住宿餐饮业的增长率具有微弱的相关性(相关系数为27%),金融行业只同工业和交运仓邮业间存在显著相关性。

4.1.3.2 产业结构的变迁:1952—2016

由于第一、第二、第三产业的实际产值增长率并不相同,增长率的累积效应使得中国产业结构在1952—2016年发生了巨大变化。图4.4显示了1952—2016年中国三次产业实际产值在GDP中占比的变化趋势。从图中可以看出,1952年中国第一产业产值占比达到50%,在三次产值中占比最高;第二产业GDP占比仅有21%,是三次产业中最低的;第三产业产值GDP占比为29%,比二产略高一些。不过,1952—1977年国家采取了重工业优先发展的战略,大力发展工业。因此,除了个别年份外,第二产业产值一直在快速增长。1952—1977年第二产业实际产值在以年平均9.24%的速度增长。到1978年时,中国第二产业GDP占比达到48%,几乎是GDP的一半。同一期间第一产业和第三产业实际产值增长率都低于GDP增长率。到了1978年,中国第一产业和第三产业占比分别下降到28%和25%。改革开放之后,由于引入市场经济机制,为了满足人们日益增长的物质文化需要,中国第三产业得到了十足的发展。到2016年,中国第三产业GDP占比达到52%,三产产值超过GDP的一半。由于经济发展规律的作用和产业本身特点,改革开放之后中国第一产业GDP占比下降更快。2016年中国第一产业GDP占比为9%。改革开放后第二产业GDP占比呈现波动式变化,且略呈下降趋势,2016年二产产值GDP占比为40%。

不仅第一、第二、第三产业的结构发生变化,三次产业内部的结构也出现巨大变化。图4.5显示了1952—2016年中国七大产业产值在GDP中占比的变化趋势。表4.4显示了几个重要年份中国三次产业及其内部各行业产值GDP占比的具体数值。从图4.5和表4.4中可以看出,中国工业GDP占比的变化趋势基本同第二产业相同。1952—1977年,工业GDP占比呈现波动式快速上升,从1952年的17.6%左右上升到1978年的高峰44%,其后呈现波浪式下降;2016年工业GDP占比为33.3%。建筑业GDP占比在改革开放前呈现出大起大落的趋势,且略有下降;1952年建筑业GDP占比为3.2%,1978年约为4.2%;改革开放后建筑业GDP占比呈上升趋势,2016年这一占比达到6.67%。第三产业内部的各行业在改革开放前基本都呈现先急剧上升后迅速下降的趋势。其中,零售批发行业下降最快,其GDP占比从1952年的10.3%上升到1954年的12%然后下降到1977年的6%;交运仓邮业GDP占比先从1952年的4.27%上升到1960年的7%,然后下降到

表 4.3 1953—2016 年中国不同行业增长率间的相关系数

	一产	工业	建筑业	交运仓邮 1	批发零售 2	住宿餐饮 3	金融行业 4	房地产业 5	其他三产 6
GDP	0.18 (0.16)	0.88*** (0.00)	0.73*** (0.00)	0.75*** (0.00)	0.53*** (0.00)	0.66*** (0.00)	0.28** (0.02)	0.15 (0.24)	0.67*** (0.00)
一产	1	-0.05 (0.69)	0.04 (0.76)	-0.11 (0.40)	-0.03 (0.83)	-0.07 (0.59)	-0.20 (0.12)	-0.02 (0.86)	-0.06 (0.64)
工业		1	0.68*** (0.00)	0.78*** (0.00)	0.38*** (0.00)	0.52*** (0.00)	0.25** (0.05)	-0.05 (0.67)	0.53*** (0.00)
建筑业			1	0.53*** (0.00)	0.24* (0.06)	0.38*** (0.00)	0.11 (0.40)	0.03 (0.80)	0.62*** (0.00)
交运仓邮				1	0.31*** (0.01)	0.54*** (0.00)	0.34*** (0.01)	0.09 (0.50)	0.52*** (0.00)
批发零售					1	0.74*** (0.00)	0.08 (0.51)	0.20 (0.11)	0.27** (0.03)
住宿餐饮						1	0.11 (0.41)	0.27** (0.03)	0.58*** (0.00)
金融							1	0.15 (0.24)	0.13 (0.32)
房地产								1	0.02 (0.86)

注：括号内为相关系数的 P 值。*、**、*** 分别表示在 1%、5%、10% 的水平上显著。

第 4 章 中国产业结构的变迁和 GDP 增长率的产业分解

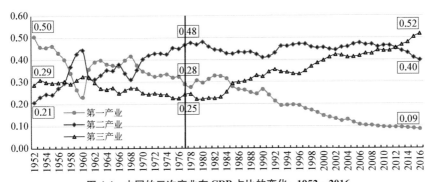

图 4.4 中国的三次产业在 GDP 占比的变化：1952—2016

注：原始数据来源为 CEIC 数据库。

1977 年的 5.1%；住宿餐饮业的 GDP 占比则从 2.16% 一直下降到 1.15%；金融行业和房地产行业的 GDP 占比在波动中略有上升，1977 年分别为 2.12% 和 2.26%。1978—2016 年，几乎所有的第三产业内的行业在 GDP 中的占比都出现上升趋势，不过，交运仓邮业在 2002 年后出现了急剧下降。

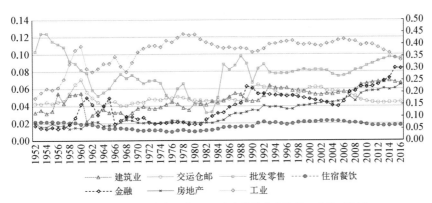

图 4.5 中国的七大产业在 GDP 中占比的变化情况：1952—2016

注：① 原始数据来源为 CEIC 数据库；② 工业 GDP 占比的纵坐标在右边，其他行业占比的纵坐标在左边。

表 4.4 中国三次产业在 GDP 占比的变化情况：1952—2016

时间	第一产业	第二产业	工业	建筑业	第三产业	交运仓邮	批发零售	住宿餐饮	金融行业	房地产业	其他三业
1952	50.49	20.78	17.61	3.24	28.73	4.27	10.32	2.16	1.72	2.06	8.19
1977	28.99	46.70	42.62	4.22	24.31	5.08	6.00	1.15	2.12	2.26	7.69
2001	13.98	44.79	39.56	5.36	41.22	6.20	8.23	2.16	4.69	4.25	15.69
2016	8.56	39.81	33.31	6.66	51.63	4.48	9.56	1.78	8.35	6.47	20.99

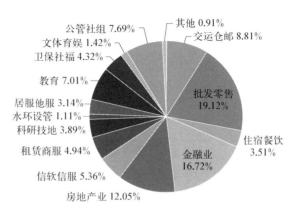

图 4.6　2015 年中国第三产业的内部结构

图 4.6 显示了 2015 年中国第三产业内部的全部行业结构状况。从图中可以看出，三产内部几个最大的行业在三产中的占比分别是批发零售（GDP 占比 9.61%）、金融行业（GDP 占比 8.40%）、房地产（GDP 占比 6.05%）、交运仓邮业（GDP 占比 4.42%）、公共管理与社会组织行业（GDP 占比 3.86%）、教育行业（GDP 占比 3.52%）、信息传输软件和信息技术服务业（GDP 占比 2.69%）和租赁及商务服务业（GDP 占比 2.48%）等。近两年来虽然三产内部有一些变化，但变化不大。根据 CEIC 数据库最新所能获得数据，2017 年中国三产内部最大的几大行业 GDP 占比分别是批发零售（GDP 占比 9.40%）、金融行业（GDP 占比 7.95%）、房地产（GDP 占比 6.51%）和交运仓邮业（GDP 占比 4.45%）等。

4.2　三次产业对 GDP 增长的贡献：不考虑相对价格的变化

4.2.1　核算方法和计算公式

上一小节分析了中国三次产业结构的变化趋势，这一小节分析中国经济增长过程中三次产业增长拉动中国实际 GDP 增长的情况，以及产业结构的变化对中国经济增长的影响和贡献。为了分析三次产业增长对拉动实际 GDP 增长率的影响，本节先不考虑产业间相对价格的变化，按照上一章分析 GDP 增长需求要素分解相类似的方法，先对 GDP 的增长率进行产业分解。本章第 3 节在考虑相对价格结构变化的情况下，再次考察三次产业发展和相对价格结构变化对中国 GDP 增长率的影响和贡献。

采取上一章按支出法核算分解 GDP 增长率相同的方法，可以对中国 GDP 实际增长

率进行产业分解。假设

$$Y_t = X_{1t} + X_{2t} + X_{3t}$$

其中，Y 表示实际 GDP，X_i 表示第 i 个产业的实际产值。通过简单推导可得，它们增长率之间的关系为

$$g_t^Y = \alpha_{t-1}^1 g_t^1 + \alpha_{t-1}^2 g_t^2 + \alpha_{t-1}^3 g_t^3 \tag{4.1}$$

其中，g^Y 表示实际 GDP 增长率，g^i 表示第 i 个产业的实际产值增长率，α_i 表示第 i 个产业产值在 GDP 中的占比。因此，第 i 次产业增长所带来的 GDP 增长点 g^{iY} 和它们对 GDP 增长率的贡献率 R^i 分别可以表示为①

$$g_t^{iY} = \alpha_{t-1}^i g_t^i = (X_{it} - X_{it-1})/Y_{t-1}，其中 i = 1, 2, 3 \tag{4.2}$$

$$R_t^i = g_t^{iY}/g_t^Y = \alpha_{t-1}^i g_t^i/g_t^Y，其中 i = 1, 2, 3 \tag{4.3}$$

4.2.2 三次产业对实际 GDP 增长的贡献：总体概况

根据上一小节获得的三次产业实际产值增长率的数据和三次产业 GDP 占比的数据，利用(4.2)式和(4.3)式，可计算出 1953—2016 年中国三次产业增长拉动实际 GDP 的增长点和三次产业增长对实际 GDP 增长的贡献率，如图 4.7 和图 4.8 所示。从图 4.7 和 4.8 可以直观看出，在 1953—2016 年的绝大多数年份里，第二产业产值增长对中国 GDP 增长的贡献率都大于第一产业；第三产业对 GDP 增长的贡献在改革开放前小于第二产业和第一产业，但改革开放之后，第三产业对 GDP 增长的贡献要大于第一产业，1995 年之后甚至大于第二产业；近年来第二产业拉动 GDP 增长的贡献点和贡献率都在下降，第三产业对 GDP 增长的贡献率在逐渐增加。

当然，图 4.7 和 4.8 显示的还只是一种直观的感觉。为了更具体地讨论三次产业增长对中国 GDP 增长的贡献，表 4.5 根据(4.2)式和(4.3)式，分别计算了中国三次产业增长在不同时期拉动 GDP 增长的情况，这些计算结果就三次产业发展对中国 GDP 实际增长率的影响大小给出了一些更量化的指标。通过表 4.5 可以看出，在 1952—2016 年这整个样

---

① 《中国统计年鉴》中也给出了三次产业拉动实际 GDP 增长点和三次产业对实际 GDP 增长的贡献率。其关于三次产业对实际 GDP 增长的贡献率是指三次产业增加值与 GDP 增量之比，这一概念虽然同本书的"三次产业对 GDP 增长率的贡献率"定义不同，但经过简单推导可以发现，两者含义一样（具体参见第三章的解释）。三次产业拉动实际 GDP 增长点（《中国统计年鉴》中称为三次产业对国内生产总值的拉动）的计算方法是用 GDP 的增长速度与三次产业贡献率的乘积，从这一计算方法可以看出，这一概念同本书中三次产业拉动实际 GDP 增长点的概念也一样。

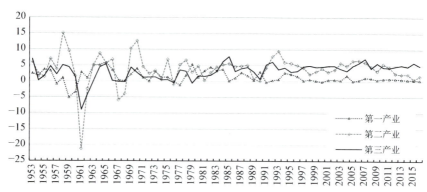

图 4.7 三次产业增长对 GDP 贡献的年增长点：1953—2016

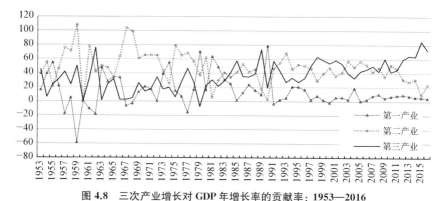

图 4.8 三次产业增长对 GDP 年增长率的贡献率：1953—2016

注：① 数据来源由作者计算所得；② 由于 1960 年中国的经济增长率非常低，而三次产业拉动 GDP 的增长点有正有负，这使得最后核算贡献率时，出现了非常大的数值。为了不影响示图的整体效果，图中把 1960 年各分项的贡献都设定为 0。

本期间，中国第一产业增长拉动 GDP 增长 12.5 倍，它对这一期间中国 GDP 增长的贡献率为 8.27%。第二产业增长拉动中国实际 GDP 增长 60.3 倍，贡献率为 39.8%。其中，工业增长拉动 GDP 增长 50.46 倍，建筑业增长拉动 GDP 增长 10.08 倍。第三产业增长拉动 GDP 增长 78.2 倍，贡献率为 51.7%。因此，如果按照对 GDP 总增长倍数的贡献来看，1952—2016 年，第三产业对中国 GDP 增长的贡献最大，中国实际 GDP 的增长有一半是由第三产业增长所拉动。第二产业对中国 GDP 增长的贡献也比较大，但比第三产业的贡献率少了近 10 个百分点，且第二产业中主要是由工业增长拉动 GDP 增长。第一产业对中国实际 GDP 增长的贡献非常小，还不到 10%。不过，同上一节 GDP 需求因素分解一样，这种按照 GDP 区间总增长倍数核算三次产业对 GDP 增长贡献的方法只考虑了 GDP 期初和期末的产业结构变化对增长结构的影响，它无法考察经济增长过程中各产业增长具体拉动 GDP 年增长点和年增长贡献率的变化和波动情况。从表 4.6 可以看出，三次产业增长拉

第4章 中国产业结构的变迁和GDP增长率的产业分解

表 4.5 各产业增长对中国 GDP 年增长贡献的增长点和贡献率

各产业增长对 GDP 年增长贡献的增长倍数（单位：倍）

时间	GDP	第一产业	第二产业	工业	建筑业	第三产业	交运仓邮	批发零售	住宿餐饮	金融行业	房地产业	其他三产
1952—2016	151.2	12.50	60.31	50.46	10.08	78.20	6.77	14.4	2.69	12.68	9.81	31.83
1952—1977	3.23	0.72	1.76	1.62	0.15	0.74	0.17	0.15	0.03	0.07	0.08	0.24
1977—2016	35.1	2.79	13.87	11.57	2.35	18.35	1.56	3.38	0.63	2.98	2.31	7.48
1977—2001	8.20	0.99	3.65	3.21	0.45	3.54	0.52	0.70	0.19	0.41	0.37	1.36
2001—2016	2.92	0.20	1.11	0.91	0.21	1.61	0.11	0.29	0.05	0.28	0.21	0.67

各产业增长对 GDP 年平均增长率贡献的平均增长点（单位：%）

时间	GDP	第一产业	第二产业	工业	建筑业	第三产业	交运仓邮	批发零售	住宿餐饮	金融行业	房地产业	其他三产
1953—2016	8.42	1.40	3.87	3.40	0.49	3.15	0.42	0.65	0.14	0.43	0.35	1.16
1953—1977	6.48	1.55	3.40	3.09	0.32	1.53	0.32	0.36	0.06	0.15	0.12	0.52
1978—2016	9.66	1.30	4.18	3.60	0.59	4.18	0.49	0.83	0.19	0.62	0.49	1.56
1978—2001	9.72	1.71	4.28	3.75	0.54	3.73	0.56	0.80	0.21	0.51	0.39	1.27
2002—2016	9.48	0.63	3.95	3.32	0.65	4.90	0.38	0.89	0.17	0.76	0.63	2.07

(续表)

各产业增长对 GDP 增长倍数的贡献率（单位：%）

时间	GDP	第一产业	第二产业	工业	建筑业	第三产业	交运仓邮	批发零售	住宿餐饮	金融行业	房地产业	其他三产
1952—2016	100	**8.27**	**39.87**	33.36	6.67	**51.71**	4.48	9.54	1.78	8.38	6.49	21.04
1952—1977	100	**22.28**	**54.66**	50.30	4.52	**22.90**	5.33	4.66	0.84	2.24	2.32	7.52
1977—2016	100	**7.96**	**39.55**	32.99	6.71	**52.33**	4.46	9.64	1.80	8.51	6.58	21.34
1977—2001	100	**12.13**	**44.51**	39.14	5.50	**43.23**	6.33	8.49	2.29	4.99	4.49	16.65
2001—2016	100	**6.69**	**38.04**	31.12	7.09	**55.11**	3.89	10.0	1.65	9.59	7.22	22.77

各产业增长对 GDP 年平均增长率的贡献率（单位：%）

时间	GDP	第一产业	第二产业	工业	建筑业	第三产业	交运仓邮	批发零售	住宿餐饮	金融行业	房地产业	其他三产
1953—2016	100	**16.58**	**46.03**	40.39	5.78	**37.39**	5.01	7.70	1.67	5.16	4.11	13.74
1953—1977	100	**23.88**	**52.44**	47.64	4.95	**23.68**	4.98	5.52	0.96	2.24	1.92	8.08
1978—2016	100	**13.44**	**43.27**	37.27	6.14	**43.29**	5.03	8.64	1.98	6.41	5.06	16.18
1978—2001	100	**17.59**	**44.06**	38.58	5.60	**38.36**	5.72	8.20	2.12	5.26	4.02	13.03
2002—2016	100	**6.64**	**41.64**	35.00	6.82	**51.72**	4.06	9.35	1.78	8.00	6.69	21.84

注：原始数据来源为《中国统计年鉴》历年和 CEIC 数据库。此表有作者根据原始数据计算得到。

第4章 中国产业结构的变迁和GDP增长率的产业分解

表4.6 各产业增长拉动中国GDP增长点和贡献率的波动情况

时间	第一产业	第二产业	工业	建筑业	第三产业	交运仓邮	批发零售	住宿餐饮	金融行业	房地产业	其他三产
各产业增长拉动GDP年增长点的标准差											
1953—2016	**1.91**	**4.68**	4.08	0.81	**2.73**	0.63	1.24	0.16	0.73	0.32	0.91
1953—1977	**2.57**	**7.10**	6.19	1.17	**3.28**	0.94	1.38	0.19	0.93	0.17	0.89
1978—2016	**1.36**	**2.07**	1.82	0.43	**1.65**	0.29	1.12	0.12	0.50	0.31	0.66
1978—2001	**1.65**	**2.17**	1.84	0.52	**1.81**	0.32	1.41	0.14	0.47	0.25	0.65
2002—2016	**0.44**	**1.89**	1.78	0.24	**0.93**	0.17	0.29	0.07	0.51	0.33	0.36
各产业增长拉动GDP年增长点的变异系数											
1953—2016	**1.37**	**1.21**	1.20	1.66	**0.87**	1.49	1.91	1.15	1.69	0.91	0.79
1953—1977	**1.66**	**2.09**	2.01	3.65	**2.14**	2.92	3.85	3.00	6.44	1.38	1.71
1978—2016	**1.05**	**0.49**	0.50	0.73	**0.39**	0.60	1.35	0.64	0.81	0.63	0.43
1978—2001	**0.96**	**0.51**	0.49	0.95	**0.48**	0.58	1.77	0.68	0.92	0.64	0.51
2002—2016	**0.70**	**0.48**	0.54	0.37	**0.19**	0.44	0.33	0.41	0.67	0.52	0.17

123

动 GDP 年增长点的波动情况相差很大。1953—2016 年,第二产业拉动 GDP 年增长点的标准差为 4.68%,大约是第一产业标准差的 2.5 倍,第三产业标准差的 1.7 倍。如果从波动的相对幅度来看,第二产业增长拉动 GDP 年增长点的变异系数为 1.21,略低于第一产业拉动 GDP 年增长点的变异系数 1.37,但仍高于第三产业拉动 GDP 年增长点的变异系数 0.87。

为了显示经济增长过程中三次产业结构的变化以及三次产业增长波动的影响,表 4.5 中还给出了三次产业增长对 GDP 年实际增长贡献的增长点和贡献率。从表 4.5 中可以看出,在 1953—2016 年整个样本期间,第一产业拉动 GDP 的年平均实际增长点为 1.40%,它对 GDP 实际年平均增长率的贡献率为 16.6%。第二产业拉动 GDP 的年平均实际增长点为 3.87%,对 GDP 年实际增长率的贡献率为 46.03%。其中,工业增长拉动 GDP 实际年增长点为 3.40%,建筑业拉动年增长点为 0.47%。第三产业拉动 GDP 的年平均实际增长点为 3.15%,它对 GDP 年平均增长率的贡献率为 37.39%。因此,如果考虑到短期经济波动的影响,则三次产业对 GDP 增长的贡献会有所改变,第一产业和第二产业对 GDP 的贡献率有所提高,第三产业的贡献率有所下降。同按照对 GDP 总增长倍数计算的三次产业的贡献率相比,为什么按照对 GDP 年增长率计算的三次产业贡献率会有这么大的差异呢?这主要是因为三次产业年增长率同 GDP 年增长率的正负相关性短长期的差异不同造成的。例如,当短期内 GDP 出现负增长时,如果第二产业也出现了负增长,则第二产业对 GDP 年增长的贡献仍然为正,但长期来看,显然第二产业短期内的负增长对 GDP 长期的增长倍数的贡献率为负;同一时期如果第一产业或者第三产业的年增长率为正时,则按照年增长率计算它对 GDP 的年贡献率为负,但从长期对 GDP 的增长倍数贡献率来看显然其贡献率为正。因此,按照年增长率计算的贡献率更能体现三次产业增长同 GDP 短期增长率的相关性和紧密性,而按照总增长倍数核算的贡献率则综合考虑了三次产业增长对 GDP 增长的累积效应总和。按照这两种核算三次产业增长对 GDP 增长贡献率的方法所计算的结果差异表明,在整个 1952—2016 年,尽管从整个区间的贡献度来看,第三产业增长对经济增长的贡献率比第二产业要大。但是,从对短期 GDP 的年增长率来看,第二产业增长对经济增长的影响要比第三产业大。

4.2.3 三次产业增长对实际 GDP 增长的贡献:改革开放前后的对比

下面比较不同阶段三次产业增长对 GDP 增长贡献率的差异性。首先分析改革开放前后中国三次产业增长拉动 GDP 增长的情况。从表 4.6 可以看出,从 1952 年到改革开放前的 1977 年这段时期中,中国实际 GDP 增长 3.22 倍。第一产业增长拉动 GDP 增长 0.72

第4章 中国产业结构的变迁和GDP增长率的产业分解

倍,贡献率为22.28%;第二产业增长拉动GDP增长1.76倍,贡献率为54.66%,其中工业增长拉动GDP增长1.62倍,建筑业增长拉动GDP增长0.15倍;第三产业增长拉动GDP增长0.74倍,贡献率为22.90%。如果按照年平均实际增长率来核算,1953—2016年中国实际GDP年平均增长率为6.48%。其中,第一产业增长拉动GDP的增长点为1.55%,贡献率为23.88%。第二产业增长拉动GDP的增长点为3.40%,贡献率为52.44%。其中,工业增长拉动GDP的实际年增长点为3.09%,占第二产业对GDP贡献增长点的91%。第三产业增长拉动实际GDP的年平均增长点为1.53%,贡献率为23.68%。其中又以服务于商品流动的交运仓邮行业和批发零售行业的增长为主,这两个行业对实际GDP贡献的增长占到第三产业贡献增长点的43%。

由此可见,1952—1977年第二产业的高速增长(共增长8.49倍,年平均增长率为9.42%),特别是工业的高速增长(共增长9.22倍,年平均增长率为9.74%)是拉动中国经济增长的主要动力。尽管在1952—2016年这整个样本区间第三产业增长对GDP增长的贡献很大,但在1953—1977年第三产业增长对GDP增长的贡献同第一产业几乎一样,两者对GDP增长的贡献率之和比第二产业的贡献率还要小近8个百分点。当然,第一产业和第三产业对GDP影响的机制还有所不同。这一期间中国第三产业的增长倍数(2.57倍)和年平均增长率(5.22%)并不低,但由于第三产业产值GDP占比(1952年为29%)较低,因此,其增长对实际GDP的贡献率不太大。第一产业的贡献率不高主要是由于其增长率较低。由于第一产业特别是农业自身发展的特征,1952—1977年中国第一产业仅增长1.42倍,年平均增长率(3.61%)远低于实际GDP的年平均增长率和第三产业实际产值的年平均增长率。然而,由于第一产业GDP占比比较大(1952年为50%),因而它对GDP的贡献也几乎同第三产业不相上下。另外,从三次产业拉动经济增长点的波动来看,第二产业的绝对波动是最大的,其标准差达到7.10%,是第三产业(标准差为3.28%)的2.16倍,是第一产业(标准差为2.57%)的2.76倍。第二产业的相对波动幅度(变异系数为2.09)同第三产业(变异系数为2.14)差不多,但仍远大于第一产业(变异系数为1.66)。总之,1952—2016年中国主要依靠第二产业特别是工业增长拉动GDP增长的特征非常明显;由于经济增长主要靠第二产业拉动,第二产业增长率的大起大落也是这一期间中国经济增长率大起大落的主要原因。

从1978年改革开放到2016年这近40年中,中国实际GDP增长35.1倍。其中,第一产业增长拉动实际GDP增长2.79倍,贡献率为7.96%;第二产业增长拉动实际GDP增长13.87倍,贡献率为39.55%,其中工业增长拉动实际GDP增长11.57倍,建筑业增长拉动实际GDP增长2.23倍;第三产业增长拉动实际GDP增长18.35倍,贡献率为52.33%。如果按照年平均实际增长率核算,第三产业的贡献率有所降低,第一和第二产业的贡献率有所提高。具体来说,1978—2016年期间中国实际GDP年增长率为9.66%。其中,第一产业增长拉动GDP的增长点为1.30%,贡献率为13.44%。第二产业增长拉动GDP的增长点为4.18%,其中工业增长拉动GDP实际年增长点为3.6%,建筑业拉动GDP实际年增长点为0.59%,第二产业对实际GDP年平均增长的贡献率为43.27%。第三产业增长拉动实际GDP年平均增长点为4.18%,贡献率为43.29%。其中,交运仓邮行业、批发零售行业、住宿餐饮、金融行业和房地产行业等5大行业的增长占到第三产业拉动GDP增长点的52%。

同改革开放前相比,三次产业增长拉动经济增长方式的最大变化就是由改革开放前单纯依靠第二产业拉动GDP增长转变为由第二产业和第三产业共同拉动GDP增长。具体来说,相对于改革开放前的增长而言,改革开放后第三产业增长拉动经济增长的贡献率大大提高,其对GDP增长的贡献率从改革开放前的不足25%提高到改革开放后的接近50%。第三产业对GDP增长贡献率的提高主要来源于第三产业本身的高速增长。尽管在1977年中国第三产业GDP占比仅仅只有25%,但在1977—2016年,中国第三产业实际产值增长75.47倍,增长倍数是实际GDP增长倍数的2.5倍,是第二产业实际产值增长倍数的2.15倍,其年平均增长率高达11.76%,远高于实际GDP年平均增长率和第二产业实际产值年平均增长率。由于第三产业拉动经济增长的作用相对改革开放前大大提高,第二产业增长对经济增长的贡献虽然在改革开放后仍然很大,但同改革开放前相比其作用就相对下降了。其实,改革开放后第二产业拉动GDP的年增长点相对改革开放前仍然提高了0.78个百分点,但由于第三产业增长拉动GDP的年平均增长点提高了2.6个百分点,因而使得第二产业拉动GDP增长的贡献率相对下降。第二产业内部仍然主要是由工业拉动GDP实际增长为主,但建筑业拉动GDP增长的作用也显著提高,其拉动GDP的增长点占第二产业拉动GDP增长点的比重由改革开放前的9.4%提高到14.1%。最后,第一产业增长拉动GDP的年平均增长点由改革开放前的1.55%下降到1.30%,其拉动实际GDP增长的绝对数值甚至都在下降,这使得改革开放后第一产业增长对促进中国经济增长的作用大大下降,其对实际GDP经济增长的贡献率从原来的20%左右下降到10%左右。不过,相对于改革开放前,改革开放后第一产业实际产值的增长率仍然在提高,其年平均增长率由改革开放前的3.61%提高到了6.25%,但由于1977年第一产业GDP占比(28%)相对于1952年的GDP占比(51%)已经大大下降,从而导致第一产业拉动实际GDP的年平均增长点也有所下降。

此外,从三次产业拉动GDP增长点的波动来看,无论是以标准差衡量的绝对波动幅度还是以变异系数衡量的相对波动程度,改革开放后各产业拉动GDP的年增长点都变得更加稳定。从表4.6中可以看出,尽管改革开放后三次产业拉动实际GDP的年平均增长点都提高了,但其标准差却都在下降。其中第一产业拉动实际GDP年平均增长点的标准差从2.57下降到1.36,第二产业从7.10下降到2.07,第三产业从3.28下降到1.65;第一产业拉动实际GDP年增长率的变异系数则从1.66下降到1.05,第二产业从2.09下降到0.49,第三产业从2.14下降到0.39。

4.2.4 三次产业对实际GDP增长的贡献:改革开放后入世前后的比较

在改革开放后入世前的1978—2001年和入世后的2002—2016年这两个不同时期内,三次产业增长拉动中国实际GDP增长的状况区别不是很大。总体来说,在1978—2001年的这24年间内,中国实际GDP增长8.2倍。其中,第一产业拉动实际GDP增长0.99倍,对GDP增长的贡献率为12.13%;第二产业拉动实际GDP增长3.65倍,贡献率为44.51%,其中工业拉动实际GDP增长3.21倍,占第二产业拉动GDP增长倍数的87.9%;第三产业增长拉动实际GDP增长3.54倍,贡献率为43.23%。在入世之后的2002—2016年这15年间,中国实际GDP增长2.92倍。其中,第一产业拉动实际GDP增长0.2倍,对GDP增长的贡献率为6.69%;第二产业拉动实际GDP增长1.11倍,贡献率为38.04%,其中工业拉动实际GDP增长0.91倍,占第二产业拉动GDP增长倍数的82.0%;第三产业增长拉动实际GDP增长1.61倍,贡献率为55.11%。如果考虑到经济增长的波动性,从年平均增长率来看,1978—2001年中国实际GDP年平均增长率为9.72%。其中,第一产业拉动实际GDP的年平均增长点为1.71%,对GDP年平均增长率的贡献率为17.59%;第二产业拉动实际GDP的年平均增长点为4.28%,其贡献率为44.06%,其中工业拉动实际GDP的年平均增长点为3.75%,占第二产业拉动GDP年平均增长点的85.1%;第三产业增长拉动实际GDP的年平均增长点为3.73%,贡献率为38.36%。2002—2016年实际GDP年平均增长率为9.48%。其中,第一产业拉动实际GDP的年平均增长点为0.63%,对GDP年平均增长率的贡献率为6.64%;第二产业拉动实际GDP的年平均增长点为3.95%,其贡献率为41.64%,其中工业拉动实际GDP的年平均增长点为3.32%,占第二产业拉动GDP年平均增长点的84.1%;第三产业增长拉动实际GDP的年平均增长点为4.90%,贡献率为51.72%。

从以上这些数据可以看出,在中国改革开放后以2001年中国加入世界贸易组织为分界点的前后两个时期中,虽然中国都是通过第二产业和第三产业的高速增长来拉动GDP增长从而实现经济的快速增长,但三次产业拉动经济增长的方式有两点明显不同:第一个不同点是与1978—2001年相比,2001—2016年第三产业拉动GDP增长的作用在明显提高,第二产业拉动GDP增长的作用在下降。从拉动GDP年平均增长点来看,第三产业在2001—2016年拉动GDP的年平均增长点上升1.2个百分点,第二产业拉动GDP的年平均增长点则下降0.3个百分点。在拉动GDP增长的贡献率方面,无论是从对GDP总增长倍数的贡献率来看,还是从对 GDP 年平均增长率的贡献率来看,2001—2016 年第三产业的贡献率都较 1978—2001 年上升 10 个百分点,而第二产业的贡献率则相对下降 3—6 个百分点。在第二产业内部,仍然主要依靠工业拉动,但后一时期建筑业拉动 GDP 增长的作用在提高。在第三产业内部,前一时期对 GDP 年平均增长率的贡献最大的几个行业分别是批发零售行业(8.49%)、交运仓邮行业(6.33%)、金融行业(4.99%)和房地产行业(4.49%);后一时期对 GDP 年平均增长率的贡献最大的几个行业分别是批发零售行业(10.0%)、金融行业(9.59%)和房地产行业(7.22%)。可见,后一时期房地产行业和金融行业拉动 GDP 增长的作用在明显提高。第二个不同点是第一产业拉动 GDP 增长中的作用在明显下降。同 1978—2001 年相比,2001—2016 年期间第一产业拉动实际 GDP 的年平均增长点下降 1.1 个百分点,第一产业对 GDP 总增长倍数的贡献率下降近 6 个百分点,对 GDP 年平均增长率的贡献率则下降 11 个百分点。此外,从波动性方面来看,相对于 1978—2001 年而言,2002—2016 年各产业拉动中国实际 GDP 年增长点的波动都在显著下降。从表 4.6 可以看出,第一、第二、第三产业增长拉动实际 GDP 年增长点的标准差分别下降了 1.21、0.32 和 0.88,变异系数则分别下降了 0.20、0.03 和 0.29。

4.3 三次产业对 GDP 增长的贡献: 考虑相对价格的变化

第 2 节按照(4.2)式和(4.3)式核算了三次产业拉动中国实际 GDP 的增长点以及三次产业对中国实际 GDP 增长的贡献率,这种核算方法实际暗含的假设是在 GDP 消胀指数中三次产业价格比率结构变化相同,或者说三次产业的价格同比率变化,从而能够按照 GDP 消胀指数来消除三次产业的价格变化。但实际上中国三次产业的价格并不是同比率变化。图 4.9 分别给出了 1953—2016 年中国三次产业产品价格的年上涨率和 GDP 消胀指数的年通货膨胀率。由图 4.9 可以看出,1952—2016 年第二产业的价格上涨率基本上都低于 GDP 消胀指数的通货膨胀率,而第一产业基本上都高于 GDP 消胀指数的通货膨胀率,第三产业则在有些年份高于 GDP 消胀指数的通货膨胀率,有些年份低于 GDP 消胀指数的通货膨胀率。如果三次产业的价格变化不一致,那么在实际 GDP 增长率的核算中,实际 GDP 就不等于三次产业实际产值的简单相加,而是等于三次产业价格以各自价格占比为权重的一个加权平均①。因此,由于没有考虑价格结构的变化,(4.1)式对实际

---

① 用 P 表示 GDP 消胀指数,Y 表示 GDP 实际产值,P_i 表示第 i 产业的价格,X_i 表示第 i 产业的实际产值,由 $P_t Y_t = \sum_{i=1}^{m} P_{it} X_{it}$ 可以很容易地得到 $Y_t = \sum_{i=1}^{m} (P_{it}/P_t) X_{it}$,即实际 GDP 等于三次产业实际产值按照价格比为权重的加权平均。

GDP 增长率的分解就不成立,因而按照(4.2)式和(4.3)式核算的三次产业对 GDP 贡献的增长点和贡献率也存在偏差。

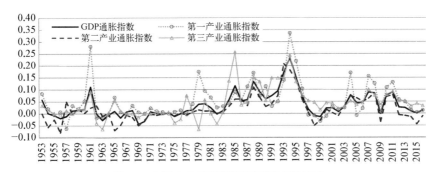

图 4.9　中国 GDP 消胀指数通胀率和三次产业
价格指数的通胀率:1953—2016

4.3.1　存在价格结构变化时实际 GDP 增长率的核算公式

由于(4.1)式—(4.3)式没有考虑产业价格结构变化,因而它们也无法真正分解各产业实际增长率对 GDP 实际增长率的贡献。下面首先推导出当三次产业价格结构变化时实际 GDP 增长率的分解公式。假设

$$P_t Y_t = \sum_{i=1}^{m} P_{it} X_{it} \tag{4.4}$$

其中,Y 表示实际 GDP,P 表示实际 GDP 的价格,X_i 表示第 i 个产业的实际产值,P_i 表示第 i 个产业的价格指数,t 表示年份。经济中共有 m 个产业。

由(4.4)式可得

$$(P_t Y)_t / (P_{t-1} Y_{t-1}) = \sum_{i=1}^{m} (P_{it} X_{it}) / (P_{t-1} Y_{t-1})$$

令 $\pi_t = (P_t - P_{t-1})/P_{t-1}$ 表示 GDP 的通货膨胀率,$\pi_{it} = (P_{it} - P_{it-1})/P_{it-1}$ 表示第 i 个产业的价格上涨率,$g_t = (Y_t - Y_{t-1})/Y_{t-1}$ 表示实际 GDP 增长率,$g_{it} = (X_{it} - X_{it-1})/X_{it-1}$ 表示第 i 个产业实际产值的增长。根据上式很容易推导出

$$\pi_t + g_t + \pi_t g_t = \sum_{i=1}^{m} (\alpha_{it-1} \pi_{it} + \alpha_{it-1} g_{it} + \pi_{it} g_{it} \alpha_{it-1})$$

其中,$\alpha_{it} = (P_{it} X_{it})/(P_t Y_t)$ 表示第 i 产业名义产值在名义 GDP 中的占比。为了得出实际 GDP 增长率的核算公式,进一步调整上式各项可得

$$g_t = \sum_{i=1}^{m} \alpha_{it-1} g_{it} + \sum_{i=1}^{m} \alpha_{it-1}(\pi_{it} - \pi_t) + \sum_{i=1}^{m} \alpha_{it-1}(\pi_{it} g_{it} - \pi_t g_t)$$
$$= \sum_{i=1}^{m} [\alpha_{it-1} g_{it} + \alpha_{it-1}(\pi_{it} - \pi_t) + \alpha_{it-1}(\pi_{it} g_{it} - \pi_t g_t)] \quad (4.5)$$

(4.5)式中的第一个等式表明,实际 GDP 的增长率可以分为以下三部分:各产业实际增长所拉动的实际 GDP 增长(以下称为产业增长效应)、各产业间价格上涨率的差异所导致的相对价格变化所带来的实际 GDP 增长(以下称为价格结构变化效应),以及价格结构变化和三次产业实际产值变化交互作用所带来的实际 GDP 增长(以下称为增长-价格结构交叉效应)。(4.5)式中的第二个等式则进一步把总的价格结构变化效应和增长-价格结构交叉效应分解到各个产业内部,即每个产业对实际 GDP 增长的总效应包括三部分,该产业自身实际增长对实际 GDP 增长的效应、各产业价格变化相对于 GDP 总体价格变化差异对实际 GDP 增长的影响效应,以及该产业实际增长价格相对变化交互作用对实际 GDP 增长的影响效应。

当核算年度经济增长率时,年度通货膨胀率和各产业实际产值的增长率都非常小。由于(4.5)式中的最后一项相对前面两项来说都是高阶无穷小量,因此,在进行核算年度实际 GDP 增长率时,通过省略高阶项可得

$$g_t = \sum_{i=1}^{m} \alpha_{it-1}(\pi_{it} - \pi_t) + \sum_{i=1}^{m} \alpha_{it-1} g_{it} \quad (4.6)$$

省略高阶项后核算的实际 GDP 的误差项为

$$\Delta = \sum_{i=1}^{m} n_{it} g_{it} \alpha_{it-1} - n_t g_t$$
$$= \sum_{i=1}^{m} n_{it} g_{it} \alpha_{it-1} - n_t g_t \sum_{i=1}^{m} \alpha_{it}$$
$$= \sum_{i=1}^{m} (g_{it} n_{it} - g_t n_{it}) \alpha_{it-1}$$

令 $\underline{ng}_{it} = \min_i \{n_{it} g_{it}\}_{i=1}^{m}, \overline{ng}_{it} = \max_i \{n_{it} g_{it}\}_{i=1}^{m}$,则有

$$\underline{ng}_{it} - n_t g_t \leqslant \Delta = \sum_{i=1}^{m} (g_{it} n_{it} - g_t n_{it}) \alpha_{it-1} \leqslant \overline{ng}_{it} - n_t g_t$$

如果增长率 π 和 g 都是百分位数,则显然误差项 Δ 是一个高阶小量。由此,按照(4.6)式核算的实际 GDP 增长率的误差在 $(\underline{ng}_{it} - n_t g_t, \overline{ng}_{it} - n_t g_t)$ 之间。

根据(4.5)式,可以核算出第 i 个产业实际产值增长对实际 GDP 增长的贡献率 R^i 和价格结构变化对实际 GDP 增长的贡献率 R^C,

$$R_t^i = g_t^{iY}/g_t^Y = \alpha_{t-1}^i g_t^i/g_t^Y, \quad R_t^C = \sum_{i=1}^{m} \alpha_{it-1}(\pi_{it} - \pi_t)/g_t^Y \quad (4.7)$$

4.3.2 数据来源和增长率产业分解的核算结果

根据(4.6)式和(4.7)式可知,为了在产业价格结构变化下对实际GDP增长进行分解,需要知道实际GDP增长率(g)和三次产业的实际增长率数据(g_i),同时还需要知道GDP消胀指数(π)和三次产业的价格通货膨胀率(π_i),以及三次产业名义产值在名义GDP中的占比(α_i)。从《中国统计年鉴》(历年)和《新中国50年统计资料汇编》中可以获得以上年价格核算的实际GDP增长率(g)和三次产业实际产值的增长率(g_i)数据,如图4.10和附表4.4所示。根据第4.2节中所获得名义GDP数据和三次产业名义产值的数据,可以计算出名义GDP增长率和三次产业名义产值的增长率,由此可以计算出GDP消胀指数(π)和三次产业的价格通货膨胀率(π_i),以及三次产业名义产值在名义GDP中的占比(α_i)的数据。根据这些数据,利用(4.6)式,可以计算出中国三次产业增长和三次产业相对价格结构变化拉动实际GDP增长点的数据,如图4.11所示。再利用(4.7)式可以计算出价格结构变化和三次产业增长对中国实际GDP年增长的贡献率,如图4.12所示。

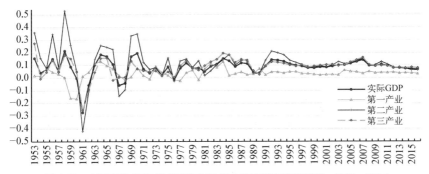

图 4.10 中国实际GDP增长率和三次产业的实际产值增长率:1953—2016

注:① 原始数据来源为《中国统计年鉴》历年;② 三次产业的实际增长率按照各产业上年不变价格计算。

就对每一年实际GDP增长率的影响来看,价格结构变化的影响效应不是很大。从图4.11可知,价格结构变动拉动实际GDP年增长点基本在-1%—1%。特别是在1990年之后,其拉动实际GDP年增长点更小,基本在-0.1%—0.1%,其对实际GDP年增长率的贡献也基本在-1%—1%。同不考虑价格结构变化影响相比,考虑价格变化之后,三次产业拉动实际GDP的年增长点和对GDP年增长率的贡献率都发生了很大的变化。图4.13显示了价格结构调整前后三次产业拉动实际GDP年增长点的对比情况。从图中可以看出,相对于价格结构调整前的核算结果,考虑价格结构调整后第一产业拉动实际GDP的年增长点在绝大多数年份里都在下降;第三产业拉动实际GDP的年增长点改革开放前基

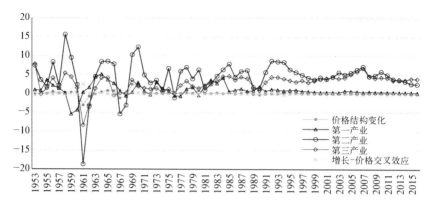

图4.11　价格结构变化以及三次产业对GDP增长的贡献点：1953—2016

注：原始数据来源为《中国统计年鉴》（历年）和CEIC数据库，此处数据由作者根据原始数据计算所得。

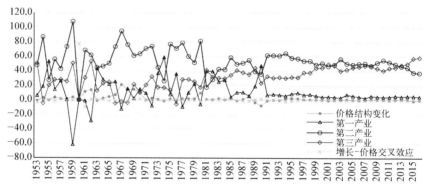

图4.12　考虑价格结构变化后各产业对GDP年增长率的贡献率：1953—2016

注：① 数据来源为由作者计算所得；② 由于1960年中国的经济增长率非常低，而三次产业拉动GDP的增长点有正有负，这使得最后核算贡献率时，出现了非常大的数值。为了不影响视图的整体效果，图中把1960年各分项的贡献都设定为0。

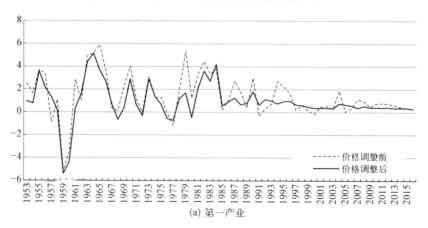

(a) 第一产业

第 4 章 中国产业结构的变迁和 GDP 增长率的产业分解

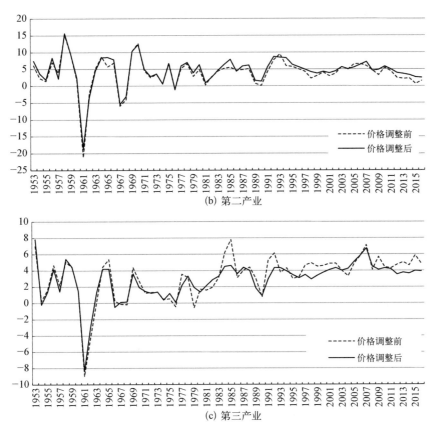

图 4.13 价格结构调整前后各产业对 GDP 贡献的
年增长点对比：1953—2016

本是在上升,在改革开放后基本在下降;第二产业拉动实际 GDP 的年增长点在所有年份基本都在上升。之所以如此主要是因为第一、第三产业的价格相对于 GDP 消胀指数增长更快,第二产业价格指数相对增长更慢,从而导致在实际 GDP 核算中,第一、第三产业实际产值的核算权重在提高,第二产业实际产值的核算权重在降低。另外,同不考虑产业间相对价格结构变化的核算结果相比,考虑价格结构变化的三次产业拉动实际 GDP 的年增长点也更稳定。

尽管价格结构变化效应和增长价格结构交叉效应对每年的实际 GDP 增长的影响不是很大,但由于经济增长的累积效应,这两重效应对中国长期经济增长的效应并不小。表 4.7 运用(4.5)式计算了 1952—2016 年以及这一时期内不同时间段三次产业的增长效应、价格结构变化效应以及增长价格结构交叉效应对中国实际 GDP 增长贡献的增长倍数和贡献率。

133

表 4.7 考虑价格结构变化后各因素对 GDP 增长的贡献点和贡献率

时 期	增长效应			价格结构效应	增长价格结构交互效应	合计：GDP
	第一产业	第二产业	第三产业			
各因素贡献的增长点(单位：倍)						
1952—2016	3.92	158.23	51.24	7.21	−69.60	151.01
1952—1977	0.32	2.54	0.72	0.22	−0.58	3.22
1977—2016	1.27	26.44	12.18	1.18	−6.06	35.00
1977—2001	0.56	5.78	2.68	0.22	−1.06	8.18
2001—2016	0.12	1.48	1.34	0.04	−0.05	2.92
各因素对 GDP 增长的贡献率(单位：%)						
1952—2016	2.6	104.8	33.9	4.8	−46.1	100
1952—1977	9.9	78.9	22.4	6.8	−17.9	100
1977—2016	3.6	75.5	34.8	3.4	−17.3	100
1977—2001	6.8	70.6	32.7	2.7	−12.9	100
2001—2016	4.0	50.8	45.9	1.3	−1.9	100

注：原始数据来源为《中国统计年鉴》(历年)和 CEIC 数据库；此处数据由作者根据原始数据计算得到。

4.3.3 考虑相对价格变化对经济增长率产业分解的影响

首先，我们讨论 1952—2016 年整个样本区间实际 GDP 增长的分解情况。表 4.7 显示，如果把第二产业价格下降因素的影响考虑在内，1952—2016 年中国第二产业增长拉动实际 GDP 增长 158.23 倍，远远大于第 2 节不考虑价格结构变化效应时第二产业拉动实际 GDP 增长的倍数(60.31 倍)。第二产业增长拉动实际 GDP 增长的倍数甚至高于中国实际 GDP 的增长倍数，这使得第二产业对实际 GDP 增长的贡献率达到 104%。同一时期第三产业增长拉动实际 GDP 增长 51.24 倍，其对实际 GDP 增长的贡献率为 33.9%。第三产业增长拉动实际 GDP 增长的幅度比第 2 节不考虑价格结构变化效应时(78.20 倍)减小了 34.5%，其对实际 GDP 的贡献率下降了 17.2 个百分点。第一产业拉动实际 GDP 增长的倍数现在仅有 3.92 倍，只有第 2 节核算结果(16.58 倍)的 23.6%，其对实际 GDP 的贡献率从 8.27% 下降到 2.6%。另外，1952—2016 年价格结构变化效应使得实际 GDP 增长 7.21 倍，对实际 GDP 增长的贡献率为 4.8%。由于在增长过程中，价格下降最快的第二产业其实际增长率也最大，增长价格结构交叉效应使得实际 GDP 下降 69.60 倍，这一效应对实际

第4章 中国产业结构的变迁和GDP增长率的产业分解

GDP 增长的贡献率为 -46.1%。

其次,当考虑价格结构变化效应时,改革开放前后两个时期中国三次产业拉动实际 GDP 增长的效应对比分析也出现类似的变化,即两个时期中第二产业拉动实际 GDP 增长的效应更大,而第一和第三产业拉动实际 GDP 增长的效应缩小。改革开放前的 1952—1977 年,价格结构变化效应使得中国实际 GDP 增长 22%,其对经济增长的贡献率为 6.8%;增长价格结构交叉效应使得实际 GDP 下降 58%,其对经济增长的贡献率为 -17.9%。这两者的总效应使得实际 GDP 下降 36%,对经济增长的总效应为 -11.1%。第一产业增长拉动实际 GDP 增长 32%,其贡献率为 9.9%;第二产业增长拉动实际 GDP 增长 2.54 倍,其贡献率为 78.9%;第三产业拉动实际 GDP 增长了 72%,其贡献率为 22.4%。因此,这一时期中国实际 GDP 增长基本上是靠第二产业和第三产业增长拉动的。改革开放后的 1978—2016 年,价格结构变化效应使得中国实际 GDP 增长 1.18 倍,其对经济增长的贡献率为 3.4%;增长价格结构交叉效应使得实际 GDP 下降 6.06 倍,其对经济增长的贡献率为 -17.3%。这两者的总效应使得实际 GDP 下降 4.98 倍,对经济增长的总效应为 -13.9%。第一产业增长拉动实际 GDP 增长 1.27 倍,其贡献率为 3.6%;第二产业增长拉动实际 GDP 增长 26.44 倍,其贡献率为 75.5%,第三产业拉动实际 GDP 增长了 12.18 倍,其贡献率为 34.8%。因此,同改革开放前相似,第二产业和第三产业仍然是拉动中国经济增长的主要动力。不过,改革开放后中国第一产业对经济增长的贡献下降,第三产业对经济增长的贡献大大提高,第二产业的贡献率稍微有所下降,但变化不大。

即使考虑价格结构调整影响,同第 4.2 节不考虑价格结构调整时相比,有一点仍然相同,即第一产业和第二产业增长在拉动中国实际 GDP 增长中的作用逐步下降,第三产业拉动实际 GDP 增长的作用在逐步增加。从改革开放前后的两个阶段来看,改革开放后第二产业拉动实际 GDP 增长的贡献率相对于改革开放前下降 3.4 个百分点,第一产业的贡献率相对改革开放前下降 6.3 个百分点,而第三产业对实际 GDP 增长的贡献率上升 12.2 个百分点。如果对比改革开放后 1978—2001 年和 2001—2016 年两个时期的增长情况,也同样呈现出第一、第二产业对经济增长的贡献率下降,第三产业贡献率上升的现象。表4.7 显示,同 1977—2001 年相比,2001—2016 年中国第一产业对实际 GDP 增长的贡献率下降 2.8 个百分点,第二产业下降 19.8 个百分点,而第三产业提高 13.2 个百分点。此外,从 1952—2016 年这整个阶段来看,价格结构变化效应和增长价格结构调整交叉效应对经济增长的影响也在下降。1952—1977 年、1977—2001 年和 2001—2016 年这三个区间,价格结构变化效应对经济增长的贡献率分别为 6.8%、2.7% 和 1.3%,增长价格结构调整交叉效应对经济增长的贡献率则分别为 -17.9%、-12.9% 和 -1.9%。

最后,通过对比两种不同方法的核算结果还可以发现,虽然相对价格结构变化本身对实际 GDP 增长的影响不是很大,但如果不考虑相对价格结构变化的影响,则在实际 GDP

增长的因素分解中,第二产业对 GDP 增长的贡献会被低估,第一和第三产业对实际 GDP 增长的贡献率会被高估。这主要是因为在经济增长过程中,第二产业的快速增长不但通过扩大供给降低本产业产品的价格,而且还通过扩大居民收入提高居民对第一产业和第三产业产品的需求,导致第一和第三产业产品的价格相对上涨,从而进一步扩大第二产业和第一第三产业产品的价格差距。因此,如果把经济增长过程中这种供求机制对相对价格的影响考虑进来,第二产业实际拉动经济增长的作用比仅从三次产业实际产值这些数字表面上看要大得多,第一产业和第三产业对实际经济增长的作用则比仅从这些数字表面看上去要小得多。

4.4 本章小结

本章主要从供给角度分析了中国经济的产业结构变化,并对中国实际 GDP 增长率进行产业因素分解,考察了中国产业结构变化对中国经济增长的贡献。本章第一节首先对中国的产业增长和结构变化进行了研究。研究表明,在整个 1952—2016 年,中国实际 GDP 增长 151 倍,年平均增长率为 8.17%,实际 GDP 年增长率的标准差和变异系数分别是 6.98 和 0.83。其中,第一产业增长 24.8 倍,年几何平均增长率为 5.21%,增长率的标准差和变异系数分别为 6.07 和 1.13;第二产业增长 290 倍,年几何平均增长率为 9.27%,增长率的标准差和变异系数分别为 12.79 和 1.26;第三产业增长 272 倍,年几何平均增长率为 9.16%,增长率的标准差和变异系数分别为 8.52 和 0.90。所以,就整个样本区间来看,首先,第二产业和第三产业的增长速度都比 GDP 增长更快,一产增长速度低于 GDP,但三个产业的波动性都大于 GDP 增长的波动。其次,二产增长率最高,但波动性也最大;三产增长率同二产相差不大,但其波动性却远小于二产,是三次产业中波动性最小的;一产增长率最低,波动性位于二产和三产之间。

三次产业不同的增长率使得中国产业结构在 1952—2016 年发生巨大变化。1952 年中国第一产业产值占比达到 50%,第二产业 GDP 占比仅有 21%,是三次产业中最低的,第三产业 GDP 占比为 29%。由于改革开放前中国采取重工业优先发展战略,1978 年中国第二产业产值上升到 48%,第一产业和第三产业占比分别下降到 28% 和 25%。改革开放后,中国第三产业得到快速发展。2016 年中国第三产业 GDP 占比达到 52%,超过了 GDP 的一半;第二产业 GDP 占比为 40%,仍是国民经济中的重要部分;第一产业 GDP 占比下降到 9%。在第三产业中,又以批发零售业(GDP 占比 9.40%)、金融行业(GDP 占比 7.95%)、房地产(GDP 占比 6.51%)和交运仓邮业(GDP 占比 4.45%)最为重要。

本章第 2 节在不考虑产业间相对价格结构变化的情况下,对中国实际 GDP 增长率进

第4章 中国产业结构的变迁和GDP增长率的产业分解

行了产业分解,并基于此分解考察了各产业对中国经济增长的贡献。第2节的研究表明,在1953—2016年期间的绝大多数年份里,第二产业产值增长对中国GDP增长的贡献率都大于第一产业;第三产业对GDP增长的贡献在改革开放前小于第二产业和第一产业,但改革开放之后,第三产业对GDP增长的贡献要大于第一产业,1995年之后甚至大于第二产业;近年来第二产业拉动GDP增长的贡献点和贡献率都在下降,第三产业对GDP增长的贡献率在逐渐增加。具体来说,1952—2016年第一产业增长拉动中国实际GDP增长12.5倍,贡献率为8.27%;第二产业拉动GDP增长60.3倍,贡献率为39.8%;第三产业拉动GDP增长78.2倍,贡献率为51.7%。由此可见,整个样本期间,第三产业是拉动GDP的最主要力量,其贡献率超过50%,第二产业贡献率也接近40%,第一产业则不到10%。

从改革开放前后两个时期的对比情况来看:改革开放前的1952—2016年,中国实际GDP增长3.22倍,年平均增长率为6.48%。其中,第一产业增长拉动实际GDP增长0.72倍,对GDP总增长的贡献率为22.28%,一产拉动GDP年平均增长1.55%;第二产业拉动GDP增长1.76倍,贡献率为54.66%,二产拉动GDP年平均增长3.40%;第三产业拉动GDP增长0.74倍,贡献率为22.90%,三次产业拉动GDP年平均增长1.53%。二产中主要由工业增长拉动,它占二产对GDP增长贡献点的91%。所以,改革开放前GDP的增长主要由二产增长拉动,且主要由工业增长拉动,工业对GDP增长的贡献率超过50%。不过一产和三产的作用也都不小,两者对GDP增长的贡献率都在20%以上。改革开放后的1978—2016年,中国实际GDP增长35.1倍,年平均增长率为9.66%。其中,第一产业增长拉动实际GDP增长2.79倍,对GDP总增长的贡献率为7.96%,一产拉动GDP年平均增长1.30%;第二产业拉动GDP增长13.87倍,贡献率为39.55%,二产拉动GDP年平均增长4.18%;第三产业拉动GDP增长18.35倍,贡献率为52.33%,三产拉动GDP年平均增长4.18%[①]。由此可见,改革开放后第三产业增长对GDP增长的贡献比改革开放前大大提高,一产和二产对经济增长的作用明显下降,但二产对GDP增长的贡献率仍然很高。另外,从一二三产业拉动GDP的年增长点来看,改革开放后一产拉动GDP的年增长点在下降,二产和三产劳均实际GDP的年增长点都在提高,特别是三产拉动GDP的年增长点提高了1.7倍多。

第2节的分析没有考虑一二三产业间相对价格变化对GDP增长产业核算的影响,更没有考虑产业间相对价格调整对经济增长的影响。所以第3节在考虑产业间相对价格调整的影响后,再一次对中国GDP实际增长率进行了产业分解。第3节的研究表明,考虑

---

① 注意,按年度核算的贡献率和按总增长倍数核算的贡献有差异。因为两种年度核算的平均增长率没有考虑增长的波动对总增长的影响,而总增长倍数的核算方法本身就把波动对经济的长期影响内部化了。

到产业间相对价格结构的变化后,尽管价格结构变化本身对经济增长的影响不大,但各产业对经济增长的贡献却出现了明显变化。三产和一产对经济增长的贡献显著下降,而二产对经济增长的贡献大大提高。另外,在长期经济增长过程中,价格增长的价格效应对经济增长具有很大的影响。具体来说,1953—2016 年第二产业增长拉动中国实际 GDP 增长 158.23 倍,远远大于不考虑价格结构变化效应时第二产业拉动 GDP 增长的倍数(60.31 倍),二产业对实际 GDP 增长的贡献率达到 104%。第三产业增长拉动实际 GDP 增长了 51.24 倍,贡献率为 33.9%。第一产业拉动实际 GDP 增长的倍数仅 3.92 倍,贡献率则从不考虑价格结构效应的 8.27% 下降到 2.6%。另外,1952—2016 年价格结构变化效应使得实际 GDP 增长了 7.21 倍,对实际 GDP 增长的贡献率为 4.8%。由于在增长过程中,价格下降最快的第二产业其实际增长率也最大,增长价格结构交叉效应使得实际 GDP 下降了 69.60 倍,这一效应对实际 GDP 增长的贡献率为 -46.1%。因此,如果考虑到价格结构变化效应的影响,第二产业仍然是拉动中国经济增长的绝对主要力量。

第5章

中国就业产业结构的变迁和劳均实际GDP增长率的产业分解

第3章和第4章分别从GDP支出法的需求结构和产业供给结构研究了中国经济结构的变化情况,并对中国经济增长率进行了要素分解。这一章将讨论1952—2016年中国劳动力就业在三次产业中的结构变化,以及中国劳均实际GDP增长率的产业分解,以此研究劳动就业结构变化和三次产业劳均产值增长在此期间对中国劳均生产力的影响。由于第4章所分析的价格结构变化效应对本章分析的影响仍然存在,所以本章也考察同一期间价格结构变化对中国劳均实际GDP增长的影响。本章以下的结构安排是:第1节介绍中国人口总量和人口结构的变化,以及中国就业人口总量和就业人口产业结构的变化;第2节分析中国劳均实际GDP的增长率情况以及三次产业劳均产值的增长情况;第3节对中国劳均实际GDP增长率进行了产业分解,并讨论了价格结构变化和就业结构变化对中国劳均实际GDP增长率的影响;第4节是本章小结,概述本章的主要结论和观点。

5.1 中国人口总量和就业人口量的变迁: 1952—2016

5.1.1 中国人口总量和人口结构的变化情况:1952—2016

1952年以来,中国人口总量和就业人口总量都在快速增长。图5.1显示了1952—2016年中国人口总量和总人口增长率的变化趋势。从图5.1中可以看到,中国人口总量(港澳台地区数据暂缺)1952年大约为5.75亿,1977年中国人口总量(港澳台地区数据暂缺)达到9.50亿,相对1952年增长65%,年平均增长率约为2.03%。从1952年到1970年间,除1959—1961年由于3年困难时期导致人口负增长之外,其他年份人口增长率都保持在2%以上,且存在上升趋势。1970—1977年中国人口增长率从2.8%下降到1.4%,出现微弱下降趋势。1952—1977年中国人口总量的高增长率可能主要受到中国婴幼儿死亡率下降和人均寿命提高这两方面的影响(参见第8章的分析)。根据《中国卫生统计年鉴2005》的数据,1949年以前,中国每千婴儿中的平均死亡人数高达200个,婴儿死亡率为20%;1957年中国婴儿死亡率已经下降到5.7%;20世纪70年代中期婴儿死亡率下降到4.7%,1981年婴儿死亡率进一步下降到3.47%(王弟海,2014)。1949年以前,中国人均期望寿命大概为35岁①;20世纪70年代左右,中国男性人均期望寿命为63.4岁,女性为66.3岁;到了1981年,中国人均期望寿命提高到67.9岁,其中男性人均期望寿命为66.4岁,女性为69.3岁(王弟海,2014)。此外,1949年之后中国居民生活的安定和妇女生育率的提高也是中国人口增长率上升的主要原因之一。

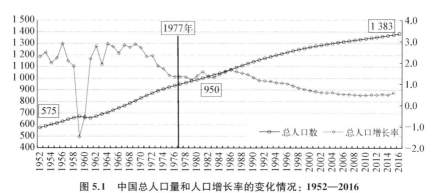

图 5.1　中国总人口量和人口增长率的变化情况:1952—2016

注:① 数据来源为CEIC数据库。② 人口总量用左边纵坐标表示(单位:百万),人口增长率为右边纵坐标表示(单位:%)。

1978年之后中国实行了改革开放政策和计划生育政策。尽管中国婴儿死亡率1978年之后仍然在继续下降,人均寿命也不断延长,但由于20世纪70年代末开始实行的计划生育政策,人口出生率开始大幅度下降,因而人口净增长率开始出现下降趋势(如图5.2所示)。不过,由于中国人口基数大,计划生育所导致的人口下降在起初并不明显。从图5.2和表5.1中所显示的中国人口增长率的数据可以看出,1978—1990年,中国人口增长率基本都保持在1.3%—1.6%,没有明显的下降趋势。大概到了1990年之后,中国人口增长出现了明显的下降趋势。人口增长率从1990年的1.30%下降到2011年的0.48%,人口增长率下降63%。2011年之后人口增长率出现微弱上升趋势,2016年和2017年中国大陆人口增长率分别为0.58%和0.53%。总体来看,改革开放之后,特别是在中国实行计划生育之后,尽管中国人口增长率下降,但人口总量一直在增长,且人口增长绝对量仍然很大。2016年中国人口总量(港澳台地区数据暂未计入)约为13.83亿,相对于1978年增长43.6%,人口总量增加4.2亿。1978—2016年中国人口总量年平均增长0.97%,其中1978—2001年年平均增长1.24%,2002—2016年年平均增长0.54%。

在中国人口总量快速增长的同时,中国的人口结构也出现了很大变化。图5.3显示了

---

① 这一统计数据也许没有正确反映中华人民共和国成立前夕中国人民的健康状况,因为这一极低的人均期望寿命可能同中华人民共和国成立前的战争有关。

第5章 中国就业产业结构的变迁和劳均实际GDP增长率的产业分解

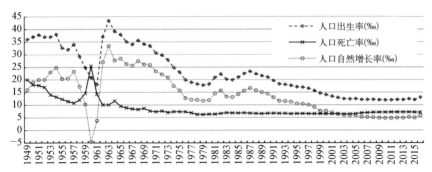

图5.2 中国的人口死亡率、人口出生率和自然增长率：1952—2016

注：数据来源为《中国统计年鉴》（历年）。

1953—2016年中国儿童人口（0—14岁）、劳动年龄人口（15—64岁）和老年人口（65岁及以上）在总人口中的占比情况。从图5.3中可以看出，1953年中国劳动年龄人口（15—64岁）占比为59.3%，儿童人口占比约为36%，老年人口占比仅为4.41%。整个人口主要以儿童人口和劳动力人口为主，两者之和到达95.59%。1953—1977年中国人口结构变化不大。这期间老年人口和劳动年龄人口都呈现先下降后上升的"U"形变化，而儿童人口则显现出先上升后下降的倒"U"形变化。到改革开放前的1977年，中国人口结构同1953年相比变化不大。老年人口占比为4.34%，相对于1953年略有下降；劳动年龄人口占比为57.2%，相对1953年大约下降2个百分点；儿童人口占比为38.47%，相对1953年上升2.47个百分点。1978—2016年，由于计划生育政策的影响，中国人口结构出现了明显的变化。其中最突出的特点就是0—14岁的儿童人口占比大幅度下降。1978—2016年中国儿童人口占比从38.47%下降到17.70%，下降幅度超过1978年儿童人口占比的一半。其次，老年人口占比上升的幅度也比较明显，从4.34%上升到10.12%，上升幅度是1978年老年人口占比的一倍多。此外，劳动年龄人口占比上升也比较大，从57.19%上升到72.18%，上升约15个百分点。就2016年中国人口结构来看，目前中国可能已经处在劳动年龄人口占比最高的阶段，未来可能会出现严重的人口老龄化（即老年人口占比过高）问题。其实，从图5.3中可以看出，大概从2010年左右开始，中国劳动年龄人口占比已经开始下降，而老年人口占比却一直在上升，且上升速度已显现出加快趋势。

另外，据中国国家统计局发布《中华人民共和国2017年国民经济和社会发展统计公报》中公布的最新数据，2017年中国人口总量（港澳台地区数据暂未计入）已达13.90亿，其中0—15岁人口2.47亿，占总人口比例为17.77%；16—59岁人口9.02亿，占总人口比例为69.21%；60周岁及60周岁以上人口2.41亿，占总人口比例为17.34%；65周岁及65周岁以上人口1.58亿，占总人口比例为11.37%；2017年全年出生人口1 723万人，出生率为1.243%；死亡人口986万人，死亡率为0.711%，人口增长率为0.532%。目前，中国仍是

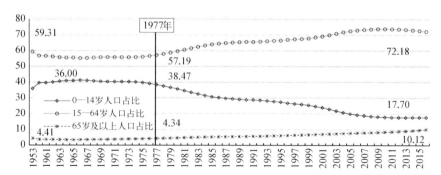

图 5.3 中国不同年龄人口占总人口比重的变化情况：1953—2016

注：① 原始数据来源为 1953 年数据 CEIC 数据库，1960—2016 年数据来自《世界银行发展指标》。此处数据由作者根据原始数据计算得到。② 纵坐标单位为％。

全球第一大人口总量国家，人口总量约占全球人口总量的 1/5，而人口老龄化问题可能是中国未来人口结构中的重大问题。

5.1.2 中国就业人口总量和三次产业就业人口量的变化情况：1952—2016

中国人口总量的快速增长为中国经济发展提供了丰裕的劳动力资源，改革开放以来的持续高速经济增长则为中国丰富劳动力资源提供了巨大的需求市场。人口总量的增长和经济发展的需求两者一起使得中国劳动就业人口出现了快速增长。图 5.4 给出了中国就业人口总量和就业人口增长率的变化趋势图，图 5.5、图 5.6 分别给出了中国就业人口占总人口之比以及三次产业就业人口量的变化趋势图。表 5.1 和

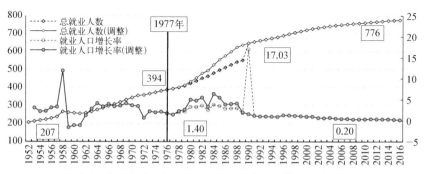

图 5.4 中国总就业人口及其增长率的变化情况：1952—2016

注：① 数据来源为 CEIC 数据库。② 就业人口量为左边纵坐标标识（单位：百万），就业人口增长率用右边纵坐标标识（单位：％）。

第5章 中国就业产业结构的变迁和劳均实际GDP增长率的产业分解

表5.2统计了中国就业人口总量及其增长倍数和三次产业的就业人口量及其增长倍数在不同时间段的对比情况;表5.3统计中国三次产业在不同时期的就业人口年平均增长率及其变异系数的对比情况;表5.4给出了中国不同时期三次产业就业人口增长对总就业人口增长率的贡献率。以下将依据这些数据对中国改革开放前后人口就业结构进行比较分析。

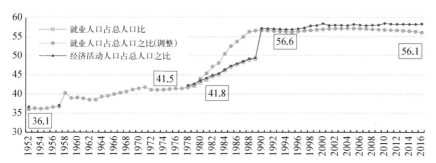

图5.5 中国的总人口增长率、就业人口增长率和就业人口比:1952—2016

注:① 原始数据来源为 CEIC 数据库。此处数据由作者根据原始数据计算得到。
② 原始数据中由于统计调整时间只到1990年,这使得1990年的就业人口突然急剧增加。图中调整变量中把1990年突然增长的就业人口量按照原始数据每年的增长率分别平滑分摊到1977年到1990年。

图5.6 中国三次产业的就业人口数变化情况:1952—2016

注:① 数据来源为 CEIC 数据库。② 纵坐标为就业人口量(单位:万人)。③ 数据调整方法为:先按图5.3中方法调整总就业人口,然后通过分别乘以原始数据中三次产业的比重得到调整后三产的就业人数。

表5.1 中国人口总数和就业人数的增长倍数:1952—2016 单位:倍

时 间	总人口	总就业人口	一产就业人口	二产就业人口	三产就业人口
1952—2016	1.41	2.74	0.24	13.60	16.95
1952—1977	0.65	0.90	0.69	2.81	1.24
1977—2016	0.46	0.97	−0.27	2.83	7.03

(续表)

时 间	总人口	总就业人口	一产就业人口	二产就业人口	三产就业人口
1977—2001	0.34	0.85	0.24	1.78	3.79
2001—2016	0.08	0.07	−0.41	0.38	0.67

注：原始数据来自 CEIC 数据库，此处数据由作者根据原始数据计算得到。

表 5.2　中国不同时期的新增就业人数：1952—2016　　单位：万人

时间段	新增总量	一产新增	二产新增	三产新增	一产占比	二产占比	三产占比
1952—2016	56 874	4 179	20 819	31 876	7.35	36.61	56.05
1952—1977	**18 656**	**12 029**	**4 301**	**2 326**	**64.48**	**23.06**	**12.47**
1977—1991	26 106	9 752	8 183	8 171	37.36	31.34	31.30
1991—1996	3 459	−4 278	2 188	5 549	−123.68	63.26	160.42
1996—2002	4 330	1 820	−521	3 031	42.03	−12.03	70.00
2002—2016	4 323	−15 144	6 668	12 799	−350.3	154.2	296.1
1977—2016	**38 218**	**−7 850**	**16 518**	**29 550**	**−20.54**	**43.22**	**77.32**

注：原始数据来自 CEIC 数据库，此处数据由作者根据原始数据计算得到。

表 5.3　中国人口总数和就业人数的年平均增长率及其标准差：1952—2016

时 间	总人口	总就业人数	一产就业人数	二产就业人数	三产就业人数
就业人数年平均增长率（单位：%）					
1953—2016	1.38	2.08	0.34	4.28	4.61
1953—1977	**2.03**	**2.60**	**2.13**	**5.49**	**3.27**
1978—2016	**0.97**	**1.75**	**−0.79**	**3.51**	**5.49**
1978—2001	1.24	2.59	0.90	4.36	6.75
2008—2016	0.54	0.43	−3.45	2.15	3.49
就业人数年平均增长率标准差（单位：%）					
1953—2016	0.88	2.10	4.42	29.80	11.17
1953—1977	**1.01**	**2.47**	**5.53**	**47.01**	**17.16**
1978—2016	**0.40**	**1.75**	**2.96**	**4.38**	**3.95**
1978—2001	0.27	1.76	2.29	4.83	4.42
2002—2016	0.05	0.14	1.66	3.07	1.56

注：原始数据来自 CEIC 数据库，此处数据由作者根据原始数据计算得到。

第 5 章 中国就业产业结构的变迁和劳均实际 GDP 增长率的产业分解

表 5.4 中国三次产业就业人口增长对总就业人口
增长贡献的增长点和贡献率：1952—2016

时　间	就业总人口增长率	各产带来的就业人口增长点(%)			各产业对就业人口增长的贡献率(%)		
		第一产业	第二产业	第三产业	第一产业	第二产业	第三产业
1952—2016	2.74	0.20	1.00	1.54	7.35	36.61	56.05
1952—1977	**0.90**	**0.58**	**0.21**	**0.11**	**64.48**	**23.06**	**12.47**
1978—2016	**0.97**	**−0.20**	**0.42**	**0.75**	**−20.54**	**43.22**	**77.32**
1978—2001	0.85	0.18	0.26	0.41	21.11	31.13	47.76
2002—2016	0.07	−0.20	0.08	0.19	−310.1	127.26	282.8

注：原始数据来自 CEIC 数据库，此处数据由作者根据原始数据计算得到。

5.1.2.1　改革开放前中国三次就业人口的变化：1952—1977

从图 5.4、图 5.5 和图 5.6 中可以看出，1952 年中国三大产业就业人口总量仅 2.07 亿，占人口总量的 36.1%。其中，第一产业就业人口 1.73 亿，就业人口占比为 83%；第二产业就业人口 0.15 亿，就业人口占比为 7.4%；第三产业就业人口 0.18 亿，就业人口占比为 9.1%（如图 5.6 所示）。由此可见，1952 年中国绝大多数人口都是在第一产业特别是农业中就业。这时中国是一个不折不扣的农业大国，不但就业人口比率低，而且就业人口主要集中在以农村和农业为主的第一产业。1952—1977 年，随着中国经济发展对劳动力需求的增加和人口总增加所带来的劳动力人口供给的增加，中国就业人口总量也在快速增长。1952—1977 年中国新增就业人口 1.866 亿人，增长 90%，年平均增长率为 2.60%。到了 1977 年，中国就业人口总量达到 3.94 亿。不过，由于同一时期中国人口总量也增长得比较快，因此，尽管 1952—1977 年中国就业人口占人口总量的比重有所提高，但提高幅度并不大，仅从 36.1% 提高到 41.5%，提高了近 4.4 个百分点。

就这一期间中国三次产业内部就业人口的增长情况来看，就业人口增长最快的是第二产业。1977 年第二产业就业人口总量达到 5 831 万人，新增就业人口量为 4 301 万人，相对于 1952 年增长 2.85 倍，年平均增长 5.49%。第三产业就业人口也增长得比较快。1977 年第三产业就业人口总量为 4 206 万，新增就业人口量为 2 326 万，相对于 1952 年增长 1.24 倍，年平均增长 3.27%，快于第一产业和总就业人口的增长率。不过，由于第二产业和第三产业 1952 年的就业人口基数比较小，其新增就业人口绝对数量还是比较小，二产和三产新增就业人口量之和在新增就业人口总量中所占比重仅为 35.5%；由第二三产业就业人口增长所带来的中国总就业人口增长率也只有 0.32 个百分点，对总就业人口增长率的贡献度为 35.5%（如表 5.4 所示）。另外，第二产业和第三产业就业人口增长率的波动也比较大,其增长率的标准差分别为29.8%和11.2%(如表5.3所示)。

在三次产业中,第一产业就业人口增长率平均来说最小,1952—1977年第一产业就业人口年平均增长率仅有2.14%。但由于1952年中国一产就业人口基数非常大,这一期间第一产业仍然是就业人口增长量最大的产业。1977年第一产业就业人口总量达到2.93亿人。相对于1952年,一产新增就业人口达到1.203亿人,一产就业人口增长了69%,年平均增长率为2.13%。第一产业新增人口占新增就业人口总量的64.5%。一产就业人口增长拉动总就业人口增长的百分点为0.58,对总就业人口增长率的贡献率为64.5%,这一贡献度比二三产业贡献率之和还要高出29%。第一产业就业人口增长率的波动也最小,其就业人口增长率的标准差分别只有第二产业和第三产业的14.8%和39.6%(如表5.3和表5.4所示)。由此可见,1952—1977年中国就业人口增长主要是依靠第一产业。这一结论其实也符合改革开放前中国经济发展的实际情况。因为改革开放之前,中国城镇户籍管理制度限制了农村劳动力进入城镇就业,再加上国家的上山下乡政策鼓励甚至强制城镇年轻人到农村和农业中就业,这使得这一时期新增劳动人口,有时甚至是城镇未就业的存量人口,都主要是通过在农业中就业来解决。另一方面,农业由于实行的集体统一经营的人民公社制度,这也便于吸收或者说是安排新增劳动人口就业。这两重因素一起自然使得以农业为主的第一产业成为新增就业人口增长的主要产业。

总体来看,到改革开放初期的1978年,中国就业人口总量为4.03亿,就业人口占总人口比重为41.8%,其中第一产业就业人口2.84亿,占总就业人口的比重为70.4%,第二产业和第三产业就业人口分别为0.70亿和0.49亿。尽管相对于1952年来说,第二和第三产业的就业人口也已经极大地增长,其就业人口增长率年平均也分别达到5.49%和3.27%。但总体来看,中国二三产业就业人口比重仍然比较低,二者就业人口总和仍不到就业人口总量的30%,新增就业人口之和也不到总就业人口的40%。所以,即使是在1978年,中国就业结构相对于1952年来说没有发生根本性的变化。从劳动力的就业结构来看,中国仍然是一个农业大国,绝大多数人口仍然在以农业为主的第一产业就业。在整个改革开放前的1952—1977年,第一产业是对中国劳动就业人口增长贡献最大的产业,尽管一产就业人口增长倍数和年平均增长率是三个产业中最低的,但一产新增就业人数和它所带来的总就业人口增长点和对总就业人口增长的贡献率都是最大的。另外,一产带动总就业人口增长率的波动(以就业人口增长率的标准差衡量)也是最小的。由此可见,这一期间,第一产业特别是农业,是中国解决就业人口的最主要产业。

5.1.2.2 改革开放后中国三次产业就业人口量的变化:1978—2016

从1978年开始,中国实行改革开放政策,国家经济体制也逐步从计划经济体制转变

第5章 中国就业产业结构的变迁和劳均实际GDP增长率的产业分解

为社会主义市场经济体制。改革开放所释放出来的巨大经济活力和发展动力给中国经济带来了40年的高速增长,这40年来的高速经济增长也造就了中国就业人口的快速增长和就业结构的变化。总体来看,1978—2016年,中国新增就业人口4.199亿人,相对于1977年就业人口总量增长97%,年平均增长率达到1.75%,远高于同一时期0.46%的总人口增长率。就业人口占总人口的比重从1977年的41.4%增长到2016年的56.1%。在这一变化过程中,三次产业对就业人口增长的贡献度也出现同改革开放前大不一样的局面(如表5.4所示)。在1978—2016年,第三产业始终是就业人口增长最快的产业,其就业人口年平均增长率达到5.49%。三产同时也是新增就业人口最大的产业,它对总就业人口增长率的贡献度(或者说其新增就业人口占总新增就业人口比重)达到了77.32%。第一产业就业人口则出现了绝对量的下降,其减少就业人口占到新增就业人口的20%以上。第二产业就业人口也增长很快,其年平均增长率达到3.51%,二产就业人口增长对总就业人口增长率的贡献度为43.22%。由此可见,1978—2016年是中国就业人口从主要在第一产业就业转移到主要在第二和第三产业就业,特别是在第三产业就业的就业结构转型过程。

1978—2016年,中国三次产业的就业人数呈现出完全不同的变化趋势(如图5.6所示)。就三次产业各自的变化趋势来看,1978—2016年中国第一产业就业人数经历了一个先上升后下降的趋势。在改革开放初期的1978—1991年,第一产业仍然是中国就业人口增长最大的产业。从1978—1991年中国第一产业人口从2.93亿快速增长到3.91亿。这一期间一产新增就业人口9 752万,占同期新增总就业人口的37.4%,比同时期的第二产业和第三产业新增就业人口都多。1991年之后,得益于第二和第三产业的快速发展,特别是第三产业的高速发展吸收了大量农村剩余劳动力,同时国家出台的相关政策鼓励农村剩余劳动力向非农劳动产业转移①,第一产业就业人口经历了一个短暂的快速下降。1996年第一产业就业人数下降为3.48亿人,一产就业人口减少4 278万人。同一时期中国新增就业人口为3 459万人,一产减少的就业人口超过了新增就业人口。1997—2002年中国经历一次长达5年的经济衰退,同时国有企业改革开放过程中又产生了大量下岗职工,这导致第二产业就业人口大量减少。这一期间第一产业人就业人口又经历了一次上升趋势,2002年达到一个新的高峰,一产就业人数为3.66亿人,相对1996年一产新增就业人口1 820万人。2002年之后,随着中国经济增长的进一步复苏,同时受到经济发展过程中经济结构转型规律的影响,第一产业就业人数再次急剧下降。2016年第一产业就业人数下降为2.15亿,同2002年相比,14年之内一产的就业人数下降1.51亿,下降幅度超过1/3。

---

① 邓大宋、孟颖颖,《中国农村剩余劳动力转移的历史变迁:政策回顾和阶段评述》,《纪念农村改革开放30周年学术论文集》,第619—620页。

从1978年到2016年整个过程来看,中国第一产业就业人数总量下降27%,其中1978—2001年就业人数增加24%,2001—2016年下降41%。到了2016年,中国第一产业就业人数占总就业人数之比为27.8%,不到全国就业人口总量的1/3。

1978—2016年,中国第二产业就业人口量在整体上基本呈现出一种上升趋势,但有些年份稍有波动,近年来则有下降趋势。具体来说,1978—1998年是中国第二产业就业人数快速上升的时期。1998年中国第二产业就业人口量相对1977年增加1.077亿,占新增就业人口的34.5%。这20年间二产就业人口增长1.84倍,年平均增长率约为3.1%。1998—2001年受到经济增长下滑和国有企业职工下岗的影响,中国第二产业就业人口出现下降趋势。2002年二产就业人数为1.57亿,相对1997年下降900万。2002—2012年,受益于新一轮的10年高速经济增长,第二产业就业人数急剧上升。2012年中国第二产业就业人口达到历史最高峰2.32亿,相对于2002年增加7 559万人,是同期新增就业人口的2.21倍。10年间二产就业人口增长48.2%,年平均增长率为4.02%。2012年之后二产就业人数开始下降,到2016年中国二产就业人数下降到2.15亿,相比于2012年减少了1 700万,但相对1977年仍增长2.83倍,其中1977—2001年增长1.78倍,2001—2016年增长0.38倍。

从1978年以来,中国实行了从计划经济体制向社会主义市场经济体制转变的经济改革开放,国家放开对第三产业发展的限制。得益于改革开放后中国高速经济发展所产生的对服务业的大量需求,1978年改革开放之后,中国第三产业就业人数一直呈现快速上升趋势,如图5.6所示。从表5.1和表5.2可以看出,1977—2016年,中国三产就业人数增长2.98亿,增长7.03倍,就业人数年平均增长率达到5.49%。三产新增就业人数占同一时期新增就业人数的68.2%。其实,1978年以来,第三产业一直是三个产业中就业人口增长最快的产业。1977年第三产业是三次产业中就业人口最少的产业,三产就业人口占总就业人口量的比重仅有10.7%。到了1994年,中国第三产业就业人口量达到1.55亿,三产新增就业人数为1.13亿人,占新增总就业人数的40.3%。同年第三产业就业人数超过第二产业,成为就业人口量第二多的产业。2011年第三产业就业人口量达到2.73亿,超过一产就业人数,成为就业人口最多的产业。这7年间第三产业新增就业人口1.77亿,是同期新增总就业人口的1.31倍。所以,这一期间中国第三产业已经开始吸收第一产业甚至第二产业的过剩存量人口,从而使得就业人口在部门间发生大量转移。2012年之后,由于中国进入经济增长的新常态,第一产业和第二产业就业人口量都呈现下降趋势,但第三产业就业人口却出现比之前更快的增长趋势。正是由于第三产业有着极高的就业人口增长率,所以第三产业就业人口占总就业人口量的比例从1977年的10%上升到2016年的44%。可以说,目前这一时期正是中国就业人口结构发生大转变的时期,这一过程可能仍将继续。

第 5 章 中国就业产业结构的变迁和劳均实际 GDP 增长率的产业分解

5.1.3 中国三次产业就业人口增长率和就业人口占比的变化

在中国的经济发展过程中,各个产业本身发展的规律和特征不同,以及三次产业在经济中比重的变化,使得三次产业就业人口增长率出现不同的变化趋势,从而使得中国就业人口在三次产业中的结构也出现了变化。图5.7和图5.8显示中国三次产业就业人口增长率和三次产业就业人口占比的变化趋势。从这两张图中可以清晰地看出中国就业人口结构在三次产业中的变迁情况。从图 5.7 和表 5.5 中可以看出,1952—1977 年除了 1959—1963 年之外,第二产业基本都是中国就业人口增长最快的产业,其年平均增长率达到 5.49%。但它同时也是就业人口增长率波动最大的产业,就业人口增长率的标准差达到 47.01%,分别是第一产业和第三产业标准差的 8.5 倍和2.7 倍。在 1952—1977 年改革开放前的这段时间里,可能受到国家压制资本主义经济发展政策的影响,除了 1956—1957 和 1975—1977 年外,大多数年份里第三产业都是中国就业人口增长率最低的产业。不过,由于基数比较小,这一期间第三产业就业人口的年平均增长率仍高达 3.27%,高于第一产业。这一期间内的第一产业由于 1952 年的就业基数巨大,其就业人口年增长率是中国三个产业中最低的,年平均增长率只有 2.13%。但第一产业就业人口增长率的波动是最小的,就业人口增长率的标准只有 5.53%,分别是第二产业和第三产业标准差的 11.7% 和 32.2%。

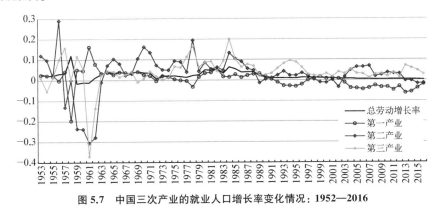

图 5.7 中国三次产业的就业人口增长率变化情况:1952—2016

在改革开放后的 1978—2016 年,除 1986 年、2005—2007 年和 2010 年之外,第三产业基本都是就业人口增长率最大的产业。这一期间第三产业就业人口的年平均增长率高达 5.49%,不但高于改革开放前三产的就业增长率,而且也远高于同期第一产业和第二产业的就业人口增长率。第三产业就业增长率的波动也比改革开放之前小得多,其标准差由改革开放前的 17.16% 下降到改革开放后的 3.95%。同一时期内,中国就业人口增长率最

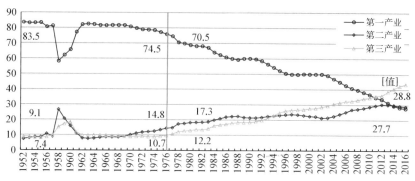

图5.8 中国三次产业就业人口占比的变化趋势：1952—2016

低的仍然是第一产业，而且在1990年之后，第一产业甚至一直保持着负增长。1978—2016年中国第一产业就业人口年平均增长为-0.97%，其中1978—2001年平均为0.9%，2002—2016年平均为-3.45%。第一产业就业人口增长率的波动仍然是最小的，只有2.96%，分别只有第二产业和第三产业就业增长率标准差的67.6%和74.9%。改革开放之后，第二产业就业人口增长率平均来说也比较高，达到了3.51%。但波动幅度非常大，这一期间其就业人口增长率的标准差为4.38%，分别是第一产业和第三产业标准差的1.48倍和1.11倍。另外，从表5.2中还可以看出，无论总就业人口增长率还是三次产业就业人口增长率，1978—2016年的波动都比1952—1977年的波动要更小，而2002—2016年的波动比1978—2001年的波动更小。就业人口增长率波动幅度的减小可能同中国整个经济的增长波动在改革开放之后缩小有关。

表5.5 中国三次产业就业人口占比的变化情况：1952—2016

时间段	各产业占比百分点的总变化(%)			各产业占比百分点的年均变化(%)		
	第一产业	第二产业	第三产业	第一产业	第二产业	第三产业
1952—2016	-55.84	21.41	34.43	-0.87	0.33	0.54
1952—1977	-9.03	7.42	1.61	-0.36	0.30	0.06
1977—2016	-46.81	13.99	32.82	-1.20	0.36	0.84
1977—2001	-24.51	7.49	17.02	-1.02	0.31	0.71
2001—2016	-22.30	6.50	15.80	-1.49	0.43	1.05

注：① 原始数据来自CEIC数据库，此处为作者根据原始数据计算所得；② 负号表示产业就业人口占比下降的百分点，正号表示占比上升的百分点。

由于经济增长过程中产业结构变化规律的作用，在中国经济发展过程中，三次产业就业人口增长率之间的差距使得中国就业人口的产业结构也发生了变化。因此，中国这一

第5章 中国就业产业结构的变迁和劳均实际GDP增长率的产业分解

就业人口产业结构的变化其实是一国从农业化国家向工业化国家转变中就业人口结构变化规律在中国的特殊表现①。从图5.7和5.8中可以看出,在整个1952—2016年期间,除1958—1961年受到"大跃进"和三年困难时期的影响出现意外之外,第一产业的就业增长率(年均0.34%)一直都低于第二产业(4.28%)和第三产业(4.61%),这使得第一产业就业人口比重一直在下降,而第二产业和第三产业的就业人口比重则一直在上升。但从图中也可以发现,由于中国一直是农业大国,而且由于中国农村实行土地联产承包责任制使得农业具有吸收农村人口就业的弹性,在绝大多数时间内,第一产业都是中国就业人口占比最大的产业。其实,直到2002年左右,中国第一产业的就业人口占比都超过50%;大概到了2011年左右,第一产业就业人口占比下降到35.7%,才略微低于第三产业;到了2014年,第一产业进一步下降到29.9%,略微低于第二产业就业人口,此后一直是就业人口占比最少的产业。但即使在2016年,第一产业就业人口占比也仍达到了27.8%,接近就业人口总量的1/3。第二产业和第三产业就业人口占比在很长时间内都相差不大,而且也都不高。具体来看,1952—1969年,第二三产业就业人口占比基本都在10%左右。1970—1994年,第二产业就业人口占比要高于第三产业,其中1970—1980年,第二产业就业人口增长率要快于第三产业;1980年左右第二第三产业的就业人口差距达到最大,大概相差5.1%;1980年之后,由于国家支持和鼓励第三产业发展,三产就业增长率一般都快于第二产业。到了1994年,三产就业人口占比超出第二产业,之后由于三产就业人口增长率一直快于第二产业,二三产业的就业人口差距越来越大。到了2016年,第三产业已经成为中国就业人口最多的产业,就业人口占比接近45%,比第一产业和第二产业就业人口占比分别高出5.8和4.7个百分点;第一和第二产业之间的就业人口占比则基本相同,仅相差1个百分点左右。

从图5.8中还可以看出,改革开放前后三次产业就业人口结构的变化规律也显现出几个明显不同的特征。首先,1952—1977年虽然第一产业就业人口也在下降,但同改革开放后相比,其下降速度明显要慢得多。表5.5显示,1952—1977年中国第一产业就业人口占比平均每年仅下降0.36个百分点,改革开放后的1978—2016年,第一产业就业人口年平均下降1.20个百分点,其下降幅度几乎是改革开放前3倍多。如果考虑到改革开放后一产就业人口比重本来就比改革开放前要小,那么改革开放后一产就业人口占比的下降速度就比改革开放前更快。其次,改革开放前第一产业就业人口占比的下降主要由第二产

---

① Kuznets(1973,1981)最先提出经济增长过程中的产业结构转型规律。他认为,现在经济增长的一种重要特征就是产业结构的快速转型,即就业人口和产值从农业到工业,再到服务业的转型。当然,这一转型过程还涉及到城市化过程、从家庭作坊向雇佣劳动的工厂生产转变,以及正规教育的兴起和发展。关于中国教育的发展问题,将在本书的第8章进行分析。

业就业人口占比上升来代替,第三产业在改革开放前的1952—1977年基本变化不大。从图5.8可以看出除1957—1961年外,改革开放前第三产业的就业人口占比基本呈现出水平状态。就是在整个1952—1977年,中国第三产业的就业人口占比也仅增加1.61个百分点,年平均增长0.06个百分点。改革开放后的1978—2016年期间,中国第三产业是就业人口占比增长最快的产业,39年间就业人口占比增加32.82个百分点,年平均增长0.84个百分点,2001年之后年平均增长1.05个百分点。最后,第二产业就业人口占比的变化速度在改革开放前后差异不是很大,改革开放前第二产业就业人口占比年平均增长0.3个百分点,改革开放后年平均增长0.36个百分点。其实,在1986—1998年中国第二产业的就业人口占比几乎变化不大,1998—2004年二产就业人口占比甚至在下降。因此,改革开放前第一产业人口占比的下降主要是由第二产业人口占比的上升来替代,而改革开放后第一产业就业人口占比的下降主要由第三产业就业人口的上升来替代。

综上所述,经过改革开放近40年来的经济增长,经济发展所带来的就业结构变化已经基本使中国就业人口由原来主要在第一产业就业转变为由三次产业三分天下的局面。不过,在三次产业中,第三产业就业人口占比最大,超过40%,而第一产业和第二产业就业人口相差不多,基本都在30%左右。因此,基本可以说,从就业结构来看,中国目前基本上已经摆脱了农业大国的经济地位,成为一个三次产业齐头并进,农业、工业和服务业共同发展的发展中国家。但是,中国还不是一个完全工业化的国家,因为中国的第一产业就业人口仍然占30%左右,而第三产业就业人口还不到30%,农业就业人口和农村人口比例还很高,到2016年为止,还有将近40%以上人口依靠农业和农村生活。

5.2 劳均实际GDP和三次产业劳均产值的变化:1952—2016

第4章和本章第1节的分析表明,1952—2016年中国三次产业的实际总产值都在不断增加,同时三次产业的就业人口也在不断变化。这一节将分析中国三次产业劳均实际产值的变化情况。本节的分析将表明,在中国经济发展过程中,随着三次产业实际产值的增长和就业人口产业结构的变化,以劳均实际产值衡量的中国三次产业的劳动生产率也在不断提高。在分析中国各产业劳均实际产值的变化之前,还有两个数据方面的问题需要说明。

5.2.1 两个需要说明的数据方面问题

第一个需要说明的问题是关于各产业实际产值的计算问题。实际上可以有两种计算

第 5 章　中国就业产业结构的变迁和劳均实际 GDP 增长率的产业分解

各产业实际产值的方法：一种是以 GDP 消胀指数剔除价格上涨因素计算的各产业实际产值；另一种是以各产业自身价格指数剔除价格上涨因素计算的各产业实际产值。从《中国统计年鉴》(历年)可以获得 1952—2016 年中国各产业的名义产值、名义 GDP 以及以上年价格计算的实际 GDP 增长率(见第 4 章附表 4.1 和附表 4.2)。利用实际 GDP 增长率和 1952 年名义 GDP 计算出以 1952 年价格计算的 1952—2016 年实际 GDP,然后用名义 GDP 除以实际 GDP 得到 1952—2016 年 GDP 消胀指数；再用各产业名义产值除以 GDP 消胀指数,即可以得到各产业以 GDP 消胀指数来剔除价格上涨因素计算的各产业实际产值。从《中国统计年鉴》(历年)中还可以获得各产业以上年不变价格计算的各产业产值的实际增长率(见第 4 章附表 4.2)。用 1952 年各产业的名义产值乘以各产业产值的实际增长率,可以得到 1952—2016 年中国各产业以自身价格指数剔除价格上涨因素计算的各产业实际产值。用以上两种方法计算出各产业的实际产值除以各产业的就业人口量,就可以获得各产业的劳均实际产值。从以上的计算方法可知,这两种计算劳均实际产值方法的不同在于：以各产业自身价格指数剔除价格上涨因素计算的各产业实际产值是按照各产业投入和产出物品的不变价格计算所得到的各产业实际劳动生产力(劳均产值),它不考虑由于市场供求因素作用所导致的各产业间产品相对价格的变化,其实可以把它理解为是纯粹从该产业自身投入产出物质比的变化来计算的劳均实际生产力,它能更准确地体现出一个产业劳动生产率的技术变化。以 GDP 消胀指数剔除价格上涨因素计算的各产业实际产值是从各产业的产值按照以 GDP 消胀指数度量的不变价格计算所得到的各产业实际产值,这种计算方法不但考虑了各产业自身生产条件(包括技术本身的变化和投入要素边际生产力递减规律的作用)变化,而且还考虑了市场供求因素作用所导致各产业产品相对价格变化的影响。其实,可以把这种方法计算的劳均产值理解为是从一个产业投入产出的实际价值比,或者说是产业净产值所能买到的实际物品。可以用一个只生产谷物的产业为例来说明这两种计算方法的差异。以 GDP 消胀指数来剔除价格上涨因素计算的该产业实际产值是这个产业所生产的谷物按照市场价格卖出后所能买到的实际其他物品数量,而以各产业自身价格指数剔除价格上涨因素计算的产业实际产值是指该产业所生产的实际谷物数量。以下分析将分别利用这两种方法来计算各产业的实际产值,然后用各产业的实际产值除以各产业的实际就业人口得到各产业的劳均实际产值。

另一个需要说明的问题是中国就业人口数据的统计问题。通过观察图 5.3 可知,在《中国统计年鉴》原始数据中,1990 年中国就业人口数据明显存在统计误差,以至于这一年在经济增长率明显下降的情况下,就业人口却增长了 9 419 万,增长率高达 17.3%,大大高于其他年份就业人口增长率。为了纠正这一明显的统计误差,我们需要对原始数据进行调整。通过查阅历年《中国统计年鉴》的数据发现,大概是从 2002 年开始,《中国统计年鉴》对 1990—2001 年的就业人口数据进行了调整,但对 1990 年之前的数据没有调整。

2002 之后的《中国统计年鉴》仍在对 1990 年之后的就业人口数据进行调整,但对 1990 年之前的数据没有调整。基于《中国统计年鉴》对于 1990 年之后数据已经做了调整,因此,本书中将把 1990 年新增的就业人口数据平滑的调整到 1978—1990 年。具体方法是:先按照 1989 年和 1991 年就业人口增长率(分别为 0.183 和 0.114)的加权平均估算出 1990 年的人口增长率为(0.183 + 0.114)/2 = 0.149;然后按照每年人口参与率的增长幅度来重新调高各年的就业人口增长率,具体来说调整公式为

$$\text{调整人口增长率} = \text{原人口增长率} \times (1 + \alpha \times \text{当年就业人口参与率的增值}) \quad (5.1)$$

其中,α 是一个调整系数。该调整系数的取值应该使得以 1977 年就业人口为基数,在调整后的人口增长率下计算出来的 1990 年中国就业人口数正好等于原始数据中 1990 年的就业人口数。根据计算,α 的取值应为 61.38。由于就业人口数的增长可能同劳动年龄人口的增长有关。根据以上 1978—1990 年就业人口增长率的调整方法,如果把 16 岁的人口看作是新增加的劳动年龄人口,我们发现调整后的新增就业人口增长率同劳动年龄人口增长率的变化趋势非常吻合,如图 5.9 所示。

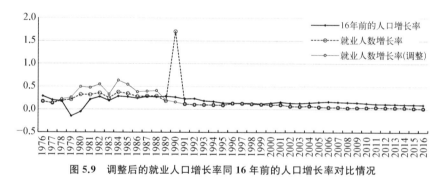

图 5.9　调整后的就业人口增长率同 16 年前的人口增长率对比情况

注:① 原始数据来源为《中国统计年鉴》(历年);② 就业人口增长率(调整)是由原始数据根据(5.1)式计算得到,数据调整的年份为 1978—1990 年;③ 人口增长率是给定年份 16 年前的人口增长率数据。

5.2.2　三次产业劳均产值的变化情况

根据《中国统计年鉴》数据,图 5.10 给出 1952—2016 年中国劳均实际产值和三次产业的劳均实际产值的变化趋势图。其中图 a 是以 1952 年不变价格计算、以 GDP 消胀指数剔除价格上涨因素的三次产业劳均实际产值的数值,图 b 是以 1952 年价格计算、按照各产业自身价格指数剔除价格上涨因素的三次产业劳均实际产值的数值。表 5.6 和表 5.7 进

第5章 中国就业产业结构的变迁和劳均实际GDP增长率的产业分解

一步给出了不同时间段按照两种方法计算三次产业劳均实际产值及其增长倍数和年平均增长率。从图 5.10 中可以看出,无论是以 GDP 消胀指数来剔除价格上涨因素,还是以各产业自身价格指数剔除价格上涨因素,三次产业在整个样本年份期间的增长都是巨大的。同时,由于三次产业劳均实际产值增长率之间存在持续的差距,三次产业之间的劳均实际产值差距也在扩大。

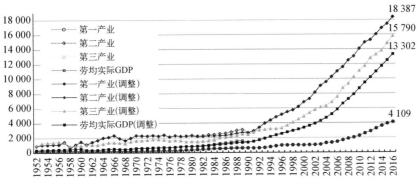

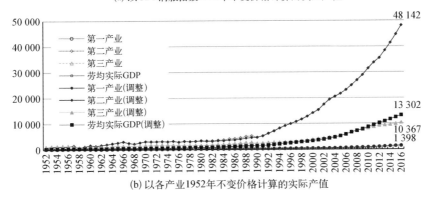

图 5.10 中国劳均实际 GDP 和三次产业的劳均实际产值:1952—2016

注:① 原始数据来自中国统计年鉴;② 两个图的纵坐标单位都为元(以 1952 年不变价计算),上图按照 GDP 消胀指数消除价格上涨因素计算各产业实际产值,下图按照各产业上年不变价格计算增长率,然后以 1955 年各产业产值计算出各产业实际产值;③ 三次产业的劳均实际产值等于各产业的实际产值除以其就业人口,各产业的实际产值等于实际 GDP 乘以当期价格计算的该产业 GDP 占比。

5.2.2.1 中国三产劳均产值的变化趋势:总体概述

根据《中国统计年鉴》(历年)数据,中国劳均实际 GDP 和三次产业的劳均实际产值的增长存在以下特征。

157

表 5.6　中国的劳均实际 GDP 和三次产业的劳均实际
产值：1952 年、1977 年、2001 年和 2016 年

时间	按照 GDP 消胀指数调整的 1952 年价格计算				按照各产业 1952 年 不变价格计算		
	劳均实际 GDP	一产劳均产值	二产劳均产值	三产劳均产值	一产劳均产值	二产劳均产值	三产劳均产值
1952	328	198	922	1 037	198	922	1 037
1977	728	283	2 297	1 657	191	3 203	1 629
2001	3 618	1 012	7 267	5 384	450	15 379	4 086
2016	13 302	4 109	18 387	15 790	1 398	48 142	10 367

表 5.7　中国劳均实际 GDP 和三产劳均实际产值的
增长倍数和年均增长率：1952—2016

	按照 GDP 消胀 指数调整价格				按照各产业上年 不变价格计算		
	劳均实际 GDP	一产劳均产值	二产劳均产值	三产劳均产值	一产劳均产值	二产劳均产值	三产劳均产值
增长总倍数（单位：倍）							
1952—2016	39.60	19.75	18.95	14.22	6.06	51.24	8.99
1952—1977	1.22	0.43	1.49	0.60	−0.04	2.48	0.57
1977—2016	17.27	13.50	7.01	8.53	6.34	14.03	5.37
1977—2001	3.97	2.57	2.16	2.25	1.36	3.80	1.51
2001—2016	2.68	3.06	1.53	1.93	2.10	2.13	1.54
年平均增长率（单位：%）							
1953—2016	5.96	4.85	4.79	4.35	3.10	6.38	3.66
1953—1977	3.24	1.44	3.72	1.90	−0.16	5.11	1.82
1978—2016	7.73	7.10	5.48	5.95	5.24	7.20	4.86
1978—2001	6.91	5.45	4.91	5.03	3.64	6.75	3.91
2002—2016	9.07	9.79	6.38	7.43	7.83	7.90	6.41

第一，尽管增长的快慢存在不同，但中国三次产业的劳均实际产值在 1952—2016 年都实现了巨大的增长。从表 5.7 可以看出，1952—2016 年中国劳均实际 GDP 增长 39.6 倍，其年平均增长率为 5.96%。如果以 GDP 消胀指数别除价格上涨因素计算的劳均实际产值来看，这期间中国第一、第二、第三产业的劳均实际产值分别增长 19.75 倍、18.95 倍和 14.22 倍，其年平均增长率分别为 4.85%、4.79% 和 4.35%①。表 5.6 显示，1952 年中国第

---

① 1952—2016 年中国三次产业的劳均实际产值增长率都低于劳均实际 GDP 的增长率，这主要是由于中国三次产业的价格结构和就业人口的变化造成的。

第5章 中国就业产业结构的变迁和劳均实际GDP增长率的产业分解

一、第二、第三次产业的劳均产值分别为198元、922元和1 037元,第三产业的劳均产值最高,分别是第一产业和第二产业的5.24倍和1.12倍。到2016年,以1952年不变价格计算,中国第一、第二、第三次产业的劳均产值分别为4 109元、18 387元和15 790元。2016年中国劳均产值最高的是第二产业,它分别是第一产业和第三产业的4.47倍和1.16倍。1952—2016年中国劳均实际产值年平均增长最快的是第一产业,增长最慢的是第三产业。由于1952年第二产业和第三产业的差距就不大,且第二产业劳均实际产值具有较高的增长率(仅比第一产业低0.06个百分点,但比第三产业高0.44个百分点),所以第二产业一直是中国劳均实际产值最高的产业。第一产业虽然具有最快的增长率,但由于其1952年的劳均产值同第二产业和第三产业的差距太大(是第二产业的21.5%和第三产业的19.2%),其始终都是中国劳均实际产值最低的产业。

第二,从1952—2016年这整个期间来看,三次产业之间劳均实际产值的绝对差距实际上在不断扩大。以1952年不变价格计算,第一产业的劳均实际产值同第二三产业的差距分别由原来的724元和839元上升14 278元和11 681元,第二、第三产业间的劳均实际产值的差距则从原来的116元上升到2 598元。第一产业同第二和第三产业的相对差距在缩小,1952年第一产业的劳均产值分别是第二产业和第三产业的21%和19%,2016年则分别上升为22%和26%。第二产业同第三产业之间的劳均实际产值不但大小上出现反转,而且相对差距也在扩大,1952年第三产业劳均产值是第二产业的1.125倍,2016年第二产业的劳均产值是第三产业的1.164倍。

第三,中国三次产业按照GDP消胀指数剔除价格上涨因素计算的劳均实际产值差距之所以在缩小,主要是由于第一和第三产业的价格上升速度弥补了各产业技术因素导致其实际劳动生产率的相对下降。实际上,如果按照各产业自身价格指数剔除通货膨胀因素的三次产业劳均实际产值计算,从图5.10中的图b中可以发现,三次产业劳均产值增长率差距巨大,三次产业劳均产值间的差距也越来越大。从表5.7中可以看出,1952—2016年期间,中国第二产业劳均实际产值增长51.24倍,年平均增长6.38%,远高于同期劳均实际GDP增长率。同一时期第一产业和第三产业的劳均实际产值分别只增长6.06倍和8.99倍,年平均增长率分别为3.10%和3.66%,几乎比第二产业劳均实际产值增长率低一半。第一、第三产业的劳均实际产值增长率不但低于劳均实际GDP增长率,而且也大大低于以GDP消胀指数剔除价格上涨因素后第一、第三产业的劳均实际产值增长率。这表明第一、第三产业的相对价格上涨在很大程度上弥补其低生产率增长的不足[①]。

---

① 当然,按照Baumol(1967)的研究,也可以认为是第一、第三产业的劳动生产率的增长率速度慢,从而导致了其相对价格的上涨。

5.2.2.2 不同时期三产劳均产值的变化特征：比较分析

从中国改革开放前后两个时期的经济发展来看，中国劳均实际 GDP 的增长和三次产业劳均实际产值的增长也存在显著不同，具体主要表现在以下三个方面。

第一，无论是从劳均实际 GDP 的增长率来看，还是从三次产业劳均实际产值的增长率来看，1978 年改革开放后的增长都比改革开放前的增长更快，而且入世后（2002—2016）的增长也比改革开放前期（1978—2001）更快。表 5.7 显示，1952—1977 年中国劳均实际 GDP 的年平均增长率仅为 3.24%，1978—2016 年中国劳均实际 GDP 的年平均增长率为 7.73%，是改革开放前的 2 倍多。其中，入世后（2002—2016）的劳均实际 GDP 增长率为 9.07%，几乎接近于人均实际 GDP 的增长率，比改革开放前期（1978—2001）的增长率要高出 2.16 个百分点。就三次产业的劳均产值来看，改革开放前的 1952—1977 年，第一、第二、第三产业的劳均实际产值年平均增长率分别为 1.44%、3.72% 和 1.90%；改革开放后的 1978—2016 年，第一、第二、第三产业的劳均实际产值年平均增长率分别上升为 7.10%、5.41% 和 5.95%，比改革开放前分别提高了 5.64 个百分点、1.76 个百分点和 4.05 个百分点。三次产业在入世后（2002—2016）的劳均实际产值增长率也明显高于改革开放前期（1978—2001），相对于改革开放前期（1978—2001），入世后（2002—2016）的劳均实际产值增长率分别提高 1.34 个百分点、1.47 个百分点和 2.40 个百分点。

第二，同改革开放前相比，改革开放后第二产业劳均实际产值增长率的变化不大，但第一、第三产业的劳均实际产值增长率变化很大，其中提高最大的是第一产业。在改革开放前的 1952—1977 年，第一、第三产业的劳均实际产值年平均增长率都不到 2%。如果不考虑各产业间相对价格的变化，按照各产业自身价格指数剔除价格上涨因素的 1952 年价格计算，改革开放前第一产业的劳均实际产值甚至是负增长，第三产业劳均实际产值的增长率也不到 1%。改革开放后的 1978—2016 年，即使是按照第一产业自身不变价格计算，第一产业的劳均实际产值增长率也高达 5.24%；如果按照 GDP 消胀指数剔除通胀因素的不变价格计算，第一产业的劳均实际产值增长率为 7.10%，在三个产业中最高，比第二、第三产业高出 2 个百分点。另外，从改革开放后的入世前后两个不同时期比较来看，也存在第一产业劳均实际产值增长率不断提高、第二产业劳均实际产值增长率相对变缓的现象。在改革开放前期（1978—2001），按照 GDP 消胀指数剔除通胀因素的不变价格计算，第一、第二、第三产业的劳均实际产值增长率差距不大，基本都在 5% 左右；如果按照各产业自身价格指数剔除价格上涨因素的 1952 年价格计算，第二产业劳均实际产值增长率几乎比第一、第三产业的增长率高出一半。在入世后（2002—2016），按照 GDP 消胀指数剔除通胀因素的不变价格计算，第一产业劳均实际产值增长率高达 9.79%，比实际 GDP 增长率还高，比第二、第三产业的劳均实际产值分别高出 3.41 个百分点和 2.35 个百分点；如果按照

第5章 中国就业产业结构的变迁和劳均实际GDP增长率的产业分解

GDP消胀指数剔除通胀因素的不变价格计算,第一、第二产业的劳均实际产值增长率基本相同,第三产业劳均实际产值增长率则相对要低1.5个百分点。

第一产业劳均生产率的相对提高从经济直觉上也很容易理解。改革开放后,特别是入世后,一方面可能是由农村联产承包责任制提高农民生产积极性,从而极大提高了农业产出水平,这使得第一产业劳均实际产值得到提高。另一方面,更主要的可能是由于人口结构变化的作用。从本章第1节分析可知,改革开放后随着经济的发展,第一产业的就业人口大量转移到第二、第三产业。由于劳动的边际生产力递减,第一产业就业人口下降自然会使得单位劳动的产出水平提高。另外,如果按照GDP消胀指数剔除通胀因素的不变价格计算,第三产业劳均实际产值增长率也呈现上升趋势,这可能主要是因为随着中国的经济发展,人们收入水平不断上升,提高了对第三产业产品服务的需求,从而使得第三产业产品价格相对上涨过快,第三产业相对价格不断上升,而第二产业相对价格不断下降。

第三,无论是从1952—2016年整个期间来看,还是就改革开放前后的两个不同阶段来看,中国三次产业的实际产值增长率所体现出来的三次产业自身价格变化同GDP消胀指数价格变化呈现显著差异。图5.11显示了1952—2016年中国三次产业实际产值增长率分别按GDP消胀指数和各产业自身价格指数消除通货膨胀因素后的实际产值增长率。图5.12进一步显示了1952—2016年按两种不同方法计算的中国三次产业劳均实际产值增长率以及劳均实际GDP增长率的对比情况。从图5.11中可以发现以下两个特征:第一,无论是改革开放前还是改革开放后,按照产业自身不变价格计算的第二产业实际产值增长率都高于按照GDP消胀指数消除通货膨胀的第二产业实际产值增长率;而第一产业和第三产业正好相反,其按照自身不变价格计算的产业实际产值的增长率都高于按照GDP消胀指数消除通货膨胀的产业实际产值增长率。表5.7的数据也给出了证据。1952—2016年第二产业按产业不变价格计算的劳均实际产值增长率年平均为6.38%,其中1952—1977年为5.11%,1978—2016年为7.20%,而1952—2016年按照GDP消胀指数剔除通货膨胀的第二产业劳均实际产值年平均增长率只有4.79%,低了1.58个百分点,其中1952—1977年为3.72%,1978—2016年为5.48%,也都低于按产业自身不变价格计算的劳均实际产值增长率。第一产业和第三产业1952—2016年按产业不变价格计算的劳均实际产值年平均增长率分别为3.10%和3.66%,分别比按照GDP消胀指数剔除价格上涨因素计算的劳均实际产值年平均增长率低了1.75个百分点和0.69个百分点。之所以如此主要是因为第一和第三产业产品价格相对于第二产业产品价格上涨更快。第二,从图5.11中还可以看出,无论是哪一个产业,按照GDP消胀指数剔除价格上涨因素计算的劳均实际产值年平均增长率都比按照产业自身不变价格计算的劳均实际产值增长率波动更大,但第一和第三产业的波动相对第二产业要大得多。这主要是因为在GDP消胀指数中第二产业产品价格的权重相对更大。

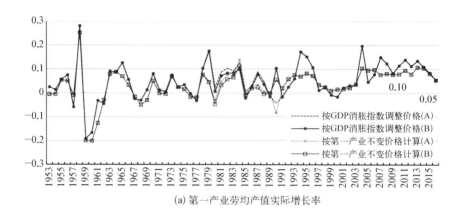

(a) 第一产业劳均产值实际增长率

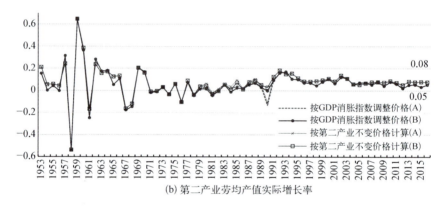

(b) 第二产业劳均产值实际增长率

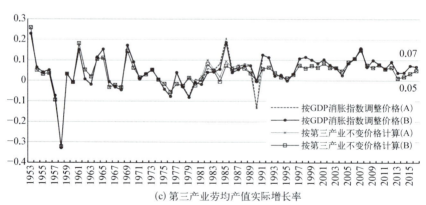

(c) 第三产业劳均产值实际增长率

图 5.11　中国三次产业劳均实际产值增长率的变化趋势：1952—2016

注：① 原始数据来源为 CEIC 数据库；② A 表示按没有经过调整的人口增长率所计算的劳均产值实际增长率，B 表示按调整后的人口增长率计算的劳均产值实际增长率。

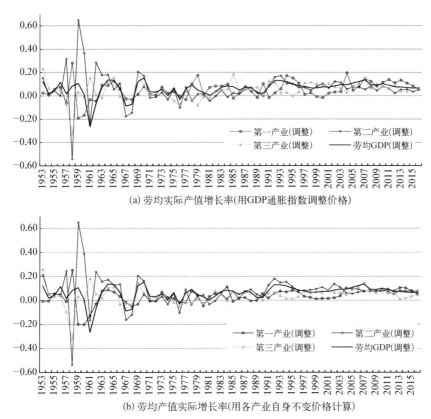

图 5.12 中国劳均实际 GDP 和三次产业劳均实际
产值增长率的对比：1952—2016

5.3 中国劳均实际 GDP 增长率的分解：1952—2016

从前面的分析可以发现两个现象：首先,由于各产业产品价格的上涨速度不同,这导致第一、第三产业相对价格不断上升,第二产业相对价格不断下降。三次产业相对价格的变化也使得各产业按照 GDP 消胀指数调整的实际劳均产值增长率同按照各产业自身不变价格调整的实际劳均产值增长率出现较大的差距（如图 5.11 所示）。由于劳均实际 GDP 是三次产业实际劳均产值按照相对价格比所取的一个加权平均,三次产业相对价格的变化会使得在劳均实际 GDP 的核算过程中,三次产业劳均产值的权重会发生变换。即使三次产业的实际产值增长率不变,三次产业相对价格结构变化所导致的其核算权重变化也会使得实际 GDP 发生变化。这种由于三次产业相对价格变化而导致的劳均实际

GDP 的变化,本书以下称为经济发展中的相对价格结构变化效应,简称为价格结构变化效应。其次,中国就业人口在三次产业的就业结构一直在变化。由于劳均实际 GDP 也是三次产业劳均实际产值按照各产业人口占比为权重的一个加权平均,因此,即使三次产业各自的劳均产值都保持不变,三次产业就业人口结构的变化也会使得劳均实际 GDP 发生变化。其实,从表 5.7 中可以看出,在好几个时间段都出现了所有三个产业劳均实际产值的增长倍数(或年增长率)都小于中国劳均实际 GDP 增长倍数(或年增长率)的现象,这种现象就同三次产业就业人口结构变化所导致的三次产业核算权重的变化有关。本书以下把这种由于三次产业结构人口占比变化而导致的劳均实际 GDP 的变化的现象称为经济发展中的就业人口结构变化效应,简称为就业结构变化效应。

本章以下分析将主要具体核算中国经济增长过程中,劳均实际 GDP 中的价格结构变化效应和就业结构变化效应,以及三次产业自身劳均实际产业增长对中国劳均实际 GDP 增长的效应。为此,下面先从理论上推导出劳均实际 GDP 增长率的分解方法和劳均实际 GDP 增长率的核算公式。

5.3.1 劳均实际 GDP 增长率的分解方法和核算公式

在任何 t 时期,一国名义 GDP 都等于其各个产业的名义产值之和,即

$$P_t N_t y_t = \sum_{i=1}^{m} P_{it} N_{it} x_{it} \tag{5.2}$$

其中,名义 P 表示整个经济的价格水平(可以用 GDP 消胀指数衡量),N 表示整个经济的就业人口总量,y 表示劳均实际 GDP,i($= 1$、2、3)表示产业,t 表示时间,x_{it} 表示第 i 个产业第 t 年的劳均实际产值,P_i 表示第 i 个产业的价格水平,N_i 表示第 i 个产业的就业人口量。(5.2)式左边表示第 t 年的名义 GDP,它等于一国的劳均实际 GDP(y_t)乘以总就业人口(N_t)再乘以价格水平(P_t)。(5.2)式右边表示第 t 年该国各个产业名义产值的加总。其中第 i 个产业的名义产值等于第 i 个产业第 t 年的劳均实际产值(x_{it})乘以其就业人口量(N_{it})再乘以其价格水平(P_{it})。

在(5.2)式两边同时除以该国第 $t-1$ 期的名义 GDP 核算公式可得

$$\frac{P_t N_t y_t}{P_{t-1} N_{t-1} y_{t-1}} = \sum_{i=1}^{m} \frac{P_{it} N_{it} x_{it}}{P_{it-1} N_{t-1} y_{t-1}} \tag{5.3}$$

分别定义一国的就业人口增长率 n、通货膨胀率 π 和劳均实际 GDP 增长率 g 为

$$n_t = (N_{t+1} - N_t)/N_t, \quad \pi_t = (P_{t+1} - P_t)/P_t,$$
$$g_t = (y_{t+1} - y_t)/y_t \tag{5.4}$$

第5章 中国就业产业结构的变迁和劳均实际 GDP 增长率的产业分解

该国第 i 产业就业人口增长率 n_{it}、价格变化率 π_{it} 和劳均实际产值增长率 g_{it} 为

$$n_{it} = (N_{it+1} - N_{it})/N_{it}, \pi_{it} = (P_{it+1} - P_{it})/P_{it},$$
$$g_t = (y_{it+1} - y_{it})/y_{it} \tag{5.5}$$

根据以上定义和(5.3)式,经过简单计算可得

$$(1+n_t)(1+g_t)(1+\pi_t) = \sum_{i=1}^{m} \alpha_{it-1}(1+n_{it})(1+g_{it})(1+\pi_{it}) \tag{5.6}$$

其中,$\alpha_{it} = (P_{it}N_{it}x_{it})/(P_t N_t y_t)$ 表示第 i 个产业名义产值在名义 GDP 中的比重(以下简称第 i 个产业的名义产值占比)。根据(5.6)式,经过简单计算整理可得

$$\begin{aligned} g_t = & \sum_{i=1}^{m}\alpha_{it-1}g_{it} + \sum_{i=1}^{m}\alpha_{it-1}(n_{it}-n_t) + \sum_{i=1}^{m}\alpha_{it-1}(\pi_{it}-\pi_t) \\ & + \sum_{i=1}^{m}\alpha_{it-1}(n_{it}g_{it}-n_t g_t) + \sum_{i=1}^{m}\alpha_{it-1}(\pi_{it}g_{it}-\pi_t g_t) \\ & + \sum_{i=1}^{m}\alpha_{it-1}(n_{it}\pi_{it}-n_t\pi_t) + \sum_{i=1}^{m}\alpha_{it-1}(n_{it}\pi_{it}g_{it}-n_t\pi_t g_t) \end{aligned} \tag{5.7}$$

由(5.7)式可知,一国劳均实际 GDP 增长率主要可分解为七部分。第一部分($\sum_{i=1}^{m}\alpha_{it-1}g_{it}$)为各个产业劳均实际产值增长所带来的劳均实际 GDP 增长,其中第 i 产业对劳均实际 GDP 增长所带来的增长率等于第 i 产业的劳均实际产值增长率乘以该产业上一期的名义产值占比。本书以下把 $\alpha_{it-1}g_{it}$ 称为第 i 产业实际劳均产值增长对劳均实际 GDP 的增长效应,简称为第 i 产业增长效应。

第二部分($\sum_{i=1}^{m}\alpha_{it-1}(n_{it}-n_t)$)主要是由于各产业间就业人口增长率不同导致的产业就业人口结构变化所带来的劳均实际 GDP 变化。这一部分只同产业间的就业人口结构变化有关,它就是上文所定义的就业结构变化效应。这从经济学直觉也很容易理解。考虑一个相对价格不变的劳均实际 GDP 的核算公式(即 $P_t = P_{it}$),即

$$N_t y_t = \sum_{i=1}^{m} N_{it} x_{it} \Leftrightarrow y_t = \sum_{i=1}^{m} x_{it}(N_{it}/N_t) = \sum_{i=1}^{m} \beta_{it} x_{it}$$

其中,$\beta_{it} = N_{it}/N_t$,它表示第 i 产业的就业人口占比。如果各产业的劳均实际产值(x_{it})不变,则劳均实际 GDP 增长率等于各个产业的就业人口占比(β_{it})的变化率乘以该产业上一期劳均实际(名义)产值占比($\beta_{it}x_{it}/y_t = N_{it}x_{it}/N_t y_t$),而各产业的就业人口占比(即 $\beta_{it} = N_{it}/N_t$)的变化率就等于该产业的就业人口增长率(n_{it})减去总就业人口增长率(n_t)。因此,$\sum_{i=1}^{m}\alpha_{it-1}(n_{it}-n_t)$ 确实是各产业就业结构变化所带来的经济增长。

其实,就业结构变化效应还可以进一步分解到各个产业中去,其中第 i 个产业的就业人口结构变化效应为 $\alpha_{it-1}(n_{it}-n_t)$,它表示如果第 i 产业的就业人口增长率快于整个经济中总就业人口增长率,则这一产业就业人口增长将使得整个经济劳均实际 GDP 增长。

由于总就业人口增长率等于各产业增长率的加权平均,所以,一定有一些产业的人口就业增长率高于总就业人口增长率,另一些产业的就业人口增长率低于总就业人口增长率。产业就业人口增长率快于总就业人口增长率的产业,其就业人口结构变化效应为正;产业就业人口增长率慢于总就业人口增长率的产业,其就业人口结构变化效应就为负。如果那些就业人口增长率快的产业的就业结构变化效应在绝对值上超过那些就业人口增长率慢的产业的就业结构变化效应,整个经济中的就业结构变化效应就会为正效应;反之,就可能出现负的就业结构变化效应。

第三部分($\sum_{i=1}^{m}\alpha_{it-1}(\pi_{it}-\pi_{t})$)主要是由于各个产业产品价格变化率不同造成各产业间的相对价格发生变换,从而导致劳均实际 GDP 发生变化。这一部分只同各个产业间产品相对价格的变化有关,它正是本书上文所定义的价格结构变化效应。同理,可以通过考察一个就业人口结构和三次产业劳均实际产值都不变的劳均实际 GDP 的核算公式(即 N_{it}/N_{t} 和 x_{it} 保持不变),来理解这一定义的经济学直觉。不妨假设

$$P_t y_t = \sum_{i=1}^{m} P_{it} x_{it} \beta_{it} \Leftrightarrow y_t = \sum_{i=1}^{m} \beta_{it} x_{it}(P_{it}/P_t) = \sum_{i=1}^{m} \beta_{it} \gamma_{it} x_{it}$$

其中,$\gamma_{it}=P_{it}/P_t$ 表示第 i 产业产品价格指数同整体经济价格指数之比(以下简称第 i 产业产品价格占比)。同理,如果各产业的劳均实际产值(x_{it})不变,同时就业结构(β_{it})也保持不变,则劳均实际 GDP 增长率就等于各个产业产品价格占比(γ_{it})的变化率乘以该产业上一期劳均实际(名义)产值占比($\gamma_{it}\beta_{it}x_{it}/y_t=P_{it}N_{it}x_{it}/P_tN_ty_t$),而各个产业产品价格占比($\gamma_{it}$)的变化率就等于该产业产品的价格变化率($\pi_{it}$)减去整体经济的价格指数变化率($\pi_t$),所以,$\sum_{i=1}^{m}\alpha_{it-1}(\pi_{it}-\pi_t)$ 确实是由价格结构变化所带来的劳均实际 GDP 的变化和增长。

产品相对价格结构变化效应同样可以分解到各产业中去,其中第 i 产业相对价格变化效应为 $\alpha_{it-1}(\pi_{it}-\pi_t)$。它表示如果第 i 产业产品价格增长率快于整个经济中总价格的上涨率,则该产业价格变化将使得整个经济劳均实际 GDP 增长,其带来的实际增长百分点等于该产业价格变化率同整个经济通货膨胀率之差($\pi_{it}-\pi_t$)乘以该产业上一期的名义产值占比 α_{it-1}。同理,由于总价格指数等于各产业价格水平的加权平均,所以,一定有一些产业价格上涨快于总价格水平,另一些产业价格上涨慢于总价格水平。价格上涨快于总价格的产业,其产业价格结构变化效应为正;价格上涨慢于总价格的产业,其价格结构变化效应就为负。如果那些价格上涨更快产业的价格结构变化效应在绝对值上超过那些价格上涨慢的产业,整个经济中的价格结构变化效应就会为正效应;反之,经济中价格结构变化效应就可能为负。

第四到第七部分是产业实际产值增长效应、就业结构变化调整效应和价格结构变化效应这三者对劳均实际 GDP 增长的交叉作用。其中第四部分 $\sum_{i=1}^{m}\alpha_{it-1}(n_{it}g_{it}-n_tg_t)$

第5章 中国就业产业结构的变迁和劳均实际GDP增长率的产业分解

是就业结构变化和三次产业实际产值增长对劳均实际GDP增长的交叉效用,以下简称就业增长交叉效应;第五部分$\sum_{i=1}^{m}\alpha_{it-1}(\pi_{it}g_{it}-\pi_{t}g_{t})$是相对价格结构变化和产业实际产值增长对劳均实际GDP增长的交叉效用,以下简称价格增长交叉效应;第六项$\sum_{i=1}^{m}\alpha_{it-1}(n_{it}\pi_{it}-n_{t}\pi_{t})$是相对价格结构变化和就业结构变化对劳均实际GDP增长的交叉效用,以下简称就业价格交叉效应;第七部分$\sum_{i=1}^{m}\alpha_{it-1}(n_{it}\pi_{it}g_{it}-n_{t}\pi_{t}g_{t})$是就业结构变化、相对价格结构变化和产业实际产值增长对劳均实际GDP增长的三重交叉效用,以下简称就业价格增长交叉效应。由于这四种交叉作用都是按照产业加总的,它们也可以分解到各个产业中去。当各产业实际产值增长率、价格变化率和就业人口增长率都很小时,可以证明,这四种交叉效应都是实际产值增长效应、人口结构变化效应和相对价格变化效应的高阶无穷小量,其中第四到六项是二阶无穷小量,最后一项是三阶无穷小量。这一点在每年的劳均实际GDP核算中可以明显看出。当然,如果各产业实际产值增长率、价格变化率和就业人口增长率都很大时,这四种交叉效应是比实际产值增长效应、人口结构变化效应和相对价格变化效应更大的高阶项。这一点在核算长期经济增长时可以明显看出。为此,以下分析将把实际产值增长效应、人口结构变化效应和相对价格变化效应统称为一阶直接效应,把第四到七部分统称为交叉效应。

根据(5.7)式对劳均实际GDP增长率分解后,可以根据这一分解结果,进一步计算出各种效应对劳均实际GDP增长率的贡献率。具体计算公式如下:

第i产业增长贡献率:$R_{it}=\alpha_{it-1}g_{it}/g_{t}$, $i=1,2,3$ (5.8a)

就业结构变化效应贡献率:$R_{nt}=\sum_{i=1}^{m}\alpha_{it-1}(n_{it}-n_{t})/g_{t}$ (5.8b)

价格结构变化效应贡献率:$R_{Pt}=\sum_{i=1}^{m}\alpha_{it-1}(\pi_{it}-\pi_{t})/g_{t}$ (5.8c)

就业增长交叉效应贡献率:$R_{Pt}=\sum_{i=1}^{m}\alpha_{it-1}(n_{it}g_{it}-n_{t}g_{t})/g_{t}$ (5.8d)

价格增长交叉效应贡献率:$R_{Pt}=\sum_{i=1}^{m}\alpha_{it-1}(\pi_{it}g_{it}-\pi_{t}g_{t})/g_{t}$ (5.8e)

就业价格交叉效应贡献率:$R_{Pt}=\sum_{i=1}^{m}\alpha_{it-1}(\pi_{it}n_{it}-\pi_{t}n_{t})/g_{t}$ (5.8f)

就业价格增长交叉效应贡献率:$R_{Pt}=\sum_{i=1}^{m}\alpha_{it-1}(n_{it}\pi_{it}g_{it}-n_{t}\pi_{t}g_{t})/g_{t}$ (5.8d)

此外,根据以上分析可知,结构变化效应和交叉项效应都可以进一步分解到第一、第二、第三产业中。由此,整个经济增长率也可以按照三次产业进行分解。如果要把劳均实际GDP增长率在第一、第二和第三产业间进行分解,根据(5.7)式,可以把劳均实际GDP的增长率按照表5.8进行分解:

如果按照表5.8对劳均实际GDP进行分解,则可以按照表5.9来核算各种效应对经济增长的贡献率:

表 5.8 劳均实际 GDP 的分解

	第 一 产 业	第 二 产 业	第 三 产 业	合　计
产业增长效应	$\alpha_{1t-1}g_{1t}$	$\alpha_{2t-1}g_{2t}$	$\alpha_{3t-1}g_{3t}$	$\sum_{i=1}^{3}\alpha_{it-1}g_{it}$
就业结构变化效应	$\alpha_{1t-1}(n_{1t}-n_t)$	$\alpha_{2t-1}(n_{2t}-n_t)$	$\alpha_{3t-1}(n_{3t}-n_t)$	$\sum_{i=1}^{3}\alpha_{it-1}(n_{it}-n_t)$
价格结构变化效应	$\alpha_{1t-1}(\pi_{1t}-\pi_t)$	$\alpha_{2t-1}(\pi_{2t}-\pi_t)$	$\alpha_{3t-1}(\pi_{3t}-\pi_t)$	$\sum_{i=1}^{3}\alpha_{it-1}(\pi_{it}-\pi_t)$
就业增长交叉效应	$\alpha_{1t-1}(n_{1t}g_{1t}-n_tg_t)$	$\alpha_{2t-1}(n_{2t}g_{2t}-n_tg_t)$	$\alpha_{3t-1}(n_{3t}g_{3t}-n_tg_t)$	$\sum_{i=1}^{3}\alpha_{it-1}(n_{it}g_{it}-n_tg_t)$
价格增长交叉效应	$\alpha_{1t-1}(\pi_{1t}g_{1t}-\pi_tg_t)$	$\alpha_{2t-1}(\pi_{2t}g_{2t}-\pi_tg_t)$	$\alpha_{3t-1}(\pi_{3t}g_{3t}-\pi_tg_t)$	$\sum_{i=1}^{3}\alpha_{it-1}(\pi_{it}g_{it}-\pi_tg_t)$
就业价格交叉效应	$\alpha_{1t-1}(\pi_{1t}n_{1t}-\pi_tn_t)$	$\alpha_{2t-1}(\pi_{2t}n_{2t}-\pi_tn_t)$	$\alpha_{3t-1}(\pi_{3t}n_{3t}-\pi_tn_t)$	$\sum_{i=1}^{3}\alpha_{it-1}(\pi_{it}n_{it}-\pi_tn_t)$
就业价格增长交叉效应	$\alpha_{1t-1}(\pi_{1t}g_{1t}n_{1t}-\pi_tg_tn_t)$	$\alpha_{2t-1}(\pi_{2t}g_{2t}n_{2t}-\pi_tg_tn_t)$	$\alpha_{3t-1}(\pi_{3t}g_{3t}n_{3t}-\pi_tg_tn_t)$	$\sum_{i=1}^{3}\alpha_{it-1}(\pi_{it}g_{it}n_{it}-\pi_tg_tn_t)$
合　计	第一产业总效应	第二产业总效应	第三产业总效应	g_t

表 5.9 各种效应对劳均实际 GDP 增长率的贡献率

	第 一 产 业	第 二 产 业	第 三 产 业	合　计
产业增长效应	$\alpha_{1t-1}g_{1t}/g_t$	$\alpha_{2t-1}g_{2t}/g_t$	$\alpha_{3t-1}g_{3t}/g_t$	$\sum_{i=1}^{3}\alpha_{it-1}g_{it}/g_t$
就业结构变化效应	$\alpha_{1t-1}(n_{1t}-n_t)/g_t$	$\alpha_{2t-1}(n_{2t}-n_t)/g_t$	$\alpha_{3t-1}(n_{3t}-n_t)/g_t$	$\sum_{i=1}^{3}\alpha_{it-1}(n_{it}-n_t)/g_t$
价格结构变化效应	$\alpha_{1t-1}(\pi_{1t}-\pi_t)/g_t$	$\alpha_{2t-1}(\pi_{2t}-\pi_t)/g_t$	$\alpha_{3t-1}(\pi_{3t}-\pi_t)/g_t$	$\sum_{i=1}^{3}\alpha_{it-1}(\pi_{it}-\pi_t)/g_t$
就业增长交叉效应	$\alpha_{1t-1}(n_{1t}g_{1t}-n_tg_t)/g_t$	$\alpha_{2t-1}(n_{2t}g_{2t}-n_tg_t)/g_t$	$\alpha_{3t-1}(n_{3t}g_{3t}-n_tg_t)/g_t$	$\sum_{i=1}^{3}\alpha_{it-1}(n_{it}g_{it}-n_tg_t)/g_t$
价格增长交叉效应	$\alpha_{1t-1}(\pi_{1t}g_{1t}-\pi_tg_t)/g_t$	$\alpha_{2t-1}(\pi_{2t}g_{2t}-\pi_tg_t)/g_t$	$\alpha_{3t-1}(\pi_{3t}g_{3t}-\pi_tg_t)/g_t$	$\sum_{i=1}^{3}\alpha_{it-1}(\pi_{it}g_{it}-\pi_tg_t)/g_t$
就业价格交叉效应	$\alpha_{1t-1}(\pi_{1t}n_{1t}-\pi_tn_t)/g_t$	$\alpha_{2t-1}(\pi_{2t}n_{2t}-\pi_tn_t)/g_t$	$\alpha_{3t-1}(\pi_{3t}n_{3t}-\pi_tn_t)/g_t$	$\sum_{i=1}^{3}\alpha_{it-1}(\pi_{it}n_{it}-\pi_tn_t)/g_t$
就业价格增长交叉效应	$\alpha_{1t-1}(\pi_{1t}g_{1t}n_{1t}-\pi_tg_tn_t)/g_t$	$\alpha_{2t-1}(\pi_{2t}g_{2t}n_{2t}-\pi_tg_tn_t)/g_t$	$\alpha_{3t-1}(\pi_{3t}g_{3t}n_{3t}-\pi_tg_tn_t)/g_t$	$\sum_{i=1}^{3}\alpha_{it-1}(\pi_{it}g_{it}n_{it}-\pi_tg_tn_t)/g_t$
合　计	第一产业总贡献率	第二产业总贡献率	第三产业总贡献率	1

第 5 章 中国就业产业结构的变迁和劳均实际 GDP 增长率的产业分解

5.3.2 中国劳均实际 GDP 增长率的产业分解：年增长率的核算

根据劳均实际 GDP 增长率的分解(5.7)式,利用本章前第 1 节和第 2 节所介绍的总就业人口增长率和三次产业就业人口增长率数据(如图 5.7 所示)、第 4 章所介绍的 GDP 消胀指数的上涨率和三次产业价格水平上涨率数据(见第 4 章图 4.9),以及人均实际 GDP 增长率和三次产业人均实际产值增长率(如图 5.12 所示),可以计算三次产业增长、价格结构变化、就业结构变化,以及它们的相互交叉项在每一年中所带来的实际 GDP 增长点,如图 5.13 所示。其中,图 5.13 的图 a 显示的是 1953—2016 年这整个样本区间劳均产值增长率分解的情况;为了便于比较,图 b 和图 c 分别给出改革开放前后中国劳均产值的分解情况,图 b 显示的是改革开放前 1953—1977 年的分解情况,图 c 显示的是改革开放后 1978—2016 年的分解情况。再根据(5.8)式,可以核算出各种效应对劳均实际 GDP 增长的贡献率,如图 5.14 所示。同理,图 a 显示的是 1953—1977 年的贡献率,图 b 显示的是 1978—2016 年的贡献率,图 c 显示的是 1953—2016 年的贡献率。此外,由于交叉效应是高阶项,在每一年的核算中都很小,为了让图形显示更清楚,在图 5.14 中只显示了三次产业增长效应的贡献率和两种结构变化效应的增长率。下面根据这些分解数据对各种效应进行分析和讨论。

5.3.2.1 总体特征：1953—2016

根据图 5.13、图 5.14 中分解结果,可以得到以下一些简单结论:首先,在每年的劳均实际 GDP 增长率的分解中,只有三次产业增长效应和两种结构变化效应对劳均产值增长率贡献的增长点和贡献率比较大,四种交叉效应对劳均产值增长率的影响比较小。从图 5.13 中可以很明显地观察到,第一、第二、第三产业增长贡献的年增长点都非常明显偏离了 0 点位置,且大部分年份都为正;每年的就业结构变化效应也比较明显地偏离 0 点位置,但有时为正,有时为负;每年的价格结构变化效应都不明显,它几乎都在 0 附近;四种交叉效应对劳均实际 GDP 所贡献的增长点几乎都在 0 附近。其实,通过对 1953—2016 年各种效应历年贡献增长点进行简单的算术平均可知(如表 5.10 所示),第一、第二、第三产业增长效应和就业结构变化效应以及价格结构变化效应所贡献的劳均实际 GDP 年平均增长率分别为 0.67%、2.96%、1.40%、1.97% 和 0.09%,而就业增长交叉效应、价格增长交叉效应、就业价格交叉效应和就业价格增长交叉效应贡献的劳均实际 GDP 年平均增长率分别只有 −0.89%[①]、

[①] 这一就业结构增长交叉效应很高主要是受 1958—1960 年"大跃进"造成第二、第三产业极高就业人口增长率的影响,这三年二产就业人口增长率分别 230%、−23.7% 和 −23.8%,三产分别为 74%、11.5% 和 5.6%,1958 年巨大的就业人口年增长率使得该年的就业结构增长交叉效应高达 −44.6%。如果去除 1958 的数据,这一就业增长交叉效应只有 −0.19%,如果去掉这三年的数据,这一就业结构增长交叉效应只有 −0.05%。

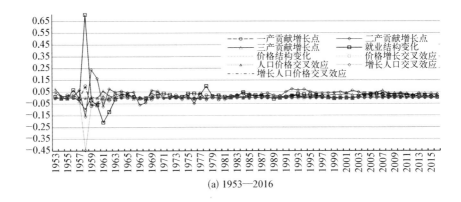

(a) 1953—2016

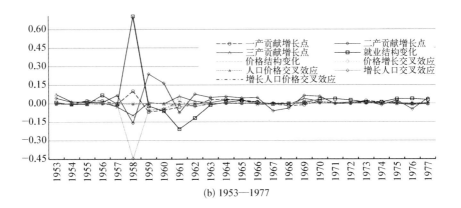

(b) 1953—1977

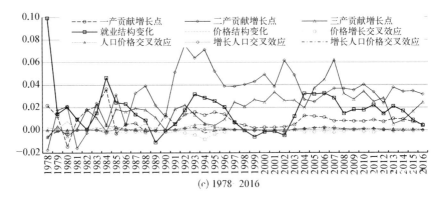

(c) 1978—2016

图 5.13　三次产业和结构变化拉动中国劳均
产值的实际增长点：1953—2016

第 5 章 中国就业产业结构的变迁和劳均实际 GDP 增长率的产业分解

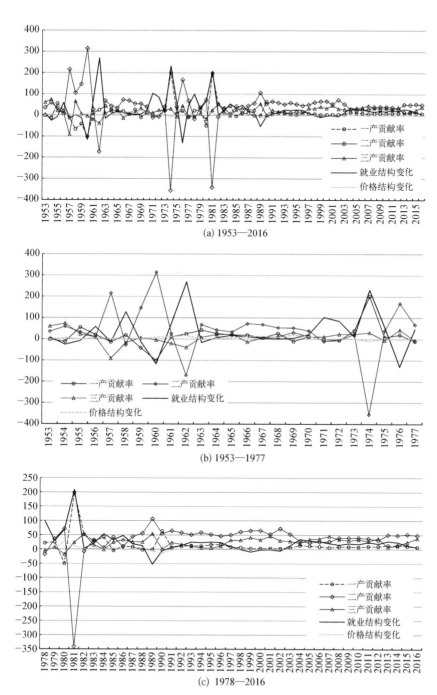

图 5.14 三次产业和结构变化对中国劳均产值实际增长的贡献率：1953—2016

表 5.10 各种效应对劳均实际 GDP 贡献的年平均增长点

单位：%

时 间	一产增长效应	二产增长效应	三产增长效应	就业结构效应	价格结构效应	增长就业交叉效应	增长价格交叉效应	就业价格交互作用	三重交叉作用效应
各种效应对劳均实际 GDP 贡献的年平均增长点：均值									
1953—2016	0.67	2.96	1.40	1.97	0.09	−0.894 2[a]	−0.004 9	0.028 1	−0.009 0
1953—1977	0.33	2.49	0.69	2.42	0.10	−2.32[b]	0.177[c]	−0.088 2	−0.026 7
1978—2016	0.88	3.26	1.86	1.70	0.08	0.02	−0.122	0.103	0.002 4
各种效应对劳均实际 GDP 贡献的年平均增长点：标准差									
1953—2016	2.07	4.98	2.28	9.53	0.62	5.62[d]	0.498 8	0.187 6	0.046 7
1953—1977	3.17	7.62	3.11	15.24	0.99	8.92[e]	0.745	0.202	0.071 0
1978—2016	0.81	2.03	1.39	1.85	0.184	0.142	0.162	0.133	0.009
各种效应对劳均实际 GDP 贡献的年平均增长点：变异系数									
1953—2016	3.090	1.682	1.629	4.838	6.889	−112.400	−101.796	6.676	5.189
1953—1977	8.703	3.202	4.342	6.488	10.100	−56.813	4.011	−2.047	−2.623
1978—2016	0.920	0.623	0.747	1.088	2.300	7.100	−1.328	1.291	3.750

注：① a 和 b 这两项就业结构增长交叉效应很高主要是受 1958—1960 年"大跃进"造成第二、第三产业极高就业人口增长率的影响（这期间二产就业人口增长率分别高达 230%、−23.7% 和 −23.8%，三产分别为 74%、11.5% 和 5.6%）。高高就业人口增长率使得 1958 年的就业结构增长交叉效应高达 −44.6%。如果去除 1958 年的数据，这两个数值只有 −0.19% 和 −0.53%。如果去掉这三年的数据，就业结构增长交叉效应分别只有 −0.05% 和 −0.16%。② c 处数据主要受到 1961 年高通货膨胀的影响，当年的通货膨胀率达到 15%，一产价格上涨率达 27%，这使得该年的价格调整效应高达 3.66%。如果去除该年数据，这一平均值只有 0.031%。③ d 和 e 这两个数值同样是受到 1958—1960 年"大跃进"的影响。

第5章 中国就业产业结构的变迁和劳均实际GDP增长率的产业分解

-0.004 9%、0.028 1%和-0.009 0%。显然,后四种交叉效应同前五种直接效应不在一个数量级别上,它们比前五种一阶效应小很多。这些具体数字也表明,1953—2016年对劳均实际GDP增长贡献增长点最大的三种效应主要是第二产业增长效应、第三产业增长效应和就业结构变化效应;第一产业增长效应虽然也存在,但相对前三种效应较小,价格调整效应则在数量上又小了一个级别。由此,在以下分析劳均实际GDP年增长率时,将只考虑前面五种一阶直接效应。

其次,就波动性来看,就业结构变化效应的绝对波动幅度最大,其后依次是二产增长效应、三产增长效应、一产增长效应和价格结构变化效应。二产增长效应最大,但其绝对波动也很大,其贡献劳均实际GDP增长点的标准差为4.98。不过,波动最大的是就业结构变化效应,它的均值虽然比二产增长效应更小,但其标准差(9.53)却比二产增长效应约高出91%,其变异系数(4.84)几乎是二产增长效应的3倍。三产增长效应比一产增长效应高出一倍多,其标准差同一产差不多。价格结构变化效应的均值很小,其方差也最小。如果从变异系数衡量的相对波动性来看,价格结构变化效应和就业结构变化效应的相对波动较大,其变异系数分别为6.89和4.84;而第一、第二、第三产业的增长效应相对波动较小,其变异系数分别只有3.09、1.68和1.63。无论从相对波动来看还是从绝对波动来看,就业结构变化效应都比较大,价格结构变化效应绝对波动不大,但相对波动在所有效应中最大。

最后,关于这五种一阶直接效应之间的相关性也存在一些比较有意思的特点。表5.11列出了1953—2016年五种效应所贡献的劳均实际GDP年增长率的相关系数。表5.11显示,一产增长效应与二产和三产增长效应之间显著负相关,同时与就业结构变化效应显著正相关,但与价格结构变化效应相关性不大,同时也不显著。之所以如此可能同就业人口主要是从第一产业流向二三产业有关。因为当劳动力从第一产业流向二三产业时,在劳动力边际生产力递减规律的作用下,第一产业劳均产值会增加,而二三产业的劳均产值会下降。二产增长效应同三产增长效应显著正相关,也同价格结构变化效应显著正相关,但同就业结构人口效应显著负相关。之所以如此可能同第二、第三产业之间的密切关联性有关,因为第二产业的发展会促进第三产业的发展。三产增长效应除了同一产和二产的增长效应相关外,还与就业结构变化效应显著相关,但与价格结构变化效应不相关。由此可见,就业结构变化效应同第一、第二、第三产业增长效应显著相关,但价格调整效应只同二产增长效应相关,就业结构变化效应和价格结构变化效应之间也存在显著相关性。这表明在中国经济发展过程,就业结构在产业间的调整不但本身会促进经济增长,而且它还可能会影响各产业本身的劳均生产力水平来影响经济增长,甚至还可能会影响各产业之间的相对价格结构来影响经济增长。所以,就业人口的产业结构变化对经济增长的影响是深远和重要的。

此外,进一步的分析还发现(如表5.12所示):第一,总就业人口增长率同所有以上五种一阶直接效应都显著相关。其中,同一产业增长效应和价格结构变化效应显著正相关,

表 5.11 五种效应之间的相关系数：1953—2016

	一产增长效应	二产增长效应	三产增长效应	就业结构效应
二产增长效应	−0.5440*** (0.000)	1.00		
三产增长效应	−0.3458*** (0.0051)	0.3414*** (0.0058)	1.00	
就业结构效应	0.6939*** (0.0013)	−0.4562*** (0.0002)	−0.6438*** (0.0000)	1.00
价格结构效应	0.1649 (0.1928)	0.3370*** (0.0065)	−0.1232 (0.3321)	0.5870*** (0.0000)

注：括号内为 P 值，*、** 和 *** 分别表示在 10%、5% 和 1% 的水平上显著。

同二三产业增长效应和就业结构变化效应负相关。总通货膨胀率则只同三产增长效应正相关，同价格结构变化效应负相关，同其他三种一阶直接效应不相关。第二，三次产业就业人口增长率几乎同五种一阶直接效应都存在显著相关性。其中，一产就业人口增长率除了同二产增长效应正相关外，同其他五种效应都存在显著负相关关系；二产就业人口增长率只同三产增长效应不相关，同二产增长效应显著负相关，同其他三种效应显著正相关；三产就业人口增长率同一产增长效应不相关，同三产增长效应负相关，同其他三种一阶效应都显著正相关。但是，所有的产业就业人口增长率都同该产业自身增长效应显著负相关。这说明某一产业的人口增长确实会导致该产业自身劳均生产力下降，三次产业都存在劳动边际生产力递减现象。这一结论同劳动边际生产力递减的经济学规律相一致。第三，三次产业的价格上涨率同五种一阶直接效应几乎都没有显著的相关性，只有一产价格上涨率同价格结构变化效应存在负的相关性，三产价格上涨率同三产增长效应存在正的相关性。由于相关性可能意味着相互之间存在影响，以上分析再次表明，1953—2016 年中国就业人口结构调整不仅对劳均实际 GDP 增长率存在直接的影响效应，而且还可能通过其他效应存在间接影响效应；价格结构调整不但本身对劳均实际 GDP 增长的直接影响效应很小，它对其他经济效应的影响也很小。因此，1953—2016 年就业人口结果调整对中国的劳均实际 GDP 增长有重要影响，但价格结构调整的影响不大。

表 5.12 五种效应同就业增长率和价格上涨率间的相关系数：1953—2016

	一产增长效应	二产增长效应	三产增长效应	就业结构效应	价格结构效应
总就业人口增长率	0.5732*** (0.000)	−0.5251*** (0.000)	0.5442*** (0.000)	0.6322*** (0.0000)	0.2900** (0.0201)
一产就业人口增长率	−0.5957*** (0.0000)	0.2261* (0.0724)	0.3343*** (0.0069)	−0.7594*** (0.0000)	−0.2476** (0.0485)

(续表)

	一产增长效应	二产增长效应	三产增长效应	就业结构效应	价格结构效应
二产就业人口增长率	0.708 6*** (0.000 0)	−0.564 3*** (0.000)	−5 993*** (0.000 0)	0.974 4*** (0.000 0)	0.202 3 (0.109 0)
三产就业人口增长率	0.571 5*** (0.000 0)	−0.237 5* (0.058 8)	−0.732 6*** (0.000 0)	0.914 2*** (0.000 0)	0.359 7*** (0.003 5)
总通货膨胀	−0.048 7 (0.702 5)	0.030 7 (0.809 9)	0.211 1* (0.094 1)	−0.100 2 (0.430 9)	−0.309 9** (0.012 7)
一产价格上涨率	−0.053 6 (0.674 1)	−0.035 9 (0.778 0)	0.189 5 (0.133 8)	−0.091 6 (0.471 6)	−0.228 4* (0.069 5)
二产价格上涨率	0.001 0 (0.993 5)	0.140 8 (0.267 1)	0.085 8 (0.500 5)	−0.042 4 (0.739 1)	−0.167 0 (0.187 1)
三产价格上涨率	−0.041 4 (0.745 2)	0.125 1 (0.324 6)	0.208 3* (0.098 6)	−0.074 5 (0.558 7)	−0.116 9 (0.357 6)

注：括号内为 P 值，*、**和***分别表示在10%、5%和1%的水平上显著。

5.3.2.2 改革开放前后的比较分析：1953—1977 vs. 1978—2016

无论是在增长方面还是在波动性方面，各种效应对劳均实际GDP贡献的年平均增长点在改革开放前后都显现出很大的差异性。首先，就各种效应所贡献的劳均实际GDP年平均增长率的大小来看，从表5.10可以看出，总体来看，改革开放后三次产业增长效应贡献的劳均实际GDP增长率都比改革开放前要高很多；两种结构调整效应正好相反，它们是改革开放前比改革开放后更高。改革开放前第一、第二、第三产业增长效应贡献的劳均实际GDP年平均增长率分别只有0.33%、2.49%和0.69%，改革开放后则分别为0.88%、3.26%和1.86%，比改革开放前分别高出138%、34.2%和155%。改革开放前就业结构变化效应和价格结构变化效应贡献的劳均实际GDP年平均增长率分别为2.42%和0.10%，改革开放后则分别只有1.70%和0.08%，分别是改革开放前的71%和80%。如果不考虑"大跃进"所带来的就业人口临时变动对经济冲击的影响，改革开放前三次产业增长效应贡献的增长率占劳均实际GDP增长率的58.4%，两种结构调整效应占比为41.5%；改革开放后三次产业增长效用占劳均实际GDP增长率的77.1%，两种结构调整效应只占22.9%。由此可见，改革开放前三次产业自身增长对劳均实际GDP的提高比较小，改革开放后三次产业自身增长对劳均实际GDP的提高贡献要大大提高；改革开放前就业结构变化效应对劳均实际GDP的影响要比改革开放后大得多。但就业结构变化效应的这种影响同"大跃进"有关，如果去掉"大跃进"的影响，改革开放前就业结构变化效应对劳均实际GDP的贡献很小。

其次,就波动性方面来看,改革开放前五种一阶直接效应贡献的劳均实际GDP增长率波动都比改革开放后要更大。改革开放前的1953—1977年,二产增长效应贡献的劳均实际GDP年增长率高的年份达到23.9%,低的年份达到-15.9%;这一时期二产贡献劳均实际GDP增长率的标准差达到7.26,比改革开放后的1978—2016年间的标准差高出2倍多;改革开放前二产贡献劳均实际GDP增长率的变异系数为3.20,是改革开放后的变异系数5倍多。改革开放前就业结构变化效应所贡献的劳均实际GDP年增长率也呈现大起大落现象。改革开放前该效应的标准差达到15.24,是改革开放后的标准差(1.85)的8.4倍;改革开放前该效应的变异系数达到6.49,是改革开放后的5.96倍。改革开放前的一产增长效应、三产增长效应和价格结构变化效应方差和变异系数也都大大高于改革开放后,它们的方差分别是改革开放后的3.98倍、2.28倍和5.49倍,变异系数则分别是改革开放后的9.45倍、5.81倍和4.39倍。

最后,如果从各种增长效应之间的相关性,以及它们与就业增长率和通货膨胀率的相关性来看,改革开放前和改革开放后也表现出不同的特点。从表5.13中可以看出,改革开放前后五种一阶直接效应之间的相关性发生了一些明显变化。首先,改革开放前五种一阶效应之间的相关性比改革开放后要大得多。改革开放前只有价格结构变化效应同一三产业增长效应不显著相关,五种一阶效应之间的其他7种关系都显著相关;改革开放后,五种一阶效应之间有5种两两关系显著相关,另外五种两两关系没有显著的相关性。具体来说:① 改革开放前,一产增长效应同二产和三产之间存在显著负相关,同就业结构变化效应显著正相关,但同价格调整效应没有显著相关性。改革开放后,一产增长效应同二三产业增长效应之间仍存在负相关,但显著性下降很多(至少在10%的水平上不显著);同就业结构变化效应仍然显著,且相关性更大;同价格结构变化效应出现了显著负相关。② 改革前,二产增长效应同其他四种效应都显著相关。其中,同一产增长效应和就业结构变化效应显著负相关,同三产增长效应和价格调整效应显著正相关。改革开放后,它只同三产增长效应显著负相关,同就业结构效应显著正相关;同一产增长效应相关性不太显著,特别是同价格结构变化效应几乎没有任何相关性。③ 改革开放前,三产增长效应同一二产增长效应和就业结构效应都相关,同价格结构效应不相关,改革开放后则只同一产增长效应正相关,同价格结构效应负相关,同二产增长效应和就业结构效应不相关。价格结构变化效应改革开放前只同二产增长效应正相关,改革开放后只同一产和三产增长效应负相关。其次,改革开放前各产业增长效应之间的相关性,以及它们与就业结构变化效应之间的相关性不仅在显著性方面下降,而且相关系数也在下降。其中,改革开放前一产同二产、三产增长效应之间的相关系数分别为-0.60和-0.44,在5%的水平上都显著;改革开放后相关系数都只有-0.23,且在10%的水平上不显著。二产、三产增长效应之间的相关性也略有下降。一二三产增长效应同就业结构变化效应的相关性也在下降。其中,一

第5章 中国就业产业结构的变迁和劳均实际GDP增长率的产业分解

产同就业结构变化效应的相关系数由0.72下降到0.51;二产由-0.47下降到-0.30;三产变化最大,不但相关性变得不显著,而且相关系数也由-0.74下降到-0.22。第三,改革开放后价格结构变化效应同三次产业增长效应的相关性出现了相反的变化。改革开放前,它只同第二产业增长效应存在显著正相关性,同第一、第三产业之间都存在不太显著的正相关性;改革开放后,它同第一、第三产业增长效应存在显著负相关,同第二产业在显著性方面几乎没有任何相关性,相关系数也由原来的0.37下降到0.01。总之,改革开放前五种效应之间的整个相关性更强,这可能主要是因为改革开放前计划经济体制下经济发展的整体规划性,而改革开放后市场经济体制下的分散决策可能弱化各种效应之间的整体相关性。

表5.13 五种效应之间的相关系数:改革开放前后的对比

	一产增长效应		二产增长效应		三产增长效应		就业结构效应	
	改革开放前	改革开放后	改革开放前	改革开放后	改革开放前	改革开放后	改革开放前	改革开放后
二产增长效应	-0.60*** (0.00)	-0.23 (0.16)	1.00	1.00				
三产增长效应	-0.44** (0.03)	-0.23 (0.16)	0.34* (0.10)	0.33** (0.04)	1.00	1.00		
就业结构效应	0.72*** (0.00)	0.51*** (0.00)	-0.47** (0.02)	-0.30* (0.06)	-0.74*** (0.00)	-0.22 (0.18)	1.00	1.00
价格结构效应	0.203 (0.33)	-0.27* (0.10)	0.37* (0.07)	0.01 (0.96)	-0.10 (0.62)	-0.31** (0.05)	0.28 (0.179)	0.26 (0.11)

注:括号内为P值,*、**和***分别表示在10%、5%和1%的水平上显著。

此外,从表5.14还可以发现,各种增长效应同就业增长率和通货膨胀率之间的相关性在改革开放前和改革开放后也发生了明显的变化。首先,从它们同就业人口增长率的相关性来看:① 相对于改革开放前,改革开放后各种就业人口增长率同三次产业增长效应和就业结构变化效应之间的相关性都在下降。改革开放前,各种就业人口增长率同三次产业增长效应和就业结构变化效应基本都显著相关,只有二产增长效应同三产就业人口增长率不相关。改革开放后,一产增长效应同总就业人口增长率和一产就业增长率之间、三产增长效应同二产人口增长率之间,以及总人口增长率同就业结构变化效应之间的相关性都变得不显著。② 价格结构变化效应同就业人口增长率的相关性在改革开放后变得更大。改革开放前,价格结构变化效应只同一产和三产就业人口增长率相关;改革开放后,它同总就业人口增长率和二产、三产就业人口增长率都显著正相关。其次,就价格变化率的影响来看,改革开放前后价格变化对五种效应的影响也出现很大变化。③ 就前四种效应来看,改革开放前,只有总通货膨胀和一产业的价格上涨率同三产增长效应存在显著

表 5.14　五种效应同就业增长率和价格上涨率间的相关系数：1953—2016

	一产增长效应		二产增长效应		三产增长效应		就业结构效应		价格结构效应	
	改革开放前	改革开放后	改革开放前	改革开放后	改革开放前	改革开放后	改革开放前	改革开放后	改革开放前	改革开放后
总就业人口增长率	0.84***(0.00)	0.08(0.64)	-0.57***(0.00)	-0.54***(0.00)	-0.56***(0.00)	-0.47***(0.00)	0.84***(0.00)	0.11(0.52)	0.31(0.13)	0.44***(0.00)
一产就业人口增长率	-0.70***(0.00)	-0.23(0.15)	0.41**(0.04)	-0.31*(0.06)	0.75***(0.00)	-0.29*(0.08)	-0.96***(0.00)	-0.42***(0.01)	-0.37*(0.07)	0.21(0.21)
二产就业人口增长率	0.77***(0.00)	0.36**(0.02)	-0.57***(0.00)	-0.58***(0.00)	-0.67***(0.00)	-0.23(0.15)	0.98***(0.00)	0.81***(0.00)	0.20(0.34)	0.39***(0.01)
三产就业人口增长率	0.57***(0.00)	0.52***(0.00)	-0.23(0.26)	-0.33**(0.03)	-0.81***(0.00)	-0.68***(0.00)	0.94***(0.00)	0.67***(0.00)	0.35***(0.08)	0.42**(0.01)
总通货膨胀	-0.29(0.15)	0.08(0.65)	-0.24(0.25)	-0.41***(0.01)	0.34*(0.09)	-0.10(0.56)	-0.24(0.25)	0.20(0.22)	-0.78***(0.00)	0.24(0.14)
一产价格上涨率	-0.24(0.25)	0.08(0.61)	-0.23(0.28)	0.20(0.22)	0.42**(0.04)	-0.20*(0.23)	-0.21(0.32)	0.22(0.18)	-0.57***(0.00)	0.36**(0.02)
二产价格上涨率	-0.28(0.17)	0.16(0.33)	0.05(0.82)	0.34**(0.03)	-0.06(0.76)	-0.01(0.93)	-0.16(0.43)	0.25(0.11)	-0.54***(0.00)	0.17(0.30)
三产价格上涨率	-0.24(0.26)	-0.08(0.66)	-0.09(0.65)	0.49***(0.00)	0.30(0.14)	-0.02(0.89)	-0.18(0.37)	0.11(0.51)	-0.38***(0.06)	0.19(0.24)

第5章 中国就业产业结构的变迁和劳均实际GDP增长率的产业分解

正相关;改革开放后,只有总通货膨胀率和二产、三产的价格上涨率同二产增长效应存在显著相关性,其中总通货膨胀率是显著负相关,二产、三产价格上涨率是显著正相关。④ 就价格变化对价格调整效应本身的影响来看,改革开放前总通货膨胀率和三次产业价格上涨率同价格调整效应都存在显著负相关;改革开放后,它们都变成了正的相关性,不过,只有一产价格上涨率同价格调整效应之间显著正相关。总通货膨胀率和三次产业的价格上涨率同一产增长效应和就业结构变化效应的相关性在改革开放前后变化不大,改革开放前后基本都不显著,但相关系数的符号基本都发生变化。⑤ 此外,在一些改革开放前后都显著的相关性中,有一些还出现完全相反的变化。例如,一产就业人口增长率同二产、三产增长效应改革开放前都存在显著正相关,改革开放后都变成显著负相关;一产就业价格增长率同价格结构效应在改革开放前显著负相关,改革开放后则变成显著正相关。

总之,通过以上分析可知,就业人口增长对劳均实际GDP增长的影响比价格变化对劳均实际GDP增长的影响要更大;就业人口增长改革开放前的影响比改革开放后要更大,但改革开放前后变化不是很大;价格变化对经济增长的影响相对要小得多,且改革开放前后变化非常大。

5.3.3 中国劳均实际GDP总增长倍数的分解:不同时期增长倍数的核算

前面利用(5.7)式对中国劳均实际GDP年增长率进行了分解,这一小节将利用这一公式对中国不同期间的劳均实际GDP增长进行分解,以考察在长期经济增长过程中各种效应的作用。在劳均实际GDP年增长率的分解中,每年各产业实际产值增长率、通货膨胀率和就业人口增长率的数值都很小(个别特殊年份除外,如"大跃进"时期),各种交叉效应由于是高阶项,其相应的年度分解值都很小。但是,当考虑某段时间的劳均实际GDP增长的分解时,由于各产业实际产值增长率、通货膨胀率和就业人口增长率都很大,这种高阶的交叉效应反而可能更重要。这一小节将会证明这一结论。

表 5.15 不同时期各种效应对劳均实际GDP贡献的增长倍数及贡献率

各种效应在不同时间段所贡献的劳均实际GDP增长率(单位:倍)					
时间	1952—2016	1952—1977	1977—2016	1977—2001	2001—2016
一产增长效应贡献的增长倍数	3.06	-0.02	1.84	0.40	0.29
二产增长效应贡献的增长倍数	10.65	0.51	6.55	1.78	0.95

(续表)

时间	1952—2016	1952—1977	1977—2016	1977—2001	2001—2016
三产增长效应贡献的增长倍数	2.58	0.16	1.41	0.37	0.63
就业结构变化贡献的增长倍数	5.07	0.39	1.98	0.98	0.32
价格结构变化贡献的增长倍数	7.21	0.22	1.18	0.22	0.04
总交叉效应贡献的增长倍数	11.03	−0.04	4.41	0.23	0.43
其中 ♯增长就业交叉效应	80.63	0.53	10.47	1.29	0.49
其中 ♯增长价格交叉效应	−139.66	−0.25	−44.54	−4.98	−0.55
其中 ♯就业价格交叉效应	38.96	0.07	11.61	2.74	0.22
其中 ♯增长就业价格交叉效应	31.09	−0.40	26.86	1.18	0.28
合计：劳均实际GDP增长率	39.60	1.22	17.38	3.97	2.68

各种效应在不同时间段对劳均实际GDP增长倍数的贡献率（单位：%）

时间	1952—2016	1952—1977	1977—2016	1977—2001	2001—2016
一产劳均产值增长的贡献率	7.73	−1.56	10.58	9.97	10.99
二产劳均产值增长的贡献率	26.88	42.06	37.71	44.74	35.65
三产劳均产值增长的贡献率	6.52	13.40	8.12	9.24	23.67
就业结构变化的贡献率	12.81	31.87	11.41	24.61	12.08
价格结构变化的贡献率	18.22	17.82	6.79	5.65	1.38
总交叉效应贡献的贡献率	27.84	−3.58	25.39	5.79	16.23
其中 ♯就业增长交叉效应贡献率	203.59	43.65	60.27	32.41	18.29
其中 ♯价格增长交叉效应贡献率	−352.62	−20.24	−256.32	−125.47	−20.73
其中 ♯就业价格交叉效应贡献率	98.38	5.35	66.82	69.00	8.18
其中 ♯三重交叉效应贡献率	78.50	−32.34	154.62	29.85	10.50
合计	100	100	100	100	100

表5.16 不同效应贡献的劳均实际GDP增长倍数：1953—2016   单位：倍

	第一产业	第二产业	第三产业	合计
产业劳均产值增长贡献的增长倍数	3.06	10.65	2.58	16.29
就业结构变化贡献的增长倍数	−1.26	2.26	4.08	5.07

第 5 章 中国就业产业结构的变迁和劳均实际 GDP 增长率的产业分解

(续表)

	第一产业	第二产业	第三产业	合　计
价格结构变化贡献的增长倍数	7.06	−0.93	1.08	7.21
就业增长交叉效应贡献的增长倍数	−54.13	122.18	12.57	80.63
价格增长交叉效应贡献的增长倍数	**−62.38**	**−32.42**	**−44.85**	**−139.66**
价格就业交叉效应贡献的增长倍数	−6.14	1.41	43.69	38.96
就业价格增长交叉效应贡献增长倍数	−325.73	113.63	243.19	31.09
合　　计	−439.53	216.78	262.36	**39.60**

表 5.17　不同效应贡献的劳均实际 GDP 增长倍数：1953—1977　　单位：倍

	第一产业	第二产业	第三产业	合　计
产业劳均产值增长贡献的增长倍数	−0.02	0.51	0.16	0.66
就业结构变化贡献的增长倍数	−0.10	0.40	0.10	0.39
价格结构变化贡献的增长倍数	0.28	−0.07	0.01	0.22
就业增长交叉效应贡献的增长倍数	−0.57	1.22	−0.11	0.53
价格增长交叉效应贡献的增长倍数	**−0.10**	**−0.13**	**−0.02**	**−0.25**
价格就业交叉效应贡献的增长倍数	0.18	−0.13	0.02	0.07
就业价格增长交叉效应贡献增长倍数	−0.08	−0.30	−0.01	−0.40
合　　计	−0.41	1.49	0.14	**1.22**

表 5.18　不同效应贡献的劳均实际 GDP 增长倍数：1978—2016　　单位：倍

	第一产业	第二产业	第三产业	合　计
产业劳均产值增长贡献的增长倍数	1.84	6.55	1.41	9.80
就业结构变化贡献的增长倍数	−0.36	0.87	1.47	1.98
价格结构变化贡献的增长倍数	1.80	−1.39	0.77	1.18
就业增长交叉效应贡献的增长倍数	−5.35	10.73	5.09	10.47
价格增长交叉效应贡献的增长倍数	**−5.57**	**−27.58**	**−11.39**	**−44.54**
价格就业交叉效应贡献的增长倍数	−2.40	0.73	13.29	11.61
就业价格增长交叉效应贡献增长倍数	−31.73	2.36	56.23	26.86
合　　计	−41.78	−7.71	66.87	**17.38**

利用(5.7)式对中国劳均实际 GDP 增长的分解结果显示在表 5.15。其中,第二列是对 1952—2016 年整个时期的分解结果,第三列和第四列分别是改革开放前后两个时期的分解结果,第五列和第六列对应的是改革开放后入世前后两个时期的分解结果。每一时期

的劳均实际GDP增长率都按照(5.7)式分解为9项,具体包括第一、第二、第三产业实际劳均产值增长效应、就业结构变化效应和价格结构变化效应,以及产值增长、就业结构调整和价格结构调整之间的四种交叉效应,其中,对4种交叉效应又进行了合并以考察总体交叉效应。从表5.15中可以看出,当对某一段时期的长期劳均实际GDP增长情况进行分析时,交叉效应要比第一、第二、第三产业实际劳均产值增长效应和两种结构变化效应大很多。不过,由于这些交叉效应中有负有正,所以最终总体交叉效应在劳均实际GDP增长中占的比重也不是很大。

由于就业结构变化效应、价格结构变化效应和四种交叉效应都可以按产业进一步分解(如表5.9所示)。为了更清楚地分析结构调整效应和交叉效应的性质和来源,表5.16又进一步按照表5.9的分解方法对1953—2016年劳均实际GDP的增长倍数进行了分解,表5.17和表5.18则分别对改革开放前(1952—1977)和改革开放后(1978—2016)劳均实际GDP的增长倍数按照表5.9的分解方法进行了分解。根据表5.16、表5.17、表5.18的分解结果,我们不但可以看出两种结构变化效应和四种交叉效应对劳均实际GDP增长的贡献情况,而且还可以知道三次产业通过各种直接和间接效应对劳均实际GDP产生的总体影响。从表5.16、表5.17、表5.18可以看出,即使是分解到各个产业中,各种交叉效应也是非常大,特别是在整个样本区间的分解结果中和在改革开放后的分解结果中,交叉效应甚至都大于各产业本身的增长效应。下面讨论不同时期各种效应对劳均实际GDP增长的贡献情况。

5.3.3.1 产业劳均产值增长效应

先来分析三次产业劳均产值增长对劳均实际GDP增长的影响效应。从表5.16中可以看出,1952—2016年三次产业劳均产值的提高使得劳均实际GDP共增长16.29倍,占整个劳均实际GDP增长的41.1%。其中,第一产业劳均产值提高使得劳均实际GDP增长3.06倍,对劳均实际GDP增长的贡献率为7.73%;第二产业劳均产值提高使得劳均实际GDP增长10.65倍,贡献率为26.88%;第三产业产值提高使得劳均实际GDP增长2.58倍,贡献率为6.52%。从改革开放前后两个不同时期的对比来看,改革开放前,三次产业劳均产值的提高使得劳均实际GDP共增长0.66倍,占整个劳均实际GDP增长的54.1%。其中,第一产业劳均产值下降使得劳均实际GDP下降0.02倍,对劳均实际GDP增长的贡献率为－1.64%;第二产业劳均产值提高使得劳均实际GDP增长0.51倍,贡献率为41.8%;第三产业劳均产值提高使得劳均实际GDP增长0.16倍,贡献率为6.52%。改革开放后,三次产业劳均产值的提高使得劳均实际GDP共增长9.8倍,占整个劳均实际GDP增长的56.4%。其中,第一产业劳均产值提高使得劳均实际GDP增长1.84倍,对劳均实际GDP增长的贡献率为10.6%;第二产业劳均产值提高使得劳均实际GDP增长6.55

倍,贡献率为37.7%;第三产业产值提高使得劳均实际GDP增长1.41倍,贡献率为8.1%。通过这些数据对比可以发现,改革开放后三次产业劳均产值的增长对经济增长的总体贡献率增大。其中,第一、第三产业对经济增长的贡献增大,第二产业劳均产值的提高对经济增长的贡献在下降。

5.3.3.2 两种结构变化效应

前文的年劳均实际GDP增长率的分解表明,两种结构变化效应对劳均实际GDP增长的贡献也非常重要。通过表5.15可知,1952—2016年两种结构变化效应使得劳均实际GDP提高12.28倍,对劳均实际GDP增长的贡献率为31.0%。其中,就业结构变化效应使得劳均实际GDP增长5.07倍,贡献率为12.81%;价格结构变化效应使得劳均实际GDP增长7.21倍,贡献率为18.22%。从表5.16中对两种结构变化效应在三次产业中的分解可以看出:在就业结构变化效应中,第一产业的就业人口增长率比总就业人口增长率更慢,它使得劳均实际GDP下降1.26倍;第二、第三产业的就业人口增长率都比总就业人口增长率更快,这两个产业就使得劳均实际GDP分别增长2.26倍和4.08倍,最终劳动就业人口变化使得劳均实际GDP增长5.07倍。在价格结构变化效应中,第一、第三产业的价格上涨率比总价格水平上涨得更快,它们使得劳均实际GDP分别增长7.06倍和1.08倍;第二产业的价格上涨率比总价格水平上涨得更慢,它使得劳均实际GDP下降0.93倍,最终三次产业相对价格变化使得劳均实际GDP增长7.21倍。由此可见,1952—2016年就业结构变化效应主要是第二、第三产业,特别是第三产业的就业变化对劳均实际GDP增长的影响更大,而价格结构变化则是第一产业的影响更大。

也可以对改革开放前后两个时期结构变化效应进行比较。从表5.16可以看出,改革开放前的1952—1977年,两种结构变化效应使得劳均实际GDP提高0.61倍,对劳均实际GDP增长的贡献率为50.0%。其中,就业结构变化效应使得劳均实际GDP增长0.39倍,年平均增长率为1.33%,贡献率为32.0%;价格结构变化效应使得劳均实际GDP增长0.22倍,年平均增长率为0.80%,贡献率为18.0%。改革开放后的1978—2016年,两种结构变化效应使得劳均实际GDP提高3.16倍,对劳均实际GDP增长的贡献率为18.2%。其中,就业结构变化效应使得劳均实际GDP增长1.98倍,年平均增长率为2.83%,贡献率为11.4%;价格结构变化效应使得劳均实际GDP增长1.18倍,年平均增长率为2.02%,贡献率为6.8%。通过以上分析可以发现:第一,同改革开放前相比,改革开放后就业结构变化和相对价格变化所带来的劳均实际GDP年平均增长点更大,都提高了一倍多。但由于改革开放后其他效应使得劳均实际GDP年平均增长率较改革开放前更高,因而就业结构变化效应和价格结构变化效应对劳均实际GDP增长的总体贡献率都在下降。第二,改革开放前后价格结构变化效应对劳均实际GDP增长的贡献都比就业结构变化效应更小,且改革开放后两种效应之间的差距还稍有扩大。改革开放前两种结构变化效应所带来的劳均实际 GDP 年增长点相差 0.53 个百分点,改革开放后相差 0.63 个百分点。

5.3.3.3 交叉效应的影响

前面理论分析表明,在对长期的劳均实际 GDP 增长率进行分解时,由于就业增长、价格上涨和产业产值增长都很大,交叉效应对劳均实际 GDP 增长的影响可能非常重要。从表 5.15 中的第一列可以看出,在 1953—2016 年这整个样本区间,四种交叉效应确实都非常大。其中,就业增长交叉效应使劳均产值增长 80.6 倍,就业价格交叉效应使劳均产值增长 98.4 倍,就业价格增长交叉效应使劳均产值增长 78.5 倍,价格增长交叉效应使得劳均产值下降 352.62 倍。前三种交叉效应都使得劳均实际 GDP 增加,后一种交叉效应使得劳均产值下降,总体交叉效应使得劳均实际 GDP 增长 11.03 倍,它对劳均实际 GDP 总增长的贡献率为 27.8%。同其他三次产业增长效应和两种结构变化效应相比,总交叉效应仍然是对劳均实际 GDP 增长影响最大的效应。

表 5.16 进一步显示这些交叉效应的产业来源。① 在就业增长交叉效应方面,第一产业由于其就业人口增长和劳均产值增长都低于总体水平,它使得劳均实际 GDP 下降 54.13 倍;第二产业和第三产业不但就业人口增长快于总体增长,而且劳均产值增长也高于劳均实际 GDP 增长,这两个产业的就业增长交叉效应使得劳均实际 GDP 分别提高 122.2 倍和 12.6 倍,最终就业增长交叉效应使得劳均实际 GDP 增长 98.4 倍。② 从价格增长交叉效应来看,虽然三次产业的价格增长效应都为负数,但其原因并不一样。第一产业的价格上涨倍数(20.2 倍)高于总通货膨胀倍数(6.2 倍),但其产业劳均产值增长倍数(6.1 倍)远低于总劳均产值增长率的增长倍数(39.6 倍),因此第一产业价格增长交叉效应使得劳均实际 GDP 下降 62.4 倍。第二产业劳均产值增长倍数(52 倍)远低于总劳均产值增长倍数(39 倍),但其价格上涨倍数(2.6 倍)却远低于总通货膨胀倍数(6.2 倍),因此第二产业价格增长交叉效应使得劳均实际 GDP 下降 32.4 倍。第三产业不但价格上涨倍数(11 倍)低于总体价格水平,而且劳均产值增长(10 倍)也低于总体劳均产值增长水平,所以其价格增长交叉效应使得劳均实际 GDP 下降 44.9 倍。最终三次产业的价格增长交叉效应使得劳均实际 GDP 下降 139.7 倍。③ 在价格就业交叉效应上,第一产业的价格上涨倍数(20.2 倍)远高于总通货膨胀倍数(6.2 倍),但其就业人口增长倍数(0.24 倍)低于总体就业人口增长倍数(2.74 倍),因此一产的价格就业交叉效应使得劳均实际 GDP 下降 -6.4 倍。第二产业正好相反,虽然其价格上涨倍数(2.6 倍)低于总通货膨胀倍数(6.2 倍),但其就业增长倍数(13.6 倍)大大高于总就业人口增长倍数(2.7 倍),所以最终第二产业的就业价格交叉效应使得劳均实际 GDP 增长 1.41 倍。第三产业的价格上涨倍数(9.98 倍)和就业人口增长倍数(16.94 倍)都高于总体水平,所以其就业价格交叉效应使得劳均实际 GDP 增长 43.69

第5章 中国就业产业结构的变迁和劳均实际GDP增长率的产业分解

倍。最终,由于第三产业带来了巨大的就业价格交叉效应,总体就业价格交叉效应使得劳均实际GDP增长39.0倍。④ 最后,对于就业价格增长三重交叉效应,由于它是一种比上面三种交叉效应更高阶的交叉效应,三次产业这一三重交叉效应的绝对数值更大。第一产业尽管价格上涨比总体价格水平高出约12倍,但由于它具有相对于总体水平更小的就业增长(低2.5倍)和劳均产值增长(低33.6倍),其最终三重交叉效应使得劳均实际GDP下降325.7倍。第二产业的价格上涨比总体价格水平低出约4.5倍,但它的就业增长和劳均产值增长都比总体水平高出很多倍(分别高出10.8倍和11.6倍),其最终三重交叉效应使得劳均实际GDP增长113.63倍。第三产业的劳均产值增长率较整体水平更低(低30.6倍),其就业人口增长和价格水平增长都比总体水平高出很多(分别高出14.2倍和3.8倍),所以其最终使得劳均实际GDP增长243.19倍。最后三次产业的总体三重交叉效应使得劳均实际GDP增长31.1倍。

由于改革开放前后就业增长、价格上涨和产业产值增长三种增长率的差异比较大,因而交叉效应对劳均实际GDP的影响差异非常大。从表5.16可以看出,改革开放前的1952—1977年总交叉效应使得劳均实际GDP降低4%,它对劳均实际GDP增长的贡献率为-3.58%,其中影响最大的是就业增长效应,它使得劳均实际GDP增长53%,其次是三重交叉效应,它使得劳均实际GDP下降40%,价格增长效应和价格就业效应分别使得劳均实际GDP增长-25%和7%。改革开放后的1978—2016年,总交叉效应使得劳均实际GDP增长4.41倍,它对劳均实际GDP增长的贡献率为25.4%,其中影响最大的是价格增长效应,它使得劳均实际GDP下降了44.5倍,其次是三重交叉效应,它使得劳均实际GDP增长26.9倍,就业增长效应和价格就业效应分别使得劳均实际GDP增长了10.5倍和11.6倍。

5.4 本章小结

本章主要考察了1952—2016年中国三次产业就业结构变化和中国就业结构变化对劳均实际GDP增长率的影响,为此,本章对中国劳均实际GDP的增长率进行了产业分解。同时,本章还考察了三次产业相对价格(即产业价格结构)变化对劳均实际GDP及其分解的影响。本章第1节的分析表明,1952—2016年中国大陆人口总量从1952年的5.75亿增长到1977年的9.50亿,再增长到2016年的13.83亿;就业人口总量则从1952年的2.07亿增长到1977年的3.94亿,再增长到2016年的7.76亿。其中,一产就业人口1952年为1.73亿,就业人口占比为83%;1977年为2.94亿,就业人口占比为75.8%;2016年为2.15亿,就业人口占比为28.1%。二产就业人口1952年为0.15亿,就业人口占比为7.4%;

1977年为0.56亿,就业人口占比为14.4%;2016年为2.24亿,就业人口占比为29.3%。三产就业人口1952年为0.18亿,就业人口占比为9.1%;1977年为0.378亿,就业人口占比为9.74%;2016年为3.37亿,就业人口占比为43.4%。由此可见,经过改革开放近40年的经济发展,中国就业人口结构已经从主要以第一产业就业转变为由三次产业共同就业的局面,且目前我国三产就业人口比重最大。第1节的分析还表明,在改革开放前中国主要依靠第一产业来解决就业问题,第一产业新增就业人口占总新增就业人口的64.5%。改革开放之后,中国主要依靠第二产业和第三产业,特别是依靠第三产业解决就业问题,第二、第三产业新增就业人口占总新增就业人口的比例分别为44.2%和77.3%;第一产业的就业人口绝对数量在下降,自1977年以来已经减少了7850万。

第2节主要分析了中国劳均实际GDP和三次产业劳均实际产值的变化。第2节的分析表明,尽管中国三次产业劳均实际产值都在增长,但是,各产业劳均实际产值的增长有很大的差异性。特别是,三次产业间的相对价格变化对各产业的劳均实际产值增长率的影响非常大。如果按照GDP消胀指数的通货膨胀来统一剔除各产业的价格上涨因素,那么在1953—2016年,中国劳均实际GDP增长39.6倍,年平均增长率为5.96%,第一、第二、第三产业劳均实际产值的年平均增长率分别为4.85%、4.79%和4.35%。其中,1952—1977年中国劳均实际GDP增长1.22倍,年平均增长率为3.24%,第一、第二、第三产业劳均实际产值的年平均增长率分别为1.44%、3.72%和1.90%。1978—2016年第一、第二、第三产业劳均实际产值的年平均增长率分别为7.10%、5.48%和5.95%。如果按照三次产业各自的不变价格计算,那么在1953—1978年,第一、第二、第三产业劳均实际产值的年平均增长率分别为3.10%、6.38%和3.66%。其中,1952—1977年第一、第二、第三产业劳均实际产值的年平均增长率分别为−0.16%、5.11%和1.82%。1978—2016年,第一、第二、第三产业劳均实际产值的年平均增长率分别为5.24%、7.20%和4.86%。不过,无论以哪种方式剔除价格上涨因素,改革开放后各产业的劳均实际产值增长率都高于改革开放前;且改革开放前第一产业和第三产业的劳均产值增长率都非常小,而改革开放后它们同第二产业劳均产值的增长相差不大。不过,改革开放后由于第一、第三产业的价格相对于第二产业价格大幅度上升,第一、第三产业按自身不变价格计算的年平均实际增长率要比按GDP消胀指数剔除价格上涨因素计算的实际年平均增长率低得多;第二产业正好相反。这再次表明,价格结构可能对不同产业劳均实际产值增长率及其对劳均实际GDP增长的影响非常重要。

本章第3节首先提出了在考虑人口结构变化和价格结构变化时如何分解实际劳均实际GDP增长率的方法,然后以这一方法对1953—2016年中国劳均实际GDP增长进行了分解。这一节的分析表明,就1953—2016年中国劳均实际GDP年增长率的影响而言,第一、第二、第三产业增长效应和就业结构变化效应以及价格结构变化效应所贡献的劳均实

第5章 中国就业产业结构的变迁和劳均实际 GDP 增长率的产业分解

际 GDP 年平均增长率都比较大,分别为 0.67%、2.96%、1.40%、1.97% 和 0.09%,而就业增长交叉效应、价格增长交叉效应、就业价格交叉效应和就业价格增长交叉效应贡献都比较小。这一分解结果同理论分析结果一致。在 1953—2016 年中国劳均实际 GDP 增长中,三次产业劳均生产力的提高使得劳均实际 GDP 共增长 16.29 倍,对劳均劳均实际 GDP 增长的贡献率为 41.1%。其中,第一产业贡献率为 7.73%,第二产业贡献率为 26.88%,第三产业贡献率为 6.52%。从改革开放前后两个时期的对比情况来看,改革开放前后三次产业对劳均实际 GDP 增长的影响也存在差异,改革开放后三次产业劳均生产力的增长对整体经济增长的贡献明显增大。特别是,第一、第三产业对经济增长的贡献增大,而第二产业生产力的提高对经济增长的贡献在下降。例如,改革开放前,三次产业劳均生产力的提高对劳均实际 GDP 增长的贡献率为 54.1%,其中第一产业贡献率为 -1.64%,第二产业贡献率为 41.8%,第三产业贡献率为 6.52%。改革开放后,三次产业对劳均实际 GDP 增长的贡献为 56.4%,其中第一产业贡献率为 10.6%,第二产业贡献率为 37.7%,第三产业贡献率为 8.1%。

两种结构变化效应对劳均实际 GDP 增长的贡献也非常重要。1952—2016 年两种结构变化效应使得劳均实际 GDP 提高了 12.28 倍,贡献率为 31.0%。其中,就业结构变化效应贡献率为 12.81%,价格结构变化效应贡献率为 18.22%。分析还表明,第一,就业结构变化效应主要是第二、第三产业,特别是第三产业的就业变化对整体劳均实际 GDP 增长影响最大,而价格结构变化则是第一产业的影响最大。第二,改革开放后就业结构变化和价格结构变化所带来的劳均实际 GDP 年平均增长点都更大,但由于改革开放后其他效应较改革开放前也提高,因而两种结构变化效应对劳均实际 GDP 增长的总体贡献率都在下降。第三,改革开放前后价格变化效应对劳均实际 GDP 增长的贡献都比就业结构变化效应要小,且改革开放后两种效应之间的差距还稍有扩大。

在整个 1953—2016 年,由于就业增长、价格上涨和产业产值增长都很大,四种交叉效应对劳均实际 GDP 的影响也非常大。这期间就业增长交叉效应使劳均产值增长 80.6 倍,就业价格交叉效应使劳均产值增长 98.4 倍,就业价格增长交叉效应使劳均产值增长 78.5 倍,价格增长交叉效应使得劳均产值下降 -352 倍。前三种交叉效用都使得劳均实际 GDP 增加,后一种交叉效应使得劳均产值下降,总体交叉效应使得劳均实际 GDP 增长 11.03 倍,它对劳均实际 GDP 增长的贡献率为 27.8%。同其他三次产业增长效应和两种结构变化效应相比,总体交叉效应仍然是对劳均实际 GDP 影响最大的。各种交叉效应在改革开放前后也有所不同,改革开放后的交叉效应比改革开放前更大,且改革开放前总体交叉效应是负数,改革开放后为正。

第2编

经济发展和经济增长

第1编研究了20世纪50年代以来,特别是1978年改革开放以来,中国经济增长的变化情况,并按照GDP支出法结构和产业结构对中国实际经济增长率进行了分解。第1编研究表明,从20世纪50年代以来,中国经济一直保持高速增长,1953—2016年中国实际GDP年平均增长率达到8.42%,其中1953—1977年年平均增长率为6.48%,1978—2016年年平均增长率为9.66%。第1编研究还表明,中国经济增长过程一个重要特点就是高储蓄高投资的经济增长方式。1953年以来,中国投资增长率一直居高不下,年平均增长率达到11%;投资一直是拉动中国经济增长的主要力量,它对实际GDP增长的贡献率超过40%;投资在GDP中所占比重也越来越大,由1952年的22%上升到1978年的39%,再上升到2016年的44%。中国经济增长中的另一个特点就是持续的经济增长已经使得中国的经济结构发生了重要变化,住房、教育、健康等因素在中国经济国民经济中的地位变得日益重要,这些行业的产值在GDP中的占比日益增大,它们对中国经济增长的影响也越来越大。本书的第2编将研究这些重要因素在中国经济发展增长过程中的作用和影响,分析它们影响中国经济增长的机制,探讨未来它们对中国经济增长可能存在的影响。第2编部分包括六章:第6章主要研究中国经济增长过程中出现高储蓄高投资的原因和机制,并就这种高储蓄高投资的增长方式是否能持续进行讨论。第7章首先对中国经济增长过程中房地产行业的发展进行了简单分析,然后重点研究土地和住房供给对中国经济增长和住房价格的影响。第8章和第9章研究了中国经济发展过程中教育和经济增长的关系。第8章考察20世纪50年代特别是1978年改革开放以来,中国经济发展过程中教育发展的情况,包括教育经费总量和结构的变化情况,各级教育学校机构数量、教师规模人数、在校学生人数以及学生教师比的发展情况,以及中国毕业学生和中国人均教育年限的增长情况。第9章研究中国教育发展对经济增长的影响,这一章利用中国省级面数据研究中国教育发展和教育人力资本提高对中国经济增长的作用,并具体测算教育对中国各省经济增长的贡献率。第10章和第11章研究中国经济发展过程中健康和经济增长的关系。第10章考察了20世纪50年代特别是1978年改革开放以来中国居民健康医疗卫生状况的发展变化情况,包括健康卫生总费用及其结构的变化情况,医疗机构、卫生技术人员、医疗床位数等国家医疗卫生设施条件变化情况,以及以各类死亡率、预期寿命和传染疾病的发病率和死亡率衡量的中国居民的健康水平的变化情况。第11章研究中国健康人力资本和健康投资对经济增长的作用,分析健康因素对经济增长影响机制和长期效应。

第6章

中国的高储蓄、高投资和高经济增长[①]

① 本章主要内容曾经发表在《金融研究》2008年第一期,本章对一些数据进行了更新。

6.1 引言

自1978年改革开放以来,中国一直保持着极高的经济增长速度。根据《中国统计年鉴》(历年)的数据,1978—2016年中国实际GDP年平均增长率高达9.6%。第1编研究表明,这一经济增长速度是有史以来任何国家在任何相同时间长度内所能保持的最高纪录。然而第3章的分析也表明,中国改革开放以来经济发展的特征之一就是高投资拉动型的高速经济增长。其实,1952—2016年中国经济一直都是高储蓄高投资的,高储蓄高投资的经济增长模式是中国经济的典型特征。图6.1显示了1952—2016年中国投资GDP占比、投资增长率和GDP增长率的变化趋势。从图6.1中可以看出,中国投资GDP占比呈现递增的趋势。特别需要注意的是,即使2010年之后,在中国投资增长率和实际GDP增长率下降的时期,中国投资GDP占比仍然保持在45%左右的高水平。

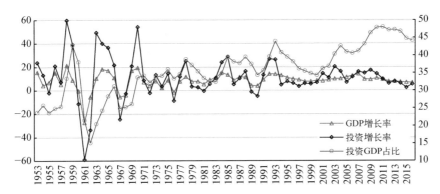

**图6.1 中国投资GDP占比、投资增长率和
GDP增长率的变化趋势:1952—2016**

注:数据来源为CEIC数据库;原始数据来源《中国统计年鉴》(历年)。

另一方面,根据国民收入恒等式可知,高投资的另一面就是高储蓄。《中国统计年鉴》(历年)数据显示,中国储蓄率一直维持在极高水平。图6.2显示了1952—2016年中国国民储蓄率和实际GDP增长率的变化趋势。由图6.2中可以看出,从1952年特别是从1978年改革开放以来,中国储蓄率持续居高不下,且不断上升。图6.3进一步显示了1968—2017年世界一些主要经济大国储蓄率变化情况。从图6.3中可以看出,1968—2017年世界各国的国内储蓄率变化趋势各不相同,但只有中国国内储蓄率一直呈现出上升趋势;大概从 2001 年以后,中国已经成为这些国家中储蓄率最高的国家,而且中国的储蓄率明显高于其他国家;其他国家的储蓄率都在 10%—35% 之间,只有中国基本都在 40% 以上。其实,在世界所有国家中,和中国一样具有超过 45% 以上的储蓄率的国家新加坡这一个以转口贸易为主的小型国家(如表 6.1 所示)。根据《国际统计年鉴 2017》数据,图 6.4 显示了 1990—2000 年不同国家居民消费率的变化趋势。自 1990 年以来,同世界其他国家相比,中国居民消费率一直位于极低的水平。世界大多数国家居民消费率都在 50% 以上,1990—2000 年只有俄罗斯、新加坡和中国的居民消费率低于 50%。2000 年之后,只有中国和新加坡的居民消费率低于 40%,且在不断下降。

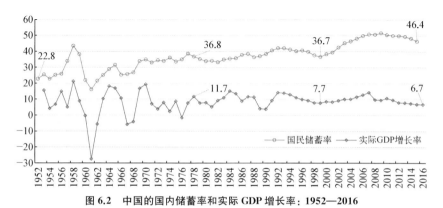

图 6.2 中国的国内储蓄率和实际 GDP 增长率:1952—2016

注:数据来源为 CEIC 数据库;原始数据来源《中国统计年鉴》(历年)。

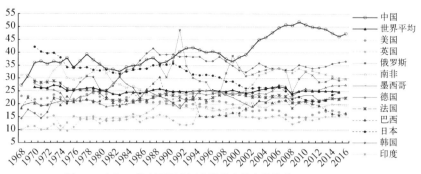

图 6.3 实际一些主要国家国内储蓄率的变化趋势:1968—2017

注:数据来源为 World Bank, World Development Indicators, World Bank Online Database, 2018。

为什么中国的储蓄率会如此持续之高?为什么中国居民的消费率会如此之低?高储蓄和高投资同中国的高速经济增长存在什么样的相互关系?中国是否还能够继续维持这种的高储蓄率水平呢?这些问题都是国内外学者极为关注的问题。另外,由于消费需求

第6章 中国的高储蓄、高投资和高经济增长

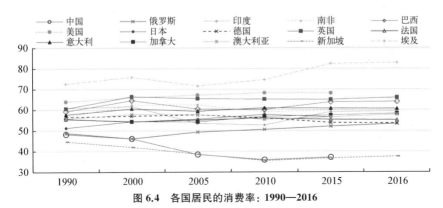

图 6.4 各国居民的消费率：1990—2016

注：数据来源为《国际统计年鉴》(2017)。

是社会总有效需求的最主要部分，一个过低的消费需求对于维持持续的经济增长显然是不利的。高储蓄高投资的经济对中国的长期经济增长有何影响呢？中国的高储蓄高投资的经济增长方式是否能维持呢？为了使中国的经济能持续增长，如何提高中国的消费需求、降低目前过高的储蓄率？这是中国经济学者目前最关心的问题之一。对以上这两方面问题的回答，将是本章研究的第一个目的。

其实，世界各国以及同一国家各个时期的储蓄率都存在巨大的差异，表6.1显示了世界各国在各个不同年代平均储蓄率的差异性。关于各国储蓄率的差异，有学者认为，一般来说，富国的储蓄率高于穷国。例如，以2001年为例，全球平均储蓄率为19.7%；富国的储蓄率大约在20%左右，如美国的储蓄率为16.5%、英国16.7%、德国19.6%、加拿大23.2%；一些低收入国家如布隆迪的储蓄率为5.2%、缅甸11.3%、埃及15.1%（徐滇庆、高娜和章倩文，2005）。但是，也不尽然。从表6.1中可以看出，从20世纪70年代以来，世界平均储蓄率变化不大，基本都在25%左右。20世纪70—90年代中高收入国家的平均储蓄率基本在30%左右，21世纪有所上升，2010—2017年的平均储蓄率为35%左右。20世纪70—90年代中等收入国家的平均储蓄率基本在28%左右，21世纪也有所上升，2010—2017年的平均储蓄率为33%左右。中低收入国家和高收入国家的储蓄率在20世纪差异比较大，如70年代中低收入国家只有15.1%，高收入国家达到了25.8%。但由两者的储蓄率出现了相反的变化趋势，两者的差距在不断缩小。到了21世纪之后，中低收入国家的储蓄率反而高于高收入国家，2010—2017年中低收入国家平均储蓄率为25.2%，高收入国家只有21.9%。低收入国家的平均储蓄率在21世纪一直维持在10%左右。表6.1表明，虽然高收入国家（地区）和中等收入国家（地区）的储蓄率比低收入国家的要高，但中等收入国家（地区）和中高收入国家（地区）的储蓄率都比高收入国家（地区）和经合组织国家的储蓄率都要高，而中低收入国家（地区）平均储蓄率到了21世纪之后也高于高收入国

家。从单个国家2010—2017年的平均储蓄率来看,同是金砖国家,巴西和南非分别只有18.5%和19.7%,低于高收入国家(地区)的平均水平,而印度和俄罗斯却分别高达31.7%和29.9%,明显高于高收入国家(地区)的平均收入;同为亚洲四小龙的新加坡(53.6%)、中国香港地区(25.5%)和韩国(35.1%),其储蓄率也相差巨大;而作为发展中国家的马来西亚和发达国家的韩国具有相同的储蓄率水平,两者都为35.1%。所以,国家(地区)的收入水平不能解释各国储蓄率的差异。

表6.1 世界各国(地区)不同时期储蓄率:1970—2017　　　　单位:%

国家或地区	1970—1979年	1980—1989年	1990—1999年	2000—2009年	2010—2017年
中　　国	36.6	35.0	39.7	44.5	49.0
世界平均	26.1	24.7	25.0	25.3	25.0
中高收入国家	30.6	29.7	30.4	33.8	35.0
经合组织成员国	25.2	23.7	23.4	22.1	21.0
中等收入国家	27.3	27.1	28.5	31.7	32.8
中低收入国家	15.1	18.2	21.5	24.4	25.2
低收入国家	—	—	7.6	11.4	10.7
低中收入组国家	27.1	26.8	28.1	31.4	32.5
高收入国家	25.8	23.9	23.7	22.9	21.9
欧洲联盟	23.6	21.0	22.4	22.8	22.5
美　　国	22.5	21.6	20.2	17.4	16.3
英　　国	13.8	14.2	15.6	14.8	14.6
意 大 利	24.8	22.4	22.4	21.3	19.5
德　　国	23.6	20.8	24.2	24.6	26.2
法　　国	27.0	22.0	22.6	22.9	21.6
加 拿 大	24.3	24.1	21.4	25.2	22.3
澳大利亚	28.7	25.5	24.3	25.1	25.7
俄 罗 斯	—	34.7	31.8	32.7	29.9
墨 西 哥	21.3	25.7	22.8	21.4	22.5
巴　　西	20.8	23.4	18.6	19.4	18.5
南　　非	30.7	27.3	18.5	19.8	19.7
新 加 坡	**28.8**	**42.9**	**49.0**	**48.5**	**53.6**
马来西亚	25.1	32.1	40.6	43.0	35.1
韩　　国	22.6	33.3	38.0	33.8	35.1

(续表)

国家或地区	1970—1979年	1980—1989年	1990—1999年	2000—2009年	2010—2017年
日　　本	37.0	33.3	32.2	26.0	22.3
印度尼西亚	19.9	26.7	28.4	28.3	33.9
印　　度	12.4	15.7	23.8	29.6	31.7
中国香港地区	30.8	33.6	32.0	31.6	25.5
伊　　朗	**32.4**	**16.9**	**32.2**	**44.1**	**42.9**

注：① 原始资料来源为 World Bank，World Development Indicators，World Bank Online Database，2018。② 表中的储蓄率是指该时间段的年平均储蓄率，它等于该时间段各年储蓄率的算术平均。③ 表中的中国储蓄率数据未计入港澳台地区数据。

另一方面，也有学者认为，高经济增长率会导致高储蓄率。如在1995年，韩国的储蓄率为36%、中国台湾地区为27%、中国香港地区为32%、新加坡则高达50.8%。在20世纪80年代，泰国、马来西亚、印尼等都曾经出现了高速经济增长，他们的储蓄率也相当高。例如，在1992年，泰国储蓄率为36.2%、马来西亚为37.2%（徐滇庆、高娜和章倩文，2005）。但是，有些国家或地区几乎是同样的经济增长率，储蓄率也出现了很大的差别，如90年代的韩国和中国台湾地区。因此，单纯的经济增长率不足以解释储蓄率的差别。为什么各个国家（地区）的储蓄率会出现如此大的差距？为什么同一个国家的储蓄率会发生很大的变化，一个国家的储蓄率取决于哪些因素？这是本章所要讨论的第二个问题。

本章以下的安排是：第2节是文献综述；第3节是对基本模型的描述；第4节分别在短视性预期和完全理性预期下讨论平衡增长路径的存在性、唯一性和稳定性；第5节分析短视性预期和完全理性预期下消费率和储蓄率的决定，并讨论各种外生参数对平衡增长路径上储蓄率的影响；第6节利用现有文献对参数的估计值，估算了中国和美国等国经济中的消费率和储蓄率；在此基础上，本章对中国高储蓄率现象进行了解释，并对中国未来储蓄率的变化进行了简单的预测；本章的第7节就中国高储蓄搞投资的经济增长方式是否能持续，以及它对中国居民生活的影响进行了讨论。

6.2　文献综述

在理论上，由于对宏观经济的重大影响作用，消费和储蓄一直是宏观经济学所研究的主要课题之一。在新古典经济学中，储蓄和消费由不同的机制决定。由于储蓄往往被看作是投资，而利率则被看作是投资-储蓄的回报，所以储蓄被认为是利率的函数。因此，新古典经济学认为,利率越高,储蓄会越高。而且,这一结论似乎也同绝大多数的经济直觉相符。但是,现代经济学认为,在个人一生收入不变的情况下,当前的储蓄实际上就是未来的消费。因此,储蓄往往是同消费一起决定的,有关储蓄函数的理论其实就是消费函数理论。本章主要研究国家总体储蓄率的决定,所以,下面主要回顾宏观方面总体消费函数和总体储蓄函数的相关理论。宏观经济学的鼻祖凯恩斯(Keynes,1936)首先在其宏观经济学的开山之作《货币、就业和利息通论》中提出了消费和储蓄主要取决于当前可支配收入的传统凯恩斯消费函数理论。凯恩斯认为,总体消费和总体储蓄主要依赖于总体的收入水平,总消费和总收入之间存在着一个固定的函数关系,并且随着收入水平的增加,总收入中被储蓄的部分会不断地提高。如果用 S 表示总储蓄,C 表示总消费,Y 表示总收入水平,传统凯恩斯消费函数理论可以表示为 $C=Y-S=a+bY$,其中 a 和 b 都是一个固定常数,b 表示边际消费倾向。凯恩斯的这一储蓄函数通常被称之绝对收入消费函数。根据这一绝对消费函数理论,可以解释以上有关越富裕的国家其总储蓄率会越高的现象。但是,在实证检验上,这一理论虽然同各国横截面数据回归的消费函数一致,但却同运用各国时间序列的消费和收入数据回归的结果不一致。因为运用有关总消费和国民收入的时间序列数据进行回归的结果表明,总消费几乎是总收入的一个固定比率。另外,从理论上来看,凯恩斯的绝对消费理论是基于心理学规律的基础提出的,它缺少微观经济学基础。这一理论本身并不能解释总体储蓄率的决定问题。因此,它无法解释高经济增长国家为什么会出现高储蓄率的现象。

弗里德曼(Friedman,1957)和莫迪里亚安尼(Modigliani,1954,1986,1988;Ando and Modigliani,1963;Modigliani and Cao,2004)等不满足凯恩斯在没有任何微观经济学基础的情况下,仅仅根据心理学规律而提出的绝对收入消费函数。他们从个人选择的微观经济学基础出发,认为个人应该是根据其一生效用水平最大化来决定其消费和储蓄水平。在此基础上,弗里德曼(Friedman,1957)和莫迪里亚安尼(Modigliani,1954)分别提出了消费函数的持久收入假说和生命周期理论假说。这两种假说都可以很好地解释实证研究中运用横截面数据回归所得的具有常数项的消费函数和运用时间序列数据回归所得的具有固定消费比率的消费函数。不过,由于这一理论假说的简单性,持久收入假说理论本身并不能解决总体储蓄率的决定问题,因而也无法解释各国储蓄率的差异性。莫迪里亚安尼(Modigliani,1986;Modigliani and Cao,2004)等则进一步在生命周期理论的基础上提出了总体储蓄率的决定问题。这一理论认为,当总体经济处于平衡增长路径时,如果经济中具有一个稳定的经济增长率和稳定的资本产出水平,则储蓄率 $s=S/Y=\dot{K}/Y=(\dot{K}/K)(K/Y)=a\phi$。其中 s 表示储蓄率,K 表示资本总量,Y 表示总产出,$\dot{K}$ 表示总投资,S 表示总储蓄,ϕ 表示经济增长率,a 表示资本产出比。运用这一公式可以很好地解释为什么高经济增长率的国家具有高储蓄率。但这一理论的问题在于,由于平衡增长路径上的资本产出比率也是内生的,因此,资本产出比率可能会同经济增长率有关。如果在平

第6章 中国的高储蓄、高投资和高经济增长

衡增长路径上,资本产出比同经济增长有关,并且增长率越大,资本产出比越小,那么,高经济增长率就不一定意味着高储蓄率。因为如果高经济增长率降低了资本产出比,那么,只有当经济增长率对储蓄率的直接影响大于它通过资本产出比对储蓄率的间接影响时,才会最终提高储蓄率。此外,如果高经济增长率意味着高资本产出比率,则经济增长率的提高可能会呈几何级数的形式提高储蓄率,这似乎是同以上的数据相符合。遗憾的是,莫迪里亚安尼(Modigliani)等的消费和储蓄理论并没有对此进行进一步的分析。本章的研究同样得到了莫迪里亚安尼的这一总体储蓄函数。其实只要对莫迪里亚安尼的总体储蓄函数进行变形就可以得到本章研究中所推导出的储蓄函数,即

$$
\begin{aligned}
s &= (\dot{K}/K)(K/Y) \\
&= (\dot{K}/K)(KF_K(K,L)/F(K,L))/F_K(K,L) \\
&= \phi \varepsilon_{KY}/(r^* - 1)
\end{aligned}
\tag{6.1}
$$

其中,$F(K,L)$ 表示生产函数,L 表示劳动总量,K 表示资本总量,$r^* = 1 + F_K(K,L)$ 表示均衡状态资本的总收益率,$\varepsilon_{KY} = KF_K(K,L)/F(K,L)$ 表示资本产出弹性。储蓄率的决定(6.1)式正好同本章中的储蓄率决定(6.23)式和(6.24)式相同。但是,即便是这一扩展的莫迪里亚安尼总体储蓄函数,由于它无法解释均衡利率的决定,因而也存在令人困惑的地方。因为根据(6.1)式,利率水平越高,储蓄率反而会越低,这同微观经济学中利率提高可能会降低个人当期消费的经济学直觉正好相反。莫迪里亚安尼的储蓄理论对此无法解释。本章分析是在消费者的个人优化行为的基础上得出了储蓄函数,可以能很好地解释这一现象。

Lucas(1988)在一个外生技术进步的 Ramsey(1927)模型中也得到了总体储蓄率的决定公式。他的论文表明,在 CRRA 的效用函数和 Cobb-Douglas 生产函数假设下,平衡增长路径上的储蓄率为

$$
s = \beta(\kappa + \lambda)/(\rho + \sigma\kappa)
\tag{6.2}
$$

其中,β 表示资本产出弹性,μ 表示技术进步率,$\kappa = \mu/(1-\beta)$ 表示人均消费增长率(即经济增长率),σ 表示相对风险规避系数,ρ 表示主观贴现率,λ 表示人口增长率。由于均衡的利率水平 $r^* = 1 + \rho + \sigma\kappa$,国民总收入的增长率 $\phi = \kappa + \lambda$。所以,卢卡斯的储蓄函数同(6.1)式是一致的。在没有人口增长的情况下,如果假设对数形式的效用函数(即 $\sigma = 1$),则(6.2)式同本章分析中完全理性预期假设下的储蓄率决定函数(6.23)式也是一致的①。不过,同卢卡斯的储蓄函数相比,本章分析中的生产函数是更加一般形式的哈罗

---

① 需要注意的是,由于我们论文中假设的是哈罗德中性技术进步的生产函数,所以 Lucas(1988)中的技术进步率 μ 同本章中的技术进步率并不相等,它们之间的关系为 $\mu = (1-\beta)g$,其中 g 表示本章中的技术进步率。

德中性技术进步函数。同时,本章分析还给出了短视性预期下的储蓄函数。本章分析中的数值模拟表明,短视性预期下的储蓄函数能更好地解释中国和美国储蓄率之间的差异性。另有一些学者从不确定和预防性储蓄、流动性约束,以及个人可能采取"大拇指原则"(the rules of thumb)的非完全最优化行为等方面来解释经济中的一些储蓄和消费行为。由于这方面的研究同本章分析的理论研究关系不大,而且这些文献也没有从理论上分析加总储蓄率的决定问题,所以此处对这方面的文献不进行回顾,具体可参见Romer(2001,pp.353-362)。另外,还有大量的文献对储蓄率的决定问题进行了实证研究。由于本章并不涉及实证研究,有关这方面的文献本章也不进行回顾。关于储蓄率决定实证研究方面的文献,张明(2007)对2007年之前的研究有一个文献综述。

关于中国高储蓄率的问题也一直受到大量国内外学者的关注,这方面也出现了大量的研究文献。这些研究文献一般把中国高储蓄率归因于以下几个方面。

首先,高经济增长率和高人口增长率一般都被认为是导致中国高储蓄率的最主要原因之一。Kraay(2000)、Modigliani和Cao(2004)等人的研究都认为,中国改革开放以来高经济增长率是中国高储蓄率的主要原因之一。刘金全和郭整风(2002)运用1990年1季度到2001年1季度数据,对中国储蓄率和经济增长之间的关系进行Granger因果检验也发现,中国现阶段的储蓄率对于经济增长不存在显著的Granger因果影响,但实际GDP水平对储蓄增量存在着显著的Granger因果影响。因此他们认为,高经济增长可能是中国目前高储蓄的原因。其次,计划生育所导致的近年来人口结构变化和未来人口老龄化问题也被认为是导致中国目前高储蓄率的主要原因之一。

其次,Kraay(2000)的研究认为,中国国民的高储蓄率一部分可以由高增长来解释,另一部分则可以由人口因素的变化来解释。Modigliani和Cao(2004)的研究也认为中国家庭的高储蓄是中国高经济增长率和人口结构变化共同作用的结果。Wakabayashi和MacKellar(1999)分别估计中国城镇地区和农村地区的储蓄函数,并关注人口结构的变化对储蓄的影响,他们结果也证实,中国的储蓄率和老年人抚养比率以及未成年人抚养比率存在反向变动的观点,但是储蓄率和老年人抚养比率的负相关性更强。因此,人口老龄化对中国目前高储蓄率有着重要的影响。袁志刚和宋铮(2000)在一个叠代模型中研究证明,人口老龄化一般都会激励居民增加储蓄,因此,中国未来的人口老龄化很可能是造成目前中国城镇居民储蓄倾向上升的一个重要因素。王德文、蔡昉和张学辉(2004)实证方面的研究也认为,中国人口转变对目前的储蓄率有着显著性的正向影响,但是,随着人口老龄化速度加快,人口转变对储蓄的贡献率将不断减弱。

再次,中国改革开放带来的不确定所导致的预防性储蓄增加以及流动性约束的存在也被认为是中国高储蓄率的重要原因。李焰(1999)的研究指出,由于流动性约束以及较低的收入水平,50%以上的居民储蓄是用于未来特定的支出。袁志刚和宋铮(1999)的研

第6章 中国的高储蓄、高投资和高经济增长

究认为,推动储蓄比率不断上升的主要力量是改革开放所带来的不确定性促使了谨慎储蓄上升,而流动性约束则进一步造成了居民住房和教育消费水平的缓慢增长。刘建国(1999)通过对农村消费的研究表明,产权模糊、政府干预以及农业保险制度不健全等因素导致了农民收入的不确定性程度大为提高,这是造成中国目前农村低消费倾向的主要原因。万广华、张茵和牛建高(2001)运用中国1961—1998年数据发现,流动性约束和不确定性之间的相互作用进一步强化了二者对居民消费的影响,从而导致了居民消费水平和消费增长率的同时下降。不过施建淮和朱海婷(2004)的分析则认为,中国居民确实存在预防性动机,但是预防性动机并不是太强烈。因此,仅仅针对预防性动机的政策措施不能解决中国的高储蓄问题。

从次,还有一些研究通过把储蓄率分解为居民储蓄、政府储蓄和企业储蓄,并进行时序比较和国别比较分析。这些研究一般都趋向于认为,中国的高储蓄率主要来源于政府和企业储蓄的增加。Kuijs(2005)通过对中国储蓄和投资的部门分布情况进行分析,同时通过跨期比较和跨国比较分析发现:家庭高储蓄只能解释中国国民储蓄率与其他国家储蓄率差异的一部分,大部分的差异应该通过中国的政府高储蓄和企业高储蓄来解释。何新华和曹永福(2005)采用中国统计年鉴中资金流量表中的数据,对中国的高储蓄现象进行了类似的分析。他们的研究表明,过去十年来中国居民储蓄率已出现了快速下降的态势,国民储蓄率之所以居高不下,主要原因在于企业与政府在国民可支配收入中所占比重的持续上升以及政府储蓄率过高。消费需求不足的主要原因应在于居民可支配收入在国民可支配收入中所占比重的持续下滑。任若恩和覃筱(2006)、李扬和殷剑峰(2007)等人运用不同的数据也进行了储蓄率分解分析,他们也都得出了几乎类似的结论。

最后,还有一些学者从文化因素、金融市场不发达、转型经济下的劳动力转移、资本短缺国家的高储蓄回报、利率管制、生存性消费、习惯性坚持、相对消费等因素对中国高储蓄率进行了研究(齐天翔,2000;Harbaugh,2003;彭文平,2005;李扬和殷剑峰,2005;赵晓英和曾令华,2007 等),这些研究认为以上因素也是导致中国高储蓄率的重要原因。

以上这些关于中国高储蓄率研究的文献,显然都在一定程度上从不同角度阐述了中国高储蓄率的原因。但是,这些研究绝大部分都是一种实证研究,除了袁志刚和宋铮(2000)之外,他们都缺乏一种理论基础。另外,他们的研究也很难具有一般性,对于理解本章前文中所提出的各国储蓄率之间的差异似乎无能为力。同以上这些研究文献相比,本章研究主要有以下两个特点:首先,本章并不着眼于实证研究,而是试图严格地从微观经济学基础出发,通过一个比较一般的消费者优化模型推导出增长经济中储蓄率决定的一般公式。然后以这一公式为基础,根据中国和美国等国家一些主要经济参数,通过数值模拟来比较分析中国高储蓄率的可能原因。而且,也正是由于此,所以本章研究对储蓄率的分析可能更具有一般性。其次,通过本章研究,我们发现了两个以往实证研究文献没有

注意到的、可能导致中国高储蓄率的原因：中国过高的资本产出弹性和人们对未来收入的短视性预期。我们甚至认为，基于本章一般性的分析框架，这两个因素也可能是影响各国储蓄率差异的主要原因之一。为了从理论上探讨总体消费率和总体储蓄率的决定问题，本章首先从理论上分析了个人消费函数和储蓄函数的决定问题。在一个具有经济增长的 Ramsey 模型中，通过对加总经济的动态演化特征的分析，本章研究证明了经济中平衡增长路径的存在性、唯一性和稳定性，并给出了稳定状态时消费函数和储蓄函数以及长期消费率和储蓄率的具体形式。在此基础上，本章研究讨论了长期的消费率和储蓄率同经济增长、资本产出弹性以及个人主观贴现之间的关系。然后，根据模型给出的消费率和储蓄率的决定方程，利用其他研究对各国各个经济参数的估计值，本章研究估计了中国和美国等国的储蓄率和消费率，并把它们同各国的实际值进行比较分析。最后，本章还针对模型的结论，分析了中国目前高储蓄率的原因和未来储蓄率的可能变化趋势。

6.3 基本模型设定

6.3.1 基本模型和假设

假设存在一个异质性消费者的经济：经济中只有一种产品，这种产品既可以消费，也可以投资。经济中存在很多经济代理人，分别用 $j = 1, 2, \ldots, J$ 表示，它们具有无限期寿命。由于经济中的代理人很多，所以单个人的经济行为对加总经济的影响可以忽略不计。假设每个人仅在初始财富方面存在着异质性，偏好和个人能力都相同。个人最大化其一生效用水平，个人一生效用函数为

$$E \sum_{t=0}^{\infty} \rho^t u(c_j(t)), \quad 0 < \rho < 1 \tag{6.3}$$

其中，$u(\cdot)$ 表示单期效用函数，为分析方便，假设 $u(c) = \ln c$ ①。$c_j(t)$ 表示个人 j 在 t 期的消费。t 表示时间，ρ 表示个人主观时间贴现率。

个人的收入来源于两部分：劳动收入和资本收入。由于所有人能力都是相同，不失一般性，可以把个人能力单位化为 1。令 $k_j(t) \in R^+$ 代表个人 j 在 t 期的财富水平，令 $r(t)$

---

① 其实，即使在 CRRA 形式的效用函数 $u(c) = (c^{1-\sigma} - 1)/(1-\sigma)$ 情形下，本研究中的一些主要结论仍然成立。但是，对于加总经济稳定性的证明将会变得很复杂。另外，稳定状态下消费率和储蓄率除了同本章分析的因素有关外，还同跨期替代弹性有关。具体参见 Gong 和 Wang(2006)。

第6章 中国的高储蓄、高投资和高经济增长

和 $w(t)$ 表示单位资本的总回报率(1加上利率水平)和劳动回报率(工资水平),它们都分别由劳动市场和资本市场的供求关系决定。在以上假定下,个人 j 的预算约束方程为

$$k_j(t+1) = r(t)k_j(t) + w(t)L_j(t) - c_j(t) \tag{6.4}$$

其中,$L_j(t)$ 表示个人 j 在 t 时期的劳动能力。根据以上假设,$L_j(t)$ 被单位化为1。还假设个人要满足非蓬济(Ponzi)对策条件。

在生产方面,假设经济中存在一个代表性厂商,它通过利润最大化来决定自己雇佣的劳动和资本。厂商的生产函数是哈罗德中性技术进步函数①

$$Y(t) = F(K(t), A(t)L(t)) \tag{6.5}$$

其中,Y 表示产出,K 表示生产中投入的总资本,L 表示生产中投入的劳动总量,$A(t)$ 表示技术水平,$F(.,.)$ 表示生产技术水平。不失一般性,假设生产函数 $F(.,.)$ 是规模报酬不变、在开区间 $(0,\infty)$ 上二阶连续可微的严格凹函数,同时,$F(.,.)$ 满足稻田条件,即

$$F(\lambda K, \lambda L) = \lambda F(K, L), \forall \lambda > 0 \tag{6.6}$$

$$F_1 > 0, F_{11} < 0, F_2 > 0, F_{22} < 0 \tag{6.7}$$

$$F(0, L) = F(K, 0) = 0, \lim_{x_i \to 0} F_i(x_1, x_2) = +\infty,$$
$$\lim_{x_i \to +\infty} F_i(x_1, x_2) = 0, i = 1, 2 \tag{6.8}$$

进一步假设技术进步函数由(6.9)式外生决定

$$A(t) = A_0 (1+g)^t \tag{6.9}$$

其中,A_0 表示0时刻的技术水平,g 表示技术进步率。由于假设规模报酬不变,集约形式生产函数为

$$\hat{y} = F(K(t)/[A(t)L(t)], 1) = f(\hat{k}) \tag{6.10}$$

其中,$\hat{k} = K/AL$ 表示人均有效劳动的资本量,$\hat{y}$ 表示人均有效劳动的产出水平。根据对生产函数 $F(\cdot)$ 的假设,集约形式的生产函数 $f(\cdot)$ 满足

$$f(0) = 0, f'(k) > 0, f''(k) < 0,$$
$$\lim_{k \to \infty} f(k) = 0, \lim_{k \to 0} f(k) = \infty \tag{6.11}$$

假设商品市场和要素市场完全竞争,且总处于市场出清状态。由厂商利润最大化行

---

① 这里之所以采取哈罗德中性技术进步的生产函数是因为,当且仅当技术进步是罗德中性技术进步,经济中存在着稳定的平衡增长路径(Barro and X. Sala-i-Martin, 1995, Chapter 2)。

为可得

$$r(t) = 1 - \delta + f'(\hat{k}(t)),$$
$$w(t) = A(t)f(\hat{k}(t)) - \hat{k}(t)A(t)f'(\hat{k}(t)) \quad (6.12)$$

为了分析方便,不失一般性,假设资本折旧率 δ 为 0。

6.3.2 模型求解和个人消费函数

在以上假设下,代表性消费者 j 的最优化行为可以表示为

$$V_j(k(t_0)) = E_{t_0} \sum_{t=t_0}^{\infty} \rho^t u(c_j(t))$$
$$\text{s.t. } k_j(t+1) = r(t)k_j(t) + w(t) - c_j(t)$$
$$given \ k_j(t_0) \quad (6.13)$$

在 $u(c) = \ln c$ 的假设下,根据最优化求解原理可得

$$1/c_j(t) = \rho r(t+1)/c_j(t+1) \quad (6.14)$$

(6.14)式是消费者优化行为的欧拉方程。不难求出,消费函数和资本的递归方程分别为

$$c_j(t) = (1-\rho)[r(t)k_j(t) + w(t)] + b_j(t) \quad (6.15)$$
$$k_j(t+1) = \rho[r(t)k_j(t) + w(t)] - b_j(t) \quad (6.16)$$

其中,
$$b_j(t) = (1-\rho) \sum_{j=1}^{\infty} \frac{w(t+j)}{\prod_{i=1}^{j} r(t+i)} \quad (6.17)$$

根据(6.15)式和(6.16)式,在任何 t 时期,个人的消费都由三部分决定:当期财富水平 $k(t)$,当期纯收入水平 $(r(t)-1)k(t)+w(t)$ 和一个对所有人都相同的由未来工资水平决定的固定消费水平 $b(t)$。根据这一结论,考虑一组具有相同财富水平的人,当用横截面数据的消费对收入水平进行回归时,得出的消费函数肯定会满足凯恩斯形式。但是,如果考虑一个财富水平不断增加的时间序列数据的消费函数,由于两期的财富水平存在着相关性,而且固定项也会随着未来工资的变化而变化,所以,由消费对收入进行回归得到的消费形式就不一定满足凯恩斯形式。从这一消费函数可以很容易理解"消费函数之谜",本章后面的分析还会进一步证明这一点。另外,(6.15)式和(6.16)式还表明,边际消费倾向和边际储蓄倾向在任何时间内都是一个常数[①],但是,平均消费倾向却会随着收入水平而

---

① 这一结论依赖于对数效用函数的假设。在 CRRA 的效用函数下,边际消费倾向和边际储蓄倾向不再是固定的。更具体地说,此时边际消费倾向和边际储蓄倾向都是一种递归形式,它们都依赖于下一期的资本回报率、相对风险规避系数和下期的边际消费倾向。具体参见 Gong 和 Wang(2006)。

第6章　中国的高储蓄、高投资和高经济增长

递减,平均储蓄会随着收入水平递增。如果个人当前的劳动能力提高,则他/她在当前将会同时提高其消费水平和储蓄水平,但消费增量和储蓄增量之比仍然保持$(1-\rho)/\rho$不变。

由(6.16)式所决定的消费函数的经济学直觉是很显然的。从个人一生收入水平这一视角来看,个人在t时刻其一生所有的收入包括其资本收入$k_j(0)$和他/她以后所能获得的所有劳动收入的贴现$\sum_{j=0}^{\infty} w(t+j)/\prod_{i=1}^{j} r(t+i)$。给定个人一生总收入不变,一生效用最大化的个人会按照个人主观贴现率和利率之间的关系来平滑自己一生的消费。由于资本收入在t时刻的现值由t时刻的财富水平决定,来自资本收入部分的消费$[(1-\rho)r(t)k_j(t)]$只由当前的利率和主观贴现率共同决定。然而,总劳动收入$\left[\sum_{j=0}^{\infty} w(t+j)/\prod_{i=1}^{j} r(t+i)\right]$不仅取决于当前工资水平$w(t)$,而且还同以后各期的工资$w(j)$(其中$j>t$)和利率$r(j)$(其中$j>t$)有关,所以,来自劳动收入部分的消费$\left\{(1-\rho)\sum_{j=0}^{\infty} w(t+j)/\left[\prod_{i=1}^{j} r(t+i)\right]\right\}$也就由当前工资水平、未来工资水平和利率水平共同决定。如果未来各期工资水平的预期贴现值相对于现在的工资水平会不断增加,那么消费者来自工资收入部分的消费量会高于当前工资的实际收入水平,因此消费水平就会增加而储蓄就会减少。反之则相反。由于未来工资对于当前的每个人来说都是未知,个人只有通过预期来获得。因此,个人对未来工资的预期形式对当前消费和投资的影响很大。不同的预期形式将直接影响个人的消费和储蓄行为以及加总经济的行为。

根据以上的分析结果,本章可以分析各期工资收入水平和利率水平变化对消费产生的影响。首先,如果个人在当前有一个高工资收入的冲击,假设个人对未来能力的预期值不变,由于个人预测当前收入冲击只能增加当前的劳动收入,他会把当期增加的劳动收入按照$\rho/(1-\rho)$的比率同时增加当期的消费和储蓄。而未来的工资并没有变化,当前工资收入的暂时性增加会降低消费率,提高储蓄率。这同 Friedman(1957)持久性收入假说的结论一样(Romer, 2001, pp.331-336)。其次,如果个人预期未来的工资水平增加,这就意味着个人一生的收入水平将增加,所以个人将会增加他未来所有时期的消费水平。这时,即使个人当前的收入没有变化,个人的消费水平从而消费率也会提高,储蓄率下降。因此,对未来预期的变化直接决定着个人当前的消费和储蓄行为。再次,如果下期的资本回报率提高,贴现到当前的个人一生资本收入不受影响,但贴现到当前的个人一生工资水平却会减少,所以,当前的消费水平会减少。因此,预期未来利率水平的提高可能会降低个人当前的消费,提高个人的储蓄率。最后,如果当前的资本回报率增加,贴现到当前的个人一生资本收入仍不受影响,但是,当前消费和未来消费的相对"价格"却发生了变化。由于未来的消费变得更便宜,现在的消费则相对更贵,所以个人也会增加未来的消费和当期的储蓄,减少当期的消费。

在(6.16)式两边同时取期望值,并根据以上消费函数、生产函数和市场条件的假设,可以进一步得到人均有效资本的递归方程为

$$(1+g)\hat{k}(t+1) = \rho[\hat{k}(t)+f(\hat{k}(t))] - (1+g)\hat{b}(t) \tag{6.18}$$

其中 $\hat{b}(t) = b(t)/A(t+1) = (1-\rho)\sum_{j=1}^{\infty}[(w(t+j)/A(t+1))/\prod_{i=1}^{j} r(t+i)]$。

6.4 加总经济的动态行为

6.4.1 短视性预期下加总经济和消费函数

这一小节假设消费者对未来采取的是一种短视性预期，即个人都把下一期的工资和利率作为未来所有时期内的工资和利率。也就是说个人只能预期到下一期工资和利率的变化，而对下一期之后的工资和利率的变化无法预期。因此他们将认为未来所有时期的工资和利率都等于下一期的工资和利率。在这一假设下，则 $\hat{b}(t) = (1-\rho)w(t+1)/A(t+1)(r(t+1)-1)$。由此，(6.18)式可以变形为

$$(g+1)\hat{k}(t+1) + \frac{(g+1)(1-\rho)}{\rho}\left[\frac{f(\hat{k}(t+1))}{f'(\hat{k}(t+1))}\right] = \hat{k}(t) + f(\hat{k}(t)) \tag{6.19}$$

根据(6.19)式，我们有以下关于加总经济动态性质的定理 6.1 和定理 6.2。

定理 6.1：在满足方程(6.11)的生产函数下，由递归方程(6.19)所决定的经济有且仅有一个均衡的人均有效资本 $\hat{k}_s^*$，并且它满足

$$f'(\hat{k}_s^*) = g\varepsilon_{yk}(\hat{k}_s^*) + [(g+1)(1-\rho)/\rho] \tag{6.20}$$

其中，$\varepsilon_{yk}(\hat{k}) = \hat{k}f'(\hat{k})/f(\hat{k})$ 表示资本产出弹性

证明：(见附录 6.1)

定理 6.1 表明，在短视性预期下，这一经济中存在唯一的平衡增长路径。并且在这一平衡增长路径上，人均有效资本和资本的回报率都保持不变。由此可得，在短视性预期下，平衡增长路径上人均资本的增长路径为

$$k_s(t) = A_0 \hat{k}_s^* (1+g)^t \equiv k_s^* (1+g)^t \tag{6.21}$$

资本回报率和工资水平分别为

$$r_s^* = f'(\hat{k}_s^*) + 1 = g\varepsilon_{yk}(\hat{k}_s^*) + \frac{(g+1)(1-\rho)}{\rho} + 1;$$

$$w_s^*(t) = A_0[f(\hat{k}_s^*) - \hat{k}*_s f'(\hat{k}_s^*)](1+g)^t \tag{6.22}$$

消费函数为

第 6 章 中国的高储蓄、高投资和高经济增长

$$c_s(t) = (1-\rho)[r_s^* k_s(t) + w_s(t)] + \frac{(1-\rho)w_s^*(t+1)}{r_s^* - 1}$$
$$= y_s(t) + \frac{(1-\rho r_s^*)y_s(t)}{r_s^* - 1} + \frac{gw_s^*(t)(1-\rho)}{r_s^* - 1} \tag{6.15'}$$

其中,$w_s^*(t) = A(t)[f(\hat{k}_s^*) - \hat{k}_s^* f'(\hat{k}_s^*)]$。

根据上面分析所得出的消费函数(6.15'),可以解释同消费函数形式有关的"消费函数之谜"。在消费函数的实证研究中,对于消费函数是否具有常数项,经济学家曾分别利用跨国横截面数据和时间序列数据对其进行检验,结果得到相互矛盾的结论。具体地说,当利用跨国横截面数据回归时,经济学家发现回归得到的消费函数满足凯恩斯假设,也就是说消费函数有常数项。但是,当用时间序列数据重新检验消费函数时,经济学家却发现,回归得到的消费函数并不存在常数项。因此,凯恩斯消费函数对时间序列数据不成立。这一现象被经济学者们称为"消费函数之谜"(Romer,2001,pp.334)。根据本章分析中所得到的消费函数形式,"消费函数之谜"可以很容易地得到解释。首先,对于横截面数据来说,由于不同个人在同一时期都具有相同的资本回报率和未来工资水平,因而消费函数(6.15')式中会有常数项。但是,当考虑一个具有经济增长的时间序列数据时,平衡增长路径上的工资会不断增加。因此,消费函数(6.15')式中的常数项不再是一个常数,它会随时间不断变化。消费函数也不再具有如(6.15')式所表示的稳定关系。其实,消费和收入在长期中将保持一个固定比例,如(6.23)式所示。

$$\frac{c(t)}{y(t)} = \frac{(1-\rho)r^*}{r^* - 1} + (1-\rho)\frac{gw(t)}{(r^* - 1)y(t)}$$
$$= 1 - \frac{g\varepsilon_{ky}}{r^* - 1} = \left[\frac{(g+1)(1-\rho)}{\rho}\right] \Bigg/ \tag{6.23}$$
$$\left\{g\varepsilon(\hat{k}^*) + \left[\frac{(g+1)(1-\rho)}{\rho}\right]\right\}$$

如果 $g = 0$,则 $c(t)/y(t) = 1$。如果 $g \neq 0$,且 $\rho = 0.9$、$\varepsilon = 1/3$、$g = 0.03$,则 $r^* = 1.1244$ 和 $c(t)/y(t) \approx 0.9196$。对于那些在同一时间上具有不同财富水平的组别,方程(6.15')也表明,它们也将具有相同的斜率和不同的横截项。所以,本章模型所得到的消费函数,可以很好地解释一些消费函数实证研究的结果①。

定理 6.2:在短视性预期下,如果在均衡点 $\hat{k}_s^*$ 附近有 $\varepsilon'_{yk}(\hat{k}) \leqslant 0$,那么 $\hat{k}_s^*$ 是递归方程

---

① 这一结果并不依赖于此处消费对未来工资短视性预期的假设。在后面的完全理性假设下同样也有这一结论成立。不过,两种假设下对利率和消费率的决定有所不同。

(6.19)式的一个局部稳定点;如果对所有的 $\hat{k}$ 都有 $\varepsilon'_{yk}(\hat{k}) \leqslant 0$,那么 $\hat{k}^*$ 也是递归方程 (6.19)式的全局稳定点。

证明:(见附录 6.2)。

定理 6.2 表明,如果资本产出弹性(它也表示资本收入占整个收入份额的比重)不是人均资本的递增函数(即 $\varepsilon'_{yk}(\hat{k}) \leqslant 0$),那么,无论经济从哪一种状态出发,它都会收敛到平衡增长路径上。但定理 6.2 的证明也表明,如果这一条件不满足(即 $\varepsilon'_{yk}(\hat{k}) > 0$),那么经济可能是发散的。这时,经济的初始状态对经济以后的发展很重要。幸运的是,在 Cobb-Douglas 生产函数(这时 $\varepsilon'_{yk}(k) = 0$)下和在 CES(这时 $\varepsilon'_{yk}(k) < 0$)生产函数下,经济都是全局稳定的。

定理 6.2 的经济学直觉不难理解。根据均衡条件方程(6.20)可知,在平衡增长路径及其附近,当存在哈罗德中技术进步时,人均有效资本回报率与 $\varepsilon_{yk}(\hat{k})$ 同方向变化。如果资本产出弹性是人均资本的非递增函数($\varepsilon'_{yk}(\hat{k}) \leqslant 0$),那么,资本回报率总会随着人均资本增加而递减。假设经济已处在人均有效资本低于平衡增长路径的状态,如果 $\varepsilon'_{yk}(\hat{k}) \leqslant 0$,则这时的资本产出弹性会高于平衡增长路径,这时的人均有效资本回报率也高于均衡增长路径上的回报率,从而高于平衡增长路径上的边际成本。所以,为了使得投资的边际收益同边际成本相等,个人投资肯定会高于平衡增长路径上的投资,从而人均有效资本肯定会增加,经济会不断地向平衡增长路径趋近。同理,当处于资本回报率高于均衡增长路径的状态时,经济也同样会趋于平衡增长路径。

但是,当资本产出弹性随着人均资本递增时,在平衡增长路径附近,人均资本回报率将会随人均有效资本增加而增加。这时,如果经济位于人均有效资本低于平衡增长路径的状态,根据 $\varepsilon'_{yk}(\hat{k}) \leqslant 0$,人均资本回报率就会低于平衡增长路径的水平,从而也就低于平衡增长路径上投资的边际成本。这时,个人将会比平衡增长路径上的投资更少。这就会使得人均有效资本减少从而继续远离平衡增长路径。人均资本的继续减少又会使得资本回报率更低,所以,经济又将会更远离平衡增长路径。同理,当经济位于人均有效资本低于平衡增长路径的状态时,经济同样也远离平衡增长路径。因此,在 $\varepsilon'_{yk}(\hat{k}) \leqslant 0$ 的情况下,经济就总是发散的,从而平衡增长路径是不稳定的。

6.4.2 完全理性预期下的加总经济和消费函数

在个人对未来工资和利率具有完全理性预期的假设下,根据(6.18)式有以下定理 6.3 和定理 6.4。

定理 6.3:在个人对未来工资和利率具有完全理性预期的假设下,对于满足方程

(6.11)的生产函数,由(6.18)式给定的经济中有且仅有一个均衡的人均有效资本 $\hat{k}_L^*$,它满足

$$\rho f'(\hat{k}^*)(1+g-\rho) \tag{6.24}$$

证明:(见附录6.3)

定理6.3说明,在完全理性预期下,经济中同样存在唯一的平衡增长路径。并且在这一平衡增长路径上,人均有效资本及其回报率都保持不变。另外,也可以得到完全理性预期下平衡增长路径上的人均资本增长路径。

$$k_L(t) = A_0 \hat{k}_L^* (1+g)^t \equiv k_L^* (1+g)^t \tag{6.21'}$$

此时资本回报率和工资水平分别为

$$r_L^* = (g+1)/\rho;\ w_L^*(t) \\ = A_0[f(\hat{k}_L^*) - \hat{k}_L^* f'(\hat{k}_L^*)](1+g)^t \tag{6.22'}$$

不难计算出,完全理性预期下平衡增长路径上的消费函数为

$$c_L(t) = (1-\rho)[r_L^* k_L(t) + w_L(t)] + \frac{(1-\rho)w_L^*(t+1)}{r_L^* - 1} \\ = y_L(t) + \frac{(1-\rho r_L^*)y_L(t)}{r_L^* - 1} + \frac{gw_L^*(t)(1-\rho)}{r_L^* - 1} \tag{6.15''}$$

其中,$w_L^*(t) = A(t)[f(\hat{k}_L^*) - \hat{k}_L^* f'(\hat{k}_L^*)]$。

定理6.4:在完全理性预期下,满足(6.24)式的人均有效资本 $\hat{k}_L^*$ 是递归(6.18)式的局部稳定点和全局稳定点。

证明:(见附录6.4)。

由此可见,完全理性预期假设下的加总经济具有同短视性预期假设下完全相同的动态性质。不过,两种假设下利率和消费率的决定有所不同。下面的分析将会进一步说明这一点。

6.5 消费率和储蓄率的决定:短视性预期和完全理性预期

由本章第3节的分析可知,无论是在短视性预期下还是在完全理性预期下,加总经济都存在一个稳定的平衡增长路径。但是,利率水平的决定和消费路径在这两种预期形式

下并不相同。因此,长期的消费率和储蓄率在不同的预期形式下也不相同。以下将假设经济都位于平衡增长路径上,以此来分析平衡增长路径上消费率和储蓄率的决定问题。

根据(6.15)式和(6.24)式,在完全理性预期形式下,长期的消费率为

$$\frac{c(t)}{y(t)} = 1 - \frac{gk(t)}{y(t)} = 1 - \frac{gk(t)f'(k(t))}{f(k(t))f'(k(t))}$$
$$= 1 - \frac{g\varepsilon_{ky}}{r^* - 1} = 1 - \frac{g\rho\varepsilon_{ky}}{g + 1 - \rho}. \tag{6.25}$$

所以,完全理性预期下平衡增长路径上的消费率和储蓄率是一个常数,这一常数仅仅取决于经济增长率 g、个人主观贴现率 ρ 和资本产出弹性 ε。当然,在利率给定时,消费率和储蓄率还取决于 g、ε 和利率 r,但同贴现率 ρ 没有关系。

在短视性预期下,根据(6.15)式和(6.20)式,长期的消费率为

$$\frac{c(t)}{y(t)} = 1 - \frac{g\varepsilon_{ky}}{r^* - 1} = \left[\frac{(g+1)(1-\rho)}{\rho}\right] \Big/ \left[g\varepsilon(\hat{k}^*) + \frac{(g+1)(1-\rho)}{\rho}\right] \tag{6.26}$$

根据(6.26)式,短视性预期下平衡增长路径上的消费率和储蓄率同样是一个常数,这一常数也仅仅取决于经济增长率 g、个人主观贴现率 ρ 和资本产出弹性 ε。在利率给定时,消费率和储蓄率取决于 g、ε 和利率 r,同样同贴现率没有关系。另外,无论是在短视性预期还是在完全理性预期下,对于各种参数对长期消费率和储蓄率特征,有以下定理6.5。

定理 6.5:无论是在短视性预期还是在完全理性预期下,经济增长率 g 提高,资本产出弹性 ε 提高,个人主观贴现率 ρ 提高或者利率水平 r 降低,都会降低平衡增长路径上的消费率,提高平衡增长率路径上的储蓄率。

证明:(略)。

定理6.5背后的经济学直觉很容易理解。首先来看看为什么经济增长率越高,消费率(储蓄率)会越低(高)。由消费函数的构成方程可知,长期的消费率(即消费和产出之比)来源于两部分:一部分为消费函数中的斜率,另一部分是消费函数中的截距项同国民总产出之比。在平衡增长路径上,给定一个固定经济增长率,人均消费、人均资本和人均产出都是以一个不变的速度增长,因此,人均消费和人均产出的比例(即长期消费率)会保持不变。这一点在(6.25)式和(6.26)式已经得到了体现。但是,如果平衡增长路径上的经济增长率增加,那么,人均消费和人均产出都会增加。由于工资会同经济增长从而同产出水平一起增加,所以,来源于截距项部分的消费率不变。但是,由于经济增长率的增加会引起利率的上升,因而利率会减小,所以,来源于斜率部分的消费率会下降。由

此,随着经济增长率的上升,长期的总消费率会下降,总储蓄率会上升。另一方面,也可以这样理解:由于消费仅仅是产出的一部分,经济增长率增加所引起的消费的增加会小于产出的增加。因此,经济增长率的增加自然就会引起消费率的降低,从而引起储蓄率的提高[①]。

其次,关于资本产出弹性对储蓄率和消费率的影响机制,也不难理解。如上所述,长期的消费率(即消费和产出之比)来源于两部分:一部分为消费函数中的斜率;另一部分为截距项同产出之比。在平衡增长路径上,资本产出弹性同样会影响均衡人均产出路径和均衡人均消费。由均衡人均有效资本的决定方程(6.20)式和(6.24)式可知,资本产出弹性越大,均衡的人均有效资本或者增大(短视性预期下),或者不变(完全理性预期下)。但是,资本产出弹性越大,工资收入部分会越小,所以消费函数的截距项会越小。由此,来源于截距项那部分消费率会减小。另外,如果人均有效资本减小(在短视性预期下),利率会增加。因此,来源于斜率的那部分消费率也会减小。所以,不管怎样,资本产出弹性增加时,消费率都会减小,储蓄率会增加。另外,从以上分析可以看出,在短视性预期下,资本产出弹性对消费率的影响由于可以通过工资和利率两种途径来实现,所以,此时资本产出弹性会比完全理性预期下更大地影响消费率和储蓄率的变动。

至于贴现率和跨期替代弹性对消费率的影响,主要在于他们会反方向地影响消费函数的斜率,从而会反方向地影响消费率,同方向地影响储蓄率。

6.6 长期储蓄率的数值模拟: 对中国高储蓄率原因的解释

6.6.1 数值模拟:模型和实际经济的对比

根据(6.25)式和(6.26)式可知,如果知道实际经济中 g、ε 和 ρ 等参数的数值,就可以估计出消费率和储蓄率。这一节根据现有文献中对各国经济中 g、ε 和 ρ 等参数的实际估计值来估算各国的消费率和储蓄率,并把它们同各国经济实际值进行对比,以检验本章模型对实际消费率和储蓄率解释的合理性。表 6.2 是以美国经济为例,对应于各种主观贴现

[①] 由于均衡时消费率 $C^* = c_t^*(g)/y_t^*(g)$ 是固定的,所以 $dC^*/dg = \{[dc_t^*(g)/dg]/c_t^*(g) - [dy_t^*(g)/dg]/y_t^*(g)\}C^* < \{[dc_t^*(g)/dg]/y_t^*(g) - [dy_t^*(g)/dg]/y_t^*(g)\}C^*$。因为当经济增长率 g 大于 0 时,平衡增长路径上总有 $pr^* > 1$,根据方程(5.15)和(5.15′),显然有 $dc_t^*(g)/dg < dy_t^*(g)/dg$,所以 $dC^*/dg < 0$。即经济增长率 g 增加,会降低消费率,增加储蓄率。

率水平,经济在短视性预期和完全理性预期下消费率和储蓄率的估计值。基于美国经济的实际情况,表 6.2 中经济增长率取 0.03,资本产出弹性取 1/3。由表 6.2 可以看出,如果主观贴现率 $\rho=0.95$[①],那么,短视性预期下的估计值同美国 2010—2017 年平均储蓄率 0.163 和 2000—2009 年平均储蓄率 0.174 都非常接近。因此,模型对于美国实际经济中的储蓄率的估计是非常合理的。当然,为了得到能同美国 20 世纪相符合的更高的储蓄率,则要更高的资本产出弹性,或者更高的经济增长率,或者是更高的主观贴现率和更高的跨期替代弹性。

表 6.2 消费函数的斜率、利率和主观贴现率($g=0.03$, $\varepsilon=1/3$)

ρ	0.95	0.9	0.88	0.85	0.8	0.7	0.6
R_f	1.084	1.144	1.171	1.212	1.288	1.471	1.717
C_f	0.881	0.931	0.941	0.952	0.965	0.979	0.986
S_f	**0.119**	**0.069**	**0.059**	**0.048**	**0.035**	**0.021**	**0.014**
R_s	1.064	1.124	1.150	1.192	1.268	1.451	1.697
C_s	0.844	0.920	0.934	0.948	0.963	0.978	0.986
S_s	**0.156**	**0.08**	**0.066**	**0.052**	**0.037**	**0.022**	**0.014**

注:C_f 为完全理性预期下消费率;S_f 为完全理性预期下储蓄率;R_f 为完全理性预期下资本的回报率;C_s 为短视性预期下消费率;S_s 为短视性预期下储蓄率;R_s 为短视性预期下资本的回报率(以下表格中这些字母的含义相同)。

根据邹至庄(Chow,2002,p.95)的估计,中国的资本产出弹性大约为 0.61,而中国近年来的平均经济增长率为 0.09 左右。表 6.3 是以中国经济为例,对应于各种主观贴现率水平,经济在短视性预期和完全理性预期下消费率和储蓄率的估计值。其中,$g=0.09$,$\varepsilon=2/3$。由表 6.3 可知,如果主观偏好率取 0.95,则短视性预期下模型估计中国经济的储蓄率为 0.511 5,这同中国 2008—2013 年的储蓄率非常接近,同中国 2000—2009 年 0.44 的平均储蓄和 2010—2017 年 0.49 的年平均储蓄率也相差不远。另外,表 6.4 中还估计出了当经济增长率取 0.07 时的储蓄率,这同中国近两年经济增长率下降时 0.46—0.47 的储蓄率比较接近。通过这些估计值可以看出,模型估计值对中国实际经济中的储蓄率解释得非常好。表 6.5 是取 $g=0.06$、$\varepsilon=1/3$ 时所估计出来的储蓄率,这些

---

① 由于我们这里采取的是对数效用函数,因此,它意味着人们的风险规避系数或者说跨期替代弹性为 1。据微观数据显示,跨期替代弹性为 1 到 10 之间都是合理的。所以,在采取 CRRA 形式的效用函数形式,如果跨期替代弹性大于 1 的话,那么更低一些的贴现率就可以达到 0.15 的储蓄率。Gong 和 Wang(2006)在 CRRA 效用函数下对消费函数和储蓄函数的理论分析已经证实了这一点。另外,这里之所以取 $\rho=0.95$ 是因为此时利率水平 r 大约在 6%—8% 之间,这同美国的长期资本收益率水平接近。以下关于 ρ 的取值的原因相同。

数值以及短视性预期下的储蓄率估计值同日本和韩国 20 世纪 70 年代的经济情况非常接近。

表 6.3 消费函数的斜率、利率和主观贴现率($g=0.09$,$\varepsilon=2/3$)

ρ	0.95	0.9	0.88	0.85	0.8	0.7	0.6
R_f	1.147 4	1.211 1	1.238 6	1.282 4	1.362 5	1.557 1	1.816 67
C_f	0.592 7	0.715 8	0.748 5	0.787 5	0.834 5	0.892 3	0.926 5
S_f	**0.407 3**	**0.284 2**	**0.251 5**	**0.212 5**	**0.165 5**	**0.107 7**	**0.073 5**
R_s	1.117 4	1.181 1	1.208 6	1.252 4	1.332 5	1.527 1	1.786 7
C_s	0.488 5	0.668 7	0.712 4	0.762 2	0.819 5	0.886 2	0.923 7
S_s	**0.511 5**	**0.331 3**	**0.287 6**	**0.237 8**	**0.180 5**	**0.113 8**	**0.076 3**

表 6.4 消费函数的斜率、利率和主观贴现率($g=0.07$,$\varepsilon=2/3$)

ρ	0.95	0.9	0.88	0.85	0.8	0.7	0.6
R_f	1.126 3	1.188 9	1.215 9	1.258 8	1.337 5	1.528 6	1.783 4
C_f	0.630 5	0.752 8	0.783 9	0.819 7	0.861 7	0.911 7	0.940 4
S_f	**0.369 5**	**0.247 2**	**0.216 1**	**0.180 3**	**0.138 3**	**0.088 3**	**0.059 6**
R_s	1.104 0	1.165 6	1.192 6	1.235 5	1.314 2	1.505 2	1.76
C_s	0.551 3	0.718 1	0.757 6	0.801 8	0.851 4	0.907 6	0.938 6
S_s	**0.448 7**	**0.281 9**	**0.242 4**	**0.198 2**	**0.148 6**	**0.092 4**	**0.061 4**

表 6.5 消费函数的斜率、利率和主观贴现率($g=0.06$,$\varepsilon=1/3$)

ρ	0.95	0.9	0.88	0.85	0.8	0.7	0.6
R_f	1.115 8	1.177 8	1.204 5	1.247 1	1.325	1.514 3	1.766 667
C_f	0.827 2	0.887 5	0.902 2	0.919 0	0.938 5	0.961 1	0.973 913
S_f	**0.172 7**	**0.112 5**	**0.097 8**	**0.081 0**	**0.061 5**	**0.038 89**	**0.026 087**
R_s	1.075 8	1.137 8	1.164 5	1.207 1	1.285	1.474 2	1.726 667
C_s	0.736 1	0.854 8	0.878 5	0.903 4	0.929 8	0.957 6	0.972 477
C_s	**0.263 9**	**0.145 1**	**0.121 5**	**0.096 6**	**0.070 2**	**0.042 2**	**0.027 523**

表 6.6 中取 $g=0.01$、$\varepsilon=2/3$,重新估计了平衡增长路径上的消费率和储蓄率。从表 6.6 中可以看出,在短视性预期下,如果 $\rho=0.95$,则储蓄率同一些低收入的发展中国家(如布隆迪、缅甸等)的低储蓄率非常接近。

表 6.6 消费函数的斜率、利率和主观贴现率($g=0.01$,$\varepsilon=2/3$)

ρ	0.95	0.9	0.88	0.85	0.8	0.7	0.6
R_f	1.063 2	1.122 222	1.147 727 273	1.188 235 3	1.262 5	1.442 9	1.683 3
C_f	0.894 4	0.945 454	0.954 863 462	0.964 582 3	0.974 603	0.984 9	0.990 2
S_f	**0.105 6**	**0.054 546**	**0.045 136 538**	**0.035 417 7**	**0.025 397**	**0.015 1**	**0.009 8**
R_s	1.059 8	1.118 889	1.144 393 939	1.184 902	1.259 167	1.439 5	1.68
C_s	0.944 3	0.943 925	0.953 828 751	0.963 944 9	0.987 138	0.984 8	0.990 2
C_s	**0.055 7**	**0.056 075**	**0.046 171 249**	**0.036 055 1**	**0.012 862**	**0.015 2**	**0.009 8**

通过以上数值分析可以发现,导致各国储蓄率差异的主要原因可能在于各国具有不同的经济增长率和资本产出弹性。数值分析显示,在低经济增长率和低资本产出弹性时,短视性预期和理性预期对各国储蓄率差异可能影响不大。但是,如果经济增长率和资本产出弹性很大时,短视性预期可能会加大各国之间储蓄率的差异。这一点可能对于理解东南亚国家之间和一些不发达国家之间储蓄率的差异非常重要。另外,由于其他外生因素所导致的各国投资回报率之间的差异可能也是各国储蓄率差异的重要原因。

6.6.2 对中国高储蓄率的解释以及对储蓄率未来变化的预测

由以上分析可知,一个国家或经济体系的消费率和储蓄率主要取决于经济增长率、主观贴现率(或者说是资本收益率水平)和资本产出弹性。另外,个人对未来工资的预期形式也是影响消费率和储蓄率的一个重要决定因素。从第 6.6.1 小节数值模拟的分析结果可以看出,引起中国储蓄率持续高涨的原因可能主要有以下几个。

第一,高经济增长率可能是导致中国高储蓄率的主要原因之一。根据第 6.6.1 小节的分析不难看出,在主观贴现率取 0.95 和资本产出弹性取 1/3 的情况下,当经济增长率从 0.03 增加到 0.09,在完全理性预期下,储蓄率会从 0.12 增加到 0.20,增加了 69.9%;在短视性预期下,储蓄率从 0.15 增加到 0.34,增加了 129%。另外,从图 6.2 中也可以看出,中国储蓄率下降的年份都对应着经济增长率下降的年份。因此,高经济增长率可能是导致中国现阶段高储蓄率的主要因素之一。但是,由于投资和储蓄是一个硬币的两面,高增长需要高投资,高投资必须靠高储蓄来维持。因此,很难说清高增长率和高储蓄率谁因谁果的问题。但可以肯定的是,高经济增长率必然需要高储蓄率来维持。

第二,单纯的经济增长率还不至于使得中国的储蓄率高达 45% 以上,导致中国高储蓄率的第二个最重要因素可能是中国的高资本产出弹性。数值模拟的结果表明,在主观贴现率取 0.95 和经济增长率取 0.09 时,当资本产出弹性从 1/3 增加到 2/3 时,在完全理性预期下,储蓄率会从0.20增加到0.41,增加了一倍;在短视性预期下,储蓄率会从0.34增加到0.51,增加了50%。资本产出弹性之所以会降低储蓄率主要在于,资本产出弹性越高,则工资收入占经济中的份额越低。在国民收入不变的情况下,这意味着工资收入越小。而工资收入决定着个人的固定消费水平。所以,资本产出弹性越高,个人的固定消费水平就会越低,从而消费率会越低,储蓄率会越高。

第三,个人对未来工资的短视性预期。在低经济增长率和低资本产出弹性下,个人对工资的预期形式对储蓄率的影响并不很大。如表6.2中显示:当经济增长率为0.03和资本产出弹性为1/3时(对应于美国经济),短视性预期下的储蓄率为0.156,完全理性预期下的储蓄率为0.12,两者仅相差3个百分点。但是,在高经济增长率和高资本产出弹性的情况下,人们对未来工资增长的短视性预期会导致储蓄率极大地提高。如表6.3显示:当经济增长率为0.09和资本产出弹性为2/3时(对应于中国经济),短视性预期下储蓄率为0.51,完全理性预期下为0.41,相差10个百分点。

导致中国高储蓄率的第四个因素可能是中国居民的高主观贴现率和高风险规避性(跨期替代弹性)。虽然本章的数值模拟结果没有显示出个人偏好上(主观贴现率和高风险规避性)的差异是导致中国和美国储蓄率差异的原因,但是,由于中国现在处于改革开放时代,旧的社会保障体制已经失去作用,新的社会保障体制还没有完全建立,这无形中会增加中国居民的风险。另外,改革开放本身带来的不确定性也增加了居民的风险。所以中国改革开放过程中个高风险性和高不确定性也可能是导致中国高储蓄率的重要原因之一。解释中国储蓄率的持续性增加可能同这一因素有关。

当然,由于本章分析中假设的简化,还有很多可能影响储蓄率的因素没有在模型中体现出来,还存在着很大的改进余地:首先,人口增长和人口结构的变化显然也是影响储蓄率的一个重要因素。本章模型由于没有人口增长,所以无法分析人口变化对储蓄率的影响。其次,由于一国总储蓄率应该包括政府储蓄和私人储蓄,而本章模型所分析的仅仅只是私人储蓄率。运用这一结论来讨论各国总储蓄的差异性可能会同实际情况产生误差。另外,由于本章主要分析的是平衡增长路径上储蓄率的决定。运用这一结果来分析中国实际情况时,可能会使大家存在"中国现实经济是否一定处于平衡增长路径"这一疑虑。因此,在本章模型中加入以上这些因素的任何一个都会使分析结果同现实经济更加接近,因而也都将是本研究进一步扩展的方向。尽管如此,通过本章模型的简单分析,我们基本上还是可以对导致中国高储蓄率的主要原因做出一些解释。而且,根据本章模型的分析,我们不难对未来中国储蓄率的变化做出一些预测。

首先,由于中国现阶段生产技术主要采取的是一种劳动密集型技术,中国现阶段的资本产出率极高,这是导致中国高储蓄率的主要原因之一。如果未来随着中国经济的发展,生产技术逐渐由劳动密集型向资本密集型转变,资本产出弹性逐渐降低的话,那么,可以预测未来中国的储蓄率也将会逐渐降低。因此,生产技术的转变会是未来拉动中国消费需求的一个重要因素。其次,如果中国未来还能保持持续的高经济增长率,那么,即使其他因素的发生变化会引起储蓄率有所降低,高经济增长率也会使得中国储蓄率保持一个较高的水平。再次,随着中国改革开放的深化,如果各项社会保障体制能逐渐健全,社会其他分配体制能逐渐完善,生活中的不确定性能相对减小,那么,人们的风险规避(或跨期替代弹性)可能会减小,这也会导致中国未来储蓄率的下降,从而拉动中国的消费增长。

6.7 高储蓄高投资的增长方式能否持续?

前文的分析已表明,自改革开放以来,中国储蓄率一直居高不下,而且持续上升。20世纪80年代初,中国储蓄率基本上维持在35%左右,至90年代末则超过了40%,2005年之后就一直在50%以上,2010年之后一直在下降,但2017年又在上升。高储蓄率问题一直都受到社会各界的关注。前几节通过模型对中国高储蓄率的可能原因进行了分析和探讨。这一小节将讨论两个问题:第一,高储蓄高投资的经济增长方式是否能持续?第二,高储蓄率高经济增长率的经济对中国居民的生活有什么影响?

6.7.1 高储蓄率对宏观经济可能具有三种效应

高储蓄对宏观经济影响的第一种效应是经济增长效应。对个人而言,收入在消费和储蓄之间的划分其实是个人消费在现在和未来之间的划分,因为今天多储蓄是为了明天可以多消费(对守财奴除外)。对于国家总体经济而言,一个国家所生产的全部产品只有两种用途:要么消费,要么投资。由一国产品的全部价值所形成的国民收入也只有两种用途:要么消费,要么储蓄。因此,如果不考虑进出口的影响,一国事后的总投资总是等于总储蓄,这就是宏观经济学中所讲的"总投资等于总储蓄"原理。消费是今天的事情,对明天的经济影响不大;储蓄代表明天的投资,它可以提高明天的生产能力。从这一点上看,今天的高储蓄意味着明天可以拥有更高的生产能力。反之,如果一个国家想要获得高经济增长率,也必定需要维持高储蓄率和高投资率。因此,在经济高速增长时期,出现高储蓄-高投资是必然的。这一点也已经被本章以上的模型所证明。

各国经济发展经验也表明,一个国家在从发展阶段向发达阶段过渡的时期,都会出现高储蓄现象。例如,20世纪六七十年代的日本与90年代的韩国,其储蓄率都在35%以上;20世纪八九十年代的新加坡与90年代的马来西亚其储蓄率都超过40%,90年代新加坡的储蓄率更是高达48%。相对而言,一些经济增长率较低的发展中国家其储蓄率也相

第 6 章 中国的高储蓄、高投资和高经济增长

对较低,以 2001 年为例,布隆迪的储蓄率为 5.2%,缅甸和埃及分别为 11.3% 和 15.1%。对于一些发达国家而言,由于其经济结构比较稳定,经济发展速度也比较平缓,消费占总体经济的比重也很大,所以其储蓄率位于不发达国家和快速增长的发展中国家之间,如 2001 年美国的储蓄率为 16.5%,英国为 16.7%,德国为 19.6%,加拿大为 23.2%。可以说,高储蓄率和高经济增长率总是结伴同行的,高经济增长率需要高储蓄率,同时高经济增长率也必然导致高储蓄率。

高储蓄对宏观经济影响的第二种效应是经济结构效应。与个人储蓄不同,对于国家总体经济而言,储蓄率水平的高低将直接影响该国未来的经济结构。如果现在储蓄率水平很高,就意味着现在有很大一部分需求是投资品需求,而消费品需求所占的比例就相对较低。厂商的生产总是盯住需求的,就现时的生产投资而言,高储蓄也会导致现时投资品生产方面的投资较多,消费品生产方面的投资相对较少。从而,明天就会出现投资品方面的高生产能力和消费品方面的低生产能力。因此,如果现在的储蓄率很高,那么在较短时间内消费品的生产能力就无法得到提高,明天的消费水平也就无法提高。由此可见,一个今天具有高储蓄率的国家,它必然在明天具有一个高比例的投资品生产能力和低比例的消费品生产能力的经济结构。例如,由于中国 2008 年的 4 万亿财政支出都用于道路、桥梁等基本建设,那么在其后的一段时期内,中国的道路、桥梁等基础设施的运行能力必然会大大提高。同时,由于这 4 万亿财政支出事后证明也有很多流入了房地产领域,这导致了 2009 年之后一段时间中国住房供给的大量增加(参见图 6.1 和图 6.3)。但是,一些消费品的生产能力在短期内未必能有多大的改善。

加速投资效应是高储蓄所产生的第三种宏观经济效应。一国高储蓄率水平对该国总体经济的影响可能还不止于此,如果我们进一步考虑今天的投资通过明天对后天的经济结构所产生的影响,那么,我们可能还需要更谨慎些。当今天经济中呈现高储蓄率水平时,由于明天的投资品生产能力增加,所以明天生产的投资品也更多。为使明天所生产的投资品能够全部被吸收,就需要明天有比今天更高的储蓄率和投资需求来吸收明天的投资品,如果明天的经济能够维持稳定发展,从而明天的储蓄率水平和投资需求足够吸收明天投资品的产出,那么,后天将必然有比明天更高的投资品生产能力。由此可见,要想维持整个经济的稳定平衡发展,过高的储蓄率除了导致经济增长效应和经济结构效应外,还可能存在一种使得储蓄-投资自我膨胀的动态加速效应。

6.7.2 高储蓄率不利于经济持续稳定发展

虽然高经济增长率的国家一般具有高储蓄率,但是,在各国的历史发展经验中,除了新加坡这个以转口贸易为主的小国之外,还没有一个国家在其经济高速增长阶段能长期

维持40%以上的储蓄率,而中国现在的储蓄率却超过45%,而且还有继续上升的趋势。当然,如果经济结构合理,现在的这种经济状况还可能持续,而且居民的消费水平还能提高,未来的生活水平和福利水平至少还不会变差。但是,如前所述,高储蓄-高投资可能具有经济结构效应和加速投资效应。如果现在的储蓄率很高,那么未来的投资需求可能更高,因此,未来的储蓄率可能会更高。这一点可以从中国1978年以来不断增长的高储蓄率得到验证。但是,未来的消费或者生活水平却不一定提高(因为消费比例下降,消费水平不一定能同产出一起增长),这也正是宏观经济学者对中国高储蓄率所担心的问题。也就是说,目前这种不断自我膨胀的高储蓄-高经济增长模式总有一天是不能持续的。如果不转变方式,高经济增长可能在不远的将来就将中断。而且更重要的是,一旦高经济增长中断,很多其他社会经济问题就会变得更为严重,如失业、社会保障等。因此,从经济的持续稳定发展角度来看,目前的高储蓄率对经济发展不利。

就高储蓄率的经济增长模式对居民生活水平的影响而言,因为居民的福利水平取决于其消费水平,所以在经济增长率相同的情况下,低储蓄率的经济总是要比高储蓄率的经济福利水平更好。高储蓄率-高投资率只有在它能够不断带来经济增长,并能够不断提高居民消费水平的情况下,才能提高社会福利水平。只有这样的高储蓄-高投资带来的高GDP增长对老百姓的生活才具有实际意义。但是,就我们目前的情况而言,虽然从1978以来,中国人均GDP增长率达到8.5%,但至少就最近10年来看,普通居民的实际工资水平几乎没有变化,这也就意味着居民的消费水平几乎没有提高。对于这种不能提高居民消费水平的高经济增长方式,其意义也是值得商榷的。

第7章

中国房地产的发展和经济增长[①]

① 本章部分内容发表在《金融研究》2015 年第一期。

自1978年改革开放以来，中国房地产行业产值在中国GDP中所占的比重（以下简称房地产业GDP占比）一直上升，房地产行业在中国国民经济中的地位越来越重要。图7.1显示1952—2016年中国房地产业GDP占比的变化情况。从图7.1中可以看出，改革开放前的1952—1978年，中国房地产业GDP占比基本在2%附近徘徊，1978年中国房地产GDP占比大概是2.2%。但从1983年之后，我国房地产业GDP占比基本上呈现上升趋势。到了2016年，中国房地产业GDP占比达到6.5%。就中国目前的宏观经济结构来说，如果考虑到乘数效应，房地产行业已经成为能直接影响到中国整体经济增长形势的最重要的行业之一。实际上，中国近10年来都一直面临着这样的困境：政府一放开对房地产行业的管控，房价就疯狂上涨；政府一对房地产行业进行管控，经济增长率就大幅度下降。鉴于房地产行业对中国国民经济发展和经济增长的重要性，本章将主要分析中国房地产行业的发展及其与中国经济增长的关系。

图7.1 房地产业GDP占比的变化趋势图：1952—2016

注：数据来源为CEIC数据库。原始数据来源于中国国家统计局。

本章以下的结构安排是：第1节分析了中国房地产行业的发展状况及存在的问题；第2节是相关问题的文献综述；第3节在一个内生经济增长的OLG模型中分析了土地和住房供给同经济增长和房价之间的关系；第4节运用中国跨省面板数据分析中国住房供给对各省经济增长和房价上涨的影响，并根据理论结果检验中国房价是否存在泡沫；第5节是本章理论和实证分析的主要结论及其缺陷；第6节对中国房价持续高涨的原因以及政府调控所面临的困境进行了讨论。

7.1 中国房地产行业的现状及其特征

第2章的分析表明,改革开放以来中国经济持续增长,中国城乡居民的收入水平和消费水平不断提高,人们在衣食方面的消费需求得到了极大的满足和提高。经济学基本原理表明,由于边际效用递减规律的作用,随着经济增长所带来人们收入水平的提高,当衣食需求不断得到满足之后,人们都会转向更高层次的住行方面的需求。因此,随着中国经济的发展,在衣食方面的基本需求得到满足之后,住行方面的需求也就变得日益重要和迫切了。住房作为满足人们居住需求的首要物质基础,也就逐渐成为人们日常生活中所追求的首要目标了,而作为住房供给的房地产行业对中国国民经济发展的影响和作用自然也就变得越来越重要了。

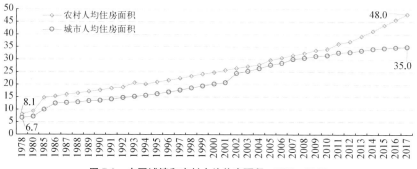

图7.2 中国城镇和农村人均住房面积:1978—2017

注:① 原始数据来源于中国国家统计局。其中1978—2012数据来源《中国统计年鉴2014》,2013—2017数据根据中国国家统计局公布的城乡新建住宅面积数据和城乡人口数据以及上一年的人均住房面积计算得到。② 纵坐标单位:平方米。

在中国现实经济的发展过程中,人们不断提高的居住需求在住房的数量和价格这两个宏观指标方面都有显著的表现。图7.2显示了1978—2017年中国城乡人均住房面积的变化情况。从图7.2可以看出,自改革开放以来,中国居民的住房条件确实都在不断提高。其中农村居民住房面积从1978年的人均8.1平方米提高到2017年的人均48.0平方米,39年提高了4.93倍。城镇居民人均居住面积从1978年的人均6.7平方米提高到2017年的35.0平方米,39年间提高了4.22倍[①]。图7.3给出了中国1978—2017年农村和城镇每年

---

① 中国国家统计局2017年6月公布的数据中,我国2016年全国居民人均住房建筑面积为40.8平方米,城镇居民人均住房建筑面积为36.6平方米,农村居民人均住房建筑面积为45.8平方米。其中国家统计局公布的数据中,城镇居民人均居住面积低于正文中计算的数值,农村人均居住面积同正文中计算数值相同。

第 7 章 中国房地产的发展和经济增长

新建住宅面积的变化趋势。从图 7.3 中可以看出，自 1978 年以来，中国城镇新建住房面积一直呈现上升趋势，尽管近 3 年来有所下降。农村新建住房面积在 1978—1986 年迅速增长，之后则每年新建住房面积在 8 亿平方米上下波动。

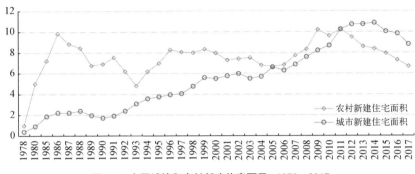

图 7.3　中国城镇和农村新建住房面积：1978—2017

注：① 原始数据来源为中国国家统计局；1978—2012 年数据来源《中国统计年鉴 2014》，2013—2017 年数据来源于 CEIC 数据库。② 纵坐标单位：亿平方米。

由于以住房建设为主的房地产投资同时也是中国国内生产总值（GDP）的一部分，不断增长的新建住房投资同时也构成促进中国经济增长的一个重要因素。以住房投资为主的房地产行业的发展对中国的经济增长有着重要的影响。正如前文所说，其实近年来中国的经济增长已经到了严重依赖于房地产发展的地步。图 7.4 显示了中国 1997—2017 年房地产投资增长率和实际 GDP 增长率的变化趋势图，从图 7.4 中可以发现，房地产投资增长率的变化同中国的经济增长率存在很强的同步性。当然，关于房地产投资和经济增长之间的因果关系，单纯通过这一简单的趋势图还无法确定。不过，同其他的投资不一样的是，土地作为房地产投资和住房生产的一种最关键要素，土地供给变化的情况在很大程度上可能制约着房地产投资和房地产行业的发展。由于中国的土地从法律上讲都属于国家（集体）所有，中国的房地产行业并不是一个完全市场，土地供给从而新增住房供给本质上来讲是由地方政府决定的。从这一意义上讲，中国土地供给在一定程度上可能是由政府外生决定的①。由此产生的问题就是，中国的经济增长是否受到中国的土地供给从而住房供给和房地产行业发展的影响呢？土地供给和住房供给影响经济增长的机制是什么呢？这是本章所要研究的重要问题之一。

人们不断提高的居住需求在住房价格方面的表现就更加明显。近 30 年来，特别是 1999 年住房分配制度改革以来，中国住房价格（以下简称房价）几乎一直都在以近乎疯狂

---

① 当然，如果地方政府了解土地供给对经济增长的影响之后，利用土地供给来调节经济增长，可能土地供给又成为内生的。

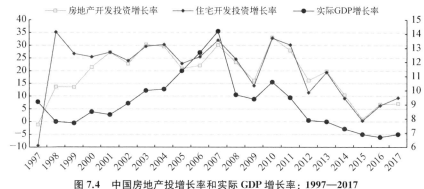

图 7.4 中国房地产投资增长率和实际 GDP 增长率:1997—2017

注:① 原始数据来源为中国国家统计局,此处数据系作者根据 CEIC 数据计算得到;② 纵坐标单位为%,其中实际 GDP 增长率为右边纵坐标,房地产和住房投资增长率为左边纵坐标。

的速度上涨。根据中国国家统计局的数据,图 7.5a 和 7.5b 分别给出 1995—2017 年中国住宅商品房全国平均销售价格的变化趋势和 1993—2017 年中国四大一线城市(北京、上海、深圳和广州)住宅商品房平均售价的变化趋势。根据这些数据可知,1995 年中国商品房全国平均销售价格为每平方米 1 710 元,住宅商品房全国平均销售价格为每平方米 1 618 元左右。1999 年住房分配制度改革时,中国商品房全国平均销售价格为每平方米 2 503 元,住宅商品房全国平均销售价格为每平方米 1 857 元,全国 35 个大中城市的住房平均售价为每平方米 2 529 元;1995—1999 年商品房全国平均销售价格年增长率为 4.7%,住宅商品房全国平均销售价格年增长率为3.6%。到了 2016 年,中国商品房全国平均销售价格上涨到每平方米 7 892 元左右,住宅商品房全国平均销售价格上涨到每平方米 7 613 元左右,全国 35 个大中城市的住房平均售价为每平方米 11 048 元;1999—2016 年全国商品房平均售价年平均增长率为 7.77%,住宅全国平均售价年平均增长率为8.15%,35 个大中城市的住

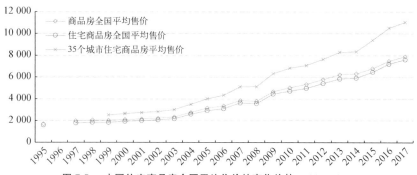

图 7.5a 中国住宅商品房全国平均售价的变化趋势:1995—2017

注:① 数据来源于 CEIC 数据库;② 纵坐标单位为元/平方米。

第7章 中国房地产的发展和经济增长

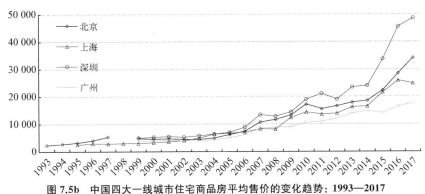

图 7.5b 中国四大一线城市住宅商品房平均售价的变化趋势：1993—2017

注：① 数据来源于 CEIC 数据库；② 纵坐标单位为元/平方米。

房平均售价年平均增长率为 8.54%。中国四大一线城市的房价上涨得更快。从 1999 年到 2017 年这 18 年间，北京、上海、深圳和广州四大城市的住宅商品房价格分别上涨了 6.1 倍、7.0 倍、8.7 倍和 3.5 倍，其住房价格年平均增长率分别为 11.6%、12.3%、13.5% 和 8.7%。房价的上涨远高于同期以 GDP 消胀指数衡量的通货膨胀率，甚至超过了同期的工资增长率、人均可支配收入的增长率和人均 GDP 增长率。

为了控制中国房价的快速上涨，自 2005 年以来，中国政府已多次出台房地产调控政策。其中 2005 年出台了"国八条"，2006 年出台"国六条"，2008 年受全球金融危机影响调控略有松动，2009 年颁布"国四条"。2010 年 1 月出台"国十一条"，规定二套房首付比例不得低于 40%，4 月发布"国十条"，制定限购政策（北京市甚至规定"每个家庭只能新购一套商品房"），且第一套房首付比例不得低于 30%，之后暂停了第三套房房贷。2011 年把二套房首付比例提高到 60%，其贷款利率提高到基准利率的 1.1 倍以上，并且在上海和重庆开始房产税试点，同年央行 3 次加息。2012 年中央表示坚持房地产调控政策不动摇。2013 年 2 月出台"新国五条"细则，规定各商业银行暂停发放第三套及以上住房贷款，二手房交易征收 20% 的个人所得税，以抑制投资需求。11 月底，上海、广州、深圳、北京等城市相继推出新一轮调控政策，主要内容均为收紧限购政策及加大土地供应。随后，二三线城市加入楼市调控大军，"汉七条"等相继出台。2014—2016 年房价调整政策稍有放松，但随之就出现了全国房价的新一轮狂涨。由此，2017 年政府又加强了房地产调控力度，各大城市都根据中央政策的要求发布了各种房地产调控政策，从限购、限贷、限价，到以北京"3·17新政"的"限售模式"。当前的房地产价格调控政策甚至被人称为"限购、限贷、限价、限售"的四限时代政策。然而，在如此众多如此严厉的房价调控政策下，为什么中国房价不但能一直居高不下，而且还快速上涨？为什么政府的房地产调控政策对房价及其上涨趋势几乎没有影响？在经济增长的过程中，房价的长期变化趋势究竟由什么因素决定？

这些都是本章所要研究的另一重要问题。

正如上文所说,其实,在中国房价不断飙升的同时,中国的住房供给也在一直增加。不过,中国房价的上涨速度远快于住房供给的增长速度。图7.6显示了1998—2017年中国房价上涨率和人均住房供给增长率的变化趋势。从图7.6中可以看到,在绝大多数年份中,中国房价和人均住房面积都是正增长,且房价增长率都大于人均住房面积增长率;不过,从增幅来看,人均住房面积增长速度却呈现出下降趋势,而房价增长率则呈现出上升趋势。2004—2011年中国各省(区、市)房价上涨率和人均住房面积增长率之间的散点图也显示,中国房价上涨率和人均住房增长率之间存在着负相关(如图7.7所示)。为什么在中国住房供给不断增加的情况下,中国的房价仍然不断上涨?为什么房价上涨率和住房供给增长率之间会存在负向关系呢?这也是本章所感兴趣的问题之一。

其实,从局部均衡分析视角的供求原理来看,住房供给的增加会降低住房价格,由此似乎可以把中国房价持续上涨的原因归结为住房供给的不足。但是,这并不足以得出供给增长率下降会导致价格上涨率上升的结论,它更不能解释为什么在住房供给增长不断增加的情况下,中国房价仍然不断上涨,且上涨速度大于住房供给增长速度。不过,从一般均衡分析的宏观视角来看,土地和住房供给不仅仅会影响到住房的供给,它还会通过影响经济增长和人们的收入水平而影响住房需求。因此,研究土地和住房供给的增加对房价的总体影响效应,理解中国房价上涨率和住房供给增长率之间的关系,必须同时考虑它对经济增长和人们收入水平的影响,综合考虑土地供给对住房供给和经济增长的总体影响效应来进行分析。有鉴于此,本章研究将从一般均衡的宏观视角,通过综合考虑土地和住房供给对房价供给和需求(经济增长和收入水平)两方面的影响,来研究土地供给对房价的影响。

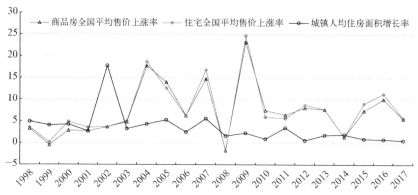

图7.6 中国城镇人均住房面积增长和城镇房价上涨率的趋势图:2002—2016

注:① 数据来源为CEIC数据库;② 纵坐标单位为%。

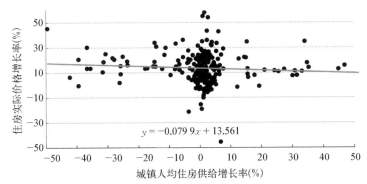

图 7.7　中国各省(区、市)房价上涨率和人均住房增长率的散点图

注：① 数据来源为 CEIC 数据库；② 时间为 2004—2011 年。

不过,土地和住房供给对经济增长的影响机制也非常复杂,而且它还同土地和住房供给对房价的影响效应有关。首先,显然土地作为生产要素,其供给的增加会促进经济增长。其次,更重要的是,土地和住房供给还会影响人们在住房"消费"和一般商品消费之间的消费替代行为,以及影响人们在住房"投资"同实体"投资"之间的储蓄替代行为,从而影响到整个社会的物质资本投资和物质积累过程,并间接影响到长期经济增长。而且土地和住房供给通过这种间接机制对经济增长产生的效应会比它作为生产要素对经济增长产生的直接效应重要得多。从第二种效应来看,土地和住房供给增加之后,在价格不变的情况下,可能会使得人们把更多的储蓄投在住房上从而不利于物质资本积累,这将导致物质资本积累下降并抑制经济增长。但是,如果土地供给增加能够抑制房价上涨甚至促使房价下降,价格效应可能会导致人们减少住房"消费"占总消费的比率,并促使选择实体"投资"来替代住房"投资",这又会有利于物质资本积累和长期经济增长。不过,根据 2004—2011 年中国各省(区、市)经济增长率同人均住房面积增长率之间的散点图(如图 7.8 所示),各省(区、市)城镇住房供给增长率同经济增长率之间似乎已存在一种反向变化的关系。为什么中国住房供给增长率同经济增长率之间存在负相关？这又是本章所要分析的一个令人迷惑而又有趣的问题。

综上所述,本章以下将主要在土地和住房供给、经济增长和住房需求的宏观经济学一般均衡分析框架中,研究土地供给同经济增长和房价变化之间的关系,并从动态经济学的角度来研究住房供给对房价和经济增长的长期影响。基于这一分析视角,本章将首先建立一个具有住房"消费"的、内生经济增长的 OLG 模型,运用一般均衡的动态宏观经济学方法,在经济长期增长的动态过程中来分析土地供给对房价变动和经济增长的影响；然后,将运用中国跨省面板数据来检验本章的研究结论,并利用理论分析的机制和原理,来检验中国住房供给对中国房价变化和经济增长的影响,分析中国房价持续上涨的根本原

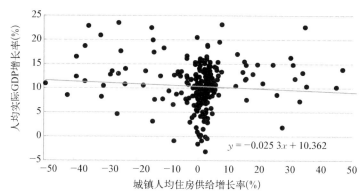

图 7.8 中国各省(区、市)经济增长率和人均住房增长率的散点图

注：① 数据来源为 CEIC 数据库；② 时间为 2004—2011 年。

因和内生机制。本章的理论模型研究表明：在消费者具有住房"消费"的经济中，即使是在没有投机性住房需求和房价没有泡沫的情况下，土地和住房供给的增长也是影响房价和经济增长的主要因素之一。特别是，在平衡增长路径上，房价上涨率等于经济增长率(也等于人均收入增长率)加上人口增长率，再减去人均土地供给(模型中也表现为人均住房供给)增长率。其次，更重要的是，由于住房提供的服务并不是一期完成，它未来所具有的价值使得它可同时作为消费品和投资品。住房的这一特性使得在某些条件下人们有可能会进行住房投机行为，从而导致经济中存在一种不稳定的均衡。这种不稳定的均衡意味着经济极容易偏离均衡状态，从而出现房价泡沫。经济一旦偏离均衡出现泡沫之后，只有当经济达到极度萧条迫使泡沫强行破灭后，经济才能重新回到均衡状态。本章的实证研究结果表明，中国住宅供给的增长率确实对经济增长率具有显著的正向影响，而对房价上涨率具有显著的负向影响，并且中国房价确实存在由于投机性需求所产生的泡沫。

7.2 本章文献综述

同本章研究有关的文献主要包括两类：第一类是研究土地供给和房地产发展同经济增长关系的文献；第二类是解释中国高房价的文献。以下分别进行综述。

7.2.1 房地产与经济增长的关系

关于土地供给和房地产发展同经济增长关系的理论研究文献国内很少，国外这方面

第7章 中国房地产的发展和经济增长

的理论研究文献主要有：Nichols(1970)最早研究了经济增长对土地价格和土地收益率的影响，但他没有研究土地对经济增长率的影响。Meadows et al.(1972)和 Nordhaus(1992)研究了土地作为农业生产要素其供给对经济增长和经济效率的影响，但他们都没有讨论土地作为房地产生产要素对经济增长的影响。Rhee(1991)和 Homburg(1991)讨论了具有土地要素的经济中是否存在动态无效性的问题，即研究经济是否会因为存在土地投资挤出物质资本而避免资本的过度积累，但他们也没有讨论土地对经济增长的影响。所以，这些文献虽然也研究土地供给和经济增长之间的关系，但同本章所关注的问题和研究方法都不同。同本章最接近的是 Deaton 和 Laroque(2001)，该文在一个具有规模报酬不变生产函数和土地供给不变的 OLG 模型中，分别在土地具有内在价值（来自于土地上的住房所提供的居住服务）和不具有内在价值的假设下，比较分析了土地内在价值对经济均衡状态的影响。Deaton 和 Laroque(2001)研究认为，首先，如果土地没有内在价值，经济中会存在两个均衡：一个是自给自足的均衡状态，另一个是满足黄金律（Golden rule）的均衡状态（以下简称黄金律均衡）；自给自足的均衡是不稳定的，黄金律均衡是稳定的，长期内经济会位于黄金律均衡。在黄金律均衡状态下，经济中不会存在动态无效率，且房价上涨率等于人口增长率，同时也等于利率水平。如果土地具有内在价值，经济中至少存在一个均衡状态，且这一均衡状态下的劳均物质资本、消费水平和储蓄水平，都比土地不具有内在价值经济中的自给自足均衡下的劳均物质资本更低。此外，初始土地禀赋对均衡状态的人均消费和劳均产出都没有影响，而人们对土地和住房的偏好强度则对人均消费和劳均产出有负向影响。由于 Deaton 和 Laroque(2001)假设生产函数规模报酬不变和土地供给固定不变，均衡状态下并不存在内生经济增长，因此，该文只能分析土地偏好和土地供给一次性变化对产出的影响，无法分析土地供给增长率同经济增长和房价之间的关系。同 Deaton 和 Laroque(2001)相比，本章模型有两点不同：首先，本章假设了 Arrow-Romer 形式生产函数，因此本章模型具有内生经济增长机制，从而能够分析土地供给因素对经济增长的影响；其次，本章假设土地供给和人口增长率都是可变的，因此可以分析土地和住房供给增长率以及人口增长率对房价和经济增长的影响。

从其他视角来研究房地产对经济影响的理论文献还有：Wong(2001)通过构建一个简单的供需模型解释了1997年经济危机之前泰国房地产市场崩溃的原因及其经济影响。Li 和 Yao(2006)从住房可同时作为消费品和投资品的双重属性视角分析了房价上涨对不同年龄人群的消费行为和福利水平的影响。谭政勋(2010)在两部门经济的 IS-LM 模型引入房价，分析了房价快速上涨对居民消费和居民收入差距的影响。段忠东(2007)在一个三部门经济的产出决定方程中分析了房地产价格对投资、储蓄和产出的影响。这些文献同本章研究的相关性不大，这里不再详细讨论。

经验研究文献大致包括三个方面。首先,在房价和经济增长方面,Goodhart(2002)利用跨国面板数据的研究结果显示,房价上升对 CPI 和利率上涨具有显著正效应,同时对经济波动也有显著影响。段忠东(2007)用中国 1998—2006 年月度数据得出的研究结果显示,短期内房价对通货膨胀与产出的影响十分有限,长期则对通货膨胀与产出产生重要的影响,并且在房价与通货膨胀产出之间存在正反馈机制。王擎和韩鑫韬(2009)利用中国 1998—2008 年季度数据的研究表明,房价波动会导致经济增长率显著下降,但对经济增长的波动没有显著影响。其次,在住房投资对经济影响方面,Bisping and Parton(2008)的研究认为,美国住房投资波动对 GDP 的影响比非住房投资波动的影响大得多,但对外贸易有利于缓解住房投资波动对经济的不利影响。谭政勋(2010)的研究认为,中国房价的过快上涨刺激了住宅投资过热,并进一步加剧了房价上升的预期,它对一般性商品的消费也具有显著挤出效应。Chen et al.(2011)的研究认为,房地产投资对经济增长有显著促进作用。最后,从住房投资和经济增长的因果关系方面,Green(1997)的研究认为,住宅投资是促进 GDP 增长的格兰杰原因,非住宅型投资是 GDP 增长的结果。Coulson 和 Kim(2000)的研究认为,住房投资是消费支出的格兰杰原因,住房投资对 GDP 的影响比非住房投资显著得多。同这些经验文献相比,本章基于理论分析的结果认为,由于房价是住房供给和住房需求共同影响的结果,而这两者又都受到土地供给和经济增长的影响,房价是经济增长和土地供给的变化结果;另外,当经济位于非平衡增长路径时,人均住房消费占人均收入之比对经济增长率和房价上涨率都具有显著影响,实证研究则进一步证实了这一结论。

7.2.2 中国房价居高不下持续上涨的原因

2003 年以来,国内有大量研究中国房价的文献,其中大部分研究都认为,中国房价存在着泡沫(吕江林,2010 等)。例如,姜春海(2005)对中国房地产基本价值、投机泡沫和泡沫度进行实际计算后认为,中国房地产泡沫已经产生,并且比较严重。况大伟(2008)认为,到 2006 年为止,中国"东部地区存在较严重的住房泡沫,中西部地区没有明显的住房泡沫"。吕江林(2010)认为,"中国城市住房市场总体存在泡沫、部分城市泡沫较大,特别是当前中国城市住房市场泡沫十分显著、部分一线城市泡沫惊人、蕴含巨大金融风险"。不过,邹至庄和牛霖琳(2010)认为,1987—2006 年中国城镇房价的快速上涨主要是由需求与供给造成的,其中人均收入和建筑成本是两大最主要因素;到 2006 年为止的数据没有显示中国发生了全国性的房价泡沫。尽管关于中国房地产是否存在泡沫还存在争议,但中国房价居高不下持续高涨的现实基本上是被社会和学界都承认的。

第7章 中国房地产的发展和经济增长

关于中国房价居高不下持续高涨的原因，现有文献主要从住房供给和需求两方面进行研究。需求方面的理论主要有消费者房地产投机论和国家房地产过度金融支持论。房地产投机论的观点认为，中国消费者对住房的投资和/或投机行为导致了房价快速上涨并出现房价泡沫[①]。袁志刚和樊潇彦(2003)基于局部均衡分析的理论研究认为，当地产商和购房者可以取得足够多的银行贷款从而导致房地产的市场均衡价格高于其基本价值时，理性预期的消费者对房地产的投资行为将会导致房地产产生泡沫。况伟大(2010a)基于住房市场供求模型的局部均衡分析进一步表明，在一定的条件下，无论是在理性预期下还是在适应性预期下，消费者对住房的投机行为都会导致住房市场产生泡沫。王永钦和包特(2011)则进一步从不完全信息下不同类型消费者相互作用的视角，分析了各种类型的市场不完全性及其相互作用对于房地产泡沫生成的影响。其研究认为，住房的供给弹性、房产税、首付率、信贷市场上的有限责任制度、住房的质量和产权保护度等对于泡沫的产生具有重要影响。通过以滞后期的房价变量作为预期投机行为的代理变量，房地产投机论方面的实证研究也都发现，基于预期的投机行为确实对房价上涨具有显著的解释力（周京奎，2005；况伟大，2010a等）。需求方面的房地产金融过度支持论认为，21世纪以来中国对房地产行业的过度金融支持（如住房信贷和利率优惠等政策）是导致房价快速上涨甚至出现泡沫的主要原因。这方面的理论研究有：张涛等(2006)从消费者对住房居住需求和投资需求的优化行为入手，分析了贷款规模和贷款利率对住房均衡价格的影响机制。许承明和王安兴(2006)基于房地产投资者的经济行为模型，分析了在各种融资条件下投资者可能存在的违约以及风险转移行为，并给出了投资者以按揭贷款方式进行房地产投资时理论上房价的均衡价格和价格泡沫。孔行等(2010)则根据房地产耐用消费品的特征，在一个房地产市场跨期均衡理论模型中，分析了住房按揭贷款对房地产市场有效需求的影响机制。况伟大(2010b)在一个住房市场同时具有购房者、开发商和中央银行三种行为主体的动态均衡模型中，考察了利率对房价的影响机制和效应。李绍荣等(2011)在一个具有市场化购房信贷和政府管理信贷的两类房贷市场模型中，分析了货币或信贷调控政策对消费者行为和房地产市场的影响。这些文献的理论研究都表明，对房地产的信贷政策和利率优惠政策都会增加消费者的住房需求和提高房价。这方面的实证分析也都证实，住房抵押贷款和利率政策确实对中国房价具有显著的影响（张涛等，2006；梁云芳和高铁梅，2006；孔行等，2010；周京奎，2012；等等）。

供给方面的理论主要有地方政府地价控制论和开发商住房市场垄断论。地方政府地价控制论认为，地方政府对土地供给的垄断和地方政府对土地收入的财政依赖是中国房

[①] 关于泡沫产生的一般理论机制在国外文献中已经有大量的分析，关于这方面的综述可参见袁志刚和樊潇彦(2003)与吕江林(2010)。

价持续高涨的根本原因。刘民权和孙波(2009)通过对地方政府和厂商博弈的理论分析表明,中国现有商业用地批租制度和土地出让的"招拍挂"机制一起构成了诱发价格泡沫的微观基础;在这一制度下的地方政府不仅有动力在土地供给侧极力抬升地价,还有动力通过影响消费者的预期在房产需求侧积极推动房价上涨。邵新建等(2012)基于古尔诺模型的理论分析表明,如果地方政府以土地收益最大化为决策目标,它的理性选择就是通过控制土地供给量推高城市土地价格,而经过房地产开发企业的竞争,高地价将最终传导形成高房价,并通过投资者的预期成本效应,由竞价市场产生的高地价信号将立即拉高当期房价。陈超等(2011)在一个包含有中央政府、地方政府、开发商和消费者四方博弈的理论模型中分析了中国现有土地供给制度影响房地产泡沫的内在机制,他们的分析认为:在现有土地供给制度下,一方面地方政府土地出让和开发商的垄断造成房价过高;另一方面地方政府投资又依赖于土地出让收入。中央政府在这两者之间的权衡则希望维持价格现状,其结果却往往是房价和地价的不断攀升。在实证研究方面,邵新建等(2012)的研究则表明,中国地价对房价有显著的影响效应,而且地价是房价的长期格兰杰原因,但房价是否是地价的格兰杰原因却并不确定。宫汝凯(2012)实证研究结果则表明,各地方政府的土地财政规模对各城镇房价水平的高涨具有显著的正向影响,并且这种正向效应会随着财政分权度的扩大而被强化。不过,梁云芳和高铁梅(2006)的分析认为,虽然在各类供给因素中,土地交易价格的变动对住宅价格的变动有较大的同向影响,但在样本区间内影响房价的主要是资本的可获得性和需求的变化,供给因素对住宅价格的波动影响较弱。况伟大(2012)的实证结果也认为,房价主要是由供求决定,而不是由地价和土地出让方式决定。供给方的开发商市场垄断论认为,房地产行业的寡头垄断市场使得开发商可以通过捂盘惜售和价格合谋等手段来抬高房价以获得高额垄断利润。例如,况伟大(2004,2006)的研究认为,地理位置在住房性质中的决定性作用使得开发商之间既可以进行空间竞争,也可以进行价格竞争,房地产寡头的垄断市场特征使得开发商之间更愿意通过竞拍土地来进行空间竞争,同时在价格方面进行合谋而不是竞争。在实证方面,李宏瑾(2005)关于房地产市场勒纳指数的计算结果显示,中国各省(区、市)房地产市场的勒纳指数都在0.5以上,这表明中国房地产市场的垄断程度相当严重。平新乔和陈敏彦(2004)实证研究则表明,中国35个大城市中房地产行业的垄断程度(以开发商的个数衡量)和开发商获得的银行资金量都对房价具有显著正效应。

以上文献都是运用局部均衡分析的方法,从房地产市场本身的供求角度分析影响中国房价的因素。因此,这些研究其实只能解释中国的高房价,但却无法解释房价的持续快速上涨。因为如果仅仅由于房地产市场本身供求力量的作用,房地产价格的持续高涨不可能长期持续。本章则运用宏观经济学的一般均衡分析方法,从经济增长的长期视角来研究房价的决定问题。本章的理论分析表明,中国持续经济增长所带来的人民收入水平的持续提高,以及城镇人口的持续增长,这两个因素才是导致中国房价增长的原始动力。只有在这两个因素促使房价具有长期增长的内在动力之后,其他如住房供给和预期等因素才能够加剧房价的上涨。本章采用中国31个省区市的跨省(区、市)面板数据进行的实证研究也表明,中国住宅供给和城镇人口增长率都对房价有显著影响,但房价收入比所造成的预期对房价也有显著影响。

7.3 本章基本模型和理论分析

7.3.1 基本模型:土地和住房供给固定不变

7.3.1.1 基本假设

假设经济中存在很多人,每个人活两期:老年时期和年轻时期。年轻时通过劳动获得收入,老年时无劳动收入。经济中有两种商品:一般商品和住房商品。一般商品用资本和劳动生产,它可用于消费和投资。住房商品用土地生产,生产出来后将永久存在,并通过提供居住服务给个人带来效用。整个经济无限期延续。具体的假设如下。

(1) 住房和土地市场。由于本章主要分析土地和住房供给对房价和经济增长的影响,不失一般性,假设一单位土地生产一单位住房,住房折旧率为 0[①]。假设 t 时期新增土地供给用 x_t 表示,住房供给总量为 H_t,t 时期新增住房供给 $\Delta H_t = H_t - H_{t-1} = x_t$。假设土地由政府提供,因此,政府通过提供新增土地获得收入。由于本章不打算分析政府行为对土地供给和总体经济运行的影响,为简化政府行为,假设政府不存在其他生产和消费行为,政府的作用仅在于提供土地,并把由此所获得的收入以转移支付的形式平均分配给当期年轻人。假设土地和住房都是自由竞争市场,则任意 t 时期土地价格 P_t^x 都等于房价 P_t^H。为了简化,t 时期房价和土地价格都统一用 p_t 表示。房价由住房市场的供求决定。另外,第7.3.1节暂时假定土地供给和人口数量固定不变,即任意时期的住房供给量都是 H,每期出生总人口都为 L,因此人均住房供给都是 $h_t^s = \bar{h} = H/L$。第7.3.2节讨论人口增长和土地供给可变的情形。

---

① 这一假设意味着本章没有考虑住房生产本身作为产出形式对经济的影响,而下文中生产函数中没有土地要素也意味着本章没有考虑土地作为生产要素对经济的影响。之所以这样简化是因为本章主要考察的是土地和住房通过影响消费者的消费和储蓄方式对经济增长的影响机制和效应。其实,即使考虑土地和住房供给通过这一机制对产出和经济增长的作用,也不会改变本章的结论,只是会加大土地和住房供给增加对经济增长的正效应。

(2) 一般商品的生产函数和厂商行为。假设经济中存在无数厂商生产一般商品。它们都具有 Arrow-Romer 形式的生产函数,即①

$$Y_{it} = AK_{it}^{\alpha}(EL_{it})^{1-\alpha} \tag{7.1}$$

其中,Y_{it}、K_{it} 和 L_{it} 分别表示厂商 i 在 t 时期的总产出、资本投入量和劳动投入量;A 和 α 都是体现技术水平的参数;E 表示单位劳动量的生产效率。假设 E 由整个社会的劳均资本决定,即

$$E = k_t = K_t/L_t = \sum_{i=1}^{N} K_{it} / \sum_{i=1}^{N} L_{it} \tag{7.2}$$

其中,k_t 表示 t 时期整个经济中的劳均资本存量②。假设资本市场、劳动者市场和产品市场都是完全竞争市场,厂商实行利润最大化。t 时期的利率和工资分别为 r_t 和 w_t,资本折旧率为 δ,则第 i 个厂商的优化行为表现为

$$\max_{K_{it}, L_{it}} \Pi = AK_{it}^{\alpha}(EL_{it})^{1-\alpha} - (r_t + \delta)K_{it} - w_t L_{it} \tag{7.3}$$

(3) 消费者行为。假设个人一生的效用函数为

$$U = \theta \ln c_t^y + \rho \ln h_t + (1-\theta-\rho)\ln c_{t+1}^o$$

其中,c_t^y、c_{t+1}^o 和 h_t 分别表示 t 时期年轻人的两期消费水平和住房需求量;θ、ρ 和 $1-\theta-\rho$ 都是小于 1 的正数,它们分别表示个人对年轻时消费、住宅和老年时消费的偏好程度。用 s_t 表示 t 时期年轻人的储蓄,则 t 时期年轻人的优化行为表现为

$$\begin{aligned} &\max_{(c_t^y, h_t, c_{t+1}^o, s_t)} \theta \ln c_t^y + \rho \ln h_t + (1-\theta-\rho)\ln c_{t+1}^o \\ &s.t.: c_t^y + s_t + p_t h_t = w_t, \; c_{t+1}^o = (1+r_{t+1})s_t \\ &\qquad + p_{t+1}h_t, \; c_t^y, c_{t+1}^o, s_t \geqslant 0 \end{aligned} \tag{7.4}$$

7.3.1.2 最优性条件和市场均衡

(1) 厂商最优条件:利率和工资的决定。根据厂商优化行为(7.3)式可得

$$r_t = \alpha AK_{it}^{\alpha-1}(EL_{it})^{1-\alpha} - \delta, \; w_t = (1-\alpha)AEK_{it}^{\alpha}(EL_{it})^{-\alpha} \tag{7.5}$$

由于利率和工资对所有厂商都相同,根据(7.5)式的第二个等式可知,所有厂商有相同

---

① 关于这种生产函数假设的更详细的说明,可参见 Barro 和 Sala-I-Martin(1995)。
② 之所以称 k 为"劳均资本"而不是称为"人均资本",是因为 k 等于总物质资本除以劳动力数量(即年轻人数量),而不是总物质资本除以总人口数量。"人均资本"通常指的是总物质资本除以总人口数量。同理,本章称 $y = Y/L$ 为"劳均产出"而不是"人均产出"。

的劳均资本,且都等于经济中的劳均资本存量(即 $K_{it}/L_{it} = K_t/L_t = k_t$)。由此(7.5)式可写成①

$$r_t = \alpha A - \delta, \quad w_t = (1-\alpha)Ak_t \tag{7.6}$$

(7.6)式表明,当资本市场达到均衡时,t 时期的利率水平不受资本存量影响,它同技术水平和折旧率有关,且不随时间而变化。t 时期的工资水平由技术水平 A 和 t 时期的劳均资本 k_t 同时决定。

(2) 消费者最优条件:储蓄和住房需求的决定。根据消费者优化问题(7.4)式关于住房需求 h_t 的一阶条件可得:

$$\frac{\rho}{h_t} + \frac{p_{t+1}(1-\theta-\rho)}{c_{t+1}^o} = \frac{p_t \theta}{c_t^y} \tag{7.7}$$

(7.7)式是消费者最优住房购买量的决定方程。年轻时期新增加一单位住房给个人带来的效用是 ρ/h_t,所以(7.7)式左边的第一项表示个人在年轻时期购买住房所带来的边际效用。个人在年轻时购买一单位住房,在年老时出售可以获得 p_{t+1} 单位的收益,老年时期消费的边际效用是 $(1-\theta-\rho)/c_{t+1}^o$。由此,个人在老年时消费住房出售所获得收益的效用是 $p_{t+1}(1-\theta-\rho)/c_{t+1}^o$。所以,(7.7)式的左边表示年轻时多购买一单位住房所带来的总边际收益(以效用来衡量)。个人在年轻时多购买一单位住房的价格是 p_t,多购买一单位住房就意味着年轻时期的消费减少 p_t 单位,而年轻时消费的边际效用是 θ/c_t^y,这就意味着年轻时多购买一单位住房所损失的效用是 $p_t\theta/c_t^y$。所以,(7.7)式的右边表示年轻时多购买一单位住房所带来的总边际成本(以效用来衡量)。消费者理论告诉我们,个人的选择应该满足等边际原理,即个人选择最优的住房量应该使得住房的边际收益等于边际成本,这正是(7.7)所表明的意思。

由于对 S_t 有一个大于 0 的一个不等式约束,根据库恩-塔克定理,由消费者优化问题关于 S_t 的一阶条件可得

$$\frac{(1+r_{t+1})(1-\theta-\rho)}{(1+r_{t+1})s_t + p_{t+1}h_t} \leq \frac{\theta}{w_t - s_t - p_t h_t},$$

$$s_t \geq 0, \quad s_t \left[\frac{(1+r_{t+1})(1-\theta-\rho)}{(1+r_{t+1})s_t + p_{t+1}h_t} - \frac{\theta}{w_t - s_t - p_t h_t} \right] = 0 \tag{7.8}$$

---

① 根据(7.5)式的第二个等式有 $w_t = (1-\alpha)AEk_{it}^{\alpha}E^{-\alpha}$,任意同时刻的 w_t 由整个劳动力市场决定,它对所有厂商相同,而 α、A 和 E 对所有厂商也都相同。因此,任意 t 时刻所有厂商的人均资本 k_{it} 也都相同,即 $k_{it} = k_t = E$,由此可得(7.6)式的第二个等式。根据(7.5)式的第二个等式有 $r_t = \alpha Ak_{it}^{\alpha-1}E^{1-\alpha} - \delta$,把 $k_{it} = k_t = E$ 代入即得到(7.6)的第一个等式。

根据(7.7)式和(7.8)式可得,当且仅当

$$1+r_{t+1} \geqslant \frac{1-\theta}{1-\theta-\rho}\frac{p_{t+1}}{p_t} \tag{7.9}$$

时,个人进行正的储蓄。个人的储蓄水平和两期的消费水平分别为

$$s_t = (1-\theta)w_t - p_t h_t, \quad c_t^y = \theta w_t,$$
$$c_t^o = (1-\theta-\rho)(1+r_{t+1})w_t \tag{7.10}$$

当(7.9)式不成立,即

$$1+r_{t+1} < \frac{1-\theta}{1-\theta-\rho}\frac{p_{t+1}}{p_t} \tag{7.11}$$

时,个人储蓄 $s_t = 0$,下一期的物质资本也为 0,此时经济将无法持续。因此,(7.9)式是经济能够持续的必要条件。可以证明,只要参数满足一定的条件,平衡的增长路径上(7.9)式一定会被满足。

为了理解(7.9)式的经济学含义,不妨对它进行简单变形,

$$\frac{(1-\theta-\rho)}{h_{Mt}p_{t+1}}(1+r_{t+1}) \geqslant \frac{\rho}{h_{Mt}}\frac{1}{p_t} + \frac{(1-\theta-\rho)}{h_{Mt}p_{t+1}}\frac{p_{t+1}}{p_t} \tag{7.12}$$

其中,h_{Mt} 表示个人在年轻时不进行任何储蓄所能购买到的最大住房数量。

如果个人年轻时不进行任何储蓄,只购买住房,则个人年老时的消费等于住房出售所获得的收入 $h_{Mt}p_{t+1}$,老年时消费的边际效用为 $(1-\theta-\rho)/h_{Mt}p_{t+1}$。由此,(7.12)式左边表示在个人年轻时不进行任何储蓄只购买住房的情况下,多进行一单位储蓄在 $t+1$ 期所获得的边际效用。在年轻时消费不变的情况下,当个人多进行一单位储蓄时,它必须少购买 $1/p_t$ 单位住房。少买 $1/p_t$ 单位住房在年轻时给个人减少了 $\rho/h_{Mt}p_t$ 单位的效用,同时,年老时少了 p_{t+1}/p_t 单位的收入,从而年老时减少了 $(1-\theta-\rho)/h_{Mt}p_{t+1}$ 单位的效用。由此,(7.12)式右边表示个人年轻时不进行任何储蓄只购买住房的情况下,多进行一单位储蓄所损失的效用,也就是一单位储蓄的边际成本。所以,(7.12)式表示个人在年轻时不进行任何储蓄只购买住房的情况下,多进行一单位储蓄所带来的边际效用大于或等于其边际成本(以效用衡量)。显然,只有当年轻时不进行任何储蓄只购买住房的情况下,多进行一单位储蓄所带来的效用大于其所损失的效用,个人才会进行正储蓄。否则,个人会选择用购买住房的形式来为下期的消费进行融资。所以,(7.12)式表示消费者在年轻时期进行储蓄的前提条件,它表示个人在储蓄和住房购买之间进行选择时的最优性条件。

当储蓄率大于 0 时,根据(7.8)式和(7.10)式的第一个等式可得

$$h_t = \frac{\rho w_t (1+r_{t+1})}{(1+r_{t+1})p_t - p_{t+1}} \tag{7.13}$$

(7.13)式是个人年轻时对住房的需求函数。首先,从(7.13)式可以看出,同普通商品的需求函数一样,在其他条件保持不变的情况下,个人对住房的需求是当期房价的减函数。即房价越高,个人对住房的需求越小。其次,从(7.13)式还可以看出,个人在年轻时的收入水平 w_t 越高,或者个人对住房的主观偏好 ρ 越大,则个人对住房的需求也会越大。这一结论的经济学直觉是显然的。另外,通过(7.13)式还可以看出,在当期的价格水平不变的情况下,下一期价格越高,或者利率水平越低,则个人对住房的需求越大。这一结论的经济学直觉也很容易理解,在当期价格不变的情况下,下期的价格水平越高,则个人投资住房所获得的收益就比储蓄更高,因此,个人更愿意投资住房。另外。如果利率水平越高,则个人进行储蓄的收益就会越高。因此,个人更愿意进行储蓄,因而住房需求会越小。

(3) 住房市场均衡和商品市场均衡条件:房价和劳均资本的动态方程。住房市场的均衡条件为 $h_t = h_t^s$。由于住房供给和人口都固定不变,人均住房供给 $h_t^s = \bar{h} = H/L$ 固定不变。把住房需求函数(7.13)式代入住房市场均衡条件,并经过简单整理可得

$$p_t = \frac{\rho w_t}{\bar{h}} + \frac{p_{t+1}}{(1+r_{t+1})} \tag{7.14}$$

(7.14)式是 t 时期房价的决定方程。根据(7.14)式可知,在其他条件不变的情况下,住房的供给($\bar{h}$)越多,或者利率水平(r_{t+1})越大,则住房的价格会越低;如果个人对住房的偏好(ρ)越大,个人收入水平(w_t)越高,或者下一期的房价预期(p_{t+1})越高,则住房的价格会越高。

根据商品市场均衡的条件可得

$$K_{t+1} - K_t + \delta K_t = I_t = S_t = s_t L$$

把(7.11)式代入上式并进行简单整理可得

$$k_{t+1} = (1-\delta)k_t + s_t = (1-\delta)k_t + (1-\theta)w_t - p_t h_t \tag{7.15}$$

7.3.1.3 加总经济的动态行为和均衡状态

当储蓄大于 0 时,根据(7.7)式、(7.14)式和(7.15)式可得

$$k_{t+1} = (1-\delta)k_t + (1-\theta)(1-\alpha)Ak_t - p_t \bar{h} \tag{7.16a}$$

$$\bar{h}\left(p_t - \frac{p_{t+1}}{\alpha A + 1 - \delta}\right) = \rho(1-\alpha)Ak_t \tag{7.16b}$$

(7.16a)式和(7.16b)式共同决定了经济中劳均资本和房价的动态行为。

令 $G_{pt} = p_{t+1}/p_t$ 和 $G_{kt} = k_{t+1}/k_t$，则 $g_{kt} = G_{kt} - 1$ 和 $g_{pt} = G_{pt} - 1$ 分别表示劳均资本增长率和房价增长率；令 $z_t = k_t/(p_t \bar{h})$ 表示劳均资本-住房价值比[①]。对(7.16a)式和(7.16b)式进行整理可得

$$G_{kt+1} = (1-\delta) + (1-\theta)(1-\alpha)A - 1/z_t \tag{7.17a}$$

$$G_{pt+1} = (\alpha A + 1 - \delta)(1 - \rho(1-\alpha)Az_t) \tag{7.17b}$$

根据定义 $z_t = k_t/(p_t \bar{h})$ 以及(7.17a)式和(7.17b)式，可以决定整个经济中劳均资本增长率和房价增长率的动态行为。为了进一步分析经济的动态行为，下面先定义本模型中动态均衡状态的概念。

定义7.1：如果经济中的劳均资本增长率和劳均产出增长率都保持不变，则称这一状态为该经济的动态均衡状态，也称为该经济的平衡增长路径。

注意，在本章模型中，根据生产函数(7.1)式和 E 的定义(7.2)式可知，所有厂商的劳均产出都为 $y_{it} = Ak_{it}^\alpha k_t^{1-\alpha}$。由于任何 t 时刻所有厂商的劳均资本都相等，任意 t 时刻整个社会的劳均产出水平都为 $y_t = Ak_t$。此外，根据(7.6)式还有 $w_t = (1-\alpha)Ak_t$。所以，任意 t 时刻的劳均产出增长率等于劳均资本增长率，并等于工资增长率[②]。另外，根据(7.17a)式和(7.17b)式可知，如果劳均资本增长率 g_{kt} 保持不变，则劳均资本-住房价值比 z 也保持不变，从而房价增长率 g_{kt} 也保持不变。由于 $z_t = k_t/(p_t \bar{h})$，且人均住房供给 $\bar{h}$ 固定，所以 z 固定不变也意味着 k 和 p 必须以相同的增长率变化。这就表明，动态均衡状态下的劳均资本增长率一定等于房价上涨率（即 $g_{kt} = G_{kt} - 1 = g_{pt} = G_{pt} - 1$）。

根据(7.17a)式和(7.17b)式，可借助图7.9分析经济的动态行为。图7.9中横轴表示劳均资本-住房价值比 z_t，纵轴表示 G_{kt} 或 G_{pt}。直线 EB 表示 G_{pt} 同 z_t 之间的关系，即(7.17b)式，它同横轴的交点 B 点处的横坐标为 $z_t = 1/[\rho(1-\alpha)A]$。曲线 AE 表示 G_{kt} 同 z_t 之间的关系，即(7.17a)式，它同横轴的交点 A 点处的横坐标为 $z_t = 1/[(1-\delta) + (1-\theta)(1-\alpha)A]$。另外，由于 $(1-\delta) > 0 > (\rho + \theta - 1)(1-\alpha)A$，所以

$$1/[(1-\delta) + (1-\theta)(1-\alpha)A] < 1/[\rho(1-\alpha)A]$$

[①] 注意到劳均产出 $y = Ak$，个人在年轻时的工资收入 $w = (1-\alpha)Ak$，年轻时个人住房"消费"占总收入的比重为 V/w。由此，$1/z = p\bar{h}/k = (1-\alpha)(p\bar{h}/w)$ 其实也表示的是年轻人的住房"消费"占总收入的比重（简称人均住房消费占比）。

[②] 因为 $y_t = Ak_t \Leftrightarrow y_t - y_{t-1} = A(k_t - k_{t-1}) \Leftrightarrow g_{yt} = (y_t - y_{t-1})/y_t = g_{kt}$。

所以，曲线 AE 和直线 BE 一定相交于第一象限，这表明一定存在一个正的均衡值 z^*，在该点处 G_{pt} 等于 G_{kt}。

从以上的分析和图 7.9 可知，当劳均资本-住房价值比为 z^*（即图 7.9 中的 E 点）时，G_{kt} 等于 G_{pt}，所以，劳均资本存量增长率 g_{kt} 等于房价增长率 g_{pt}。此时劳均资本存量 k_t 与房价 p_t 之间的比例保持不变，劳均资本-住房价值比 z^* 也保持不变。再根据 (7.17a)式和(7.17b)式可知，劳均资本

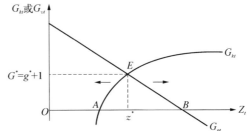

图 7.9　劳均资本和房价的变化趋势图：基本模型

存量增长率 g_{kt} 与房价增长率 g_{pt} 都保持不变，劳均产出增长率和工资增长率也都保持不变。所以，E 点是经济的动态均衡状态。由此有以下定理 1。

定理 7.1：由(7.17a)式和(7.17b)式决定的经济系统有唯一的动态均衡状态(z^*,g^*)，z^* 和 g^* 由以下两个方程共同决定

$$g^* + 1 = (1-\delta) + (1-\theta)(1-\alpha)A - 1/z^* \quad (7.18a)$$

$$g^* + 1 = (\alpha A + 1 - \delta)(1 - \rho(1-\alpha)Az^*) \quad (7.18b)$$

这一状态下的经济增长率 g^* 和劳均资本-住房价值比 z^* 一定会大于 0。并且当经济中的参数满足不等式①

$$\alpha A + 1 - \delta > \frac{(1-\theta)(1-\delta)}{1-\theta-\rho}$$

时，个人在均衡状态下选择正的储蓄水平。

证明：参见附录 7.1。

通过图 7.9 还可以发现：当经济初始状态位于 E 点左侧，即当劳均资本-住房价值比 z_t 低于均衡状态下的 z^* 时（即房价过高），房价增长率将会持续高于劳均资本增长率，劳均资本-住房价值比 z_t 将会继续下降，经济将会持续远离 E 点而向左侧移动。这种情况下可以认为经济出现了房价泡沫，因为实体经济（包括劳均资本、劳均产出、工资水平和消费水平）的增长率将会逐渐下降，甚至可能出现负增长，而一旦持续的负增长使得(7.9)式不能满足时，经济将会崩溃，房价也无法维持。当经济初始状态位于 E 点右侧，即当劳均资本-

---

① 当 $\alpha A + 1 - \delta \leqslant (1-\theta)(1-\delta)/(1-\theta-\rho)$ 时，储蓄等于 0。因现实中很少出现储蓄为 0 的情况，所以本章假设这一条件成立。

住房价值比 z_t 高于均衡状态下的 z^* 时(即房价过低时),劳均资本增长率将会持续高于房价增长率,劳均资本-住房价值比 z 将会持续提高,经济将会继续远离 E 点而向右侧移动。这时的实体经济将持续高速增长,而房价增长放缓,甚至可能出现房价下跌。因此,动态均衡状态 E 点是经济系统的一个不稳定均衡状态。

也可以在一个 $G_{kt}-z$ 坐标平面内通过相位图来简单理解这一经济系统中均衡状态的稳定性。首先,根据定义 $z_t = k_t/(p_t\bar{h})$ 有 $z_{t+1} = G_{kt+1}z_t/G_{pt+1}$,进一步根据(7.17b)可得

$$z_{t+1} = \frac{G_{kt+1}}{(\alpha A + 1 - \delta)(1 - \rho(1-\alpha)Az_t)}z_t \tag{7.19}$$

(7.17a)式和(7.19)式共同决定了劳均资本增长率 G_k 和劳均资本-住房价值比 z 的动态行为。根据(7.17a)式,G_k 保持不变时 G_k 和 z 应该满足以下关系

$$G_k = (1-\delta) + (1-\theta)(1-\alpha)A - 1/z$$

在图 7.10 中如曲线 AE 所示。在曲线 AE 的上方,G_k 将会不断减小,在曲线 AE 下方,G_k 将会不断增加。根据(7.19)式,z 保持不变时 G_k 和 z 应该满足以下关系

$$G_k = (\alpha A + 1 - \delta)(1 - \rho(1-\alpha)Az)$$

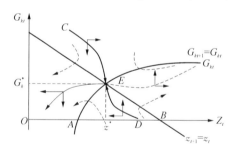

图 7.10 劳均资本增长率和劳均资本-住房价值比的相位图

在图 7.10 中如直线 BE 所示。在直线 BE 的上方,z 将会不断增加,在直线 BE 下方,z 将会不断减少。由此可以得到 G_k 和 z 的相位图如图 7.10 所示。从图 7.10 的相位图可知,均衡状态 E 点是鞍点稳定的,由此有以下定理 7.2。

定理 7.2:在一个由 g_{kt} 和 z_t 组成的系统中,本模型所描述的经济系统的动态均衡状态 E 是鞍点稳定的。

证明:参见附录 7.2。

注意,根据定理 7.2 可知,这一经济系统中虽然存在一个动态均衡状态,但它是鞍点稳定的。也就是说,只有当劳均物质资本增长率和劳均资本-住房价值比满足一定的关系时,或者更具体地说,只有经济位于稳定臂 CED 曲线上,经济才有可能收敛到平衡增长率路径(即动态均衡状态)。在本节的模型中,由于当期价格和物质资本都由上一期决定,当期物质资本增长率和劳均资本-住房价值比也都是由上一期状态决定的状态变量。所以,当经济偏离动态均衡状态时,经济系统内部没有任何机制能够保持经济会自发地跳跃到

能收敛到动态均衡 E 点的稳定臂上。因此,同标准 Ramsey 模型不同,本模型中的鞍点稳定的均衡状态是一种不稳定的均衡状态。其实,通过图 7.9 可知,当住宅价格过高从而使得劳均资本-住房价值比 z_t 低于均衡状态下的 z^* 时,房价上涨率会高于劳均资本增长率(即经济增长率),房价将会增长越来越快从而出现房价泡沫,实体经济的增长则将会放缓,甚至可能出现负增长。当住宅价格过低从而使得劳均资本-住房价值比 z_t 高于均衡状态下的 z^* 时,房价的增长率低于劳均资本增长率(即经济增长率)时,实体经济将持续高速增长,而房价增长放缓,甚至可能出现房价下跌。偏离均衡状态 E 的经济没有任何回归到 E 的趋势。

7.3.2 扩展模型:人口增长和可变土地供给

7.3.2.1 模型设定和假设

本节分析人口增长和土地供给对房价和经济增长的影响。假设每期政府以一固定增长率 g_X 供给土地,人口增长率为 n。即

$$X_t = X_0 (1+g_X)^t, \quad L_t = L_0 (1+n)^t$$

由于假设一单位土地生产出一单位住房,任意 t 时期新增住房供给等于新增土地面积(即 $\Delta H_t = X_t$),由此

$$\Delta H_t / H_t = X_t / H_t = \Delta X_t / \Delta H_t = g_H$$

又因为

$$\Delta H_t / H = (g_H \Delta H_t)/(g_H H_t) = \Delta X_t / X_t = g_X$$

所以,任意 t 时期的住房总供给增长率 g_H 也等于土地供给增长率 g_X。人均住房供给(h^s)增长率为[①]

$$g_{hs} = g_H - n = g_X - n$$

任意 t 时刻当政府向市场上提供了 $X_t = \Delta H_t$ 的土地供给,政府从新增土地供给中获得 $X_t p_t = \Delta H_t p_t = g_H H_{t-1} p_t$ 的收入。本章不研究政府行为对经济的影响,为了简化,

---

① 由于住房总供给等于人均住房供给除以人口数量,即 $H_t = h_t^s L_t$,两边同时取对数可得 $\ln H_t = \ln h_t^s + \ln L_t$。进一步可得,$\ln H_{t+1} - \ln H_t = \ln h_{t+1}^s - \ln h_t^s + \ln L_{t+1} - \ln L_t$。根据 $\ln x$ 在 1 处的一阶泰勒展开可知,任何一个变量 x 的增长率都有 $g_x = x_{t+1}/x_{t+1} - 1 = \ln(x_{t+1}/x_t) = \ln x_{t+1} - \ln x_t$。由此可得,$g_{h^s} = g_H - n$。

假设政府将它每期获得的土地收入以转移支付的形式平均发放给年轻人。令 b_t 表示 t 时期政府对年轻人的人均转移支付,则有

$$b_t L_t = g_H H_{t-1} P_t \Leftrightarrow b_t = g_X H_{t-1} p_t / L_t \qquad (7.20)$$
$$= p_t g_X h_t^s / (1+n)(1+g_h) = v p_t h_t^s$$

其中,$v = g_X/(1+n)(1+g_h) = g_X/(1+g_X) < 1$,$h_t^s = H_t/L_t$ 表示 t 时期的人均住房供给。

消费者行为和厂商行为方面的假设同第 7.3.1 节完全相同。由于个人年轻时可从政府获得转移收入,t 时期年轻人的预算约束方程为

$$c_t^y + s_t + P_t h_t = w_t + b_t, \quad c_{t+1}^o = (1+r_{t+1}) \cdot s_t + p_{t+1} h_t$$

个人优化问题为

$$\max_{(c_t^y, h_t, c_{t+1}^o, s_t)} \theta \ln c_t^y + \rho \ln h_t + (1-\theta-\rho) \ln c_{t+1}^o$$
$$s.t. c_t^y + s_t + P_t h_t = w_t + b_t, \quad c_{t+1}^o = (1+r_{t+1})s_t + p_{t+1} h_t$$
$$\text{其中 } c_t^y, c_{t+1}^o, s_t \geq 0 \qquad (7.21)$$

一般商品的厂商行为仍为由优化问题(7.3)式决定。

7.3.2.2 最优条件、市场均衡和加总经济的动态方程

同第 7.3.1 节的计算过程一样,个人优化问题(7.21)式中关于 h_t 的一阶条件为

$$\frac{\rho}{h_t} + \frac{p_{t+1}(1-\theta-\rho)}{(1+r_{t+1})s_t + p_{t+1} h} = \frac{p_t \theta}{w_t + b_t - s_t - p_t h_t} \qquad (7.22)$$

关于 s_t 的一阶条件为

$$\frac{(1+r_{t+1})(1-\theta-\rho)}{(1+r_{t+1})s_t + p_{t+1} h_t} \leq \frac{\theta}{w_t + b - s_t - p_t h_t}, \quad s_t \geq 0,$$
$$s_t \left[\frac{(1+r_{t+1})(1-\theta-\rho)}{(1+r_{t+1})s_t + p_{t+1} h_t} - \frac{\theta}{w_t + b_t - s_t - p_t h_t} \right] = 0 \qquad (7.23)$$

根据(7.22)式和(7.23)式可得

当 $1 + r_{t+1} > \dfrac{(1-\theta)}{1-\theta-\rho} \dfrac{p_{t+1}}{p_t}$ 时,$s_t = (1-\theta)(w_t + b_t) - p_t h_t > 0$ \qquad (7.24a)

当 $1 + r_{t+1} \leq \dfrac{(1-\theta)}{1-\theta-\rho} \dfrac{p_{t+1}}{p_t}$ 时,$s_t = 0$,$h_t = (1-\theta)(w_t + b_t)/p_t$ \qquad (7.24b)

比较(7.10)式和(7.24)可知,在给定个人年轻时收入的情况,政府转移支付行为不影

响个人消费、储蓄和购房行为①。根据(7.23)式和(7.24)式,当个人具有正的储蓄时,个人的住房需求为

$$h_t = \frac{(1+r_{t+1})\rho(w_t+b_t)}{(1+r_{t+1})p_t - p_{t+1}} \tag{7.25}$$

同人口和土地供给固定不变时的住房需求函数(7.13)式相比,(7.25)式中多了一项转移支付 b_t。

住房市场均衡时人均住房供给等于人均住房需求(即 $h_t = h_t^s$)。把人均住房供给 $h_t^s = h_0^s(1+g_h)^t$ 和住房需求(7.25)式代入住房市场均衡条件可得

$$h_0^s(1+g_h)^t\left(p_t - \frac{p_{t+1}}{1+r_{t+1}}\right) = \rho(w_t+b_t) \tag{7.26}$$

厂商的最优行为同第7.3.1节一样,市场均衡利率和工资仍然由(7.6)式决定。同理可得,劳均资本的动态方程为

$$\begin{aligned}k_{t+1}(1+n) &= (1-\delta)k_t + s_t \\ &= (1-\delta)k_t + (1-\theta)(w_t+b_t) - p_t h_t\end{aligned} \tag{7.27}$$

把转移支付 b_t 的决定方程(7.20)式以及利率和工资的决定方程(7.6)式分别代入(7.26)式和(7.27)式可得

$$h_t^s\left(p_t - \frac{p_{t+1}}{\alpha A + 1 - \delta}\right) = \rho(1-\alpha)Ak_t + \rho v p_t h_t^s \tag{7.28a}$$

$$k_{t+1}(1+n) = (1-\delta)k_t + (1-\alpha)(1-\theta)Ak_t + [(1-\theta)v - 1]p_t h_t^s \tag{7.28b}$$

方程(7.28a)式和(7.28b)式共同决定了劳均资本和住房价格的动态行为。

7.3.2.3 经济的动态行为:经济增长和房价的决定

由于 h_t^s 是时间 t 的函数,(7.28a)式和(7.28b)式组成的动力系统不是一个自治的动力

---

① 如果用 y_t 表示 t 时刻年轻人的收入,则根据(6.10)式和(6.24)式可知,个人的储蓄水平、两期的消费水平和住房需求分别为

$$s_t = (1-\theta)y_t - p_t h_t, \quad c_t^y = \theta y_t,$$
$$c_t^o = (1-\theta-\rho)(1+r_{t+1})y_t \text{ 和}$$
$$h_t = (1+r_{t+1})\rho y_t / [(1+r_{t+1})p_t - p_{t+1}]$$

只不过在没有政府转移的基本模型中,年轻时的收入 y_t 就等于 w_t,但是在具有政府转移的扩展模型中,年轻时的收入 y_t 等于 $w_t + b_t$。

系统。为了分析经济的动态特征,需要把(7.28a)式和(7.28b)式转化为一个自治的动力系统。令 $V_t = p_t h_t^s$ 表示人均住房价值(它也表示是以一般商品衡量的个人年轻时在住房上的"消费"),(7.28a)式和(7.28b)式分别变形为

$$V_t - \frac{V_{t+1}}{(\alpha A + 1 - \delta)(1 - \rho v)(1 + g_h)} = \frac{\rho(1-\alpha)}{(1-\rho v)} A k_t \quad (7.29a)$$

$$k_{t+1}(1+n) = (1-\delta)k_t + (1-\alpha)(1-\theta)Ak_t \\ - [1-(1-\theta)v]V_t \quad (7.29b)$$

令 $G_{Vt} = V_{t+1}/V_t$ 和 $G_{kt} = k_{t+1}/k_t$,则 $g_{kt} = G_{kt} - 1$ 和 $g_{Vt} = G_{Vt} - 1$ 分别表示劳均资本增长率和人均住房价值增长率;令 $z_t = k_t/V_t$ 表示劳均资本-住房价值比(它也表示人均住房"消费"占比的倒数)①。对(7.29a)式和(7.29b)式进行简单整理可得

$$G_{Vt+1} = (\alpha A + 1 - \delta)(1 + g_h)[(1 + \rho v) - \rho A(1-\alpha)z_t] \quad (7.30a)$$

$$(1+n)G_{kt+1} = (1-\delta) + (1-\alpha)(1-\theta)A - (1-(1-\theta)v)/z_t \quad (7.30b)$$

根据定义 $z_t = k_t/V_t$ 以及(7.30a)式和(7.30b)式,可以决定整个经济中劳均资本增长率和人均住房价值增长率的动态行为。为了进一步分析经济的动态行为,定义经济的动态均衡状态如下。

定义 7.2:如果经济中的劳均资本增长率和劳均产出增长率都保持不变,则称这一状态为该经济的动态均衡状态,也称为该经济的平衡增长路径。

同第 7.3.1 节相同,在本章的生产函数假设下,劳均产出增长率等于劳均资本增长率,同时也等于工资增长率。(7.30b)式则进一步表明,在动态均衡状态下,如果劳均资本增长率保持不变,则劳均资本-住房价值比 z 也保持不变;再根据(7.30b)式,动态均衡状态下的人均住房价值增长率也保持不变。此外,根据定义 $z_t = k_t/V_t$,z 固定不变也意味着 k 的增长率和 V 的增长率相等。

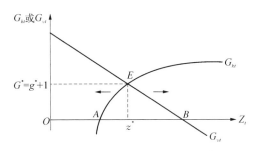

图 7.11 劳均资本和人均住房价值的变化趋势:扩展模型

同第 7.3.1 节一样,根据(7.30a)式和(7.30b)式,可借助图 7.11 分析经济的动态行为。图 7.11 中横轴表示劳均资本-住房价值比 z_t,纵轴表示 G_{kt} 或

---

① 同第 7.3.1 节中一样,$1/z = V/k = (1-\alpha)A(V/w)$ 也表示的是年轻人的住房"消费"占总收入的比重(简称人均住房消费占比)。

G_{Vt}。直线 EB 表示 G_{vt} 同 z_t 之间的关系(即(7.30a)式),它同横轴的交点 B 点处的横坐标为 $z_t = (1+\rho v)/[\rho(1-\alpha)A]$。曲线 AE 表示 G_{kt} 同 z_t 之间的关系(即(7.30b)式),它同横轴的交点 A 点处的横坐标为 $z_t = (1-(1-\theta)v)/[(1-\delta)+(1-\theta)(1-\alpha)A]$。另外,根据 $1-\delta > (\rho+\theta-1)(1-\alpha)A$ 可知

$$(1-(1-\theta)v)/[(1-\delta)+(1-\theta)(1-\alpha)A]$$
$$< (1+\rho v)/[\rho(1-\alpha)A]$$

所以,曲线 AE 和直线 BE 一定相交于第一象限。这表明一定存在一个正的均衡值 z^*,在该点处 G_{vt} 等于 G_{kt},或者说,在 z^* 处劳均资本增长率等于人均住房价值增长率。因此,在 z^* 处,劳均资本-住房价值比 z^* 保持不变,同时人均住房价值的增长率 g_{Vt} 等于劳均资本的增长率 g_{kt},且都保持固定不变(即 $g_{Vt} = g_{kt} = g^*$)。由此有以下定理 7.3。

定理 7.3:由(7.30a)式和(7.30b)式所组成的经济系统存在唯一的动态均衡状态(z^*, g^*),z^* 和 g^* 满足以下方程组

$$g^* + 1 = (\alpha A + 1 - \delta)(1+g_h) \quad (7.31a)$$
$$[(1+\rho v) - \rho A(1-\alpha)z^*]$$

$$(g^* + 1)(1+n) = (1-\delta) + (1-\alpha)(1-\theta)A \quad (7.31b)$$
$$- (1-(1-\theta)v)/z^*$$

并且在动态均衡状态下的经济增长率 g^* 和劳均资本-住房价值比 z^* 都大于 0。当经济中的参数满足不等式①

$$\alpha A + 1 - \delta > \frac{(1-\theta)(1-\delta)}{(1+n)(1+g_h)(1-\theta-\rho)}$$

时,个人在均衡状态下选择正的储蓄水平。

证明:参见附录 7.3。

通过图 7.11 不难看出,均衡状态 E 是不稳定的②。也就是说,当经济中房价过高使得劳均资本-住房价值比(即人均住房"消费"占比的倒数)z_t 低于均衡状态的 z^*,从而经济偏离均衡状态而位于均衡状态 E 左边时,由于住房价值增长率持续高于劳均资本增长率,劳均资本-住房价值比 z_t(人均住房"消费"占比)将会持续下降,经济将会越来越远离 E 点而

---

① 显然,当定理 7.1 中的条件满足时,定理 7.3 中的条件肯定满足。
② 同样可以通过相位图来讨论第 7.3.2 节中均衡状态的鞍点稳定性。其分析过程和数学证明同第 7.3.1 节基本一样。此处为了节省篇幅,不再详细讨论。

向左侧移动。在这种情况下,由于房价增长率过高而使得投资住房比储蓄具有更高收益率,经济中会出现对住房的投机性需求,住房的投资需求会越来越高,而物质资本的积累从而实体经济(以劳均资本和劳均产出衡量)的增长将会放缓甚至最终出现负增长,这也将导致整个经济中住房的价值占社会财富的比重将会越来越大。当这种局面持续到(7.9)式无法满足时,0储蓄导致下一期的 0 物质资本存量使得实体经济无法进行生产,经济将会崩溃并强制房价泡沫破灭①。因此,经济位于 E 点的左边时,虽然价格的持续上涨在短期内时可以维持,但长期来看实体经济的萧条甚至崩溃必将使得价格会出突然下降,这完全符合泡沫的特征。由此我们认为,这种情况下其实存在房价泡沫。反之,如果经济中的房价过低使得劳均资本-住房价值比(人均住房"消费"占比的倒数)z_t 高于均衡状态的 z^*,从而经济偏离均衡出现在 E 点右边时,经济会持续增长而出现经济膨胀。这种情况的持续发展将会导致房价出现负增长,当房价下降到低于住房服务的边际效用时,这种经济膨胀局面就会被强制性地打破。总之,以上两种情况长期都会导致经济出现危机。因此,只有当房价位于一个合理水平,使得劳均资本-住房价值比正好位于 z^* 时,经济才能维持长期稳定的增长。如果假设人们是完全理性预期的,则 E 点就是唯一的长期均衡状态。如果假设人不可能是完全理性预期的,而是一种短视性预期,则有可能短期内会存在偏离 E 点而出现住房泡沫或者经济膨胀的现象,但长期内仍然会回到 E 点均衡状态。

最后,根据平衡增长路径的定义和上文的分析可知,在平衡增长路径上(即均衡状态 E 点),劳均资本增长率 g_k、劳均产出增长率(g_y)、人均住房价值的增长率 g_V 和工资增长率(g_w)也保持不变,且它们都相等(即 $g_y = g_w = g_k = g_V = g^*$)。由于人均住房价值增长率等于房价上涨率加上人均住房增长率(即 $g_V = g_p + g_{h^s}$)②,而人均住房增长率等于土地供给增长率减去人口增长率,所以房价上涨率

$$
\begin{aligned}
g_p &= g_V - g_{h^s} = g_V - g_X + n \\
&= g^* - g_X + n = g_w - g_X + n
\end{aligned}
\quad (7.32)
$$

其中,第一个等号见本页脚注②的推导;第二个等号根据 $g_{h^s} = g_H - n$ 得到;第三个

---

① 当然,现实经济可能不会等到实体经济完全崩溃为止房价泡沫才会破灭,可能会在经济萧条到一定的程度,大部分人都预料到泡沫无法继续时就房价会崩溃。

② 首先,根据 $\ln x$ 在 1 处的一阶泰勒展开可知,任何一个变量 x 的增长率

$$g_x = x_{t+1}/x_{t+1} - 1 = \ln(x_{t+1}/x_t) = \ln x_{t+1} - \ln x_t.$$

又因为 $V_t = p_t h_t^s \Leftrightarrow \ln V_t = \ln p_t + \ln h_t^s$,所以

$$g_V = \ln V_{t+1} - \ln V_t = \ln p_{t+1} - \ln p_t + \ln h_{t+1}^s - \ln h_t^s = g_p + g_{h^s}.$$

第 7 章　中国房地产的发展和经济增长

等号用到了均衡时 $g_v = g^*$；第四个等号用到了均衡状态下的工资增长率等于经济增长率(即 $g_w = g_v = g^*$)。

(7.32)式表明，如果人口增长率和土地供给增长率固定不变，平衡增长路径上的房价上涨率也不变，它等于经济增长率(也等于年轻人工资增长率)加人口增长率减人均土地或人均住房供给增长率。所以长期来看，一个国家或地区的房价变化趋势取决于经济增长率(收入增长率)、土地供给增长率和人口增长率。只要一个国家和地区的土地供给增长率小于经济增长率和人口增长率之和，则房价一定会上涨。

根据以上理论结论不难理解中国持续高涨的房价。在现阶段，一方面，由于中国正在推行城市化，城市人口增长极快，城市人口增长率很高，这是造成中国城市住房上涨的主要原因之一；另一方面，中国改革开放以来持续的高经济增长率和收入增长率，导致了每个人对住房的需求提高，这是导致中国房价持续上涨的另一主要原因。此外，本章的分析表明，如(7.32)式所示，长期来看房价的增长速度等于经济增长率加上人口增长率减去住房供给增长率。由于中国地方的土地财政导致各大城市的土地供给增长率极低，而中国的经济增长率加上人口增长率远大于利率水平，这就使得公众们理性预期下房价的上涨率会远高于利率水平[1]，因而从银行借钱来购买住房对每个人来说都是有利可图的事情。在这种情况下，对住房的投机性需求就必然会出现。投机性需求的出现则更加会助长房价的上升，这表现在图 7.11 中经济将会向均衡点 E 的左边运行，经济出现房价泡沫和经济增长率下降。这一过程可能会一直持续到实体经济的增长率降低到某一水平，使得经济增长率加上人口增长率之和低于利率水平，此时由于房价上涨率低于利率水平，住房投机性需求才会消失，经济房价泡沫破灭，经济重新回到均衡状态 E。当然，关于中国现阶段房价上涨是否存在泡沫，主要是看经济现在是否位于平衡增长路径上。根据理论分析可知，如果经济位于平衡增长路径上，则房价上涨率和经济增长率都同劳均资本-住房价值(即人均住房消费占比的倒数)无关，它只同人口增长率、人均土地和住房供给增长率有关；如果经济不在平衡增长率上，特别是如果它位于图 7.11 中 E 点左边具有房价泡沫的区域，则人均住房消费占比越高(即劳均资本-住房价值比越低)，经济增长率会越低，而房价上涨率会越高。本章第 4 节的实证分析将表明，中国现阶段经济确实位于具有房价泡沫的 E 点左边区域。

---

[1] 根据国家统计年鉴的数据，1978—2013 年我国人均 GDP 的年平均增长率为 10% 左右，而我国的存款利率大约 3% 左右，商业贷款利率也只有 6%—7%。由于均衡时的房价上涨率等于人均 GDP 增长率加上人口增长率，再减去土地供给增长率。而我国新增住房增长率不到 1%(见本章的表 1)，所以，即使不考虑城市人口增长率，我国的预期房价上涨率也会大于利率水平。

7.3.2.4 影响经济增长和房价的因素：比较静态分析

这一小节讨论土地和住房供给、人口增长率等因素如何影响长期经济增长率和房价上涨率。对(7.31a)式和(7.31b)式微分可得

$$\partial g^*/\partial g_h = \frac{-(\alpha A+1-\delta)[(1+\rho v)-\rho A(1-\alpha)z^*](1-(1-\theta)v)}{|H|}$$
$$> 0 \tag{7.33a}$$

$$\partial g^*/\partial n = \frac{(g^*+1)z^{*2}(\alpha A+1-\delta)(1+g_h)[\rho A(1-\alpha)]}{|H|}$$
$$< 0 \tag{7.33b}$$

$$\partial z^*/\partial g_h = \frac{-(1+n)z^{*2}(\alpha A+1-\delta)[(1+\rho v)-\rho A(1-\alpha)z^*]}{|H|}$$
$$> 0 \tag{7.33c}$$

$$\partial z^*/\partial n = \frac{(1+n)z^{*2}}{|H|} < 0 \tag{7.33d}$$

其中，$|H| = -(1-(1-\theta)v)-(\alpha A+1-\delta)(1+g_h)[\rho A(1-\alpha)](1+n)z^{*2} < 0$。

根据 $(1+g_h)(1+n) = 1+g_X$ 可得

$$\partial g_h/\partial n = -(1+g_X)/(1+n)^2 = -(1+g_h)/(1+n) \tag{7.34}$$

根据人均住房价值 $V_t = p_t h_t^s$ 可得

$$g_p + 1 = p_{t+1}/p_t = (g_{V_t}+1)/(1+g_h)$$

所以在平衡增长路径上有

$$g_p + 1 = (g^*+1)/(1+g_h) \tag{7.35}$$

对(7.35)式微分，并利用(7.33a)式、(7.33b)式和(7.34)式整理可得

$$\frac{dg_p}{dg_h} = -\frac{-z^{*2}\rho A(1-\alpha)(1+g_h)(1+n)(\alpha A+1-\delta)}{(1+g_h)|H|} \tag{7.36}$$
$$(\alpha A+1-\delta)[(1-\rho v)-\rho A(1-\alpha)z_t] < 0$$

$$dg_p/dn = -\frac{(g^*+1)(1-(1-\theta)v)/(1+n)}{|H|(1+g_h)} > 0 \tag{7.37}$$

根据(7.33a)—(7.33d)式以及(7.36)式和(7.37)式,可得到以下定理：

定理 7.4：在平衡增长路径上,如果其他条件不变,提高土地和人均住房供给增长率会

第 7 章 中国房地产的发展和经济增长

提高经济增长率,降低房价增长率,并增加劳均资本-人均住房价值比(或者说住房"消费"占比会下降);人口增长率的提高则会降低经济增长率,提高房价增长率,并降低劳均资本-人均住房价值比(或者说住房"消费"占比会提高)。

其实,定理 7.4 的经济学直觉很容易理解。首先,由于住房同时具有消费和投资两种功能,年轻时购买住房既可以通过住房提供的服务获得效用,又可以通过在下一期出售获得收入以增加老年时的效用。且通过下一期住房出售所获得的收入直接同房价上涨率有关,房价上涨率越快,其住房下一期出售获得的收益就会越大。因此,在个人年轻时的消费和利率不变的情况下,房价上涨率越快,则个人购买住房的"消费"总额($V_t = p_t h_t^s$)会越高①,个人的储蓄会越低。当土地和人均住房供给增长率增加时,住房供给的增加会促使房价上涨率下降。在其他条件不变的情况下,消费者的住房"消费"总额下降,储蓄和物质资本投资提高,因此,经济增长率加快②。此外,住房消费总额下降和物质资本增加都会使得劳均资本-人均住房价值比增加。

人口增长率降低长期经济增长率的机制则主要同劳均物质资本积累的动态方程(7.27)式有关。从(7.27)式可以看出,即使上一期年轻人的储蓄 s_t 和劳均资本 k_t 不变,人口增长率增加也会降低下一期的劳均物质资本水平,因而会降低劳均产出水平及其增长率。此外,由于劳动的边际生产力递减,人口增长率提高会降低年轻时的工资收入水平,从而降低年轻人的储蓄水平,这又会进一步降低下一期的劳均资本和经济增长率。从(7.35)式可以看出,均衡时的房价增长率(g_p)主要由于经济增长率(g^*)和人均住房供给增长率(g_h)决定。因此,人口增长率对房价增长率的影响可以从两个方面来理解:一方面,人口增长率的提高直接增加了住房的需求,或者说降低了人均住房的供给增长率(g_h),如(7.34)式所示,通过这一直接途径,人口增长率提高会提高房价上涨率;另一方面,根据(7.33b)式可知,人口增长率提高会降低经济增长率,因而人们收入下降会减少住房需求,通过这一间接途径,人口增长率提高会降低房价的上涨率。不过总的来说,根据(7.37)式可知,人口增长率提高对住房需求的第一种直接效应大于第二种间接效应,最终人口增长率提高会提高房价上涨率。当房价上涨率提高时,人们的住房"消费"总额会增加,而经济增长率下降使得劳均物质资本下降,最终人口增长率会导致劳均资本-人均住房价值比下降。

---

① 只要在(7.13)式两边是同除以 p_t,并进行简单变形可得

$$V_t = h_t p_t = \rho w_t (1 + r_{t+1}) / [(1 + r_{t+1}) - p_{t+1}/p_t]$$

根据以上公式可知,房价上涨率 p_{t+1}/p_t 越快,则住房消费总额会越大。

② 从此处的分析可以看出,即使不考虑土地作为生产要素和住房本身作为产出对经济增长率的影响,土地和住房供给的增加也会促进经济增长。如果考虑土地要素和住房生产的效应,则更会加大土地和住房供给对经济增长的促进作用。

7.4 经验研究——以中国跨省(区、市)面板数据为例

7.4.1 计量模型和回归方程

第7.3节的理论分析表明：首先，在平衡增长路径上，长期经济增长率和房价上涨率都同土地和住房供给增长率以及人口增长率有关；其次，根据方程(7.30a)和(7.30b)和图7.11可知，如果经济不在平衡增长路径上，则经济增长率和房价上涨率不但同土地和住房供给增长率以及有关，而且还同劳均资本-住房价值比 z（即人均住房"消费"占比的倒数）有关，并且如果房价增长率同它正相关，经济增长率同它负相关，则房价存在泡沫（如图7.11所示）。本节研究将利用中国跨省面板数据来检验土地和住房供给增长率对经济增长和房价上涨率的影响，并通过检验劳均资本-住房价值比对经济增长率和房价上涨率的影响来判断中国是否存在房价泡沫。此外，考虑到中国还是个发展中国家，现在的经济增长阶段还没有达到平衡增长路径上，因此，经济增长率还会受物质资本积累的影响，而住宅价格增长率则受到人们收入水平增长率的影响。为此，对经济增长率和房价增长率分别建立以下基本计量回归方程。

$$模型1: g_{it}^y = a_0 + a_1 g_{it}^h + a_2 g_{it}^L + a_3 g_{it}^k + a_4 R_{it} + \sum \beta_{1i} X_{it} + \varepsilon_{it} \quad (7.38)$$

$$模型2: g_{it}^P = b_0 + b_1 g_{it}^h + b_2 g_{it}^L + b_3 g_{it}^w + b_4 R_{it} + \sum \beta_{2i} X_{it} + u_{it} \quad (7.39)$$

其中 i 表示省份，t 表示时间；g_{it}^y 表示人均GDP增长率，g_{it}^h 表示人均住房供给增长率，R_{it} 表示人均住房价值同人均收入之比（即第7.3节中人均住房消费占比 $1/z$），g_{it}^L 表示人口增长率，g_{it}^k 表示人均资本增长率，g_{it}^w 表示工资增长率；a^j 和 b^j（$j=0,1,2,3,4$）以及 β_{1i} 和 β_{2i} 都是待估计的参数，ε 和 u 表示随机扰动项，X_{it} 表示其他控制变量。根据第7.3节的理论分析，人均住房供给增长率和人均资本增长率对经济增长率有正的影响，人口增长率对经济增长率有负的影响；人均住房供给增长率对房价上涨率有负的影响，而人口增长率和人均收入增长率对房价有正的影响。因此，预期 a_1、a_3、b_2 和 b_3 是正的，a_2 和 b_1 是负的。此外，如果经济中存在泡沫，根据(7.17)式和(7.30)式可知，a_4 应该显著小于0，b_4 显著大于0。

7.4.2 数据来源和统计描述

本章理论模型中分析的主要是住宅用土地供给和住房供给对经济增长的影响，相应

第7章 中国房地产的发展和经济增长

地这部分的计量分析也只考虑住房土地供给和人均住房供给对房价和经济增长的影响。理论模型中假设土地供给面积会在当期一对一地转化为住房供给面积,因此住房供给增长率和土地供给增长率相同。现实情况显然同这一假设有差距,主要体现在三个方面:首先,由于现实中各省(区、市)的土地供给分为两部分,即用作建造商业楼的商业用地和用作建造居民住房的居住用地。显然,只有居住用地面积符合本章理论中的假设。其次,即使是用于建造居民住房的土地供给,由于建房本身需要花费一定的时间,所以,当年的土地供给同当年的住房供给可能存在一个滞后关系。最后,由于住房的高度不一致,即便是同样的土地供给面积,建筑楼层越高,住房面积供给也会越大。综合以上因素,如果直接用各省(区、市)当年的土地供给面积作为理论模型中的土地供给面积,可能会出现很大的偏差。因此,本章研究采用各省(区、市)的城镇住宅建筑总面积(以下简称住房面积)作为模型中土地供给和住房供给的代理变量。

从 CEIC 数据库中可获得中国各省(区、市)2003—2011 年城镇住宅竣工面积、2002 年和 2006 年各省(区、市)城镇实有住房面积和各省人口总量等数据。通过 2002 年各省(区、市)城镇实有住房面积和 2003—2011 年各省(区、市)城镇住宅竣工面积,便可以计算得到 2003—2011 年各省(区、市)城镇实有住房面积。不过,考虑到住宅的折旧、动迁以及数据调整和可获得性等原因,同时也为了更充分地利用数据的信息,本章又以 2006 年各省(区、市)实有住房面积算,对通过 2002 年为基数计算得到的 2003—2011 年中国各省(区、市)城镇实有住房面积的数据进行了调整,并把在这一调整后的数据作为本章中各省(区、市)土地供给或/和住房供给面积的代理变量。考虑到 2002 年开始实行的土地使用权出让"招拍挂"机制对其前后土地需求和房价可能造成的异常影响,本章选取了 2004—2011 年中国 31 个省区市的面板数据,样本总量为 $31 \times 8 = 248$ 个。根据 2003—2011 年各省(区、市)城镇住房面积和各省总人口量,可计算出各省(区、市)的人均城镇住房面积(PHS)和各省(区、市)人口增长率(GP)数据,并得到各省(区、市)人均城镇住房面积增长率(GPHS)的数据。本章把这一数据作为以下实证研究中人均土地和住房供给增长率的代理变量。

从 CEIC 数据库中还可以获得各省(区、市)历年的实际生产总值(RGDP)、城镇人均实际可支配收入(CPDI)、城镇居民消费价格指数(CPI)、城镇住宅平均销售价格(HP)等变量的数据。根据各省(区、市)历年实际生产总值(RGDP)和人口总量数据可计算出各省(区、市)历年人均实际 GDP(PRGDP)和人均实际 GDP 增长率(GPRGDP)的数据。根据各省(区、市)历年城镇住宅平均销售价格和城镇居民消费价格指数可计算出各省(区、市)历年住宅实际销售价格(RHP)和住宅实际销售价格增长率(GRHP)的数据。根据各省(区、市)城镇人均实际可支配收入可得到城镇人均实际可支配收入增长率(GPRDI)的数据。根据各省(区、市)城镇人均可支配收入、住宅销售价格和城镇人均住房面积可计算出各省(区、市)历年人均住房价值同人均可支配收入之比(RHVDI)的数据①。此外,在CECI数据库中,还可以获得各省(区、市)历年城镇人均医生占有率的增长率(GPDC)和国有企业占比(RSOE)的数据。最后,各省(区、市)的资本总额按照张军等(2004)给出的方法重新估算得到,其中2004—2011年31个省区市的资本形成总额数据来自《中国统计年鉴》,各省(区、市)人均资本存量是由各省(区、市)历年资本总额除以该省当年人口总数得到。根据各省历年人均资本数据可得到各省历年人均资本增长率(GPC)数据。为了同人均住房面积增长率(GPHS)的数据相匹配,以上所有这些数据都选取中国31个省(区、市)2004—2011年的面板数据。

本章所用到的10个主要变量包括人均实际GDP的增长率(GPRGDP)、住宅实际销售价格增长率(GRHP)、人均住房面积增长率(GPHS)、城镇人均实际可支配收入增长率(GPRDI)、人均住房价值同人均可支配收入之比(RHVDI)、人均资本增长率(GPC)、人口增长率(GP)、消费物价指数增长率(GCPI)、人均医生占有率增长率(GPDC)和国有企业占比(RSOE)等变量,这些变量的名称、经济学含义及其数据的统计特征如表7.1所示。由于2008年发生了全球金融危机,这一事件对中国的经济增长和房价行为产生了影响。为了分析全球金融危机的影响效应,本章还引进了一个代表金融危机冲击的虚拟变量Dum。这一虚拟变量的取值方法是:如果时间小于2007,则Dum取值为0,如果时间大于或等于2008,则Dum取值为1。

表7.1 本文所用变量的名称、含义及其数据的统计特征

变量名称	变量的经济学含义	样本数	均值	标准差	最小值	最大值
GPRGDP	人均实际GDP增长率(%)	248	10.4	4.62	−3.19	23.5
GRHP	城镇住宅实际价格增长率(%)	248	13.5	12.47	−45.5	57.9
GPHS	城镇人均住房面积增长率(%)	248	0.63	13.17	−49.5	51.3
GPRDI	城镇人均可支配收入增长率(%)	248	11.0	4.03	−4.55	22.2
RHVDI	城镇人均住房价值同可支配收入之比	248	4.70	1.83	2.10	13.1
GPC	人均资本增长率(%)	248	19.9	6.14	−7.40	42.7
GPOP	人口增长率(%)	248	5.47	2.80	−0.34	11.8
GCPI	消费物价指数增长率(%)	248	3.33	2.27	−2.30	10.1
GPDC	人均医生占有率增长率(%)	248	2.50	12.8	−66.8	96.6
RSOE	国有企业占比(%)	248	46.8	15.6	15.8	89.3
Dum	表示2008年金融危机的虚拟变量	248	0.5	0.25	0	1

① 计算公式为RHVDI=城镇人均可支配收入÷(住宅销售价格×城镇人均住宅面积)。

第7章 中国房地产的发展和经济增长

表 7.2 各变量之间的简单相关系数

	GRHP	GPHS	GPRDI	RHVDI	GPC	GPOP	GCPI	GPDC	RSOE
GPRGDP	**0.275** (0.00)	−0.072 (0.26)	**0.332** (0.00)	**−0.348** (0.00)	**0.388** (0.00)	−0.049 (0.44)	**−0.359 3** (0.00)	−0.045 7 (0.47)	**−0.045** (0.00)
GRHP	1	−0.084 (0.19)	**0.454** (0.00)	**0.179** (0.00)	−0.012 (0.85)	−0.040 (0.53)	**−0.467** (0.00)	**0.181 2** (0.00)	0.079 (0.22)
GPHS		1	**0.133** (0.04)	0.074 (0.24)	0.034 (0.59)	0.052 (0.41)	0.014 (0.82)	0.008 (0.90)	0.007 (0.91)
GPRDI			1	0.009 (0.89)	**0.148** (0.02)	**−0.141** (0.03)	**−0.464** (0.00)	0.087 (0.17)	**0.137** (0.03)
RHVDI				1	**−0.494** (0.00)	**−0.346** (0.00)	−0.065 (0.31)	0.016 (0.80)	**0.722** (0.00)
GPC					1	0.000 (0.99)	0.060 (0.34)	**0.116** (0.07)	**−0.304** (0.00)
GPOP						1	0.073 (0.25)	−0.020 (0.75)	**0.537** (0.00)
GCPI							1	**−0.133** (0.04)	−0.110 (0.08)
GPDC								1	0.121 (0.06)

注：括号中的数值表示显著性检验的 p 值。

表7.2进一步给出了10个主要变量之间的相关系数。从表7.2中可以看出：首先，人均实际GDP增长率(GPRGDP)同实际房价上涨率(GRHP)之间存在显著正相关。这种相关性既可能是因为它们之间存在直接的因果关系，也可能是由于它们都同其他一些因素相关而产生的间接相关性。其实，本章理论分析表明，人均实际GDP增长率会通过影响人均实际可支配收入而影响到实际房价增长率。从表7.1中则可以看出，人均实际GDP增长率(GPRGDP)和人均实际可支配收入增长率(GPRDI)都同GRHP具有显著的正相关性，且GPRDI同GRHP之间的相关性要远大于GPRGDP同GRHP之间的相关性。其次，本章理论模型所预期的四个决定经济增长率的变量中，人均资本增长率(GPC)和人均住房价值同人均可支配收入之比(RHVDP)同GPRGDP具有显著的相关性，且符号也同理论预测相吻合；人均住房供给增长率(GPHS)和人口增长率(GPOP)都同GPRGDP的相关性不显著，但这并不表明这两个变量对经济增长率没有影响，也可能是因为中国的经济增长主要由其他的因素决定，这两个因素在中国经济中所起的作用不太大。同样，在理论模型中决定房价的四个变量中，GPRDI和RHVDP这两个变量同它具有显著的相关性，且符号也同理论预测相吻合，GPHS和GPOP都同GPRGDP的相关性也不显著，这说明这两个因素对中国的房价影响不大，特别是住房供给在中国没有起到降低房价的作用。当然，简单相关系数所得到的相关性并不能真正说明这些变量之间的相互影响关系，以下计量分析将会表明，本章理论中所预测的关系确实存在。最后，除了GPRGDP和GRHP之外，其他控制变量之间也存在很大的相关性，这提醒我们在进行多变量回归时可能会存在多重共线性问题，从而会影响到一些变量的统计显著性。

7.4.3 计量方法和回归结果

本章计量回归所使用的软件是Stata12.1。在进行面板数据的回归过程中，首先，本章进行了固定效应模型(FE)和随机效应模型(RE)回归，并通过Hausman检验来判断固定效应和随机效应哪一个更适用。其次，无论Hausman检验判断认为应该选择哪个模型，论文都把两种结果列出以示比较。同时，为了比较，把OLS回归的结果也列出。最后，为了检验回归结果的稳健性问题，本章还用了随机效应模型最大似然估计(MLE)、总体平均模型估计(PA)和面板修正的标准差估计(PCSE)等估计方法进行了回归，这些回归方法的结果基本上同随机效应模型相同。但书中为节省篇幅，只列出PCSE估计的结果。因此，最终只列出了OLS、FE、RE和PCSE四种回归结果，这些结果都具有高度一致性①。

---

① 对于本章计量分析结果的可靠性，读者可能还会在以下两个方面存在疑虑：首先，在结构方程中，由于产出的增长可能会引起人均资本和人均住房供给的增长，同样房价的上涨也可能（转下页）

第 7 章　中国房地产的发展和经济增长

　　下面首先分析运用中国跨省(区、市)面板数据对理论模型关于经济增长率方面的检验结果,如表 7.3 所示。表 7.3 中共有两组方程 8 个回归结果,每组方程都显示了 OLS、FE、RE 和 PCSE 四种计量方法的回归结果。其中第 1—4 列式关于基本回归方程(7.38)式的回归结果,被解释变量为各省(区、市)的人均实际 GDP 增长率(GPRGDP),解释变量包括人均物质资本增长率(GPC)、人均住房供给面积增长率(GPHS)、人口增长率(GPOP)、人均住房价值占人均城镇可支配收入之比(RHVDI)和金融危机冲击(Dum)这五个变量。第 5—8 列是对基本模型(7.38)式进行稳健性检验的扩展模型的回归结果。对于此处所用稳健性检验的方法,可参见 Levine & Renelt(7.1992)。这里的检验主要是在基本模型回归方程中加入一些可能会影响经济增长率的新解释变量,来检验基本模型回归结果是否稳健。根据数据的可获得性以及对跨省经济增长影响的显著性,新加入的变量主要有人均医生占有增长率(GPDC)、国有企业占比(RSOE)和消费物价指数增长率(GCPI)三个变量,其中 GPDC 代表健康投资、RSOE 代表市场化程度指标,GCPI 代表通货膨胀率。王志刚等(2006)、杨建芳等(2006)和王弟海等(2008)的研究都已经证实,这三个变量对中国各省(区、市)的经济增长有显著影响[①]。从表 7.3 中可以看出:第一,对基本模型的回归结果表明,虽然 Hausman 检验都表示不能拒绝随机效应模型,但随机效应(RE)和固定效用(FE)除了在回归系数的大小和显著水平存在的差别外,回归结果中各变量系数的符号基本一致。为了克服异方差和自相关性而进行了面板修正的标准差估计(PCSE)结果和 OLS 回归结果也基本上同固定效应和随机效应的回归结果一致。总的来看,OLS、PCSE 和 RE 的回归结果无论是在回归系数还是在显著水平上都非常接近;相比较而言,FE 回归结果中各变量的显著性要弱一些,GPC、GPHS 和 RHVDI 三个变量的回归系数要更小,而 GPOP 的回归系数则更大一些,且不显著。不过,Hausman 检验和固定效应的 F 检验(即表

(接上页)会引起人均可支配收入和人均住房面积供给的增长,这可能存在内生性问题。不过,可能主要由于以下两方面的原因,本章所进行的内生性检验并没有发现这种内生性。一方面,从计量方法上讲,Wooldridge(2003,p.434)认为,固定效应模型对违背这种严格外生假设的情况并不那么敏感,特别是在 N 相对较大而 T 不是很大的时候;另一方面,这些变量的存量之间肯定会存在内生性问题,但由于本章回归的变量都是增长率之间的变化,这其实相当于对存量进行了对数化后再差分,这又大大弱化了内生性问题。人口的增长率在我国主要受计划生育政策影响,所以很难说它会存在内生性问题。其次,由于本章使用的是面板数据,其是否平稳也是影响计量分析是否可靠的决定因素。不过,作者通过平稳性检验结果发现,本章中所用数据都是平稳的,之所以如此可能主要是因为使用的变量都是增长率或者比率。限于篇幅原因,针对本章数据所进行的内生性检验和平稳性检验的结果没有正文中列出。

[①] 当然,教育因素一直被认为是影响经济增长的一种重要因素,所以本文也曾经运用教育人力资本来检验这一回归结果的稳健性。不过,由于我国教育人力资本数据的问题及其与其他变量存在线性相关,回归结果极不显著,所以正文中没有写出这一结果。其他如各省(区、市)的开放程度等变量也对各省(区、市)经济增长具有显著影响,但由于数据不可获得,所以未被用于稳健性检验。

表 7.3 计量回归结果：被解释变量为人均实际 GDP 增长率 (GPRGDP)

模 型	(I)				(II)			
计量方法	OLS	FE	RE	PCSE	OLS	FE	RE	PCSE
GPC	0.267*** (5.36)	0.227*** (3.58)	0.263*** (5.15)	0.267*** (5.46)	0.279*** (7.02)	0.238*** (4.05)	0.273*** (5.63)	0.278*** (7.13)
GPHS	0.06** (2.08)	0.061** (2.00)	0.064** (2.12)	0.062** (2.09)	0.028 (0.99)	0.016 (0.57)	0.028** (2.09)	0.028* (1.94)
GPOP	-0.190** (-1.97)	-0.598 (-1.25)	-0.189* (-1.08)	-0.190** (-2.01)	-0.176* (-1.76)	-0.814* (-1.87)	-0.192* (-1.63)	-0.176** (-1.79)
RHVDI	-0.369** (-2.09)	-0.236 (-0.63)	-0.354** (-1.90)	-0.369** (-2.13)	-0.377*** (-1.89)	-0.410 (-1.18)	-0.295** (-1.67)	-0.377** (-1.93)
Dcm	-2.75*** (-5.07)	-3.03*** (-5.23)	-2.75*** (-5.11)	-2.75*** (-5.16)	-2.19*** (-7.49)	-2.90*** (-4.40)	-2.17*** (-4.25)	-2.19*** (-4.31)
GPDC					-0.036** (-1.97)	-0.024 (-1.31)	-0.033* (-1.87)	-0.036** (-2.01)
RSOE					-0.011 (-0.47)	-0.229 (-0.44)	0.021 (-0.76)	-0.012 (-0.48)
GCPI					-0.712*** (-6.73)	-0.739*** (-7.11)	-0.714*** (-6.93)	-0.712*** (-6.86)
截距项	8.79*** (4.48)	9.12*** (2.93)	8.78*** (4.67)	8.80*** (5.03)	86.4*** (7.49)	87.3*** (7.49)	86.5*** (7.69)	86.4*** (7.63)
样本数	248	248	248	248	248	248	248	248
R-square	0.31	0.191	0.311	0.31	0.40	0.35	0.42	0.42
F 值或 W 值	21.8***	9.97***	98.5***	107.5***	21.87***	14.00***	155.23***	181.6***

注：① 表中各个系数下面圆括号中的值是该系数的 t 统计量 (FE 和 OLS 或 z 统计量 (其他) 数值；② ***、**、* 分别表示在 1%、5% 和 10% 的统计水平上显著；③ F 值是检验 OLS 模型或 FE 模型整体显著性的 F 值，W 值是检验 RE 和 PCSE 模型整体显著性的 Wald 值，$F - u_i$ 是对 FE 模型中固定效应检验的 F 值；④ 针对 (I) 和 (II) 中 FE 对 RE 的 Hausman 检验的 p 值分别 0.48 和 0.37，所以不能拒绝随机效应模型 (即 RE)。(I) 和 (II) 中 FE 模型中固定效应检验的 F 值分别为 1.25 和 1.57，在 10% 的水平上都不显著。

7.3 中的 $F-u_i$）都不支持存在固定效应的假设。第二，所有的回归结果都显示，人均物质资本增长率（GPC）和人均住房增长率（PPHS）这两个变量对经济增长具有显著正效应，人口增长率（GPOP）和人均住房价值同人均可支配收入之比（RHVDI）这两个变量对经济增长率具有显著负效应，这同理论预测完全一致。其中人均住房面积增长率（GPC）和人口增长率（GPOP）是第 7.3 节理论模型中预测的平衡增长路径上决定经济增长率的主要因素；人均物质资本增长率的显著表明中国经济增长还没有达到平衡增长路径，物质资本的增长仍然是中国经济增长的主要因素；人均住房价值同人均可支配收入之比（RHVDI）对经济增长具有显著的负效应则表明中国房价不是位于均衡状态，中国相对于人均收入而言过高的房价及其快速增长已经对中国经济增长产生了抑制作用。第三，扩展模型中的稳健性检验表明，四种回归方法的回归结果同基本模型非常一致，加入新的变量之后，所有变量的符号都没有改变，其中 OLS、RE 和 PCSE 的回归结果中四个基本解释变量对经济增长仍然具有显著的影响，FE 模型中 GPOP 和 RHVDI 的回归系数不是很显著，且 GPC、GPHS 和 RHVDI 的回归系数都更小，GPOP 的系数更大。同样，Hausman 检验都不支持存在固定效应的假设。总之，以上这些回归结果的特征表明，(7.38)式的回归结果具有很强的稳健性，且同前文的理论模型的预测结果一致。此外，所有的回归结果也都显示，2008 年的全球金融危机对中国的经济增长有显著的负面影响。根据回归系数显示，2008 年的金融危机使得中国年经济增长率平均降低了大约 2—3 个百分点。

其次，再来讨论运用中国跨省（区、市）面板数据对理论模型关于房价方面结论的检验结果。表 7.4 中给出了关于计量模型(7.39)式的回归结果，其中第 2 列和第 3 列分别给出了固定效应（FE）模型还是随机效应（RE）模型的估计结果。Hansman 检验表明拒绝 RE 估计，但 FE 估计中关于是否存在个体之间的固定效应的 F 检验表明，个体间不存在显著固定效应。不过，无论是固定效应（FE）模型还是随机效应（RE）模型，各变量的回归系数的符号都相同，且同理论的预测结果一样，只是固定效应模型中人口增长率对房价的影响不显著。为了进一步检测方程回归结果的稳健性，表 7.4 中还进一步给出总体平均模型（PA）估计结果（第 4 列）和面板修正的标准差模型（PCSE）的估计结果（第 5 列）。另外，为了比较，也给出了普通最小二乘法（OLS）的结果（第 1 列）。所有这些估计方法的结果都同固定效应（FE）模型和随机效应（RE）模型的估计结果基本一致[①]。这些估计结果都表明，城镇人均可支配收入增长率（GPRDI）和人均住房价值同人均城镇可支配收入之比（RHVDI）、人口增长率（GPOP）对房价增长率（GRHP）都具有显著的正效应，人均住房增长率（GPHS）对房价增长率（GRHP）具有显著的负效应。这些结果同第 7.3 节理论模型的

[①] 由于数据的可获得性原因，我们未能找到一些能显著影响我国跨省（区、市）房价增长率的变量。所以，在关于住房价格增长率的回归分析中，未能进行 Levine 和 Renelt(1992)所建议的稳健性检验。

预测结果完全一致。根据理论模型可知，人均住房价值同人均城镇可支配收入之比（RHVDI）对房价增长率（GRHP）具有显著的正效应表明，中国的房价并不在均衡状态（即平衡增长路径上），过高的房价收入比进一步加剧了房价的上涨速度。因此，除经济增长率、人口增长率和住房供给增长率之外，对房价上涨的预期因素对房价上涨起着关键性的作用。根据理论模型的结果显示，这种因素导致的房价上涨可能需要通过泡沫的强制性破灭才能使得价格路径回到平衡增长路径上。最后，所有的回归结果也都显示，2008年的全球金融危机对中国的房价上涨率具有显著的抑制影响，显著降低了中国房价的上涨速度。

表7.4 计量回归结果：被解释变量为城镇实际房价上涨率（GRHP）

估计方法	OLS	FE	RE	PA	PCSE
GPRDI	1.57*** (9.17)	1.57*** (8.94)	1.57*** (9.17)	1.54*** (9.04)	1.57*** (7.71)
GPHS	−0.16*** (−3.10)	−0.21*** (−3.86)	−0.16*** (−3.10)	−0.162*** (−3.13)	−0.161*** (−2.84)
GPOP	0.57** (2.19)	0.75 (0.57)	0.57** (2.19)	0.508** (2.43)	0.570* (1.75)
RHVDI	1.77*** (4.43)	5.74*** (5.52)	1.77** (4.43)	1.519*** (4.67)	1.77*** (3.52)
Dum	−3.43*** (−2.51)	−5.60*** (−3.86)	−3.43*** (−2.51)	−3.27** (−2.38)	−3.43*** (−2.58)
截距项	−70.6*** (−3.61)	−81.3*** (−3.92)	−70.6*** (−3.61)	−65.4*** (−3.37)	−70.6*** (−2.64)
样本数	248	248	248	248	248
R-squre	0.28	0.35	0.28	0.28	0.30
F值或W值	20.3***	23.55***	93.2***	99.78***	55.95***

注：① 表中各个系数下面圆括号中的值是该系数的t统计量（FE和OLS）或z统计量（其他）数值；② ***、**、*分别表示在1%、5%和10%的统计水平上显著；③ F值是检验OLS模型或FE模型整体显著性的F值，W值是检验PA、RE和PCSE模型整体显著性的Wald值；④ RE对FE的Hansman检验的p值为0.0002，所以拒绝随机效应模型（即RE）。FE模型中固定效应检验的F值为1.19，在10%的水平上不显著。

总之，本节关于经济增长率的决定(7.38)式的回归结果（表7.3）和关于中国房价增长率决定(7.39)式的回归结果（表7.3）都同第3节理论模型的预测结果完全一致，即：土地和住房供给增长率对经济增长率具有正的影响，对房价上涨具有负的影响；人口增长率对经济增长率有负的影响，对房价上涨具有正的影响；经济增长率通过提高人均收入水平而对房价具有正的影响。此外,由于中国经济房价并不在均衡状态(即平衡增长率路径)上,因此,住房消费占人均收入的比重(即计量模型中的人均住房价值同人均城镇可支配收入之比 RHVDI)对经济增长率具有显著的负效应,对房价上涨具有显著的正效应。这表明房价的快速上涨不但会进一步加剧房价上涨,而且也会抑制经济增长。因此,通过增加土地和住房供给来抑制房价的快速上涨,不但有利于抑制房价的快速上涨,而且也有助于促进经济增长。

7.5 本章研究的主要结论和未来研究的可能扩展

本章以上的理论分析首先在一个具有阿罗-罗默内生增长机制的 OLG 模型中,通过考虑住房服务对消费者行为和整个经济动态行为的影响,运用一般均衡的动态分析方法,讨论了经济中平衡增长路径的性质,并分析了土地及住房供给增长率和人口增长率对房价变动和经济增长的影响。然后还运用中国 2004—2011 年的跨省(区、市)面板数据检验了中国住房供给增长率、人口增长率和人均住房价值同人均城镇可支配收入之比(RHVDI)对经济增长率和房价上涨率的影响,并且得到了与理论分析相一致的结果。

本章的理论研究表明,首先,在具有住房消费的 OLG 模型中,经济中存在唯一的均衡状态(如图 7.10 所示)。在这一均衡状态下,劳均资本-住房价值比(即人均住房"消费"占比的倒数)保持不变。房价增长率和经济增长率都以一个固定的速度上涨,这三个变量在均衡状态的数值都同土地和住房供给增长率、人口增长率和决定技术的偏好的参数有关。在其他参数不变的情况下,土地和住房供给增长率越大,人口增长率越小,则经济增长率会越快。均衡状态的房价上涨率则等于经济增长率加人口增长率减土地(或住房)供给增长率。因此,经济增长率和人口增长率越大,土地(或住房)供给增长率越小,则房价上涨率越大。从长期来看,只有当土地和住房供给增长率大于经济增长率和人口增长率之和,房价才不会具有长期上涨的趋势。其次,由于这一均衡状态是不稳定的,经济很容易偏离这一均衡。虽然在平衡增长路径上,劳均资本-住房价值比对经济增长率和房价上涨率没有影响,但经济一旦偏离均衡状态,劳均资本-住房价值比的大小直接决定了未来经济增长率和房价上涨率的变化趋势。具体来说,如果经济中的房价过高使得劳均资本-住房价值比低于均衡状态的水平,从而经济偏离均衡状态而位于均衡状态 E 左边,那么,在这种情况下,由于房价增长率会持续高于均衡增长率,经济中会出现对住房的投机性需求,人们对住房的投资会越来越高,而物质资本的积累从而实体经济(以劳均资本和劳均产出衡量)的增长将会放缓,劳均资本-住房价值比和经济增长率都将持续下降,经济最终甚至出现负增长。因此,当经济中的房价过高时,住房的投机性需求使得房价的持续上涨完全符合理性预期,而且价格的上涨在短期内也是可以维持的,但长期来看实体经济的萧条必将使得价格出现突然地下降,这完全符合泡沫的特征。反之,当经济位于 E 的右边时,经济将一直远离 E 点而向右运动,这时的经济增长率大于房价上涨率,房价上涨率将会持续下降,而经济增长率将会越来越大,经济出现膨胀。这种趋势长期也是不可维持的,经济增长趋势最终将会由于房价的持续下跌而得到抑制。最后,经济是否位于平衡状态以及经济中是否存在房价泡沫可以通过分析劳均资本-住房价值比同经济增长率和房价上涨率之间的关系来确定。当人均住房"消费"占比(计量分析中用人均住房价值占人均可支配收入之比 RPVDI 衡量)不断上涨,且对经济增长率和房价上涨率分别具有显著的负效应和正效应时,就表明经济没有达到均衡状态,且经济中存在房价泡沫。

本章的实证分析主要利用中国 31 个省区市 2004—2014 年的面板数据,其实证研究则表明:第一,中国土地和人均住房供给增长率(GPHS)对经济增长率具有显著的正效应,对房价上涨具有显著的负效应;人口增长率对经济增长率有显著的负效应,对房价上涨则具有显著的正效应;经济增长率则通过提高人均收入水平而对房价具有显著的正效应。这一结论完全同本章的理论模型预测结果一致。第二,中国的城镇人均住房价值同人均城镇可支配收入之比(RHVDI 即理论模型中人均住房"消费"占比)对经济增长率具有显著的负效应,对房价上涨具有显著的正效应。这表明中国经济并没有位于均衡状态,房价存在泡沫;房价的快速上涨不但会进一步加剧房价上涨,而且也会抑制经济增长。因此,通过增加土地和住房供给来抑制房价的快速上涨,不但有利于抑制房价的快速上涨,而且也有助于促进经济增长。第三,本章的实证研究还表明,无论是对中国的经济增长还是房价上涨,2008 年的全球金融危机都具有显著的影响,它不但降低了中国的经济增长率,同时也抑制了中国的房价上涨速度。

当然,关于本章研究的问题,仍然存在一些方面需要进一步的研究。在理论研究方面:第一,本章假定个人的储蓄存在非负约束,因而无法讨论国家对房地产行业的货币信贷政策对个人经济行为、整体经济行为以及房价变化的影响。第二,在考虑住房市场时,由于本章没有考虑住房出租市场,住房出租和房租价格对于房价的影响仍待进一步的研究。第三,虽然根据本章分析可知在长期时经济系统是不稳定的,即当房价处在一定的合理范围使得劳均资本-住房价值比不变时经济会在均衡点处运行,但是某一偏离均衡点的状态要在多长时间内回到均衡点,本章并没有进行数字模拟把房价波动的运行图刻画出来,这一点仍有待进一步深入研究。第四,由于本章理论分析中简单地假设所有单位土地都无弹性地供给一单位住房,且假设房地产市场和土地市场都是完全自由竞争的,因此,本章无法研究房地产商的行为对房价和经济增长的影响。在实证研究方面:首先,由于数据的可获取问题,无法直接获得各省(区、市)政府土地供给面积总量,本章只能以城镇人均住房供给面积的增长作为土地供给增长的代理变量来研究土地和住房供给对经济增长和房价的影响。其次,由于本章研究中所使用的住宅方面的数据主要是商品房数据,而当前别墅等高档住宅和政府提供的保障房对普通居民商品住宅房价变动的影响以及对经济增长的影响则被忽略了。以上这些问题都将是我们未来需要进一步继续深入研究的。

7.6 中国房价居高不下持续上涨的原因以及政府面临的困境

正如引言中所说,自1999年住房分配制度改革以来,中国住房价格一直以几近乎疯狂的速度在飙升,远高于同期的经济增长率。与此同时,尽管中国政府一直在以各种手段和方式调控房价,但调控效果微乎其微。中国的住房价格居高不下、持续高涨的原因是什么,高房价将会带来哪些经济后果,房价未来的走势如何,政府将如何面对持续上升、居高不下的房价?这一小节将对这些问题进行探讨。

7.6.1 房地产行业发展均衡的三个条件

从宏观视角来看,一个健康稳定发展的房地产行业应该满足以下均衡条件:第一,房地产市场自身的供求均衡。均衡的住房价格首先要满足的条件就是住房市场本身的供求平衡,而且如果只从住房市场这一行业来看,房价及其变化趋势主要取决于住房市场供求状态及其相对变化趋势。只要整个住房市场供过于求,房价就会上升;反之则相反。但是,这种局部均衡分析方法只适合那些对整个国民经济影响不大的行业。对于那些在整个国民经济中占有重要地位的行业,一个局部均衡的房价在长期内是否能够持续,除了受到本行业供求力量影响之外,还受到整个宏观经济均衡的影响,即所谓的"一般均衡"。这种一般均衡包括供给方面不同行业间的供给结构均衡和需求方面的消费需求结构均衡。

第二,不同行业之间的均衡利润。住房市场的均衡必须使得整个经济的供给结构也达到均衡,即住房市场均衡价格必须使得不同行业间厂商都获得的相同均衡利润率。作为一个在国民总产值中占有较大的比重且厂商可以自由进出的行业,长期稳定的住房均衡价格应该维持该行业的利润率同整个经济平均利润率的平衡。如果现有的房价使得该行业的利润率高于其他行业的利润率,那么,其他行业的厂商将会进入该行业。其结果将使得房地产行业的生产厂商增加,其他行业商品供给减少,同时对房地产行业生产要素——土地的需求增加,而对其他行业要素的需求减少。由此就会打破住房市场和其他所有市场的供求平衡,从而使得住房价格和其他商品的价格发生变化。

第三,消费需求结构的均衡。长期均衡稳定的住房价格可以使消费者在衣食住行等不同方面的消费支出维持在一个合理的比例,即维持消费者不同消费需求结构的平衡。一般情况下,个人在衣食住行方面的消费支出一般来说也会维持一个固定的比例。作为在个人消费总支出中比重比较大的"住房"消费,均衡的房价必须能够维持个人在"住"方面的消费需求和其他消费需求之间的结构平衡,这一消费需求结构的均衡在宏观经济上表现为房价收入比总是在一定的范围之内。否则,过高或者过低的房价收入比都会破坏个人在衣食住行等方面的消费结构平衡,从而会对宏观经济实体中的总消费需求和消费价格指数产生严重的影响甚至扭曲作用,从而也会严重影响居民的福利水平。

7.6.2 中国房价居高不下持续上涨的原因

第一,中国住房改革所导致的住房市场化,城市化进程所导致的城市人口规模扩张,以及经济高速增长带来的居民收入不断提高等因素所引起的人们对住房需求的不断提高,是引起中国住房价格上升的初始原因,而且这也是任何一个经济起飞的发展中国家曾普遍出现的现象。这一点已经被绝大多数学者认可,但是,如果仅仅是由于收入的提高和城市人口的扩张,还不足以使得中国房价达到目前的这种局面。

第二,土地财政收入最大化机制所导致的土地供给政策是导致中国房价过快上涨的直接原因。供求原理表明,即使人们的收入水平提高和城市人口扩张导致了住房需求快速增长,如果住房供给能够同样快速增长,那么,住房价格也不会以一个过快的速度增长。但是,在中国目前的财政体制下,由于地方政府会是唯一土地供给者,为了使得土地收入最大化,政府会通过控制土地供给的办法,提高土地出让价格,从而抬高住房价格,以获得垄断收入。更重要的是,地方政府的土地垄断定价政策对住房价格的影响绝不仅仅在于土地垄断定价本身对住房价格的影响,当政府的垄断地价使得房价的增长率高于利率水平时,将会有大量来自于实体经济或银行信贷方面的资金,以投机性住房需求的形式涌入住房市场,从而使得房地产市场出现泡沫。

第三,中国金融系统对居民购买住房实行分期付款的房贷按揭制度,以及以抵押贷款制度为代表的银行系统对住房市场的大量信贷扩张,是使得中国高房价得以维持并持续上涨的有力保障。首先,就分期付款的房贷按揭制度而言,如果个人都是没有信贷约束的"富人",那么它实际上不会影响住房价格。因为在个人没有信贷约束的情况下,住房的需求仍然取决于个人的收入水平。但是,对于那些具有信贷约束的"穷人",分期付款的房贷按揭制度会直接提高了消费者对住房的消费需求,从而使得房价上涨。其次,就银行系统对住房市场的大量信贷扩张而言,在住房价格的上涨速度低于市场借贷利率水平的情况下,银行系统对住房市场的信贷扩张对住房市场的影响不大。因为这时住房市场和其他资本市场之间并不存在套利机会,所以也就不可能存在投机性住房需求。但是,当政府的土地供给过小,使得住房价格的上涨速度超过银行借贷利率时,住房市场和其他资本市场存在套利的情况下,那么,银行系统对住房市场的信贷扩张将会使得所有可能获得的资金都会形成对住房的投机性需求,从而使得住房价格持续上涨并形成泡沫。

7.6.3　高房价对宏观经济的影响和政府调控的困境

以上分析表明,一个长期合理的住房均衡价格应该同时在三个方面达到均衡,即住房市场的供求均衡、不同行业间的供给结构均衡和消费需求结构均衡。中国当前居高不下且持续增长的高房价主要在于它在后两个均衡方面的失衡。这种居高不下持续高涨的高房价将会从以下几个方面对宏观经济产生影响:

第一,它会挤占其他行业发展的资金,使得整个经济的增长速度放慢。由于住房价格居高不下和持续上涨带来的房地产行业的过高利润率,这将吸引其他行业的资金流向房地产行业,从而使得其他实体经济萎缩,而房地产行业可能出现泡沫,在泡沫破灭的时候会对金融行业产生危害,甚至可能导致金融危机。

第二,它将降低社会总消费需求,使得整个宏观经济表现出有效需求不足。高价位的住房价格对个人的消费有收入效应和替代效应,收入效应倾向于降低居民对所有消费品的需求,替代效应则倾向于提高居民对其他商品的需求。但如果居民对住房的需求是刚性的,理论上可以证明,这时住房价格上涨对其他消费的收入效应大于替代效应,从而住房价格上涨就会增加人民在住房需求上的支出,减少居民在其他商品上的消费,进而导致社会总消费需求下降。此外,住房价格的持续上涨,由于住房价格变化所带来的收益率高于利率水平,这会激励居民减少个人的当前消费,增加其"住房投资"形式的储蓄。由此,房价过快的增长速度会进一步减少居民消费行为,降低社会总消费需求。

第三,它将加剧中国财富分配的不平等。中国住房价格极高,住房支出在个人总支出中的比重非常大,且住房价格快速上涨,住房作为个人财富它已经成为个人财富存量中占最大比重的一部分。在中国近年来的经济发展过程中,持续高涨的高房价本来就使得"住房投机性"资本获得超过平均利率的收益,而分期付款的住房信贷制度又通过杠杆作用数倍放大了这种投机性资本的收益率。由此,持续高涨的高房价和分期付款的住房信贷制度一起,极大加剧了财富分配不平等。

第四,它会降低人们生活的福利水平。目前持续上涨居高不下的房价对中国人民生活福利水平的损害主要体现在三个方面:首先,房价的持续上涨会导致大量的投机性住房需求,它会产生大量的住房空置。由此就必然会产生住房资源的浪费,降低整个社会中人民的生活福利水平。其次,由于受到高昂的住房价格和相对较低的工资收入水平的限制,大部分人或者买不起住房,或者通过高额负债的方式买房。无论哪种方式,最后要么是个人成为"房奴"而处于生活和精神上的重压之下,要么由于住房条件得不到改善而处于极差的生活状态之下。这些都会对人民的生活福利水平造成损害。最后,高房价产生的极度的财富分配不平等,会给社会带来极大的不满情绪,这种不满情绪甚至有可能会引起社会的不稳定。这种不满情绪和不稳定的因素,会对社会中的任何人都产生一种潜在的伤害,无论是穷人还是富人,因此,它势必会降低整个社会的福利水平。

第五,它还可能影响金融系统或者物价水平的稳定性。一方面,由于中国购买住房实行的是分期付款的按揭制度,住房按揭贷款在中国各商业银行中都占有比较高的比重,而这些住房按揭贷款占住房总价格的比重也比较高。一旦房价下降过快,使得目前的这种高房价带来的泡沫破灭,它将会危害到中国金融系统的稳定性。另一方面,由于持续高涨的房价主要依赖于中国的住房信贷制度和住房信贷扩张,如果对住房市场的信贷扩张不再继续,则投机性住房需求所导致的高房价也将难以维持。所以,一旦这种高房价得以继续,那么,也就必然意味着需要对住房市场信贷继续扩张,这种信贷扩张必然会传递到整个经济所有商品的物价上,从而导致通货膨胀。

7.6.4 房地产市场未来的走向:政府调控的困境和方向

尽管目前楼市对居民生活和社会福利造成很大损害,但住房改革促进的楼市发展以及由此所带来的同房地产相关行业的发展,其对中国经济增长的贡献也是不可否认的,而住房改革和楼市发展通过乘数效应所扩大的内需,也是中国近年来经济主要增长点。因此,无论是居民、厂商还是政府,尽管目的不同,住房价格未来的走势都是其关注的焦点。由于无论是从供给面(对土地供给和对开发商的政策支持和调控)还是从需求面(对居民购房的信贷调控)来说,中国楼市发展一开始就受到政府各项调控政策的强烈影响,因此,未来一段时期内住房价格的走势仍然取决于政府的政策取向。但是,这并不意味着政府可以随意调控楼市。面对目前的宏观经济形势和楼市局面,政府调控楼市至少存在以下三大困境:

政府所面临的困境之一是楼市快速发展短期内刺激有效需求和长期阻碍经济增长之间的矛盾。中国楼市发展对经济的最大贡献就在于它在短期内迅速提高了国内同房地产行业相关行业的投资需求,从而提高了社会有效需求。一方面,如果国家采取降低房价的政策,那么,由于楼市行业的利润率降低,房地产及其相关行业的发展可能就会受到影响。这在短期内有可能会引起这些行业的投资需求不足,从而造成整个社会的有效需求不足和经济增长放慢。另一方面,由于目前的这种高房价导致房地产的高额利润率会使得楼

第7章 中国房地产的发展和经济增长

市挤占其他行业的发展资金,同时,高房价还导致居民减少在其他商品上的消费需求从而使得总消费需求下降。因此,如果政府继续采取维持目前高房价的政策,那么,长期内可能出现同房地产相关的行业过度发展和其他行业发展不足甚至萎缩的现象,由此极有可能会导致长期的经济增长放慢甚至经济停滞。在目前国际金融危机的影响尚未完全消除和国内各行业发展不平衡的情况下,这一矛盾就显得更为突出和急迫。

政府所面临的第二个困境是维持金融系统稳定性同抑制通货膨胀之间的矛盾。一方面,上文分析表明,一旦目前的高房价不能维持的话,将有可能出现信贷危机,由此就可能会危害到银行系统的稳定性。另一方面,一旦政府继续维持目前的高房价,那么,由于信贷的扩张迟早会表现在物价水平上,从而可能带来通货膨胀。其实,由于中国2009年极度扩张的货币政策,通货膨胀预期早就显现,而目前真实的通货膨胀也已经有所显示。

政府所面临的困境之三是地方政府土地财政收入同居民福利之间的矛盾。一方面,由于目前地方财政收入严重依赖于土地出让金,一旦高房价难以维系,地方政府的财政收入将直接受到影响。且房价下降还可能会影响到地方GDP的增长。因此,无论从维持地方的GDP增长,还是从维持其自身的财政收入的角度来看,地方政府都具有努力维持目前高房价局面的动机。另一方面,如果政府继续维持目前高房价的局面,那么,由于住房空置所带来的资源浪费和由于高房价对居民的生活、经济和精神等各方面造成的压力,其对社会福利水平的影响也是巨大的。同时,高房价也可能成为社会不稳定因素。因此,地方政府土地财政收入和社会福利之间的矛盾,也是政府楼市调控中面临困境的之一。

基于以上分析,政府调控楼市未来走向应该采取以下措施:首先,遏制房价持续上涨,且要使房价稳中有降应该成为政府调控的首要目标。遏制房价上涨是为了遏制楼市的投机性行为的继续,使房价稳中有降既有利于防止房价过快下降对金融系统和房地产行业发展产生极大的冲击,又有利于房地产行业的发展和其他行业的发展保持平衡,避免长期的经济增长放慢和通货膨胀的出现。其次,为实现以上目标,应同时采取财政政策、货币政策和其他各项政策,使得这些政策相互搭配,协调调控。具体来说,第一,必须控制银行系统对楼市的信贷扩张,特别是要抑制住房投机需求者利用分期付款的购房按揭制度的杠杆作用加大其投机行为。这也是消除通货膨胀和楼市泡沫的唯一途径。第二,由于房价短期不可能下降过快,为了满足居民日益扩大的住房需求,应该尽快完善经济适用房制度和廉租房制度。再次,为了避免住房空置所带来的资源浪费和房价下降所导致的土地价格下降而带来的地方财政收入不足,应该加快施行房产税,这一方面可以增加投机者空置住房的成本,另一方面还可以增加地方的财政收入。最后,还需要打破地方政府财政收入直接依赖于土地出让金的局面,从根本上去除地方政府抬高房价的激励。

第8章

中国经济增长过程中的教育发展

一方面,自 1978 年改革开放以来,随着中国经济制度改革的进行和中国社会经济的不断发展,中国的教育水平也得到迅速的发展。另一方面,根据内生经济增长理论和人力资本理论,教育作为一种人力资本,也是推动经济发展的重要力量之一(Schultz,1961;Becker,1962;Lucas,1988)。因此,研究教育发展和经济增长的关系,对理解中国长期经济增长具有重要的作用。本章和下章将主要研究中国教育发展和经济增长之间的关系。本章主要研究中国经济增长过程中教育水平的发展状况,包括中国教育经费投入的变化趋势、中国教育规模和质量的演变过程,以及中国各级教育的毕业人数的变化情况。通过对这些具体指标的分析,本章详细解析了改革开放前后中国教育发展水平的特征和差异。下一章将讨论中国教育发展对中国经济增长的作用。

本章以下结构安排为:第 1 节分别从国家层面和个人层面分析中国教育经费的变化情况,包括国家总教育经费及其 GDP 占比、国家公共教育经费支出及其在财政支出中占比,以及个人教育经费支出及其在个人消费支出中的占比。第 2 节讨论中国各级教育的教学规模和教育质量的变化过程,包括中国各级教育教师人数、学生规模、以及学校生师比的变化情况。第 3 节研究中国教育人力资本的发展状况,包括中国各级教育毕业人数的变化过程、15—65 岁人口平均受教育年限的变化趋势,以及 15—65 岁人口中大专以上学历人口占比的变化情况。

8.1 中国教育费用支出的变化: 国家层面和个人层面

8.1.1 国家公共教育经费支出及其各类占比的变化

中国教育的发展首先可以从中国国家教育经费支出和居民教育支出上得到体现。图 8.1 显示 1952—2017 年中国公共财政支出中教育经费支出(以 1952 年不变价格计算的亿元并取对数表示)及其在国家财政收入和支出总额中的占比情况[①]。从图 8.1 中可以看出,1952—2016 年即使按照 1952 年不变价格计算,中国公共财政教育经费也一直在增长,但改革开放后特别是 1998 年之后,中国公共财政教育经费支出增长速度明显加快(表现为图 8.1 中 1998 年之后的斜率更加陡峭)。1952 年中国公共财政教育经费支出 11.62 亿

---

① 根据《中国统计年鉴》解释,公共财政教育经费包括教育事业费、基建经费和教育费附加。

元,占当年国家财政收入和财政支出的比重分别为6.68%和6.75%。1978年时,中国公共财政教育经费支出名义值增长到76.23亿元,按1952年不变价格计算为73.43亿元;相对于1952年实际增长5.3倍,年平均实际增长7.3%。不过,中国教育经费支出占国家财政收入和财政支出的比重并没有增长多少,1978年仍分别只有6.73%和6.79%。到了2017年,根据教育部公布数据,中国公共财政教育经费支出名义值增长到30 153.8亿元,教育经费支出占财政总收入和财政总支出的比重分别达到17.47%和14.75%,这两个比重都比1978年高出一倍多。按照1952年不变价格计算,2017年中国公共财政教育经费支出为3 632.2亿元,相对于1978年增长48.5倍,公共财政教育经费支出实际增长率年平均达到10.6%,这一增长率明显高于中国同期的实际GDP年平均增长率(9.6%)。具体来说,1952—2017年,中国公共教育经费占国家财政收入和财政支出的比重总体上呈现出先低位(6%—10%)波动,再下降,再上升,然后在高位(15%—18%和13%—16%)波动的变化趋势。从具体数值方面来看,1952—1957年中国公共财政教育经费占国家财政收入和财政支出的比重都在5%—9%剧烈波动。1968—1970年这两个占比都在大幅度下降,公共教育经费占国家财政收入的比重从8.68%下降到4.23%,占国家财政支出的比重从8.28%下降到4.31%。1970—1995年这两个占比基本呈连续上升趋势,1995年中国公共财政教育经费占国家财政收入的比重上升到17.51%,占财政支出的比重上升到16.02%。大概从1989年开始,公共教育经费占国家财政收入的比重和占财政支出的比重之间的差距开始

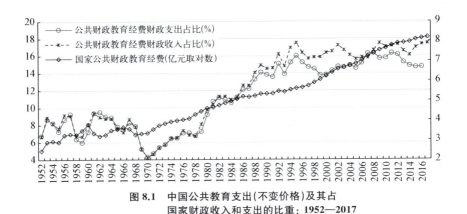

图8.1 中国公共教育支出(不变价格)及其占国家财政收入和支出的比重:1952—2017

注:① 数据来源为国家公共财政教育经费名义数值1952—1989年数据来自《新中国五十年统计资料汇编》,1990—2015年数来自《中国统计年鉴2017》;2016—2017年数据从网上获得。国家财政支出名义数值数据来自CEIC数据。② 中国公共财政教育经费包括教育事业费、基建经费和教育费附加,教育经费实际支出等于中国公共财政教育经费名义支出除以GDP消胀指数(1952年为基期)。其坐标为右边坐标,单位为1952年的亿元,并取对数。③ 图中公共财政教育经费支出占国家财政总支出的比重为按照当年价格计算的公共财政教育经费总额除以国家财政支出总额。其坐标为左边纵坐标,单位为%。

明显扩大,两者的变化趋势开始出现差异。公共教育经费占国家财政支出的比重在1995—1999年出现连续下降,从16.02%下降到13.77%;1999—2011年基本上升,2011年达到历史最高峰16.31%;2012—2015年这一占比出现下降趋势,2015年下降到14.70%;2016—2017年这一占比有所上升,2017年为14.86%。公共教育经费占国家财政收入的比重在1995—2017年出现3次波动,波动幅度基本都在15.5%—17.5%,2017年这一占比为17.47%。

图8.2进一步显示1952—2017年中国公共财政教育经费支出占GDP的比重(以下简称公共财政教育经费GDP占比),以及1990—2017年中国国家财政性教育经费支出占GDP的比重(以下简称财政性教育经费GDP占比)和中国教育经费总投入占GDP的比重(以下简称总教育经费GDP占比)。① 从图8.2可以看出,1952—2001年,中国公共财政教育经费GDP占比都在1.5%—2.5%波动。其中,1952—1960年这一占比呈波动性上升,1960—1970年连续10年下降,1970—1986年连续16年上升,1986—1996年又连续10年下降。从1997年开始,中国公共财政教育经费GDP占比一直呈现上升趋势。2017年这一比例为3.67%。其实,从图8.1和上文分析可知,中国公共财政教育经费占国家财政支出的比重自1970年以来基本都在增长。不过,由于中国财政收入和财政支出占GDP的

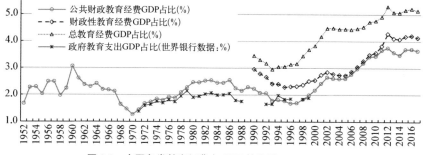

图8.2 中国各类教育经费占GDP的比重:1952—2017

注:① 数据来源为国家公共财政教育经费名义数值1952—1989年数据来自《新中国50年统计资料汇编》,公共财政教育经费支出、国家财政性教育经费支出和教育经费总支出1990—2015年数来自《中国统计年鉴2017》;2016—2017年数据从网上获得;名义GDP数据来自CEIC数据;政府教育支出GDP占比数据来自世界银行《世界发展指标》。② 纵坐标单位为%。

---

① 根据《中国统计年鉴2017》的解释:中国公共财政教育经费包括教育事业费、基建经费和教育费附加。国家财政性教育经费包括公共财政预算教育经费、各级政府征收用于教育的税费、企业办学中的企业拨款、校办产业和社会服务收入用于教育的经费,以及其他属于国家财政性教育经费。根据《中国统计年鉴2017》中的核算方法,全国教育经费总投入包括国家财政性教育经费、民办学校中举办者投入、社会捐赠经费、事业性收费和其他教育经费。

比重从 1970 年开始一直到 1995 年都在下降(如图 8.3 所示),而中国公共财政教育经费占国家财政支出的比重增长率和中国财政收入/支出 GDP 占比的变化率这两者之间的相对变化在不同时期不同,这才导致中国公共财政教育经费 GDP 占比在此区间出现了周期性变化。

图 8.3　中国公共财政收入和支出占 GDP 的比重:1952—2017

注:数据来源为 IECI 数据库;原始数据来源于国家统计局。

中国财政性教育经费 GDP 占比和教育总经费 GDP 占比都只有 1990 年之后的数据。从现有数据来看,这两个占比的变化趋势同国家公共财政教育经费 GDP 占比的变化趋势基本相同。其中,教育总经费 GDP 占比 1994 年达到最低点 2.95%,之后一直呈波浪形上升趋势,2017 年这一占比为 5.15%。财政性教育经费 GDP 占比 1995 年达到最低点 2.29%,此后也呈波浪形上升趋势;2012 年这一占比首次超过 4%,中国首次实现其《教育法》中规定的 20 世纪末国家财政性教育经费 GDP 占比达 4%的目标。2017 年中国财政性

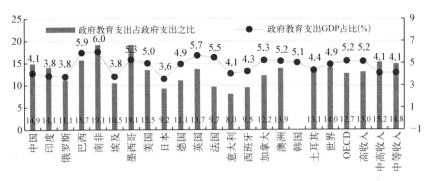

图 8.4　2014 年世界主要经济大国政府教育经费支出占比情况

注:① 数据来源为世界银行《世界发展指标》(*World Development Indicators*)。② 印度、中高收入国家、中等收入国家为 2013 年数据,俄罗斯为 2012 年数据,埃及为 2008 年数据。③ 韩国政府教育支出占政府财政支出数据缺失。④ 中国政府教育支出 GDP 占比数据来自图 8.2 中数据。⑤ 政府教育支出占政府公共支出之比为左边纵坐标,政府教育支出 GDP 占比为右边纵坐标。单位都是%。

第8章 中国经济增长过程中的教育发展

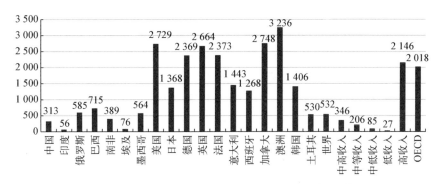

图8.5　2014年世界主要经济大国人均政府教育经费支出情况

注：① 数据来源为作者根据世界银行《世界发展指标》(*World Development Indicators*)计算得到，单位：美元(按当年官方汇率计算)。② 印度、低收入、中低收入、中高收入国家、中等收入国家为2013年数据，俄罗斯为2012年数据，埃及为2008年数据。

教育经费GDP占比为4.14%。

为了更清楚地理解中国政府公共教育经费的现状，图8.4和图8.5显示了2014年世界主要经济大国政府教育经费GDP占比和政府教育经费政府公共支出占比，以及人均政府教育经费的对比状态。从图8.4中可以看出，2014年中国政府教育支出GDP占比和政府教育支出占政府公共支出的比重分别为4.08%和14.9%。欧美发达国家的政府教育支出GDP占比基本在4%—5%。其中，日本比较低，为3.6%；英国和法国较高，分别为5.7%和5.5%。金砖国家中的印度和俄罗斯都为3.8%；巴西和南非比较高，分别为5.9%和6.0%。政府教育支出GDP占比世界平均水平为4.9%，OECD国家和高收入国家平均都为5.2%，中高收入国家和中等收入国家平均都是4.1%。由此可见，尽管经过近30年的增长，但目前中国政府教育支出GDP占比目前仍低于发达国家水平，同其他金砖国家相比也不是很高，同中国人均GDP所在中高收入组的平均水平相称。2014年欧美发达国家的政府教育支出占政府公共支出之比都不是很高，基本在9%—14%，其中意大利、日本、西班牙和法国分别为8%、9.2%、9.5%和9.7%，其他国家则都在10%以上，金砖国家的印度和俄罗斯比中国低，分别为14.1%和11.1%，而巴西和南非都比中国高，分别为15.7%和19.1%。政府教育支出占政府公共支出之比的世界平均水平为14.0%，OECD国家和高收入国家分别为12.7%和13.0%，而中高收入国家和高收入国家则比较高，分别为15.2%和14.8%。由此可见，中国政府教育支出占政府公共支出之比同世界其他国家相比比例合适。

尽管中国政府教育支出GDP占比和政府公共教育支出财政支出占比同其他发达国家相比不低，但由于中国是发展中国家，人均GDP水平还很低，因此，中国的人均政府公共教育支出费用还非常低。从图8.5中可知,尽管经过几十年的增长,中国的人均政府教育经费不断增长,2014年中国的人均政府公共教育支出费用仍只有313美元。发达国家的水平都在1 000美元以上,OECD国家和高收入国家分别为2 018美元和2 146美元,远高于中国的水平;人均政府教育经费的世界平均水平为532美元,中高收入国家和中等收入国家分别为346美元和206美元。其他金砖国家中,除了印度的人均政府教育经费为56美元外,其他三个国家都比中国高,其中南非为389美元,而俄罗斯和巴西分别高达585美元和715美元。所以,如果从政府人均公共教育支出的绝对水平来看,中国的政府教育支出还很低,它不但低于发达国家水平。而且也低于中国人均GDP所在组的中高收入国家平均水平。

8.1.2 中国居民教育费用支出及其消费支出占比的变化情况

由于改革开放前中国居民消费支出和教育支出方面的数据缺失,本章只能对改革开放后中国居民教育费用支出及其消费占比的变化趋势进行分析。受到经济增长过程中人们对教育需求变化规律的作用,以及中国教育制度改革的影响,改革开放后中国居民教育费用支出一直呈现递增的态势,而居民教育经费支出占消费支出之比则呈现出反"S"形的变化趋势,即居民教育经费消费支出占比先上升(1985—2003),再下降(2003—2013),然后再上升(2013—2017)。图8.6显示了1985—2016年中国城镇和农村居民人均文化教育娱乐支出及其在个人消费总支出中占比的变化情况。从图8.6中可以看出,无论农村居民还是城市居民,随着其收入水平的提高,个人在教育文化娱乐(以下简称文教娱乐)方面的支出都在增加①。按照不变价格计算,农村居民文教娱乐方面的支出由1985年的人均9.62元增长到2016年的人均174.18元,31年间增长17.11倍,年平均增长率为9.79%,远高于同期农村纯收入的年平均增长率(5.96%);城镇居民在文教娱乐方面的支出由1985年的人均55元增长到2016年的人均523元,31年间增长8.5倍,年平均增长率为7.54%,接近于中国同期城镇居民可支配收入的年平均增长率(7.49%)。中国城乡居民文教娱乐支出占个人消费支出之比则都呈现出先上升后下降再上升的变化趋势,即1985—2002年文教娱乐支出占消费支出之比上升,2002—2013年下降,2013年之后又上

---

① 根据《中国统计年鉴》解释,教育文化娱乐支出指居民消费支出中用于教育、文化和娱乐方面的支出;而居民消费支出是指居民用于满足家庭日常生活消费需要的全部支出,既包括现金消费支出,也包括实物消费支出。因此,这里的教育文化娱乐支出不全部是指居民在教育投入方面的支出。由于数据限制,无法找到居民在教育方面的支出数据,这里暂且用这一指标来衡量个人在教育方面的支出变化。其实,如果个人在教育和娱乐方面的支出结构变化不大,这一数据的变化趋势大体可以体现个人教育支出的变化。

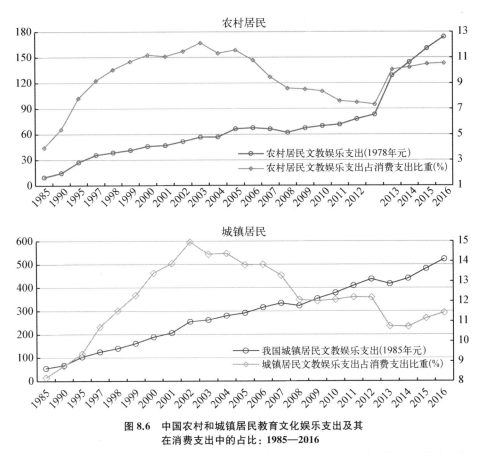

**图 8.6　中国农村和城镇居民教育文化娱乐支出及其
在消费支出中的占比：1985—2016**

注：① 数据来源为《中国统计年鉴》（历年）。② 文教娱乐支出数额为左边纵坐标，单位农村（上图）为 1978 年价格计算的元城镇（下图）为 1985 年价格计算的元；文教娱乐支出占消费支出比重为右边纵坐标，单位为％。③ 2012 年前后的数据出现显著差异是因为 2012 年前后统计局所使用的调查数据不同。2013 年及以后使用的是中国城乡一体化住户收支与生活状况调查数据，2012 年及以前使用的是中国城镇住户调查和农村住户调查数据。

升。目前城乡居民这一占比都在 11％左右，2016 年中国农村居民这一比重为 10.56％，中国城镇居民这一比重为 11.43％。总体来说，随着经济增长所带来的居民收入水平的提高，中国城乡居民对教育文化娱乐的需求一般都在增加，这既表现在绝对支出水平上，同时也表现在相对支出比重上。不过，由于 2002 年以来中国加强了对九年义务教育的财政支持，同时 2002 年之后的高速经济增长也大幅度提高了个人的可支配收入，这两方面的因素使得个人在教育方面的支出占比相对减少。2013 年之后随着经济增长的放缓，个人可支配收入的增长速度下降，这可能是使得这一时期个人教育方面的支出占比相对提高的重要原因（见图 8.7）。

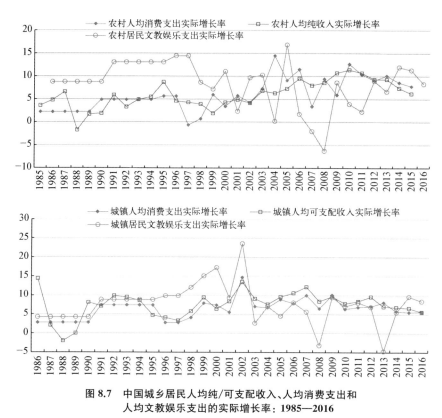

图 8.7 中国城乡居民人均纯/可支配收入、人均消费支出和
人均文教娱乐支出的实际增长率：1985—2016

注：① 数据来源为《中国统计年鉴》（历年）；② 1986—1990 年和 1991—1995 年的人均消费支出和人均文教娱乐支出的实际增长率采用的是这两个时期的年平均增长率。

8.2　各级教育的教学规模和教育质量的演变

中国教育水平的发展也体现在以各级教育的学校数量、教师数量和学生人数为代表的教育规模的变化上，以及以生师比为代表的教育质量的变化上。下面首先分析中国各级教育学校数量的调整情况，其次讨论教师规模和学生规模的变化情况，最后考察生师比的发展状况。

8.2.1　各级教育的学校数量变化情况

图 8.8 首先给出了 1949—2017 年中国中小学数量、高校（即大学，以下简称高校）数量

第 8 章 中国经济增长过程中的教育发展

以及幼儿园数量的变化趋势图。从图中可以看出,总体来看,1949—1978 年,中国中小学数量总体上基本都在增加,但有时也有减少,且波动性太大,经常出现跳跃性变化。在同一期间,高校数量除 1957—1963 年短暂增加外,其他年份基本没有增长。1978 年之后,中国中小学数量都在减少,而高校数量却一直在增加,特别是 2000 年之后,高校数量飞速增长,但各级教育学校数量的变化相对于改革开放前都更加平稳。下面分别讨论。

8.2.1.1 小学学校数量

如图 8.8a 显示,中国小学学校数量 1978 年之前基本呈波动性上升趋势,且波动激烈,1978 年之后呈缓慢下降趋势。1949 年中国小学数量为 34.68 万所。1949 年开始小学数量有一个快速增长,在 1958 年达到第一个最高峰77.7万所;之后 5 年略有所下降,1963 年下降到局部最低点 70.8 万所;1963—1965 年又飞速增长,1965 年达到历史最高峰 168.2

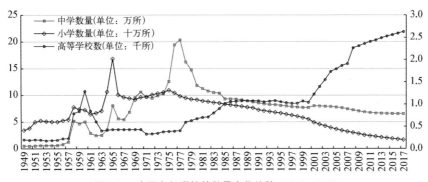

图 8.8a 中国各级学校的数量变化趋势：1949—2017

注：① 数据来源为 CEIC 数据库;原始数据来源中国教育部;② 高等学校数量和幼儿园数量在右边坐标,中小学在左边坐标;高等学校数量单位为千所,中学数量单位为万所,小学和幼儿园数量单位为十万所。

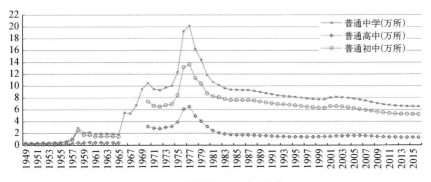

图 8.8b 中国普通中学学校的数量变化趋势：1949—2016

注：① 数据来源为 CEIC 数据库;原始数据来源中国教育部。纵坐标单位：万所。

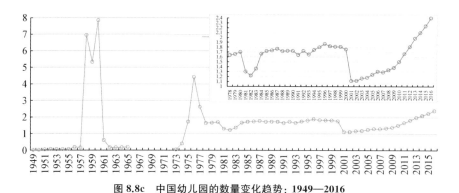

图 8.8c　中国幼儿园的数量变化趋势：1949—2016

注：① 数据来源为 CEIC 数据库；原始数据来源中国教育部。纵坐标单位为万所。② 为了更清楚地显示，小图绘出 1978—2016 年的变化趋势。

万所，不过 1966 年又突然下降到 100.7 万所；1966 年之后恢复增长，1975 年小学数量达到一个小高峰 109.3 万所；1975—2017 年中国小学数量一直下降，2017 年小学数量为 16.7 万所。

8.2.1.2　中学学校数量

从图 8.8a 和图 8.8b 可以看出，中国中等学校（以下简称中学）数量在改革开放前同样总体上呈现波动性上升趋势，且波动比小学更激烈；改革开放之后则基本呈下降趋势。1978 年改革开放前，中国中学数量的变化可以分为三个阶段。

第一阶段是 1949—1965 年的初步发展阶段。中华人民共和国成立之初的 1949 年，中国共有中学 5 261 所，其中普通中学 4 045 所（包括 1 597 所普通高中学校和 2 448 所初中学校）。1949—1957 年中学数量以 11.5% 的速度快速增长，1957 年中学数量增长到 12 474 所，相对 1949 年增长 1.39 倍。该年普通中学达到 11 096 所，年平均增长 13.4%。其中，普通高中 2 184 所，年平均增长 3.99%；初中 8 912 所，年平均增长 17.5%。1958—1960 年是中学发展"大跃进"时期。1958 年中学数量激增到 3.6 万所，仅这一年就增长 3.2 倍。该年普通中学增长 17 835 万所，增长 1.6 倍。其中，普通高中增长 1 960 所，增长 89.7%；初中增长了 15 875 所，增长 1.78 倍。

第二阶段是 1959—1965 年的数量调整阶段。1959—1960 年中国中学总量基本维持在 5 万所左右，但普通中学（包括初中和高中）数量有一些反弹性下降，1959 年普通中学较 1958 年减少 8 100 所。其中，高中数量基本保持在 4 140 所，初中减少 8 096 所。1961 年中学数量锐减到 2.9 万所，1962—1963 年基本维持在 2.5 万所左右，1964—1965 年中学数量有急速增长，1965 年达到新的高峰 8.1 万所。1961 年中国普通中学数量也从 2.18 万下降到 1.90 万所，1962—1965 年则保持相对平稳，且略有下降，1965 年为 1.81 万所左右。其

第8章 中国经济增长过程中的教育发展

中,初中数量先从1960年的1.71万所下降到1.46万所,然后在1962—1965年平稳下降到1.40万所。高中数量在1962—1965年变化不大,仅从4700所下降到4100所。

第三阶段是1966—1977年中学数量的飞速发展时期。1966年中国开始"文化大革命",这一期间中学学校发展有两个特征,一是数量得到了极大的发展,二是其他类型的中学都被减少,但普通中学得到了很大发展[①]。1966—1967年,中国中学学校总数先在1965年基础上进行了调整,1966年从8.2万所极速下降到5.63万,1967年进一步下降到5.48万。普通中学数量则在1966年从1.8万所激增到5.5万所,1967年略有下降,减少到5.35万所,占中学总量的97.6%。从这些数据可以看出,"文革"开始时就大量撤销了其他类型的中学,只保留了普通中学,到1977年,普通中学数量占中学总数量的98.8%,而且直到1970年,《中国统计年鉴》都没有普通初中学校和高中学校的统计数据[②]。1968—1977年是中国中学数量发展最迅猛的阶段,从1967年的5.48万所增长到1977年的20.38万所,普通中学数量从1967年的5.35万所增长到20.12万所。这一期间的发展也可分为三个小阶段:1967—1970年是第一个飞速发展阶段,1970年中学数量达到10.6万所,普通中学则增加到10.5万所(其中高中3.15万所,初中7.35万所),相对于1967年几乎都翻了两番。1970—1974年是一个小调整时期,中学数量和普通中学数量基本维持在10万所左右。1975—1977是第二个飞速发展阶段,中学数量从1974年10.53万所增加到1977年的20.38万所,普通中学数量则从1974年的10.06万所增长到20.13万所(其中高中6.49万所,初中13.64万所),中学数量又翻了一倍。

从1977年之后,中国中学数量和普通中学数量(包括普通高中和初中)都一直下降。1977—1981年为迅速下降阶段,4年期间中学数量调整到11.25万所,年平均下降13.8%;普通中学学校则减少到10.67万所,年平均下降14.7%,其中普通高中学校减少到2.44万所,初中学校减少到8.23万所。1981—1985年下降速度有所放缓,中学总数量4年间减少2.52万所,年平均下降4.59%;普通中学学校则减少到9.32万所,年平均下降3.32%,其中普通高中学校减少到1.73万所,初中学校减少到7.59万所[③]。1985—2017年中学总数量平稳下降,到2017年中学学校总量为6.54万所,相对1985年减少了2.78万所,年平

[①] 很多学者通过研究认为,尽管"文革"对整个教育事业和教育领域带来了很大的破坏,但如果单纯从农村教育说,"文革"十年又是中国农村教育普及发展比较快的十年。关于这些方面的详细论述,请参见《20世纪中国教育的现代化研究》(杜成宪和丁钢著,上海教育出版社2004年2月出版),或者《伟大的中国经济转型》([美]劳伦·勃兰特、托马斯·罗斯基编,格致出版社2016年1月出版)第七章"改革时期的教育"。这一期间中国中学数量的快速发展也是"文革"促进农村教育发展主要体现之一。

[②] 这一时期中国中学改为4年制,可能不再区分初中学校和高中学校,两者合并为完全中学了。

[③] 注意,在CEIC数据库给出的1985年之后的数据中中学学校总量同普通中学数量相等。

均下降了1.10%。普通中学数量2016年下降到6.55万所,相对于1985年减少了2.77万所,年平均下降1.13%,其中普通高中学校下降到1.34万所,初中学校下降到5.21万所。

从以上分析可以看出,中国中小学学校数量的调整可能既受到中国人口结构和学龄人口数量变化的影响,也受到国家政策的影响。不过,改革开放前中国中学数量可能受国家政策的影响比较大,特别是"大跃进"和"文化大革命"。因为人口结构的影响不可能会导致中国中学数量会像图8.8中那样的大起大落。改革开放后中国中学的数量则主要是受到人口结构和学龄人口数量的人口影响比较大。特别是,计划生育所带来的生育率的下降造成中小学学龄人口的下降,这可能是导致改革开放后中国中学学校数量下降的最主要原因。另外,中国经济发展中城市化所带来的人口集聚也会在一定程度上造成一些原来比较分散的中小学学校进行调整和合并,这在一定程度上也导致中小学学校数量的下降。

8.2.1.3 高等教育学校数量

中华人民共和国成立之初的1949年,中国高校只有205所。1949—1957年,中国高校数量有所调整,但总体变化不大。1957年高校总数为229所,比1949年略有增加。1958年,中国高校数量飞速发展,达到791所,一年增加563所,增长2.45倍。1959年增加50所,1960年又增加448所,达到1 289所。1961—1963年高校数量开始调整,1961年下降到845所,一年减少445所;1962年下降到610,这一年又减少235所;到了1963年,高校数量调整为407所。这3年高校调整时期,高校数量减少68.4%。1963—1970年,中国高校数量保持相对稳定,基本维持430所左右。1971年高校数量又一次性减少106所。从1972年到1977年恢复高考之时,中国高校数量略有增加,1977年为404所,比1962年减少206所。

"文革"结束之后,中国高等教育得到很大的恢复和重建。中国高等学校数量在1978年就达到598所,基本恢复到1962年的水平。改革开放初期的1978—1985年更是中国高校快速发展的一个重要时期。这期间学校数量从598所增加到1 016所,7年增长了70%,年平均增长率为10.2%。1986—1999中国高校处于调整时期,学校数量时增时减,但基本维持在1 020—1 080所之间,1999年中国大学数量为1 071所。2000—2008年则是中国高校的另一个黄金发展时期。在短短的8年时间里,中国高校从1 041所增加到2 263所,学校数量增长117%,年平均增长10.2%。2008年之后中国高校数量仍在继续增加,但增长速度在下降。到2017年,中国高等学校数量为2 631所,9年间增长368所,年平均增长率为1.7%。

8.2.1.4 幼儿学校数量

总体来看,中国幼儿学校数量的发展一直相对落后。改革开放前中国幼儿学校的数量基本保持在一个比较低的水平,1958—1960年幼儿学校数量出现了跳跃性的暂时性增加,1974—1976年还有一个大的波动。改革开放后幼儿教育学校数量也基本维持在一个较低的稳定水平。从图8.8c可以看出,1949年中国幼儿学校大约为1 300所,远低于中小学校的数量,只比高校数量多。1950—1957年中国幼儿学校稳步发展,从1950年的1 799所稳步增长到1953年的5 500所左右,再增长到1957年的16 420所。然后,1958—1960年受到"大跃进"和人民公社化运动的影响,短期内中国各地幼儿园特别是农村幼儿园急剧增长,中国幼儿学校数量跳跃性地增长到1958年的69.5万所,再到1959年的53.2万所,再到1960年的78.5万所。1961年经济调整时期幼儿学校调整到6.03万所,之后1962—1965年一直维持在1.7万到1.9万所之间。1966年之后受到"文化大革命"的影响,幼儿教育几乎中断,这一时期幼儿学校数据也缺失。到了1973年有数据可查阅时,幼儿学校数量下降到4 528所,低于1953年的幼儿学校数量。1974—1976年中国幼儿学校又急剧增长,1974年急剧增长到40 267所,这一年增长了7.9倍;1975年又激增到17.17万所,增长了3.27倍;1976年再次增长到44.27万所,增长了1.58倍。1977—1978年是一个快速调整时期,幼儿学校迅速调整到1977年的26.19万所,再调整到1978年的16.40万所,两年时间下降了37%。

改革开放后,幼儿学校的数量发展大概可以分为两个时期。第一个时期为1978—2000年,这一时期幼儿学校数量维持在16万—18万之间,基本在17万所上下浮动。不过,1981—1983年有一个下降,这3年幼儿学校下降到12万—13万所左右。第二个时期是2001—2016年,这期间首先是2001年有一个跳跃性的下降,幼儿学校数量减少11.17万所,之后就一直呈现上升趋势。到了2016年,中国幼儿学校达到23.98万所,相对于2001年增长了12.81万所,增长1.15倍,年平均增长率为5.23%。

综上所述,中国各级教育的学校数量在改革开放前基本都得到了很大发展,但受到各种政策的冲击,波动性非常大,各级教育的学校数量都经常出现跳跃性的大起大落。改革开放后中国的中学学校数量基本都是随着人口结构的变化和经济发展的需要而不断调整,高等教育和幼儿教育的学校数量在改革开放初期基本保持平稳的增长,2000年之后则快速增长。

8.2.2 各级学校专任教师数量的变化情况

图8.7和表8.1显示了1952—2016年中国各级学校专任教师数量的变化情况。同中国各级学校数量的发展不同,中国各级学校专任教师数量的变化在改革开放前基本没有出现大起大落的跳跃性变化。但不同级别学校的专任教师数量的变化在改革开放前后也表现出不同的变化趋势。从图8.9中可以看出,改革开放前的1952—1978年,中国小学、初中和高中专任教师数量都发展很快;在1978年改革开放之后,这三级学校的专任教师

数量增长比改革开放前要小得多。具体来说,改革开放前的 1952—1978 年,中国小学专任教师数量除 1965—1970 年出现减小外,其他年份基本都在增加,教师数量从 1952 年的 143.5 万增长到 1978 年的 520.4 万,增长 379.1 万,26 年间增长 2.6 倍,年平均增长率为 5.1%。改革开放后的 1978—2016 年,小学专任教师数量一直都在缓慢增长,从 520.4 万增长到 578.9 万,增长 56.3 万,38 年间仅增长 10%,年平均增长率为 0.39%。

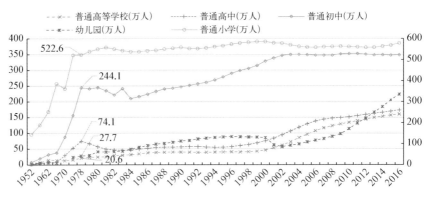

图 8.9　中国各级学校专任教师情况:1952—2016

注:① 数据来源为《中国统计年鉴》(历年);② 小学专任教师在右边纵坐标,其他变量为左边纵坐标,单位都为万人。

表 8.1　中国各级学校专任教师变化情况:1952—2016

教育级别	时间段	增长量(万)	增长倍数(倍)	年平均增长率(%)
高　校	1952—1978	17.9	6.6	8.1
	1978—2016	139.6	6.8	5.5
高中教育	1952—1978	72.8	56.0	16.8
	1978—2016	99.2	1.3	3.3
初中教育	1952—1978	236.0	29.1	14.0
	1978—2016	104.7	0.4	1.4
小学教育	1952—1978	379.1	2.6	5.1
	1978—2016	56.3	0.1	0.4
幼儿教育	1952—1978	26.3	18.8	12.2
	1978—2016	195.5	7.1	8.4

改革开放前中国初中专任教师数量一直处于上升趋势,从 1952 年的 8.1 万增长到 1978 年的 244.1 万,增长了 236.0 万,26 年间增长 29.1 倍,年平均增长 14.1%。改革开放后中国初中专任教师数量在 1978—1984 年出现下降,1984—2002 年有明显的增长趋势,从

1984年的209.7万增长到2003年的349.8万,2003年之后基本保持在349万左右。1978—2016年,初中专任教师数量从244.1万增长到348.8万,38年间增长104.7万,年平均增长0.4%。改革开放前中国普通高中专任教师数量也一直处于增长状态,它从1952年的1.3万增长到1978年74.1万,增长72.8万,26年间增长56.0倍,年平均增长率为16.8%。改革开放后中国普通高中专任教师数量出现先下降后上升的趋势:1978—1982年下降,1982—1995年基本保持在52万—55万之间,1996年至2016年处于上升趋势。1978—2016年,中国普通高中专任教师数量从72.8万增长到173.3万,38年间增长99.2万,年平均增长3.3%。

中国幼儿教育和高等教育专任教师数量的增长速度在改革开放前后基本相差不太大,相对小学和中学教师数量的变化而言,这两级教师数量的变化比较连续。但幼儿教师和高校教师在数量上一直比中小学教师少很多。具体来说,1952年中国幼儿专任教师为1.3万,同当时高中专任教师的数量(1.4万)差不多;1978年中国幼儿专任教师增长到27.2万,增长18.8万,26年增长7.1倍,年平均增长12.2%。1978年幼儿教师比高中教师少了47万,是同年高中教师的1/3左右。改革开放后中国幼儿专任教师基本都保持增长趋势,除了2001年有一个巨大的下降之外。2016年中国幼儿专任教师达到223.2万,相对于1978年增长195.5万,38年间增长7.1倍,年平均增长率为8.4%。改革开放后中小学专任教师的增长速度明显小于改革开放前。不过2016年的幼儿教师已经比高中教师多50万人,但仍只有初中专任教师人数的2/3,是小学教师人数的38.5%。

高校专任教师改革开放前后的增长速度相差不大。1952年中国高校专任教师有2.7万,同同期的高中和幼儿的专任教师在同一个数量级上。到1978年时,中国高校专任教师仅增长到20.6万,远小于同期高中教育专任教师数量(74.1万),也低于幼儿教育专任教师数量(27.7万)。高校专任教师1978年相对于1952年仅增长17.9万,26年增长了6.6倍,年平均增长率为8.1%。1952—1978年中国高校专任教师增长人数是所有各级教育中最少的,其增长率也只高于教师人数本来就很高的小学专任教师。从图8.9中可以看出,改革开放后的1978—2000年,中国高校专任教师人数基本同改革开放前保持在同一条直线上,2000年高校专任教师人数为46.3万,相对于1978年增长了25.7万人,年平均增长率为3.7%,其增长率甚至小于改革开放前。2000年之后是中国高校专任教师人数发展最快的时期,2016年中国高等教育专任教师人数达到160.2万,相对于2000年增长了113.9万,38年增长了6.8倍,年平均增长率为5.5%,增长速度仅小于同期幼儿教育。

通过以上分析可知,关于中国各级教育专任教师的发展有以下几个特点:第一,改革开放前中国中小学专任教师数量得到快速发展,改革开放后这两级专任教师的数量增长不大;第二,高校和幼儿教育在改革开放前后发展速度变化很大,改革开放前相对中小学教育发展落后,特别是高校专任教师人数发展非常慢;改革开放后这两级教育的专任教师发展比中小学发展要快;第三,总体来看,无论是在改革开放前还是在改革开放后,中国高等教育和幼儿教育专任教师人数的发展相对于中小学教育都要落后,这可以通过教师绝对人数以及各阶段的增长人数和增长率得到体现。

8.2.3 中国各级教育学校学生规模的变化情况

学校数量和专任教师数量无疑是衡量一个国家教育规模的重要指标,而一国各级教育在校学生人数也是衡量该国各级教育规模的一个重要指标。此外,学校数量和专任教师数量,以及在校学生人数衡量的都是一个国家的绝对教育规模,这些指标同该国的人口数量有关。为了度量一国教育发展的相对指标,必须考虑人口总量和人口结构的影响。为此,各级学校的在校人数占相应年龄人口的比重,以及各级学校毕业生的升学率也是衡量一国教育发展的重要指标。为了更全面反应中国教育发展绝对和相对规模的变化情况,下面再详细讨论中国中小学校和高校的招生人数和在校人数、各级学校的在校人数占相应年龄人口的比重,以及各级学校升学率的变化情况。

为了分析中国各级教育学生规模的发展情况,图 8.10 和图 8.11 分别显示 1952—2016 年中国各级学校招生人数和在校学生人数的变化情况。由于招生人数和在校人数可能受到人口总量和结构的影响,图 8.12 显示了 1970—2015 年中国各级学校在校人数占适龄人口比重的变化情况,这个指标可以衡量相对人口结构的教育规模发展状况。

8.2.3.1 招生人数和在校学生人数:1952—1978

从图 8.10 和图 8.11 中可以看出,与同时期专任教师的变化相似,中国中小学校的学生规模(招生人数和在校学生人数)在改革开放前都出现了快速增长;改革开放后,小学招生人数和在校人数总体呈现出下降的趋势,中学(包括初中和高中)招生人数和在校人数则出现先下降后上升再下降的波动趋势。同中小学相比,中国幼儿教育和高校的学生规模在改革开放前和改革开放初期的发展都略显缓慢,学生招生人数和在校人数都增加不多;大概直到 2000 年之后,中国幼儿教育和高校的学生招生人数和在校人数才慢慢增长起来。下面来具体分析中国各级教育学生规模的变化情况。

根据《中国统计年鉴》数据(如图 8.10 和图 8.11 所示),1952 年中国小学招生人数为 1.25 千万,在校人数为 5.11 千万。1978 年中国小学招生人数增长到 3.32 千万,年平均增长 4.16%;小学在校人数增加到 14.62 千万,年平均增长 4.12%。1978 年小学在校学生数占适龄人口之比高达112.1%。1952 年中国初中招生人数为 0.124 千万,在校学生人数为 0.223 万。1978 年初中招生增长到 2.01 千万,年平均增长 11.3%;初中在校人数增长到 4.995千万,年平均增长 12.7%。1952 年中国普通高中招生人数为0.14万,在校人数为 26

第8章 中国经济增长过程中的教育发展

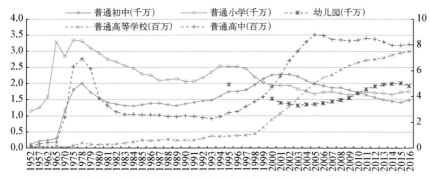

图 8.10 中国各级各类学校招生人数的变化趋势：1952—2016

注：① 数据来源为《中国统计年鉴》(历年)；② 高校和高中在右边纵坐标，单位为百万人；其他为左边纵坐标，单位为千万人。

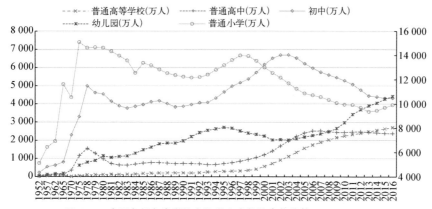

图 8.11 中国各级各类学校在校学生人数的变化趋势：1952—2016

注：① 数据来源为《中国统计年鉴》(历年)；② 小学在校学生人数为右边纵坐标，其他为左边纵坐标，单位都为万人。

万。1978年高中招生人数增长到 6.33 百万，年平均增长 16.2%；在校人数增长到 1.553 千万，年平均增长 17.0%。1978 年中学（包括初中和高中）在校学生总人数占适龄人口数的比重为 54.89%。1952—1978 年中国大学教育学生人数基本增长不大。1952 年中国招生人数为 7.9 万，在校学生人数为 19.1 万。1978 年高校招生人数增长到 40.2 万，比 1952 年增长 32.3 万人；在校人数增长到 85.6 万，比 1952 年增长 66.5 万人。由于 1952 年基数很小，高校学生规模增长速度并不小。高校招生人数 26 年间共增长 4.09 倍，年平均增长 6.5%；在校人数增长 3.38 倍，年平均增长 5.9%。但在 1978 年，中国高校在校学生人数占适龄人口之比也仅有 0.72%。

由于不能获得 1952—2016 年中国幼儿教育学校招生人数的完整数据，无法对改革开

285

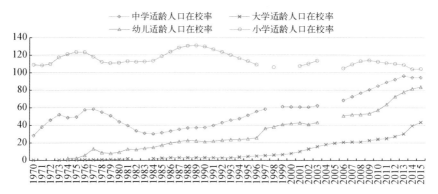

图 8.12 中国各级教育水平学校在校学生人数占适龄
人口之比的变化趋势：1970—2015

注：① 数据来源为世界银行（World Bank），《世界发展指标》（*World Development Indicators*）；② 纵坐标单位：%、③ 各级学校适龄人口在校率等于各级教育水平学校注册人数除以与该教育水平相对应的年龄组人口总数。

放前中国幼儿教育的招生人数进行完整的比较分析。但从《中国统计年鉴》（历年）中可以获得 1952—2016 年中国幼儿在校人数。从中国幼儿在校人数来看，1952—1978 年幼儿教育的学生规模都很小，且增长不大。1952 年中国幼儿在校人数为 42.4 万，小于同期小学和初中的在校人数，与同期高中和高校的在校人数数量级相当。1978 年中国幼儿在校人数为 788 万，其人数相当于同期小学、初中和高中在校人数的 5.4%、15.8% 和 50.7%，仅高于同期高校在校人数。幼儿在校学生人数占适龄人口之比仅为 8.7%，远小于同期和中小学在校学生人数占适龄人口之比。不过，由于 1952 年基数太小，幼儿在校人数的增长率很大，26 年增长 17.6 倍，年平均增长 11.9%。总之，从各级教育学生人数的发展来看，1952—1978 年中国中小学教育规模发展迅速，但中国幼儿教育和高等教育都略显不足。

从表 8.2 可以看出，幼儿和高校的招生和在校人数同中小学教育不在一个数量级上。从招生人数来看，在 1952 和 1978 年，高校分别是以万和十万来计数，而中小学分别是以百万和千万来计数；从在校学生来看，高校分别以十万和百万计数，而中小学以百万和千万计数。如果从幼儿在校学生人数占适龄人口之比来看，高等教育和幼儿教育同中小学教育相比就更低（如图 8.12 所示）。

表 8.2 中国历年各级教育的招生人数和在校人数

年份	幼 儿	小 学	初 中	高 中	高 校
招生人数（单位：百万）					
1952	—	11.49	1.24	0.14	0.08
1978	—	33.15	20.06	6.93	0.40

第8章 中国经济增长过程中的教育发展

(续表)

年份	幼儿	小学	初中	高中	高校
2000	15.31	19.47	22.63	4.73	2.21
2016	19.22	17.52	14.87	8.03	7.49
在校人数(单位:百万)					
1952	0.42	51.10	2.23	0.26	0.19
1978	7.88	146.24	49.95	15.53	0.86
2000	22.44	130.13	61.68	12.01	5.56
2016	44.14	99.13	43.29	23.67	26.96

在校学生人数占适龄人口之比(%)				
年份	幼儿	小学	中学(初中和高中)	高校
1970	2.28a	109.14	28.22	0.13
1978	8.72	112.10	54.89	0.72
2000	41.75	107.44b	61.03	7.72
2015	83.62	104.13	94.30	43.39

注：① 数据来源为在校人数和招生人数数据来自《中国统计年鉴》(历年)，在校学生人数占适龄年龄人口比重数据来自世界银行(World Bank)《世界发展指标》(World Development Indicators)。
② a是1974年数据。b是2001年数据。

另一个值得注意的事实是，从图8.10和8.11中都可以看出，1978年前后中国中小学校招生人数和在校人数都出现剧增。出现这一现象可能同"文革"的影响有关。由于"文革"期间很多中小学和高校的办学都遭到停止甚至破坏，到1976年"文革"结束时，很多在"文革"期间被耽误学习的超龄青少年都会在这时进入到其教育水平相适应的各级学校继续学习，这就导致1976—1979年中国中小学校的招生人数剧增①。由此，此后一段时间内，随着"文革"这一制度性冲击效应的逐渐消失，中国中小学校的招生人数和在校人数都出现递减。从图8.10可以看出，小学大概在1978—1987年、初中大概在1978—1981年、高中大概在1978—1983年，其招生人数都急剧减少；同样，小学和初中在1978—1983年、高中在1978—1981年，其在校人数也都出现递减现象。

---

① 从图8.12中可以看出，1976—1978年我国中学在校人数占同龄人口的比重显著要高于其他年份。小学在校人数占同龄人口的比重也在1975年和1976年这两年达到高峰。这可以部分验证正文中的观点。

8.2.3.2 招生人数和在校学生人数:1978—2016

8.2.3.2.1 小学教育

改革开放之后的1978—2016年,中国小学招生人数和在校人数总体都呈下降趋势。小学招生人数从1978年的3 315.4万减少到1987的2 094.6万,减少1 220.8万;1988—1992年基本保持在2 000万左右;在1992—1994年经历一次短暂的增长之后,小学招生人数在1994—2016年又继续保持递减趋势;到2016年,中国小学招生人数为1 752万,相对1978年共减少1 563万。中国小学在校人数也出现类似变化,只不过由于在校学生人数具有累计性,其变化幅度更大一些,波动周期更长一些。1978年中国小学在校人数为14 624万;1978—1991年基本连续下降,1991年下降到局部最低点12 164万;1992—1997年连续上升,1997年达到局部最高点13 995万;1998—2013年连续下降,2013年下降到9 361万;2014—2016年又在上升,2016年上升到9 913万,不过相对于1978年仍减少4 711万。从图8.13可知,1978—2016年中国小学学龄人口在校率(即小学在校人数除以小学学龄人口人数)基本都保持在100%以上,且变化不大。所以,总体来看,1978年之后中国小学招生人数和在校人数下降可能主要是由于中国计划生育政策下人口出生率下降造成的。另外,通过图8.13还可以发现另一个令人困惑的问题,那就是中国小学学龄人口在校率一直都在100%以上。出现这种现象可能是因为,由于中国幼儿教育的相对不足,中国很多地方都有未到小学入学年龄而进入小学就读的现象。

8.2.3.2.2 中学教育

1978—2016年中国初中招生人数和在校人数总体没有呈现上升或下降趋势,而是表现为一个明显先下降再上升再下降的"S"形波动变化趋势。初中招生人数先从1978年的2 006万锐减到1981年的1 412.7万,3年时间减少1 587.3万;之后直到1989年都维持在1 300万左右;1990—2001年初中招生人数又呈现缓慢递增趋势,之后2002—2016年再次恢复到递减阶段。到2016年,中国初中招生人数从1978年的2 006万减少到1 487万,共减少1 563万。但如果同1980年相比,2016年中国初中招生人数并没有太大变化。初中在校人数则先从1978年的4 995万减少到1983年的3 769万;然后在1984—1987年有一个小幅度上升,1987年达到4 174万人;然后在1988—1989年大幅度下降,再在1990—2002年有一个长达12年的连续上升,2002年在校人数达到历史最高峰6 687万;2002—2016年则出现连续14年的下降趋势。2016年初中在校人数为4 329万人,同1981年中国初中在校人数差不多。所以,从招生人数和在校人数来看,中国初中教育的大发展在改革开放前已基本完成,改革开放后虽又伴随人口结构变化出现了周期性变化,但总体变化不大。

中国高中招生和在校人数 1978—2016 年总体上呈上升趋势,并呈现出一个勺子型的变化形状。由于制度冲击影响的消退,中国普通高中招生人数在改革开放后的初期出现锐减,从 1978 年 693 万减少到 1983 年的 260 万;然后在 1984—1994 年连续 10 年基本保持在 240 万左右;1994—2005 年保持连续 11 年的增长趋势,2005 年达到历史最高峰 878 万;在最近 2006—2016 年的 10 年间又出现连续下降趋势,但下降幅度不大。2016 年中国普通高中招生人数为 803 万,比 1978 年的高中招生人数增加 110 万。就高中在校人数来说,其改革开放后的增长也非常显著。1978—1981 年普通高中在校学生首先从 1 553 万锐减到 715 万,然后在 1982—1995 年近 15 年的时间内都保持相对稳定,1995 年普通高中在校学生人数为 713 万;之后 1996—2007 年出现长达 10 年的增长,2007 年左右达到历史最高峰 2 522 万;2008—2016 年则略呈现下降趋势。2016 年中国普通高中在校人数为 2 367 万人,比 1978 年增长 814 万人。由此可见,如果从在校学生和招生人数来看,中国高中教育在改革开放之后获得了长足的发展。

图 8.12 中所显示的中国中学在校人数占适龄人口比重的变化趋势,更能体现中国中学教育相对规模在改革开放后所获得的快速发展。由于"文革"的冲击,1977 年中国中学在校学生占适龄人口的比重达到一个局部高峰 58.27%。经历 1978 年开始的 7 年时间地连续下降后,中国中学在校人数占适龄人口比重在 1984 年达到最低点 30.17%。之后从 1985 年开始直到 2013 年,这一比重都在连续上升,2013 年达到最高峰 96.24%。2014 年之后中学在校人数占适龄人口比重有所下降,2015 年中国中学在校学生占适龄人口比重为 94.30%。从 1984 年到 2015 年,中国中学在校学生占适龄人口的比重增长 63.13 个百分点。2015 年中国中学适龄人口的人数基本都在接受其相应学龄的教育。所以,从在校学生占适龄人口的比重这一指标来看,中国中学教育相对规模在改革开放后发展迅速。

8.2.3.2.3 高等教育

相对于中国中小学的学生规模而言,中国幼儿教育和高校的学生规模在改革开放初期的发展都略显不足。就高校而言,1978 年中国高校招生人数为 40.2 万,分别是同期小学、初中和高中招生人数的 1.21%、2.00%和 5.80%;1978 年的在校学生人数为 85.6 万,分别是同期小学、初中和高中招生人数的 0.59%、1.71%和 5.51%。高校在校学生占适龄人口的比重在 1978 年也仅有 0.72%,而同期幼儿教育、中学和小学的在校学生占适龄人口的比重都分别达到 8.7%、54.9%和 112%,比高校高出 10 倍以上。中国高校的招生人数也同样受到"文革"和高考制度改革的影响,尽管由于受到高校资源供给的限制,"文革"冲击的影响并不像中小学那么明显。1979 中国高校的招生人数就下降到 27.9 万,下降 31%。之后一直到 1998 年,中国高校招生人数都在缓慢增长;同一时期高校在校人数也增长缓慢。1998 年高校招生人数为 108.4 万,相对于 1979 年增长 2.89 倍,年平均增长

7.4%;高校在校人数为340.9万,相对于1978年增长2.98倍,年平均增长7.15%。高校在校学生人数占适龄年龄人口之比则由1978年的0.72%增长到1998年的6.51%,不过,这一比重仍远低于1988年其他级别教育的比重。1998年之后中国开始实行高校产业化的政策,高校招生规模大幅度增加,高校招生人数和在校人数都迅速增加。2016年高校招生人数达到748.6万,相对1998年增长5.9倍,年平均增长11.3%;在校人数达到2 695.8万,相对1998年增长8.9倍,年平均增长12.2%。改革开放以来的1978—2016年,中国高校招生人数增长17.6倍,年平均增长8.0%;高校在校人数增长30.5倍,年平均增长9.5%。这两个增长速度远高于同期中小学的增长速度。根据世界银行数据,2015年中国高校在校学生人数占适龄人口之比达到43.4%,相对于1998年增长5.7倍,相对于1978年增长近60倍。所以,如果从学生规模来看,在改革开放之后,特别是1998年之后,中国高校的发展速度是惊人的。

8.2.3.2.4 幼儿教育

改革开放之后中国幼儿教育也保持着较高的增长速度,但相对于中国中小学教育而言,其发展相对不足。因1978—1994年幼儿教育招生人数数据的缺失,这一期间幼儿招生人数变化无法得知。从在校人数来看,1978年中国幼儿教育在校学生人数787.7万,同期小学的在校人数为14 624万。如果按照当时幼儿教育3年制(小班、中班和大班)和小学5年制来看,幼儿教育在校人数应该达到8 774(=14 624×3/5)万。即使小学按照6年制计算,幼儿在校人数也应该达到7 312(=14 624×1/2)万。由此可以推断,1978年时中国绝大多数适龄人口都没有接受幼儿教育。实际上世界银行的数据也显示,1978年幼儿教育人数占适龄人口的比重仅有7.8%。1978—1995年,中国幼儿教育在校人数不断上升,1995年达到2 711万,18年增长2.44倍,年平均增长7.1%,显著高于同期其他级别教育学生规模增长速度。1995年我国幼儿招生人数为1 972万,三年后(1998年)我国小学招生人数为2 462万,比1995年幼儿招生人数多出近500万。1998年中国小学在校学生13 195万,按照当时幼儿教育3年制和小学6年制来看,三年前(1995年)的中国幼儿教育在校人数应该达到6 697(=13 195×1/2)万,而1995年幼儿在校人数只有2 711万。这两个数据都可以表明,中国幼儿在校人数和招生人数相对于小学是不足的。世界银行的数据也显示,1995年中国幼儿教育在校人数占适龄人口的比重只有24.4%。所以,即使到了1995年,中国幼儿教育的学生规模仍然不足,绝大多数幼儿都无法获得幼儿教育。1995年之后,中国幼儿教育招生人数和在校人数都出现下降,一直到2003年才出现上升趋势,2015年幼儿招生人数达到最高峰2 008.8万。2016年中国幼儿招生人数为1 922.1万,相对于1995年下降近50万。不过,这一下降也有可能是由于人口结构变化造成的,因为同年小学招生人数也只有1 752.5万。2016年幼儿教育在校人数为4 413.9万,相对于1978

年增长4.6倍,年平均增长率为4.6%。同年小学在校人数为9 913万,基本上是幼儿在校人数的2倍。如果按照3年制幼儿教育和6年制小学教育来看,幼儿教育规模和小学基本相当。但世界银行的数据显示,中国2015年小学在校人数占适龄人口的比重为104%,而幼儿教育在校人数占适龄人口的比重只有83.62%。从这一数据来看,中国幼儿教育学生规模仍显不足。

8.2.3.2.5 升学率和在校学生人口占总人口比重:1952—2016

最后简单讨论一下中国各级学校升学率的变化情况和中国大中小学在校学生人口占总人口比重的变化情况,如图8.13和图8.14所示。从图8.13可以看出,中国小学和初中的升学率在改革开放前基本呈"U"形变化,小学入学率(相当于幼儿园升学率)则出现递增趋势。1952年中国小学升学率和初中升学率都在95%以上。其中,初中升学率接近100%;小学入学率较低,大概为50%左右。1952—1962年小学和初中升学率都急剧下降,1962年小学升学率下降到45%左右,初中升学率下降到30%,小学入学率则有所上升,提高到56.1%。1962—1978年小学升学率和初中升学率又经历一次剧烈波动。到1978年,小学升学率为87.7%,初中升学率为40.9%,相对于1952年都大幅下降;小学入学率则达到95.5%,相对1952年大幅度上升。中国高中升学率没有1978年以前的数据。不过,根据以上大学招生人数的数据测算,中国高中升学率在1952年不会太高。由此可见,改革开放前中国教育的发展主要体现在小学教育的普及上。从图8.14也可以看出,1952—1978年,中国小学在校学生总人口比重大幅度上升,从1952年的4.5%上升到1978年的15.2%,且其变化趋势同中国全体在校学生占总人口的比重基本一致,其绝对数值也相差不大。中国中学和大学在校学生占总人口的比重虽然也有增加,但变化不大。中学在校学生占总人口的比重仅从1952年的0.33%增加到6.93%,大学则从1952年的0.022%增加到1978年0.09%。大中小学在校学生占总人口的比重从1952年的4.85%增加到了1978年的22.21%。由此可以算出,在1978年时,小学在校学生占大中小学在校学生的68.4%。

图8.13显示,1978年之后,中国小学入学率和中小学校升学率总体都呈上升趋势。不过,可能是受到1977年扩招冲击的影响,改革开放初期中国小学入学率和中小学校升学率都在下降。小学入学率由1978年95.5%下降到1981年的93.0%,小学升学率从87.7%下降到1982年的66.2%,初中升学率从40.9%下降到1982年32.3%,高中升学率从1978年的5.89%下降到1979年的3.84%。在此之后,各级学校的升学率都呈现上升趋势。小学入学率1981年达到最低点之后就连续上升,在1999年达到99.1%,之后一直维持在99%以上,2016年为99.92%。小学升学率从1981年的最低点一直上升到2006年的100%,之后稍微有所下降,2016年为98.7%。初中升学率也从1982的最低

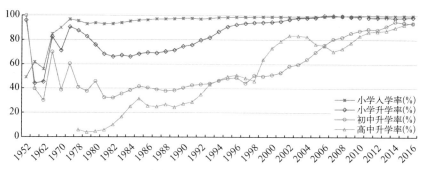

图 8.13　小学学龄儿童净入学率和各级学校毕业生升学率的变化趋势：1952—2016

注：① 数据来源为《中国统计年鉴》（历年）。② 小学入学率是指已入小学学习的学龄儿童占校内外学龄儿童总数（包括弱智儿童，不包括盲聋哑儿童）的比重；小学升学率是指初级中学招生人数除以小学毕业人数；初中升学率是指高级中学（高中）招生人数除以初中毕业人数；高中升学率是指普通高等学校招生人数除以高中毕业人数。③ 纵坐标单位：%。

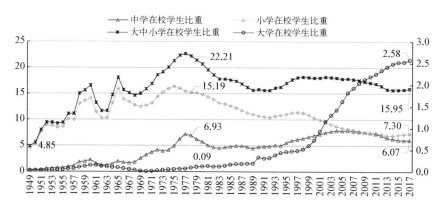

图 8.14　中国各级学校在校学生占总人口比重的变化趋势：1949—2017

注：① 数据来源为 CEIC 数据库，原始数据来源为中国国家统计局；② 大学生占总人口比重在右边坐标，其他在校生占总人口比重在左边坐标；单位都为%。

点一直上升到 2014 年的最高点 95.1%，之后两年有所下降，2016 年为 93.7%。高中升学率呈现出明显的波浪式上升趋势。第一个波峰在 1985 年，该年高中升学率为 31.5%，之后出现下降，波谷在 1989 年，为 25.5%。第二个波峰在 1996 年，该年升学率为 51%，之后出现下降，在 1998 年达到波谷，该年升学率为 46.1%。第三个波峰在 2002 年，该年升学率为 83.5%，之后出现下降，2007 年达到波谷，该年升学率为 70.3%。2008 年之后中国高中升学率一直上升，2016 年高中升学率为 94.5%。由此可见，如果从升学率来看，中国各级教育发展水平的提高是显著的,各级学校的学生都有机会进入下一阶段的教育学校进行学习。

不过,图8.14显示,由于中国人口结构的变化,1978—2016年中国大中小学在校学生占总人口的比重基本呈现波动式下降趋势,它从1978年的22.21%下降到2016年的15.95%。其中,大学在校学生占总人口的比重一直在上升,从1978年的0.09%上升到2016年的2.58%,中学在校学生占总人口的比重从1978年的6.93%下降到2016年的6.07%,小学则从1978年的15.19%下降到2016年的7.30%。

8.2.4 各级教育学校生师比的变化情况

仅凭中国各级教育的高校数量、教师数量和学生规模的变化,还不足以全面显示中国教育水平的发展情况。因为衡量一个国家教育水平的发展应该包括数量和质量两个方面。教育发展数量方面的指标可以通过学校数量和教师数量等教育资源投入的绝对量得到体现,各级学校的数量和学生规模可以从一个方面体现教育的规模。但是,正如以上所说,以中小学校数量以及招生人数等度量的教育规模指标可能同各级学校相应年龄人口的数量有关,因为各级学校相对应的学龄人口的下降必然会造成学校数量和总招生人数的下降。此外,即使在学校数量和教师数量不变的情况下,每个学校所拥有学生人数也可以增加或减少。更重要的是,即使学生已经进入学校,是否有足够的教师和学习设备来满足学生学校的需要,也是衡量教育发展的重要方面。因此,在研究或考察一国教育的发展水平时,除了数量和规模外,以各级学校生师比衡量的教育质量水平也是极为重要的一个方面。这一小节将从中国各级学校生师比的变化情况来分析中国教育发展状况。

为了考察中国各级教育发展的质量水平,图8.15和表8.3分别给出了中国各级教育学校生师比的变化趋势图,其中图8.15a是来自于《中国统计年鉴》(历年)的数据,图8.15b是来自于世界银行的《世界发展指标》的数据。从图8.15a和图8.15b中可以看出,1952—2016年,无论是改革开放前还是改革开放后,中国幼儿、小学和中学(包括普通高中和初中)学校的生师比总体上基本都呈现出下降趋势,这说明这几类教育的质量总体上都在提高;高等教育的生师比总体上呈上升趋势,这说明中国高等教育的质量总体上在下降。当然,改革开放前后中国各类教育的生师比变化还有所不同。改革开放前各类教育的生师比都出现较大幅度的波动,改革开放后则变化相对较为平稳。下面将主要基于《中国统计年鉴》数据,对中国各级教育的生师比变化情况进行比较分析和讨论。

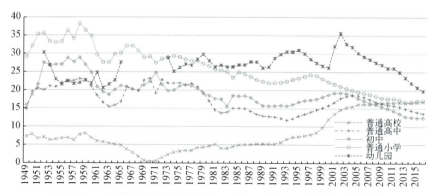

图 8.15a 中国各级教育中的生师比：1952—2016（中国统计年鉴数据）

注：原始数据来源为《中国统计年鉴》（历年）。各级教育的生师比都是通过用在校学生人数除以专任教师人数计算得到。

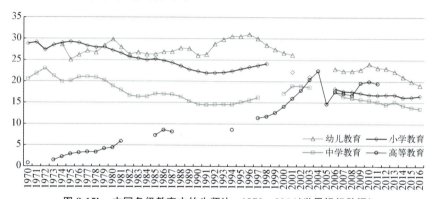

图 8.15b 中国各级教育中的生师比：1970—2016（世界银行数据）

注：数据来源为世界银行的《世界发展指标》（World Development Indicators）。

表 8.3 中国各级教育学校的生师比：1952—2016

年份	高 校	高 中	初 中	小 学	幼儿教育
1949	7.30	14.8	15.8	29.2	80.4[a]
1958	7.8	23.1	28.9	38.3	22
1978	4.16	20.96	20.46	27.98	28.44
1998	8.38	14.61	17.55	23.98	27.46
2016	16.83	13.65	12.41	17.12	19.77

注：数据来源为《中国统计年鉴》（历年）。a 为 1950 年数据。

8.2.4.1 改革开放前各级教育的生师比

首先分析改革开放前中国各级学校生师比的情况。根据《中国统计年鉴》数据，1952

年中国幼儿教育、小学、初中、高中和高校的生师比分别为30.3、35.6、27.5、20和7.1。就1952年各级教育的生师比来看,当时中国高等教育的质量最高,而中小学和幼儿园的教育质量较差,特别是小学和幼儿教育。这表明在给定学生规模下,1952年中国的幼儿教育和中小学的教师严重不足,特别是小学和幼儿教育,其生师比都超过了30。不过,在接下来的一段时间里,在学生规模快速扩张的情况下,中国各级学校的生师比都出现下降趋势。中国幼儿教育的生师比1952—1962年在下降,1962年下降到了20.7;1963—1979年呈上升趋势;到1979年,幼儿生师比为29.8,基本恢复到1952年的水平。小学教育生师比也在1952—1962年出现下降,1962年下降到最低点27.6;1963—1965年略有上升,1965年达到30.1;1966—1978年之后继续呈现下降趋势;1978年中国小学教育的生师比下降到28.4,同1952年相比下降20.0%。初中教育生师比1957年相对1952年略有上升,1962年下降到19.5,1970年又上升到一个局部最高峰26.1,之后则一直下降;到1978年时,中国初中教育生师比为20.5,同1952年相比下降25.5%。高中教育的生师比1949年为14.8,1949—1958年出现连续上升,1958年达到局部最高值23.1;1959—1963年出现大幅度下降,1963年达到局部最低点15.4;1964—1970年开始上升,中间两年又开始下降,1968年达到局部低谷19.6,1970年上升到局部最高点23.1;1971年急剧下降,1972年反弹上升,1973年之后很长一段时间都一直呈现下降趋势;1978年高中教育的生师比下降到21.0,但相对于1952年仍上升1%。高等教育生师比在1952—1965年也同样在下降,1965年下降为4.88;1966年之后受到"文革"冲击,高等学校的招生人数急剧下降,因而高等教育的生师比出现非正常性地下降,1970年中国高校的在校人数只有4.8万,生师比下降到0.37;之后随着高校招生人数的恢复,高校生师比也在逐渐上升;到1978年,中国高等教育的生师比为4.16,相对于1952年上升41.2%。总体来看,1952—1978年除高中教育的生师比略微上升之外,其他各级教育的生师比都下降。所以,从各级教育生师比的变化来看,中国各级教育质量在1952—1978年得到提高。下面重点讨论改革开放后中国各级教育生师比的变化情况。

8.2.4.2 幼儿教育生师比

图8.16显示了1952—2016年中国幼儿教育在校学生人数增长率、专任教师人数增长率和生师比的变化趋势。从图中可以看出,改革开放后的1979—2000年,受到中国幼儿教育在校学生人数增长和专任教师增长的双重影响,且两者的增长速度相差不大,中国幼儿教育的生师比基本都在25—30之间小幅度波动。其中1981—1990年基本都稳定在26—27之间,1990—2000年受到在校学生人数波动的影响,有一个明显先上升后下降趋势。2000年中国幼儿教育生师比为26.2,与1981年生师比相同。2001—2002年由于幼儿专任教师数量明显下降,而同期在校学生人数略微上升,因而幼儿教育生师比

有一个明显上升趋势。2002年幼儿生师比达到历史最高峰35.6,这一数值超过中国所有级别教育在任何时期的生师比。2002—2016年幼儿教育在校人数和专任教师都出现快速增长,但由于专任教师增长速度明显快于学生的增长速度,幼儿教育生师比呈直线下降。2016年这一数值为19.8,相对于2002年的最高峰下降44%,相对于1978年也下降30%。总体来看,改革开放之后中国幼儿教育生师比下降明显,幼儿教育质量在显著提高。不过,幼儿教育生师比前期主要受到在校学生的影响比较大,而后期则主要受专任教师的影响比较大。

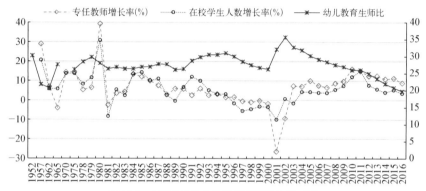

图8.16　中国幼儿教育的专任教师增长率、在校学生增长和生师比：1952—2016

注：① 数据来源为《中国统计年鉴》(历年)；② 专任教师增长率和在校学生增长率为左边纵坐标,单位为%；生师比为右边纵坐标

8.2.4.3　小学教育生师比

图8.17显示了1952—2016年中国小学教育在校学生人数增长率、专任教师人数增长率和生师比的变化趋势。从图中可以看出,1978—2016年,以生师比衡量的中国小学教育质量也提高显著。由于中国小学教育的教师规模在改革开放前都已经达到较高水平,它在改革开放后的整个1978—2016年都变化不大,所以其生师比主要受在校学生人数变化的影响。总体来说,改革开放后中国小学教育生师比基本呈下降趋势,中间只有几年略微呈上升趋势。1978—1990年在小学在校学生的持续快速下降和小学专任教师的持续增长的双重作用下,小学生师比从30.0下降到21.9；不过,1984年由于受到在校学生人数急剧下降的影响,当年小学生师比也突然快速下降,随后1985年又反弹到正常的下降趋势线上。1991—1997年由于小学在校人数急剧上涨,同期专任教师上涨缓慢,小学生师比出现较小幅度地上升,1997年上升到24.2。1998—2016年小学在校学生持续快速下降,尽管同期小学专任教师也在下降,但其下降的速度相对于在校学生下降太慢,小

学生师比此期间内持续下降。到2016年,中国小学生师比已经降到17.1,相对于1978年下降了43%。

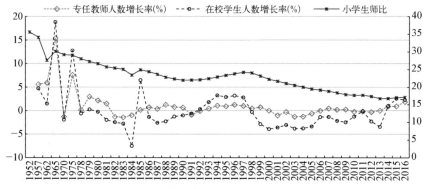

图8.17 中国小学学校的专任教师增长率、在校学生增长率和生师比：1952—2016

注：① 数据来源为《中国统计年鉴》(历年)；② 专任教师增长率和在校学生增长率为左边纵坐标,单位为%；生师比为右边纵坐标。

8.2.4.4 中学教育生师比

图8.18和图8.19显示了1952—2016年中国初中和高中教育在校学生人数增长率、专任教师人数增长率和生师比的变化趋势。从这两张图中可以看出,中国初中和高中教育的生师比在1978—2016年总体都呈下降趋势,但中间出现过几次波动。"文革"结束后,1978年中国中学在校学生人数出现暂时性上升,之后迅速回落,由此导致中国中学教育生师比在改革开放初期也出现一个快速下降阶段。1978年之后,中国初中在校学生人数迅速从4995万下降到1983年的3769万,同期专任教师基本保持在240万左右,因而初中教育生师比迅速从1978年的21.1下降到1983年的15.6。1984年受到初中专任教师人数下降影响,同时在校学生人数却开始上升,因而初中学校生师比上升到18.4,之后连续两年保持在这一水平上。1987年之后,由于初中专任教师人数持续增加,而在校学生人数开始下降,这导致1987—1990年初中生师比开始下降。1990年达到局部最低点15.7,1991—1993年也基本保持在这一水平。1994—2002年初中在校学生开始快速增加,同期专任教师人数尽管也在增长,但增长速度小于在校学生增长速度,所以初中教育生师比在此期间连续8年上升。2002年达到局部最高点19.3。2003—2016年初中在校学生和专任教师人数都开始下降,但在校学生人数下降得更快,由此,初中教育生师比最近13年都在连续下降。2016年中国初中教育生师比为12.4,相对于1978年下降41.2%。通过以上分析可知,中国初中教育的生师比受在校学生和专任教师的相对变化影响,但显然受在校

学生变化的影响更大。总体来说,以生师比衡量的初中教育质量在改革开放后获得很大提高。

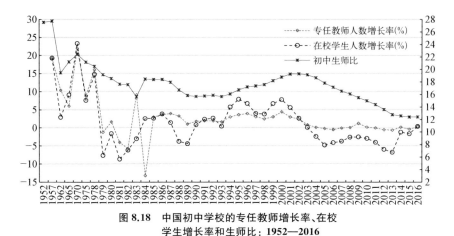

图 8.18　中国初中学校的专任教师增长率、在校学生增长率和生师比:1952—2016

注:① 数据来源为《中国统计年鉴》(历年);② 专任教师增长率和在校学生增长率为左边纵坐标,单位为%;生师比为右边纵坐标。

图 8.19 同样显示,在改革开放初期,中国高中教育在校学生人数和高中专任教师人数都在下降。同样,由于受文革结束冲击效应消退的影响,高中在校学生人数下降得更快。因此,高中教育生师比迅速从 1978 年的 21.0 下降到 1982 年的 13.7。1983—1985 年,高中在校学生人数开始回升,专任教师人数变化不大,高中教育生师比连续上升,1985 年为 15.1。1986—1993 年,高中在校学生人数轻微下降,专任教师人数也缓慢上升,高中生师比出现 8 年连续下降,1993 年达到历史最低点 11.8。1994—2004 年,虽然高中专任教师在迅速增长,但在校学生人数增长更快,中国高中教育生师比连续 10 年上升,2004 年达到局部最高点 18.6。2004—2007 年中国高中在校学生人数仍在增长,但增长速度已经慢于高中专任教师的增长速度,所以高中的生师比开始下降。2007—2016 年高中生师比持续下降,这一期间主要是高中专任教师仍在增长,而高中在校学生人数已经开始下降。2016 年中国高中学校生师比为 13.7,相对于 1978 年下降 33%。从以上分析可知,以生师比衡量的中国高中教育质量在改革开放后获得很大提升,其生师比的提高是由在校学生人数变化和专任教师人数增加两方面共同影响的结果,两种力量在不同的时期都起到过主导作用。另外,通过观察图 8.19 可以发现,改革开放后的 1978—2016 年,高中教育发展水平还有另一个明显的特征,即高中专任教师人数的增长率、在校学生人数的增长率和生师比几乎具有完全相同的变化趋势,且变化的同步性非常强。生师比下降的时期对应的也正好是专任教师人数增长率和在校学生人数增长率下降的时期,

而专任教师人数增长率和在校学生人数增长率上升的年份也正好是高中生师比上升的年份。

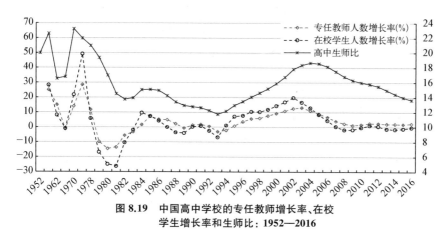

图 8.19　中国高中学校的专任教师增长率、在校学生增长率和生师比：1952—2016

注：① 数据来源为《中国统计年鉴》（历年）；② 专任教师增长率和在校学生增长率为左边纵坐标，单位为％；生师比为右边纵坐标。

8.2.4.5　高等教育生师比

图 8.20 显示了 1952—2016 年中国高等教育在校学生人数增长率、专任教师人数增长率和生师比的变化趋势。从图 8.20 中可以看出，改革开放后 1978—2016 年，除 1982 年之外，中国高等教育生师比基本呈现上升趋势。1982 年高校生师比之所以下降主要是因为，"文革"结束后恢复高考制度造成了 1978 年高校招生剧增，这些学生在 1982 年刚好毕业，因而 1982 年的在校人数锐减从而生师比也相应急剧下降。根据图 8.20 显示，1978—1981 年，虽然专任教师和在校学生人数都在增加，但由于在校学生人数增长率更高，因而高校生师比在此期间从 4.15 上升到 5.12。1982 年由于 1978 年扩招的学生刚好毕业，高校生师比突然下降到 4.02。1982 年之后高校专任教师和在校学生都在不断增长，但在校学生增长速度始终高于专任教师增长速度，所以高校生师比始终在增长，不过有时增长得快，有时增长得慢。增长较慢的第一时期是 1985—1991 年，这 6 年里尽管专任教师和在校学生都在增长，但两者增长的速度相差不大，因而高校生师比基本保持在 4.95 左右。1992—1998 年，高校在校学生人数仍然增长，而专任教师人数基本没有增长，因而生师比出现较大幅度的增长，1998 年达到 8.38。1998 年之后高校开始扩招，这时虽然高校专任教师人数也在以较快速度增长，但由于扩招政策使得在校学生人数急剧增长，因而高校生师比也在急剧上涨，2006 年达到 16.2。2007—2016 年高校专任教师和在校学生都仍在增长，但由于两者增长速度相差不大，高校生师比也基本保持缓慢增长的态势。2016 年中国高校

生师比达到 16.8,相对于 1978 年增长 3.05 倍,年平均增长 3.7%。另外,从图 8.20 中可以看出,1978—2016 年中国高校生师比的提高主要是由于学生扩招所带来的在校人数急剧上涨,而高校专任教师的增长虽然在一定程度上缓解了生师比的上涨,但其增长速度相对于高校扩招速度来说太小,因而对高校生师比的影响有限。由此可见,总体来看,以生师比衡量的中国高校教育质量是在下降的,而且下降速度非常之快。目前中国高校的生师比也比较高,它同中国小学教育和幼儿教育的生师比相差不大,甚至高于中国中学教育生师比。对于兼顾科研和教学双重任务的高等教育而言,16.8 的高校生师比非常高,这可能是目前中国高等教育质量不高主要原因之一。从以上分析可知,中国高中升学率 2016 年已经达到 94.5%。如果未来一段时间高中人数不增长的话,高校扩招的人数将有限,因而高校在校人数的增长空间也基本不大。另一方面,中国高校在校学生占同龄人口的比重并不高,2015 年只有 43.5%。因而高校在校学生也不宜减少。所以,未来中国想要提高高等教育的质量,降低生师比,这可能只有通过增加高校专任教师人数来实现。

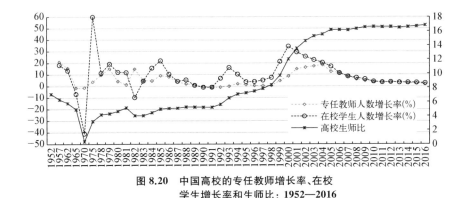

图 8.20　中国高校的专任教师增长率、在校学生增长率和生师比:1952—2016

注:① 数据来源为《中国统计年鉴》(历年);② 专任教师增长率和在校学生增长率为左边纵坐标,单位为%;生师比为右边纵坐标。

8.3　中国教育人力资本的变化:各类学校毕业人数和全国平均受教育年限

前面两节分别从教育经费、教育规模(包括教师规模和学生规模)和教育质量等方面分析了中国教育的发展状况。这一节将从教育作为生产人力资本的过程,其"产品"——各级教育的毕业人数以及中国人力资本(包括人均教育年限和高等教育人口占比)的变化情况来分析中国教育的发展状态。

8.3.1 中小学和中专毕业人数变化

8.3.1.1 改革开放前的1949—1978

图 8.21 显示了 1952—2016 年中国中小学校和中专学校毕业人数的变化趋势。从图中可以看出，1949—1978 年中国中小学校毕业学生都不断增长，但中间也出现过波动。小学毕业人数在 1949—1960 年显著上升，从 64.6 万增长到 734 万人。1961—1963 年连续下降，1963 年达到局部最低点 476.8 万。1964—1970 年再次快速增长，1970 年达到局部最高峰 1 652.5 万。1971—1973 年又开始下降，1973 年达到局部最低点 1 349 万。1974—1977 年再次快速增长，1977 年中国小学毕业人数达到历史最高峰 2 573.9 万人。1978 年小学毕业人数相对 1977 年略有下降，毕业人数为 2 287.9 人，相对于 1949 年增长 34.4 倍，年平均增长 13.1%。

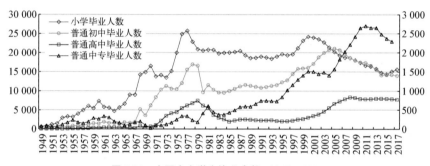

图 8.21 中国中小学生毕业人数：1949—2017

注：① 数据来源为 CEIC 数据库；原始数据来源于中国教育部。② 普通中专人数为右边纵坐标，其他为左边纵坐标。纵坐标单位：千人数。

初中毕业人数在 1949—1961 年期间也呈显著上升趋势。1949 年初中毕业人数为 21.9 万人，1961 年达到局部高点 189.2 万人。1962—1964 年间有一个不太明显的下降，1964 年初中毕业人数达到局部最低点 138.6 万。1965—1973 年初中毕业人数又快速上升，其中 1968 年由于增长太快，1969 年出现反弹性下降，1973 年初中毕业人数达到局部最高峰 1 129.4 万人。1974—1975 年初中毕业人数有所下降，1975 年毕业人数为 1 047.7 万。1976—1978 年初中毕业人数再次快速增长，1978 年达到 1949—1978 年间的历史次高峰 1 692.6 万人。中国 1978 年初中毕业人数比 1949 年增长了 1 670.7 万人，增长了 76.3 倍，年平均增长率为 16.2%。

中国高中毕业人数在改革开放前总体呈上升趋势，但出现了两个增长速度明显不同的阶段，前期(1949—1967)增长缓慢，后期(1968—1978)增长较快。1949 年中国高中毕业人数为 6.1 万,1950—1952 年略有下降,1952 年高中毕业人数下降到 3.6 万。1951—1962 年高中毕业人数缓慢上升,1962 年上升到局部最高点 44.1 万人。1963—1967 年毕业人数下降,1967 年下降到局部最低点 26.8 万人。1968—1979 年高中毕业人数快速增长。其中,1968 年增长太快,1969 年出现反弹性下降。1979 年中国高中毕业人数到达历史次高峰 744.6 万人。在中国开始实行改革开放的 1978 年,中国高中毕业人数为 682.7 万,相对于 1949 年增长 679.1 万人,增长 188.6 倍,年平均增长 22.4%。

中国普通中专学校毕业人数改革开放前发展规模不大,但一直呈现波动性发展趋势。1949 年中国中专毕业人数大概有 7.2 万人。1950—1961 年呈现波动式上升趋势:其中,1950—1955 年直线上升,1955 年达到局部最高点 23.5 万人;1956—1957 年连续两年下降,1957 年约为 14.6 万;1958—1961 年出现上升趋势,1961 年达到局部最高点 34 万人。1962—1970 年出现波动式下降趋势:其中,1961—1965 年直线下降,1965 年达到局部最低点 9.1 万人;1965—1968 又小幅度上升,1968 年达到局部最高点 19.7 万,之后又连续下降;1970 年达到历史最低点 2.8 万人。1970—1977 年中专毕业人数又出现上升趋势,1977 年恢复到 1961 年的水平,达到 34 万人。但 1978 年又下降到 23.2 万人。总体来看,中国中专毕业人数在改革开放前发展不大,基本没有增长趋势,具有明显的周期性波动趋势,且波动幅度比较大。

8.3.1.2 改革开放后的 1978—2017

1978 年改革开放之后,由于人口结构的影响,中国中小学毕业人数变化趋势基本相同,都经历了先下降、再上升,然后又下降的趋势。具体来说,小学毕业人数在 1978—1993 年连续 15 年下降。其中,1978—1980 年由于"文革"冲击效应的消退,小学毕业人数快速从 1977 年的 2 573.9 万下降到 2 053.3 万;1981—1993 年由于计划生育所带来的小学适龄人口下降,小学毕业人数缓慢下降;1993 年达到局部最低点 1 841.5 万人。1993—2000 年小学毕业人数有所上升,2000 年小学人数达到局部最高点 2 419.2 万人。2000—2015 年小学毕业人数快速下降,2015 年毕业人数为 1 507.4 万人。2016—2017 年可能由于国家计划生育政策的调整带来适龄人口的增长,小学毕业人数又开始上升。2017 年中国小学毕业人数为 1 565.9 万人,相对 2015 年增加 58.5 万人。

中国中学毕业人数也经历同小学毕业人数基本相同的变化趋势。初中毕业人数 1978 年达到局部最高峰,之后呈现下降趋势,1984 年达到局部最低点 950.4 万。其中,1980 年初中毕业人数相对于 1979 年下降 695 万人,一年下降 41.9%。由于该年毕业人数下降过快,1981 年有一个反弹性上升。1985—2005 年初中毕业人数呈波浪形上升趋势,2005 年达到历史最高峰 2 106.5 万人。在此期间,初中毕业人数曾在 1989—1991 年出现过缓慢下降,1998—2000 年毕业人数增速也明显放缓。2005—2017 年是中国初中毕业人数全面下降时期,毕业人数由 2005 年的 2 106.5 万人直接下降到 2017 年的 1 397.4 万人,下降 33.7%。总体来看,中国 2017 年初中毕业人数同 1977 年的毕业人数相当。

中国高中毕业人数在 1979 年仍然上升,1979 年达到局部最高点 744.6 万。1979—1985 年高中毕业人数连续下降,1985 年达到局部最低点 196.6 万人。1986—1997 年高中毕业人数基本保持在 220 万到 250 万之间,变化幅度不大,期间有一个微弱的先上升后下降趋势。1988 年达到局部最高点 250.6 万人,1996 年再达到局部最低点 204.9 万人。1997—2008 年,中国高中毕业人数经历又一次快速增长,从 1996 年的 204.9 万增长到 2008 年的 836.1 万人。这 12 年间中国高中毕业人数增长 431.2 万,增长 3.1 倍,年平均增长 12.4%。2009—2010 年高中毕业人数有所下降,2010—2016 年则基本维持在 790 万左右,2017 年又略有下降。2017 年中国高中毕业人数为 775.7 万,同 1979 年人数基本相当,只增加 31 万。但同 1985 年相比,2017 年高中毕业人数增长 2.9 倍,年平均增长 4.8%。考虑到 1979 年中国高中毕业人数是"文革"制度性冲击下的非正常结果,如果同改革开放初期的最低点 1985 年相比较来看,中国高中毕业人数的增长非常显著。

1978 年改革开放后,中国中专毕业人数也具有明显的增长趋势,但同样呈现出波动增长趋势。改革开放初期的 1978—1983 年,中专毕业人数仍然是大起大落地波动。由于毕业人数受到前期招生人数的影响,1978—1979 年中专毕业人数快速下降,从 1977 年的 34 万下降到 18.1 万;1980—1981 年快速增长,达到 60.5 万;之后两年连续下降,1983 年为 37.5 万。1983—2000 年中专毕业人数直线增长,从 37.5 万增长到了 150.7 万,17 年间增长 3.02 倍,年平均增长 8.53%。其中,1983—1994 增长较慢,年平均增长 6.23%;1994—2000 年增长较快,年平均增长 12.87%。2001—2004 年中专毕业人数出现下降,2004 年达到局部最低点 140.6 万。2004—2010 年中专毕业人数又高速增长,这 6 年间的年平均增长率达到 11.12%。2010—2013 年变化不大,基本保持在 265 万到 270 万之间,其中 2011 年达到最高峰 270.2 万。2013—2016 年中专毕业人数开始下降,2016 年中专毕业人数为 229.0 万。改革开放后的 1978—2016 年,中国中专毕业人数增长 8.87 倍,年平均增长率为 6.21%。

8.3.2 高等教育毕业人数变化

8.3.2.1 改革开放前的 1949—1978

高等教育人才是中国科技发展和科学进步的标志。图 8.22 和表 8.4 显示了 1952—2016 年中国高等教育毕业人数(包括本专科生和研究生)的变化趋势。从图 8.22 和表 8.4 可以看出,在 1949—1978 年改革开放前的这段时间里,中国高等教育毕业人数经历一个先上升后下降再上升的大起大落的变化过程,且总体规模也不大,增长趋势不明显。1949

年中国本专科生毕业人数为2.1万人,研究生毕业人数为107人。相对于中国的人口规模和其他各级教育来说,1949年中国本专科毕业生和研究生毕业生的规模都非常小。1949—1964年本专科毕业人数一直在增长,1964年达到局部最高点20.4万人。1964—1971年呈现波动型下降。其中,1964—1967年连续3年下降,1967年下降到12.5万;1968—1969年略有上升,1969年为15.0万,1970—1971年又急速下降,1971年达到历史最低点6 000人。1972—1977年连续6年增长,1977年达到19.4万,但1978年又下降到16.5万。

图 8.22　中国中专生、本专科生和研究生毕业人数:1949—2017

注:① 数据来源为CEIC数据库,原始数据来源中国教育部;② 本专科毕业生人数在右边坐标,其他毕业生人数在左边坐标;单位都是千人数。③ 为显示清楚,小图绘出1949—2001年变化趋势。

表 8.4　中国本专科生、中专生和研究生毕业人数:1949—2017

年份	研究生	博士研究生	硕士研究生	普通本专科	成人本专科	普通中专	技工	职业高中
1949	107			21 400		72 000		
1965	1 665			185 700		91 000		
1978	9			165 000		232 000		
1985	17 004			316 384		429 000	226 000	324 600
1997	46 539	7 319	39 114	829 070		1 157 000	699 000	1 291 700
1998	47 077	8 957	38 051	829 833	825 700	1 293 000	682 000	1 398 500
2010	383 600	48 987	334 613	5 754 245	1 972 873	2 646 434	1 216 425	2 302 029
2017	578 045	**58 000**	**520 000**	7 358 287	**2 470 400**	2 290 235	930 668	1 418 708

改革开放前的1949—1978年,中国每年毕业的研究生人数很少,基本都在2 000人以内,其中只有1956年的研究生毕业人数超过2 000人,达到2 349人,1970—1977年研究

生毕业人数甚至为0。另外,改革开放前中国的研究生只有博士研究生,没有硕士研究生。具体来说,1949—1956年中国研究生毕业人数基本处于稳步增长阶段,只有1954年出现下降,1956年达到改革开放前的最高峰2 349人。1956—1961年出现连续下降,1961年达到局部最低点179人。1962—1969年处于小幅度波动,每年毕业人数在850—1 600人之间。1970—1977年受"文革"影响,中国研究生毕业人数都是0。1978年毕业人数上升到9人。由此可见,中国高等教育毕业人数在改革开放前基本没有得到太大的发展,研究生毕业人数更是在改革开放前的数年中都是0。

8.3.2.2 改革开放后的1978—2016

1978年改革开放后,中国高等教育获得很快的发展,大专以上毕业生人数一直呈现上升趋势。不过,改革开放后高等教育的发展也可以分为两个明显不同的时期:第一个时期是1978—1998年,这一时期中国高等教育处于恢复和低速发展阶段。与此相对应的是,1978—2001年中国大专以上毕业人数和研究生毕业人数都呈现波动性上升趋势,且前期仍是一种大起大落的发展局面。中国大学教育从1998年开始扩招,1998年之后是高等教育快速发展时期。与此相对应,2001—2016年是中国大专以上毕业人数和研究生毕业人数快速增长时期。具体来说,专科以上毕业人数1978—1979年连续2年下降,由1977年的19.4万下降到8.5万;1980年突然上升到14.7万,1981年略有下降,1982年又突增到45.7万;之后又连续两年锐减,1984年下降到28.7万。1984—1991年大专以上毕业人数连续上升,其中1984—1987年上升得比较快,3年时间几乎增加1倍,达到53.2万;1988—1991年上升缓慢,1991年大专以上毕业人数达到61.4万。1992—1993年有所调整,毕业人数下降到57万。1993—2001年连续7年增长,2001年毕业人数达到103.6万,相对于1993年几乎又增长1倍。1978—2001年,大专以上毕业人数增长87.1万人,增长倍数达到5.28倍,年平均增长率为8.32%。这一增长速度已经非常之高,但2001—2017年的增长速度比这更高。从2001年开始,中国大专以上人数没有出现过下降,每年都在增长,且几乎是以几何级数的速度增长。2017年大专毕业人数为735.8万,相对于2001年增长了6.1倍,年平均增长13.0%。从整个改革开放后的近40年来看,1978—2017年中国大专以上毕业人数增长了43.6倍,年平均增长10.2%。

改革开放之后,中国研究生毕业人数也基本呈现出同大专以上毕业人数同样的变化趋势。改革开放后中国研究生教育的发展几乎是零起点。1978年中国研究生毕业人数只有9人,且之前连续7年都没有研究生毕业。1978年之后研究生毕业人数立即快速增长,1980年增加到476人,1981年突增到11 669人。1982—1984年研究生毕业人数连续大幅下降,1984年降低到2 765人;1985年突增到1.7万人,1986年调整到1.6万人,之后连续2年快速增长,1988年达到4.08万人。1989—1992年研究生毕业人数连续下降,1992年达到局部最低点 2.57 万人。1992—2001 年研究毕业人数基本都在增长,除 1994 年略有下降外,其他年份都在上升。1997 年开始有博士和硕士研究生毕业人数分开的统计数据,当年博硕士毕业人数分别为 7 319 人和 3.91 万人。2001 年中国研究生毕业人数为 5.87 万人,其中博士毕业生 1.29 万人,硕士毕业生 5.49 万人。1992—2001 年中国研究生毕业人数增长 1.64 倍,年平均增长率 11.1%[1]。由于 1998 年中国大学开始扩招,2001 年之后研究毕业人数也几乎是以几何级数在增长。2002—2017 年研究生毕业人数从没有出现过下降。2017 年研究生毕业人数达到 57.8 万人,其中博士研究生为 5.8 万人,硕士研究生 52 万人。相对于 2001 年,中国研究生毕业人数增长了 7.52 倍,年平均增长 14.3%。其中,博士增长 3.50 倍,年平均增长 9.85%,硕士增长 8.47 倍,年平均增长 15.1%。

8.3.3 全国平均受教育年限的变化

随着中国各级教育规模的扩大,以及各级学校招生人数和毕业人数的增加,中国劳动人口的人均受教育年限逐渐增加,中国的教育人力资本不断提高。根据《中国统计年鉴》(历年)和《新中国 50 年统计资料汇编》中的数据,作者估算了 1982—2017 年中国 15 岁以上人口的人均受教育年限,如图 8.23 所示。其中,"平均教育年限:分省(区、市)数据加总"的数据根据王弟海等(2007)中国 29 个省区市平均受教育年限的数据和《中国统计年鉴》中国各省 15 岁以上人口数据计算得到,"平均教育年限:全国数据计算"的数据根据《中国统计年鉴》(历年)中关于全国各级学校毕业人数和全国 15 岁以上总人数计算得到[2]。这两种方法计算得到的每年人均教育年限有一些差距,但差距都不超过 1 年。从图 8.23 可以看出,无论使用哪种测算方法,中国人均受教育年限的增长都很明显。按照中国各省(区、市)加总数据的测算结果来看,1982 年中国 15 岁以上人口的平均受教育年限大概为 5.27 年,这大概相当于小学 5 年级毕业水平。2003 年中国 15 岁以上人口的平均受教育年限上升到 8.09 年,这大概相当于九年制义务教育的初二水平。如果按照《中国统计年鉴》全国数据测算结果,1991 年中国 15 岁以上人口的年平均受教育年限为 6.25 年,这比用分省(区、市)数据加总测算的结果(1991 年为 6.66 年)低 0.41 年;2003 年中国平均受教育年限上升到 7.91 年,比各省(区、市)加总的数据少 0.18 年;2016 年我国 15 岁以上人口平

---

[1] 由于我国 1978 年研究生毕业人数太少,2001 年相对于 1978 年的增长数据意义不大。其实根据数据计算,1978—2001 年研究生毕业人数增长了 7 534 倍,年增长率 47.4%。

[2] 两种测算方法只是数据来源不同,计算方法一样,计算公式都是:全国 15 岁以上人口人均教育年限 = 小学毕业人口占比 × 6 + 初中毕业人口占比 × 9 + 高中毕业人口占比 × 12 + 大专以上毕业人口占比 × 15。

均受教育年限上升到9.08年,这大概相当于九年制义务教育的初三水平。同1982年相比,2016年中国15岁以上平均受教育年限提高了70%。图8.23中还显示了1989—2016年中国15岁人口中大专以上毕业人数占比的变化情况。从图中可以看出,1989年中国15岁人口中,大专以上毕业人数占比仅为1.62%;到了2005年,这一占比上升到5.56%,比1989年提高2.43倍;2016年中国15岁以上人口中大专及以上毕业人口占比为12.94%,相对于1989年提高大约7倍。

图8.23 中国教育人力资本的变化:1982—2016

注:① 原始数据来源为《中国统计年鉴》(历年)和《中国劳动统计年鉴》(历年)。本图数据系作者根据原始数据计算得到。② 平均受教育年限在左边纵坐标,单位:年;大专以上人口占比在右边纵坐标,单位%。③ "平均教育年限:分省(区、市)数据加总"根据王弟海等(2007)中29个省区市的平均受教育年限的数据和各省(区、市)历年15岁以上人口数据计算得到,"平均教育年限:全国数据计算"根据《中国统计年鉴》(历年)的关于全国各级学校毕业人数和全国15岁以上总人数计算得到。

根据Barro和Lee(2013)测算的结果,图8.24显示了1950—2010年世界主要经济大国15岁以上人口人均受教育年限变化趋势。同以上作者根据《中国统计年鉴》数据测算结果相比,Barro和Lee(2013)测算的数值在早期年份相对更高些,《中国统计年鉴》数据测算结果在近期年份更高些,两者测算结果的数值误差基本在1年以内。按照Barro和Lee(2013)测算的结果,1955年中国15岁以上人口平均受教育年限仅有1.61年,1980年上升到5.31年。这一数值表明,在改革开放初期,中国15岁以上人口平均达到小学毕业水平。这一结果同以上根据《中国统计年鉴》数据测算的结果相同,也同上文关于中国小学教育发展的分析结论一致。即到改革开放前,中国基本完成小学教育的发展。2010年时,Barro和Lee(2013)测算中国15岁以上人口平均受教育年限为7.95年,这同以上《中国统计年鉴》估计的结果(8.20年)相差不大。2010年15岁以上人口平均受教育年限相对于1980年提高50%。所以,无论从哪种测算结果来看,改革开放以来,中国15岁以上人口人均受教育年限的提高都是显著的。这表明中国的教育人力资本在显著提高。

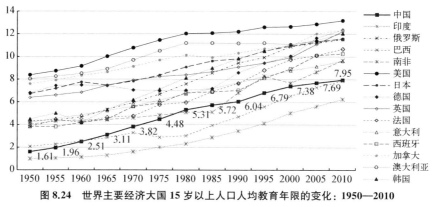

图 8.24　世界主要经济大国 15 岁以上人口人均教育年限的变化：1950—2010

注：数据来源为 Barro 和 Lee(2013)。纵坐标单位为年。

　　经过了中华人民共和国成立后近 70 年的发展，尽管中国的教育水平得到了很大的发展和提高，但是，中国的教育发展水平同发达国家仍有很大差距，甚至同其他同属发展中国家的金砖国家相比，中国的人均受教育水平也不是很高。根据 Barro 和 Lee(2013)的测算结果，图 8.25 显示了 2010 年世界主要经济大国 15 岁以上人口人均受教育年限的比较情况。从图 8.25 中可以看出，2010 年中国 15 岁以上人均受教育年限为 7.95 年。2010 年 24 个发达国家的平均水平为 11.30 年，其中美国为 13.18 年，德国、英国、加拿大和韩国等发达国家都在 12 年以上，意大利比较低，只有 9.62 年[①]。由此可见，中国的人均受教育水平比发达国家平均要少 4 年。在金砖国家中，2010 年俄罗斯 15 岁以上人口人均受教育水平已经达到了发达国家的平均水平，为 11.53 年，南非人均受教育年限为 9.69 年，比发达国家中的意大利还要高。这两个金砖国家的人均受教育水平都比中国更高。巴西 15 岁以上人口人均受教育水平 2010 年为 7.89 年，同中国 2010 年的水平差不多，印度比较低，只有 6.24 年。另外，2010 年世界 15 岁以上人口的平均受教育年限为 7.89 年，发展中国家为 7.20 年。由此可见，2010 年中国的平均教育水平仍然比较低，只比世界平均水平高出 0.06 年。

　　Barro 和 Lee(2013)的测算结果只到 2010 年，但从前面的分析可知，2010—2016 年中国的教育水平仍然在快速发展，那么以 2016 年的水平来看，中国目前的人均教育水平是否接近发达国家呢？从图 8.23 中可以看出，2016 年中国 15 岁以上的人口受教育年限为 9.07 年，即使不考虑《中国统计年鉴》数据的估值比 Barro 和 Lee(2013)更高这一因素，9.07 年的人均受教育年限仍然比 2010 年发达国家的平均水平要低 2.23 年。另外，根据图 8.24 的发展趋势，发达国家 2016 年的人均受教育水平可能还在提高。从图 8.24 中还可以发

---

①　从图 8.24 中可以看出，意大利的人均受教育年限一直比较低。

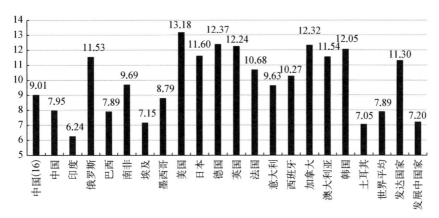

图 8.25　2010 年世界主要经济大国 15 岁以上人口人均教育年限

注：① 数据来源为中国(16)是作者根据《中国统计年鉴 2017》数据估计的中国 2016 年人均受教育年限。其他数据来自 Barro 和 Lee(2013)。② 世界平均是按照全球 146 个国家所有人口的平均，发达国家为 24 个发达国家人口的平均，发展中国家为其他 122 个国家人口的平均。③ 纵坐标单位：年。

现，即使是中国 2016 年人均教育年限为 9.07 年，这也只相当于美国 1955—1960 年的水平、澳大利亚和加拿大 1965—1970 年的水平、日本 1975—1980 年的水平、英国、俄罗斯和韩国 1985—1990 年的水平。因此，如果从中国人口的平均受教育年限来看，中国的教育发展水平目前还不高，还仍有待于大力发展。

第 9 章

中国教育发展对经济增长的贡献[①]

① 本章主要内容曾发表在《财贸经济》2017年第7期。

9.1　引言

第 8 章分析表明,从 1949 年特别是从 1978 年改革开放以来,中国教育得到了很大的发展。国家和个人的教育投入经费不断增加,各级教育学校数量、规模和质量都在不断提高,各类中高级教育的毕业学生人数逐年增加,中国劳动力的人均教育年限持续上升。根据《中国统计年》中数据计算,中国 15 岁以上人口平均受教育年限已经从 1982 年的 5.27 年上升到 2016 年的 9.07 年;中国 15 岁人口中大专以上毕业人数占比从 1989 年的 1.62% 上升到 2016 年的 12.94%。人力资本理论认为,教育是提高个人人力资本以及个人产出和收入水平的重要手段(Schultz,1961;Becker,1962)。新增长理论也认为,人力资本是推动一国经济增长的主要动力之一,世界各国人力资本的差异是导致各国人均收入差距的主要因素之一(Lucas,1988)。大量经验研究也都表明,在各国经济发展过程中,人力资本(以人均教育年限衡量)的提高都对经济增长具有显著正效应,如表 9.1 所示[①]。按照这两种理论,中国的教育发展应该对中国的经济具有重要贡献。但是,近年来很多有关中国教育的经验研究却认为,中国平均受教育年限的提升对中国人均产出没有显著影响,有研究甚至认为中国教育水平提高对经济增长具有负作用。例如,沈坤荣和耿强(2001)、林毅夫和刘明兴(2003)、宋光辉(2003)等都认为,中国人力资本提高对经济增长的促进作用不明显。张海峰等(2010)甚至认为,中国平均受教育年限的提高对人均产出具有抑制作用。中国教育水平提高真的对中国的经济增长没有促进作用吗? 导致中国人力资本对中国经济增长作用不显著的原因是什么? 这是本章所要讨论的主要问题之一。

需要指出的是,无论是人力资本理论还是新经济增长理论,它们在强调人力资本对产出和经济增长的效应时,都是指进入生产领域的人力资本。如果整个社会的教育水平虽然提高,但所提高的人力资本没有真正进入生产领域,那么从整个社会来看,教育水平的

[①]　Benhabib 和 Spiegel(1994)认为,尽管教育人力资本能显著促进 TFP 的提高,但教育对经济增长的作用不显著。Topel(1999)认为,Benhabib 和 Spiegel(1994)的分析结果之所以不显著是因为他们对教育的设定形式不对,教育应该以对数形式而非线性形式进入增长核算框架。通过采用对数形式的教育设定方式,并使用与 Benhabib 和 Spiegel 相同的模型,Temple(1999)得到了教育对经济增长有显著正向影响的结论。

表 9.1 国外文献中关于教育年限对经济增长影响效应的估计结果

作　者	国家（或地区）数目	考察时段	主　要　结　论
Barro 和 Lee(1994)	116	1965—1975(85 个) 1975—1985(95 个)	男性在中学的平均受教育年限(初始值)每增加 1 年,人均 GDP 增长率提高 1.4 个百分点。
Barro(1998)	100	1965—1990	25 岁及以上的男性中学及以上学历平均教育年限每增加 1 年,人均 GDP 增长率提高 1.2 个百分点。
Krueger 和 Lindahl(2001)	42	1988—1992（各国对应年份不同）	人均受教育年限每增加 1 年,人均 GDP 增长率平均提高 0.7 至 0.9 个百分点。
Temple(2001)	78	1960—1987	工人平均受教育年限每增加 1 年,人均产出增加 1.3%。

提高可能无助于促进经济增长,而且还可能会对经济增长产生负作用(罗默,1999,p.149)。鲍默尔(Baumol,1990)也认为,如果社会中最有才能的人都从事诸如军事征服、政治宗教领袖、税收征管、犯罪活动、金融交易,以及操纵法律等活动,那么这种人力资本的生产效率会很低。因为这些活动不但其本身社会收益很小,有些甚至为负,而且这些活动通常都是寻租行为——本质上都是试图攫取财富而非创造财富,因而对整个生产具有负外部性。鲍默尔还指出,社会如何引导高人力资本人才进入社会的不同领域,是高人力资本人才能否发挥生产作用的关键。如果从这一观点来看,联系到中国近 10 年来公务员报考热,以及高教育高学历人才都热衷于进入政府部门、国有企业部门以及公共事业单位等现象,中国人力资本的提高对经济增长的促进作用不显著,是否也同中国高学历人才热衷于进入这些部门,或者说是否同人力资本在公共部门和生产部门的配置有关呢?

从中国劳动力市场的变化趋势来看,过去 10 多年来,中国公共部门和私人部门间的工资差距和劳动力结构都发生了显著变化。一方面,公私部门间的工资差距逐年扩大①。图 9.1 显示了 2000—2010 年中国公私部门的平均工资水平,以及公共部门与私人部门的工资差距(以下简称公共部门工资溢价)②。从图 9.1 可以看到,2000—2010 年公共部门的平均工资始终高于私人部门,且两者绝对差距不断扩大。另一方面,由于公共部门工资溢价,公共部门中高学历人才占比不断提高,而且还有更多高学历人才想去公共部门,公务员热现象频现。公私部门间劳动力市场的不完全分割又使得公共部门工资溢价长期存在,导致高学历人才持续流向公共部门,从而公共部门中的人力资本占经济中人力资本总

---

① 注意,根据《中国统计年鉴》数据,近 5 年来中国公共部门平均工资同社会平均工资差距在缩小。
② 根据马拴友(2000)、徐忠等(2010)和张义博(2012)等人的研究,公共部门被定义为国有单位,包括政府机关、国有事业单位和国有企业。本章中也采取这一定义。

第 9 章　中国教育发展对经济增长的贡献

量的比重(以下简称公共部门人力资本占比)不断提高。由于中国公共部门人力资本的生产力一般都低于私人部门[①],中国公私部门人力资本配置结构的变化是否会影响到中国教育对经济增长的效应呢？或者更确切地说，公共部门的工资溢价是否会同前文所讲的中国教育对经济增长低效应有关呢？本章将从人力资本的部门配置结构对教育的经济增长效应的影响这一全新的研究视角出发，利用公共部门工资溢价作为代理变量，来估算中国教育年限提高对经济增长的影响，并对中国同其他国家间的教育回报率，以及中国不同地区间的教育回报率进行比较分析。

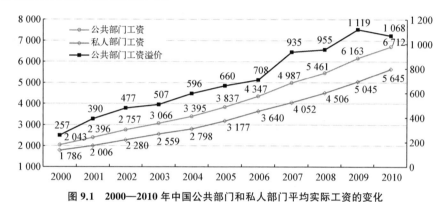

图 9.1　2000—2010 年中国公共部门和私人部门平均实际工资的变化

注：① 数据来源为作者根据历年《中国统计年鉴》数据整理而得；② 横坐标表示年份，左边纵坐标表示公共部门和私人部门工资水平，右边纵坐标表示公共部门工资溢价，单位都是元。

同以往研究相比，本章的研究有两个特点：其一，本章分析认为，人力资本在公私部门间的配置结构对于教育的经济增长效应至关重要。中国持续存在的公共部门工资溢价使得公共部门人力资本占比不断提高，整个经济中生产部门高教育年限劳动力占比下降，教育对整个经济增长的贡献也在下降。忽略人力资本在公私部门配置结构的变化对教育经济增长贡献的影响，也许是以往研究得出了中国教育回报率过低的主要原因。其二，在剔除公共部门工资溢价对人力资本配置结构的影响等因素后，本章研究表明，中国教育年限提高对经济增长起到了显著的正面作用。基于这一分析结果，本章重新估算了中国教育对人均产出的影响，发现它并不比其他国家低。

本章以下结构安排是：第 2 小节建立本章研究的计量模型，并对计量分析所用的主要代理变量以及本章数据的来源和特征进行解释和说明；第 3 小节给出计量分析结果及其经济学解释，并对第 2 小节提出的假设进行检验；第 4 小节在第 3 小节的研究基础上分析中国教育回报率同其他国间的差距，并估计中国不同地区间教育回报率的差异。第 5 小

---

① 本章所定义的公共部门包括国有企业。尽管国有企业也具有生产性，但现有研究表明，我国国有企业生产效率普遍低于非国有企业，如刘小玄(2000)和牟俊霖(2012)等。

节是本章的主要结论以及本章研究中可能存在不足和未来待研究的问题。

9.2 基本假定、理论模型、计量方程与数据说明

9.2.1 主要假设

为了便于分析,根据中国的实际情况,本章以下研究做出两个理论假定:

第一,在劳动力市场中,公共部门和私人部门的人力资本对生产力的贡献存在明显差别。已有文献研究表明,只有直接进入生产领域的人力资本水平的提高才会对产出和经济增长具有促进作用(Schundeln and Playforth,2008)。公共部门的人力资本大部分所从事的都是非生产性活动,它一般不会直接影响人均产出和经济增长①。因此,以下为了简化模型,假设公共部门的人力资本不进入生产函数。

第二,如前所述,2000—2010年近10年间,中国公私部门间工资都存在显著差距,且这一差距在持续扩大。表9.2给出了2000—2010年中国公共部门工资溢价的统计检验,结果显示每一年公共部门工资溢价的单侧检验 p 值都小于0.01。这表明中国公共部门的工资水平持续高于私人部门。个人理性选择理论认为,劳动力都会流向高工资的部门。据此,本章假设公私部门工资溢价是影响人力资本流向公共部门的主要因素。又由于中国公私部门间的劳动力不完全流动,本章假设劳动力流动相对于工资调整存在滞后性,即当期流向公共部门的人力资本量受到上期公共部门工资溢价的影响,上期工资溢价越高,当期流向公共部门的人力资本越多,私人部门人力资本占比越低。

表9.2 2000—2010年各地区公共部门与私人部门的平均工资　　　　单位:元

	公共部门工资	私人部门工资	单侧检验的 t 值	单侧检验的 p 值
2000	2 043.0 (89.61)	1 786.2 (93.34)	1.985	0.026
2001	2 396.0 (111.78)	2 005.7 (105.71)	2.536	0.007
2002	2 757.3 (128.70)	2 279.9 (112.63)	2.791	0.004
2003	3 066.1 (154.75)	2 558.9 (125.63)	2.545	0.007

---

① 即使公共部门的教育人力资本也具有生产性,但只要教育人力资本在公共部门的生产能力低于私人部门,则本章的分析结论仍然成立。

(续表)

	公共部门工资	私人部门工资	单侧检验的 t 值	单侧检验的 p 值
2004	3 394.6 (180.98)	2 798.2 (133.59)	2.651	0.005
2005	3 836.7 (207.70)	3 176.9 (148.25)	2.586	0.006
2006	4 347.2 (231.46)	3 639.6 (171.04)	2.459	0.009
2007	4 987.2 (258.67)	4 052.2 (200.91)	2.855	0.003
2008	5 460.5 (281.62)	4 505.8 (233.67)	2.609	0.006
2009	6 163.0 (311.92)	5 044.5 (250.05)	2.798	0.004
2010	6 712.4 (335.43)	5 644.9 (279.64)	2.444	0.009
所有年份	4 105.8 (106.47)	3 408.4 (86.64)	5.080	0.000

注：① 第2、第3列括号内数值为相应的标准差；② 最后两列为总体均值差异检验结果，零假设为公共部门工资＝私人部门工资，备选假设为公共部门工资＞私人部门工资。

9.2.2 理论模型和计量方程

在以上两个假定基础上，进一步假设总量生产函数是柯布-道格拉斯形式，即

$$Y_t = A_t K_t^{\beta_1} (H_t^p)^{\beta_2} L_t^{\beta_3} \tag{9.1}$$

其中，Y 为产出，K 为物质资本，Hp 为私人部门人力资本，L 为劳动力，t 表示时期。假设生产函数规模报酬不变，即

$$\beta_1 + \beta_2 + \beta_3 = 1 \tag{9.2}$$

假设整个社会人力资本总量为 H，私人部门人力资本占比用 θ 表示，即

$$H_t^p = \theta_t H_t \tag{9.3}$$

由于 θ_t 主要取决于各级受教育程度的劳动者中进入私人部门的比例，如果能找到中国历年公共部门平均受教育年限或其变化量的数据，就可构造出私人部门人力资本总量，从而可直接检验人力资本在公私部门的配置结构对产出和经济增长的影响。但遗憾的是我们无法获得 θ_t 的相关数据。不过，可以根据公共部门工资溢价来间接考察 θ_t 的影响。根据上文中第二个基本假设(9.3)式，上期公共部门工资溢价是决定 θ_t 的重要因素。由于

公私部门间劳动力不完全流动,上期公共部门人力资本量也是影响当期该部门教育人力资本的主要因素之一。此外,θ_t 还可能受到其他因素影响。由此假设

$$\theta_t = f(\theta_{t-1}, \Delta w_{t-1}, Z_t) \tag{9.4}$$

其中,Δw_{t-1} 为 $t-1$ 期公共部门工资溢价,Z_t 为其他因素。不失一般性,进一步假设

$$\ln \theta_t = \alpha \ln \theta_{t-1} + \gamma \Delta w_{t-1} + \delta Z_t \tag{9.5}$$

根据前文假设有 $\gamma < 0$。将(9.3)式代入(9.1)式可得,

$$Y_t = A_t K_t^{\beta_1} (\theta_t H_t)^{\beta_2} (L_t)^{\beta_3} \tag{9.6}$$

在(9.6)式两边均除以 L 并取对数,再利用(9.5)式可得

$$\begin{aligned}\ln y_t = {} & \alpha \ln y_{t-1} + \beta_1 \ln k_t - \alpha \beta_1 \ln k_{t-1} + \beta_2 (\ln \theta_t - \alpha \ln \theta_{t-1}) \\ & + \beta_2 (\ln h_t - \alpha \ln h_{t-1}) + \ln A_t - \alpha \ln A_{t-1}\end{aligned} \tag{9.7}$$

在(9.7)式两边同时减去 $\ln y_{t-1}$,可得经济增长率的决定方程

$$\begin{aligned}g_{y,t} = {} & (\alpha - 1)\ln y_{t-1} + \beta_1 \ln k_t - \alpha \beta_1 \ln k_{t-1} + \gamma \beta_2 w d_{t-1} \\ & + \delta \beta_2 Z_{t-1} + \beta_2 \ln h_t - \alpha \beta_2 \ln h_{t-1} + \ln A_t - \alpha \ln A_{t-1}\end{aligned} \tag{9.8}$$

其中,g_y 表示人均产出增长率。如果公共部门人力资本占比不变(即 $\theta_t = \theta_{t-1}$),即 $\alpha = 1$、$\gamma = 0$ 和 $\delta = 0$,则(9.8)式简化为

$$g_{y,t} = \beta_1 g_{k,t} + \beta_2 g_{h,t} + g_A \tag{9.9}$$

其中,g_k、g_h 和 g_A 分别表示人均物质资本增长率、人均人力资本增长率和技术进步率。因此,如果公共部门人力资本占比不变,用全社会总人力资本也可估计教育对经济增长的贡献。但一般来说,θ_t 并不会不变,因此用(9.9)式估计教育对经济增长的贡献会出现偏差。

如果公共部门人力资本占比不变,根据(9.9)式可得到计量方程 I

$$g_{y,it} = \alpha_0 + \alpha_1 g_{k,it} + \alpha_2 g_{h,it} + \sum_{i=1}^{n} \beta_i X_{i,t} + \mu_i + \varepsilon_{i,t} \tag{9.10}$$

其中,i 表示省份,$\varepsilon_{i,t}$ 表示时变误差项,α_0、α_1、α_2 和 β_i 均为待估计的参数,$X_{i,t}$ 为一组控制变量,μ_i 为第 i 个省(区、市)不随时间变化的非观测效应。

如果公共部门人力资本占比变化,且 θ_t 由(9.5)式决定,根据(9.8)式可得到计量方程 II

$$\begin{aligned}g_{yi,t} = {} & \alpha_0 + \alpha_1 \ln y_{i,t-1} + \alpha_2 \ln k_{it} + \alpha_3 \ln k_{i,t-1} + \alpha_4 h_{i,t} \\ & + \alpha_5 h_{i,t-1} + \alpha_6 \Delta w_{i,t-1} + \sum_{i=1}^{n} \beta_i X_{i,t} + \mu_i + \varepsilon_{i,t}\end{aligned} \tag{9.11}$$

根据上文分析,(9.11)式中 $\Delta w_{i,t-1}$ 的系数 α_6 表示公共部门工资溢价对私人部门人力资本占比的影响,它应该显著小于 0;$h_{i,t}$ 的系数 α_4 表示教育对经济增长的贡献率,它应该显著大于 0。

当假设条件(9.5)式成立时,如果不考虑公私部门人力资本生产力的差异,即利用计量回归方程(9.10)式来估计人力资本对经济增长的贡献,将会由于遗漏变量而导致较严重的内生性问题。因为从计量方程(9.11)式中可以看出,上期公共部门工资溢价越高,生产领域人力资本占比越低,因而会降低教育对产出水平和经济增长的效应。因此,公共部门工资溢价会影响经济增长。另据统计分析表明,教育年限与上期公共部门工资溢价的相关系数为 0.110 7,且在 10% 的水平上显著。因此,上期公共部门工资溢价越高,经济中人均受教育程度越高。教育年限与上期公共部门工资溢价的正相关性可能是由于公共部门高工资溢价加剧了劳动者进入公共部门的竞争程度,从而提高了进入公共部门的学历要求;同时,高工资溢价也使得劳动者为了在公共部门就业而愿意接受更多的教育,以达到在公共部门就业的学历门槛,或者拥有在众多应聘者中胜出的学历优势。当然,经济中可能还存在其他使得教育年限与上期工资溢价正相关的因素。

9.2.3 数据来源、主要变量及其统计特征

本章共选取中国 29 个省区市 2000—2010 年的跨省(区、市)面板数据进行研究。由于西藏自治区存在多个年份的数据缺失,故没有被纳入样本数据;考虑到历史渊源,也为了与已有物质资本存量估计结果保持一致性,重庆和四川被合并为一个地区。

本章回归模型中的主要变量有 4 个:人均产出($\ln y$)、公共部门工资溢价(Δw)、人均人力资本(h)和人均物质资本($\ln k$)。人均产出($\ln y$)直接以中国各省(区、市)的人均实际 GDP 的对数形式作为代理变量。可直接从《新中国六十年统计资料汇编》获得 2008 年以前各省(区、市)人均实际 GDP 数据,2008 年之后的数据可从《中国统计年鉴》中获得。人均物质资本也直接以中国各省(区、市)的人均物质资本作为代理变量,但无法直接获得这一数据。本章以张军等(2004)公布的 2000 年各省(区、市)物质资本存量数据为起点,根据《中国统计年鉴》所公布各省(区、市)投资量的数据,运用张军等(2004)的估算方法,分别估算出 2000—2010 年各省(区、市)人均实际物质资本存量的数据。根据这些数据可以得到人均 GDP 增长率(g_y)和人均物质资本增长率(g_k)。公共部门工资溢价的代理变量及其数据也比较容易解决。本章用公共部门对全国平均工资的溢价作为这一变量的代理变量①。它由相应的就业人数和平均劳动报酬计算而得,且经过物价指数调整。该变量的原始数据来自历年《中国劳动统计年鉴》。由于计量回归中用到的是滞后一期的公共部门工资溢价,下文中滞后一期工资溢价记作 $L\Delta w$。下文中任何变量其滞后一期的变量都用该变量前加 L 表示。

---

① 本章也曾用公共部门对私人部门的工资溢价来作为公共部门工资溢价的代理变量,分析结果基本一样。

现有文献中一般都选择教育年限来衡量人力资本,但其代理变量的具体形式却存在争议。早期的一些文献都直接采用加权形式的人均教育年限作为生产函数中的人力资本(h)的代理变量。但 Topel(1999)认为,基于微观加总得到的人力资本应该是以受教育年限的线性形式,而不是对数形式进入回归方程(9.9)式。因此,如果以 sch 表示人均受教育水平,则人均人力资本 $h = \exp\{sch\}$。本章也采取 Topel(1999)、Krueger and Lindahl(2001)和 Canton et al.(2007)等研究的做法,选用 $\exp\{sch\}$ 作为人均人力资本的代理变量①,因而人均人力资本增长率用人均教育年限增量来表示,即 $\Delta \ln h = \Delta sch$。关于平均教育年限($sch$)的具体计算,本章采取陈钊等(2004)的方法,即大学及以上毕业的劳动者为 16 年,高中(包括中专)为 12 年,初中 9 年,小学 6 年,文盲 0 年。根据从《中国劳动统计年鉴》中获得各省(区、市)不同教育水平的劳动力人口数,然后将每一类教育水平的人数乘以相应的受教育年限,加总后除以地区总人口即得到人均受教育年限(sch)。

在稳健性检验中,根据王志刚等(2006)、钱晓烨等(2010)、张海峰等(2010)和王弟海等(2008)等关于影响中国经济增长的因素研究,并考虑到相关数据的可获得性,本章主要选取了技术进步、教育质量、对外开放度这三个变量作为控制变量。技术进步选择用各地区专利申请数(patent)的对数值作为代理变量,它能较准确地反映一个地区的科技进步水平。教育质量选用滞后 10 年期生师比(pteacher)的对数值作为代理变量(张海峰等,2010)。这两个数据均来自《新中国六十年统计资料汇编》。对外开放度(rexpgdp)指进出口商品总值占 GDP 的比重,其数据来源于《中国统计年鉴》。

表 9.3 和表 9.4 分别给出一些关键变量数据的统计特征及其相关性。表 9.4 表明,除了人均物质资本增长率和人均教育年限增长量同经济增长率显著相关外,上期公共部门工资溢价同当期平均教育年限增长率也显著相关。

表 9.3 各变量的描述性统计

变 量	观察值	均 值	标准差	最小值	最大值
g_y	290	0.107 8	0.239 9	0.023 7	0.211 9
g_k	290	0.139 2	0.044 3	-0.002 7	0.329 8
Δsch	290	0.120 0	0.221 3	-0.579 1	0.814 1
$L\Delta w$	290	2.957 3	4.600 9	-1.809	34.821
patent	319	8.644 5	1.467 2	4.820 3	12.371
pteacher	319	2.725 9	0.174 4	2.243 14	3.175 7
rexpgdp	319	0.174 12	0.205 3	0.014 83	0.905 3

注:工资的单位为万元。

---

① 本章也尝试用人均受教育年限(sch)表示人均人力资本 h,本章的结论基本不变。

表 9.4　主要变量间相关系数表

	g_y	g_k	Δsch
g_y	1		
g_k	0.6866*** (0.000)	1	
Δsch	0.1144* (0.052)	0.0406 (0.491)	1
$L\Delta w$	0.0021 (0.972)	−0.0149 (0.801)	0.1105* (0.060)

注：括号内为各相关系数相应的 p 值；***、**、*分别表示相关系数在1%、5%、10%的统计水平上显著。

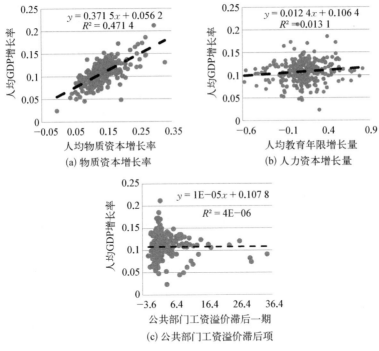

图 9.2　经济增长同三个关键变量间的散点图

图 9.2 中给出了几组关键变量间的散点图。从图中可以看到，人均 GDP 增长率同人均物质资本增长率、人均教育年限增长量和滞后期公共部门工资溢价间均存在正相关性。根据现有经济理论，尽管人均 GDP 增长同人均物质资本增长率的正相关性可能体现了物质资本增长对产出增长的促进作用，但由于相关性不一定代表因果关系，人均 GDP 增长率与人均教育年限增长量的显著正相关可能是人均教育年限的提高促进了经济增长，也有可能是

经济增长促进了教育投入增长从而提高了人均教育年限。上期公共部门工资溢价同经济增长率之间正相关性则更有可能是两者直接通过其他变量产生的间接相关性。因此,在控制教育、物质资本等其他因素后,研究工资溢价与产出增长之间的偏相关性是本章以下分析重点。

9.3 实证研究结果

9.3.1 基准模型

这一小节先按照现有文献中通常设定,在不考虑人力资本配置结构变化的假设下,利用(9.10)式来估计人力资本对经济增长的贡献。表9.5各列是对(9.10)式分别运用 OLS 回归、固定效应(FE)、随机效应(RE)和工具变量法(IV)等四种方法得到的结果。表9.5显示,从 OLS、FE 和 RE 这三种方法的结果来看,无论是否加入新的变量,各关键变量的系数和显著性都变化不大。且同现有大多数回归结果一样,教育年限增量的回归系数不显著。根据前面的分析可知,之所以如此很可能是因为回归方程中以社会总人力资本作为产出部门人力资本代理变量所导致。由于公共部门人力资本占比并不会保持不变,运用(9.10)式进行回归存在严重内生性问题。因此,这一结果虽然不符合经济学直觉,但同本章理论预测的结果一致。

考虑到计量方程(9.10)式中遗漏变量可能会产生内生性,本章采用工具变量法对方程(9.10)进行了估计,回归结果分别显示在表9.5模型①和模型②中第四列。表9.5显示:第一,工具变量可识别且非弱识别,因此可认为不存在过度识别(Sargan 检验的 p 值大于 0.05),工具变量较为合理;第二,无论是否加入其他控制变量,教育年限增长对经济增长的影响效应都显著为正,回归系数变化不大。这再次说明,前三列回归系数之所以出现违反直觉的结果,是由于忽略了遗漏变量所产生的内生性问题。

9.3.2 考虑有效人力资本占比的变动

下面考察加入人力资本部门配置结构后教育年限提高对经济增长的影响,即运用计量回归方程(9.11)式来估计教育对经济增长的贡献,回归结果显示在表9.6中。豪斯曼检验的 p 值为 0.126 5,这表明随机效应模型可能更合适。不过为了比较,表9.6中还给出了固定效应的回归结果。表9.6显示:第一,上期公共部门工资溢价的系数显著为负,即上期公共部门溢价越高,当期经济增长率越低。这同理论模型的预期一致,因为上期公共部门工资溢价提高会吸引更多高人力资本进入公共部门,这会降低私人部门的人力资本,从

第 9 章 中国教育发展对经济增长的贡献

表 9.5 不考虑公共部门工资溢价的回归结果：被解释变量为 g_y

模 型	① 回归方程(9.10)式：基本变量				② 回归方程(9.10)式：加入控制变量			
计量方法	OLS	FE	RE	IV	OLS	FE	RE	IV
g_k	0.346***	0.277***	0.304***	0.274***	0.354***	0.284***	0.306***	0.278***
	(15.758)	(9.687)	(12.031)	(9.671)	(14.752)	(9.578)	(11.544)	(9.471)
Δsch	0.006	0.007	0.007	0.017**	0.006	0.006	0.006	0.017**
	(1.224)	(1.589)	(1.521)	(2.239)	(1.185)	(1.415)	(1.469)	(2.331)
patent					0.002**	0.004	0.002	0.003
					(1.975)	(1.213)	(1.416)	(0.935)
pteacher					-0.008	-0.003	-0.006	-0.001
					(-1.396)	(-0.235)	(-0.679)	(-0.134)
rexpgdp					-0.001	-0.001	-0.005	-0.004
					(-0.222)	(-0.066)	(-0.554)	(-0.208)
_cons	0.074***	0.084***	0.066***		0.066***	0.022	0.047**	
	(16.931)	(17.075)	(12.939)		(3.734)	(0.539)	(2.042)	
N	290	290	290	290	290	290	290	290
F	41.347	34.201		33.718	33.330	26.823		26.385
LM 值				85.6***				89.4***
Wald F 值				60.766				64.16
				(19.930)				(19.930)
Sargan 值				0.816				1.21
				(0.366)				(0.271)

说明：① ***、**、* 分别表示在 1%、5%、10% 的水平上显著。② LM 值对应可识别检验中的 Anderson canon corr. LM 统计量，括号内为其 p 值；Wald F 值对应弱工具变量检验中的 Cragg-Donald Wald F 统计量，括号内为该检验在 10% 显著性水平上的阈值；Sargan 值的括号内为其内生变量与工具变量弱相关；Sargan 检验的原假设为数字统计量，下同；弱工具变量检验原假设为工具变量与内生变量弱相关；Sargan 检验的原假设为工具变量过度识别。③ 方程可识别检验的 p 值为 0.87，表明随机效应更合适。④ 豪斯曼检验的 p 值为 0.87，表明随机效应更合适。⑤ 工具变量法中用当年高等学校毕业生人数增加值以及教育水平的滞后项、差分项等作为工具变量。表 9.6 的注释与此相同，此处各略。以下各表相同。

323

而抑制产出和收入的增长。第二,表9.6各列中教育年限变量的系数都显著为正,且与基准模型中相应各列比较,其显著性明显改善。考虑到模型①中的前三列可能遗漏了津贴、声誉等变量,教育年限变量仍可能具有内生性。为慎重起见,再次采用滞后项及各期差分作为教育年限的工具变量进行估计,结果列于模型①中第四列①。回归结果显示,采用工具变量后的回归结果整体上变化不大,但教育年限和工资溢价的显著性进一步提高。第三,在所有模型①中第四列,除工资溢价外,其他变量当期项系数都为正,而相应滞后项系数都为负。此外,人均物质资本当期及滞后项系数均显著,表明物质资本促进人均收入增长方面具有巨大作用。这些结果都同理论预测一致。

为检验回归结果的稳健性,表9.6的模型②在模型①的基础上,加入其他一些现有研究文献中认为会影响经济增长率的变量。通过比较表9.6中①和②的回归结果可以发现,各变量的系数和显著性都几乎没有变化,这表明回归结果具有很强的稳健性。同时,新加入的三个变量系数符号也同文献结论一致,且与表9.5中的结果相同。这表明技术进步、教育质量(pteacher越大表示教育质量越低)和对外开放度都对经济增长有正效应。

此外,本章还采用另一种工资溢价的形式,即公共部门平均工资与非公共部门平均工资的差值作为公共部门工资溢价的代理变量,回归结果显示在表9.7。从表9.7可以看出:第一,豪斯曼检验仍然显示随机效应模型比固定效应模型更优;第二,各系数的估计值和表9.6相比变化不大。新加入的工资溢价变量系数基本显著(如前所述,在数据质量方面,第二种工资溢价变量的计算方法相对粗略,这可能是导致其系数显著性不如第一种形式的一个原因)。同时,教育变量系数在①和②各自的第二列起均显示出较理想的显著性。因此,回归结果具有很好的稳健性。

9.4 中国人力资本对经济增长和产出的贡献

9.4.1 中国与其他国家教育产出回报率的比较

根据计量回归方程(9.11)式和其理论方程(9.8)式可知,表9.6(或表9.7)中 Sch 的回归系数 α_4 是生产函数(9.1)式中产出对人力资本的弹性 β_2。根据定义人均人力资本 $h = \exp\{sch\}$,

$$\alpha_4 = \beta_2 = (\mathrm{d}y/y)/(\mathrm{d}h^p/h^p) = (\mathrm{d}y/y)/\mathrm{d}sch \tag{9.12}$$

---

① 考虑到上期人均产出对数可能存在内生性,本章在工具变量估计中同时用其滞后项、差分项作为工具变量,相应的结果与表9.7中第四列比较接近。

第9章 中国教育发展对经济增长的贡献

表 9.6 考虑公共部门工资溢价的回归结果：被解释变量为 g_y

模　型	① 回归方程(9.11)式：基本变量				② 回归方程(9.11)式：加入控制变量			
回归方法	OLS	FE	RE	IV	OLS	FE	RE	IV
$L\ln y$	0.017*** (−5.057)	−0.019 (−0.825)	−0.016*** (−3.700)	−0.050 (−1.386)	0.015*** (3.689)	−0.058** (−2.197)	−0.011* (−1.899)	−0.064 (−1.642)
$\ln k$	0.379*** (16.408)	0.312*** (9.438)	0.359*** (14.034)	0.283*** (9.990)	0.395*** (15.170)	0.319*** (9.009)	0.373*** (12.780)	0.291*** (9.318)
$L\ln k$	−0.386*** (−16.209)	−0.293*** (−7.332)	−0.366*** (−13.707)	−0.261*** (−6.578)	−0.402*** (−14.932)	−0.277*** (−7.330)	−0.377*** (−12.413)	−0.262*** (−6.691)
$L\Delta w$	−0.048* (−1.779)	−0.071 (−1.638)	−0.050* (−1.653)	−0.123*** (−2.777)	−0.051 (−1.643)	−0.128*** (−2.866)	−0.064* (−1.856)	−0.142*** (−3.013)
sch	0.008* (1.656)	0.010* (1.890)	0.008* (1.727)	0.017** (2.464)	0.008* (1.765)	0.010** (2.034)	0.008* (1.841)	0.013** (1.999)
$Lsch$	−0.012** (−2.514)	−0.007 (−1.168)	−0.012*** (−2.600)	−0.003 (−0.553)	−0.013*** (−2.732)	−0.006 (−1.105)	−0.013*** (−2.853)	−0.003 (−0.526)
patent					0.001 (0.576)	0.007 (1.614)	0.001 (0.580)	0.009** (2.012)
pteacher					−0.01 (−1.478)	−0.008 (−0.579)	−0.006 (−0.728)	−0.010 (−0.549)
rexpgdp					0.008 (1.074)	0.097*** (5.472)	0.016* (1.704)	0.043* (1.931)

(续表)

模　型	①回归方程(9.11)式:基本变量		②回归方程(9.11)式:加入控制变量	
_cons	0.016*** (1.098)	0.030*** (0.711)	0.019*** (1.119)	0.054** (1.098)	0.085* (0.711)	0.050* (1.119)
调整 R^2	0.512***	0.293***		0.513	0.369	0.354
N	290	290	290	290	290	232
F	51.531	25.597	12.561	34.761	22.903	10.996
LM 值			193.796 (0.000)			194.316 (0.000)
Wald F 值			783.30 (10.830)			818.96 (10.830)
Sargan 值			7.637 (0.106)			4.954 (0.292)

表 9.7 考虑公共部门工资溢价并采用 wd_2 的回归结果：被解释变量为 g

模 型	回归方程(9.11)式：基本变量				回归方程(9.11)式：加入控制变量			
计量方法	OLS	FE	RE	IV	OLS	FE	RE	IV
$L\ln y$	0.016*** (4.915)	-0.021 (-0.944)	0.015*** (3.561)	-0.051 (-1.386)	0.015*** (3.690)	-0.060** (-2.274)	0.011* (1.935)	-0.065* (-1.657)
$\ln k$	0.381*** (16.543)	0.318*** (9.733)	0.363*** (14.221)	0.296*** (9.408)	0.398*** (15.326)	0.328*** (9.352)	0.378*** (13.024)	0.306*** (9.805)
$L\ln k$	-0.389*** (-16.334)	-0.298*** (-7.508)	-0.369*** (-13.868)	-0.271*** (-6.831)	-0.405*** (-15.10)	-0.286*** (-7.563)	-0.382*** (-12.655)	-0.275*** (-7.004)
sch	0.008 (1.628)	0.010* (1.881)	0.008* (1.700)	0.016** (2.364)	0.008* (1.739)	0.011** (2.085)	0.008* (1.819)	0.013* (1.964)
$Lsch$	-0.012** (-2.504)	-0.007 (-1.149)	-0.012** (-2.572)	-0.003 (-0.539)	-0.013*** (-2.706)	-0.006 (-1.071)	-0.013*** (-2.799)	-0.003 (-0.488)
$L\alpha d2$	-0.025 (-1.371)	-0.038 (-1.275)	-0.025 (-1.235)	-0.064** (-2.077)	-0.025 (-1.231)	-0.071** (-2.338)	-0.030 (-1.316)	-0.071** (-2.173)
$patent$					0.000 (0.405)	0.006 (1.372)	0.001 (0.348)	0.008* (1.725)
$pteacher$					-0.011 (-1.625)	-0.005 (-0.381)	-0.007 (-0.810)	-0.004 (-0.203)
$rexpgdp$					0.007 (0.958)	0.096*** (5.370)	0.015 (1.591)	0.045** (2.010)

(续表)

模型	回归方程(9.11)式:基本变量		回归方程(9.11)式:加入控制变量	
_cons	0.019 (1.361)	0.038 (0.895)	0.023 (1.395)	0.059** (2.286)	0.089* (1.873)	0.055** (2.004)
调整 R^2	0.510	0.290	0.324	0.510	0.362	0.341
N	290	290	232	290	290	232
F	51.087	25.318	12.144	34.485	22.366	10.539
LM 值			193.838 (0.000)			194.455 (0.000)
Wald F 值			787.036 (10.830)			832.873 (10.830)
Sargan 值			7.302 (0.121)			5.512 (0.239)

所以，α_4 表示人均教育年限 sch 每增加 1 年所提高的人均产出百分比。

根据 α_4 的经济学含义，表 9.6 中的回归结果表明，中国生产部门中人均教育年限每提高 1 年，人均产出大约会提高 0.8—1.7 个百分点。从表 9.1 中可以看出，现有文献中估计的其他国家教育回报率大约是生产部门中人均受教育年限每增加 1 年，人均 GDP 增长率平均大约提高 0.7—1.4 个百分点。所以，如果剔除进入公共部门的人力资本而只考虑私人生产部门人力资本对经济增长的贡献，同上世纪下半叶 OECD 国家以及世界平均程度上教育对经济增长的贡献(见表 9.1)相比，中国教育对经济增长的贡献并不算低。

9.4.2 中国各省(区、市)教育对产出边际贡献的比较

运用以上回归结果和相关数据，可以通过估算中国各省(区、市)的教育产出弹性(即人均教育年限每增加 1% 所增加的人均产出百分比)和教育边际产出效应(即人均教育年限每增加一年所增加的人均产出水平)来比较不同地区教育回报率的差异。为估算各省(区、市)教育的边际产出，需对各省(区、市)教育产出效应的差异性做出假设。有两种可能情况，第一种是假设中国各省(区、市)的人力资本产出弹性 β_2 都相同。即

$$(\mathrm{d}y/y)/\mathrm{d}sch = \beta_2 = (\mathrm{d}y_i/y_i)/\mathrm{d}sch_i \qquad (9.13)$$

其中，下角标 i 表示第 i 个省(区、市)。根据这一假设，可得到各省(区、市)的教育产出弹性为

$$(\mathrm{d}y_i/y_i)/(\mathrm{d}sch_i/sch_i) = [(\mathrm{d}y_i/y_i)/\mathrm{d}sch_i] \times sch_i = \beta_2 \times sch_i \qquad (9.14)$$

则各地区的教育边际产出为

$$\mathrm{d}y_i/\mathrm{d}sch_i = [(\mathrm{d}y_i/y_i)/\mathrm{d}sch_i] \times y_i = \beta_2 y_i \qquad (9.15)$$

根据这一公式可计算出各省(区、市)的教育边际产出效应。

另一种可能的情况是直接假设各省(区、市)具有相同的教育产出弹性，即

$$(\mathrm{d}y_i/y_i)/(\mathrm{d}sch_i/sch_i) = (\mathrm{d}y/y)/(\mathrm{d}sch/sch) = \beta_2 sch \qquad (9.16)$$

由此，各省(区、市)的教育产出边际效应为

$$\mathrm{d}y_i/\mathrm{d}sch_i = \beta_2 sch \times (y_i/sch_i) \qquad (9.17)$$

根据这一公式，也可计算出各省(区、市)的教育边际产出效应。

当然，不管哪种假设，估算都需要利用计量回归中关于 β_2 (即 α_4)的估计值。以下估算采用表 9.6 和表 9.7 中最后一栏运用工具变量法估计所得到的估计值，即 $\beta_2 = 0.013$。根

据(9.14)式估算的各省(区、市)教育年限产出弹性显示在图9.3。由(9.14)式可知,各省(区、市)教育产出弹性的差异主要在于不同地区教育年限不同。图9.3显示,由于中国各地区平均教育年限差异不大,各省(区、市)教育产出弹性差异也不大,基本都在0.09—0.14。其中教育水平较高的北京、上海、天津等地区教育产出弹性基本在0.13—0.14,在教育相对落后的甘肃、贵州、青海和云南等西部地区教育产出弹性都在0.09左右,其他多数省(区、市)教育产出弹性都在0.10—0.11。

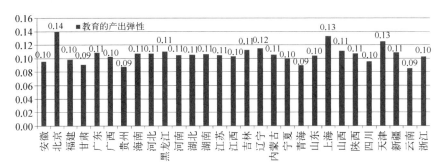

图9.3 2000—2010年各地区教育产出弹性的估算结果(sch的系数取0.013)

图9.4则显示了利用(9.15)式和(9.17)式所估算的各省市的教育边际产出。图9.4表明,第一,两种假设条件下不同省(区、市)教育边际产出的估算值都比较接近[①]。一般来说,越发达的地区不同假设下教育边际产出估计值的绝对差距越大,且都是第一种假设(相同人力资本产出弹性)下的估计值高于第二种假设(相同教育年限产出弹性);越落后的地区不同假设下教育边际产出估计值的绝对差距越小,且都是第二种假设下的估计值高于第一种假设。例如,北京、上海和天津这三个地区两种估计值的绝对数值分别相差32、53和22,差值率分别为23%、19%和14%;云南、贵州和广西这三个地区两种估计值的绝对数值分别相差6、4和1,差值率分别为19%、17%和3%。第二,图9.4还表明,无论是采用哪种假设估计,尽管各省(区、市)教育边际产出的数值略有不同,但教育边际产出的相对大小基本一样。例如,教育边际产出最高的省(区、市)都为上海(221元/年或74元/年),最低的都为贵州(19元/年或23元/年),有一半以上省(区、市)的教育产出都是40—70元。这也表明本章估算结果的稳健性。第三,尽管中国各省(区、市)教育的产出弹性差别不大,但教育的边际产出差异巨大。教育边际产出最高的省(区、市)其边际产出超过100元,而最低的省(区、市)大约只有30元。中国各地区教育边际产出出现如此大差距可能有两方面的原因:第一,这可能是因为中国各地区之间仍然没有形成统一的劳动力市

---

① 事实上,对两种估算结果进行总体均值差异检验的结果显示,两者均值并没有显著差异。可以初步认定,这两种方法得到的人均产出有一定的可靠性。

第9章 中国教育发展对经济增长的贡献

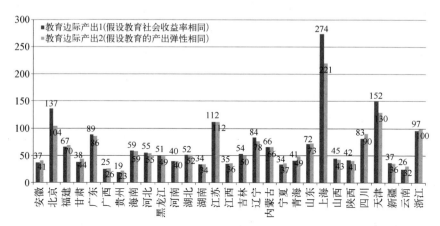

图 9.4　2000—2010 年各地区人均教育边际产出估算结果（sch 的系数取 0.013）

场，这使得各地区虽然不同教育年限的回报率差距巨大，但高教育年限的人才无法通畅地流向高边际产出的地区。第二，也可能是因为虽然各地区教育的边际产出差异很大，但由于各地区公共部门吸引了很多高教育水平的人力资本，而各省（区、市）公共部门的工资差异不大，且同教育的边际产出关系不大，这使得虽然不同地区教育的边际报酬差异很大，但高教育水平的人力资本在各地区之间的流动很小，因而不足以缩小各地区教育的边际产出水平。具体现实经济中到底是哪种原因，还需要进一步研究。

9.5　本章主要结论和不足

一方面，本章认为，由于人力资本在私人部门和公共部门间的生产能力存在着差异性，人力资本在两个部门之间的配置结构对于整个经济中人力资本的生产能力有着重要影响。在考察教育水平提高对产出和经济增长的贡献时，尽管教育数量和质量层面的因素非常重要，但是，人力资本在不同部门之间的配置结构也许对估计教育的经济贡献更为重要。特别是，对中国这样一个由于劳动力市场分割所导致的公共部门工资长期高于私人部门，高学历人才都热衷于进入政府公共部门的经济体来说，如果不加区分地同等对待公私部门的人力资本，从而把整个社会的人力资本都看作是具有同样生产能力的人力资本，可能会极大地低估生产领域人力资本对经济的贡献。因此，在估计教育对经济的贡献时，应该区别地对待公共部门和私人生产部门的人力资本，考虑人力资本在公私部门的配置结构对估计教育对经济增长贡献的影响。另一方面，本章认为，虽然人力资本在公私部门之间的配置,即公私部门人力资本的占比结构可能会受到诸多因素的影响,但公共部门工资溢价可能是一个非常关键的因素。考虑到数据的可获得性,本章用公共部门工资溢价作为影响人力资本在公私部门间配置结构的代理变量,并假设公共部门工资溢价会降低私人生产领域的人力资本占比,从而降低教育对经济增长的促进作用。由此,本章把公共部门工资溢价作为影响私人部门人力资本占比的代理变量,来剔除公私部门人力资本配置结构变化对教育社会经济效应的影响,并运用2000—2010年中国跨省(区、市)面板数据来估计中国教育水平提高对经济增长和社会产出的实际贡献。本章研究发现,如果通过工资溢价这一代理变量剔除人力资本配置结构的影响,中国教育水平的提升对经济增长和社会产出的影响显著提高。具体来说,本章研究发现,中国生产部门中人均教育年限每提高1年,人均产出大约会提高0.8—1.7个百分点。这同文献中估计的其他国家教育回报率——生产部门中的人均受教育年限每增加1年,人均GDP增长率平均提高大约在0.7—1.4个百分点——相比差距不大。因此,本章分析认为,中国生产领域的人力资本对经济增长和产出的贡献同其他国家教育的回报率相差不大。

另外,基于计量回归的估计结果,本章还估算了中国不同地区的教育产出弹性和教育的边际产出效益。本章估算结果表明,尽管中国不同地区的教育产出弹性差别不大,但地区间的教育边际产出差异巨大。各地区教育边际产出的差异可能是同地区间劳动力市场分割有关,因为它使得高人力资本的人才无法通畅地流向高教育边际产出的地区;同时,也有可能是同各地区公共部门的存在有关。因为公共部门吸引了很多高教育水平的人力资本,而各地区公共部门的工资差异不大,且公共部门的工资同本地教育边际产出的关系不大,这使得虽然不同地区教育的边际报酬差异很大,但高教育水平的人力资本在各地区之间的流动很小,因而不足以缩小各地区教育的边际产出水平。

当然,本章也存在不足之处,这主要表现在以下几个方面。第一,本章认为,公共部门人力资本的产出能力小于生产领域私人部门的人力资本。因此,应该区别对待公私部门人力资本对产出和经济增长的效应。但是,由于数据的不可获得性,本章并没有真正运用中国公共部门和私人部门的人力资本数据来估计中国教育对产出和经济增长的贡献,而是通过公共部门工资溢价作为公私部门人力资本配置结构的代理变量来剔除进入公共部门人力资本的影响。从这角度来看,本章并没有直接证明公私部门人力资本配置结构的变化是导致以往文献得出"中国教育对经济增长没有贡献"这一结论的主要原因,只是间接证明了公共部门工资溢价对估算中国教育水平提高对经济增长的贡献具有重要影响。第二,根据现有理论,本章假设进入公共部门人力资本的贡献小于进入私人部门的人力资本。出现这一结果的原因一方面是由于进入公共部门非生产领域的人力资本会挤占生产领域的人力资本,另一方面是因为公共部门中的国有企业效率低于私人部门的企业。本章通过研究确实发现,公共部门的工资溢价对经济增长具有负作用,因而可以间接证明公共部门吸引过多的人力资本会阻碍教育对经济增长的效应。但是,本章并不能证明公共部门的人力资本具体效率如何,因而没有研究清楚公共部门人力资本的生产力小于私人部门的具体原因是什么。对于以上这两个问题,如果能获得公共部门人力资本或者教育年限相关数据,都可以进行进一步的分析。对这些问题的分析和解答,都值得进一步进行研究。

第10章

中国经济增长中的健康医疗卫生发展

第1编的分析表明,改革开放以来,中国经济发展取得了重大进步。经济稳步增长,人均收入水平和消费水平不断提高。随着人们收入水平和消费水平不断提高,人们从食物中获得的营养水平也不断得到提高。与此同时,国家和居民在健康医疗卫生方面上的投入也不断增加。正如格罗斯曼(Grossman,1972年等)和福格尔(Fogel,1994a)等人的研究结论所断定的那样,在经济不断增长和人们消费水平不断提高的情况下,中国居民的健康医疗卫生状况也在不断显著改善和提高。本章将主要分析在中国经济发展过程中,特别是从1978年改革开放以来,中国国家健康投入和居民健康"消费"(即居民健康支出)的变化情况、全国健康医疗卫生机构、设施和人员的变化情况,以及全国居民健康状况的变化趋势和现状①。本章的分析将表明,尽管1949年以来,特别是1978年改革开放以来,中国居民健康医疗卫生状况得到了极大的提高和改善,但同发达国家还有很大差距,甚至同某些发展中国家和金砖国家相比,中国居民的健康医疗卫生状况也不算很好。

本章的结构安排如下:第1节主要分析中国健康医疗卫生费用的变化情况,包括国家健康医疗卫生总费用及其GDP占比的变化、政府卫生费用支出及其在政府财政支出中占比的变化、卫生总费用的结构变化,以及居民人均卫生费用支出及其在个人消费支出中占比的变化,这节还对中国健康医疗卫生费用及其结构的现状进行跨国比较。第2节主要讨论中国居民健康医疗卫生设施供给方面的变化情况,包括中国医疗机构数量、医疗技术人员和医疗床位的总量及其人均水平的变化情况,这一节将对中国医疗卫生设施现状进行跨国对比。第3节主要研究中国居民健康水平的变化情况,包括居民的预期寿命、各种婴儿和成人以及孕产妇的死亡率,以及各种传染性疾病的发病率和死亡率,并对中国居民健康现状进行跨国比较分析。

10.1 中国健康医疗卫生方面的费用支出情况

在中国经济发展过程中,特别是从1978年改革开放以来,无论是国家健康医疗卫生总费用的总量和结构,还是居民个人的健康医疗支出费用,都发生了很大的变化。当然,

---

① 本章以下分析中,由于数据可获得性的限制,有的分析从1949年或1950年开始,有的是从1978年开始,有的甚至从1990年开始分析。

有些变化是经济发展的必然规律和结果,有些则是中国健康医疗制度改革的结果。下面将分别从国家总体层面和居民个人层面来分析中国健康医疗卫生费用及其结构的变化情况和现状。

10.1.1 中国国家健康医疗卫生总费用及其 GDP 占比

自 1978 年改革开放以来,随着中国经济发展和社会进步,健康问题在国家经济发展和居民生活中变得越来越重要,中国健康医疗卫生费用总支出(以下按照惯例,简称为卫生总费用)也飞速增长[①]。根据《中国统计年鉴》(历年)数据,图 10.1 和图 10.2 分别显示了 1978—2017 年中国(不包括港澳台地区)卫生总费用和卫生总费用占 GDP 比重(以下简称卫生总费用 GDP 占比)的变化情况。从图中可以看出,1978 年中国卫生总费用只有 110 亿元,占当年 GDP 的比重为 3.02%。到 2017 年时,中国卫生总费用达到 51 599 亿元,卫生总费用 GDP 占比提高到 6.20%。如果按照 1978 年不变价格计算,2017 年为 7 875 亿元,同 1978 年相比增长 70.6 倍,年实际增长 11.6%,比同期实际 GDP 年平均增长率(9.5%)高出 2.1 个百分点。

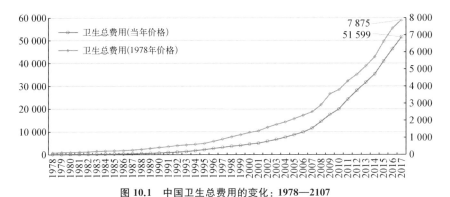

图 10.1 中国卫生总费用的变化:1978—2107

注:① 原始数据来源《中国统计年鉴》(历年),2017 年数据从网上获得。② 当年价格计算的总费用为左边纵坐标,1978 年价格计算的总费用为右边纵坐标,单位都是亿元。

---

① 根据《中国统计年鉴》和《中国卫生和计划生育统计年鉴》的解释,卫生总费用指一个国家或地区在一定时期内,为开展卫生服务活动从全社会筹集的卫生资源的货币总额,按来源法核算。它反映一定经济条件下,政府、社会和居民个人对卫生保健的重视程度和费用负担水平,以及卫生筹资模式的主要特征和卫生筹资的公平性合理性。它按照来源可分为政府卫生支出、社会卫生支出和个人现金卫生支出三部分。卫生总费用 GDP 占比是指卫生总费用与同期国内生产总值(GDP)之比,用来反映一定时期国家对卫生事业的资金投入力度,以及政府和全社会对卫生和居民健康的重视程度。

第10章 中国经济增长中的健康医疗卫生发展

表10.1 中国主要年份的卫生总费用及其年平均增长率

年份	名义值(亿元:当年价格)	实际值(亿元:1978年价格)	实际增长倍数(倍)	年平均实际增长率(%)	GDP占比(%)
1978	110.21	110.21	—	—	3.02
1990	747.39	415.18	2.77	11.69	4.00
2000	4 586.63	1 292.81	2.11	12.03	4.62
2010	19 980.39	3 797.90	1.94	11.38	4.98
2017	51 598.80	7 874.56	1.07	10.98	6.20

注：① 原始数据来源为《中国统计年鉴》(历年)；其中2017年数据从网上获得。② 增长倍数是指该行年份对上一行年份的增长倍数,年平均增长率为该行年份同上一行年份间的平均增长率。

表10.1进一步给出不同时期中国卫生总费用的增长情况。从表10.1中可以看出,中国卫生总费用在20世纪80年代和90年代以及21世纪00年代的年平均实际增长率都超过11%,其中20世纪90年代增长最快,年平均增长率达到12.03%。2010—2017年,可能由于经济增长速度的下降,中国卫生总费用的增长速度略有下降,年平均实际增长率为10.98%。总体来看,表中四个时期卫生总费用实际增长相差不大。不过,由于1978—1990年、1990—2000年和2000—2010年这三个时期GDP实际增长率也比较高,卫生总费用的增长可能主要得益于高经济率,因而卫生总费用GDP占比变化不大。特别是1990—2000年和2000—2010年这两个时期,其卫生总费用实际增长率仅比实际GDP增长率分别高出1.64个百分点和0.9个百分点,因而这两个时期卫生总费用GDP占比提高很少。1978—1990年中国卫生总费用实际增长率比GDP实际增长率高出2.76个百分点,这一期间卫生总费用GDP占比提高0.98个百分点。2010—2017年卫生总费用实际增长率比GDP实际增长率高出2.51个百分点,这一期间卫生总费用GDP占比提高1.22百分点。

就中国卫生总费用GDP占比的具体变化情况来看,图10.2显示,在整个改革开放后的1978—2017年,中国卫生费用GDP占比总体呈现出上升趋势。1978—2017年,中国卫生总费用GDP占比几乎上涨1倍。但从图10.2中还可以看出,虽然由于经济增长的原因,中国卫生总费用GDP占比一直在增长,但其中经历好几次大的波动。通过图10.2可以发现,中国卫生总费用GDP占比下降的时期,一般都是经济增长率下降和卫生总费用增长率下降的时期;且除2011—2017年之外,经济增长率下降时期一般也都对应着卫生总费用增长率下降和卫生总费用GDP占比下降的时期。具体来说,中国卫生总费用GDP占比大致经历了4个周期性变化：① 第一个周期是1978—1983年,这一期间除1981年外,中国经济增长率都在上升;同一时期的中国卫生总费用增长率呈"U"形变化,但都高于GDP增长率,这一时期的卫生总费用GDP占比由3.02%上升到3.48%。② 第二个周期是1984—1992年。1985年之后中国经济增长率开始下降,卫生总费用增长率在1984就开

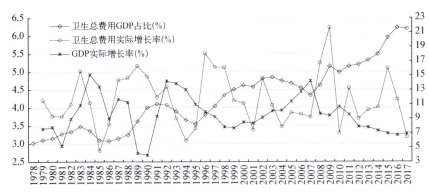

图 10.2　中国卫生总费用 GDP 占比的变化：1978—2107

注：① 原始数据来源《中国统计年鉴 2017》，其中 2017 年数据从网上获得。② 卫生总费用 GDP 占比为左边纵坐标，其他为右边纵坐标，单位都是%。

始下降，1984—1986 年卫生总费用增长率比 GDP 增长率下降更快，因而卫生总费用 GDP 占比在这一时期下降。1986—1988 年经济增长率上升，同一时期卫生总费用增长率也快速上升。因受 1989 年春夏之交的政治风波的影响，1989—1990 年经济增长率下降，1991—1992 年经济增长率再次上升，1989—1992 年的卫生费用总体受影响不大，因而没有太大的下降。因此，1986—1992 年卫生总费用 GDP 占比都在上升。③ 第三个周期是 1992—2002 年。1992—1999 年中国经济增长率下降，1992—1996 年中国的卫生总费用增长率以更大幅度下降，因而卫生总费用 GDP 占比在这一期间下降；但由于 1996 年中国开始实行职工医疗保障制度改革①，得益于社会卫生支出费用的增长，该年的卫生总费用增长率突然大幅度提高，之后几年虽然增长速度有所下降，但仍高于同期 GDP 增长率。由此，这一时期中国卫生总费用 GDP 占比从 1995 年的 3.81% 稳步提高到 2002 年的 4.85%。④ 第四个周期是 2002—2016 年。2002—2007 年虽然中国经济已经恢复高速增长，但由于医疗制度改革累积效应的显现，中国社会卫生支出费用的增长快速下降，卫生总费用增长率也快速下降，这一期间卫生总费用 GDP 占比下降到了 2007 年的局部最低点 4.35%。2007—2016 年，虽然 GDP 增长率呈现下降趋势，中国卫生总费用增长率也下降，但卫生总费用增长率高于 GDP 增长率，这一期间我国卫生总费用 GDP 占比一直上升。不过，2017

---

① 1994 年，国家体改委、财政部、劳动部和卫生部共同制定《关于职工医疗制度改革的试点意见》，经国务院批准，在镇江和九江两市进行医疗改革试点。1996 年 4 月，国务院办公厅转发国家体改委、财政部、劳动部和卫生部四部委发布的《关于职工医疗保障制度改革扩大试点的意见》，要求扩大"两江试点"工作；1997 年在全国 58 个城市中开始医疗保险试点工作；1998 年 12 月，国务院发布《国务院关于建立城镇职工基本医疗保险制度的决定》，要求在全国范围内建立覆盖全体城镇职工的基本医疗保险制度，标志着我国城镇基本医疗保险制度基本确立。1999 年这一制度正式实施。

年中国卫生总费用GDP占比相对2016年下降0.03个百分点,是否又开始了新一轮周期还有待于观察。总之,如前所述,随着中国经济不断增长,中国卫生总费用GDP占比总体呈现不断上升趋势,这主要是因为经济增长后,健康在国家经济和居民生活中的地位和作用日益重要。在总体上升的情况下,由于经济增长的波动和制度改革的影响,卫生总费用GDP占比也出现四次重大的波动。

10.1.2 中国国家卫生总费用结构的变化

在中国健康医疗卫生总费用增长的过程中,国家卫生总费用的结构也发生了变化。根据《中国统计年鉴》的分类,中国卫生费用支出包括个人现金卫生支出、政府卫生支出和社会卫生支出三部分。政府卫生支出指各级政府用于医疗卫生服务、医疗保障补助、卫生和医疗保险行政管理、人口与计划生育事务支出等各项事业的经费。社会卫生支出是指社会各界对卫生事业的资金投入,包括社会医疗保障支出、商业健康保险费、社会办医支出、社会捐赠援助、行政事业性收费收入等。个人现金卫生支出指城乡居民在接受各类医疗卫生服务时的现金支付,包括享受各种医疗保险制度的居民就医时自付的费用,它反映了城乡居民医疗卫生费用的负担程度。图10.3和图10.4分别显示了1978—2017年中国卫生总费用中个人现金卫生支出、政府卫生支出和社会卫生支出在卫生总费用的占比情况以及各自的增长率。从图10.3可以看出,从1978年以来,受中国经济制度改革特别是中国医疗制度改革的影响,在居民卫生费用总支出中,由个人直接承担的部分——个人现金卫生支出所占的比重基本呈现先上升后下降的变化趋势,而由政府财政支出承担的部分——政府卫生支出占比则呈现出先小幅度上升再显著下降然后再显著上升的趋势,由社会医疗保险等社会团体等承担的部分——社会卫生支出占比则呈现出波浪型下降的变化趋势。

在改革开放起始的1978年,由于计划经济体制的影响,中国卫生费用总支出主要由政府和社会承担。其中,社会卫生支出占总费用的比重为47.7%,接近卫生总费用的一半;政府卫生支出占总费用的比重为32.16%,超过卫生总费用的1/3;个人现金卫生支出只占20.4%左右。随着改革开放的进行,政府财政支出总额和个人消费支出都在不断增加,个人现金卫生支出和政府卫生支出快速增长,因而个人现金卫生支出占比和政府卫生支出占比都不断提高,而社会卫生支出占比相应下降。大概在1987年左右,中国居民的卫生总费用基本变为由个人、社会和政府三者均摊的局面,政府卫生支出、社会卫生支出和个人现金卫生支出的占比分别为33.53%、36.16%和30.31%,不过个人现金卫生支出占比仍略低。这之后一直到2001年左右,个人现金卫生支出每年基本上都以超过10%的速度在增长,个人现金支出占卫生总费用的比重呈直线上升;政府卫生支出和社会卫生支出的增

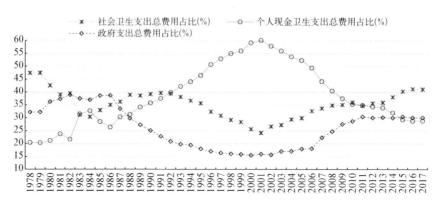

图10.3　中国健康医疗卫生总费用结构的变化：1978—2017

注：原始数据来源为《中国统计年鉴2017》，其中2017年数据从网上获得。纵坐标单位为%。

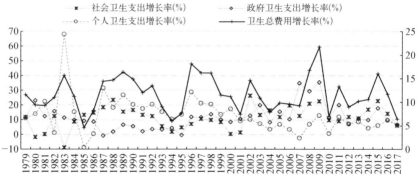

图10.4　中国卫生总费用及其各构成部分的增长率：1979—2017

注：① 原始数据来源为《中国统计年鉴2017》，其中2017年数据从网上获得。② 卫生总费用增长率用右边纵坐标表示，其他增长率用左边纵坐标表示，纵坐标单位都为%。

长率都相对较低，政府卫生支出占比和社会卫生支出占比都在下降。到了2001年，个人现金卫生支出占比达到最高峰60%，政府卫生支出占比和社会卫生支出占比分别为16%和24%，都处于历史最低位。2001—2017年，个人现金卫生支出占比则一直下降，社会卫生支出占比则一直上升，政府卫生支出占比在2003—2011年上升，但2011—2017年基本保持不变。到2011年前后，中国健康卫生支出的构成又重新出现了由个人、社会和政府三者均摊局面，三者的占比分别为34.9%、34.7%和30.4%，政府卫生支出占比略低一些。2017年中国政府卫生支出、社会卫生支出和个人现金卫生支出的占比分别为30.1%、41.1%和28.8%，社会卫生支出占比比较高，而个人现金卫生支出占比略低。因此，目前中国卫生总费用的结构又基本恢复到1978年情形，只不过个人出资比例较1978年高了约8个百分点，社会出资比例下降了大约6个百分点。

10.1.3　中国人均卫生费用支出及其在个人消费支出中的占比

1978年改革开放以来,随着人均收入水平的提高,中国人均卫生费用也一直增加。从图10.5a和图10.5b可以看出,无论是人均卫生总费用支出,还是个人现金支出,1978—2016年都一直在增长。同一期间个人现金卫生支出占个人消费的比重和人均卫生费用支出占人均GDP的比重也在增长。从全国平均水平来看(如附表10.2所示),1978年中国人均卫生总费用为11.45元,其中个人支付的部分(即个人现金卫生支出)为2.34元,人均卫生费用占人均GDP的比重和个人现金卫生支出占个人消费支出的比重分别为2.97%和1.27%。到了1990年,人均卫生总费用和个人现金卫生支出分别增长到65.4元和23.4元,按1978年不变价格计算分别为30元和11元,人均卫生总费用占人均GDP的比重和个人现金卫生支出占个人消费支出的比重(以下简称个人现金卫生支出消费占比)分别增长到3.98%和2.8%。2000年时,人均卫生总费用和个人现金卫生支出分别进一步增长到362元和213元左右,按1978年不变价格计算分别为83元和49元左右,人均卫生总费用占人均GDP的比重和个人现金卫生支出消费占比分别增长到4.61%和5.88%。到了2016年,中国人均卫生总费用和个人现金卫生支出分别为3352元和965元左右,按1978年不变价格计算分别为534元和154元左右,人均卫生总费用占人均GDP的比重和个人现金卫生支出消费占比分别为6.21%和4.54%。按不变价格计算,1978—2017年中国人均消费支出增长17.39倍,年平均增长率为7.96%,人均卫生总费用增长45.65倍左右,年平均增长率为10.64%,其中个人现金卫生支出增长64.7倍,年平均增长率为11.64%。人均卫生总费用和个人现金卫生支出的增长速度远高于人均消费支出的增长速度。这表明随着经济发展和人们收入水平的提高,中国居民的健康消费支出及其在总消费中的占比都在增加。如果把人们对健康的需求也看作是一种"消费需求",那么这种"消费品"的收入弹性远大于1,因此可以把它看成是一种奢侈品。当然,需要指出的是,1990年以来中国居民人均医疗费用快速增长,一方面是由于居民消费水平提高之后,大家对健康的需求在提高;另一方面是由于中国城乡医疗制度的改革,特别是城市医疗保险制度改革,对个人医疗救治行为和医院治疗和收费行为的影响,也是造成中国居民个人现金卫生支出快速增长的主要原因之一。至于从20世纪90年代以来,医疗制度改革和人均收入水平的变化对中国个人现金卫生支出到底各有多大的影响度,这还需要进一步的实证研究。

图10.6a和图10.6b分别显示从1981年以来,中国城乡居民人均个人现金卫生支出及其占人均消费支出比重的变化情况。从图10.6中可以看出,从1981年以来,无论是农村还是城镇,由于中国城乡居民总的消费支出在增加,城乡居民的人均个人现金卫生支出都在增加,且它占人均消费支出的比重基本上也在增加。城镇居民的人均个人现金卫生

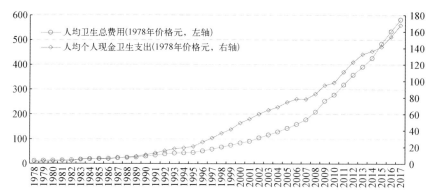

图 10.5a　全国人均健康卫生费用支出的变化情况：1978—2017

注：① 原始数据来源为《中国统计年鉴 2017》，其中 2017 年数据从网上获得。② 图中人均卫生总费用数据以 1978 年的实际价格计算。它等于人均名义卫生总费用除以消费物价指数（CPI，基期为 1978 年），其中，名义人均卫生支出数据等于卫生总费用除以同期人口量。③ 人均卫生总费用为左边纵坐标，人均个人现金卫生支出为右边纵坐标。单位是以 1978 年价格计算的元。

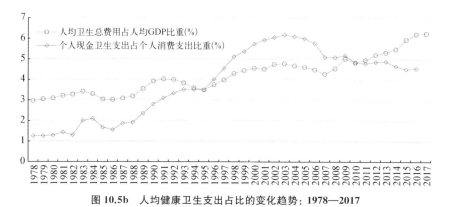

图 10.5b　人均健康卫生支出占比的变化趋势：1978—2017

注：① 原始数据来源《中国统计年鉴》（历年），2017 年数据从网上获得。② 纵坐标单位为％。

支出 1981 年约为 3.5 元，按照 1978 年价格计算约为 3.2 元，它占城镇人均消费支出的比重为 0.77％。1990 年城镇居民人均个人现金卫生支出增长到约 26 元，按照 1978 年价格计算约为 12 元，占城镇人均消费支出的比重为 2％。2000 年城镇居民人均个人现金卫生支出增长到约 318 元，按照 1978 年价格计算约为 73 元，占城镇人均消费支出的比重为 3.1％。按照不变价格计算，1985—2000 年中国城镇居民人均个人现金卫生支出增长约 20 倍，它占人均城镇消费支出的比例增长 3 倍多。2016 年中国城镇居民人均个人现金卫生支出增长为 969 元，按照 1978 年价格计算约为 172 元，其占人均消费支出的比重为 6.4％。按照不变价格计算，2000—2016 年中国城镇居民人均个人现金卫生支出增长 2.55 倍，占人均消费支出的比重仅增长11%。不过,城镇居民人均个人现金卫生支出占人均消费支出的比重在2000年之后并没有一直上升,它在2005年达到最高峰(7.56%)之后,2005—2013年反而在下降,2013—2016年又有所上升。如果同1981年相比,2016年中国城镇居民个人现实卫生支出实际增长82倍,年平均实际增长率为13.5%,同期城镇居民人均消费支出实际增长率为6.49%;城镇居民个人现金卫生支出占人均消费支出的比重上升8.2倍,年平均增长率为6.54%。

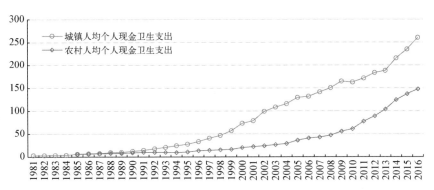

图10.6a 全国城乡居民人均个人现金卫生支出的变化情况:1981—2016

注:① 原始数据来源为《中国统计年鉴》(历年)。② 人均个人现金卫生支出数据以1978年的实际价格(用全国消费价格指数剔除通货膨胀率)计算。

图10.6b 全国城乡居民个人卫生现金支出占其消费支出的比重:1981—2016

注:原始数据来源为《中国统计年鉴》(历年)。

中国农村居民的人均个人现金卫生支出1985年约为7.6元,按照1978年价格计算约为5.8元,它占农村人均消费支出的比重为2.8%。1990年农村居民的人均个人现金卫生支出增长到19元左右,按照1978年价格计算约为8.8元,其占农村人均消费支出的比重为3.26%。2000年时这一支出增长到88元左右,按照1978年价格计算约为20元,占农村人均消费支出的比重为3.1%,相对于1990年反而下降。按照不变价格计算,1985—

2000年农村居民人均个人现金卫生支出增长约2.5倍,其占人均农村消费支出的比例增长1.2倍。2016年中国农村人均个人现金卫生支出为929元,按照1978年价格计算约为148元,占人均消费支出的比重为9.17%。按照不变价格计算,2000—2016年中国农村居民人均个人现金卫生支出大约增长6.3倍,占人均消费支出的比重基本增长约74.7%。除1993—1995年以外,中国农村人均个人现金卫生支出占人均消费支出的比重从1985年以来基本一直都在增长,不过最近3年有所下降①。如果同1981年相比,2016年中国农村居民个人现金卫生支出实际增长24.6倍,年平均实际增长率为11.0%,同期农村居民人均消费支出实际增长率为6.32%;农村居民个人现金卫生支出占人均消费支出的比重则上升2.85倍,年平均增长率为4.45%。

以上分析表明,随着中国经济发展和居民收入水平的提高,无论是农村居民还是城市居民,其健康消费支出及其在总消费支出中的占比都在增加。这也表明"健康需求"无论是对农村居民还是城市居民都表现出一种"奢侈品"的性质,其健康需求的收入弹性要大于1。

10.1.4　中国政府卫生费用支出及其在政府财政总支出的占比

1978年改革开放以来,中国政府财政支出中用于健康医疗卫生费用的支出也一直在增加。图10.7a和图10.7b分别给出了1978—2017年中国政府财政卫生支出费用及其在各类占比的变化情况。从图中可以看出,无论是政府卫生支出总额还是人均政府卫生支出都在增长,而政府卫生支出占政府财政支出的比重也在增长。以政府卫生支出总额和人均水平来看(如附表10.1所示),1978年中国政府卫生支出总额为35.4亿元,人均政府卫生支出为3.68元,政府卫生支出占政府财政总支出的比重和占GDP的比重分别为3.16%和0.98%。到了1990年,政府卫生支出总额和人均政府卫生支出分别增长到187.3亿元和16.38元;按1978年不变价格计算分别为104.0亿元和9.10元,1978—1990年的年平均实际增长率分别为9.39%和7.83%;政府卫生支出占政府财政总支出的比重和占GDP的比重分别为6.07%和0.98%。2000年时,中国政府卫生支出总额和人均政府卫生支出分别增长到709.5亿元和55.98元;按1978年不变价格计算分别为200.0亿元和15.78元,1990—2000年的年平均实际增长率分别为6.75%和5.66%;政府卫生支出占政府财政总支出的比重和占GDP的比重分别下降到4.47%和0.71%。这一时期由于中国医疗制度的改革,政府卫生支出相对于经济增长来说是下降的。中国医疗制度改革到2002年基本告一段落,因此2000年之后中国政府卫生支出又大幅度增长。到2017年,中国政府卫

---

① 这里的一些具体数据可参见附表10.2。

生支出总额和人均政府卫生支出分别增长到 15 517.3 亿元和 1 116.29 元;按 1978 年不变价格计算分别为 236.1 亿元和 170.36 元,2000—2017 年的年平均实际增长率分别为 15.65% 和 15.02%;政府卫生支出占政府财政总支出的比重和占 GDP 的比重分别上升到 7.64% 和 1.88%。在整个 1978—2017 年,按不变价格计算,中国 GDP 实际增长 33.5 倍,年平均实际增长率为 9.5%;中国财政支出总额实际增长 26.6 倍,年平均实际增长率为 8.89%;政府卫生支出实际增长约 65.8 倍,年平均实际增长率为 11.3%;人均政府卫生支出实际增长 46.3 倍,年平均实际增长率为 10.3%。政府卫生支出和个人政府卫生支出的实际增长速度远高于 GDP 和财政支出的实际增长速度。这表明随着经济发展和人们收入水平的提高,健康在经济中的作用越来越重要,因而政府财政支出中健康医疗卫生支出的比重也越来越大。

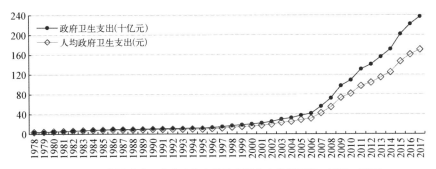

图 10.7a 中国政府卫生支出和人均政府卫生支出的变化:1978—2017

注:① 原始数据来源为《中国统计年鉴》(历年),2017 年数据从网上获得。② 政府卫生支出和人均政府卫生支出都是以 1978 年价格计算。政府卫生支出单位为十亿元,人均政府卫生支出单位为元。

图 10.7b 中国政府卫生支出各类占比情况的变化:1978—2017

注:① 原始数据来源为《中国统计年鉴》(历年),其中 2017 年数据从网上获得。② 政府卫生支出占 GDP 比重用右边纵坐标表示,政府卫生支出占财政支出之比用左边纵坐标表示,单位都为%。

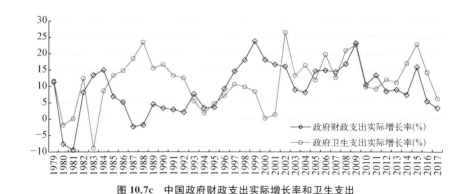

图 10.7c　中国政府财政支出实际增长率和卫生支出
实际增长率的变化：1979—2017

注：① 原始数据来源为《中国统计年鉴》(历年)，其中 2017 年数据从网上获得。② 政府卫生支出占 GDP 比重用右边纵坐标表示,政府卫生支出占财政支出之比用左边纵坐标表示,单位都为%。

当然,在整个 1978—2017 年,中国政府卫生支出占财政支出的比重和占 GDP 比重并不都是一直上升。由于中国一直处于渐进式改革阶段,医疗制度和居民医疗费用的出资方式也一直处于探索之中。一方面,医疗制度的改革使得中国政府卫生支出的增长也处于变化和波动之中。另一方面,由于中国的税收制度也处于渐进式改革过程中,政府财政支出占 GDP 的比重也一直在不断调整和波动。因此,即使政府卫生支出占财政支出的比重不变,政府财政支出占 GDP 比重的变化也会导致政府卫生支出占 GDP 的比重出现波动。从图 10.7b 中可以看出,政府卫生支出占财政支出的比重和政府卫生支出占 GDP 的比重虽然总体上都呈现出先上升再下降最后再上升的变化趋势,但政府卫生支出占 GDP 比重的下降和上升的时间都比政府卫生支出占财政支出比重变化的时间更早。政府卫生支出占财政支出比重的变化过程也比政府卫生支出占 GDP 比重的变化更复杂。这其中的原因就是中国财政制度改革导致政府财政支出占 GDP 比重的波动。具体来说,根据两者的互动变化可以分为三个阶段。① 第一阶段：1978—1984 年。1978—1982 年政府卫生支出占财政支出的比重和政府卫生支出占 GDP 的比重都在上升,1983—1984 年这两个比重都在下降,之后两者的变化出现差异。② 第二阶段：1985—1995 年。1985—1992 年由于医疗制度没有改革,而高速经济增长使得政府卫生支出总额快速增长,但由于政府财政支出相对于经济增长下降,政府财政支出占 GDP 比重下降,因而政府卫生支出占财政支出的比重出现上升趋势。从图 10.7c 中也可以看出,这一时期政府财政支出实际增长率从 1984 年的 14.94% 快速下降到了 1987 年的 −2.36%,然后一直到 1992 年都在 5% 以下徘徊;同一时期政府卫生支出实际增长率反而从 1984 年的 8.61% 增长到 1988 年的 23.42%,然后直到 1992 年都在 12.5% 以上。这两个实际增长率的相反变化也使得 1992 年政府卫生支出占财政支出的比重达到了 6.2% 的历史新高点。这种冲突也许就是 1993 年之后中国进行医疗制度改革和税收制度改革的重要原因之一。1993—1995年,由于财政收入和财政支出占GDP比重的下降,政府卫生支出占GDP的比重仍然下降,一直到1995年政府财政收入和财政支出的实际增长率上升之后,政府卫生支出占GDP的比重才出现增长。③ 第三阶段:1995—2017年。这一期间中国政府卫生支出占GDP的比重呈现上升趋势,不过其增长速度在2007年前后出现变化。1994年的医疗制度改革使得中国政府卫生支出占财政支出的比重在1994—2002年期间都在下降。从图10.7c中可以看出,这一下降主要是由于医疗制度改革导致了中国政府卫生支出增长率下降造成的,因为这一期间中国政府财政支出增长率一直很高。2002年之后,随着中国医疗制度改革的完成和医疗制度的逐步完善,政府卫生支出占财政支出的比重又开始上升,不过在2006年有一个突然下降。到2017年时,中国政府卫生支出占财政支出的比重由1978年的3.16%上升到7.64%,增长142%;政府卫生支出占GDP的比重由1978年的0.98%上升到1.88%,增长98.1%。

10.1.5 健康医疗卫生费用及其结构状况的跨国比较

尽管中国的医疗卫生费用自1978年改革开放以来得到了很大的提高,但由于中国是发展中国家,人均收入水平还很低,中国医疗卫生费用水平还很低,卫生费用GDP占比相对于国家发展水平来看也不高。

根据《中国卫生和计划生育统计年鉴(2015)》的数据(如图10.8所示),2015年中国人均卫生支出总费用按照购买力平价计算约为762美元。同年美国人均卫生支出总费用约为9 540美元,日本、德国、英国、法国、加拿大、澳大利亚等国都在4 000美元之上,西班牙和意大利等国在3 000美元以上,韩国则为2 556美元。金砖国家中俄罗斯、巴西和南非,以及发展中国家中的墨西哥、伊朗和土耳其等国家的人均医疗健康卫生支出总费用也都在1 000美元以上。其他发展中国家和人口大国如埃及(495美元)、印度(237美元)、印尼(369美元)等国的人均医疗健康卫生费用总支出则都在500美元以下。按购买力平价计算,2015年世界的平均水平约为1 300美元,高收入国家约为5 280美元,中等收入国家约为560美元,中高收入组国家为903美元,低收入国家约为98美元。由此可见,中国的人均医疗健康卫生费用远低于发达国家和高收入国家的水平,也低于世界平均水平和中高收入国家的平均水平,但高于中等收入国家平均水平。相对于其他金砖国家来说,中国人均卫生总费用也相对较低,只比印度高。因此,如果按照购买力平价计算,中国人均医疗健康卫生支出总费用还不是很高[①]。

---

① 如果按照2015年官方汇率计算,我国人均医疗健康卫生费用只有425美元,世界的平均水平约为1 002美元,高收入国家约为4 874美元,中等收入国家约为457美元,中等收入国家为257美元,低收入国家约为37美元。我国的人均卫生总费用仍是位于中等收入国家平均水平和中高收入国家平均水平之间。

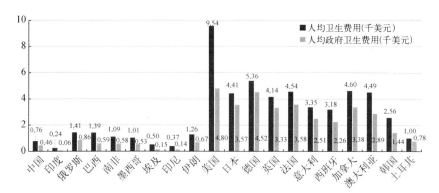

图 10.8 2015 年不同国家人均卫生支出总费用和人均政府卫生支出情况

注：① 数据来源为世界银行（World Bank）。② 纵坐标单位为千美元（按购买力平价计算）。

就居民卫生支出总费用的来源来看（如图 10.9 所示），在 2015 年中国 762 美元（购买力平价计算，以下相同）的人均卫生支出总费用中，由政府支出的费用为 456 美元，在人均卫生支出总费用的占比为 59.8%，由个人支付的费用为 307 美元，在人均卫生支出总费用的占比为 40.2%。其中，个人直接支付（out-of-pocket payments）的卫生费用 246 美元，占人均卫生支出总费用的32.4%。在发达国家中，除美国（50.4%）和韩国（56.4%）之外，其他国家政府公共卫生支出占卫生支出总费用之比一般都在 60% 以上。其中，法国、意大利、西班牙和加拿大都在 70% 以上，德国、英国和日本都在 80% 以上。在金砖国家中，俄罗斯和南非的政府公共卫生支出占卫生总费用之比都高于中国，分别为61.1%和56%，巴西和印度比中国低很多，分别只有 43.5%和26.5%。在其他发展中大国和人口大国，除墨西哥

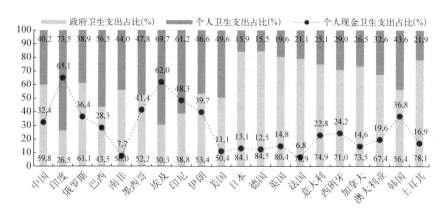

图 10.9 2015 年不同国家健康卫生支出总费用中
政府支出和个人支出占比情况

注：① 数据来源为世界银行（World Bank）。② 纵坐标单位为%。③ 政府卫生支出部分包括国内政府支出部分和国外援助部分。④ 日本和澳大利亚为 2014 年数据。

第10章 中国经济增长中的健康医疗卫生发展

(52.2%)和伊朗(53.4%)两国政府卫生支出费用占卫生支出总费用之比高于50%之外,其他国家基本都低于35%。例如埃及为30.3%,印尼为38.8%。从以上数据可以看出,在居民卫生支出总费用的构成中,中国政府卫生支出的比重虽然比发达国家低,但差距并不太大。例如,作为同是经济大国和人口大国的美国,其政府公共卫生支出占卫生支出总费用之比就比中国低。同其他金砖国家相比,中国的这一比重也只比俄罗斯略低一点,比其他金砖国家都高。在世界十一大人口大国中,中国的这一比重排在第2位[①]。所以,如果同发展中国家和转型中国家相比,中国政府卫生支出占居民卫生支出总费用之比还是比较高的。但是,需要强调的是,这只是一种平均的数据。由于中国医疗制度和体制原因,中国政府卫生支出费用在个人之间分配是否均等,以及政府卫生支出费用的整体使用效率问题,这些都是值得关注和研究的问题。另外,就个人直接支付的个人现金卫生支出来看(如图10.9所示),中国个人现金卫生支出占卫生支出总费用之比为32.4%。发达国家都在20%左右,其中政府卫生支出占比比较低的美国这一占比也只有11.1%;金砖5国中,南非(7.7%)和巴西(28.3%)都低于中国,俄罗斯(36.4%)同中国差不多,印度(65.1%)几乎中国两倍。其他发展中国家个人现金卫生支出占卫生总费用之比也都很高。由此可见,尽管在中国个人卫生支出费用中个人出资的比例同发达国家相差不大,但由于发达国家具有良好的医疗保险制度,医疗费用能够通过医疗保险制度实行分摊。在这些国家,个人直接支付的个人现金卫生支出费用并不很高,中国可能由于医保制度还不健全,个人直接出资的部分——个人现金卫生支付费用还仍然很高。因此,中国的医疗保险制度还有待于完善和提高。

图10.10进一步给出不同国家卫生总费用GDP占比的情况。从图10.10中看出,2015年中国卫生总费用GDP占比为5.3%。发达国家中这一比重一般在9%—10%,其中美国高达16.9%,意大利和韩国略低一些,分别只有8.9%和7.4%。金砖五国中的俄罗斯(5.6%)、巴西(8.9%),南非为(8.2%)都高于中国,只有印度(3.9%)低于中国。其他发展中国家和人口大国中,伊朗(7.5%)和墨西哥(5.8%)都高于中国,埃及(4.2%)、尼日利亚(3.56%),以及亚洲的人口大国印尼(3.4%)、孟加拉国(2.63%)和巴基斯坦(2.69%)都低于中国。由此可见,目前中国卫生总费用GDP占比远低于发达国家,在金砖国家中也只比印度高一点,但相对于亚洲、美洲和非洲的发展中国家,中国位居中等水平。根据世界银行《世界发展指标》(*World Developing Index*)的数据,2015年世界各

---

① 根据《国际统计年鉴2017》,2016年世界人口最多的11个国家分别是中国(13.79亿)、印度(13.24亿)、美国(3.23亿)、印度尼西亚(2.61亿)、巴西(2.08亿)、巴基斯坦(1.93亿)、尼日利亚(1.86亿)、孟加拉国(1.63亿)、俄罗斯(1.44亿)、墨西哥(1.28亿)和日本(1.28亿)。这些国家的人口总和达到44.36亿,占全世界人口(74.42亿)的59.6%。

国卫生总费用GDP占比的世界平均水平为10.57%,高收入国家平均为12.28%,中等收入国家平均为5.38%,中高收入国家为5.77%,低收入国家平均为6.21%[①]。由此可见,从世界各国的平均水平来看,目前中国卫生总费用GDP占比远低于发达国家水平,略低于中高收入国家和中等收入国家的平均水平。因此,相对于中国位于中高收入国家的人均GDP水平来说,中国卫生总费用GDP占比还略显偏低,连中等收入国家的平均水平还没有达到。

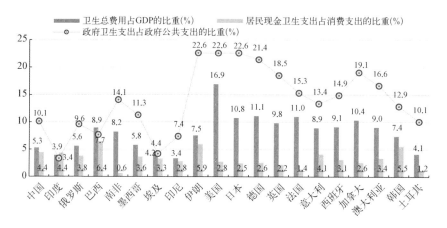

图 10.10　2015 年不同国家健康卫生支出费用在经济总量中的占比情况

注:① 数据来源为世界银行(World Bank)。② 纵坐标单位为%。③ 日本和澳大利亚这两个国家的政府卫生支出占政府总支出的比重和居民卫生支出占居民消费支出的比重都是 2014 年数据。

图10.10还给出了个人现金卫生支出消费占比以及政府公共卫生支出占政府公共支出的比重(以下简称政府卫生支出公共支出占比)。从图10.10可以看出,发达国家政府卫生支出占政府公共支出的比重都比较高,一般都在15%以上,其中美国、日本和德国都在20%以上,意大利和西班牙比较低,分别为13.4%和14.9%;发达国家的个人现金卫生支出消费占比比较低,一般都在2%—4%,其中法国最低,只有1.4%,意大利和韩国则比较高,分别达到4.1%和5.6%。发展中国家则正好相反,其政府卫生支出占政府公共支出的比重比发达国家低,一般都在15%以下,其中南非最高,达到14.1%,而印度和埃及都低于5%;发展中国家的个人现金卫生支出消费占比则比发达国家高,例如金砖五国中的巴西为6.4%,中国和印度都是4.4%,俄罗斯为3.8%,南非例外,只有0.6%。其他发展中国家中伊朗为5.9%,墨西哥、埃及和印尼分别为3.6%、3.3%和2.8%。根据世界银行的《世

---

① 低收入国家卫生费用包括了国外援助的卫生支出,因此卫生总费用占GDP的比重比较高。

界发展指标》数据,2015年个人现金卫生支出消费占比和政府卫生支出公共支出占比世界平均水平分别为3.06%和15.53%[1],高收入国家这两个指标分别是2.82%和18.64%,中高收入国家这两个指标分别为3.81%和9.97%。中国这两个比重分别是4.42%和10.1%,同中高收入国家平均水平相比偏高,同发达国家相比个人现金卫生支出消费占比偏高,而政府卫生支出公共支出占比偏低。

基于以上跨国数据的比较,对于中国健康医疗卫生支出的情况,可以有以下几个结论:首先,总体来看,中国卫生支出的总费用及其构成情况同全球中高收入组国家的平均水平比较接近,这同中国位于中高收入组国家的人均GDP水平相符;其次,中国人均卫生支出总费用及其人均GDP占比还远低于发达国家水平,卫生总费用GDP占比甚至低于中等收入组国家的平均水平;最后,尽管中国卫生总费用中,目前政府出资的部分相对于其经济发展水平看来并不低,但个人现金卫生支出消费占比,以及个人现金支出占卫生总费用之比都偏高,这表明中国的医疗保险制度还有待于完善。

10.2 中国健康医疗卫生机构、设施和技术人员的变化

中国健康医疗卫生条件的改善和提高不仅表现在卫生费用的提高上,在中国经济发展和人民生活水平提高的过程中,随着中国居民对健康医疗设施需求的增加,中国健康医疗设施条件也在逐步改善和提高。这一部分将从中国医疗机构数量、医疗床位数和医疗技术人员的变化来分析中国医疗健康卫生设施的发展情况。

10.2.1 医疗机构数量的变化

图10.11显示了1950—2016年中国各类医疗机构数量的变化情况。根据《中国统计年鉴》(历年)数据,1950年各类医疗卫生机构总共才3 670个,其中医院2 803所、妇幼保健医院426所、专科疾病控制中心30所和疾病预防控制中心61所[2]。可见当年的全国医

---

[1] 2015年政府公共卫生支出占政府公共支出的比例的世界平均的数据缺失,但2011年和2013年这一指标的世界平均水平都是15.53%。

[2] 根据《中国统计年鉴》解释,此处统计的医疗卫生机构是指从卫生(卫生计生)行政部门取得《医疗机构执业许可证》《计划生育技术服务许可证》,或从民政、工商行政、机构编制管理部门取得法人单位登记证书,为社会提供医疗服务、公共卫生服务或从事医学科研和医学在职培训等工作的单位。医疗卫生机构包括医院、基层医疗卫生机构、专业公共卫生机构、其他医疗卫生机构。统计的医院包括综合医院、中医医院、中西医结合医院、民族医院、各类专科医院和护理院,不包括专科疾病防治院、妇幼保健院和疗养院,包括医学院校附属医院。

疗机构寥寥无几。1950—1978年,中国各类机构都经历了一次先快速上升①(在1960年或1965年达到最高峰),然后又快速下降(大概在1965年或者1970年达到最低值),之后再迅速上升的发展过程。到了1978年,中国医疗卫生机构总数增加到169 732所,相对1950年增长46.2倍,平均年增长率为14.67%。其中,医院增加到9 293所,增长2.32倍,平均年增长4.37%;妇幼保健医院增加到2 571所,增长6.04倍,平均年增长6.63%;专科疾病控制中心增加到887所,增长29.57倍,平均年增长12.86%;疾病预防控制中心增加到2 989所,增长49倍,平均年增长14.91%。其他基层医疗机构如乡镇卫生院、基层门诊部等也都有很大的增长。由此可见,改革开放前中国各类医疗机构的发展速度很快,但波动很大。

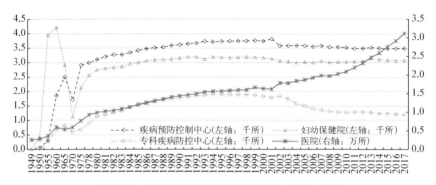

图 10.11 中国各类医疗机构数量的变化:1950—2017

注:① 1949—2016数据来自《中国统计年鉴》(历年)和《新中国50年统计资料汇编》,2017年数据来自《2017年中国卫生健康事业发展统计公报》。② 医院数量在右边纵坐标,单位万所;其他机构数量在左边纵坐标,单位千所。③ 2002年前后统计口径不同。根据《中国统计年鉴》解释,2002年及以后的各类卫生机构数为登记注册数。④ 2013年起,医疗卫生机构数包括原计生部门主管的计划生育技术服务机构。

1978年改革开放之后,中国各类医疗机构得到更持续稳定的发展。由于2002年后的统计口径发生变化,且2002年也正好是中国医疗制度改革完成时期,以下分析就以2002年为分界点,分析2002年前后两个阶段的发展情况。从图10.11可以看出,1978—2001年和2002—2016年两个时期,医院、妇幼保健医院、专科疾病控制中心和疾病预防控制中心的数量出现不同变化趋势。1978—2001年,这四类医疗机构基本都呈现上升趋势。其中,医院增加到16 197所,相对1978年增长0.74倍,年平均增长2.44%;妇幼保健医院增加到3 132所,增长0.22倍,年平均增长0.87%;专科疾病控制中心增加到1 783所,增长

---

① 这次快速增长可能受1958年"大跃进"影响。由于缺少年度数据,本章仅从5年间隔数据无法确切判定。

1.01倍,年平均增长3.08%;疾病预防控制中心增加到3 813所,增长0.28倍,年平均增长1.06%。不过,需要指出的是,妇幼保健院和专科疾病控制中心其实已经分别从1999年和1997年开始下降。2002—2017年,医院数量增长更快,从2001年的1.78万所增长到了2017年的31 056所,增长0.91倍,年平均增长4.15%;妇幼保健医院数量变化不大,基本保持在3 000所左右,2013年之后可能因为统计原因略有增加,2017年为3 077所;疾病预防控制中心由2012年的3 580所减少到2017年的3 482所,专业疾病控制中心由2012年的1 839所下降到2017年的1 200所。后三类机构数量的这种变化趋势可能同中国工业化和城市化过程中的人口集聚有关,因为根据《中国统计年鉴》中各类医疗机构拥有床位数来看,妇幼保健院和专科疾病防治中心的床位数都在增加,由此可以判断其全国总规模并没有下降,只是数量进行了调整。

10.2.2 医疗技术人员和医疗床位数的变化

由于单个医疗机构的规模可能发生变化,而且中国人口总量也在变化,这使得医疗机构数量不能完全代表居民健康医疗卫生条件的变化,尤其是不能衡量人均医疗设施和条件的变化。下面分别从中国各类医疗机构的医疗技术人员(包括总医疗卫生人员、医师和护士)和床位数以及人均医疗技术人数和人均床位数来分析中国居民健康医疗设施和条件的变化情况。

10.2.2.1 改革开放前:1949—1978

基于《中国统计年鉴》(历年)的数据,图10.12a和图10.12b分别显示了1949—2017年中国医疗技术卫生人员(包括总卫生人员、医师和护士)和人均医疗技术卫生人数的变化情况,图10.13显示了中国1949—2017年中国医疗床位总数和人均医疗床位数的变化情况[1]。从这3张图中可以看出,无论从总量来看,还是从人均水平来看,1949年以来中国居民健康医疗设施和条件都得到显著改善和提高,不过不同时期和阶段增长的速度有差别。根据《中国统计年鉴》(历年)的数据,1949年中国医疗卫生人员总人数、医生人数以及医师护士人数分别为50.5万、36.3万和3.3万人,各类医疗机构床位总数和县级以上医疗

---

[1] 根据《中国统计年鉴》解释,卫生人员是指在医院、基层医疗卫生机构、专业公共卫生机构及其他医疗卫生机构工作的职工,包括卫生技术人员、乡村医生和卫生员、其他技术人员、管理人员和工勤人员。一律按支付年底工资的在岗职工统计,包括各类聘任人员(含合同工)及返聘本单位半年以上人员,不包括临时工、离退休人员、退职人员、离开本单位仍保留劳动关系人员、本单位返聘和临聘不足半年人员。

床位数大概都只有8万张。1949—1978年中国各类医疗技术人员和医疗床位数基本都在增长。不过,在1960年左右,由于"大跃进"的影响,中国医疗技术人员总数和医疗床位总数都有一个明显的波动。1978年实行改革开放时,中国医疗卫生人员总人数、医生人数以及医师护士人数分别增加到246.4万、103.3万和40.7万人,年平均增长率分别为5.62%、3.67%和9.05%;各类医疗机构床位总数和县级以上医疗床位数则分别增长到204.2万张和109.3万张,其年平均增长率分别为11.59%和9.43%,这两个增长率远高于同期的实际GDP增长率(9.6%)。由此可见,如果不考虑波动影响,1949—1978年中国医疗卫生人员和医疗床位数总量增长得非常之快。

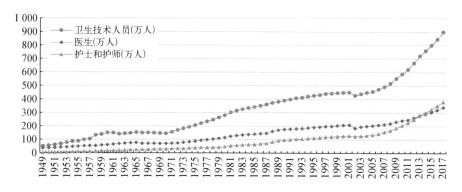

图10.12a 中国卫生技术人员、医师和护士总人数:1949—2017

注:① 1949—2016年数据来自《中国统计年鉴》(历年)和《新中国50年统计资料汇编》,2017年数据来自《2017年中国卫生健康事业发展统计公报》;② 根据《中国统计年鉴》解释,2002年及以后医生系执业(助理)医师数,护师(士)系注册护士数,故有所减少。

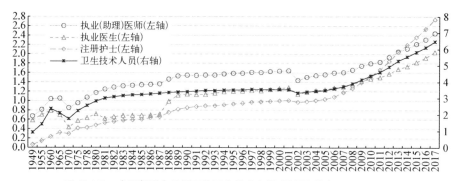

图10.12b 中国每千人口拥有的卫生技术人员、医师和护士:1949—2016

注:① 1949—2016年数据来自《中国统计年鉴》(历年)和《新中国50年统计资料汇编》,2017年数据来自《2017年中国卫生健康事业发展统计公报》;② 人均卫生技术人员数为右边纵坐标,其他变量为左边纵坐标;③ 纵坐标单位:位/千人。

第 10 章　中国经济增长中的健康医疗卫生发展

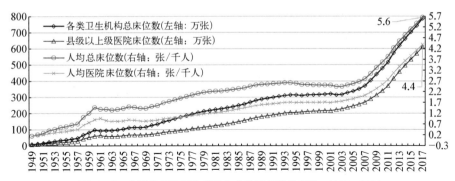

图 10.13　中国的医疗床位总数和人均床位数的变化：1949—2016

注：① 1949—2016 年数据来自《中国统计年鉴》(历年)和《新中国 50 年统计资料汇编》，2017 年数据来自《2017 年中国卫生健康事业发展统计公报》。② 机构总床位数和医院床位数为左边纵坐标，单位：万张；人均床位数为右边纵坐标，单位：张/千人。

就人均水平来看，1949 年中国人均卫生人员数、人均执业医生、人均执业(助理)医师人数和人均注册护士人数分别为 0.93 位/千人、0.58 位/千人、0.67 位/千人和 0.06 位/千人，全国人均总床位数为 0.16 张/千人，人均医院床位数为 0.15 张/千人①。总体来看，1949—1978 年中国人均医疗卫生技术人员和人均床位数都在增长，但 1960 年有一个明显的波峰，1960—1970 年又有一个明显的下降阶段。1960 年的波峰可能是由于"大跃进"的影响，而 1960—1970 年的下降趋势可能是同"大跃进"的冲击以及这一时期人口的快速增长有关。根据《中国人口统计资料汇编》的资料，从 1962 年到 1972 年这 10 年间，中国每年人口增长率都超过 2.2%，最高年份达到 3.3%(见图 10.2)。因此，20 世纪 60 年代或为中国人口增长率最快的时期。到了改革开放元年的 1978 年，中国人均卫生人员数、人均执业医生、人均执业(助理)医师人数和人均注册护士人数分别增长到 2.56 位/千人、0.63 位/千人、1.07 位/千人和 0.42 位/千人，1949—1978 年的年平均增长率分别为 3.55%、0.30%、1.63%和 6.95%；1978 年中国各类医疗机构中的人均总床位数和医院人均床位数也分别增加到 2.12 张/千人和 1.14 张/千人，这一期间的年平均增长率分别为 9.40%和 7.29%，人均床位数增长率超过人均 GDP 增长率。

---

① 卫生技术人员包括执业医师、执业助理医师、注册护士、药师(士)、检验技师(士)、影像技师、卫生监督员和见习医(药、护、技)师(士)等卫生专业人员，但不包括从事管理工作的卫生技术人员(如院长、副院长、党委书记等)。执业(助理)医师是指《医师执业证》"级别"为"执业助理医师"且实际从事医疗、预防保健工作的人员，不包括实际从事管理工作的执业助理医师。执业助理医师类别分为临床、中医、口腔和公共卫生四类。执业医师指《医师执业证》"级别"为"执业医师"且实际从事医疗、预防保健工作的人员，不包括实际从事管理工作的执业医师。执业医师类别分为临床、中医、口腔和公共卫生四类。

表10.2　中国医疗卫生人员和床位数的年平均增长率　　　　单位：%

时　间	卫生技术人员	医　生	护师和护士	床位数	医院床位数
1949—1978	5.62	3.67	9.05	11.59	9.43
1978—2001	2.66	3.13	5.13	1.68	2.61
2002—2017	5.09	4.14	7.72	6.30	6.95

表10.3　中国人均医疗卫生人员和人均床位数的年平均增长率　　　　单位：%

	卫生技术人员	执业医师	医　生	护　士	床位数	医院床位数
1949—1978	3.55	1.63	0.30	6.95	9.40	7.29
1978—2001	1.41	1.89	3.12	3.87	0.73	1.74
2002—2017	4.53	3.60	3.94	7.10	5.75	6.39

10.2.2.2　改革开放后：1978—2017

从图10.10和图10.11中可以看出，1978年之后中国医疗卫生人员和医疗床位数一直在增长，而且大约到2005年之后，有一个更快的增长速度。同第10.2.1节一样，由于2002年之后统计口径的变化，所有数据在2002年有一个不连续的变化。以下的分析为了避免统计口径变化的影响，以2001年为界点，分两个阶段讨论中国医疗人员数和医疗床位数的变化。根据《中国统计年鉴》数据，2001年中国医疗卫生人员总人数、医生人数以及医师护士人数分别增加到450.8万、210.0万和128.7万人，1978—2001年的年平均增长率分别为2.66%、3.13%和5.13%；各类医疗机构床位总数和县级以上医疗床位数则分别增长到320.12万张和215.56万张，年平均增长率分别为1.68%和2.61%。这些总规模的增长速度都小于1949—1978年。就人均水平来看，2001年中国人均卫生人员数、人均执业医生、人均执业（助理）医师人数和人均注册护士人数分别增长为3.53位/千人、1.28位/千人、1.65位/千人和1.01位/千人，1978—2001年的年平均增长率分别为1.41%、3.12%、1.89%和3.87%。人均执业医生和人均执业（助理）医师人数的增长速度都比1949—1978年更快。2001年全国人均床位数增长到2.51张/千人，全国医院人均床位数增长到1.69张/千人，1978—2001年的年平均增长率分别为0.73%和1.74%，这两个增长速度都比1949—1978年更慢。这一时期中国医疗卫生设施和人员增长速度的放缓可能同1994—2002年的医疗改革有关。

在2002年中国医疗制度改革完成之后，中国医疗卫生人员和医疗床位数迎来了1949年以来的又一次发展高潮。从图10.11和图10.12看出，中国医疗卫生人员和医疗床位数的增长速度较之前明显加快。2002—2017年中国医疗卫生人员总人数从2002年的427.0万增加到2017年的898.8万,医生人数从184.4万增加到339.0万,医师护士人数从124.7万增加到380.4万,其年平均增长率分别为5.09%、4.14%和7.72%。各类医疗机构床位总数从2002年的313.6万张增长到2016年的785.0万张,全国各类医疗机构总床位数则从222.2万张增长到609.0万张,其年平均增长率分别为6.30%和6.95%。这一期间中国各类医疗卫生人员总数和医疗床位数的增长速度远大于1978—2001年,甚至在总量高出数倍的情况下,其增长速度仍与1949—1978年差不多。

从人均水平来看,2002—2017年中国人均医疗卫生人员总人数从2002年的3.32位/千人增加到2017年的6.47位/千人,年平均增长4.45%;人均执业医生人数从1.41位/千人增加到2.04位/千人,年平均增长3.60%;人均执业(助理)医师人数从1.44位/千人增加到2.44位/千人,年平均增长3.94%;注册护士人数从0.97位/千人增加到2.74位/千人,年平均增长7.10%。这些增长速度都高出1978—2001年很多,也高于1949—1978年的增长速度。各类医疗机构人均床位数从2002年的2.44张/千人增长到2017年的5.64张/千人,年平均增长5.75%;全国医院人均医疗床位数从2002年的1.93张/千人增长到2017年的4.38张/千人,年平均增长6.39%。这两个增长速度也高出1978—2001年很多,在人均水平远高于1949—1978年的情况下,同1949—1978年的增长速度也相差不大。

10.2.3 中国医疗卫生设施现状:国家比较

为了具体了解中国目前医疗卫生设施和条件的现状,这一小节把中国同世界主要经济大国和人口大国的医疗卫生条件和设施做一个比较分析。图10.14显示了2015年世界主要经济大国和人口大国人均拥有的医生人数和护士、助产士人数。从图中可以看出,2015年欧美发达国家每千人拥有的医生人数都在2.5—4.0位之间,其中德国最高,达到每千人4.2位医生;金砖国家中俄罗斯比较高,达到每千人4.0位,巴西也有每千人1.9位。其他发展中国家和人口大国都比较低,一般在每千人1.0位以下。中国2015年每千人拥有的医生达到3.6位,超过很多发达国家。据世界银行《世界发展指标》数据,2013年世界平均水平为每千人拥有1.86位医生,高收入国家为每千人3.00位,OECD国家为每千人2.86位,中高收入国家和中等收入国家分别为每千人3.00位和1.78位,中国2013年每千人拥有的医生为3.33位。从这些数据可以看出,同世界其他国家相比,目前中国人均拥有的医生人数非常高。

图10.14还显示,2015年欧美国家人均拥有的护士、助产士人数都在每千人5位以上,其中德国、澳大利亚和日本都高达每千人13.8位、12.4位和11.2位,美国也达到每千人9.4位。金砖国家中的俄罗斯、巴西和南非每千人拥有的护士、助产士也都在6位以上,印度较低,每千人拥有2.1位。其他人口大国和发展中国家人均拥有的护士助产士人数大约

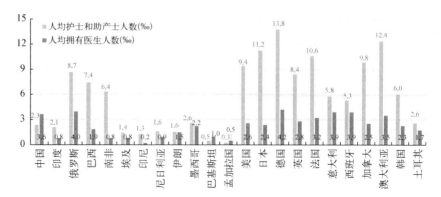

图 10.14　2015 年世界主要经济大国和人口大国人均医生和人均护士助产士人数

注：① 数据来源为世界银行《世界发展指标》(World Development Indicators)；② 纵坐标单位为每千人口拥有的医生人数和护士助产士人数；③ 印度为 2016 年数据，日本、埃及和伊朗为 2014 年数据，巴西为 2013 年数据，美国和土耳其的医生人数为 2014 年数据，美国的护士、助产士数据和尼日利亚数据为 2010 年数据。

都在每千人 1.0 位左右，其中孟加拉国和巴基斯坦比较低，分别只有每千人 0.5 位和 0.3 位。中国每千人拥有的护士助产士人数为 2.3 位，远低于欧美国家水平，也低于金砖国家俄罗斯、巴西和南非，同印度差不多。据世界银行《世界发展指标》数据，2013 年世界平均水平为每千人拥有护士、助产士人数为 3.14 位，高收入国家为每千人 8.68 位护士、助产士，OECD 国家为每千人 7.90 位。中高收入国家和中等收入国家分别为每千人 3.35 位和 2.50 位。中国 2013 年每千人拥有的护士、助产士为 2.03 位。从这些数据可以看出，同世界其他国家相比，中国目前人均拥有的护士助产士人数还非常低。

另外，通过观察人均医生人数和人均护士助产士人数的对比可以发现，对一般国家来说，都是护士、助产士人数要多于医生人数，发达国家护士、助产士人数同医生人数之比就更高，但中国却是个例外。中国人均医生人数是护士、助产士人数的 1.5 倍多，而发达国家的护士助产士人数是医生的 2—4 倍。发展中国家也只有孟加拉国和巴基斯坦是人均医生人数高于护士、助产士人数。由此可见，同其他国家相比，中国的医生和护士、助产士人员的结构可能不够合理。

由于世界银行《世界发展指标》中各国人均医院床位数数据不是很完整，根据《世界发展指标》的数据，图 10.15 给出了世界主要经济大国和人口大国最新年份的人均医院床位数的一些数据。从图中可以看出，中国 2011 年人均医院床位数为每千人 3.8 张。同一时期欧美发达国家之间的差距比较大，美国、英国、意大利、西班牙和加拿大等国每千人的医院床位数只有 3 张左右，但日本、德国、法国和韩国等每千人拥有的医院床位数都在 6—13 张之间。发展中国家一般都在每千人 1 张以下，巴西和南非达到每千人 2 张以上，俄罗斯为每千人9.7张（2006年）。另据《世界发展指标》数据，2011年每千人拥有的医院床位数高收入国家为4.23张，OECD国家为3.77张，中高收入国家为3.32张，中等收入国家为2.18张。通过对比可知，中国人均拥有的医院床位数比较高，超过中高收入国家的平均水平，达到OECD国家平均水平，同高收入国家平均水平也相差不远[①]。

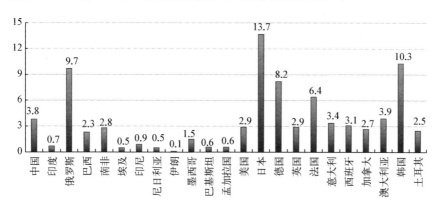

图10.15 世界主要经济大国和人口大国的人均医院床位数

注：① 数据来源为世界银行《世界发展指标》（*World Development Indicators*）。尼日利亚为2004年数据，南非为2005年数据，俄罗斯为2006年数据，日本和韩国为2009年数据，澳大利亚和加拿大为2010年数据，巴基斯坦、埃及、印度尼西亚和伊朗为2012年数据，其他均为2011年数据；② 纵坐标单位为每千人口拥有的床位数量。

总之，通过以上数据对比可知，相对于中高收入国家的人均GDP水平来说，中国医疗设施条件已比较好。中国人均医生人数和人均医院床位数甚至超过很多发达国家和同一经济发展水平的发展中国家。但是，中国人均护士、助产士人数明显不足，其绝对水平低于很多发展中国家。护士、助产士同医生人数的比例更是倒挂，医生人数高于护士、助产士人数。这同很多发达国家和发展中国家的医护人数结构相反。

10.3 中国居民健康状况的变化和现状

10.3.1 人口死亡率

首先讨论1952年以来，特别是改革开放以来，中国居民身体健康状态的变化情况。

---

① 根据《中国统计年鉴》数据，2017年我国床位数更高。2017年人均总床位数为每千人5.65张，人均医院床位数为4.38张。按照这一数据来看，已经达到2011年高收入国家的平均水平。

图 10.16 显示了 1952—2017 年中国人口死亡率的变化情况①。从图 10.16 可以看出,除"三年困难时期"外,在其他年份内,全国总人口死亡率基本都在下降。1952 年全国每千人中的死亡人数大概为 17 人;改革开放前夕的 1977 年,中国每千人中的死亡人数下降为 6.87 人;2003 年每千人的死亡人数继续下降到 6.4 人。值得注意的是,2003 年之后,中国每千人的死亡人数有所上升,到 2014 年达到改革开放后的最高峰 7.18‰,即全国平均每千人中的死亡人数为 7.16 人。2015—2016 年又有所下降,2016 年每千人的死亡人数继续下降到 7.14 人。从死亡率来看,相比于改革开放前,改革后中国居民的健康状况提高很明显。1952—1978 年,中国总人口死亡率下降了 63%。但改革开放后的 1978—2016 年,中国总人口死亡率反而从 6.25 上升到 7.09。不过,以全国平均人口死亡率来衡量健康状态会受到人口结构变化的影响而出现偏差,因为即使在个人健康状态和预期寿命不变的情况下,由于不同年龄阶段的人口死亡率不同,人口结构的变化也会导致平均死亡率的变化。例如,即使人均寿命不变,由于青年人口的死亡率一般都比老年人和婴幼儿更小,当人口出生率急剧上升而导致青少年人口增加时,全国平均人口死亡率就可能会下降;当老年人口占总人口的比重越来越大时,全国平均人口死亡率可能就会有上升的趋势。由于中国在 20 世纪 70 年代末开始实行计划生育,而 1950—1970 年中国都具有很高的人口出生率,70 年代后期人口出生率突然下降,之后人口出生率则缓慢下降(如图 10.16 所示)。所以,图 10.16 显示出 1978 年之前全国平均人口死亡率的快速下降可能部分受到人口结

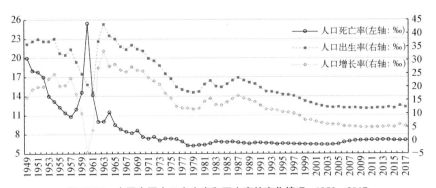

图 10.16 中国全国人口出生率和死亡率的变化情况:1952—2017

注意:① 原始数据来源为 1952—2011 年数据来自《中国卫生统计年鉴 2012》,2012—2016 年数据来自《中国统计年鉴 2017》,2017 年数据来自《2017 年中国卫生健康事业发展统计公报》;② 图中纵坐标的单位为‰。其中人口死亡率在左边纵坐标,人口出生率和人口增长率在右边纵坐标。

---

① 根据《中国统计年鉴》解释,死亡率(又称粗死亡率)是指在一定时期内(通常为一年)一定地区的死亡人数与同期内平均人数(或期中人数)之比,用千分率表示。死亡率的计算公式为:死亡率 = 年死亡人口×1 000/年平均人口。

构变化的影响;到了2000年之后,由于受到计划生育政策的影响中国出现了人口老龄化的趋势,即使人们的健康状态没有变化,全国平均人口死亡率也会出现上升。为了更全面研究中国经济发展过程中全国人口总体健康状况的变化情况,下面通过其他健康指标来进一步分析中国人口健康的变化趋势和现状。

10.3.2 婴儿死亡率和孕产妇死亡率

为了能更清楚地分析改革开放后中国经济发展水平对中国居民健康状况的影响,根据《中国统计年鉴》数据,表10.4进一步给出不同时期中国居民预期寿命和婴儿死亡率的变化情况①。从表10.4中可以看出,中华人民共和国成立前,中国婴儿死亡率为200‰。在20世纪70年代初中期,婴儿死亡率快速下降到47‰。1981年婴儿死亡率进一步下降到34.7‰。也就是说在改革开放初期,中国每100个新出生的婴儿中,大概还有3个多无法存活到下一年。2005年中国婴儿死亡率下降为19‰,2010年进一步下降到13.5‰。2016中国婴儿死亡率已经下降到7.5‰。从婴儿死亡率来看,1957—1981年,中国婴儿死亡率下降了57.0%,1981—2016年婴儿死亡率下降了76.7%,其下降的百分比更大。

表10.4 中国不同时期的婴儿死亡率和不同人群的预期寿命

年 份	婴儿死亡率(‰)	预期寿命(岁)		
		总体	男	女
解放前	200左右	35	…	…
1957	80.6	57		
1973—1975	47	…	63.6	66.3
1981	34.7	67.9	66.4	69.3
1990	…	68.6	66.9	70.5
2000	32.2	71.4	69.6	73.3
2005	19	73	71	74
2010	13.1	74.8	72.4	77.4
2015	8.1	76.3	73.6	79.4

注:2015年男女预期寿命数据来自《中国统计年鉴2017》,其他年份数据来自《中国卫生和计划生育统计年鉴2017》。

---

① 根据《中国卫生和计划生育统计年鉴2017》的解释,婴儿死亡率是指一年内一定地区未满1岁婴儿死亡人数与同年出生的活产数之比。预期寿命是指某年某地区新出生的婴儿预期存活的平均年数,又称出生期望寿命或人均预期寿命,一般用"岁"表示。

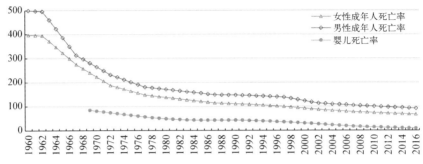

图 10.17　中国婴儿死亡率及成年人口死亡率的变化：1960—2016

注：① 数据来源为 CEIC 数据库。原始数据来源为世界银行（Word Bank）。② 纵坐标单位为‰。③ 成年人死亡率是指按照当年的不同年龄组死亡率计算，当年 15—60 之间的成年男女在达到 60 岁以前死亡的概率。1 岁以下婴儿死亡率是指每 1 000 个出生时活着的婴儿在达到 1 岁之前死亡的人数。

根据世界银行数据，图 10.17 进一步给出了 1960—2016 年中国男女性成年人口（指 15—60 岁人口）的死亡率以及 1 岁以下婴儿的死亡率。从图 10.17 中可以看出，由于受到三年困难时期的影响，1960—1962 年中国成年男性的死亡率大概在 500‰，成年女性的死亡率大概在 400‰。这一期间 1 岁以下婴儿死亡率数据缺失，不过 1969 年婴儿死亡率为 84.3‰，同年的男女性成年人口的死亡率分别为 280.1‰和 240.3‰。1962 年之后，中国成年男女性的死亡率都在下降。到 1978 年，中国婴儿死亡率已经下降到 53.0‰，成年男女性死亡率分别下降到 177.4‰和 144.0‰，这三个数据相对于 1969 年分别下降了 37.1%、36.8%和 40.0%。改革开放之后，中国 1 岁以下婴儿死亡率和成年男女性死亡率继续下降，到了 2016 年，中国 1 岁以下婴儿死亡率下降为 8.5‰，成年男女性的死亡率分别下降到 92.1‰和 67.1‰，这三个数据相对于 1969 年分别下降了 84.0%、53.4%和 48.1%。其中，1969—1978 年，1 岁以下婴儿死亡率、成年男性的死亡率和成年女性的死亡率分别下降了 37.1%、36.8%和 40.0%，1978—2016 年这三个死亡率分别下降 84.0%、48.1%和 53.4%。从中国 1 岁以下婴儿死亡率和成年人口死亡率的变化趋势来看，无论是改革开放前还是改革开放后，中国居民健康状况都显著提高，不过改革开放之后这些健康指标提高的百分比更大。

表 10.5　中国婴儿及成年人的死亡率：1960—2016

年　份	婴儿死亡率（‰）	成年男性死亡率（‰）	成年女性死亡率（‰）
1960	—	499.7	397.3
1969	84.3	280.8	240.3
1978	53.0	177.4	144.0
2000	30.1	91.8	123.6
2016	8.5	92.1	67.1

第 10 章 中国经济增长中的健康医疗卫生发展

根据《中国统计年鉴 2017》数据,图 10.18 进一步显示了 1991—2016 年中国新生婴儿死亡率、婴儿死亡率、5 岁以下儿童死亡率,以及孕产妇死亡率的变化情况①。从图 10.18 中可以看出,包括孕产妇死亡率和各种年龄婴儿和儿童死亡率在内的死亡率都出现下降趋势。这些数据表明,即使是在 1991 年之后,以这 4 种死亡率衡量的中国居民健康状况仍在大幅度提高。其中,新生婴儿死亡率从 1991 年的 33.1‰以上下降到 2016 年的 4.9‰,下降了 85.2%;婴儿死亡率从 1991 年的 50.2‰下降到 2016 年的 7.5‰,下降了 85.1%;5 岁以下儿童死亡率从 1991 年的 61.0‰下降到 2016 年的 10.2‰,下降了 83.3%;孕产妇死亡率则从 1991 年的 10 万分之 80 下降到 2016 年的 10 万分之 19.9,下降了 75.1%。各种死亡率的下降率都超过了 70%。根据《2017 年中国卫生健康事业发展统计公报》的最新数据,2017 年中国新生婴儿死亡率、婴儿死亡率、5 岁以下儿童死亡率和孕产妇死亡率比 2016 年进一步下降,分别为 4.5‰、6.8‰、9.1‰和 10 万分之 19.6②。另外,从图 10.18 中还可以看出,除孕产妇死亡率有少数年份在提高之外,几乎所有的死亡率每年都在下降。其中,孕产妇死亡率在 2003 年度有较大幅度上升,这可能同该年中

图 10.18 中国婴儿、儿童和孕产妇的死亡率:1991—2017

注:① 1991—2016 年数据来自《中国统计年鉴 2017》,2017 年数据来自《2017 年中国卫生健康事业发展统计公报》。② 纵坐标的单位:婴儿和儿童死亡率都是每千人中的死亡人数,孕产妇死亡率为每 10 万人中死亡人数。

---

① 根据《中国统计年鉴》的解释,新生儿死亡率是指年内新生儿死亡数与活产数之比。新生儿死亡指出生至 28 天以内(即 0—27 天)死亡人数。孕产妇死亡率是指年内每 10 万名孕产妇的死亡人数。孕产妇死亡指从妊娠期至产后 42 天内,由于任何妊娠或妊娠处理有关的原因导致的死亡,但不包括意外原因死亡者。按国际通用计算方法,"孕产妇总数"以"活产数"代替计算。5 岁以下儿童死亡率是指年内未满 5 岁儿童死亡人数与活产数之比。活产数是指年内妊娠满 28 周及以上,娩出后有心跳、呼吸、脐带搏动、随意肌收缩四项生命体征之一的新生儿数。

② 规划发展和信息化司,《2017 年我国卫生健康事业发展统计公报》,2018 年 6 月 12 日。网址: http://www.nhfpc.gov.cn/guihuaxxs/s10743/201806/44e3cdfe11fa4c7f928c879 d435b6a18.shtml。

国爆发 SARS 传染病有关。通过图 10.18 也可以看出，即使是在 1991 年之后，中国以各种死亡率衡量的居民健康状态明显提高。

10.3.3 人均寿命的变化

下面讨论中国人均预期寿命方面的健康指标的变化。表 10.4 中给出中国不同时期人均预期寿命的变化情况，图 10.19 则进一步给出了 1960—2016 年中国居民人均预期寿命的变化趋势。从表 10.4 和图 10.19 中可以看出，解放前中国人均预期寿命大概为 35 岁[①]；1957 年左右中国居民预期寿命迅速上升到 57 岁；1960 年左右由于三年困难时期的影响，人均寿命下降到 43.7 岁，其中男性预期寿命为 42.4 岁，女性预期寿命为 45.2 岁。1962 年之后中国人均预期寿命迅速上升。1970 年中国人均预期寿命迅速上升到 59.1 岁，略高于 1957 年，相对于 1962 年增加 15.4 岁，人均寿命提高 35.2%。其中，男性人均预期寿命上升到 63.4 岁，增长 21.2；女性上升到 66.3 岁，也增长 21.1 岁。到中国实行改革开放的 1978 年，中国人均寿命提高到 65.9 岁。其中，男性人均预期寿命为 64.5 岁，女性为 67.3 岁。同 1949 年前相比，1949 年后到改革开放前中国人均预期寿命提高了 30.9 岁，其增长速度惊人。即使同 1957 年相比，1978 年中国人均预期寿命也增加了 6.4 岁，提高 15.6%。2000 年时，中国人均预期寿命进一步提高到 72.0 岁，男性人均预期寿命为 70.0，女性为 73.7；2005 年则达到 73 岁，其中男性为 70 岁，女性为 74 岁。到 2016 年时，中国人均预期寿命达到 76.3 岁，其中男性人均预期寿命为 74.8 岁，女性为 77.8 岁。同 1978 年相比，

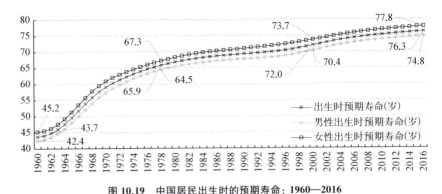

图 10.19 中国居民出生时的预期寿命：1960—2016

注：数据来源于 CEIC 数据库，原始数据来源于世界银行（World Bank）。

---

① 这一统计数据也许没有正确反映中华人民共和国成立前夕我国人民的健康状况，因为这一极低的人均预期寿命可能同 1949 年前的战争有关。

2016 年中国人均预期寿命增加了 10.4 岁,提高 15.8%。其中,男性增加了 10.3 岁,提高 16.0%,女性增加了 10.5 岁,提高 15.5%。

图 10.20 给出了 1960—2016 年中国男女新出生婴儿中能活到 65 岁的人口占同龄人口的比率。从图 10.19 中可以看出,除 1960—1962 年中国男女新出生婴儿中能活到 65 岁的人口占同龄人口的比率基本变化不大之外,1962 年之后这一比重都在明显上升。具体来说,1960—1962 年中国男性新出生婴儿中能活到 65 岁的人口占比大约在 27% 左右,女性大约在 36% 左右。也就是,这期间 10 个男性新生婴儿大约只有不到 3 个能活到 65 岁,而女性略高一点,但也只有不到 4 个人能活到 65 岁。1978 年时,中国男性新出生婴儿中能活到 65 岁的人口占比上升到 66.4%,女性为 72.1%。到了 2016 年,中国男性新出生婴儿中能活到 65 岁的人口占比达到 83.5%,女性为 87.8%。也就是说,2016 年新出生的 10 个男性婴儿中有 8 个以上能活到 65 岁以上,而 10 个女性婴儿差不多有 9 个可以活到 65 岁以上。以上两个数据也再次说明,1960 年以来,特别是 1978 年改革开放以来,中国居民健康状况不断改善和提高。

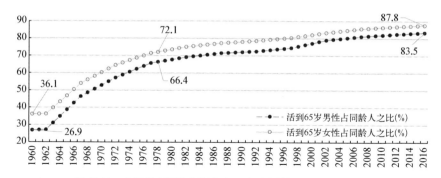

图 10.20　中国新生婴儿中能活到 65 岁以上的概率:1960—2016

注:数据来源于 CEIC 数据库,原始数据来源于世界银行(World Bank)。

10.3.4　各种传染性疾病的发病率和死亡率

最后来讨论中国居民疾病方面的健康状况。图 10.21 显示了 1950—2016 年中国甲乙类法定报告传染病的发病率和死亡率的变化情况。从图中可以看出,1950 年中国甲乙类法定报告传染病的发病率和死亡率都不算太高,发病率大概是 1.63‰,传染病死亡率大概是 10 万分之 6.7。但是 20 世纪 50—70 年代期间,中国甲乙类法定报告传染病的发病率和死亡率都在上升,传染病发病率上升到 1970 年的 70.6‰,传染病死亡率也在 1955 年和 1965 年分别高达 10 万分之 18.43 和 10 万分之 18.71,但 1960 年比较低,只有

10万分之7.3。1970—1978年中国甲乙类法定报告传染病的发病率和死亡率都显著下降,发病率下降到23.7‰,死亡率下降到10万分之4.86。1978年同1950年相比,中国甲乙类法定报告传染病的发病率仍然上升13.5倍,死亡率下降27.5%。1978年之后,中国甲乙类法定报告传染病的发病率和死亡率基本都出现下降趋势。从图10.21中可以发现,1978年之后中国传染病的发病率和死亡率的变化趋势也可以分为两个阶段。1978—1996年为传染病发病率和死亡率快速下降阶段。这一期间传染病发病率从1978年的23.7‰下降到1996年的1.66‰,18年下降了93.0%,年平均下降率为13.7%。传染病发病率在1996年到达最低点。传染病死亡率从1978年的10万分之4.86下降到1996年的10万分之0.33,18年下降了93.2%,年平均下降率为13.9%。传染病死亡率也在1996年到达最低点。1997—2016年传染病的发病率呈现波动趋势,但波动幅度不大,基本在2‰—3‰之间波动,2016年传染病的发病率为2.1‰,比1996年略有上升。同一时期,中国传染病的死亡率略微呈现上升趋势,但上升幅度不大。2016年传染病的死亡率为10万分之1.31,相对于1996年上升了2.33倍。1996年之后中国传染性疾病死亡率的上升主要有两方面的原因:一是因为一些传染性疾病由于病毒进化和变异而导致其病死率(死亡人数除于染病人数)上升,如流行性脑脊髓膜炎的病死率由1996年的5.58%上升到2014年的7.2%,疟疾的病死率由1996年的0.07%上升到2014年的0.82%,艾滋病的病死率由2004年的0.02%上升到2016年的16.1%。另一方面是因为一些传染病的发病率(或感染率)也在上升。例如HIV(艾滋病病毒)感染者的发病率由1997年的10万分之0.15上升到2016年的10万分之6.4,艾滋病的发病率由1997年的

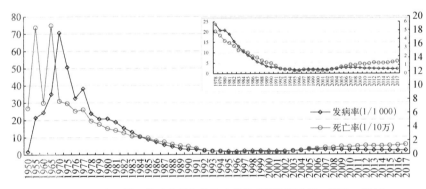

图10.21 中国甲乙类法定报告传染病的发病率和死亡率:1950—2016

注:数据来源为《中国卫生和计划生育统计年鉴》(2015和2017),2017年数据来自《2017年中国卫生健康事业发展统计公报》。① 2005年起,流行性和地方性斑疹伤寒、黑热病调整为丙类传染病。② 2009年甲型H1N1流感纳入乙类传染病。③ 2013年11月1日起,人感染H7N9禽流感纳入法定乙类传染病,甲型H1N1流感从乙类调整至丙类。

10万分之0.15上升到2016年的10万分之3.97。[①]

图10.22和表10.6还列出了1950—2016年中国一些主要传染性疾病的发病率变化情况。其中,表10.6列出了2016年中国发病率排名前17位的传染性疾病在某些年份的发病率数据。由于不是所有的年份都有完整的数据,为了看出各种传染疾病的变化趋势,图10.22给出了一些具有较完整年度数据的传染病的发病率变化趋势图。从图10.22中可以看出,图中所列9种代表性传染疾病在改革开放前的1950—1978年都呈现先上升后下降的趋势;在改革开放后的1978—2016年,除病毒性肝炎外,其他传染性的发病率基本都呈现非常明显的下降趋势。1978年同1950年相比,在表10.6中所列的传染性疾病中,只有很少几种的发病率在下降。其中,细菌性和阿米巴性疟疾的发病率从1950年的万分之1 027下降到1978年的万分之337.8,百日咳的发病率由万分之133.8下降到万分之125.4,狂犬病发病率也略有下降,从万分之0.332下降到万分之0.25。其他传染性疾病的发病率都在上升,其中有的传染性疾病发病率上升的幅度甚至达到十几倍到数十倍。例如,痢疾从1950年的万分之46.4上升到1978年的万分之676.1,上升近14倍;麻疹的发病率由万分之44.1上升到万分之249.4,上升5倍左右;流行性脑脊椎膜炎由万分之1.94上升到万分之32.2,上升15倍多;猩红热由万分之0.59上升到了万分之14.7,上升近24倍;流行性出血也由1960年的万分之0.1上升到1978年的万分之1.58,上升15倍多。不过,在此期间,除狂犬病的病死率由1955年的29.76%上升到1978年的99.7%外,其他传染性疾病的病死率都在明显下降。如病毒性乙肝的病死率由1965年的0.33%下降到1978年的0.20%,细菌性和阿米巴性痢疾由1950年的4.22%下降到了1978年的0.12%,麻疹由6.46%下降到0.4%,猩红热、流行性脑脊椎膜炎、流行性乙型脑炎、百日咳和布鲁氏菌病等疾病的病死率也都分别从8.34%、16.54%、27.35%(1955年数据)、0.74%(1955年数据)和0.12%(1955年数据)下降到0.08%、4.17%、11.01%、0.11%和0.04%。不过,狂犬病的病死率由26.8%上升到98.9%。

在改革开放后的1978—2016年,在图8.22中所列的9种传染性疾病中,除病毒性乙肝的发病率呈现出周期性波动变化趋势,以及猩红热在2003年之后有上升趋势外,其他传染性疾病的发病率都出现明显的下降趋势。例如,疟疾的发病率从1978年的万分之676.6下降到2016年的万分之8.99,下降98.7%;猩红热的发病率由1978年万分之14.69下降到2016年的万分之4.32,下降70.6%;猩红热则从万分之249.44下降到2016年的万分之1.81,下降99.3%,百日咳从万分之125.95下降到万分之0.41,下降99.7%,疟疾从万分之325.37下降到万分之0.41,下降99.9%。其他如流行性脑脊椎膜炎、狂犬病、流行性乙型脑炎等的发病率,也都大幅度下降。在表10.6中所列的17种传染性疾病中,除肺结

---

① 数据来源:《中国卫生和计划生育统计年鉴》(2015和2017)。

表 10.6 中国各类甲乙类法定报告传染病的发病率：1950—2016

(单位：1/10万)

年份 疾病	1950	1960	1970	1978	1980	1990	2000	2010	2016
病毒性肝炎		61.84*	32.23	92.39	111.47	117.57	64.91	98.74	89.11
肺结核						39.21[a]	43.75	74.27	61
梅毒					0.01[b]	0.23	6.43	28.90	31.97
细菌性和阿米巴性痢疾	46.37	438.88	352.15	676.06	568.99	127.44	40.79	18.9	8.99
淋病					0.02[c]	9.49	22.92	8.07	8.39
猩红热	0.59	6.38	7.22	14.69	10.95	2.7	1.08	1.56	4.32
艾滋病							0.02	2.56	3.97
布鲁氏菌病	0.23[d]	0.33	0.99	0.24	0.17	0.01[a]	0.17	2.53	3.44
麻疹	44.08	157.51	450.47	249.44	114.88	7.71	5.93	2.86	1.81
伤寒和副伤寒	8.17	37.75	9.96	15.58	11.94	10.32	4.19	1.05	0.8
流行性出血热		0.1	0.41	1.58	3.12	3.66	3.05	0.71	0.65
百日咳	133.82[d]	87.77	152.23	125.95	62.82	1.8	0.46	0.13	0.41
疟疾	1 027.73[d]	1 553.85	2 961.1	325.37	337.83	10.56	2.02	0.55	0.23
血吸虫病									0.21
登革热						0.03	0.03	0.02	0.15
流行性乙型脑炎	2.3[d]	2.18	18.02	5.39	3.31	3.43	0.95	0.19	0.09
狂犬病	0.32[d]	0.03	0.18	0.25	0.69	0.32	0.04	0.15	0.04
炭疽	0.46[d]	0.21	0.23	0.54	0.43	0.21	0.05	0.02	0.03
流行性脑脊椎膜炎	1.94	6.91	20.97	32.18	23.44	0.89	0.19	0.02	0.01

注：① 数据来源为《中国卫生和计划生育统计年鉴》(2015 和 2017)。② * 为 1965 年数据，a 为 1998 年数据，b 为 1981 年数据，c 为 1982 年数据，d 为 1955 年数据。

第 10 章　中国经济增长中的健康医疗卫生发展

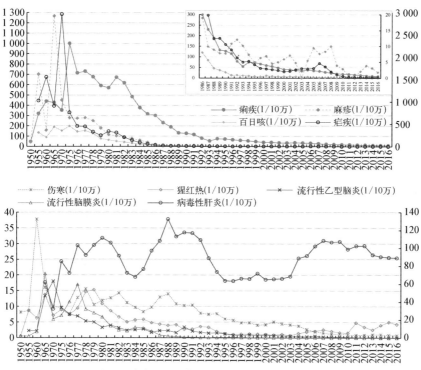

图 10.22　中国几类主要甲乙类法定报告传染病的发病率：1950—2016

注：数据来源于《中国卫生与计划生育统计年鉴 2017》。

核、布鲁氏菌病和三种性传染病（梅毒、淋病和艾滋病）的发病率在上升外，其他传染性疾病的发病率都在下降。即使是那些发病率上升的疾病，由于 1978—2016 年这些疾病的病死率在下降，且病死率的下降幅度超过发病率的上升幅度，其总体死亡率也基本都在下降，只有艾滋病死亡率一直在上升（如图 10.23 所示）。

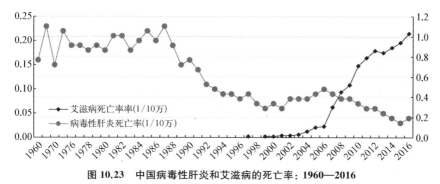

图 10.23　中国病毒性肝炎和艾滋病的死亡率：1960—2016

注：原始数据来源于《中国卫生与计划生育统计年鉴 2017》，本表数据系作者根据原始数据计算得到。

10.3.5 中国居民健康状况的跨国比较

虽然自1949年以来,特别是在1978年之后,中国居民健康水平在明显提高,但作为一个发展中国家,中国居民健康状态仍同更发达国家有很大差距。首先,就儿童死亡率来看(如图10.24所示),根据世界银行《世界发展指标》(World Development Indicators)数据,2015年中国新生婴儿死亡率、1岁婴儿死亡率和5岁以下儿童死亡率分别为5.5‰、9.2‰和10.7‰,5岁儿童在5—14岁死亡率为2.9‰。发达国家这前3个指标都在7‰以下,5岁儿童在5—14岁死亡率都在1.5‰以下。其中,美国这4个指标分别为3.8‰、5.7‰、6.6‰和1.3‰;日本这四个指标分别为0.9‰、2.0‰、3.0‰和0.8‰,德国分别2.3‰、3.3‰、3.9‰和0.8‰。由此可见,中国婴儿死亡率的指标要远高于发达国家。在金砖五国中,俄罗斯(分别为3.5‰、6.8‰、8.0‰和2.5‰)的这4个指标也都比中国要低,巴西(分别为8.2‰、14.0‰、15.7‰和2.5‰)同中国相差不大,其前3个指标都高于中国,但5岁儿童在5—14岁死亡率比中国低,印度(分别为26.4‰、36.2‰、45.2‰和6.7‰)和南非(分别为12.3‰、35.5‰、41.1‰和5.7‰)则都比中国要高出很多。在世界十一大人口大国当中,只有美国、日本和俄罗斯的婴儿死亡率比中国低,墨西哥(分别为7.8‰、12.9‰、15.0‰和2.6‰)和巴西同中国比较接近,其他5国都比中国要高出很多[①]。根据《世界发展指标》数据,2015年新生婴儿死亡率、1岁婴儿死亡率、5岁以下儿童死亡率和5岁儿童在5—14岁死亡率这四个指标的世界平均水平分别为31.4‰、19.1‰、42.2‰和7.8‰,高收入国家这4个指标分别为4.6‰、3.1‰、5.6‰和1.1‰,中高收入国家这4个指标分别为4.6‰、7.5‰、14.8‰和3.0‰,中等收入国家这4个指标分别为31.8‰、19.2‰、39.2‰和6.6‰。所以,从婴儿死亡率来看,中国居民健康状态比发达国家要落后很多,但在发展中国家中居于前列,即使按照人均收入水平来看,中国婴儿死亡率也相对较低,4个婴儿死亡率的指标都低于中高收入组国家的平均水平。

其次,从孕产妇死亡率这一指标来看(如图10.25所示),根据《世界发展指标》数据,2015年中国孕产妇死亡率为0.27‰。美国孕产妇死亡率为0.14‰,其他如澳大利亚、德国、日本和法国等发达国家都在0.1‰以下,韩国为0.11‰。因此,同发达国家相比,中国孕产妇死亡率仍然很高,几乎是发达国家的2—7倍。但在金砖五国当中,只有俄罗斯的

---

① 根据《国际统计年鉴2017》,2016年世界人口最多的11个国家分别是中国(13.79亿)、印度(13.24亿)、美国(3.23亿)、印度尼西亚(2.61亿)、巴西(2.08亿)、巴基斯坦(1.93亿)、尼日利亚(1.86亿)、孟加拉国(1.63亿)、俄罗斯(1.44亿)、墨西哥(1.28亿)和日本(1.28亿)。这些国家的人口总和达到44.36亿,占全世界人口(74.42亿)的59.6%。

第10章 中国经济增长中的健康医疗卫生发展

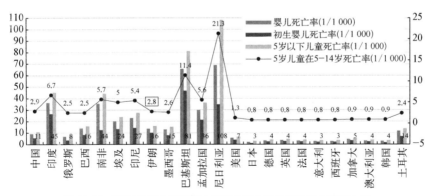

图 10.24　2015 世界主要经济大国和人口大国的婴儿和儿童死亡率

注：① 数据来源于世界银行《世界发展指标》(*World Development Indicators*)。② 婴儿及儿童死亡率的单位为每千人中的死亡人数，孕产妇死亡率为每万人中的死亡人数。人均 GDP 的单位为千美元（按照当年官方汇率计算）。③ 上图中标识的数据是 5 岁以下儿童死亡率和 5 岁儿童在 5—14 岁死亡率。

孕产妇死亡率（0.27‰）略低于中国，巴西（0.44‰）是中国的 1.6 倍多，南非（1.82‰）和印度（1.74‰）的孕产妇死亡率则远高于中国。在世界十一大人口大国当中，只有发达国家美国和金砖国家俄罗斯的孕产妇死亡率比中国低。根据《世界发展指标》数据，2015 年孕产妇死亡率世界平均水平为 2.16‰，高收入国家为 0.13‰，中高收入国家为 0.41‰，中等收入国家为 1.80‰。由此可见，同婴儿死亡率的指标一样，中国孕产妇死亡率的指标要高出发达国家和高收入国家很多，但比发展中国家低，同时也低于中国人均收入所在的中高收入组的平均水平。

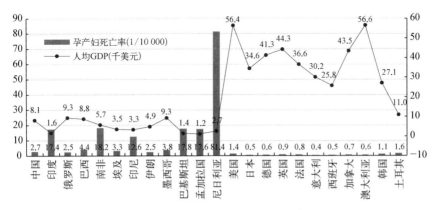

图 10.25　2015 年不同国家的人均 GDP 和孕产妇死亡率

注：① 数据来源于世界银行《世界发展指标》(*World Development Indicators*)；② 孕产妇死亡率的单位为每万人中的死亡人数，人均 GDP 的单位为千美元（按照购买力平价计算）；③ 孕产妇死亡率为左边坐标，人均 GDP 为右边坐标。

最后，讨论中国人均预期寿命的跨国比较情况。根据《世界发展指标》数据，图10.26显示了2015年世界主要经济大国和人口大国人均预期寿命和人均GDP的情况。从图中可以看出，除美国的人均预期寿命(78.7岁)低于80岁外，图中其他发达国家的人均预期寿命基本上在80岁以上，其中女性预期寿命平均都在81岁以上，男性除美国(76.3)外都在78岁以上。中国2015年人均预期寿命为76.1岁，比美国低2.6岁，其中女性平均预期寿命为77.7岁，男性为74.6岁，都比发达国家低2岁以上。不过，在金砖国家中，中国人均寿命最高，只有巴西人均寿命(75.2岁)同中国比较接近，其他如俄罗斯(71.2岁)、印度(68.3岁)和南非(62.0岁)等都比中国低出5—12岁。其他发展中国家也只有伊朗和墨西哥的人均预期寿命同中国比较接近。另外，根据《世界发展指标》，2015年男性预期寿命、女性预期收入和总体人均预期寿命的世界平均水平分别为69.8岁、74.1岁和71.9岁，高收入国家这3个指标分别为77.8岁、83.1岁和80.3岁，中高收入国家分别为72.9岁、77.5岁和75.1岁，中等收入国家这3个指标分别为69.1岁、73.3岁和71.1岁。由此可见，中国的人均预期寿命要显著低于发达国家水平，但比发展中国家的平均水平要高，特别是高于中国人均收入所在的中高收入组的平均水平。

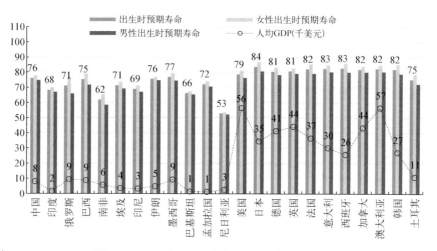

图10.26　2015年不同国家人均预期寿命和人口数量

注：① 世界银行《世界发展指标》(World Development Indicators)；② 人均国民收入的单位是千美元(按照当年汇率计算)，人均寿命的单位为岁；③ 图中标识数据为出生时预期寿命。

综上所述，各种数据都表明，从1949年以来，特别是从改革开放以来，中国以各种死亡率和预期寿命衡量的居民健康状态在显著提高，但中国以这些指标衡量的居民健康水平同发达国家仍有很大差距，但比绝大多数的发展中国家居民健康水平要高。

第11章

健康人力资本和健康投资对中国经济增长的影响[1]

① 本章主要内容曾经在《管理世界》2007 年第 8 期发表。

11.1 引言

第 10 章的分析表明,自 1949 年以来,特别是从 1978 年改革开放以来,随着中国的经济增长和人们收入水平的提高,中国政府和居民的健康投资不断增长,居民健康医疗卫生状况得到了极大的改善,以人均寿命、死亡率和发病率等代表的人均健康指标都显示中国居民总体健康水平在不断提高。根据世界银行数据显示,1960 年中国人口出生时的预期寿命仅 43.7 岁,到了 1978 年,这一预期寿命提高到 65.9 岁,2016 年进一步提高到 76.3 岁。中国男女性成年人口死亡率 1960 年分别为 50.%、39.7%;1978 年时,中国男女性成年死亡率分别下降到 17.7%和 14.4%,同年婴儿死亡率为 5.3%;到了 2016 年,这三个死亡率分比下降到 9.2%、6.7%和 0.85%。根据《中国卫生和计划生育统计年鉴 2017》数据,中国总人口预期寿命 1957 年为 57 岁,1981 年增长到 67.9 岁,2015 年进一步增长到 76.3 岁。中国甲乙类法定报告传染病的发病率和死亡率 1950 年分别为 1.63‰和 10 万分之 6.7,1978 年分别下降到 23.7‰和 10 万分之 4.86,2017 年下降到 2.22‰和 10 万分之 1.4。由此可见,中国经济增长所带来居民健康水平的提高是非常显著的。经济学家认为,同居民教育的水平一样,居民的健康状况也是一种人力资本,一国居民健康水平的提高能够提高该国的产出水平,一国的健康人力资本和健康投资能促进该国的经济发展和经济增长(Schultz,1961;Mushkin,1962;Malenbaum,1970)。那么,中国不断增加的健康投资和不断提高的健康人力资本对中国经济增长是否具有促进作用呢?图 11.1 显示了 1953—2016 年以来中国医疗床位数、卫生技术人员数及其增长率同中国实际 GDP 增长率之间的散点图。从图 11.1 中可以看出,无论是医疗床位数和卫生技术人员数,还是医疗床位数和卫生技术人员数的增长率,都同中国实际 GDP 增长率存在正相关关系。当然,医疗床位数和卫生技术人员数及其增长率同中国经济增长出现正相关并不一定代表是医疗床位数和卫生技术人员数及其增长率促进了经济增长,更有可能是经济增长率的提高带来医疗床位数和卫生技术人员数的增长。因为相关性不一定代表因果关系。中国的健康投资和健康水平是否能促进经济增长,这是本章所要研究的一个重要问题。另外,经济增长带来人们对健康需求的增加,从而促进整个经济健康投资的增加,以及居民健康水平的提高,这是可以理解的。但健康投资和居民健康水平如何促进经济增长,健康人力资本和健康投资影响经济增长的机制是什么呢?特别是,健康和经济增长相互作用下,健康投资和居民健康水平会如何影响经济增长？无论是从促进国家经济增长，还是从提高居民健康水平来看，这些都是值得研究和探讨的重要问题。

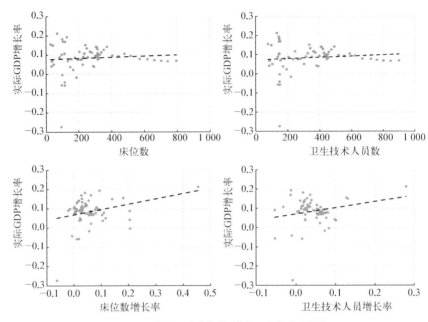

图 11.1　中国医疗床位数、医疗卫生技术人员数
及其增长率同经济增长的散点图

本章将首先从理论上研究经济增长和健康相互作用的机制。在一个具有 Arrow-Romer 生产函数和 Grossman(1972)效用函数的模型中，并考虑健康人力资本对经济的影响，本章探讨了物质资本积累和健康人力资本投资的动态行为以及它们对经济增长的影响；然后，本章利用中国跨省(区、市)面板数据，实证研究了中国健康人力资本和健康投资对中国经济的影响。本章的研究发现，从理论上看，经济增长既同健康投资的增长率有关，也同健康人力资本存量有关。健康人力资本存量对经济增长的总效应取决于它如何影响物质资本积累。如果排除健康投资对物质资本积累的挤出效应，由于健康人力资本存量会提高个人的劳动生产能力，因此它肯定会促进经济增长。然而，由于健康投资可能会挤占物质资本积累，因此，过高的健康人力资本和健康投资可能会抑制经济增长。此外，如果考虑健康投资通过影响物质资本投资从而对劳动生产率产生了正的外部性，把健康人力资本引进经济中可能会使得经济发展过程中出现贫困性陷阱。在这种情况下，经济的初始状态对经济的长期发展具有重要影响。本章的实证研究发现，就中国的跨省(区、市)面板数据而言，中国的健康投资增长率同经济增长率之间存在显著的正相关关

第 11 章 健康人力资本和健康投资对中国经济增长的影响

系;在健康人力资本-物质资本之比保持不变的情况下,健康人力资本(人均床位数)和健康投资(以人均床位数的增长率衡量)都对中国的经济增长率具有正的促进作用。但是,健康人力资本-物质资本之比的提高对经济增长率具有负效应。因此,在分析中国的健康投资对经济增长的总效应时,应该同时考虑这三重效应。

正如本章文献综述中所说,已有很多文献(包括经验研究和理论研究文献)对健康和经济增长的关系进行了研究。现有文献大部分都认为,作为一种同教育人力资本一样性质的人力资本,健康人力资本也能够提高劳动生产能力从而促进经济增长。然而,健康也确实存在着不同于教育的地方。Grossman(1972)认为,由于健康能给个人带来效用,健康投入不仅仅是一种人力资本投资,它同时也是个人生活中所必需的一种服务型消费。因此,如果"健康"是一种正常商品的话,那么,健康投资和健康人力资本存量将会在经济增长过程中不断地提高,从而可能会挤占物质资本投资和妨碍经济的持续增长。健康的这种特性其实已经被 Baumol(1967)与 Zon 和 Muysken(2001,2003)的研究所证明。在一个具有健康投资的 Lucas(1988)内生增长模型中,Zon 和 Muysken(2001,2003)已经研究了健康人力资本对经济增长的这种效应。他们的研究认为,由于健康投资可能会随着人均收入水平的提高,经济中个人健康水平的提高也可能会带来人口老龄化。因此,健康人力资本在长期中可能会使得经济增长速度放慢,而长期的经济增长则可能会因为不断增加的健康人力资本投资而逐渐消失。通过假设健康不但提高个人的劳动能力,而且还会提高个人的效用水平,本章在一个具有健康人力资本的 Arrow-Romer(Arrow,1962;Romer,1986)内生增长模型中重新考察了健康人力资本对经济增长的作用,并得到了同 Zon 和 Muysken(2001,2003)一致的结论:首先,健康人力资本会随着收入水平增长而不断提高;其次,更重要的是,由于维持一个更高的健康水平需要更高的健康投资水平,在产出一定的情况下,更高的健康投资可能会减少物质资本投资。因此,如果健康投资对生产能力的提高没有起到足够大的作用的话,那么,健康人力资本的增加可能会有害于经济增长。借助于这一 Grossman-Arrow-Romer 模型所推导出的结论,本章运用中国跨省(区、市)数据检验了健康投资对经济增长的效用,并讨论了中国健康人力资本和健康投资对中国经济增长的影响。本章的实证研究表明,健康投资对经济增长的负效用同健康投资——物质资本之比有关,这一比例越高,则健康投资对经济增长的负效应越大。另外,本章研究还表明,在 Arrow-Romer 生产函数的经济中,由于物质资本具有外部性,健康人力资本可以通过影响物资资本的回报率来影响物质资本积累,因此,它对经济增长也具有外部性作用。这一效应的结果就是,在这一 Grossman-Arrow-Romer 模型中,经济中可能存在贫困性陷阱。这一结果同 Zon 和 Muysken(2001,2003)的结果不同。

本章以下的结构安排是:第 2 节对现有健康和经济增长的文献进行简单回顾;第 3 节是本章的理论模型,主要从理论上来分析健康和经济增长率之间的关系;第 4 节运用中国的跨省(区、市)面板数据来检验第 3 节的结论;第 5 节是本章的结论。

11.2 本章文献综述

在过去的 40 年里,特别是在 2000 之后,存在着大量关于健康和经济增长方面的理论研究文献。健康经济学这一领域的先驱可能要算 Grossman(1972),不过他的研究主要是从微观领域来研究经济发展如何影响健康服务的供给问题。Barro(1996)首先在宏观经济学层面从理论上研究了健康人力资本问题。在一个包括物质资本积累、健康人力资本投资和教育人力资本投资的三部门新古典模型中,Barro 分析了健康人力资本对教育人力资本和物质资本的影响以及它们的相互作用,他还进一步考察了各种公共政策对它们三者的影响。通过把健康积累函数加入到 Ramsey-Cass-Koopmans 模型中,Muysken et al. (1999)也研究了健康人力资本对经济的宏观影响。同 Barro(1996)的比较静态分析相比,Muysken et al.(1999)还进一步分析了最优健康消费支出对经济的平衡增长路径和转移动态的影响。不过 Barro(1996)和 Muysken et al.(1999)都只研究了健康通过提高个人劳动生产能力如何对经济产生影响,他们都没有分析健康通过提高个人效用会如何影响经济增长。

通过考察一个健康水平同时进入生产函数和效用函数的 Lucas(1988)内生增长模型,Zon 和 Muysken(2001,2003)详细讨论了健康人力资本对经济增长的影响。同 Barro(1996)和 Muysken et al.(1999)的研究相比,除了健康能提高劳动生产能力之外,Zon 和 Muysken(2001,2003)的模型中还考察了健康对经济增长产生影响的其他三种途径:① 健康人力资本的积累能够增加教育人力资本积累;② 个人健康水平的提高能够提高个人的效用水平;③ 个人健康水平的提高能够增加个人寿命从而可能会带来人口老龄化问题[①]。健康人力资本对经济增长的前两种效应(提高劳动生产力和促进教育人力资本的积累)趋向于促进经济增长。但是,在后两种效应(提高个人效用水平和提高个人寿命)的作用下,由于过多的健康投资会挤占物质资本投资和积累,因此,超过一定水平的健康投资可能会对经济增长产生负面影响,而健康人力资本最终也会对经济增长产生抑制作用。由此,Zon 和 Muysken(2001,2003)得出结论,在具有健康投资的 Lucas(1988)经济中,最

---

① 值得注意的是,在 Barro(1996)中,虽然健康不能影响教育人力资本投资,但由于教育人力资本的折旧会受到健康的负向影响。因此,在这一意义上讲,Barro(1996)的模型也考虑了健康对教育投资的影响,不过这种影响机制同 Zon、Muysken(2001,2003)模型中健康影响教育投资的机制不同,在后者模型中健康是直接影响教育人力资本的生产。

第11章 健康人力资本和健康投资对中国经济增长的影响

终可能会因为持续性增长的健康投资而使得经济增长逐渐消失。通过把技能驱动型技术转变效应(the effects of skill driven technological change,SDTC)引入 Zon 和 Muysken(2001,2003)的模型中,Hosoya(2002,2003)重新考察了经济增长、人均健康水平、劳动力配置和人均寿命这四者之间的关系。Hosoya 的研究认为,如果考虑技能驱动型技术转变效应,即使具有健康投资的经济也可能会存在持续性的经济增长。同 Zon 和 Muysken(2001,2003)与 Hosoya(2002,2003)在扩展的 Lucas(1988)内生增长模型的研究不同,本章主要在扩展的 Arrow-Romer(Romer,1986)内生增长模型中讨论健康人力资本对经济增长的影响。在这一内生增长机制的不同假设下,本章除了考察了健康对长期经济增长具有负面抑制作用外,还考虑健康投资通过影响物质资本投资从而对劳动生产率所产生的正的外部性对经济发展的影响。本章研究还发现,当把健康人力资本引入 Arrow-Rome 内生增长模型之后,经济中可能会产生贫困性陷阱,这就意味着健康人力资本可能是贫困性陷阱的原因之一。

其实,为了解释现实世界中富国一般都具有比穷国更高的物质资本、更好的人均健康水平和更高的人均消费水平这一普遍存在的现象,有关健康和经济发展文献一直把对多重均衡存在性问题的研究作为对贫困性陷阱问题的一个重要解释。Chakraborty(2004)与 Bunzel 和 Qiao(2005)曾经通过把内生死亡率引入两期的 OLG 模型中,研究了以死亡率衡量的健康人力资本对经济增长的作用,并证明在这一经济中存在多重均衡。Hemmi et al.(2006)通过研究预防性储蓄动机同退休工人健康保障基金融资之间的关系后得出结论认为,在一个低收入水平阶段上,个人不会选择通过储蓄来保障退休后的健康;但是,如果个人的收入水平足够高,那么他们会选择为退休后的健康保障进行个人储蓄。因此,个人为退休后健康保障的储蓄行为可能会使得经济中出现多重均衡和贫困性陷阱。本章理论研究也发现经济中存在贫困性陷阱。同 Chakraborty(2004)、Bunzel 和 Qiao(2005)与 Hemmi et al.(2006)由于多重均衡而产生贫困性陷阱的机制不同,本章的贫困性陷阱主要来自于均衡点的不稳定性。由于均衡点的不稳定性,那些初始状态位于均衡点之上的经济可能存在持续的增长;同时,位于均衡点之下的经济可能会处于贫困性陷阱之中。

其他一些有关健康人力资本的宏观理论文献还考察了健康和人口转变之间的关系(Kalemli-Ozcan,2002;Morand,2004;Lagerlof,2003;Issa,2003;Tamura,2006)、健康和人口老龄化的问题(Tabata,2005;Aisa and Pueyo,2004,2006)、人均寿命和经济增长之间的关系(Ehrilch and Lui,1991;Jones,2001;Zhang et al. 2001,2003)以及教育人力资本和健康人力资本相互作用对经济增长的影响(Kalemli-Ozcan et al.,2000;Howitt,2005)等等。由于这些文献同本章研究的关系不大,这里不再详细讨论。

有关健康和经济增长的实证研究文献也很丰富,他们大致可以分为三类(Jamison et al. 2004):第一类研究文献主要是有关健康和经济增长的历史经验事实方面的研究

(Fogel，1994a，1994b，2002，2004；Strauss and Thomas，1998；Sohn，2000）。这类研究表明，个人消费水平的提高和营养水平的改善是提高健康人力资本从而促进长期经济增长的主要原因。第二类研究主要是通过有关家庭方面的微观数据，来研究以各种指标测量的健康人力资本对个人劳动生产能力的影响作用。Strauss 和 Thomas(1998)对这类研究有一个很好的综述，较近的综述则是 Thomas(2001)，更近一些的研究还包括 Savedoff 和 Schultz(2000)运用拉丁美洲的数据进行的研究、Liu et al(2003)对中国情况的研究和 Laxminarayan(2004)对越南的研究。这些文献的研究结论都认为，微观层面的数据已经显示健康人力资本同劳动生产能力存在显著的正相关性。第三类文献，也是同本章实证研究最接近的研究，主要是运用一些宏观数据对健康和经济增长之间的相互关系进行研究。这类研究都是运用跨国数据来分析国家整体健康水平对整个国家的投资水平和经济增长率的影响。此类跨国研究最早可以追溯到 20 世纪 70 年代末世界银行关于贫困方面的《世界发展报告》(*World Development Report*)（World Bank，1980；Hicks，1979；Wheeler，1980），这些报告的结论都倾向于认为健康对经济增长具有很重要的作用。最近的一些研究分析了以预期寿命、存活率、成年人的死亡率和其他一些指标衡量的健康指标同经济增长之间的关系，所有的这些研究也表明，健康人力资本同经济增长具有显著的正相关性（Barro，1996；Sachs and Warner，1997；Bloom and Williamson，1998；Mayer et al，2001；Bhargava et al，2001；Lorentzen et al．，2005；McDonald and Roberts，2006）。Bloom et al.(2004)总结了 13 篇有关健康和经济增长之间相互关系的研究文献，这些研究结果都认为健康同经济增长具有正相关性。而 Bloom et al.(2004)自己的研究则表明，以国家为单位的平均预期寿命每增加一年，国家的整个产出会增加 4%。Jamison et al.(2004)进一步估计 GDP 对成年人成活率的弹性，估计值大约是 0.5。Arora(2001)则运用 10 个工业化国家(澳大利亚、荷兰、芬兰、法国、意大利、日本、丹麦、挪威、瑞典和英国)从 1870 年以来时间数据，研究了健康对经济增长路径的影响，并对健康和经济增长之间的关系进行了因果检验。他的研究结果表明，从长期来看，健康促进长期经济增长的结论统计上显著，而统计上没有得出经济增长能够促进健康水平的提高。不过，Devlin 和 Hansen (2001)运用 20 个 OECD 国家的时间序列数据的研究则表明，在一些国家中，健康支出在 Grange 因果关系上影响产出水平，在另一些国家则结果正好相反。最近这方面的研究还包括 Weil(2006)与 Bloom 和 Canning(2005)，它们的研究比较了在健康和经济增长相互关系方面的宏观数据和微观数据研究结果的差异性。

同以上这些经验研究相比，本章的实证研究具有两个特点：首先，不同于以往研究预期寿命、成年人成活率、成年人死亡率和其他健康指标和经济增长之间的关系，本章实证研究自接研究了健康投资和经济增长之间的关系。其次，本章研究不但检验了健康人力资本和健康投资对经济增长的正效用(这种正效用主要体现在经济增长率同健康投资存量和健康投资增长率之间的相关系数上),同时也检验到了健康投资对经济增长可能带来的负效用(这种负效用主要体现在经济增长率同健康人力资本存量——物质资本存量比的相关系数来体现)。

11.3 基本模型和理论分析:健康和经济增长

11.3.1 消费者行为

假设健康人力资本对个人具有两方面的影响:一方面,由于具有健康身体的人总是比不健康的人的幸福指数更高,因此,以下分析假设健康能给个人带来效用,从而健康进入效用函数 Grossman(1972);另一方面,正如在文献回顾中所指出,由于健康能提高个人的劳动生产能力,因此,本章分析还假设健康也进入个人的生产函数。此外,为了简化分析,同 Zon 和 Muysken(2001,2003)一样,假设健康人力资本是完全折旧的,因此,当期的健康水平只由当期的健康投资水平决定①。不失一般性,假设个人的效用函数为

$$u(c, h) = \ln c + \ln h \tag{11.1}$$

其中,c 表示个人消费水平,h 表示个人当前的健康水平(或者说健康人力资本)。

在本章分析中,健康和经济增长相互作用的机制主要体现在健康投资能够提高健康人力资本和个人劳动能力,从而会促进经济增长。实际上,至少存在三种可以提高个人健康水平(即 h)的方法:第一,消费水平和营养的提高能够提高个人的健康水平。Fogel(1994a,b,2002)与 Straus 和 Thomas(1998)研究表明,如果以身高和体重作为健康人力资本的度量,那么,在很多国家中,就长期来看,消费水平从而营养水平的提高都是健康人力资本提高的主要因素。第二种可以提高健康水平的途径是健康投资(Grossman,1972;Strauss and Thomas,1998;Zon and Muysken,2001,2003)。Grossman(1972)认为,包括医药治疗、医疗保健、体育锻炼、休息和健康消费品在内的健康投资都对提高健康水平具有显著的作用。第三种提高健康水平的方法同个人的知识水平有关,Howitt(2005)与 Sanso 和 Asia(2006)等人的研究认为,个人关于生理知识和健康保健知识水平的提高能提

---

① 从理论上说,个人的健康水平不可能在短时期内完全折旧,但是,由于对于健康水平的度量并没有一个确定的指标,所以,当健康资本投资处于均衡状态时,总可能对理论上的健康人力资本进行某种单调增变化,以使得健康人力资本的折旧率正好为 0。Zon 和 Muysken(2001)正是在此基础上,严格推导了健康人力资本完全折旧这一假设条件的理论基础。关于这一假设更多的讨论,请参见 Zon 和 Muysken(2001)。

高个人的健康水平。尽管个人健康水平受到很多因素的影响,在本章中,由于主要关注健康投资对经济增长的作用,因此,以下将假设个人健康水平主要由个人的健康投资水平决定。进一步,假设个人的健康成本函数为

$$T = T(h) \tag{11.2}$$

其中,T 表示健康投资成本。(11.2)式表示,个人为了获得 h 的健康水平,他将必须进行 $T(h)$ 水平的健康投资。

最后,还假设个人的收入主要来自于个人的资本收入和劳动收入。由于个人的健康水平越高,他的生产能力也就越高,因此,根据边际生产力决定工资水平的原理,个人的工资水平直接依赖于他的健康人力资本。本章假定,一个具有 h 健康人力资本的人其工资水平为 $w(h)$。由此,个人的物质资本积累方程为

$$\dot{k} = w(h) + rk - c - T(h) \tag{11.3}$$

其中,k 表示个人的物资资本存量,r 表示利率水平。个人的优化行为是

$$\max_{c,h} : \int_0^{+\infty} u(c,h) e^{-\beta t} \, \mathrm{d}t$$
$$s.t. : \dot{k} = w(h) + rk - c - T(h)$$
$$given \ k_0$$

其中,β 表示个人的主观贴现率。

11.3.2 生产函数和厂商行为

假设生产函数是一种 Arrow-Romer 形式的生产函数,即

$$Y = A(K)^\alpha (EL)^{1-\alpha} \tag{11.4}$$

其中,Y 表示总产出,L 表示劳动投入量,K 表示总资本投入量,A 和 α 都是体现技术水平的参数。E 表示单位劳动力的生产效率,它直接同这个社会的人均资本存量有关,即

$$E_t = K_t / N_t = \bar{k}_t \tag{11.5}$$

其中,N 表示总人口量,$\bar{k}$ 表示人均资本。关于这种生产函数假设的更详细的说明,可参见 Barro 和 Sala-I-Martin(1995)。

健康影响经济增长的另一个重要渠道在于健康人力资本可以影响个人的劳动生产能力。很多理论和实证研究文献通过研究都证实健康影响个人的劳动生产能力。大量的微观数据和宏观数据也已经证明,劳动生产能力同健康人力资本具有显著的正相关关

第 11 章　健康人力资本和健康投资对中国经济增长的影响

系,而且这一结论在低收入国家就更加明显(Strauss and Thomas, 1998; Bloom, et al, 2004; etc.)。健康能影响个人生产能力是很好理解的。首先,更健康的工人显然具有更多的精力和能量,从而能够胜任更长时间和更大强度的工作。另外,具有良好体魄的人也更少生病从而能够提供更多的劳动时间。因此,正如 Barro(1996)、Issa(2003)、Hosoya(2002,2003)、Muysken et al.(1999)、Zon 和 Muysken(2001,2003)与 Weil(2006)认为,假设健康进入生产函数是很自然也很合理的事情。Fogel(2002,p.24)则进一步认为,健康对经济增长的贡献可以看作是一种劳动扩张型的技术进步。Zon 和 Muysken(2001, p.xiii)也认为健康的提高相当于哈罗德中性的技术进步。假设健康人力资本的生产函数为

$$P = f(h) \tag{11.6}$$

其中,P 表示具有个人的生产能力。(11.6)式表明,一个健康人力资本为 h 的人能提供 $f(h)$ 的劳动量。在这一假设下,整个经济中的总劳动投入量 L 为

$$L = Nf(h) \tag{11.7}$$

N 表示总的人口数量。为了简化分析,不失一般性,假定经济中不存在人口增长,即 N 是固定常数,进一步把它单位化为 1。由此,根据(11.4)式、(11.5)式和(11.7)式,生产函数可表示为

$$y = Y/N = A\,(f(h)\bar{k})^{1-\alpha}\,(k)^{\alpha} \tag{11.8}$$

进一步假设企业实行利润最大化,且所有的市场都是完全竞争的。由于在均衡时所有厂商都有相同的资本存量,因此,厂商利润最大化行为使得

$$r = \alpha A\phi(h),\ w = (1-\alpha)\phi(h)Ak \tag{11.9}$$

其中,$\phi(h) = (f(h))^{1-\alpha}$。不失一般性,假设

$$\phi'(h) > 0,\ \phi''(h) < 0 \tag{11.10a}$$

和

$$\phi(0) = 0,\ \lim_{h \to 0}\phi'(h) = +\infty,\ \lim_{h \to \infty}\phi'(h) = 0, \tag{11.10b}$$
$$2\beta/(\alpha A) > \lim_{h \to \infty}\phi(h) = \bar{\phi} \geq \beta/(\alpha A)$$

(11.10a)式表示,当健康人力资本增加时,健康人力资本的生产能力会提高,但是其边际生产能力递减;在(11.10b)式中,$\phi(0) = 0$ 表示健康人力资本对于生产来说是必不可少的,具有 0 健康人力资本的人将不具有任何生产能力。其他是几个技术性的假设,$2\beta/(\alpha A) > \bar{\phi}$ 是为了保证个人一生效用水平收敛,$\bar{\phi} \geq \beta/(\alpha A)$ 则保证了持续经济增长的

存在。

11.3.3 经济的动态行为

通过求解个人优化问题得

$$\dot{c}/c = r - \beta = \alpha A \phi(h) - \beta \tag{11.11}$$

$$\left(\frac{1}{h}\right)\left[\frac{1}{T'(h) - (1-\alpha)A\phi'(h)k}\right] = \frac{1}{c} \tag{11.12}$$

为了便于分析，不失一般性，假设 $T(h) \equiv (1-\alpha)A\varphi(h)$。其中技术水平 A 进入健康成本函数表示技术进步可能会对个人的健康产生某种外部性。还假设 $\varphi'(h) > 0$ 和 $\varphi''(h) > 0$，它们表示健康投资函数是边际成本递增的增函数。

根据(11.12)式可获得健康支出同总消费支出的比率以及健康投资同总产出的比率的决定方程如下：

$$\frac{T}{T+c} = 1 - \frac{1}{(1/\varepsilon_{\varphi h} + 1) + (1-\alpha)(y/c)(\varepsilon_{\phi h}/\varepsilon_{\varphi h})} \tag{11.13}$$

$$\frac{T}{y} = \frac{1}{\varepsilon_{\varphi h}} \frac{c}{y} + (1-\alpha)\varepsilon_{\phi h} \tag{11.14}$$

其中，$\varepsilon_{\varphi h} = \varphi'(h)h/\varphi(h)$ 表示健康成本弹性，$\varepsilon_{\phi h} = \phi'(h)h/\phi(h)$ 表示健康产出弹性。(11.13)式和(11.14)式表明，健康产出弹性(即 $\varepsilon_{\phi h}$)的增加会导致健康支出-总消费之比和健康支出-总产出之比将会减小；健康成本弹性(即 $\varepsilon_{\varphi h}$)的增加会导致健康支出-总消费比和健康支出-总产出比增加。不过，纯消费-产出比(即 c/y)的增加将会导致健康支出-总消费比减小和健康支出-总产出比增加。

根据(11.12)式，可以得到健康人力资本的积累方程为

$$[1 + \varepsilon(h,k)]\frac{\dot{h}}{h} = \frac{\dot{c}}{c} + \tau_{hk}\frac{\dot{k}}{k} \tag{11.15}$$

其中，$\varepsilon(h,k) = [\varphi''(h) - \phi''(h)k]h/(\varphi'(h) - \phi'(h)k)$ 和 $\tau_{hk} = \phi'(h)k/[\varphi'(h) - \phi'(h)k]$。(11.15)式体现了健康人力资本增长率、消费增长率和物质资本增长率之间的关系。根据这一方程可知，如果人均物质资本和人均消费都增长，则健康人力资本肯定会增长，反之则相反。这些结论显然同现实经济符合。

根据物质资本积累(11.3)式和(11.14)式可得

第 11 章　健康人力资本和健康投资对中国经济增长的影响

$$\dot{k}/k = A\phi(h)[1+(1-\alpha)\varepsilon_{\phi h}] - (\varepsilon_{\varphi h}+1)[T(h)/k] \tag{11.16}$$

(11.16)式表明,健康人力资本对物质资本积累具有两种效应:一方面,由于健康人力资本的增加能够提高劳动生产能力从而可以提高总产出水平,所以健康人力资本将会有利于物质资本积累,健康对物质资本积累的这种正效用体现在(11.16)式右边的第一项;另一方面,由于维持一个高的健康人力资本需要高的健康投资,在总产出一定的情况下,这将会挤占物质资本投资,因此,健康人力资本对物质资本积累具有负的挤出效应。健康对物质资本积累的这种挤出效用体现在(11.16)式右边的第二项。此外,(11.16)式还表明,健康人力资本的挤出效应同健康成本弹性和物质资本存量有关,健康成本弹性越大,或者物质资本存量越小,则健康人力资本对物质资本积累的挤出效用越大。Baumol(1967)与 Zon 和 Muysken(2001,2003)的研究也认为健康对物质资本具有负的挤出效用。不过,在他们的模型无法分析究竟哪些因素可以影响健康对物质资本积累的挤出效应。

根据(11.11)式、(11.15)式和(11.16)式,可以得到健康人力资本的积累方程为

$$\frac{\dot{h}}{h} = \frac{-\beta}{1+\varepsilon(h,k)} + \frac{A[\tau_{hk}+\tau_{hk}(1-\alpha)\varepsilon_{\phi h}+\alpha]}{1+\varepsilon(h,k)}\phi(h) \\ -\frac{\tau_{hk}(\varepsilon_{\varphi h}+1)}{1+\varepsilon(h,k)}\left[\frac{T(h)}{k}\right] \tag{11.17}$$

根据以上分析,在这一具有健康投资和物质资本投资的 Grossman-Arrow-Romer 经济中,有以下定理 11.1 和定理 11.2:

定理 11.1　当均衡状态下的健康人力资本 h^* 满足 $T'(h^*) > (1-\alpha)A\phi'(h^*)k^*$ 时,经济中存在一个唯一的均衡点 (k^*, c^*, h^*),这一均衡点由下列方程决定

$$\alpha A\phi(h^*) - \beta = 0 \tag{11.18}$$

$$k^* = [(1+\varepsilon_{Th}^*)/(1+(1-\alpha)\varepsilon_{\phi h}^*)][T(h^*)/A\phi(h^*)] \tag{11.19}$$

$$c^* = h^*[T'(h^*) - (1-\alpha)A\phi'(h^*)k^*] \\ = A\phi(h^*)k^* - T(h^*) \tag{11.20}$$

其中,$\varepsilon_{Th}^* = T'(h^*)h/T(h^*)$ 和 $\varepsilon_{\phi h}^* = \phi'(h^*)h/\phi(h^*)$。

证明:(见附录 11.1)

定理 11.2　如果

$$\frac{\varepsilon_{\phi h}}{(1+\varepsilon(h,k))}\left\{\alpha\left[1+\frac{1}{1-\phi'(h)k/\varphi'(h)}\right]-1\right\}+1 \geqslant 0 \tag{11.21}$$

那么均衡点 (c^*, h^*, k^*) 是不稳定的,这时如果经济位于均衡点之上,则经济中存在持

续的经济增长,如果经济位于均衡点之下,则经济将收敛到0。如果(11.21)式不满足,则经济中的均衡点是稳定均衡点,即从任何状态出发的经济都收敛到均衡点。

证明:(见附录11.2)

定理11.2在理论上和对解释现实经济都具有很重要的意义。首先,定理11.2表明,如果(11.21)式满足,则经济中会存在贫困性陷阱。这时,那些初始状态高于均衡点的经济会存在持续的经济增长,因此,他们会具有不断增长的消费水平、健康水平和产出水平;反之,如果初始状态位于均衡点以下,则这个经济无论是消费水平、健康水平和经济增长等方面,都会具有不断持续恶化的趋势。这一定理也表明,即使位于均衡状态附近的两个初始状态非常相似的经济,只要它们位于均衡点的不同方向,则随着时间的推移,它们会在各个方面出现巨大的差异。因此,同Zon和Muysken(2001,2003)中具有健康投资的Lucas(1988)内生经济增长的经济相比,在具有健康投资的Grossman-Arrow-Romer内生增长经济中,物质资本的外部性可能会通过健康人力资本产生贫困性陷阱。(11.21)式还表明,当物质资本的产出弹性(即α)和$\phi'(h)k/\varphi'(h)$更大或者健康产出弹性(即$\varepsilon_{\phi h}$)更小时,经济更有可能出现贫困性陷阱。其次,定理11.2表明,在本章中,贫困性陷阱的形式同以往文献中的贫困性也不相同。在以往的文献中(Chakraborty,2004;Bunzel and Qiao,2005;Hemmi et al.,2006),贫困性陷阱主要来自于经济中多重均衡。因此,在他们的模型中,具有不同初始状态的经济会收敛到不同的稳定均衡点,当达到均衡点后,经济的差异是保持不变。按照他们的分析,发达国家和发展中国家的差异在达到一定程度之后将保持不变。本章的贫困性陷阱主要源于经济均衡点的不稳定性,因此,由初始状态决定的差异可能会使得不同的经济之间的差异将永远存在,且不断加剧。这一结论显然同现实世界中发达国家和发展中国家不断扩大的差异相符合。因此,本章所分析的贫困性陷阱可能更能解释现实。此外,本章也预示了可能存在一个持续性增长的经济,并且同Zon和Muysken(2001,2003)的结论一样,(11.11)式表明,健康投资在长期内也有抑制经济增长的趋势。最后,定理11.2表明,如果(11.21)式不被满足,则无论初始状态如何,经济总是收敛到相同的稳定点。并且,当资本产出弹性(即α)和$\phi'(h)k/\varphi'(h)$越小,或者健康产出弹性(即$\varepsilon_{\phi h}$)越大,则经济越可能具有稳定均衡解。

11.4 中国跨省(区、市)面板数据的经验研究

通过以上理论分析表明,健康人力资本水平和健康投资对物质资本积累都具有影响,所以它们都能影响经济增长。下面在以上理论基础上推导出经济增长率的决定公式,然后运用中国跨省(区、市)面板数据对此进行检验。根据生产函数可得

第 11 章　健康人力资本和健康投资对中国经济增长的影响

$$x_y = \dot{y}/y = \dot{k}/k + \varepsilon_{\phi h} \dot{h}/h \tag{11.22}$$

再由(11.16)式和(11.17)式可得

$$x_y = A\phi(h)[1+(1-\alpha)\varepsilon_{\phi h}] - (\varepsilon_{\varphi h}+1)\frac{T(h)}{k} + \varepsilon_\phi \frac{\dot{h}}{h} \tag{11.23}$$

和

$$x_y = \frac{\varepsilon_{\phi h}(1-\beta)}{1+\varepsilon(h,k)} + \frac{(\varepsilon_{\phi h}\tau_{hk}+1)[(1-\alpha)\varepsilon_{\phi h}+1]+\varepsilon_{\phi h}\alpha}{1+\varepsilon(h,k)}A\phi(h) \tag{11.24}$$

$$-\frac{(\tau_{hk}\varepsilon_\phi+1)(\varepsilon_{\varphi h}+1)}{1+\varepsilon(h,k)}\frac{T(h)}{k}$$

(11.23)式和(11.24)式表明,健康投资的增长率总是对经济增长具有正效应;不过,健康人力资本存量(或者健康投资)对经济增长的效应可能为正,也可能为负,具体取决于它对物质资本挤出效应的大小。实际上,在上一节的分析已经指出,健康投资对经济增长具有两种效应：一方面,健康投资通过提高健康人力资本从而可以提高劳动生产能力,因此它会提高产出水平;另一方面,由于健康投资可能会挤占物质资本积累,因此提高健康投资会减少物质资本积累从而会不利于经济增长。只有当健康投资对物质资本积累的挤出效应不太大时,健康投资对经济增长才会具有正效应;否则,健康投资和健康人力资本可能会对经济增长具有负的效应。这一节将转向实证研究,试图通过中国跨省(区、市)数据来检验以上的这一理论结果。以下的实证研究重点是检验在中国各省(区、市)经济增长的过程中,健康投资、物质资本积累和经济增长到底有何关系。

11.4.1　数据描述

由于要获得家庭层面上的健康数据几乎是不可能的,所以,关于健康人力资本方面的数据的收集是有关健康与经济增长关系的经验研究的主要困难。在本章中,由于假设当期的健康水平主要来自健康投资,因此,本章采用各省(区、市)的健康投资水平作为各省的健康人力资本总量的代理变量。根据《中国统计年鉴》,可以获得中国各省(区、市)的总床位数和各省人口总量的数据,由此可以得到中国各省(区、市)的人均床位数(PCMB)的数据,并把它作为各省(区、市)健康投资的变量和各省(区、市)健康人力资本的代理变量。

本章研究所用数据的原始数据都来自于杨建芳、龚六堂和张庆华(2006)和王志刚、龚六堂和陈玉宇(2006)。关于各省(区、市)床位数的原始数据来自于《中国卫生统计年鉴》,各省(区、市)的人口总量(TPOP)数据来自于《中国人口统计年鉴2003》(杨建芳、龚六堂和张庆华,2006)。通过这两个数据可以得到各省(区、市)的人均床位数(PCMB)的数据。当前的人均床位数数据包含了 1978—2003 年中国 28 个省区市的数据,西藏、海南、重庆和台湾等 4 个省区市以及香港和澳门两个特别行政区的数据没有包含在内。它是一个样本观测值为 728 的面板数据。根据当前人均床位数(PCMB)的数据,可以得到各省(区、市)人均床位数增长率的数据(GPCMB)。显然,它是一个 1979—2003 年的样本总量为 700 的面板数据。本章用人均床位数增长率的数据(GPCMB)代表健康投资增长率。

本章以下研究要用到的其他数据还包括各省(区、市)的人均 GDP(PGDP)、人均 GDP 增长率(GPGDP)、人均物质资本增长率(PCRPC)和人均床位数-物质资本之比(RABEDCAP)。在稳定性检验中,还用到了国有工业总产值占工业总产值的比重(RSOE)、出口-GDP 之比(GEXPORT)和劳动人口增长率(GLAB)。具体地说,跨省(区、市)的人均 GDP(PGDP)数据主要是根据中国各省(区、市)历年统计年鉴的人均 GDP 指数计算得到(以 1952 年为基期)(杨建芳、龚六堂和张庆华,2006),由此,可以进一步得到人均 GDP 增长率(GPGDP)的指数。PCRPC、RSOE、GEXPORT 和 GLAB 的跨省(区、市)数据的原始数据来自于中国各省(区、市)历年统计年鉴、《新中国五十年统计资料汇编》(1999 年),和《中国统计年鉴》(王志刚、龚六堂和陈玉宇,2006)。根据 TPOP、PCRPC 和 PCMB 的数据,可以计算出 GPCRPC 和 RABEDCA 的跨省(区、市)数据。为了同 GPCMB 平衡,以上这些数据也都是中国 1978—2003 年 28 个省区市的面板数据。表 11.1 是给出了五个主要变量(PCMB、GPCMB、GPGDP、GPCRPC 和 RABEDCAP)的跨省(区、市)数据一些统计特征。

表 11.1 关于 *PCMB*、*GPCMB*、*GPGDP*、*GPCRPC* 和 *RABEDCAP* 的统计特征

变量	样本容量	均值	标准差	最小值	最大值
PCMB	700	28.13	10.10	14.67	63.33
GPCMB	700	0.007	0.026	-0.135	0.128
GPGDP	700	0.088	0.048	-0.109	0.260
GPCRPC	700	0.122	0.093	-0.029	0.990
RABEDCAP	700	210.22	158.05	11.28	908.13

表 11.2 中进一步给出五个主要变量(PCMB、GPCMB、GPGDP、GPCRPC 和 RABEDCAP)之间的相关系数。表 11.2 表明,人均 GDP 增长率(GPCRPC)同健康投资增长率(GPCMB)和人均资本增长率(GPCRPC)都存在显著正相关,但是同人均健康投资(PCMB)和健康人力资本存量同物质资本存量之比(RABEDCAP)显著负相关。图 11.2、图 11.3 和图 11.4 进一步给出了 GPGDP 同 PCMB、GPCMB 和 RABEDCAP 之间的散点图和趋势线。图 11.4 中显示,如果不考虑健康投资通过其他途径对经济增长的影响,则健

康投资同人均 GDP 增长率之间呈反方向变动。这一点同以往的研究结论以及大家的经济学直觉相矛盾。图 11.3 则显示出,以上的这一矛盾可能会由健康投资-物质资本之比同人均 GDP 增长率之间的负向关系得到解释。下一小节的分析将进一步证明这一点。

表 11.2 五个主要变量之间的 *Pearson* 相关系数($N=700$)

变量名称	GPGDP	PCMB	GPCMB	GPCRPC
PCMB	−0.065 07 (0.085 4)			
GPCMB	0.076 13 (0.044 1)	−0.030 94 (0.413 7)		
GPCRPC	0.178 60 (<0.000 1)	0.075 94 (0.044 6)	−0.113 95 (0.002 5)	
RABEDCAP	−0.112 45 (0.002 9)	−0.197 75 (<0.000 1)	0.218 48 (<0.000 1)	−0.316 32 (<0.000 1)

注意:圆括号中是对相关系数统计检验的 p 值。

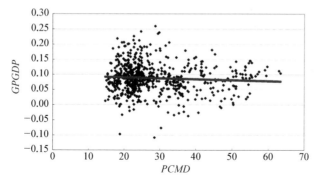

图 11.2 *GPGDP* 和 *PCMB* 之间关系

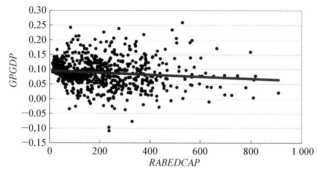

图 11.3 *GPGDP* 和 *RABEDCAP* 之间关系

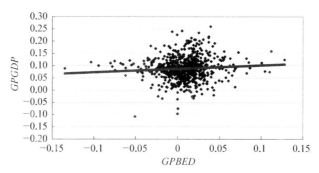

图 11.4 GPGDP 和 GPCMB 之间关系

11.4.2 计量模型和回归结果

本章经验研究的主要目的是检验健康投资、健康人力资本存量和健康投资增长率等对经济增长率的影响,并试图通过这一研究从宏观层面来考察中国健康投资同经济增长之间的关系。上一节的理论分析已经表明,健康人力资本水平、健康投资增长率和物质资本增长率都对经济增长具有影响。这一小节先用中国 1979—2003 年的跨省(区、市)面板数据来检验这一理论结论,然后,再把健康人力资本从而健康投资对经济增长的正效应和挤出负效应分解开来。本章首先关心的是健康投资从而健康人力资本对经济增长率的整体影响,包括用经济增长率对健康投资、健康投资增长率和健康人力资本-物质资本之比进行回归时,三个系数的显著性和系数符号的正负;其次,本章还想看看当控制物质资本增长率之后,以上的结果是否仍然成立。

在计量分析过程中,以下主要运用的是 SAS 软件中 TSCSREG 程序,并考虑了固定效应模型和随机效应模型。对于固定效应模型本章以下汇报了 F 统计量以检验固定效应参数是否统计显著。对于随机效应模型,主要是通过 Hausman 检验(即 m-statistic)来判断是否存在随机效用。不过,本章计量结果表明,所有随机效应模型的 Hausman 检验几乎都拒绝随机效应模型。即使有一两个随机效应模型没有被拒绝,但此时的回归结果同用固定效应模型的回归结果也很相似。因此,在下面的分析中,将主要汇报固定效应模型的结果。

首先,根据以上(11.23)式和(11.24)式,先讨论在没有控制物质资本增长时,经济增长率对健康投资和健康投资增长率的回归方程。回归方程为

$$g_{it}^y = a + a_1 h_{it} + a_2 x_{it} + u_{it} \tag{11.25}$$

$$g_{it}^y = a + a_1 h_{it} + a_3 g_{it}^h + u_{it} \tag{11.26}$$

第11章 健康人力资本和健康投资对中国经济增长的影响

$$g_{it}^y = a + a_1 h_{it} + a_2 x_{it} + a_3 g_{it}^h + u_{it} \tag{11.27}$$

其中,$i(i=1,2,\cdots,N)$表示省(区、市),$t(t=1,2,\cdots,T)$表示时间,u_{it}是误差项。被解释变量g_{it}^y表示人均GDP增长率(GPGDP),解释变量h_{it}表示人均健康投资水平(PCMB),x_{it}表示健康人力资本存量同物质资本存量之比(RABEDCAP),g_{it}^h表示健康投资增长率(GPCMB)。根据第2节的分析,可以预测α_1和α_3应该显著为正,α_2应该显著为负。表11.3中的(I)、(II)和(V)栏是(11.25)式、(11.26)式和(11.27)式的回归结果。

表11.3中的回归结果表明:首先,三个方程的固定效用模型都同数据吻合的很好,固定效应都是统计显著的;其次,除了(11.26)式中的健康投资增长率(GPCMB)之外,所有变量的系数在10%水平上都是统计显著的;最后,就各个系数估计值的符号来说,PCMB和GPCMB的系数的符号统计显著为正,而RABEDCAP的系数的符号统计显著为负。这些结果同理论预测完全一样。

由于物质资本存量也是经济增长的一个内生变量,而且在模型中它同健康人力资本和经济增长率有着直接关系,所以,本章进一步把物质资本考虑在内,重新检验健康投资和经济增长之间的关系。所要考虑的方程主要有

$$g_{it}^y = a + a_1 h_{it} + a_4 g_{it}^p + u_{it} \tag{11.28}$$

$$g_{it}^y = a + a_1 h_{it} + a_2 x_{it} + a_4 g_{it}^p + u_{it} \tag{11.29}$$

$$g_{it}^y = a + a_1 h_{it} + a_3 g_{it}^h + a_4 g_{it}^p + u_{it} \tag{11.30}$$

$$g_{it}^y = a + a_1 h_{it} + a_2 x_{it} + a_3 g_{it}^h + a_4 g_{it}^p + u_{it} \tag{11.31}$$

其中,g_{it}^p表示人均物质资本增长率(GPCRPC),其他变量的含义同上。表11.3中的(III)、(IV)、(VI)和(VII)栏是方程(11.28)式、(11.29)式、(11.30)式和(11.31)式的回归结果。从表11.3中可以看出:首先,在所有方程中,经济增长率对GPCMB和GPCRPC的回归系数都是正的并且是统计显著的,这表明健康投资增长率和物质资本增长率都对经济增长具有正的效应。其次,经济增长率对RABEDCAP的回归是统计显著为负,这表明健康投资确实对经济增长具有负效用,这一负效用的大小同健康人力资本-物质资本之比有关。健康人力资本-物质资本之比越大,健康投资对经济增长的负向影响就越大。最后,经济增长率对PCMB的回归有时是统计显著为正,有时是统计不显著为负,这表明人均健康人力资本或者说健康投资对经济增长也存在正的效应。因此,总体来说,健康投资对经济增长是否具有促进作用取决于以上两项效用的加总。所有的这些回归结果同理论分析的结果完全相同。

11.4.3 对回归结果的稳健性检验

在这一小节中,将对以上计量结果进行稳健性检验。稳健性检验的主要目的是检验

表 11.3 计量回归结果：被解释为 GPGDP

Model	I	II	III	IV	V	VI	VII
method	fixone	fixone	fixone	fixone	fixone	fixone	fixone
Intercept	0.0187 (0.62)	−0.0142 (−0.51)	0.0264 (0.87)	−0.0179 (−0.65)	0.0493 (5.29)	−0.021 (−0.76)	0.0073 (0.24)
PBED	0.00011* (1.77)	0.00017*** (2.76)	0.00010* (1.68)	0.00015*** (2.56)		0.00016*** (2.70)	0.00012* (1.94)
RABEDCAP	−3E−5** (−2.48)		−4E−5*** (−3.68)				−3E−5** (−2.03)
GPBED		0.0987 (1.44)	0.1777** (2.45)		0.1253* (1.83)	0.1378** (2.01)	0.184** (2.56)
GPCAP				0.0727*** (3.86)	0.0791*** (4.15)	0.078*** (4.11)	0.066*** (3.29)
NOB	25×28	25×28	25×28	25×28	25×28	25×28	25×28
R−Square:	0.1395	0.1342	0.1471	0.1504	0.1463	0.156	**0.161**
$Pr1>F^a$	<.0001	<0.0001	<0.0001	<0.0001	<0.0001	<0.0001	<0.0001
$Pr2>F^b$	0.0014	0.0106	0.0003	0.0001	0.0001	0.0001	0.0001

注：① 回归所用软件是 SAS 9.1，所用回归程序是 TSCSREG；② 表中所汇报的 $R-Square$ 是由 Buse(1973)发现的调整拟合优度；③ 各个系数下面圆括号中的值是该系数的 t 统计量的数值；① $Pr1>F^a$ 是用以检验固定效应的 F 统计量的 p 值，$Pr2>F^b$ 是用以检验虚拟变量外的所有解释变量的联合显著性的 F 统计量的 p 值。

第 11 章 健康人力资本和健康投资对中国经济增长的影响

表 11.4 稳健性分析的计量回归结果：被解释变量为 GPGDP

变量	I	II	III	IV	V	VI	VII
截距项	0.016 9 (0.53)	0.096 9 (2.47)	0.007 9 (0.23)	0.017 2 (0.52)	0.096 9 (2.47)	0.095 7 (2.44)	0.095 7 (2.44)
PBED	0.000 9 (1.36)	0.000 22 (0.33)	0.001 3** (1.99)	9.5E-4 (1.41)	0.000 2 (0.32)	0.000 27 (0.39)	0.000 26 (0.38)
RABEDCAP	−2.0E-5 (−1.56)	−2.12E-6 (−0.13)	−0.000 03** (−2.08)	−2.0E-5* (−1.61)	−2.07E-6 (−0.13)	−3.01E-6 (−0.10)	−2.97E-6 (−0.19)
GPBED	0.179** (2.48)	0.20*** (2.81)	0.172 0** (2.40)	0.167** (2.33)	0.20*** (2.80)	0.19*** (2.66)	0.19*** (2.65)
GPCAP	0.067*** (3.38)	0.07*** (3.31)	0.065** (3.25)	0.066*** (3.32)	0.065*** (3.30)	0.064*** (3.27)	0.064 (3.26)
GExport	0.030 2 (1.25)			0.029 0 (1.23)	0.000 5 (0.02)	0.000 4 (0.02)	0.000 4 (0.02)
GRNLP			−0.050 6 (−1.19)	−0.049 7 (−1.17)		−0.044 7 (−1.06)	−0.044 8 (−1.06)
RSOE		−0.07*** (−3.65)			−0.07*** (−3.42)	−0.07*** (−3.60)	−0.07*** (−3.38)
NOB	25×28	25×28	25×28	25×28	25×28	25×28	25×28
R-Square:	0.162 7	0.177 1	0.163 5	0.165 3	0.177 1	0.179 4	0.179 4
Pr1>F[a]	0.000 1	0.286 3	<0.000 1	<0.000 1	0.288 4	0.241 4	0.243 3
Pr2>F[b]	0.000 1	0.000 1	0.000 1	0.000 1	0.000 1	0.000 1	0.000 1

注：① 回归所用的软件是 SAS 9.1，所用回归程序是 TSCSREG；② 表中所汇报的 R-Square 是由 Buse(1973) 提出的调整拟合优度；③ 各个系数下面圆括号中的值是该系数的 t 统计量的数值；④ Pr1>F[a] 是用以检验固定效用的 F 统计量的 p 值，Pr2>F[b] 是用以检验除虚拟变量外的所有解释变量的联合显著性的 F 统计量的 p 值。

回归结果是对于新增的解释变量是否很敏感,如果新增解释变量后出现了同以前回归结果完全相反的结论,那么就可以认为以前的回归结果不具有稳健性。对于本章所用的稳健性检验的方法,可参见 Levine、Renelt(1992)。这里的检验主要是通过在第 11.4.2 节中的回归方程中加入一些可能会影响经济增长率的新解释变量,来检验第 11.4.2 节中的回归结果是否稳健。新的变量主要有 GRNLP、RSOE 和 GRNLP①,其中 RSOE 表示国有工业产值占工业总产值的比重,它度量各省(区、市)的市场改革开放程度;GEXPORT 表示对外出口占 GDP 的比重,它度量各省(区、市)的对外开放程度;GRNLP 表示各省(区、市)中非劳动力人口数量。这三个变量对各省(区、市)人均 GDP 增长率的影响是显然的。三个变量的数据都来自于王志刚、龚六堂和陈玉宇(2006)。本章检验过程将每次至少对基本回归方程加入一个新的解释变量。稳健性检验的回归结果显示在表 11.4 的(Ⅰ)到(Ⅶ)栏。

对于稳健性检验的结果而言,本章最关心的是加入新的解释变量之后,PCMB、RABEDCAP 和 GPCMB 三个变量的回归系数同以前的回归结果是否出现显著的差异。表 11.4 中(Ⅰ)—(Ⅶ)的回归结果表明,在所有七个方程的固定效应的回归模型中,GPCMB 和 GPCRPC 的回归系数都统计显著为正,而 PCMB 和 RABEDCAP 的系数有时统计显著为正,有时为负但统计不显著。另外,即使对于包括 GRNLP、RSO 和 GRNLP 全部三个变量在内的模型而言,回归结果也没有在统计上出现同第 11.4.2 节中相反的结论。因此,稳健性检验表明,PCMB 和 GPCMB 同经济增长存在正相关,RABEDCAP 同经济增长负相关,这一回归结果稳健性较强。

另外,在稳健性检验中也发现,改革开放和市场化程度(RSOE)同经济增长率存在统计显著的正相关,出口依存度(GEXPORT)和经济增长也存在正相关,但统计上不显著,而非劳动人口(GNLP)同经济增长存在统计不显著的负相关。这些结果也同一般的经济学直觉相一致。

11.5 本章小结

在本章研究中,通过把内生增长经济直接扩展到包含健康人力资本积累在内,在一个具有 Arrow-Romer 生产函数和 Grossman(1972)效用函数的内生增长模型中,本章讨论

---

① 当然,教育因素一直被认为是影响经济增长的一种重要因素,所以本章也曾经运用教育人力资本来检验回归结果的稳健性。不过,由于教育人力资本的数据同 PCMB、GPCMB、RABEDCAP 和 GPCMB 这四个变量之间存在着很强的相关性,回归结果极不显著。所以这里没有写出这一结果。

第 11 章 健康人力资本和健康投资对中国经济增长的影响

了健康人力资本和健康投资对物质资本积累和经济增长的影响。本章还运用 1978—2003 年中国跨省(区、市)的面板数据检验了本章理论分析的结论,并得到了同本章理论分析相一致的结果。

本章的理论分析结果表明:首先,在短期内,经济增长率同健康投资增长率存在正相关,健康投资增长率的提高总是能够促进经济增长。但是,健康人力资本存量的提高是否能够促进经济增长取决于健康人力资本对劳动生产力的贡献是否超过它对物资资本积累的挤出效应。如果健康人力资本提高劳动生产力的效应超过它对物质资本的挤出效应,那么健康人力资本的提高有利于促进经济增长,反之,它则会抑制经济增长。从长期来看,由于健康投资在经济增长过程中总是具有不断增长的趋势,因此,健康投资在长期内肯定会对经济增长具有抑制作用。其次,本章研究还表明,在 Grossman-Arrow-Romer 模型中,健康人力资本可能会使经济出现贫困性陷阱,在这种情况下,初始状态高于均衡点的经济会存在持续的经济增长,而初始状态低于均衡点的经济将会陷入低收入—低健康水平—低物质资本积累的恶性循环。

本章还运用中国的 28 个省区市从 1978—2003 年的面板数据就中国健康投资对经济增长的影响进行了实证研究。本章的经验研究表明,就中国的跨省(区、市)面板数据而言,健康投资增长率(GPCMB)同经济增长率存在显著的正相关。在健康人力资本-物质资本之比保持不变的情况下,健康投资从而健康人力资本存量(PCMB)同经济增长率也存在显著的正相关。但是,健康人力资本-物质资本之比同经济增长率却存在显著的负相关。因此,健康人力资本对经济增长的总效应取决于这两种效应之和。所有的这些实证研究结果同本章的理论分析结论完全一致。当然,在本章分析中,由于数据的可获得性问题,还有很多能影响健康投资的因素没有考虑在内,如体育锻炼投入和保健品消费等因素。这些是影响健康投资,也是影响经济增长的重要因素,因而都是需要进一步研究的内容。

第3编

二元经济发展中的收入分配

第1编的分析表明,自1978年改革开放以来,中国经济飞速发展,社会各方面都取得巨大进步,综合国力显著增强。不过,中国改革开放在效率方面取得巨大成功的同时,收入分配格局也发生了重大变化。自1978年以来,中国社会收入差距明显扩大,收入分配不平等程度迅速上升。例如,根据世界银行报告,中国收入分配基尼系数1981年为0.29,1995年为0.39,2005年已达到0.45,突破国际警戒线。根据国家统计局数据,中国居民收入基尼系数2003年为0.479,2004年为0.473,2005年为0.485,2006年为0.487,2007年为0.484,2008年为0.491,2009年为0.490,2010年为0.481,2011年为0.477,2012年为0.474,2013年为0.473,2014年为0.469,2015年为0.462,2016年为0.465。其他研究机构和学者所估计的基尼系数甚至更高(李实,2003)[①]。目前学界普遍认为,中国总体基尼系数已经接近0.5。

收入差距的持续扩大不仅有悖于中国改革开放初期提出的"共同富裕"的改革开放目标和社会主义的本质,也直接影响到中国经济的进一步发展以及社会的和谐和稳定。因此,无论从中国的改革开放目标和社会主义的本质来看,还是从继续维持中国经济的持续稳定发展来看,收入差距持续扩大都是一个非常严重的问题。正因为如此,所以,党的十八大报告中已经明确把"收入分配差距缩小"作为未来深化改革开放的目标之一,强调"初次分配和再分配都要兼顾效率和公平,再分配更加注重公平。"党的十九大报告中再次强调收入分配的重要性,提出新时代的社会主要矛盾已经转变为"人民日益增长的美好生活需要和不平衡不充分的发展之间的矛盾"。中国城乡收入分配和地区收入分配问题以及其他收入差距问题就是中国不平衡发展的具体体现。社会主要矛盾的变化,实际上就是要求我们逐步缩小城乡和地区居民收入差距、全面实现"共同富裕"的社会发展目标。

改革开放以来中国收入分配格局的变化趋势如何?收入差距的扩大主要体现在哪些方面?它对中国经济的持续发展会有什么影响?收入差距持续扩大的原因和机制是什么?如何防止收入差距继续扩大呢?基于现有研究文献和数据资料,本书第3编将对以上这些问题进行分析和探讨。第3编主要包括以下几章:第12章首先阐述中国收入分配格局的变化趋势和现状;第13章研究不完全劳动力市场对收入差距的影响;第14章研究垄断劳动力市场和最低工资限制对收入差距的影响;第15章讨论最低工资限制对收入差距和经济发展的影响;第16章分析中国收入差距持续扩大的原因,并就如何防止中国收入差距继续扩大和改善中国收入分配现状提出政策建议和意见。

[①] 关于中国基尼系数更详细的数据,请参见本书第12章第2节。

中国二元经济发展过程中的经济增长和收入分配

第12章

中国收入分配格局的演化和现状[①]

① 本章主要观点曾发表在《社会科学辑刊》2012年第3期。

12.1 中国同世界各国收入分配不平等状况的比较

近年来,中国居民收入差距问题一直受到广泛的关注,这既包括学界和政界,也包括普通老百姓。那么同其他国家相比起来,中国居民的收入差距到底处于一个怎样的状态呢?中国的收入差距比其他国家到底是更大还是更小,或者大到一个怎么样的程度?这一小节利用各个国家数据,对此进行简单比较分析。以目前被学界和普通公众认可的指标——基尼系数为例,图12.1和表12.1显示了世界各国收入分配基尼系数分布状况。从图12.1和表12.1中可知,根据世界银行《世界发展指标》的数据,目前发达国家的基尼系数一般在0.30—0.40,美国偏高,约为0.416。中国的基尼系数比美国略高一点,为0.422。在图12.1所示的世界主要经济大国和人口大国中,只有南非(0.630)、巴西(0.513)、墨西哥(0.434)、尼日利亚(0.430)和土耳其(0.429)等少数发展中国家的基尼系数高于中国。按照国际通常标准,基尼系数在0.3以下为最佳的平均状态,在0.3—0.4为正常状态,超过0.4就算警戒状态,达到0.6则属社会动乱随时发生的危险状态。因此,国际惯例通常把0.4作为收入分配差距过大的"警戒线"。其实,如果按照中国国家统计局的统计数据,中国基尼系数更高,2008—2009年高达0.49,2010—2016年都在0.46以上,2017年为0.467。以

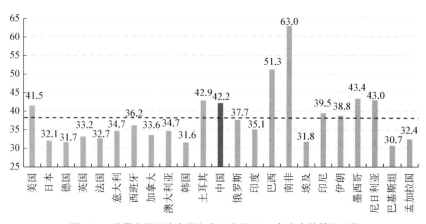

图12.1 世界主要经济大国和人口大国2015年左右的基尼系数

注:① 数据来源为世界银行《世界发展指标》(*World Development Indicators*);② 纵坐标单位为%;③ 各国基尼系数的具体年份,参见表12.1。④ 图中虚线为基尼系数国际警戒线。

这一标准来看,中国目前的基尼系数已经超过了国际警戒线,进入世界收入差距过高的国家行列,属于收入差距悬殊和影响社会稳定的警戒状态。

表 12.1 中给出了世界主要经济大国和人口大国不同时期的基尼系数。从表中可以看出,很多发达国家在 20 世纪 80 年代和 90 年代的基尼系数都比较低,而到了 2000 年之后,各国的基尼系数都在扩大。与此形成对比的是,由于中国只有 2009 年以后的基尼系数数据,似乎中国的基尼系数一直都是 0.42 左右。其实,中国改革开放之初的基尼系数是很小的,它比其他发达国家和发展中国家都小。只是从 20 世纪 80 年代中后期开始,中国的基尼系数才开始不断扩大。下面就来详细分析 1978 年改革开放后中国收入分配的演化过程。

表 12.1 世界主要经济大国和人口大国不同时期的基尼系数 （单位：%）

时 间	1980—1989	1990—1999	2000—2009	2010	2015
美 国	37.5	38.2—40.8	40.4—41.1	40.4	41.54[h]
日 本			32.1	32.1[a]	32.1[a]
德 国		29.2	28.8—31.3	30.2	31.7
英 国			34.1—36	34.4	33.2
法 国			29.7—33	33.7	32.7
意大利			32.9—34.9	34.7	34.7[g]
西班牙			31.8—34.9	35.2	36.2
加拿大	31.5—32.4	31—33.2	33.3—33.8	33.6	33.6[c]
澳大利亚	31.3—33.2	32.5	33.5—35.5	34.7	34.7[c]
韩 国			31.7—32.3	32	31.6[e]
土耳其	43.5	41.3	38.4—42.6	38.8	42.9
中 国			42.8	42.2[e]	42.2[e]
俄罗斯		37.4—48.4	36.9—42.3	39.5	37.7
印 度				35.1[d]	35.1[d]
巴 西	55.6—63.3	53.2—60.1	53.7—58.4	52.9[b]	51.3
南 非		59.3—60.7	57.8—64.8	63.4	63[g]
埃 及		30.1—32.8	31.1—31.8	31.5	31.8
印 尼					39.5[f]
伊 朗	47.4	43—44.1	42.1—44.8	42.1[b]	38.8[g]

(续表)

时间	1980—1989	1990—1999	2000—2009	2010	2015
墨西哥	48.9	48.2—50.3	44.6—51.4	45.3	43.4[h]
尼日利亚	38.7	45—51.9	40.1—43	43[b]	43[b]
巴基斯坦	33.3	28.7—33.1	30.4—32.7	29.8	30.7[f]
孟加拉国	25.9—28.8	27.6—32.9	33.2—33.4	32.1	32.4[h]

注：① 数据来源为世界银行《世界发展指标》(World Development Indicators)；② 由于各个国家基尼系数的数据不全，1980—1989 年、1990—1999 年以及 2000—2009 年的数据是指《世界发展指标》中给该时间段内既有数据的变化范围；③ a 为 2008 年数据、b 为 2009 年数据、c 为 2010 年数据、d 为 2011 年数据、e 为 2012 年数据、f 为 2013 年数据、g 为 2014 年数据、h 为 2016 年数据。

12.2 中国收入分配格局的现状和变迁：概览和趋势

从 1978 年改革开放以来，中国收入分配不平等总体上呈现出波浪式急剧上升趋势，2010 年之后有微弱下降的趋势。以基尼系数为例，图 12.2 和表 12.2 显示了不同学者对改革开放以来中国收入分配基尼系数变化的估计值。尽管不同学者对不同年份基尼系数绝对数值的估计值有所不同，但基尼系数的变化趋势基本一致。从图 12.2 中可以看出：从改革开放初期的 1978—1985 年，基尼系数呈现下降趋势；1985—2008 年基尼系数基本呈现波动性上升趋势，其中 1994—1997 年出现过基尼系数的短期下降，2008 年和 2009 年基尼系数达到最高峰，2010 年之后基尼系数又呈现出缓慢下降趋势，不过 2017 年相对于 2016 年又有所上升。总体来说，改革开放初期中国收入分配基尼系数大约

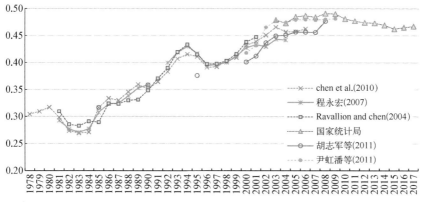

图 12.2　中国基尼系数的变化趋势：1978—2017

表 12.2 部分学者和机构对中国全国基尼系数的估计

时间	罗楚 (2005)	钱敏泽 (2002)	Ravallion 和 Chen (2004)	Chen et al. (2010)	卡恩和李思勤 (1999, 2008)*	程永宏 (2007)	古斯塔夫森和李实 (2002, 2008)	国家统计局	胡志军 (2011)	尹虹潘 (2011)	李云齐等 (2015)
1978				0.304 3							
1979				0.309 4							
1980				0.317 4							
1981	0.308		0.309 5	0.298 4		0.292 7					
1982	0.287 1	0.268	0.285 3	0.273 5		0.276 9					
1983	0.279 4	0.272	0.282 8	0.269 3		0.270 9					
1984	0.291	0.284	0.291 1	0.271 1		0.277 3					
1985	0.320 3	0.289	0.289 5	0.316 6		0.307 3			0.316 8		
1986	0.308 1	0.318	0.324 1	0.334		0.323 9					
1987	0.297 9	0.313	0.323 8	0.330 1		0.324 7					
1988	0.305 9	0.311	0.330 1	0.345 9	0.382	0.338 4					
1989	0.341	0.336	0.331 5	0.359 4		0.352 9					
1990	0.337 8	0.327	0.348 5	0.350 8		0.358 7	0.39		0.358 4		
1991	0.335 4	0.335	0.370 6	0.364 6							

第12章 中国收入分配格局的演化和现状

（续表）

时间	罗楚(2005)	钱敏泽(2002)	Ravallion 和 Chen (2004)	Chen et al. (2010)	卡恩和李思勤(1999, 2008)*	程永宏(2007)	古斯塔夫森和李实(2002, 2008)	国家统计局	胡志军(2011)	尹虹潘(2011)	李云齐等(2015)
1992	0.3541	0.358	0.3901	0.3832		0.3993					
1993	0.382	0.383	0.4195	0.407		0.4183					
1994	0.3902	0.388	0.4331	0.4154		0.43					
1995	0.3808	0.376	0.415	0.4112	0.452	0.4169	0.437		0.3761		
1996	0.3611	0.354	0.3975	0.3913		0.3946					
1997	0.3736	0.352	0.3978	0.3923		0.3964					
1998	0.3737	0.36	0.4033	0.4026		0.4001					
1999	0.3889	0.382	0.4161	0.4092		0.4124					
2000	0.4057	0.386	0.4382	0.4321		0.4275			0.4012	0.418	0.425
2001	0.4161	0.384	0.4473	0.439		0.4331			0.4121	0.4317	
2002	0.4452			0.4506	0.45	0.4297	0.454	0.479	0.4367	0.4653	0.4355
2003	0.4568			0.4657		0.443		0.473	0.4493	0.4779	
2004				0.4567		0.4419		0.485	0.4506	0.4743	0.4337
2005				0.4573					0.4565	0.4792	0.4366

(续表)

时间	罗青(2005)	钱敏泽(2002)	Ravallion 和 Chen (2004)	Chen et al.(2010)	卡恩和李思勤(1999, 2008)*	程永宏(2007)	古斯塔夫森和李实(2002, 2008)	国家统计局	胡志军(2011)	尹虹潘(2011)	李云齐等(2015)
2006				0.462 4				0.487	0.456 3	0.479 9	0.437 4
2007					0.490 5			0.484	0.455 9	0.479	0.437 9
2008								0.491	0.476 7	0.480 2	0.438 5
2009								0.49		0.481 5	0.437 4
2010							0.61	0.481			0.426 8
2011								0.477			0.420 3
2012								0.474			0.412
2013								0.473			
2014								0.469			
2015								0.462			
2016								0.465			
2017								0.467			

注：* 这一栏中 2007 年的数据来自于李实和罗楚亮(2011)用 2007 年的 CHIP 数据根据卡恩和李思勤的方法估计得出。

第 12 章 中国收入分配格局的演化和现状

在 0.3 左右,20 世纪 80 年代最低时曾经下降到 0.25 左右,90 年代中期可能已经接近 0.4,2000 年之后超过 0.4,2008 年左右达到最高时接近 0.5,近几年则维持在 0.46 左右①。

另外,根据世界银行报告的数据,20 世纪 60 年代中国基尼系数为 0.17—0.18,80 年代为 0.21—0.27。从 2000 年开始,中国基尼系数已越过 0.4 的警戒线,并逐年上升,2006 年已升至 0.496,2007 年达到 0.48。李实和罗楚亮(2011)利用中国收入分配课题组(CHIP)原始数据估计则认为,如果不考虑流动人口,2007 年全国基尼系数为 0.490 5,如果考虑流动人口,2007 年全国基尼系数为 0.481 3;他们利用中国统计年鉴的原始数据计算出的这两个数字也分别高达 0.473 7 和 0.470 5。经过调整后的基尼系数更高,达到 0.51—0.53。根据国家统计局公布的基尼系数,2008 年中国基尼系数达到最高值 0.491,之后中国的基尼系数在下降,2016 年约为 0.465。但学界则普遍认为,统计局获得的数据中对高收入群体的收入统计可能存在偏差和遗漏②。总之,综合不同学者估计来看,中国当前收入分配基尼系数越过 0.4 的国际警戒线已是不争事实。实际上从 2000 年左右开始,中国基尼系数已越过 0.4 的警戒线,并且还在逐年上升。现在多数学者都认为,中国当前全国总体基尼系数可能已经达到或者超过 0.5。

根据基尼系数来衡量的收入差距程度可能有些太抽象,可以根据中国不同收入阶层居民收入在总收入中占比的情况来更具体分析中国居民收入差距的变化。根据 Piktety et al.(2017)最新研究数据,图 12.3 进一步显示了 1978—2015 年中国不同收入阶层收入在总收入中占比的变化情况。从图中可以看出,从不同收入人群收入占总收入的比重来看,中国收入差距都呈现出 2008 年前在逐步扩大、2008 年后微弱缩小的趋势。具体来看,1978 年中国最高收入 1% 人群其收入占比为 6.3% 左右,次高收入 9% 人群和中间收入 40% 人群的收入占比分别约为 20.8% 和 45.8% 左右,而最低收入 50% 人群其收入占比为 27.1% 左右。到了 1985 年,最高收入 1% 人群和次高 9% 人群其收入占比分别上升到 8% 和 21.3%,中间收入 40% 人群和最低收入 50% 人群的收入占比则分别下降到 45.1% 和 25.6%。1978—1985 年,中国最高收入 1% 人群和次高 9% 人群其收入占比分别上升了 1.7

---

① 中国国家统计局和很多学者的研究都认为,2007 年之后中国总体基尼系数在下降,但也有学者提出不同意见,如杨耀武和杨澄宇(2015)的研究认为,2008—2013 年,只有 3 个年份基尼系数下降是统计显著的,其他年份统计局公布的基尼系数下降可能只是因为抽样误差造成的。

② 根据国家统计局最新公布的统计数字,中国 2017 年基尼系数约为 0.467 左右,比 2016 年上升了 0.002。不过,其他学者估计的数据比统计局的更高。例如,正文中列举的李实和罗楚亮(2011)估算的 2007 年基尼系数就比国家公布的要高。西南财经大学中国家庭金融调查中心根据其住户调查数据的计算结果,2012 年 12 月公布的 2010 年全国居民收入基尼系数为 0.61。当然,关于中国基尼系数实际数值的大小、各种计算结果的可靠程度,以及中国近年收入差距是否真的在缩小,这些问题都还存有争论。这里不对此进行讨论。

和 0.5 个百分点,中间收入 40% 人群和最低收入 50% 人群的收入占比则分别下降了 0.7 和 1.4 百分点。因此,收入差距扩大主要表现在最高收入 1% 的人群收入扩大。1995 年时,最高收入 1% 人群和次高 9% 人群以及中间收入 40% 人群其收入占比分别上升到 9.3%、24.3% 和 47%,最低收入 50% 人群的收入占比则下降到 19.5%。1985—1995 年,中国最高收入 1% 人群和次高 9% 人群以及中间收入 40% 人群其收入占比分别上升了 1.3、3 和 1.9 个百分点,最低收入 50% 人群的收入占比则下降了 6.1 个百分点。因此,这 10 年间中国收入差距的扩大主要表现在次高的 9% 人群收入急剧增加和最低收入阶层收入同其他阶层急剧扩大。2008 年时,中国最高收入 1% 人群和次高 9% 人群其收入占比分别上升到 15.2% 和 27.1%,中间收入 40% 人群和最低收入 50% 人群的收入占比则下降到 42.8% 和 14.9%。1995—2008 年,中国最高收入 1% 人群和 9% 人群其收入占比分别上升了 5.9 和 2.8 个百分点,中间收入 40% 人群和最低收入 50% 人群的收入占比分别下降了 4.3 和 4.6 个百分点。因此,1995—2008 年中国收入差距的扩大主要表现在最高 10% 收入人群,特别是最高 1% 收入人群同中低收入阶层的收入差距急剧扩大。到了 2015 年,中国最高收入 1% 人群收入占比分别下降到 13.9%,次高 9% 人群和中间收入 40% 人群收入占比分别上升到 27.7% 和 43.6%,最低收入 50% 人群的收入占比则仍然保持在 14.9%。2008—2015 年这段时间中国的收入差距有所缩小,其中最高收入 1% 人群和最高 10% 人群其收入占比略微下降,中间收入 40% 人群和最低收入 50% 人群的收入占比则有所上升。

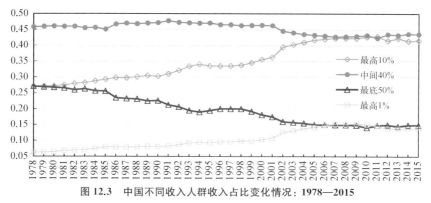

图 12.3 中国不同收入人群收入占比变化情况:1978—2015

注:数据来源为 Piktety et al.(2017)。

从图 12.3 可以看出,1978—2015 年中国最高收入 1% 人群和最高 10% 收入人群的收入占比基本都一直在上升。中国最高收入 1% 人群的总收入占全国总收入的比重 1978 年约为 6.3%,1990 年上升到 8.1% 左右,2000 年进一步上升到 10.3%,2015 年达到 13.9%。最低收入 50% 人群的收入占比则一直在下降,从 1978 年的 27.1% 左右,下降到1990年的22.6%,再下降到2000年18.1%左右,2015年则仅为14.9%。1978年最高收入10%人群和最低收入50%的人群收入占比基本一样,约为27%左右,2015年最高10%人群的收入占比上升为27.7%左右,是最低50%人群收入占比的1.85倍。中间40%收入人群的1995年达到最高点47%,此后又有所下降,2015年相对于1978年下降约1.5个百分点。

另据李实和罗楚亮(2011)估计显示,2007年中国总人口中20%的最低收入人口占收入的份额仅为3.45%—3.87%,而总人口中20%的最高收入人口占总收入的份额高达51.88%—56.77%。世界银行报告也显示,中国最高收入的20%人口的平均收入和最低收入20%人口的平均收入,这两个数字的比在中国是10.7倍,而美国是8.4倍,俄罗斯是4.5倍,印度是4.9倍,最低的是日本,只有3.4倍。

表12.3进一步显示Piktety et al.(2017)估计的中国2015年收入分配状态和财富分配状态。根据Piktety et al.(2017)的这一最新研究数据,2015年中国居民财富分配不平等比收入分配不平等更大。例如,中国收入最高的10 635个人(即收入最高的十万分之一的人口),其获得的收入总和占全国总收入的比重为1.36%,但最富裕的10 635个人所拥有的财富总量占整个社会的总财富的比重为5.76%,是收入占比的4.23倍。收入最高的0.01%人口获得的收入总和占全国总收入的比重为3.2%,但最富裕的0.01%人口拥有的财富总和占全国财富的比重为10.98%,是收入占比的3.4倍。收入最高1%的人口获得的收入总和占全国总收入的比重为13.93%,但最富裕1%的人口拥有的财富占全国总财富的比重为29.64%,是收入占比的2.13倍。收入最低的50%人口获得的收入总和占全国总收入的比重为14.85%,它比最高收入1%的人口获得收入占比高出1个百分点,是相应人口财富占比的2.31倍;但最穷50%的人口拥有的财富总和占全国财富水平的比重只有6.44%,它大约是最富裕1%的人口拥有财富占比的五分之一。

总之,无论是从基尼系数来看,还是以各收入阶层的收入占比来看,改革开放以来,中国都由世界上居民收入最平均的国家之一,变成世界上居民收入差距较大的国家之一。但是,将基尼系数0.4作为监控贫富差距的警戒线,只是对许多国家实践经验的一种抽象与概括,只具有一定的普遍意义。各收入阶层收入占比的变化扩大固然可以说明居民收入差距在扩大,但也没有确定的标准可以说明各阶层收入的占比扩大到何等程度,整个社会的收入不平等就进入到能影响经济发展和社会稳定的状况。更重要的是,各国各地区的具体情况千差万别,居民的承受能力及社会价值观念都不尽相同,所以这些数量界限和标准只能用作宏观调控的参照系,而不能成为禁锢和教条。由于中国地域辽阔,各地区的经济发展差异巨大,而且中国经济还是一个典型的城乡二元经济。户籍制度又限制着城乡之间和地区之间居民的流动性和居民收入(和/或财富)的可比性。因此,以基尼系数和以不分地域和城乡差异的阶层收入差距为代表的收入不平等指标对于实际理解居民所感

表 12.3　中国 2015 年收入分布和财富分布状态

收入组	成年人总人口数	收入分配状况				财富分配状况		
		最低收入（元）	平均收入（元）	收入占比（%）	最低财富（元）	平均财富（元）	财富占比（%）
总人口	10.63 亿	0	57 807	100	0	281 718	100
最高 0.001% 人口	10 635	30 203 833	78 833 979	1.36	465 654 285	1 623 209 327	5.76
最高 0.01% 人口	106 354	6 207 479	18 503 392	3.20	67 744 170	309 247 711	10.98
最高 0.1% 人口	1 063 543	1 071 112	3 641 463	6.30	7 988 140	46 156 982	16.39
最高 1% 人口	10 635 426	345 520	804 886	13.93	2 979 431	8 347 004	29.64
最高 10% 人口	1.06 亿	117 812	239 476	41.34	420 197	1 899 019	67.41
中间 40% 人口	4.25 亿	34 442	63 210	43.72	84 932	184 173	26.14
最低 50% 人口	5.32 亿	0	17 150	14.85	0	36 293	6.44

注：① 数据来源为 Piketty et al.(2017)；② 成年人口是指 20 岁及以上人口，已婚夫妇按照两人计算。

受的收入差距可能存在偏差,以这两种指标来衡量收入差距对经济发展和社会稳定的影响可能也过于笼统。为了实际把握中国收入差距的现状和收入分配格局变化的状态,分析城乡居民所实际感受到的收入差距的变化情况,还必须更深入地了解和把握中国社会经济各个方面居民收入差距的变化情况。例如,农村居民基尼系数可能对于理解农村居民对收入差距的感觉和收入不平等对农村稳定性的影响更可靠,而城镇居民基尼系数和行业收入差距可能对于理解城镇居民对收入差距的感觉和收入不平等对经济增长和社会稳定的影响更重要[1]。然后,就中国改革开放近40年的分配格局来看,中国收入分配的不平等已经上升体现于中国居民各个方面收入差距的扩大上,如城乡居民收入差距、地区居民收入差距、行业收入差距、城乡内部居民收入差距、高低收入群体收入差距,以及劳动总收入和资本总收入之比等各个方面。正是收入差距的全方位扩大,给中国全体城乡居民带来收入差距不断扩大、收入分配不平等日益加剧的感觉。本章以下将分别从城乡居民收入差距、地区居民收入差距、行业收入差距、城乡内部居民收入差距,以及劳动收入占比等各个方面来分析中国收入分配状况的变化趋势。

12.3 中国城乡居民收入差距的变化和现状

第2节的分析表明,从1978年以来,以基尼系数衡量的中国居民收入差距在不断扩大,这表明中国居民的收入差距在不断扩大。但是,不同方面的收入差距变化程度并不一样,它们对总体收入不平等程度的影响也不相同。王洪亮和徐翔(2006)的研究认为,在全国总体收入差距不断扩大的过程中,起决定作用的是城乡间收入不平等,其次是地区间收入不平等。其中城乡收入不平等平均占到总收入不平等的60%以上,地区间收入不平等约占25%,两者之和占到总收入不平等的80%以上。胡志军等(2011)也认为城乡差距是中国总体差距的主要原因,其研究结果认为,中国城乡收入差距对总体收入差距的贡献率1985—2000年由50.6%上升到60.7%,2001—2008年则维持在60%左右。由此可见,城乡收入差距的持续扩大是改革开放以来中国收入不平等加剧的一个重要表现。根据《中国统计年鉴》(历年)的数据,表12.4显示了1978—2017年按当年价格计算的中国城镇年人均可支配收入和农村人均纯收入的变化情况。从表12.4中可以看到,1978年中国城镇居民年人均可支配收入和农村年人均纯收入(以下简称为城镇居民年收入和农村居民年收入)分别只有343.4元和134.6元,其绝对差额为109.8元,城镇居民收入是农村居民的

---

[1] 关于中国农村内部和城镇内部的基尼系数,参见本章第4节的分析。

2.57倍。到了1990年,中国城镇居民年收入和农村居民年收入分别增长到1510元和686元,城乡收入绝对差额上升为824元,但城乡居民收入比下降到了2.20。到了2000年时,城乡收入绝对差距上升为4 027元,城乡收入之比上升到了2.79。2010年时,中国城镇居民和农村居民的年收入分别为19 109元和5 159元,其绝对差额达到了13 190元,城乡收入之比已经扩大到3.23。据国家统计局2018年的报告显示,2017年中国城乡收入的年份收入分别为36 396元和13 432元,城乡绝对差距仍在扩大,达到22 964元,不过相对差距有所缩小,城乡居民收入比下降为2.71。

表12.4 中国城乡居民人均年收入变化情况:1978—2017

	1978	1985	1990	1995	2000	2005	2010	2016	2017
城镇居民(元)	343.4	739.1	1 510	4 283	6 280	10 493	19 109	33 616	36 396
农村居民(元)	133.6	397.6	686.3	1 578	2 253	3 255	5 919	12 363	13 432
绝对差额(元)	209.8	341.5	823.9	2 705	4 027	7 238	13 190	21 252	22 964
相对比	2.57	1.86	2.20	2.71	2.79	3.22	3.23	2.72	2.71

注:① 原始数据来源于《中国统计年鉴》(历年);② 城镇居民为其可支配收入,农村居民为其纯收入,单位都是元(当年价格)。

由于价格水平的上涨会影响城乡收入差距,为了剔除价格上涨影响,图12.4进一步显示了按照1978年不变价格计算的中国城镇居民和农村居民年收入以及城乡收入差距的变化情况。从图12.4可以看出,即使是按照1978年不变价格计算,1978—2016年中国城镇和农村人均收入的绝对差距总体上呈现扩大趋势,只是在20世纪80年代改革开放初期农村刚实行家庭联产承包责任制时缩小过。具体来说,以1978年不变价格计算,1978年中国城乡居民年平均收入分别为343.4元和133.6元,其绝对差距约为210元。1985年城乡居民年平均收入分别增长到550.8元和359.4元,城乡收入差距下降到191元。1990年城乡居民年平均收入分别增长为679.9元和415.5元,城乡收入差距扩大到了264元,超过了1978年的收入差距。1990年之后城乡收入差距一直扩大,2000年扩大到673元,2010年扩大为2 039元。到了2016年,以1978年不变价格计算,中国城镇居民年人均可支配收入为5 065.9元,相对于1978年实际增长了12.75倍,年平均增长率为7.34%;农村居民年人均收入为2 142.4元,较1978年实际增长了15.04倍,年平均增长率为7.58%;城乡绝对收入差距扩大到2 924元,相对于1978年扩大了13倍多,年平均增长达到了7.18%。从这里可以看出,除了改革开放初期的1978—1985年外,中国城乡收入绝对差距都在扩大。在整个1978—2016年,中国城乡居民的实际收入基本在以相同的速度增长,因而城乡收入绝对差距也几乎在与城乡居民收入实际增长相同的速度在增长。由此可见,中国城乡绝对收入差距可能主要源于中国的经济增长。从另一个方面来看,中国的经济增长基本上没有缩小中国的城乡收入绝对差距。

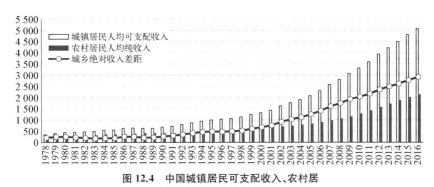

图 12.4　中国城镇居民可支配收入、农村居民纯收入及其差值：1978—2017

注：① 原始数据来源于《中国统计年鉴》(历年)；② 城乡绝对收入数据按照 1978 年的价格水平计算,城镇居民可支配收入实际值等于其名义值除以城镇居民消费价格指数,农村居民纯收入实际值等于其名义值除以农村消费价格指数。

正如以上分析所显示,由于绝对收入差距没有考虑价格上升和经济增长对收入差距的影响,在经济高速增长情况下,即使按不变价格计算,绝对收入差距也可能夸大收入差距。为了剔除经济增长过程中收入水平提高对城乡收入差距的影响,图 12.5 显示了中国农村纯收入和城镇人均可支配收入之比的变化情况,包括以当年价格计算的城乡收入之比和以不变价格计算的城乡收入之比。从图 12.5 可以看出,同中国基尼系数变化趋势相似,中国农村城镇收入之间的相对差距 1978—2009 年呈波浪式扩大趋势,2009 年之后呈下降趋势。以当年价格计算的收入比来看,在 1978—1985 年由于农村联产承包责任制大大提高了农民收入,城乡收入之比从 2.56 下降到 1.86；但从 1985 年进行城镇经济改革开放之后到 1994 年,城乡收入差距之比又从 1.86 上升到 2.86,超过了改革开放初期 1978 年的 2.57；不过,在 1994—1997 年期间,由于国有企业改革开放和下岗工人增多,城镇收入增长率有所放缓,城乡收入相对差距又有所缩小,城乡收入比从 2.86 下降到 2.47,接近 1978 年的城乡收入比。1998—2009 年,随着新一轮的经济增长,以及中国加入世贸组织大大促进了工业化和城镇化过程,城镇经济迅猛发展,城镇居民相对农村居民收入也快速提高,城乡收入比从 2.47 上升到 3.3。2009 年之后,城镇和农村人均可支配收入之比又呈现出缩小趋势,2014 年城乡收入之比下降到 2.97,2017 年城乡收入之比进一步下降到 2.71。同 1978 年相比,中国 2017 年的城乡收入之比仍然扩大了 5.4%。由于城乡居民的消费物价水平变化并不一致,因此,如果用城乡消费物价指数分别剔除城乡居民收入的价格上涨因素,用城乡实际收入之比可能更能衡量城乡居民的实际收入差距。从图 12.5 中可以看出，如果用城乡实际收入比来衡量中国城乡收入相对差距，那么中国城乡收入差距经历了与名义收入比同样的变化趋势。不过，如果用城乡实际收入比来衡量城乡收入差距，那么在1978—2016年期间，相对于1978年而言，中国城乡收入差距并没有比改革开放初期更大，反而是在大多数年份里，中国城乡收入相对差距都比1978年更小。只有在2006—2010年，城乡实际收入之比略高于1978年的水平。2016年中国城乡实际收入比甚至已经下降到了2.36，比1978年还要低一些。如果从实际收入比来看，中国改革开放后的经济发展缩小了中国城乡实际收入相对差距。

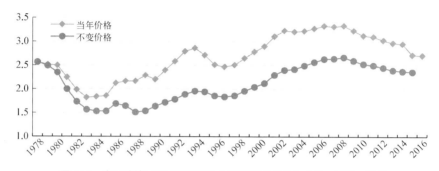

图12.5　中国城镇居民可支配收入同农村居民纯收入之比：1978—2017

注：① 原始数据来源于《中国统计年鉴》（历年），2017年数据从网上获得。② 城镇居民为其可支配收入，农村居民为其纯收入。③ 不变价格数据按照1978年的价格水平计算。

中国现阶段的城乡居民实际收入比比1978年更低，这是否意味着中国的城乡收入差距不大呢？其实不然！国际劳工组织曾对36个国家在1985年、1990年和1995年这三年的城乡居民收入之比进行过统计，其统计数据显示，多数国家在这3个时期的城乡居民人均收入之比小于1.5，1985年、1990年和1995年只有4个、5个和3个国家的城乡居民收入之比超过2（曾安国和胡晶晶，2008）。中国自1992年以来其城乡居民名义收入比都在2以上，2002—2013年甚至超过了3，而目前中国城乡实际收入比也超过2，达到了2.36。由此可以看出，无论是从名义收入比还是从实际收入比来看，中国目前基本已经是世界城乡差距最高行列的国家。改革开放后中国城乡实际收入差距低于1978年是因为1978年中国城乡收入差距就已经很大，改革开放后的实际收入差距缩小只表明经济发展缩小了城乡实际收入差距，但并不能说明中国目前的城乡收入差距不大。

12.4　中国地区收入差距的演变和现状

改革开放以来，中国地区收入差距总体来说也在不断扩大。现有文献认为，地区差距的扩大也是中国收入分配不平等和基尼系数扩大的重要原因之一(王洪亮和徐翔,2006)。就中国各省(区、市)居民的收入差距来看,虽然改革开放初始地区间差距曾经缩小过,但1982年之后这一差距在不断扩大,然后一直到2006年之后,地区收入差距才又有所缩小。图12.6显示了1980—2001年中国地区收入基尼系数变化情况。从图12.6可以看出,1990年以前中国地区间差距基本呈现缩小趋势;但1990年以后,地区间差距一直在急剧扩大。当然,图12.6中还只有2001年以前的数据。其实,2001年之后地区间的绝对收入差距仍然在持续扩大,不过相对收入差距2006年之后有缩小趋势。下面将分别从中国各省(区、市)城镇居民年人均可支配收入、农村居民纯收入差距,以及中东西部城乡居民的收入差距来分析地区收入差距变化情况。

图 12.6　中国地区间收入基尼系数的变化情况：1980—2001

注：数据来源为刘夏明等(2004)。

12.4.1　中国各省(区、市)间城镇居民可支配收入的差距变化

从城镇居民收入差距来看,以2016年城镇居民人均可支配收入最高的上海、北京、浙江同最低的甘肃、青海、黑龙江进行比较(如表12.5所示)。1978—2016年,上海、北京和浙江城镇人均可支配收入分别从560元、365.4元和332元增长到57 692元、57 275元和47 237元。这38年间这三个省(市)的城镇人均可支配收入分别增长了102倍、156倍和142倍,年平均增长率分别为12.97%、14.23%和13.94%。同期甘肃、青海和黑龙江城镇人均可支配收入分别从1978年的407元、1981年的418.7元和1985年的742元增长到2016年的25 693、26 757元和25 736元,其年平均增长率分别为11.52%、12.61%和12.12%,都低于上海、北京和浙江这三个省(市)的年平均增长率①。1978—2016年经济最

---

① 青海和黑龙江两个省1978年的城镇人均可支配收入数据在《中国统计年鉴》(历年)中缺失,青海的数据最早从1981年开始,黑龙江从1985年开始。

发达的上海、北京和浙江同甘肃城镇人均可支配收入之比也分别从1978年的1.374、0.897和0.815上升到2016年的2.245、2.29和1.839,其中2008年这三个比例分别为2.432、2.254和2.072。2016年最穷的甘肃、黑龙江、吉林同全国平均城镇人均可支配收入之比分别从1978年的0.728、1981年的0.657、1985年的0.690变动到0.764、0.766和0.789,其中2008年这三个比值分别0.695、0.737、0.745。由此可见,全国最富省(区、市)和最穷省(区、市)之间城镇居民绝对收入差距呈现逐渐扩大趋势,相对收入差距在2008年之前呈现扩大趋势,近10年这些差距在缩小。

从全国总体来看,中国各省(区、市)城镇居民可支配收入绝对差距在1978—2016年呈现出扩大趋势,相对差距则呈现先扩大后缩小的趋势。根据《中国统计年鉴》(历年)的数据,图12.7和图12.8分别显示1978—2013年中国各省(区、市)城镇人均可支配收入均值、标准差和变异系数的变化情况。从图12.7可以看出,无论是以当年价格计算还是以不变价格计算,1978—2016年全国各省(区、市)城镇平均收入的标准差一直都在扩大,这表明不同省(区、市)之间城镇居民的绝对收入差异程度都在扩大,各省(区、市)之间收入的绝对不平等程度在增加。根据《中国统计年鉴》(历年)数据显示,1978年中国城镇居民可支配收入的均值为341.4元,标准差为61.1元,2016年的均值为32 290.9元,标准差为8 126.3元。如果用城镇消费指数扣除物价上涨因素,2016年全国城镇居民可支配收入的均值为4 773.2元,标准差为1 201.2元。相对于1978年均值增长了12.98倍,但以标准差衡量的绝对收入差距增长了18.67倍。从图12.8中可以看出,1978—2016年中国以变异系数代表的城镇居民相对收入差距其变异系数表现出先下降,后上升,再波动,然后下降的变化趋势。根据《中国统计年鉴》的数据计算结果显示,1978年中国各省(区、市)城镇居民可支配收入的变异系数为17.88%,改革开放初期这一指标连续下降,1982年下降到12.15%。1983—1994年基本都在上升,只是由于1985年上升过快,1986年有过一个下降

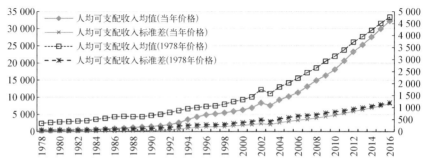

图12.7　中国各省(区、市)城镇人均可支配收入的均值和标准差:1978—2016

注:① 数据来源为作者根据《中国统计年鉴》(历年)的数据计算而成。② 纵坐标单位为元。当年价格数据为左边纵坐标,1978年不变价格为右边纵坐标。

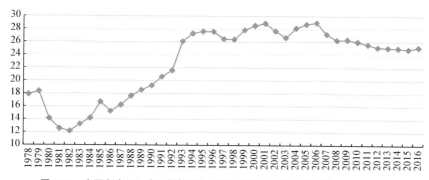

图 12.8 中国各省(区、市)城镇居民人均可支配收入的变异系数：1978—2016

注：① 数据来源为作者根据《中国统计年鉴》(历年)的数据计算而成。② 纵坐标单位为%。

的调整。1994—1997 年基本保持在 17.5% 左右，1992 年为局部最大值 17.62%。1994—2007 年中国各省(区、市)城镇居民可支配收入的变异系数在 16%—19% 之间波动，而且显现出 3 个明显的波动周期，2007 年为 17.18%，基本恢复到 1994 年的水平。2007—2015 年变异系数一直在下降，2015 年达到局部最小点 24.88%。2016 年中国城镇居民可支配收入的变异系数又有所扩大，上升到了 25.17%。表 12.5 还给出了 1978—2016 年一些主要年份中国各省(区、市)城镇居民可支配收入的全距和最大最小比等度量的地区收入差距的指标，这些指标也显示出同变异系数和标准差相似的变化趋势。

12.4.2 中国各省(区、市)间农村居民纯收入差距的变化

从农村居民人均纯收入来看，仍然以 2016 年农村人均纯收入最高的上海、北京、浙江同最低的甘肃、贵州、云南进行比较。1978—2016 年，上海、北京和浙江的农村人均纯收入分别从 281 元、244.8 和 165 元增长到 19 595 元、18 337 元和 16 106 元。这 38 年间这三个省(市)的农村纯收入分别增长了 69 倍、75 倍和 67 倍，年平均增长率分别为 12.8%、12.0% 和 12.8%。同期甘肃、贵州、云南农村人均纯收入分别从 1978 年的 100.9 元、109.3 元和 130.6 元增长到 2016 年的 5 107 元、5 434 元和 6 141 元。38 年间这三个省(市)农村纯收入分别增长了 50 倍、49 倍和 46 倍，年平均增长率分别为 10.8%、11.8% 和 13.2%。2016 年经济最发达的上海、北京和浙江同甘肃农村人均纯收入之比分别从 2.78、2.42 和 1.63 变化到 3.84、3.59 和 3.15，其中 2008 年这三个比例分别 4.20、3.91 和 3.40。2016 年最穷的甘肃、青海、贵州同全国农村人均纯收入之比分别从 0.359、0.389、0.465 下降到 0.261、0.277、0.313，其中 2008 年这三个比例分别 0.238、0.244 和 0.271。由此可见，全国最富省(区、市)和最穷省(区、市)农村居民纯收入的绝对差距呈现逐渐扩大趋势，相对收入差距在 2008 年之前呈现扩大趋势，近 10 年来有缩小趋势。

表 12.5 1978—2016 各省(区、市)城镇人均可支配收入的变化情况

单位：元

年 份	1978	1990	1995	2000	2005	2010	2013	2016
全国均值	341.4	1 487.3	4 258.3	9 421.6	10 195.8	18 067	25 531	32 291
标准差	61.1	286.4	1 135.9	2 590.9	2 883.6	4 701	6 251	8 126
变异系数	0.179	0.193	0.267	0.275	0.283	0.260	0.245	0.252
最大值	560（上海）	2 303.2（广东）	7 438.7（广东）	16 683（上海）	18 645（上海）	31 838（上海）	43 851（上海）	57 692（上海）
最小值	261（贵州）	1 119.1（青海）	2 845.7（内蒙古）	7 218（宁夏）	7 990（新疆）	13 189（甘肃）	18 965（甘肃）	25 693（甘肃）
全 距	299	1 184.1	4 593	9 465	10 654	18 649	24 887	31 999
最大最小比	1.873	2.058	2.614	2.311	2.334	2.414	2.312	2.245

注：数据来源为作者根据《中国统计年鉴》(历年)的数据计算而成。

第12章 中国收入分配格局的演化和现状

从全国总体来看,同全国城镇居民可支配收入一样,中国各省(区、市)农村居民纯收入绝对差距在1978—2016年呈现出扩大趋势,相对差距则呈现先扩大后缩小的趋势。根据《中国统计年鉴》(历年)的数据,图12.9和图12.10显示1978—2016年全国31个省区市农村居民人均纯收入的均值、标准差和变异系数的变化情况。从图12.9可以看出,无论是以当年价格计算还是以不变价格计算,1978—2016年中国各省(区、市)农村人均纯收入的标准差一直在持续扩大,这表明不同省市间的绝对差异程度都在变大。根据《中国统计年鉴》(历年)的数据,1978年中国各省(区、市)农村居民纯收入的均值为144.54元,标准差为41.46元;2016年均值增长为12 877元,标准差为4 423.6元,按照不变价格计算,2016年中国各省(区、市)农村居民纯收入的均值为2 096元,标准差为720元。38年来中国农村居民纯收入的均值增长13.5倍,标准差增长16.4倍。不过,图12.10显示出,以变异系数表示的中国各省(区、市)农村人均纯收入的相对收入差距虽然在改革开放前期呈现波浪形上升趋势,但2006年之后一直呈现下降趋势。这表明各省(区、市)间收入的相对差距虽然在改革开放前期扩大,但近年来一直在缩小。具体来说,1978年中国各省(区、市)农村人均纯收入的变异系数为28.67%,1978—1981年连续下降,1981年为19.57%。1981—1993年呈阶梯状上升趋势,期间分别在1985年和1990年出现了两年下降。1993年变异系数上升到局部最高点37.95%。1994—1998年连续4年下降,但下降幅度都不大,1998年达到局部最低点36.22%。1999—2006年又出现了上升趋势,期间只有2004年有过下降,2006年达到历史最高点46.18%。2007—2016年中国各省(区、市)农村人均纯收入的变异系数连续10年下降,2016年为34.35%,基本恢复到近1993年的水平。表12.6还给出了1978—2016年一些主要年份中我国各省(区、市)农村居民纯收入的全距和最大最小比等度量的地区收入差距的指标,这些指标也显示出同变异系数和标准差相似的变化趋势。表12.6进一步表明,无论是以标准差还是以全距衡量,改革开放以来各省(区、市)

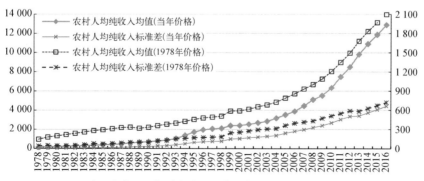

图12.9 中国各省(区、市)农村人均纯收入的均值和标准差:1978—2016

注:① 数据来源为作者根据《中国统计年鉴》(历年)的数据计算而成。② 纵坐标单位为元。

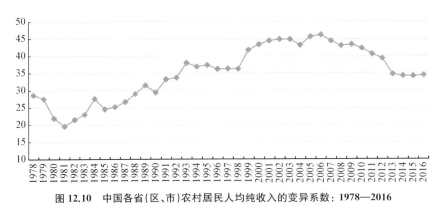

图 12.10 中国各省(区、市)农村居民人均纯收入的变异系数：1978—2016

注：① 数据来源为作者根据《中国统计年鉴》(历年)的数据计算而成。② 纵坐标单位为%。

农村人均纯收入的绝对不平等都在加剧，而以变异系数和最大最小收入比表示的相对不平等程度呈现出先上升，2006年以后下降的趋势。

12.4.3 中国东中西部收入差距的变化

最后我们来分析中国东中西部居民收入差距的变化情况①。由于这一东、中、西部的划分是从1986年开始，下面就来看看1986—2016年东、中、西部居民收入差距的变化。就农村人均纯收入而言，根据《新中国60年统计资料汇编》的数据显示：1986年东部11个省市中有8个省市位于全国省区市农村纯收入最高的前10名，东部11个省市农村年人均纯收入为580.24元，是当年全国平均水平(425.35)的1.36倍，且所有省市的农村年人均纯收入都高于当年的全国平均水平。从这里可以看出，当前这些省市确实是全国农村经济发展水平最高的区域。1986年西部的11个省区市中，有8个省区农村年人均纯收入排名全国倒数前10，最后倒数四位的也都在西部11个省区中；西部11个省区农村年人均纯收入的平均水平为342.8元，占全国平均水平的80.6%。中部8个省的平均农村人均纯收入水平为411.03元，占全国农村人均纯收入的96.6%，中部平均水平同全国平均水平相差不多，但8个省中有2个省进入前10，但也有2个省排名倒数前10，且只有3个省高于全国平均水

---

① 将中国划分为东部、中部、西部三个地区的时间始于1986年，由全国人大六届四次会议通过的"七五"计划正式公布。当时东部地区有11个省市；中部地区有10个省区；西部地区9个省区。1997年重庆设立为直辖市后被划入西部地区后，西部地区由9个省区增加到10个省区市。2000年西部大开发计划中享受优惠政策的范围又增加了内蒙古和广西。由此，东、中、西部的划分变化为：东部地区包括北京、天津、河北、辽宁、上海、江苏、浙江、福建、山东、广东、海南11个省市；中部地区包括山西、吉林、黑龙江、安徽、江西、河南、湖北、湖南8个省；西部地区包括重庆、四川、贵州、云南、西藏、陕西、甘肃、青海、宁夏、新疆、内蒙古、广西12个省区市。本章以下分析采取2000年后的划分方法。

第12章 中国收入分配格局的演化和现状

表12.6 各地区农村人均纯收入的变化情况

单位：元

年份	1978	1990	1995	2000	2005	2010	2013	2016
均值	144.5	747.48	1 636.27	2 525.46	3 511.55	6 326.77	9 429.6	12 362.4
标准差	41.5	294.66	739.42	1 103.72	1 575.31	2 628.97	3 401	4 423.59
变异系数	0.286 8	0.394 2	0.451 9	0.437 0	0.448 6	0.415 5	0.360 7	0.357 8
最大值	281（上海）	1 907（上海）	4 245.61（上海）	5 870.87（上海）	8 247.77（上海）	13 977.96（上海）	19 208.3（上海）	25 520.4（上海）
最小值	100.93（甘肃）	430.98（甘肃）	880.34（甘肃）	1 404.41（西藏）	1 873.96（贵州）	3 424.65（甘肃）	5 107.8（甘肃）	7 546.85（甘肃）
全距	180.07	1 476.02	3 365.27	4 466.46	6 373.81	10 553.31	14 100.5	17 973.55
最大最小比	2.784	4.425	4.823	4.180	4.401	4.082	3.761	3.382

注：表格中数据由作者根据《中国统计年鉴》（历年）的数据整理而成。

平。这表明中部各省之间的差距比较大。

根据《中国统计年鉴2000》数据显示,到了1999年,东部11个省市中,除海南排名第16外,其他10个省市分别占据着前10位;东部11个省市农村人均纯收入为3 344.58元,是全国平均水平(2 210.33元)的1.51倍,相对于1986年这一比值增长了0.15;这表明东部农村居民收入相对于全国平均水平高出更多。西部12个省区市中,有9个分别占据着最后9位;西部12省区市农村人均纯收入为1 604.05元,是全国平均水平的72.57%;西部农村居民收入相对于全国平均水平差距扩大了10个百分点。中部8个省的平均农村人均纯收入水平为2 065.22元,占全国农村人均纯收入的93.4%;同1986相比中部农村居民收入相对于全国平均水平也在下降。在1999年,东部农村收入基本普遍高于全国平均水平,且农村收入水平最高的省(区、市)基本都在东部,这说明1986—1999年,东部11个省市农村收入水平的增长基本快于全国平均水平;中部8个省中,除山西低于全国平均水平外,其他9个省区同全国平均水平基本持平,这表明中部8个省之间的差距在缩小;西部12省(区、市)没有一个达到全国平均水平。1986年东、中、西部地区平均农村居民纯收入比率为1.692∶1.199∶1;1999年这一比率变化为2.085∶1.287∶1。由此可见,1986—1999年,东、中、西部的差距在明显扩大。

根据《中国统计年鉴2009》数据显示,到2008年,就农村人均纯收入而言,东部11个省市中有9个分别占据着前9位,河北和海南分别是11位和18位;东部11个省市平均农村人均纯收入为7 238.78元,是全国平均水平(4 760.62元)的1.52倍,这一比值同1999年相比略有上升。西部12个省区市中,有9个省区市农村年人均纯收入水平分别占据着全国的最后9位,西部12个省区市平均农村人均纯收入为3 481.26元,是全国平均水平的73.1%,相对于1999年略有上升。中部8个省平均农村人均纯收入水平为4 551.04元,占全国农村人均纯收入的95.59%,这一比值相对1999年提高了很多,基本恢复到1986年的水平。因此,在2008年,除海南外,东部农村普遍好于全国平均水平;中部8个省中,除山西低于全国平均水平外,其他7省同全国平均水平差距不大,西部12个省区市中除内蒙古比较接近全国平均水平外,其他都同全国平均水平差距较大。2008年东、中、西部地区农村居民纯收入比率为2.079∶1.307∶1。同1999年相比,2008年中国东部同中西部的差距在缩小,但中部同西部的差距在扩大。

《中国统计年鉴2017》不再统计各省(区、市)的农村人均纯收入,改为农村人均可支配收入。根据《中国统计年鉴2017》数据显示,在2016年,就农村人均可支配收入而言,东部11个省市中仍有9个省市分别占据前九位,河北省和海南省分列14和15位;东部11个省市农村人均可支配收入为17 135元,是全国平均水平12 362元的1.39倍。西部12个省区市平均农村人均可支配收入为9 706元,是全国平均水平的78.5%。中部8个省平均农村人均可支配收入水平为11 781元,占全国农村人均纯收入的95.3%。2016年东、中、

第 12 章　中国收入分配格局的演化和现状

西部农村人均可支配收入之比为 1.77∶1.21∶1,与 2008 年相比,2016 年中国农村东、中、西部人均收入相对差距进一步缩小。

就城镇人均可支配收入水平而言,根据《新中国 60 年统计资料汇编》的数据显示:1986 年东部 11 个省市中有 8 个省市进入全国省区市城镇居民年人均可支配收入最高前 10 名,但也有 1 个省(市)位于全国倒数第 5 位,另有一个倒数第 14 位;东部 11 个省市城镇居民年人均可支配收入为 981.28 元,是该年全国平均水平(881.60)的 1.11 倍;东部 11 个省市有 8 个高于当年的全国平均水平。从这里可以看出,该年东部大多数省市确实是全国城镇收入最高的,但也有两个是全国城镇收入较低的。1986 年西部的 11 个省区市中,有 4 个省区市城镇居民年人均可支配收入排名进入全国倒数前 10,但也有 2 个进入前 10 位,有 5 个进入全国前 15 名;西部 11 个省区城镇居民年人均可支配收入的平均水平为 852.97 元,占全国平均水平的 96.8%;因此,西部总体同全国平均水平差不多。中部 8 个省的城镇居民年人均可支配收入平均水平为 783.88 元,占全国城镇人均可支配收入的 88.9%,中部平均水平比东部和西部都要低;中部 8 省份中有 4 个省份进入倒数第 10,其中全国的倒数前 3 都在中部,有 7 个省份的城镇居民年人均可支配收入的平均水平都低于全国平均水平;这表明中部是当时城镇收入水平最低的区域。

根据《中国统计年鉴 2000》数据显示,到了 1999 年,中国东部 11 个省市中,有 7 个省市的城镇居民年人均可支配收入的平均水平分别进入了前 10 位,且有 5 个省市进入前 5;东部排名最后是辽宁,在全国排名第 21 位;东部 11 个省市城镇人均可支配收入平均为 7 284.2 元,是全国城镇人均可支配收入(5 884 元)的 1.238 倍,这一倍数相对于 1986 年增长了 0.13 倍。中部 8 省中有 5 个省城镇居民可支配收入的平均水平排名全国倒数前 10 位,只有湖南省最高,排名全国第 11;中部 8 个省的平均水平为 4 845.4 元,相当于全国平均水平的 82.3%,这一占比相对于 1986 年下降了 6.6 个百分点;中部所有省的城镇居民年人均可支配收入的平均水平都低于全国平均水平。由此可见,1986—1999 年中部地区的城镇收入增长低于全国平均水平。西部所有省区市城镇居民年人均可支配收入的平均水平为 5 238.5 元,占全国平均水平的 89%,相对于 1986 年下降了 7.8 个百分点;西部 12 个省区市中的西藏、云南和重庆三个省(区、市)超过全国平均水平,其排名也进入全国前 10,但另有 4 个省(区、市)的城镇收入水平排名进入全国倒数前 10。1986 年东中西部地区城镇居民可支配收入水平比率为 1.15∶0.92∶1;1999 年这一比率变化为 1.39∶0.92∶1。由此可见,1986—1999 年,东部和中西部的差距在扩大,但中西部的差距基本没变。

根据《中国统计年鉴 2009》数据显示,2008 年东部 11 个省市中有 9 个省市的城镇居民可支配收入水平排名进入全国前 9 位,但东部排名最后的海南省进入了全国倒数前 10 位;东部 11 个省市的城镇居民可支配收入平均为 18 878 元,是全国平均水平(14 941 元)的 1.258 倍,这一比重相对于 1999 年在进一步扩大;中部 8 省中有 3 个省城镇人均可支配收入排名全国倒数前10位,只有湖南省排名全国第11,中部8省平均水平为13 598元,相当全国平均水平的91.0%,这一比值相对于1999年略有提高;西部12个省区市的平均水平为12 741元,是全国平均水平的85.3%,相对于1999年有所下降。东、西部同全国的平均水平差距继续拉大,东部越来越高于全国平均水平,西部越来越落后于全国平均水平,中部同全国平均水平越来越接近。2008年这一比例扩大为1.475∶1.067∶1。同1999年相比,2008年东、中、西部两两之间的城镇收入差距都在扩大,特别是中部反超了西部。

表12.7 中国东、中、西部农村年人均纯收入的差距:1986—2016 单位:元

地区	指 标	1986年	1999年	2003年	2008年	2011年	2016年
全国	均 值	425.35	2 210.3	2 622.2	4 760.6	6 977.3	12 362.4
东部	均 值	580.24	3 344.6	4 160.4	7 238.8	9 585.0	17 135.1
	同全国均值之差	154.89	1 134.2	1 538.2	2 478.2	2 607.7	4 772.7
	同全国平均之比	**1.36**	**1.51**	**1.59**	**1.52**	**1.374**	**1.39**
中部	均 值	411.03	2 065.2	2 407.4	4 551.0	6 529.9	11 780.9
	同全国均值之差	-14.32	-145.1	-214.9	-209.6	-447.4	-581.5
	同全国平均之比	**0.966**	**0.934**	**0.918**	**0.956**	**0.936**	**0.953**
西部	均 值	342.88	1 604.0	1 921.0	3 481.2	5 246.8	9 706.4
	同全国均值之差	-87.47	-606.3	-701.3	-1 279.4	-1 730.5	-2 656
	同全国平均之比	**0.806**	**0.726**	**0.733**	**0.731**	**0.752**	**0.785**

注:表格中数据由作者根据《中国统计年鉴》(历年)和《新中国60年统计资料汇编》的数据计算而成。根据《中国统计年鉴2017》,2016年统计的是农村人均可支配收入。

表12.8 中国东、中、西部城镇人均可支配收入差距:1986—2016 单位:元

地区	指 标	1986年	1999年	2003年	2008年	2011年	2016年
全国	均 值	881.60	5 884.2	82 948	14 941	20 607	32 291
东部	均 值	981.28	7 284.2	10 367	18 788	25 917	39 705
	同全国均值之差	99.68	1 400.8	2 071	3 847	5 310	7 414
	同全国平均之比	**1.113**	**1.258**	**1.250**	**1 258**	**1.258**	**1.230**

(续表)

地区	指标	1986年	1999年	2003年	2008年	2011年	2016年
中部	均值	783.88	4 845.4	7 406	13 598	18 783	29 451
	同全国均值之差	−97.72	−1 038.8	−889	−1 343	−1 824	−2 840
	同全国平均之比	**0.889**	**0.823**	**0.893**	**0.910**	**0.911**	**0.912**
西部	均值	852.97	5 338.5	7 235	12 741	17 551	28 242
	同全国均值之差	28.63	−645.7	−1 059	−2 199	−3 057	−4 048
	同全国平均之比	**0.967**	**0.890**	**0.872**	**0.853**	**0.852**	**0.875**

注：表格中数据由作者根据《中国统计年鉴》(历年)和《新中国60年统计资料汇编》的数据计算而成。

根据《中国统计年鉴2017》的数据显示，2016年东部11个省市中有8个省市的城镇年居民人均可支配收入在全国排名前八，但也有一个排名倒数第十；东部各省(市)城镇人均可支配收入的平均值为39 705元，是全国城镇平均可支配收入(32 291元)的1.230倍，这一比值相对于2008年有所下降，恢复到1999年以前的水平。中部8省中有4个省排名进入全国倒数前十位，另外4个省排名则在11—15之间；中部8省的城镇人均可支配收入的平均值为29 451元，是全国平均水平的91.2%，这一比值相对于2008年略有上升。西部12个省区市的人均可支配收入为28 242元，是全国平均水平的87.5%，这一比值也略有上升。进一步的分析还显示，东、中、西部城镇人均可支配收入之比为1.406∶1.043∶1。同2008年相比，东部和中西部的城镇居民收入差距在扩大，而中西部的收入差距则略有缩小。表12.7和表12.8显示1986年、1999年、2003年、2008年、2011年和2016年东中西部农村和城镇人均收入水平变化的情况。从表12.7和表12.8中也可以看出，无论是农村还是城镇，东部人均收入同中西部的绝对差距在扩大，相对差距则先扩大，近10年略有缩小的趋势。

总之，通过以上分析可知，中国地区间的收入差距从1978年到20世纪80年代中期在下降；之后直到2007年前后，中国地区间收入差距都在扩大；2007—2015年地区收入差距在缩小，但近一两年又有扩大的趋势。

12.5 中国农村内部和城镇内部的收入差距

改革开放以来，中国农村居民之间和城镇居民之间的收入差距也在持续扩大。特别是从20世纪80年代中期到2010年之前，农村和城镇内部收入差距扩大非常明显(如图

12.12 和图 12.14 所示)。但是,如果只看农村内部和城镇内部的不平等,农村和城镇内部的基尼系数并不是很高。以全国地区收入差距最大的 2006 年为例,表 12.9 中作者对该年农村内部基尼系数的估计都在 0.334 9—0.373 7,而表 12.11 中不同作者对该年中国城镇内部的基尼系数的估计都在 0.309—0.392。因此,农村和城镇内部的收入不平等程度都低于国际警戒线 0.4,同发达国家的不平等程度差不多。这从另一个方面表明,中国城乡收入差距过大可能是导致中国总体基尼系数过大的主要原因之一。不过,农村内部和城镇内部的收入差距也是导致中国总体收入差距扩大的重要原因之一。例如,胡志军(2011)研究认为,农村内部和城镇内部差距对总体差距的贡献率 1985—2000 年大概在 35.5%—45.6%之间,2001—2008 年一直维持在 35%左右。而且,农村内部和城镇内部居民收入差距可能对于影响人们的公平感和社会的稳定更为重要。下面将分别讨论中国农村内部和城镇内部收入差距的现状和变化情况。

12.5.1　农村内部居民收入差距

改革开放之初,中国农村逐步从政社合一的人民公社制度向家庭联产承包责任制制度转变(吴敬琏,2016)。在按劳分配的原则下,农村主要从自己承包土地上获得的家庭承包经营收入,其他非土地经营方面的收入很少,因此,改革开放初期中国农村内部的收入差距是非常小的。随着改革开放的深入,农民收入的获得逐渐从单一的按劳分配转向按劳分配和按要素分配同时存在,特别是到了 20 世纪 90 年代中期之后,外出打工的收入和个体户商业经营性收入甚至远远超过了农村土地承包收入,这使得中国农村居民的收入差距也逐渐扩大。以反映全国农村居民收入差距的基尼系数为例,图 12.12 和表 12.9 分别给出了不同学者估计的中国农村内部基尼系数变化情况。从图 12.12 和表 12.9 可以看出,1978—2006 年中国农村内部收入差距明显扩大,而且除个别年份外,农村居民收入分配的基尼系数都在上升;2006 年之后,农村基尼系数没有明显地上升或下降趋势,基本保持平稳态势。从反映全国农村居民收入差距的基尼系数看,1978 年农村内部的基尼系数大概是 0.21—0.25。例如,国家统计局的抽样调查数据显示 1978 年中国农村基尼系数为 0.21—0.22①,Adelman 和 Sunding(1987)的估计认为是 0.22②。表 12.9 中其他学者对 20

---

①　国际统计局农村调查总队,1987,《中国农民收入研究》,第 5 页,山西人民出版社;国家统计局农村社会经济调查总队,2001,《中国农村住户调查年鉴》,第 29 页,中国统计出版社;唐平,1995,《中国农村居民收入水平及差异分析》,《管理世界》,1995 年第 2 期。

②　Adelman, Irma and David Sunding, Economic Policy and Income Distribution in China, *Journal of Comparative Economics*,1987,11(3),444-461.

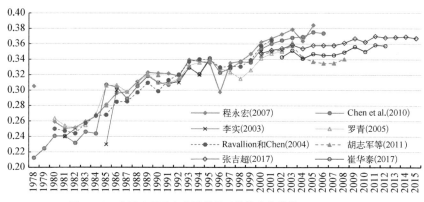

图 12.12 中国农村收入分配基尼系数的变化趋势：1978—2015

世纪 80 年代中国农村基尼系数的估计可能稍微高些，但也都在 0.25 以下。到了 2000 年，各位学者估计的农村内部基尼系数都超过 0.3，一般认为在 0.35 左右，同 1978 年相比提高近 10 个百分点。根据中国社会科学院 2003 年的调查数据，2002 年中国农村居民基尼系数达到 0.37 左右[①]。到了 2006 年左右，农村居民基尼系数达到最高点。Chen et al.(2010)认为，2006 年中国农村内部基尼系数大概为 0.37。2006 年之后，农村基尼系数保持平稳且略有下降趋势。根据表 12.9 中不同文献的估计，2010 年之后，中国农村内部基尼系数大概为 0.35—0.37。综合来看，目前中国农村内部基尼系数大概为 0.36 左右，同发达国家在 2010 年左右的基尼系数差不多(见表 12.1)，低于 0.4 的国际警戒线。因此，如果从基尼系数来看，中国农村内部收入分配格局总体来看属于正常状态。

基尼系数只是对总体收入分配状况的一个概括，下面根据《中国统计年鉴》(历年)中可获得的数据，我们来分析 2002 年之后中国农村不同阶层之间收入差距的变化趋势。根据《中国统计年鉴》数据，表 12.10 显示了 2000—2016 年中国农村人均纯收入按 5 等分收入组划分后，各组人均纯收入同全国人均纯收入之比的变化情况。从表 12.10 中可以看出，2000 年中国农村低收入组的人均纯收入为 820 元，同全国人均纯收入(2 553 元)之比为35.6%；到了 2010 年，最低收入组的人均收入为 1 870 元，同全国农村人均纯收入(5 919 元)之比下降到 31.6%；2016 年时最低收入组农民人均纯收入为 3 007 元，同全国农村人均纯收入(12 363 元)之比进一步下降到了 24.3%。中低收入组人均纯收入 2000 年为

---

① 阿齐·兹卡恩和卡尔·李思勤，2008，《中国居民收入增长和分配》，第 40 页，载入李实等主编《中国居民收入分配研究》第二章；别雍·古斯塔夫森等，2008，《中国收入不平等及其地区差距》，第 103 页，载入李实等主编《中国居民收入分配研究》第四章。阿齐·兹卡恩和卡尔·李思勤(2008)的估计值为 0.375，别雍·古斯塔夫森等(2008)的估计值为0.364 7。

表 12.9 不同学者对中国农村内部基尼系数的估计

时间	钱敏泽(2002)	李实(2003)	Ravallion 和 Chen(2004)	罗青(2005)	程永宏(2007)	Chen et al.(2010)	胡志军等(2011)	张吉超(2017)	崔华泰(2017)
1978						0.212 4			
1979				—		0.224 5			
1980			0.249 9	0.263 4	0.305 2	0.240 7			
1981		0.24	0.247 3	0.254	0.259 1	0.240 6			
1982	0.245	0.25	0.244	0.251 4	0.250 4	0.231 7			
1983	0.253		0.257 3	0.254 7	0.251 5	0.246 1			
1984	0.263	0.23	0.266 9	0.268 7	0.259 5	0.243 9			
1985	0.256	0.3	0.268	0.306 1	0.266 2	0.307 2	0.280 2		
1986	0.276		0.284 8	0.306 7	0.281 2	0.304 2			
1987	0.28	0.31	0.285 3	0.297 8	0.296	0.288 9			
1988	0.287		0.297 1	0.310 5	0.298 1	0.305 3			
1989	0.297		0.309 6	0.320 3	0.311 1	0.318 5			
1990	0.298	0.31	0.298 7	0.310 3	0.323	0.309 9	0.319 8		
1991	0.29	0.31	0.313 2	0.309 4	0.322 1	0.307 2			
1992	0.308	0.31	0.320 3	0.315	0.321 8	0.313 4			
1993	0.322	0.33	0.337	0.332 2	0.318 5	0.329 2			
1994	0.315	0.32	0.34	0.335 9	0.339 5	0.321			
1995	0.318	0.34	0.339 8	0.338 8	0.337 4	0.341 5	0.339 5		
1996	0.299		0.329 8	0.328 6	0.334 9	0.322 9			

第12章 中国收入分配格局的演化和现状

（续表）

时间	钱敏泽(2002)	李实(2003)	Ravallion 和 Chen(2004)	罗青(2005)	程永宏(2007)	Chen et al.(2010)	胡志军等(2011)	张吉超(2017)	崔华泰(2017)
1997	0.296	0.33	0.331 2	0.323 6	0.335 3	0.328 5			
1998	0.294		0.330 7	0.315	0.337 5	0.336 9			
1999	0.295		0.339 1	0.326 1	0.347 1	0.336 1			
2000	0.312	0.35	0.357 5	0.341 3	0.362 3	0.353 6	0.345 1	0.348	
2001	0.314		0.364 8	0.347 7	0.367 1	0.360 3	0.350 4	0.351 8	
2002				0.350 1	0.372 5	0.364 6	0.352 2	0.354 1	0.342 9
2003				0.361 8	0.378 8	0.368	0.357 6	0.358 7	0.351 4
2004					0.363 7	0.369 2	0.342 4	0.353 9	0.341 1
2005					0.384 2	0.375 1	0.337	0.358	0.347
2006						0.373 7	0.334 9	0.358	0.345 3
2007							0.335 2	0.357 9	0.345 4
2008							0.340 4	0.361 2	0.349 2
2009								0.366 9	0.356 3
2010								0.362 5	0.35
2011								0.37	0.358 7
2012								0.368 2	0.357 6
2013								0.368 6	
2014								0.369 3	
2015								0.367 4	

表 12.10 中国农村居民人均纯收入各组平均同全国平均之比：2000—2016

年份	低收入组	中低收入组	中等收入组	中高收入组	高收入组
2000	0.356	0.639	0.889	1.228	2.303
2001	0.346	0.630	0.879	1.222	2.339
2002	0.346	0.625	0.874	1.224	2.381
2003	0.330	0.613	0.867	1.223	2.420
2004	0.343	0.627	0.878	1.229	2.360
2005	0.328	0.620	0.876	1.230	2.380
2006	0.330	0.619	0.878	1.240	2.363
2007	0.325	0.624	0.884	1.239	2.365
2008	0.315	0.617	0.883	1.245	2.372
2009	0.301	0.604	0.874	1.255	2.391
2010	0.316	0.612	0.882	1.257	2.374
2011	0.287	0.610	0.890	1.275	2.405
2012	0.293	0.607	0.889	1.281	2.401
2013	0.290	0.620	0.893	1.279	2.392
2014	0.265	0.632	0.910	1.287	2.292
2015	0.270	0.632	0.903	1.273	2.278
2016	0.243	0.633	0.938	1.272	2.301

注：数据来源是作者根据《中国统计年鉴》(2003—2017)数据整理而成。

1 440元，同全国平均之比为63.9%；2010年中等收入组人均为3 621元，同全国平均之比下降到61.2%；到2016年时，这一比重又上升到63.3%，不过同2000年相比略有下降。高收入组农民的人均纯收入2000年为5 190元，同全国平均之比为2.30；2010年高收入组人均纯收入为14 050元，同全国人均纯收入之比上升到2.37；2016年高收入组人均纯收入达到28 448元，同全国平均之比下降到了2.30，这同2000年相差不多。中高收入组农民的人均纯收入同全国平均之比则基本一直在上升，2000年这一比例为1.23，2010年上升到1.26，2016年则进一步上升到1.29。

为了更清楚地分析农村内部不同收入组居民收入差距的变化情况，图12.12进一步给出了农村中等收入组居民人均收入同其他各收入组居民人均收入比的变化趋势。从图12.13的上图可以看出，2000—2016年中国低收入组农民的年人均纯收入同中等收入组的差距一直在不断扩大，中低收入组同中等收入组的收入差距先扩大后缩小。根据《中国统计年鉴》数据，2000年低收入组农民的年人均纯收入同中等收入组农民纯收入之比为

40%。2000—2016年低收入组农民的名义年人均纯收入增长了2.75倍;中等收入组的名义年人均纯收入增长了4.57倍,低收入组同中等收入组农民的年人均纯收入之比下降到了26.9%,相对于2000年下降了13.1个百分点。中低偏下收入组农民纯收入同中等收入组的差距2000—2012年在扩大,2012—2016年在缩小。2000年中低收入组农民的年人均纯收入同中等收入组之比为71.9%,2012年下降到历史最低点68.2%,2012之后这一比值又在上升,2016年为70.1%,相对于2000年仍下降了2个百分点。

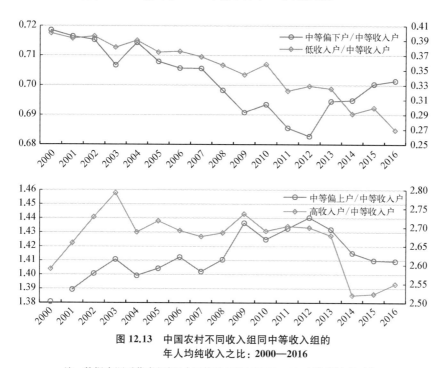

图 12.13 中国农村不同收入组同中等收入组的
年人均纯收入之比:2000—2016

注:数据来源系作者根据《中国统计年鉴》(2003—2016)数据整理而成。

图12.13的下图则显示,2000—2016年中国高收入组农民的年人均纯收入同中等收入组的差距呈现先扩大,然后一段时间保持相对平稳下降,最近两年又有所上升;中等偏上收入组同中等收入组的收入差距是先扩大后缩小。根据《中国统计年鉴》数据,2000年中国高收入组农民的年人均纯收入是中等收入组农民纯收入的2.59倍。2000—2003年这一比值连续上升,2003年到达2.79倍;2004—2013年保持相对稳定,基本在2.65—2.75波动;2014年下降到了2.52,2015—2016年又略有上升;2016年高收入组同中等收入组农民年人均纯收入之比为2.55,相对于2000年略有下降。中等偏上收入组农民纯收入同中等收入组的差距2000—2012年呈波浪式扩大,2012—2016年在缩小。2000年中等偏上收入组农民的年人均纯收入是中等收入组的1.38倍,2012年上升到历史最高点1.44倍,2012

之后这一比值在下降，2016年为1.41，不过相对于2000年仍上升了13.2%。

总之，根据以上分析，中国农村内部收入差距呈现以下特征：第一，就基尼系数来看，目前农村内部居民收入差距还没有超过0.4的国际警戒线。第二，总体来看，从1978年改革开放以来到2006年左右，中国农村内部的收入差距基本呈现持续扩大趋势，期间在20世纪80年代中期和90年代末期出现过下降趋势；2006—2012年左右呈现缩小趋势，但近两年来又有扩大趋势。第三，从不同收入组的收入相对比来看，低收入组同其他收入组的差距一直在扩大，其他收入组之间的收入差距则基本呈现先扩大后缩小的趋势；但近3年来中国农村内部最高收入组和最低收入组同中间收入组的收入差距都有扩大趋势，特别是低收入人群同其他人群的差距出现急剧扩大趋势。

12.5.2 城镇内部居民收入差距

改革开放以来，中国城镇内部收入差距也呈现出逐渐扩大的趋势。以城镇内部居民收入的基尼系数为例，表12.11和图12.14显示了不同学者对中国1978—2015年城镇居民收入分配基尼系数估计数值的变化情况。从表12.11和图12.14中可以看出，1978—2006年中国城镇内部收入差距基尼系数基本呈现持续扩大趋势，2006年基尼系数基本保持平稳势态，且略有下降趋势。根据国家统计局的估计，1978年中国城镇基尼系数为0.16，Adelman和Sunding(1987)的估计认为它大概为0.165，其他学者的估计也都是0.16左右。到了1988年，国家统计局估计中国城镇基尼系数上升到0.23，Khan和Riskin(1997)与Gustafsson和Li(1999)的估计也认为它达到0.23，其他学者估计也都超过0.18（如表12.11所示）。到了2002年，表12.11中所列的众多学者中，除了崔华泰(2017)的估计认为中国城镇基尼系数为0.22以外，其他学者的估计都认为这一系数已经超过0.3。

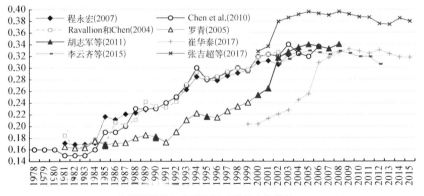

图12.14 中国城镇收入分配基尼系数的变化趋势：1978—2015

表 12.11 不同学者对中国城镇内部基尼系数的估计

时间	钱敏泽(2002)	李实(2003)	Ravallion 和 Chen(2004)	罗楚(2005)	程永宏(2007)	Chen et al.(2010)	胡志军等(2011)	崔华泰(2017)	李云齐等(2015)	张吉超(2017)
1978										
1979						0.16				
1980						0.16				
1981			0.1846	0.1652	0.1712	0.16				
1982	0.177	0.15	0.1627	0.1627	0.1692	0.15				
1983	0.179	0.15	0.1659	0.1632	0.1693	0.15				
1984	0.187		0.1779	0.1751	0.1715	0.16				
1985	0.208	0.19	0.1706	0.1688	0.2166	0.19	0.1665			
1986	0.19	0.19	0.2066	0.1712	0.2117	0.19				
1987	0.196		0.202	0.1719	0.2208	0.2				
1988	0.189	0.23	0.2108	0.18	0.2229	0.23				
1989	0.176		0.2421	0.185	0.2281	0.23	0.1795			
1990	0.183	0.23	0.2342	0.1823	0.2319	0.23				
1991	0.157	0.24	0.2321	0.1726		0.24				
1992	0.172	0.25	0.2418	0.1902	0.2473	0.25				
1993	0.189	0.27	0.2718	0.2107	0.2625	0.27				
1994	0.202	0.3	0.2922	0.222	0.2847	0.3	0.2157			
1995	0.196	0.28	0.2827	0.2166	0.2792	0.28				
1996	0.197		0.2852	0.2151	0.2783	0.284				

(续表)

时间	钱敏泽(2002)	李实(2003)	Ravallion和Chen(2004)	罗青(2005)	程永宏(2007)	Chen et al.(2010)	胡志军等(2011)	崔华泰(2017)	李云齐等(2015)	张吉超(2017)
1997	0.209		0.293 5	0.225 8	0.286 1	0.292				
1998	0.216		0.299 4	0.233 6	0.291 1	0.3				
1999	0.223		0.297 1	0.240 6	0.296 1	0.295				
2000	0.235		0.318 6	0.253 1	0.308 9	0.319	0.253 1	0.203 8		0.328
2001	0.245		0.323 2	0.264 9	0.312 1	0.323	0.264 8	0.203 9		0.336 8
2002			0.326 5	0.317 3	0.305 7	0.32	0.317 1	0.213 4		0.379 5
2003				0.325 9	0.322 1	0.34	0.327 4	0.220 7		0.386
2004					0.326 3	0.324 5	0.335 1	0.227 4		0.391 5
2005						0.319 4	0.34	0.244 8	0.306 8	0.396 1
2006						0.336	0.336 6	0.255 3	0.315	0.392 9
2007							0.332 6	0.309	0.323 3	0.390 2
2008							0.340 2	0.317 5	0.329 2	0.396 2
2009								0.326 1	0.326	0.392
2010								0.332 1	0.322 9	0.387 1
2011								0.328 5	0.328 9	0.386 3
2012								0.324 4	0.324 8	0.375 4
2013								0.330 3	0.319 2	0.374 2
2014								0.323 5	0.318 9	0.385
2015								0.317 9	0.306 2	0.379 6
								0.317 5		

第 12 章 中国收入分配格局的演化和现状

就《中国统计年鉴》中不同收入组间的收入差距来看,中国城镇居民不同收入组间的年人均可支配收入差距也持续扩大,近年来略有下降的趋势,但不同收入组间差距的变化趋势还略有不同。根据《中国统计年鉴》(历年)数据,1985 年中国城镇人均年收入最低收入组和特困难户组分别为 394.8 元和 437.4 元,最高收入组为 1 276.2 元,最高收入组人均年收入分别是最低收入组和困难组的 3.23 倍和 2.91 倍,绝对差距分别为 881 元和 838 元。1999 年中国城镇人均年收入最高收入组、最低收入组和特困组分别为 12 147.82 元、2 646.71 元和 2 356.5 元,最高收入组分别是最低收入组和困难组的 5.15 倍和 4.19 倍,绝对差距分别为 9 501 元和 9 791 元。到了 2008 年,中国城镇人均年收入最高收入组、最低收入组和特困组分别为 43 613.75 元、4 753.59 元和 3 734.35 元,最高收入组分别是最低收入组和特困组的 9.17 倍和 11.68 倍,绝对差距分别为 38 860 元和 39 879 元。2012 年绝对差距仍在扩大,但相对差距有所缩小,最高收入组同最低收入组和困难组间的倍数分别下降到 7.78 倍和 9.78 倍,绝对差距分别扩大到为 55 609 元和 57 304 元。图 12.14 显示按照 7 等分和 5 等分划分,中国不同收入组年平均可支配收入同全国年平均人均可支配收入比值的变化情况。从图 12.15 的上图可以看出,在 1985 年、1990 年、1999 年和 2008 年这四年中,中国城镇不同收入组的年人均收入同全国年人均收入比值的分布线变得越来越陡峭。也就是说,低收入组同全国平均的比值越来越小,高收入组同全国平均的比值越来越大。这就表明,在 1985 年、1990 年、1999 年和 2008 年这四年间,中国城镇居民不同收入组间的人均收入水平在扩大。2012 年的不同收入组同全国平均的比值线相对 2008 年变得更平坦些,这就表明 2012 年城镇不同收入户的居民收入差距同 2008 年相比在缩小了。图 12.14 的 5 等分组同全国平均收入比值数据同样也显示出,中国城镇居民内部不同收入组间收入差距在 1985 年、1990 年、2000 年和 2008 年这四年间在不断扩大,2008 年和 2016 年这两年间在缩小。

表 12.12 给出了 1985—2016 年中国城镇居民按 5 等分划分,不同收入组其年人均可支配收入同全国年人均可支配收入之比的变化情况。从表 12.12 中可以看出,中国低收入组居民年人均可支配收入同全国人均可支配收入之比 1985 年为 65.2%,1985—2005 年基本在下降,2005 年达到历史最低点 38.3%,2005—2013 年略有上升,2013 年上升到了 42.4%,但 2014 年之后又在下降,2016 年为 38.7%,基本又回到 2005 年的水平。1985—2016 年,低收入组同全国人均收入之比下降了 0.265。高收入组人均可支配收入同全国人均可支配收入之比 1985 年为 1.52,1985—2008 年这一比值一直上升,2008 年达到历史最高值 2.20,2009—2016 年这一比值在下降,2016 年为 2.09。1985—2016 年,高收入组同全国人均收入之比上升了 0.57。中等收入组同全国年人均可支配收入之比 1985 年为 0.98,这一比值低于 1 说明中国位于全国平均收入水平之下的人要更多。1985—2003 年中国中等收入组同全国年人均可支配收入之比一直下降,

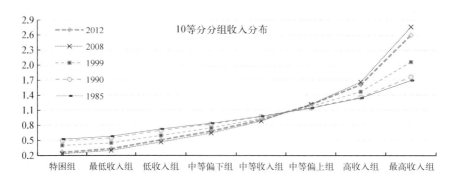

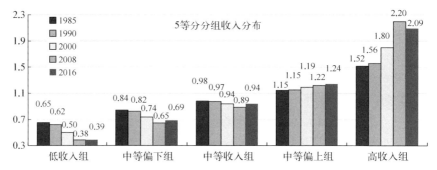

图 12.15　中国城镇的人均年收入分布图的
变化情况（5 等分和 10 等分分组）

注：① 原始数据来源为《中国统计年鉴》（历年）；② 纵坐标表示各组收入同全国城镇人均年收入之比,图中数据系作者根据各年《中国统计年鉴》计算所得。③ 由于 10 等分数据只有到 2012 年的数据,所以上图只到 2012 年。2013 年之后只有 5 等分分组数据,2013 年以前数据根据 7 等分数据计算得到。

2013 年达到历史最低点 0.859,这表明这一期间低收入阶层的人在增加,而高收入阶层的人在减少。2014—2016 年中等收入组同全国人均收入比在上升,2016 年为 0.938,大概恢复到 1998 年的水平,比 1985 年下降了 0.42。表 12.12 的数据还显示,中等偏下组和中等偏上组同全国人均可支配收入之间的相对差距都经历了先下降后上升的变化趋势。

表 12.12　中国城镇居民人均可支配收入各组平均
同全国平均之比：1985—2016

年份	低收入组	中等偏下组	中等收入组	中等偏上组	高收入组
1985	0.652	0.841	0.980	1.146	1.517
1986	0.614	0.801	0.934	1.093	1.364
1987	0.646	0.841	0.980	1.146	1.527

(续表)

年份	低收入组	中等偏下组	中等收入组	中等偏上组	高收入组
1988	0.631	0.830	0.980	1.153	1.556
1989	0.622	0.824	0.976	1.155	1.575
1990	0.621	0.825	0.974	1.152	1.558
1991	0.644	0.837	0.978	1.144	1.529
1992	0.609	0.818	0.973	1.154	1.583
1993	0.578	0.788	0.951	1.159	1.659
1994	0.555	0.774	0.946	1.166	1.694
1996	0.566	0.776	0.947	1.160	1.664
1997	0.546	0.769	0.949	1.171	1.706
1998	0.564	0.752	0.938	1.167	1.718
1999	0.525	0.750	0.947	1.186	1.768
2000	0.499	0.736	0.939	1.192	1.799
2001	0.484	0.721	0.928	1.190	1.846
2002	0.394	0.640	0.864	1.151	2.007
2003	0.389	**0.635**	**0.859**	1.152	2.062
2004	0.387	0.639	0.867	1.173	2.134
2005	**0.383**	0.640	0.876	1.201	2.183
2006	0.388	0.642	0.873	**1.195**	2.161
2007	0.389	0.646	0.874	**1.189**	2.138
2008	0.385	0.646	0.886	1.220	2.197
2009	0.392	0.655	0.897	1.224	**2.180**
2010	0.398	0.665	0.901	1.213	2.154
2011	0.403	0.665	0.896	1.211	2.156
2012	0.421	0.682	0.913	1.214	2.095
2013	0.424	0.686	0.910	1.203	2.092

(续表)

年份	低收入组	中等偏下组	中等收入组	中等偏上组	高收入组
2014	**0.389**	**0.681**	0.924	1.235	2.136
2015	0.392	0.687	0.933	1.237	2.086
2016	0.387	0.686	0.938	1.244	2.093

注：数据来源系作者根据《中国统计年鉴》(历年)数据整理而成。

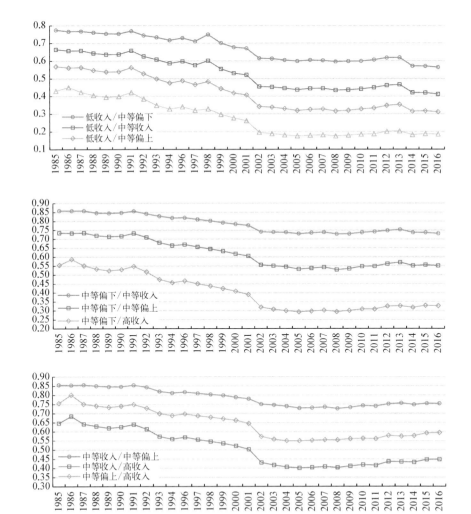

图12.16 中国城镇不同收入组人均可支配收入差距的变化：1985—2016

注：数据来源系作者根据《中国统计年鉴》(历年)数据整理而成。

为了更进一步看出不同收入组间收入差距的变化,图 12.15 还显示了 1985—2016 年中国城镇居民不同收入组期间年人均可支配收入之比的变化情况。从图 12.16 可以看出,1985—2016 年中国城镇低收入组居民同其他各组居民的年平均收入之比总体上呈现出明显地下降趋势,只是 2009—2013 年略有上升趋势;其中同中等偏下收入组之比由 1985 年的 77.5% 下降到 2016 年的 56.4%,同中等收入组之比由 66.5% 下降到 51.3%,同中等偏上收入组之比 56.9% 下降到 31.1%,同最高收入组之比 43.0% 下降到 18.5%。中国城镇中等偏下组居民同其他 3 组居民的年平均收入之比在 1985—2008 年具有明显的下降趋势,2009—2013 年有上升趋势,但 2014 年之后略有下降趋势;其中,中等偏下组同中等收入组的收入之比由 1985 年的 85.8% 下降到 2016 年的 73.1%,同中等偏上收入组之比由 73.4% 下降到 55.1%,同高收入组之比由 43.% 下降到 18.5%。中等收入组同中等偏上组和高收入组之比,以及中等偏上组同高收入组之比在 1985—2006 年基本出现先下降后上升的趋势。其中,中等收入组同中等偏上组之比 1985 年为 85.8%,在 2008 年达到最小值 72.6%,2016 年上升至 75.4%;中等收入组同高收入组之比 1985 年为 55.5%,在 2008 年达到最小值 40.3%,2016 年上升至 44.8%;中等偏上组同高收入组之比 1985 年为 75.5%,在 2004 年达到最小值 55.0%,2016 年上升至 59.4%。所以,总体来看,中国城镇居民各收入阶层的收入相对差距基本呈现先扩大,再缩小,最近几年又开始扩大的趋势。2016 年中国城镇居民不同收入阶层的相对收入差距比 1985 年更大。

综上所述,改革开放以来,我们城镇内部居民之间的收入差距具有以下几个特点:第一,从 1978 年改革开放以来,中国城镇内部的收入差距基本呈现持续扩大趋势,但 2008 年之后有缩小趋势。第二,从不同收入组的相对比来看,近 5 年来中国城镇内部收入差距有扩大趋势。第三,就基尼系数来看,目前城镇内部居民收入差距还没有超过 0.4 的国际警戒线,同发达国家的基尼系数相差不大,基本处于收入差距正常范围内。

12.6 行业收入差距和资本劳动收入占比

12.6.1 行业收入差距

中国收入不平等的加剧也体现在行业间收入差距的扩大。根据《中国统计年鉴》(历年)的数据显示(如表 12.13 所示),中国收入最高行业(电力、煤气及水的生产和供应业)平均工资为 850 元,收入最低行业(社会服务业)平均工资为 392 元,最高最低行业工资之差

1978年为458元，最高最低工资之比为2.17。到了2000年，中国收入最高行业(科学研究和技术服务业)平均工资为13 620元，收入最低行业(农林牧渔业)平均工资为5 184元，最高最低行业工资之差为8 436元，最高最低工资之比为2.63。2016年时，中国最高行业(信息传输、软件和信息技术服务业)平均工资为122 478元，最低行业(农林牧渔业)平均工资为33 612元，最高最低行业工资之差为88 866元，最高最低工资之比为3.64。1978—2016年，中国行业最高最低工资的绝对差距扩大了226倍，两者相对差距(即最高最低工资之比)扩大了67.7%。另外，从行业最高最低工资同全国行业平均工资的差距来看，行业最高工资同全国平均工资之比1978年为1.382，2000年为1.453，2016年为1.813；行业最低工资同全国平均工资之比1978年为0.636，2000年为0.504，2016年为0.497。由此可见，改革开放40年来最高行业工资越来越高于全国平均工资水平，最低行业工资也越来越低于平均工资。

表12.13和图12.17分别显示了1978—2016年中国各行业平均工资的差异情况，包括最高最低行业工资差、最高最低行业工资比、最高行业工资同平均工资之比、最低行业工资同平均工资之比、行业工资标准差和行业工资变异系数。由表12.13和图12.17可以发现，中国行业间工资绝对差距一直在扩大；而且目前行业间平均收入差距是巨大的，最高最低行业年平均收入差距接近9万，这一差距超过了全国平均工资水平2万多元，是最低行业工资的2.6倍。行业工资的标准差由108元扩大到22 659元，近40年来扩大了200多倍。

当然，以行业收入标准差和行业间收入差距表示的行业绝对收入差距还不足以反应行业真实工资不平等的加剧，因为这两个指标同物价和平均工资水平有关。但是，表12.13和图12.17也表明，以最高最低行业工资比、最高行业工资同平均工资比、最低行业工资同平均工资比，以及变异系数等相对收入差距指标衡量的行业收入不平等程度也表明，1978—2016年行业不平等基本呈现波浪形扩大趋势。具体来说，首先，最高最低行业工资比在1990年之前一直是下降的，但1991年之后，这一比值则逐渐扩大，2008年之后又略有缩小的趋势，但2016年又在扩大。最高工资行业同全国平均工资行业的工资比和最低工资行业同全国平均工资行业的工资比也显示了同样的趋势。其次，就行业平均工资的变异系数来看，我们改革开放初期至1989年，行业差距都一直缩小；而1990年之后，行业差距逐步扩大，1994年达到改革开放之前的不平等程度，之后则一直剧烈上升；2008年之后，行业差距略有缩小趋势。

12.6.2 资本劳动收入占比

最后，中国收入差距的持续扩大，还体现在中国劳动总收入占国民收入的比重(以下

第12章 中国收入分配格局的演化和现状

表12.13 1978—2016年中国各行业平均工资的变化情况

年份	全国平均工资	最高工资行业	最低工资行业	最高最低工资差	最高最低工资比	最高同全国平均比	最低同全国平均比	行业平均工资	行业工资标准差
1978	615	850(水电煤气)	392(社会服务)	458	2.168	1.382	0.636	617	108
1980	762	1 035(水电煤气)	475(社会服务)	560	2.179	1.358	0.620	766	128
1985	1 148	1 406(地质水利)	777(社会服务)	629	1.810	1.225	0.676	1 150	169
1989	1 935	2 378(采掘业)	1 389(农林牧渔)	989	1.712	1.229	0.702	1 979	241
1990	2 140	2 718(采掘业)	1 541(农林牧渔)	1 177	1.764	1.270	0.691	2 229	293
1991	2 340	2 942(采掘业)	1 652(农林牧渔)	1 290	1.781	1.257	0.679	2 432	331
1992	2 711	3 392(水电煤气)	1 828(农林牧渔)	1 564	1.856	1.251	0.640	2 857	396
1993	3 371	4 320(房地产)	2 042(农林牧渔)	2 278	2.116	1.282	0.573	3 562	585
1994	4 538	6 712 金融保险	2 819(农林牧渔)	3 893	2.381	1.479	0.551	5 120	978
1995	5 500	7 843(水电煤气)	3 522(农林牧渔)	4 321	2.227	1.426	0.588	5 993	1 099
1996	6 210	8 816(金融保险)	4 050(农林牧渔)	4 766	2.177	1.420	0.598	6 774	1 285
1997	6 470	9 734(金融保险)	4 311(农林牧渔)	5 423	2.258	1.505	0.586	7 356	1 540
1998	7 479	10 633(金融保险)	4 528(农林牧渔)	6 105	2.348	1.422	0.548	8 258	1 675
1999	8 346	12 046(金融保险)	4 832(农林牧渔)	7 214	2.493	1.443	0.524	9 219	1 976
2000	9 371	13 620(科研技服)	5 184(农林牧渔)	8 436	2.627	1.453	0.504	10 286	2 288
2001	10 870	16 437(科研技服)	5 741(农林牧渔)	10 696	2.863	1.512	0.483	11 893	2 818

443

(续表)

年份	全国平均工资	最高工资行业	最低工资行业	最高最低工资差	最高最低工资比	最高同全国平均比	最低同全国平均比	行业平均工资	行业工资标准差
2002	12 422	19 135（金融保险）	6 398（农林牧渔）	12 737	2.991	1.540	0.473	13 525	3 320
2003	13 969	30 897（软信技服）	6 884（农林牧渔）	24 013	4.488	2.212	0.493	15 496	4 991
2004	15 920	33 449（软信技服）	7 497（农林牧渔）	25 952	4.462	2.101	0.471	17 556	5 530
2005	18 200	38 799（软信技服）	8 207（农林牧渔）	30 592	4.728	2.132	0.451	20 116	6 594
2006	20 856	43 435（软信技服）	9 269（农林牧渔）	34 166	4.686	2.083	0.444	23 012	7 680
2007	24 721	47 700（软信技服）	10 847（农林牧渔）	36 853	4.398	1.930	0.439	26 995	8 970
2008	28 898	54 906（软信技服）	12 560（农林牧渔）	42 346	4.371	1.900	0.435	31 468	10 750
2009	32 244	60 398（金融业）	14 356（农林牧渔）	46 042	4.207	1.873	0.445	34 663	11 614
2010	36 539	70 146（金融业）	16 717（农林牧渔）	53 429	4.196	1.920	0.458	39 114	13 176
2011	41 799	81 109（金融业）	19 469（农林牧渔）	61 640	4.166	1.940	0.466	45 046	14 701
2012	46 769	89 743（金融业）	22 687（农林牧渔）	67 056	3.956	1.919	0.485	50 200	16 162
2013	51 483	99 653（金融业）	25 820（农林牧渔）	73 833	3.860	1.936	0.502	55 670	18 137
2014	56 360	108 273（金融业）	28 356（农林牧渔）	79 917	3.818	1.921	0.503	60 503	19 753
2015	62 029	114 777（金融业）	31 947（农林牧渔）	82 830	3.593	1.850	0.515	66 053	21 298
2016	67 569	122 478（信息计算机）	33 612（农林牧渔）	88 866	3.644	1.813	0.497	71 114	22 659

注：数据来源为《中国统计年鉴》（历年）。

第 12 章　中国收入分配格局的演化和现状

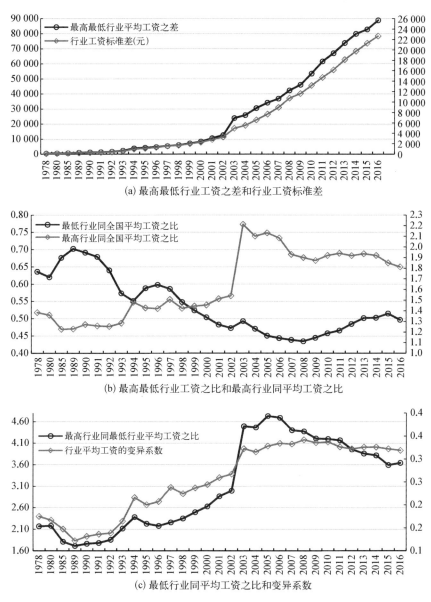

图 12.17　中国各行业间工资差距的变化：1978—2016

注：由于 2003 年后统计年鉴对行业作了调整，2003 年前后的数据具有差异。

简称劳动收入占比)的变化上。其实,关于中国资本劳动收入占比问题,李扬(1992)早期的研究表明,在中国改革开放初期,劳动收入占比基本上是上升的。但之后很多学者的研究都发现,中国劳动收入占比自1990年代后持续下降(罗长远,2008;周海媚等,2010b;白重恩和钱震杰,2009a,b;罗长远和张军,2009b)。因此,资本劳动收入占比的持续扩大再次引起了学者关注,而且也被认为是导致中国收入不平等持续上升的重要原因之一(龚刚和杨光,2010a)。根据罗长远和张军(2009a)的估计认为,1987—2006年中国劳动收入份额从52%左右下降到41%。图12.18显示了1987—2016年中国劳动收入占比的变化情况。其中,上面一条菱形标示的线是用《中国统计年鉴》中"现金流量表"中的劳动收入所得除以总增加值所得到的劳动收入占比数据,下面一条圆形标示的是根据《中国统计年鉴》中的"地区生产总值收入法构成项目"中地区数据加总得到的劳动报酬所得除以国内生产总值得到的劳动收入占比数据。从图12.18中可以看出,1987—2016年中国劳动收入占比基本上呈现出先下降后上升的趋势。根据《中国统计年鉴》(历年),如果按照地区加总的数据计算劳动者报酬占GDP之比来看,1987年中国劳动收入份额大约为52%,1992年大约为50.1%,1996年为53.4%左右,2003年下降到50%左右,2007年达到最低点39.7%,2008—2009年开始上升,2009年高达46.6%,2000年下降到45.1%,之后又连续上升,2016年为50.9%,接近2002年的水平。如果按照《中国统计年鉴》的"现金流量表"中数据计算,1992年中国的劳动收入占比大约为59.9%,大概在2004年左右下降到50%左右,1993年突然下降到56.7%,1994—1999年缓慢上升到59.6%,2000—2011年基本在下降,2011年达到最低点47.0%,2012年之后在上升,2015年为51.8%,同2003年的水平

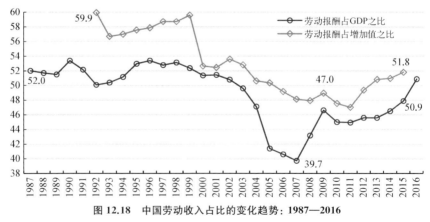

图12.18 中国劳动收入占比的变化趋势:1987—2016

注:① 资料来源系作者根据《中国统计年鉴》(历年)整理得到。② "劳动报酬占增加值之比"是用"现金流量表(非金融交易)"中劳动者报酬所得除以总增加值得到;"劳动报酬占GDP之比"是由"地区生产总值收入法构成项目"中各地区数据加总得到的劳动报酬所得除以加总的生产总值得到。

相差不大。总之,无论用哪种数据估算,劳动收入份额都一直呈现下降趋势,且目前这一比率大概在50%左右,远低于其他国家。

12.7 本章小结:中国收入分配格局的现状和特点

综合以上这些事实,中国现阶段收入分配格局主要表现出以下三个特征:首先,中国收入分配不平等程度总体来说一直在扩大,基尼系数现在已经突破了国际公认的警戒线0.4,处于收入分配差距悬殊(基尼系数达到0.5)的国家之列。这表明,改善中国收入分配格局在目前来说已经非常重要和迫切。其次,改革开放以来,中国收入差距的扩大是全面持续性的,收入不平等的加剧表现在经济生活的各个领域。这同时也表明,要改善中国的收入分配格局,缩小居民收入差距,其面临情况非常复杂和艰巨。最后,还有一个值得注意的事实是,如果单纯只看城镇内部和农村内部的收入差距,它们仍处于国际警戒线(0.4)以内,同世界其他发达国家的不平等程度也相差不大。例如,日本、西班牙、葡萄牙、英国和德国等发达国家,其基尼系数也都在0.31—0.37。由于中国目前城乡分割还比较严重,城镇和农村之间几乎可以看作是两个不同的生活区,城镇居民和乡村居民还主要是在各自的区域内生活。因此,在现实生活中,实际影响大家公平感的还主要是城镇内部和农村内部的收入差距。也正是因为如此,所以,虽然中国全国总体收入分配基尼系数很大,但社会经济生活仍然保持稳定,而没有像其他一些收入分配高度不平等的国家一样出现社会不稳定和动乱现象。不过,随着城镇化的进一步深入,农村和城镇居民之间的融合越来越深,城乡之间的联系越来越密切,城乡之间的分割不再像以前一样明显。这时,过大的城乡收入差距和全国整体基尼系数对社会稳定的影响可能会大大增加,而改善收入分配格局,缩小整体性收入差距就更为迫切。

此外,中国收入分配另外三个特点也需引起重视:第一,城镇内部和农村内部收入差距目前正在持续扩大,而且这种差距的扩大有加快的趋势。第二,社会阶层的流动性,即穷人通过努力变成富人的可能性,正在变小。因此,社会分层现象正在形成,社会阶层正在出现。第三,财富分配的差距远比收入分配的差距大得多。这三点是当前收入差距被普遍关注,以及社会情绪不稳定性产生的主要原因。随着中国改革开放的继续深入,城市化进程的进一步加大,收入分配这三个方面的特征可能会成为影响社会稳定和经济发展的最重要因素。

第13章

不完全竞争劳动力市场、地区经济不平衡发展和地区收入差距[①]

① 本章内容曾发表在《浙江社会科学》2014年第11期。

现有研究表明,地区收入差距是导致我国居民收入差距持续扩大的最主要因素之一。很多研究文献也都认为,我国地区间收入扩大主要是因为我国地区经济不平衡发展以及由此所导致的地区经济差距不断扩大。本章则认为,我国地区收入差距扩大的主要原因并不一定是地区经济不平衡发展和地区经济差距的不断扩大,而是地区间劳动力市场分割;而且极有可能的是,我国地区经济发展不平衡和地区经济差距扩大本身也是地区劳动力市场分割的结果。因此,只有改革各种阻碍地区间劳动力自由流动的户籍制度、劳动用工制度、社保制度以及其他导致劳动力市场分割有关的经济制度,不断完善我国劳动力市场,才能缩小我国地区收入差距。

13.1 引言

自改革开放以来,我国经济发展取得重大进步,但我国收入分配格局却不断恶化。居民收入差距明显扩大,收入分配不平等持续上升(王弟海,2012)。根据国家统计局公布的数据,目前我国居民收入分配的总体基尼系数大概在 0.47 左右,突破国际警戒线 0.4。我国收入差距扩大虽然在社会经济的各方面和各层次都有所体现,但现有研究表明,地区收入差距和城乡收入差距是影响我国收入分配不平等的两大最主要因素(李实和赵人伟,1999;王洪亮和徐翔,2006;程永宏,2007 等)。关于我国地区间收入差距的变化趋势,早期的研究曾经发现,改革开放初期我国地区间的收入差距在缩小(杨伟民,1992;魏后凯,1992)。不过,随后的研究发现,随着改革开放的继续深入,地区收入差距在不断扩大。例如,林毅夫等(1998)的研究认为,1978—1990 年我国地区间收入差距在缩小,但 1990—1998 年地区间收入差距则一直在扩大。第 12 章的分析也表明,直到 2010 年左右,我国地区间居民收入差距都在扩大,近年来地区收入差距略有缩小趋势。蔡昉等(2001)、林毅夫和刘培林(2003)、林毅夫和刘明兴(2003)、王晓鲁和樊刚(2004)等研究也都进一步证实了这一结论。总体来说,改革开放四十年来,我国地区收入差距呈现出快速扩大的态势,在改革开放过程中表现出阶梯形上升的特征。为什么我国地区收入差距会持续扩大?这将是本章所要解释的主要问题。

关于我国地区收入差距的经验文献有很多。在现有这类研究文献中,大多学者都把我国地区收入差距持续扩大的原因归结为我国地区经济的不平衡发展。例如,林毅夫和刘明兴(2003)、彭国华(2005)、许召元和李善同(2006)、刘生龙等(2009)、潘文卿(2010)等从新古典经济增长理论关于各国经济条件收敛的理论出发,认为我国各省(区、市)之间经济增长不满足条件收敛的条件,从而造成了不同地区的经济发散性增长,由此导致了我国地区收入差距扩大。范剑勇(2006)、王小勇(2006)、刘修岩和殷醒民(2006)、金煜等(2006)、范剑勇和张雁(2009)等则从空间地理经济学的角度来解释我国地区收入差距的扩大,认为规模报酬递增导致的产业集聚、对外开放所导致的工业集聚,以及市场潜能的地理空间不平衡分布等空间地理因素造成的地区经济集聚和地区劳动生产力的差异,是导致我国地区收入差距扩大的原因。当然,地区收入差距扩大肯定同地区经济发展不平衡有关。因为如果各地区经济发展水平相同,其收入水平也基本上会相同。但是,地区经济发展不平衡并不一定就是地区收入差距扩大的根本原因,因为如果劳动力市场是完全竞争的,即如果劳动力(居民)可以在地区间无成本地自由流动,那么,即使各地经济不平衡发展,不同地区劳动者间的工资差距从而收入差距也会逐渐缩小。也就是说,在劳动力可以完全无成本自由流动的经济中,只要各地区的工资存在显著差异,劳动力就会从低收入地区流入到高收入地区,而"劳动边际生产力递减"和"工资由劳动边际生产力决定"这两个原则将会使得不同地区的工资收入具有趋同的趋势。因此,在完全劳动力市场下,地区间收入差距不可能会持续扩大。现有收入分配方面的理论文献也已经表明,在完全市场经济中,不存在使得收入差距持续扩大的机制;长期来看,收入分配格局最终会趋于一个稳定分布状态(Stiglitz, 1969; Lucas, 1992; Chatterjee, 1994; Caselli and Venture, 2000; Li et al., 2000;王弟海和龚六堂,2006,2008)。

另一方面,我国不同地区间也确实不存在一个完全竞争的劳动力市场。由于户籍制度等各项社会经济制度的存在以及各地政府为解决本地就业问题而采取的"歧视性就业政策",导致了各地劳动力市场都存在一定程度的地区分割。外地劳动力在本地劳动力市场中会受到各种歧视,这导致了地区间的劳动力流动存在很大的成本,从而阻碍地区间的劳动力流动和全国性完全劳动力市场的形成。例如,姚先国和赖普清(2004)的经验研究发现,外来农民工受到的户籍歧视是工人在劳资关系上存在巨大差距的主要原因;除劳动合同外,外来农民工在工资、养老保险、医疗保险、失业保险以及工会参与等方面均遭到户籍歧视。王美艳(2005)的实证研究结果显示,在外来劳动力与本地城市户口劳动力的工资差异中,有43%是由歧视等不可解释的因素造成的。严善平(2006)的研究结论认为:在城市求职过程中,选择什么性质的部门,以何种方式在不同部门之间流动,这些都主要取决于以户籍为代表的制度因素,它们同个人的教育水平和工作经历等人力资本因素关系不大。严善平(2007)的数据分析进一步表明,随着我国经济的发展,外地居民和本地居民人力资本收益率的上升速度存在明显差距,而且这种差距还在扩大。当然,关于我国劳动力市场分割程度如何,以及劳动力地区流动成本到底有多大,这些问题还没有经验文献

第 13 章 不完全竞争劳动力市场、地区经济不平衡发展和地区收入差距

进行过研究。但以上这些研究足以表明,在我国确实存在不同地区间的劳动力市场分割,而户籍制度则是造成我国地区间劳动力市场分割的主要原因。

基于我国以上两个方面的基本现实,本章将重点从劳动力市场的完备性视角来研究地区收入差距和地区经济发展不平衡的原因,分析不同劳动力市场假设下地区间经济发展和收入差距变化的趋势,并基于这一理论研究来对我国地区经济不平衡发展和地区收入差距扩大进行解释。当然,为了简单起见,本章只讨论了两地之间劳动力可以自由流动和完全不能流动两种极端情形下的地区经济发展和地区收入差距变化。通过对这两种情形下的两地经济进行比较分析,本章研究表明,如果劳动力市场是完全竞争的,地区劳动力之间的自由流动将会消除地区经济发展不平衡和地区收入差距;只有在地区劳动力无法流动的情况下,地区之间的经济才会不平衡发展,而地区之间的收入差距也会持续扩大。因此,劳动力市场分割不但对地区间收入差距扩大具有直接的影响,而且地区发展不平等和地区收入差距扩大有可能都是由于地区劳动力市场分割限制劳动力地区间流动所造成的。

本章以下的结构安排是:第 2 节分析完全劳动力市场下的地区经济发展和地区收入差距;第 3 节讨论不完全市场下的地区经济发展和地区收入差距;第 4 节是本章的主要结论。

13.2 地区经济发展和地区收入差距：完全竞争劳动力市场

13.2.1 模型和假设

假设有两个地区,地区 1 和地区 2,其中地区 1 为发达地区,地区 2 为不发达地区。每个地区的厂商都具有如下新古典形式的生产函数

$$Y_i = K_i^{\alpha_i} (A_i L_i)^{1-\alpha_i}, i = 1, 2 \tag{13.1}$$

其中,i 表示地区,Y 表示产出,K 表示生产中投入的总资本(以商品衡量),L 表示生产中投入的劳动总量(以人数衡量),$A(t)$ 表示技术水平,α_i 表示地区 i 的资本产出弹性。把(13.1)式改写集约形式的生产函数为

$$\hat{y}_i = \hat{k}_i^{\alpha_i}, i = 1, 2 \tag{13.2}$$

其中,$\hat{k} = K/(AL)$ 表示每单位有效劳动的资本量,$\hat{y} = Y/AL$ 表示每单位有效劳动的产出水平。

发达地区 1 和不发达地区 2 的差异性主要体现在两个方面。首先,两个地区的资本产出弹性可能存在不同。一般来说,发达国家的资本产出弹性都比发展中国家要低。例如,据估计,欧美等发达国家的资本产出弹性一般都在 1/3 左右(罗默,1999,p.1),而中国和印度等发展中国家的资本产出弹性都在 0.6—0.7 之间(王弟海和龚六堂,2007)。不过,还没有文献对我国不同地区的资本产出弹性进行估计。不失一般性,仍可假设发达地区的资本产出弹性小于不发达地区①,即 $0<\alpha_1<\alpha_2<1$。其次,两个地区的技术水平和技术进步率存在差异②。不失一般性,假设两个地区的技术进步率分别为 g_1 和 g_2,但发达地区 1 的技术进步率要快(即 $g_1>g_2$),同时发达地区的初始技术水平也更高③。由此

$$A_1(t)=A_{10}e^{g_1 t}, A_2(t)=A_{20}e^{g_2 t} \tag{13.3}$$

其中,A_{i0} 表示地区 i 的初始技术水平,且 $A_{10}>A_{20}$。假设两个地区具有相同的人口增长率,且初始人口都标准化为 1。由此

$$L_1(t)=L_2(t)=e^{nt} \tag{13.4}$$

还假设两个地区内部的商品市场和要素市场都是完全自由竞争的,且折旧率都为 0。资本可以在两个地区自由流动,因而两个地区具有相同的利率水平 r。用 w_i 表示第 i 个地区的工资水平。两个地区的厂商行为都表现为④

$$\max_{K_i,L_i} K_i^{\alpha_i}(A_i L_i)^{1-\alpha_i}-w_i L_i-rK_i, i=1,2 \tag{13.5}$$

每个地区的消费者都通过劳动和资产获得收入,地区 i 的消费者每期获得的收入为

$$y_i^d=w_i+a_i r, i=1,2 \tag{13.6}$$

假设所有消费者的储蓄率都是 s,则每个消费者的资产积累方程为

$$\dot{a}_i=sy_i^d=s(w_i+a_i r), i=1,2 \tag{13.7}$$

---

① 这一假设条件对于解释我国不同地区的收入差距和经济发展并不是必要条件,但对于解释不同国家间的经济发展和工资差距则是必不可少的。

② 本章中所讨论的两个地区间的技术水平的差异不一定就是指现实中的技术。从上文关于 A 的假设可以看出,本章所指的技术水平其实就是经济增长理论中的 Solow 剩余,它其实可以包含除劳动和资本以外能够影响生产力的一切因素。本章的技术 A 既可以指代实际的技术差异,也可以指两地间由于税收差异、地利条件、资源条件、人力资本差异以及其他各种制度差异等所造成的生产力差异。

③ 如果假设两地区具有相同的技术进步率,但发达地区 1 比不发达地区 2 具有更高的初始技术水平,本章的大部分研究结论也成立。

④ 由于厂商的决策只同每期的工资和利率有关,它是一个静态优化问题,所以在(13.5)式中省略了时间变量 t。虽然本章中的每个变量其实都是时间的函数,但为了简化公式,以下分析中都省略了时间变量 t。

其中,字母上面加一点表示该字母所代表的变量对时间的导数(即 $\dot{a}_i = \mathrm{d}a_i/\mathrm{d}t$),它也表示单位时间内该变量的增量。

13.2.2 两地区经济发展和人均收入的差距及其变化趋势

在完全劳动力市场假设下,劳动可以在两地自由流动。由于劳动者总是会选择在工资高的地区就业,如果两地工资不相等,则工资低的地区将不会有劳动供给。因此,劳动力市场均衡时两地区一定会具有相同的工资水平。根据厂商利润最大化行为(13.5)式的一阶条件可得

$$r = \alpha_1 \hat{k}_1^{\alpha_1 - 1} = \alpha_2 \hat{k}_2^{\alpha_2 - 1} \tag{13.8}$$

$$w_1 = (1 - \alpha_1) A_1 \hat{k}_1^{\alpha_1} = w_2 = (1 - \alpha_2) A_2 \hat{k}_2^{\alpha_2} \tag{13.9}$$

(13.8)式和(13.9)式表明,在完全劳动力市场假设下,两地区间不存在工资差距。但是,为了使得两地的劳动和资本获得相同的报酬,两地之间会存在资本和/或劳动的流动。由于本章主要关注的是地区经济发展和地区收入差距,本章不讨论两地区资本和劳动的流向问题。下面主要分析两地区经济发展和收入差距及其变化的差异情况。

由(13.8)式和(13.9)式相除,并经过简单整理可得,在任意 t 时刻有[①]

$$\frac{k_1}{k_2} = \frac{A_1 \hat{k}_1}{A_2 \hat{k}_2} = \frac{(1/\alpha_2 - 1)}{(1/\alpha_1 - 1)} \tag{13.10}$$

(13.10)式表明,当两个地区的利率和工资都相等时,两地区的人均物质资本比同两地区的资本产出弹性相对大小有关。由此可以得到以下定理 13.1[②]:

---

① (13.10)式在更一般的生产函数下也成立。具体推导如下:不妨假设两地生产函数分别为 $Y_i = F^i(K_i, A_i L_i)$,且 $F^i(\lambda K, \lambda L) = \lambda F^i(K, L)$,$\forall \lambda > 0$,因而 $y_i = f'(\hat{k}_i)$。由于两地工资和利率相等,因此有

$$r_1 = f'(\hat{k}_1) = r_2 = f'(\hat{k}_2) \text{ 和 } A_1 [f(\hat{k}_1) - \hat{k}_1 f'(\hat{k}_1)]$$
$$= w_2 = A_2 [f(\hat{k}_2) - \hat{k}_2 f'(\hat{k}_2)]$$

两者相除可得

$$\frac{[A_1 f(\hat{k}_1) - A_1 \hat{k}_1 f'(\hat{k}_1)]}{f'(\hat{k}_1)} = \frac{[A_2 f(\hat{k}_2) - A_2 \hat{k}_2 f'(\hat{k}_2)]}{f'(\hat{k}_2)}$$
$$\Leftrightarrow A_1 \hat{k}_1 (1/\alpha - 1) = A_2 \hat{k}_2 (1/\alpha_2 - 1)$$

经过进一步整理可得(13.10)式。

② 定理 13.1 其实对于一个完全市场经济体内的不同部门也成立。即对于一个劳动和资本可以在不同部门完全流动的经济体而言,如果资本市场和劳动市场都是自由竞争市场(即要素按照边际生产力获得报酬),则资本收入份额高的部门,其人均资本水平也会越高。

定理 13.1 在资本和劳动可以自由流动的情况下,资本产出弹性(即资本收入份额)越高的地区,或者说劳动收入份额越低的地区,其人均资本水平也会越高。

注意,定理 13.1 其实是一个非常一般化的结论,它同以上关于生产函数的假设无关。定理 13.1 的经济学直觉也很容易理解:一方面,在资本可以自由流动的情况下,两个地区的利率水平相同,从而两个地区人均资本的边际产出水平,即 $f^i(\hat{k}_i)$ 也相同。由于资本产出弹性也等于人均有效资本的边际产出除以其平均产出,即 $\alpha_i = f^i(\hat{k}_i)/[f^i(\hat{k}_i)/\hat{k}_i]$,所以,在资本产出弹性高的地区其人均资本的平均产出(即 $f^i(\hat{k}_i)/\hat{k}_i$)必然会更低。如果两个地区具有相同的人均资本水平,则资本产出弹性高的地区一定会具有更低的人均产出水平 $f^i(\hat{k}_i)$。另一方面,如果两个地区具有相同的人均资本水平,资本自由流动意味着人均资本获得的报酬,即 $r\hat{k}_i = \hat{k}_i f^i(\hat{k}_i)$ 在两个地区也应该相同。由于工资水平等于人均产出减去人均资本获得的报酬,即 $w = f(k) - kr$,所以,高资本产出弹性的地区工资水平一定会更低。这一分析说明,如果两个地区具有相同的人均资本水平,资本产出弹性低的地区一定会具有更高的工资水平,从而会不断吸引高资本产出弹性地区的劳动力流入到低资本产出弹性地区。劳动力的不断流出则使得高资本产出弹性地区的人均资本水平不断提高,这一过程一直持续到两地具有相同的工资水平为止。这一理论分析过程其实同现实经济也比较接近。在现实经济中可以看到,具有高资本产出弹性的发展中国家的工资水平一般都远低于发达国家,而且劳动力也都是从高资本产出弹性的发展中国家或/和地区流向发达国家或/和地区。

定理 13.1 的一个重要推论就是,在完全资本市场和劳动力市场假设下,如果两个地区具有相同的资本产出弹性,则两个地区一定具有相同的人均资本水平。

在两个地区的资本产出弹性固定不变的情况下,根据(13.10)式进一步可得

$$\left(\frac{\dot{A}_1}{A_1} + \frac{\dot{\hat{k}}_1}{\hat{k}_1}\right) - \left(\frac{\dot{A}_2}{A_2} + \frac{\dot{\hat{k}}_2}{\hat{k}_2}\right) = \frac{\dot{k}_1}{k_1} - \frac{\dot{k}_2}{k_2} = 0 \tag{13.11}$$

(13.11)式表明,如果两个地区都是固定资本产出弹性的生产函数,则两个地区的人均资本增长率相同。

此外,根据 $y_i = A_i f^i(\hat{k}_i)$ 和(13.10)式可得,两个地区的人均产出之比为

$$\frac{y_1}{y_2} = \frac{A_1 \hat{y}_1}{A_2 \hat{y}_2} = \frac{A_1 \hat{k}_1^{\alpha_1}}{A_2 \hat{k}_2^{\alpha_2}} = \frac{\alpha_2 A_1 \hat{k}_1 (\alpha_1 \hat{k}_1^{\alpha_1 - 1})}{\alpha_1 A_2 \hat{k}_2 (\alpha_2 \hat{k}_2^{\alpha_2 - 1})}$$

$$= \frac{\alpha_2 k_1}{\alpha_1 k_2} = \frac{1 - \alpha_2}{1 - \alpha_1} \tag{13.12}$$

根据(13.12)式可以得到以下定理 13.2:

定理 13.2 在资本和劳动可以自由流动的情况下,资本产出弹性(即资本收入份额)

第 13 章　不完全竞争劳动力市场、地区经济不平衡发展和地区收入差距

越高的地区,其人均产出水平会越高。

同定理 13.1 一样,定理 13.2 也是一个非常一般化的结论,它其实同以上关于生产函数的假设无关。可以从两个方面来理解定理 13.2:首先,根据资本产出弹性的定义,在利率等于资本边际报酬的情况下,资本产出弹性其实也等于人均产出中的人均资本收入份额,即 $\alpha_i = \hat{k}_i f^{i\prime}(\hat{k}_i)/f^i(\hat{k}_i) = k_i r/[A_i f^i(\hat{k}_i)]$。由于人均产出中除去资本获得的报酬外,剩下的就是劳动获得的报酬——工资。也就是说,劳动获得的收入份额等于 1 减去资本收入份额,即 $w_i/y_i = (1-\alpha_i)$。劳动力的自由流动意味着两地区的工资水平相等,所以,在资本产出弹性高(即资本收入份额高)的地区,劳动的收入份额会更低,在产出水平相同的情况下,该地区的工资水平也就会更低。要想获得同低资本产出弹性地区相同的工资水平,资本产出弹性高(即资本收入份额高)的地区必须具有更高的人均产出水平。其实,通过对(13.12)式进行简单变形可得 $y_1(1-\alpha_1) = y_2(1-\alpha_1)$,从这一等式可以更直观地理解(13.12)式和定理 13.2 的含义。由于 α 表示资本产出弹性,同时也是资本收入份额,$1-\alpha$ 则表示劳动收入份额,所以(13.12)式的含义其实是表示两个地区具有相同的工资水平,而这也正是两个地区劳动力市场均衡条件。

其次,也可以根据定理 13.1 来理解定理 13.2。由于产出只在资本和劳动之间分配,人均产出等于单位劳动的收入(即工资)加上人均资本获得的收入(即利率乘以人均资本)。在资本和劳动可以自由流动的情况下,两地具有相同的利率水平和工资水平。但高资本产出弹性的地区具有更高的人均资本,所以,高资本产出弹性的地区其人均资本获得的收入也会更高,从而人均产出水平也会越高。

令,$\varepsilon_i = (1-\alpha_i)$ 表示劳动产出弹性或劳动收入份额,根据(13.12)式进一步可得

$$\frac{\dot{y}_1}{y_1} + \frac{\dot{\varepsilon}_1}{\varepsilon_1} = \frac{\dot{\varepsilon}_2}{\varepsilon_2} + \frac{\dot{y}_2}{y_2} \tag{13.13}$$

(13.13)式表明,人均产出增长率和劳动产出弹性变化率之和在两个地区应该相同。因此,劳动收入份额(劳动产出弹性)增加或者说资本收入份额(资本产出弹性)下降的地区,其经济增长率会越慢。但是,在两个地区的资本产出弹性都固定不变的情况下,两个地区具有相同的人均产出增长率。

下面讨论两个地区人均收入水平的差异及其变化情况。由(13.6)式可知,两个地区人均收入的绝对差距和相对差距分别为①

---

① (13.15)式的最后一个不等式的证明如下
$y_1^d/y_2^d = (w+a_1r)/(w+a_2r) = (a_1-a_2)r/(w+a_2r)+1 < (a_1-a_2)r/(a_2r)+1 = (a_1-a_2)/a_2 + 1 = a_1/a_2$。

$$y_1^d - y_2^d = (w + a_1 r) - (w + a_2 r) = (a_1 - a_2)r \qquad (13.14)$$

$$y_1^d / y_2^d = (w + a_1 r)/(w + a_2 r) < a_1/a_2 \qquad (13.15)$$

(13.14)式表明,虽然两地区的人均产出和工资水平都没有差距,但只要两个地区上一期期末的人均财富水平(a_i)存在差距,由于上一期期末人均财富的差距会导致两地区人均资本的当期收益产生差距,两个地区当期的人均收入水平仍然会存在差距。(13.15)式的最后一个不等式表明,两个地区人均财富差距所导致的人均收入相对差距会小于上一期两地区人均财富相对差距。也就是说,人均收入相对不平等要小于财富水平相对不平等。(13.14)式还表明,两地区人均收入的绝对差距是否会大于上一期两地区人均财富的差距,则取决于利率水平是大于1还是小于1。如果利率水平大于1,则两个地区间人均收入的绝对差距大于财富的绝对差距,利率小于1则正好相反。

根据(13.7)式和(13.15)式可得

$$\dot{a}_1/\dot{a}_2 = y_1^d/y_2^d < a_1/a_2 \Leftrightarrow g_{a_1} = \dot{a}_1/a_1 < g_{a_2} = \dot{a}_2/a_2 \qquad (13.16)$$

(13.16)式表明,发达地区1的人均财富增长率小于不发达地区2的人均财富增长率。由于发达地区1的初始人均财富水平高于不发达地区2,这就表明,两地区的人均财富水平的绝对差距将会不断缩小。再根据(13.15)式,两个地区的人均收入差距也会不断缩小。因此,随着经济的发展,两个地区的人均财富差距和人均收入的绝对差距和相对差距都会不断缩小。

这一节的分析表明:如果两个地区间资本和劳动可以自由流动,第一,两个地区间不存在工资收入差距;第二,不发达地区的高资本产出弹性会使得该地区具有更高的人均资本水平和更高的人均产出水平;第三,两个地区具有相同人均产出增长率;第四,两个地区会由于初始财富水平不同而具有不同的人均收入水平,但是,两地区的人均收入水平差距会随着经济的发展而不断地缩小;第五,两个地区间的技术水平及其增长率的差距对两地的经济发展和收入差距没有任何影响,资本和劳动的自由流动完全可以弥补两地的技术水平差异。

13.3 地区经济发展和地区收入差距:地区间劳动力市场分割

这一节假设由于地区间劳动力市场分割,两个地区间劳动力不能流动,其他假设同第2节一样。由于地区间劳动力市场分割,劳动力无法在两地之间自由流动,两地区的工资

第 13 章　不完全竞争劳动力市场、地区经济不平衡发展和地区收入差距

水平不一定相等。资本在地区间的自由流动使得两个地区具有相同的利率水平。根据厂商利润最大化行为(13.6)式的一阶条件可得

$$r = \alpha_1 \hat{k}_1^{\alpha_1-1} = \alpha_2 \hat{k}_2^{\alpha_2-1} \tag{13.8}$$

$$w_1 = (1-\alpha_1)A_1 \hat{k}_1^{\alpha_1}, \ w_2 = (1-\alpha_2)A_2 \hat{k}_2^{\alpha_2} \tag{13.17}$$

显然,根据(13.17)式可知,只要两个地区的人均资本不相同,两地就可能会存在工资收入差距和工资收入不平等。此外,为了使得两地的资本获得相同的报酬,两地之间会存在资本的流动。

13.3.1　两地区间的工资差距、人均产出差距和人均收入差距

由(13.8)式可得,在任意 t 时刻都有

$$\alpha_1 \hat{k}_1^{\alpha_1-1} = \alpha_2 \hat{k}_2^{\alpha_2-1} \Leftrightarrow \alpha_1/\alpha_2 = \hat{k}_1^{1-\alpha_1} / \hat{k}_2^{1-\alpha_2} \tag{13.18}$$

由于资本产出弹性都是小于 1 的正数(即 $0 < \alpha_1 < \alpha_2 < 1$),(13.18)式表明,资本产出弹性越大的地区,其人均有效资本会越大[①],即发达地区的人均有效资本会低于不发达地区(即 $\hat{k}_1 < \hat{k}_2$)。

进一步根据以上(13.8)式和(13.17)式,可以得到两地区的工资之比为

$$\frac{w_1}{w_2} = \frac{(1-\alpha_1)A_1 \hat{k}_1^{\alpha_1}}{(1-\alpha_2)A_2 \hat{k}_2^{\alpha_2}} = \frac{(1/\alpha_1-1)A_1 \hat{k}_1}{(1/\alpha_2-1)A_2 \hat{k}_2} = \frac{(1/\alpha_1-1)k_1}{(1/\alpha_2-1)k_2} \tag{13.19}$$

根据(13.19)式可知,除非在某些比较特殊的参数条件下,否则一般来说,两地区不可能具有相同的工资水平,也就是说,两个地区会存在工资差异。通过进一步分析(13.19)式不难知道:首先,如果两地具有相同的人均资本水平,则资本产出弹性低的发达地区将具有更高的工资水平。其次,如果两地具有相同的技术水平时,则具有更高资本产出弹性的不发达地区将具有更高的工资[②]。在一般情况下,由于两地区的人均有效资本会保持一定

---

① 这一点可以如下证明:由于两地具有相同的利率,即 $r = \alpha_i \hat{k}_i^{\alpha_i-1}$。在保持利率 r 不变的情况下,对 $r = \alpha_i \hat{k}_i^{\alpha_i-1}$ 微分可得 $\mathrm{d}\hat{k}_i/\mathrm{d}\alpha_i = (\hat{k}_i^{\alpha_i-1} + \alpha_i \hat{k}_i^{\alpha_i-1} \ln \hat{k}_i)/[\alpha_i(1-\alpha_i) \hat{k}_i^{\alpha_i-2}] > 0$。这就表明,为了保持利率不变,资本产出弹性 α_i 越高的地区,其人均有效资本也必须越高。

② 关于这一点可以如下证明:因为两地的利率相等,所以对于任何地区都有

$$\bar{r} = \alpha_i \hat{k}_i^{\alpha_i-1}$$

通过微分可得

$$0 = \hat{k}_i^{\alpha_i-1} \mathrm{d}\alpha_i + \alpha_i \hat{k}_i^{\alpha_i-1} \ln \hat{k}_i \mathrm{d}\alpha_i + \alpha_i(\alpha_i-1) \hat{k}_i^{\alpha_i-2} \mathrm{d}\hat{k}_i \tag{13.a}$$

两地具有相同的技术水平 A,则

(转下页)

的关系,这由(13.18)式决定,因此,如果发达地区1的技术水平足够高,从而使得发达地区具有比不发达地区具有更高的人均资本时,发达地区将具有更高的工资水平。也就是说,发达地区的低资本产出弹性趋向于降低该地区的工资水平,而发达地区的高技术水平倾向于提高该地区的工资水平。特别是,如果两地区具有相同的资本产出弹性,则两地区具有相同的人均有效资本,这时发达地区1因为具有更高的技术将肯定具有更高的人均物质资本和工资水平。下面不失一般性,假设发达地区的技术水平足够得高,因而具有更高的人均物质资本和更高的工资水平。

根据 $y_i = A_i f^i(\hat{k}_i)$ 和(13.18)式可得,两个地区的人均产出之比为

$$\frac{y_1}{y_2} = \frac{A_1 \hat{k}_1^{a_1}}{A_2 \hat{k}_2^{a_2}} = \frac{a_2 A_1 \hat{k}_1}{a_1 A_2 \hat{k}_2} = \frac{a_2 k_1}{a_1 k_2} = \frac{(1-a_2)w_1}{(1-a_1)w_2} \tag{13.20}$$

(13.20)式表明,两个地区人均产出水平的差距同两地区工资水平的差距相同。在一般情况下,只要发达地区具有更高的人均资本水平,则它肯定具有更高的人均产出水平和工资水平。

关于两地区人均收入差距的情况,根据(13.6)式可得

$$\begin{aligned} y_1^d - y_1^d &= (w_1 - w_2) + (a_1 - a_2)r \\ &= (a_1 - a_2) + (a_1 - a_2)\left(\frac{w_1 - w_2}{a_1 - a_2} + r - 1\right) \end{aligned} \tag{13.21}$$

$$\max\left(\frac{w_1}{w_2}, \frac{a_1}{a_2}\right) > \frac{y_1^d}{y_2^d} = \frac{w_1}{w_2}\left(\frac{w_2}{w_2 + a_2 r}\right) + \frac{a_1}{a_2}\left(\frac{a_2 r}{w_2 + a_2 r}\right) \tag{13.22}$$

$$> \min\left(\frac{w_1}{w_2}, \frac{a_1}{a_2}\right)$$

(13.21)式表明,在两个地区劳动力不能自由流动的情况下,两个地区间的人均收入差

(接上页) $$w_i = (1-a_i)A\hat{k}_i^{a_i}$$

两边同时微分可得

$$dw_i = -A\hat{k}_i^{a_i}da_i + (1-a_i)A\hat{k}_i^{a_i}\ln\hat{k}_i da_i + a_i(1-a_i)A\hat{k}_i^{a_i-1}d\hat{k}_i \tag{13.b}$$

把(13.a)乘以 $a_i\hat{k}_i$ 在加上(13.b)式可得

$$dw_i = -A\hat{k}_i^{a_i}da_i + (1-a_i)A\hat{k}_i^{a_i}\ln\hat{k}_i da_i + a_i(1-a_i)A\hat{k}_i^{a_i-1}d\hat{k}_i$$
$$0 = A\hat{k}_i^{a_i}da_i + Aa_i\hat{k}_i^{a_i}\ln\hat{k}_i da_i + a_i(a_i-1)A\hat{k}_i^{a_i-1}d\hat{k}_i$$
$$dw_i/da_i = A\hat{k}_i^{a_i}\ln\hat{k}_i > 0$$

这就表明,如果两地具有相同的技术水平,资本产出弹性越大的地区将具有越高的工资。

第 13 章 不完全竞争劳动力市场、地区经济不平衡发展和地区收入差距

距不但同两个地区的工资收入差距有关,而且还同两个地区间的初始财富差距有关。(13.22)式进一步表明,两个地区间的人均收入之比位于两个地区间的工资之比和初始财富之比之间。因此,如果两个地区的工资相对差距大于两个地区的初始财富相对差距,则两个地区间的人均收入相对差距小于工资差距但大于初始财富差距,这时两地区间的工资收入差距具有扩大两地区间人均收入相对差距的趋势;反之,如果两个地区的初始财富差距大于两个地区的工资收入差距,则两个地区的人均收入差距大于工资收入差距但小于初始财富差距,工资收入差距具有缩小两地区人均收入相对差距的趋势。

13.3.2 两地区间经济发展水平和收入差距的动态变化趋势

这一小节讨论两地区间的工资差异和人均产出增长率差异的动态变化情况。在(13.8)式两边同时对时间求导可得

$$(1-\alpha_1)\dot{\hat{k}}_1/\hat{k}_1 = (1-\alpha_2)\dot{\hat{k}}_2/\hat{k}_2 \tag{13.23}$$

(13.23)式表明,两个地区的人均有效资本增长率同劳动产出弹性(即 1 减去资本产出弹性)乘积应该相等。因此,资本产出弹性(即资本收入份额)越高的地区,或者说劳动收入份额越低的地区,其人均有效资本增长率也越快。

根据(13.19)式和(13.20)式进一步可得

$$\begin{aligned}\frac{\dot{y}_1}{y_1} - \frac{\dot{y}_2}{y_2} &= \frac{\dot{w}_1}{w_1} - \frac{\dot{w}_2}{w_1} = \frac{\dot{k}_1}{k_1} - \frac{\dot{k}_2}{k_2} \\ &= \left(\frac{\dot{A}_1}{A_1} - \frac{\dot{A}_2}{A_2}\right) + \left(\frac{\dot{\hat{k}}_1}{\hat{k}_1} - \frac{\dot{\hat{k}}_2}{\hat{k}_2}\right)\end{aligned} \tag{13.24}$$

(13.24)式表明,两地区间的工资增长率之差等于两地区间的人均产出增长率之差,同时也等于两地区间的人均资本增长率之差,这一增长率差值进一步又等于两地区间的技术进步率之差加上人均有效资本增长率之差。(13.24)式最后一个等式表明,发达地区所具有的更高技术进步率趋向于使得该地区具有更高人均资本增长率和工资增长率,但发达地区更低的资本产出弹性会使得该地区具有更低的人均有效资本增长率,因而将趋向于使得发达地区具有更低的人均资本增长率和工资增长率。一般来说,就我国内部的不同地区而言,由于外生技术进步的差异性对经济增长率的影响占据主导地位,所以发达地区都比不发达地区具有更高的经济增长率和人均资本增长率,因而发达地区比不发达地区也具有更高的工资增长率。但是,就世界范围内的发达国家和发展中国家相比较而言,如果两者之间经济增长的差异主要源自技术进步,则发达国家的经济增长和工资增长将会更快。例如,欧美发达国家同拉美国家和非洲国家相比,可能外生技术进步的差异性占

据更重要的地位,因而这些国家比欧美发达国家具有更低的经济增长率和工资增长率。如果源自资本产出弹性的差异在不同国家间占主导地位,则发展中国家的经济增长率和工资增长率将会更高。例如东亚国家和印度同欧美发达国家相比,可能源自资本产出弹性的差异性占更主导的地位,因此,这些国家和地区具有更高的经济增长率和工资增长率。

最后,关于两个地区人均收入差距的变化,根据(13.7)式可得

$$\max\left(\frac{w_1}{w_2},\frac{a_1}{a_2}\right)>\frac{\dot{a}_1}{\dot{a}_2}=\frac{y_1^d}{y_2^d}>\min\left(\frac{w_1}{w_2},\frac{a_1}{a_2}\right) \qquad (13.25)$$

进一步整理可得

$$\begin{cases} \dfrac{\dot{a}_1}{\dot{a}_2}=\dfrac{y_1^d}{y_2^d}>\dfrac{a_1}{a_2} \Leftrightarrow \dfrac{\dot{a}_1}{a_1}=\dfrac{y_1^d}{y_2^d}>\dfrac{\dot{a}_2}{a_2},\text{如果}\dfrac{w_1}{w_2}>\dfrac{a_1}{a_2} \\ \dfrac{\dot{a}_1}{\dot{a}_2}=\dfrac{y_1^d}{y_2^d}<\dfrac{a_1}{a_2} \Leftrightarrow \dfrac{\dot{a}_1}{a_1}=\dfrac{y_1^d}{y_2^d}>\dfrac{\dot{a}_2}{a_2},\text{如果}\dfrac{w_1}{w_2}<\dfrac{a_1}{a_2} \end{cases} \qquad (13.26)$$

(13.26)式表明,如果两个地区间的工资之比小于上一期人均财富之比,则当期发达地区 1 的人均财富增长率小于不发达地区 2 的人均财富增长率,两个地区之间的人均财富差距水平会不断缩小;如果两个地区间的工资之比大于上一期人均财富之比,则当期发达地区 1 的人均财富增长率大于不发达地区 2 的人均财富增长率,两个地区之间的人均财富差距水平会不断扩大。根据(13.24)式可以,由于两个地区工资增长率差距的变化同两个地区人均产出增长率差距的变化趋势相同,因此,如果发达地区 1 比不发达地区 2 具有更高的经济增长率,那么发达地区 1 也将比不发达地区 2 具有更高的工资增长率,因而地区的工资差距会越来越大,由此也会导致两个地区之间的人均收入差距会越来越大。

总之,这一节的分析表明:如果两个地区间资本自由流动,但劳动力不可以自由流动。第一,两个地区间会存在工资收入差距和人均收入差距。第二,发达地区更低的资本产出弹性倾向于使得该地区具有更低的人均产出水平和工资水平,但发达地区更高的技术水平倾向于使得该地区具有更高的人均产出水平和工资水平;如果发达地区的技术水平足够得高,则该地区会具有更高的人均产出水平和工资水平。第三,发达地区更低的资本产出弹性倾向于使得该地区具有更低的人均产出增长率和工资增长率,但该地区更高的技术进步率倾向于使得该地区具有更高的人均产出增长率和工资增长率。如果发达地区因为技术进步的原因而具有更高的经济增长率,则该地区一定会具有更高的工资增长率。第四,当发达地区比不发达地区具有更高的经济增长率时,两个地区的人均收入水平差距也会由于两个地区之间的工资差距不断扩大而扩大。

第 13 章　不完全竞争劳动力市场、地区经济不平衡发展和地区收入差距

13.4　本章小节

地区收入差距不断扩大是我国居民收入差距扩大和收入不平等持续加剧的最主要因素之一。以往很多关于我国地区收入差距扩大的研究文献都认为，我国地区间收入扩大的原因是由于地区经济不平衡发展所导致的地区经济发展水平不断扩大。但本章研究认为，我国地区收入差距扩大的主要原因并不一定是由于地区经济不平衡发展所导致的地区经济发展水平差异不断扩大，更可能是由于地区间劳动力市场分割造成的；而且，地区经济发展不平衡和地区经济发展水平差异扩大本身极有可能也是地区劳动力市场分割的结果。

具体来说，有关完全竞争劳动力市场假设下的研究结论表明：第一，如果地区间劳动力市场是完全竞争的，即如果劳动力可以在地区间自由流动，地区间不会存在工资差距，而且即使不同地区间存在着外生技术差距，也不会造成不同地区间人均产出水平差距。完全竞争劳动力市场下不同地区间工资差距和人均产出差距主要同资本产出弹性有关，地区间的收入差距则主要同初始时刻两地区间的人均财富差距有关。第二，从动态角度来看，在完全竞争劳动力市场条件下，即使两个地区间存在完全不同的技术进步率，两地区间也会具有相同的工资增长率和人均产出增长率，因此，两个地区间的工资差距和人均产出差距不会扩大。本章有关不完全竞争劳动力市场假设下的研究结论表明：第一，如果劳动力市场是不完全的，即如果劳动力不能在地区间自由流动，两个地区间的工资水平和人均产出水平都会存在差距，差距的大小同两地区间的技术水平差距和资本产出弹性的差距有关。一般来说，发达地区更低的资本产出弹性倾向于使得该地区具有更低的人均产出水平和工资水平，但该地区的高技术水平倾向于使得该地区具有更高的人均产出水平和工资水平；如果发达地区的技术水平足够高从而使得该地区会具有更高的人均产出水平，那么，发达地区也会具有更高的工资水平。第二，在地区劳动力无法自由流动的情况下，两个地区的经济增长率和工资增长率也会存在差异。一般来说，发达地区更低的资本产出弹性倾向于使得该地区具有更低的人均产出增长率和工资增长率，但该地区的高技术进步率倾向于使得该地区具有更高的人均产出增长率和工资增长率。如果发达地区因为技术进步原因而具有更高的经济增长率（即人均产出增长率），则该地区一定会具有更高的工资增长率，由此，两地区间的工资差距将会逐渐扩大。这时，两个地区的人均收入水平差距也会由于工资差距的不断扩大而扩大。

基于以上的一些研究结论，本章认为，我国地区间收入差距持续扩大的原因虽然同地区间经济发展不平衡和地区经济发展水平差距扩大有关，但是，后者并不是前者的直接原

因。其实,更有可能的是,我国地区经济发展不平等和地区收入差距扩大可能都是地区间劳动力市场不完全竞争的结果。因此,要想缩小地区收入差距,需要改变目前地区间经济发展水平差异持续扩大的趋势,但更需要完善劳动力市场,改革各种阻碍地区间劳动力自由流动的户籍制度、劳动用工制度、社保制度以及同劳动力市场有关的其他经济制度,清除外来农民工在工资、养老保险、医疗保险、失业保险以及工会参与等方面所遭受到的户籍歧视。

第14章

垄断劳动力市场、最低工资限制和收入分配差距[1]

① 本章主要内容曾经发表在《浙江社会科学》2008 年第 11 期。

从 1978 年开始到今天,中国的改革开放已经实行了 40 年。中国的改革开放主要是从过去的计划经济体制向市场经济体制转型。在改革开放过程中,很多市场在改革开放过程中都处于高度垄断状况。甚至在改革开放已经进行了 40 年后的今天,像金融、石油、电信等行业仍然是被少数国有企业高度垄断的部门,这使得其他国有企业和私营企业很难甚至无法进入该领域。这些高度垄断部门不仅对其所销售的产品市场具有高度的垄断性,而且对其所雇佣的劳动力也具有很大的垄断性。关于垄断市场对于加总经济和社会福利水平的影响,现有主流经济学已经有了很规范的结论,即垄断肯定会造成产出水平和社会福利水平的损失。关于商品垄断市场如何影响收入分配,已有一定的文献对这方面进行过分析和讨论。但是关于垄断劳动力市场如何影响收入分配,现有文献讨论的还不多。本章主要讨论劳动力市场的垄断对收入分配差距的影响以及最低工资限制对收入分配差距的作用。本章的分析将表明:首先,同完全竞争的劳动力市场相比,完全垄断市场肯定会加大收入分配差距;其次,即使在完全竞争劳动力市场下,最低工资限制对收入分配差距的影响也是不一定的,它具体同均衡状态劳动需求弹性的大小有关;最后,在劳动力市场存在买方垄断的情况下,高于完全垄断市场工资水平的最低工资限制肯定会使得失业和收入分配差距同时改善。

14.1 引言

改革开放 40 年来,中国经济发展取得了举世瞩目的成就。但是,在经济增长的同时,中国的不平等也日益严重。正如第 9 章分析所表明,在 40 年的改革开放和发展过程中,无论是从农村和城市内部来看,还是从农村和城市之间来看,中国收入和财富分配的不平等程度都已经被急剧地扩大。中国收入和财富分配不平等的加剧已经引起了大量学者的关注和研究,推动着中国收入和财富分配理论研究和经验研究不断取得进展,出现了大量的相关研究文献。文献研究范围主要集中在改革开放以来中国农村内部、城镇内部、城乡之间收入差距的测量研究,中国收入差距扩大的原因等各个方面。导致中国不平等加剧的原因有很多,但一般认为,垄断,包括商品市场垄断和劳动力市场垄断,是导致中国不平等加剧的重要原因之一(王弟海,2006;郝大海和李路路,2006)。从理论上讲,垄断主要有两种形式:商品市场垄断和劳动力市场的垄断。在中国,垄断最主要的表现之一就是行业垄断,如金融、石油、电信、电力、航空、铁路等垄断部门,他们既控制了这些产品的销售,同时也控制着对这些部门工人的雇用。对于这种类型的部门来说,垄断对不平等的影响可能主要来源于它们对商品市场的垄断。在中国,还存在另一类对不平等影响更大的垄断,即厂商或者企业对农民工劳动市场的垄断地位。一方面,中国存在着巨大的农民工供给,相对于这些大量涌入城市并且还受到城市各种管制制度制约的农民工而言,城市厂商或企业无疑在某种程度上总是处于垄断地位[1]。城市厂商或企业对农民工劳动力市场的垄断及其对工资的垄断定价[2],可能是导致中国经济发展过程中不平等加剧最重要的因素之一。从这一意义上讲,分析劳动力市场垄断对不平等的影响对于理解中国的不平等显然是有着直接现实意义的。另一方面,为了保护劳动者的利益,中国也制定了一系列的最低工资制度。这一最初为保护劳动者收益的制度,是否真的能够提高劳动阶层的收益,缩小劳动和资本之间的收入差距呢?这也是一个值得探讨的问题。本章以下将主要从理论上来分析劳动力市场的垄断对不平等的影响以及最低工资限制对不平等的作用。

一方面,从理论上讲,关于劳动力市场垄断对于加总经济和社会福利水平的影响,现有主流经济学已经有了很规范的结论,即垄断肯定会造成产出水平和社会福利水平的损失。但是,关于垄断劳动力市场对于收入分配不平等的影响,现有文献还很少涉及。另一方面,关于工资限制对完全垄断劳动力市场和完全竞争劳动力市场下加总经济和社会福利水平的影响,现代主流经济学已经分析得很清楚,一般都认为,在完全竞争市场经济中,最低工资限制会导致产量和社会福利水平的损失,在完全垄断市场下,最低工资限制可能会提高产量水平和社会福利水平。这些结论都已经进入了传统的教科书中。但是,关于最低工资限制对于这两种市场条件下收入分配不平等的影响,现有文献仍然没有清楚地分析。本章就试图分析,同完全竞争劳动力市场相比,垄断劳动力市场如何影响收入分配不平等,以及最低工资限制在两种市场条件下对收入分配不平等分别有什么影响。

本章的分析表明:首先,同完全竞争的劳动力市场相比,完全垄断市场肯定会使得不平等加剧。其次,在一个劳动力市场完全竞争的经济中,超过均衡工资水平的最低工资限制无疑会产生更多的失业,从而也会使得工人之间的收入分配不平等加剧。因为在完全竞争劳动力市场的经济中,一方面,超过均衡工资水平的最低工资会使得劳动的需求减

---

[1] 王检贵(2002)的研究认为,2002年左右"我国农村剩余劳动力高达约2亿人",而当时城市所能吸纳的劳动力远远低于这个数字,因此,我国农民工劳动力市场长期处于供过于求的状态。

[2] 关于城市厂商和企业对农民工的垄断定价,陆学艺(2005)的研究给出了一个有力的证据。根据陆学艺(2005,p.257—274)的研究,2001年深圳农民工的人均月工资是558元(而且这一工资还低于80年代的工资水平,但相当于同期农村企业工人的平均工资),并且还经常遭到企业主的克扣,而同时期深圳市职工的月平均工资为2 352元。即使把农民工低生产能力考虑在内,如果没有城市厂商和企业对农民工的垄断地位和垄断定价,我们是很难理解这一现象的。

第 14 章 垄断劳动力市场、最低工资限制和收入分配差距

少,从而就业人数也会减少;另一方面,它还使得就业人数的工资更高,从而使得失业和就业工人之间的收入差距越大。但是,我们的正文中的分析将表明,在某些条件下,由于最低工资限制可能会减少资本家的收入百分比,从而减少工人和资本家之间的收入分配不平等。因此,最低工资限制也可能会降低整个社会的收入分配不平等。因此,即使在完全竞争的劳动力市场下,最低工资限制对不平等的影响也是不一定的,它具体取决于劳动力供给曲线和需求曲线的相对弹性,由此而决定了以上所说的最低工资限制对不平等的两种效应哪一种占优。最后,本章的分析还表明,在劳动力市场存在买方垄断的情况下,高于完全垄断市场工资水平的最低工资限制肯定会使得失业和不平等改善。这是因为,在完全垄断劳动力市场中,实行最低工资限制后,雇主面临的是一条水平的劳动供给曲线,它不再是一个完全垄断的市场供给。在此情况下,最低工资限制一方面会增加就业人数减少失业,从而减少工人之间的不平等程度。另一方面,最低工资限制增加了工人的工资水平,减少了资本家的收入百分比从而减少了劳动和资本之间的收入不平等。因此,在完全垄断市场下,最低工资限制会大大地降低收入不平等。

本章的结构安排是:第 2 节讨论完全垄断劳动力市场和完全竞争劳动力市场下收入和社会福利分配不平等的比较;第 3 节分析完全竞争劳动力市场下最低工资限制对不平等的影响;第 4 节讨论完全垄断劳动力市场下最低工资限制对不平等的影响;第 5 节是本章的结论。

14.2 竞争和垄断劳动力市场对收入分配的影响

我们假设整个市场上有 $\bar{N}$ 个劳动者,他们的收入只来自于劳动所得的工资收入。有 N_0 个资本所有者或者称为资本家,资本家的收入只来自于利润所得资本收入。我们还假设资本家总是收入水平最高的阶层。为简单化,不失一般性,我们可以把资本家的数量 N_0 单位化为 1。如图 14.1 所示,劳动力的边际产出从而劳动数量的需求曲线 D_L 为 BE,劳动力的供给曲线 S_L 为 AEC。它表示当实际工资水平低于 $\hat{w}$ 时,劳动力的供给是一条随工资递增的斜线 AE,当工资水平高于 $\hat{w}$ 时,由于整个社会的劳动人数为 $\bar{N}$,所以这时劳动力供给不再随工资的变化而增加,劳动力供给曲线这时是一条等于供给量

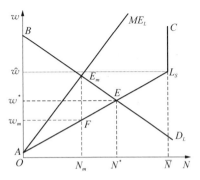

图 14.1 经济中的均衡:完全竞争劳动力市场和完全垄断劳动力市场

等于 $\bar{N}$ 的垂直线。

在完全竞争劳动力市场下,当劳动供给和劳动需求相等时,劳动力市场达到均衡。因此,劳动力供给曲线和劳动力需求曲线的交点 E 为均衡点。此时,经济中的均衡工资水平为 w^*,整个经济的就业人数为 N^*。社会的总产出为 S_{BEN^*O},资本家的利润收入为 S_{Ew^*B},就业的全部 N^* 个工人共获得 $S_{Ew^*N^*O}$ 的工资收入,它获得的总剩余为 S_{Ew^*A}。另外 $\bar{N}-N^*$ 个工人处于失业状态,他们的工资收入和剩余都是0。在均衡状态时,社会中 $(\bar{N}-N^*)/(\bar{N}+1)$ 的失业百分比人数获得占总产出 0 百分比的收入,$\bar{N}/(\bar{N}+1)$ 的总工人百分比人数获得占总产出 $S_{w^*EN^*O}/S_{BEN^*O}$ 百分比的收入,获得占总剩余 S_{w^*EO}/S_{BBO} 百分比的福利水平。因此,完全垄断的劳动力市场下收入分配和剩余分配的洛伦茨曲线如图 14.2 所示。

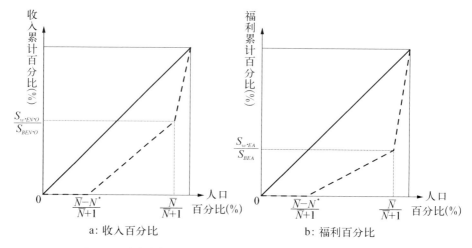

a: 收入百分比　　　　　　　　b: 福利百分比

图 14.2　完全竞争劳动力市场下收入分配和福利分配的洛伦茨曲线

在完全垄断的劳动力市场中,均衡点由劳动力的边际产品价值曲线(即劳动力需求曲线)和劳动力的边际支出曲线 ME_L(即 AE_m)的交点 E_m 决定。均衡时的就业水平为 N_m,均衡的工资水平为均衡就业水平(N_m)在劳动供给曲线上对应的工资水平 w_m(Pindyck and Rubinfeld,2005,p.533-534)。这时,整个经济中的就业人数为 N_m,社会的总产出为 $S_{BE_mN_mO}$,资本家获得 $S_{BE_mFw_m}$ 的利润收入,就业的全部 N^* 个工人共获得 $S_{w_mFN_mO}$ 的工资收入,它获得的总剩余为 S_{w_mFA}。另外 $\bar{N}-N_m$ 个工人处于失业状态,他们的工资收入和剩余都是0。在均衡状态时,社会中 $(\bar{N}-N_m)/(\bar{N}+1)$ 的失业百分比人数获得占总产出 0 百分比的收入和总剩余,$\bar{N}/(\bar{N}+1)$ 的总工人百分比人数获得占总产出 $S_{w_mFN_mO}/S_{BE_mN_mO}$ 百分比的收入和占总剩余的 S_{w_mFO}/S_{BE_mFO} 百分比的福利水平。由此,完全垄断的劳动力市场的经济中,社会的收入分配和总剩余分配的洛伦茨曲线如图 14.3 所示。

第14章 垄断劳动力市场、最低工资限制和收入分配差距

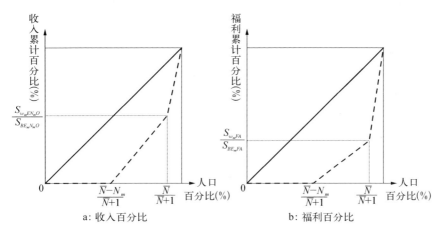

图14.3 完全垄断劳动力市场下收入分配和福利分配的洛伦茨曲线

根据图 14.1 中 E_m 和 E 点的关系以及上面的分析,通过简单的几何推导,可以得到以下定理 14.1:

定理 14.1 完全竞争劳动力市场下所有工人所获得的收入总和占总收入的百分比与剩余总和占社会全部剩余的百分比都要高于劳动市场完全垄断条件下工人所获得收入百分比,即

$$S_{w^* EN^* O}/S_{BEN^* O} > S_{w_m FN_m O}/S_{BE_m N_m O};\ S_{w^* EA}/S_{BEA} > S_{w_m FA}/S_{BE_m FA}。$$

(证明:见附录 14.1)

根据以上定理 14.1,我们可以把劳动力市场处于完全竞争和完全垄断时的收入分配和剩余分配洛伦茨曲线分别置于一个图中,如图 14.4 所示。

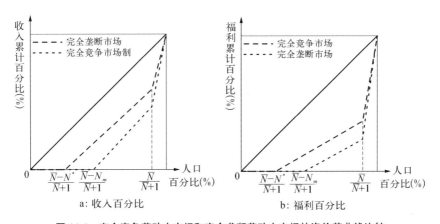

图14.4 完全竞争劳动力市场和完全垄断劳动力市场的洛伦茨曲线比较

471

根据图 14.4,可以得到关于完全竞争劳动力市场和完全垄断劳动力市场收入分配不平等的性质 14.1。

性质 14.1 无论是从收入分配不平等来看,还是从社会福利分配不平等来看,完全竞争市场分配都洛伦兹占优于完全垄断市场下的分配。

性质 14.1 表明,垄断的劳动力市场加剧了收入和福利分配不平等程度。垄断劳动力市场加剧不平等主要体现在两个方面:一方面,劳动力市场垄断的存在使得资本家可以对劳动进行垄断定价,垄断定价使得劳动工资水平比完全竞争劳动力市场下的工资水平更低,从而资本家可以获得更多的收入百分比和剩余百分比,这就加剧了工人和资本家之间的不平等;另一方面,垄断定价还使得劳动力的就业水平更低,从而失业工人更多,因此,最低收入阶层的收入水平更低,从而加剧了最低收入者和其他收入阶层之间的收入差距。

14.3 完全竞争劳动力市场下最低工资限制对不平等的影响

这一节讨论完全竞争劳动力市场下最低工资限制对不平等的影响。在经济中存在最低工资限制政策时,不妨假设当局者制定一个 $\underline{w}$ 的最低工资,即工人的最低工资不得低于 $\underline{w}$。在这种情况下,厂商面临的劳动供给曲线将是水平直线,如图 14.5 中直线 $\underline{w}E_1$ 所示(图 14.5 中其他线条意义同第一节相同)。当存在的 $\underline{w}$ 最低工资限制时,在图 14.5 中,在劳动力市场完全竞争的经济中,劳动力市场的均衡点为 E_1,均衡的劳动力就业水平为 N_1。此时社会的总产出为 $S_{BE_1N_1O}$,资本家获得 $S_{BE_1\underline{w}}$ 的利润收入,就业的全部 N_1 个工人共获得 $S_{\underline{w}E_1N_1O}$ 的工资收入,它获得的总剩余为 $S_{AE_1\underline{w}}$。经济中共有 $\bar{N}-N_1$ 个工人处于失业状态,他们的工资收入和剩余都是 0。在均衡状态时,社会中 $(\bar{N}-N_1)/(\bar{N}+1)$ 的失业百分比人数获得占总产出 0 百分比的收入和总剩余,$\bar{N}/(\bar{N}+1)$ 的总工人百分比人数获得占总产出 $S_{\underline{w}E_1N_1O}/S_{BE_1N_1O}$ 百分比的收入和占总剩余的 $S_{\underline{w}E_1DA}/S_{BE_1DA}$ 百分比的福利水平。关于最低工资对产出和福利水平的影响,有以下几个结论:首先,由于工资管制导致失业人数的增加,就业水平由 N^* 下降到 N_1,处于闲置状态劳动力增加了 N^*N_1 的部分,因此,产出水平相对于

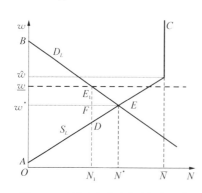

图 14.5 完全竞争劳动力市场中工资管制对经济的影响

第 14 章　垄断劳动力市场、最低工资限制和收入分配差距

没有最低工资的经济会下降。其次,就福利水平而言,由于最低工资限制,整个社会损失了 S_{E_1ED} 的福利水平。相对于没有最低工资的经济,此时厂商的利润水平损失为 $S_{wE_1Ew^*}$,劳动者损失的总剩余为 $S_{wE_1Ew^*} - S_{FED}$。关于这些,一般的教科书中已经讲得很清楚。下面主要讨论最低工资限制对收入和社会福利分配不平等的影响。

根据图 14.5 中 E_1 和 E 之间的关系以及以上分析,可以得到以下定理 2:

定理 14.2　令 $\varepsilon_{DL} = (\Delta N/(N_1+N^*))/(\Delta w/(w^* + \underline{w}))$ 表示劳动需求的工资弹性。如果最低工资限制不是太高(即 $\underline{w} \leqslant \frac{1}{2}(1-\varepsilon_{DL})B\underline{w}$),以使得限制工资后资本家的收入占总产出的百分比小于劳动需求的工资弹性的倒数(即 $S_{B\underline{w}E_1}/S_{BE_1N_1O} \leqslant 1/\varepsilon_{DL}$),则实行最低工资限制时,所有工人获得的收入总和占总产出的百分比会比没有最低工资限制时更大,即有 $S_{w^*EN^*O}/S_{BEN^*O} \leqslant S_{\underline{w}E_1N_1O}/S_{BE_1N_1O}$。反之则相反。而实行最低工资限制时所有工人获得的剩余总和占总剩余的百分比总是比没有最低工资限制时更大,即 $S_{w^*EA}/S_{BEA} < S_{\underline{w}E_1DA}/S_{BE_1DA}$。

根据定理 14.2,可以把完全竞争劳动力市场下,具有最低工资限制和没有最低工资限制的收入分配和剩余分配洛伦茨曲线分别置于一个图中,如图 14.6 和图 14.7 所示。

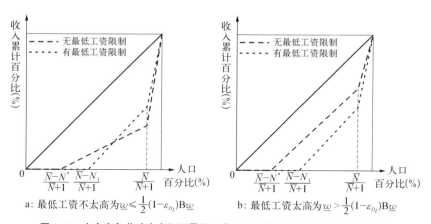

a: 最低工资不太高为 $\underline{w} \leqslant \frac{1}{2}(1-\varepsilon_{DL})B\underline{w}$　　b: 最低工资太高为 $\underline{w} > \frac{1}{2}(1-\varepsilon_{DL})B\underline{w}$

图 14.6　完全竞争劳动力市场下最低工资限制对收入分配洛伦茨曲线的影响

图 14.6a 表明,在完全自由竞争劳动力市场条件下,当实行最低工资限制时,一个不太高的最低工资限制①对收入分配不平等的影响有两种效应:一方面,由于最低工资的限

---

①　从逻辑上讲,为了使得图 14.6a 的情况可能出现,我们还必须证明满足条件 $\underline{w} \leqslant \frac{1}{2}(1-\varepsilon_{D_L})B\underline{w}$ 的最低工资有解。严格的数学证明有点复杂,我们这里只简单通过一个例子说明这样(转下页)

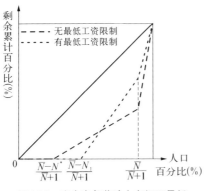

图 14.7 完全竞争劳动力市场下最低工资限制对福利分配洛伦茨曲线的影响

制,社会就业水平降低和工人工资增加。所以,失业工人和就业工人之间的不平等会加剧。另一方面,在不太高的最低工资限制下,由于工人的工资水平提高,工人获得的收入总和占社会总产出的比重增加,资本家获得的收入比重下降。所以,工人和资本家之间的收入不平等会降低。因此,最低工资限制是否会加剧和降低收入不平等取决于这两重效应之和。在这种情况下,如果一个社会中工人和资本家之间的收入不平等占主要地位,社会不平等主要来自于收入来源的不同,实行最低工资限制可能会缓解这个社会不平等;如果一个社会之间的不平等主要来自于失业,即社会不平等主要来自于工作机会的不平等,则实行最低工资限制可能无助于解决收入不平等,甚至可能会加剧收入不平等。图 14.6b 则表明,一个过高的最低工资限制既会加剧工人之间的收入不平等,也会加剧工人和资本家之间的收入差距,所以,过高的最低工资限制肯定会加剧社会收入分配不平等。不过,图 14.7 则表明,如果以社会福利分配来衡量,最低工资限制肯定会改善社会中工人和资本家之间的分配不平等。

定理 14.2 还表明,只有当 $\underline{w} \leq \frac{1}{2}(1-\varepsilon_{D_L})Bw$ 时,才有可能出现实行最低工资改善工人和资本家之间收入不平等的情况。在给定最低工资 $\underline{w}$ 的情况下,当劳动力需求弹性越小时,这一条件才越有可能满足。因此,在那些劳动力需求弹性很小的行业,实行最低工资限制越有可能改善工人和资本家之间的不平等。这里的经济学直觉也是很容易理解。当劳动力需求弹性很小时,提高工资所带来的失业会很小。因此,最低工资限制提高工资的效应超过它降低就业率的效应,从而整个工人的收入会增加,工人和资本家之间的

(接上页)的最低工资可能出现。假设劳动力需求曲线为 $L = 20 - 0.1w$,劳动力曲线为 $L = 0.1w$,则完全竞争下的均衡工资为 $w^* = 100, L^* = 10$。现在假设最低工资限制为 $\underline{w} = 100 + x$,则 $\varepsilon_{D_L} = (20 + 0.1x)/(20 - 0.1x)$,$Bw = 100 - x$,由此

$$\frac{1}{2}(1-\varepsilon_{D_L})Bw \geq \underline{w} \Leftrightarrow (100-x)(20+0.1x)/(40-0.2x)$$
$$\geq 100 + x \Leftrightarrow x \leq 100, x \geq 200$$

所以,这时高于 100 的任何工资限制都满足条件 $\underline{w} \leq \frac{1}{2}(1-\varepsilon_{D_L})Bw$。

收入比肯定也会改善。另外,在劳动力需求线性曲线的情况下,由于 $\varepsilon_{DL} = b(w^* + w)/(N_1 + N^*)$(其中 b 表示需求曲线的斜率)区间弹性直接同均衡点的位置有关。在给定劳动力需求曲线时,劳动力供给曲线越平坦,那么均衡点就会越低,均衡点附近的劳动力需求弹性也就越低。由此,在给定劳动力需求曲线不变的情况下,劳动力供给曲线越平坦,实行最低工资限制越有可能改善工人和资本家之间的分配。所以,在那些劳动力供给非常大的市场,即使该行业是一个完全竞争的劳动力市场,实行最低工资限制也有可能改善工人和资本家之间的不平等。

根据图 14.6、定理 14.2 和以上的分析,可以得到有关最低工资限制对收入分配影响的性质 14.2:

性质 14.2 在劳动力市场完全竞争的经济中,相对于无最低工资限制的经济而言,实行一个不太高的最低工资限制会降低工人和资本家之间的收入不平等,但是会加剧工人之间的不平等。因此,一个不太高的最低工资限制可能会加剧、也可能会降低收入不平等,具体取决于经济中原来不平等的主要来源。一个过高的最低工资限制可能会同时加剧工人和资本家之间的以及工人内部的收入不平等。

14.4 最低工资限制对完全垄断劳动力市场中不平等的影响

这一节讨论在完全垄断市场下最低工资限制对不平等的影响。同上一节一样,假设存在最低工资限制政策时,当局者制定了一个 $\underline{w}$ 水平的最低工资,如图 14.8 所示(图 14.8 中其他线条和字母的含义同前面二节相同)。在劳动力市场完全垄断的经济中,由第一节的分析可知,在图 14.8 中,没有最低工资限制时均衡状态下的就业量由 E_m 所对应的就业量 N_m 决定,工资水平则等于劳动力供给曲线上 N_m 所对应的工资 w_m。如果对劳动力市场完全垄断的经济实行最低工资限制,那么在图 14.8 中,厂商面临的劳动力需求曲线为 $\underline{w}E_1D_sC$,其边际支出曲线现在为 $\underline{w}E_1GH$,边际支出和边际劳动产品价值曲线的交点为 G。因此,均衡的劳动力就业水平为 G 点所对应的就业水平 N_1,均衡工资水平则为受限制的工资水平 $\underline{w}$。社会的总产出为 S_{BGN_1O},资本家获得 $S_{BGE_1\underline{w}}$ 的利润收入,就业的

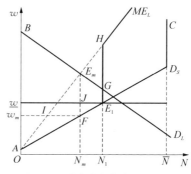

图 14.8 完全垄断劳动力市场中工资管制对经济的影响

全部 N_1 个工人共获得 $S_{wE_1N_1O}$ 的工资收入,它获得总剩余为 S_{AE_1w}。这时,共有 $\bar{N} - N_1$ 个工人处于失业状态,他们的工资收入和剩余都是 0。在均衡状态时,社会中 $(\bar{N} - N_1)/(\bar{N} + 1)$ 的失业百分比人数获得占总产出 0 百分比的收入和总剩余,$\bar{N}/(\bar{N}+1)$ 的总工人百分比人数获得占总产出 $S_{wE_1N_1O}/S_{BGN_1O}$ 百分比的收入和占总剩余的 S_{wE_1A}/S_{BGE_1A} 百分比的福利水平。

同没有最低工资限制的完全垄断劳动力市场均衡相比,最低工资对产出和福利水平的影响主要体现以下方面:首先,由于工资管制使得就业人数的增加,就业水平由 N_m 上升到 N_1,就业劳动力增加了 N_mN_1 的部分,产出水平会上升。其次,就福利水平而言,整个社会增加了 $S_{FE_1GE_m}$ 的福利水平。厂商的利润水平损失为 $S_{wJFw_m} - S_{E_mGE_1J}$,劳动者的总剩余增加 $S_{wE_1Fw_m}$。因此,显然,在劳动力完全垄断市场时,实行最低工资增加了整个社会的福利水平和工人的福利水平,但是减少了厂商的福利水平。下面我们进一步讨论最低工资限制对收入分配不平等和社会福利分配不平等的影响。

首先,根据图 14.8 和上文的分析,可以得到定理 14.3:

定理 14.3 在劳动力市场完全垄断的经济中,当实行最低工资限制时,如果法定的最低工资低于完全垄断均衡点的劳动边际生产力(即 $w < w(N_m)$),那么,工人所获得的收入总和占总产出的百分比会比没有最低工资限制时更大,即 $S_{w_mFN_mO}/S_{BE_mN_mO} < S_{wE_1N_1O}/S_{BGN_1O}$。工人所获得的剩余总和占总剩余的百分比总是比没有最低工资限制时更大,即 $S_{wFA}/S_{BE_mFA} < S_{wE_1A}/S_{BGE_1A}$。

(证明见附录 14.3)。

根据定理 14.3,可以把完全垄断劳动力市场经济中,有无最低工资工资限制时的收入分配和剩余分配洛伦茨曲线分别置于一个图中,如图 14.9 所示:

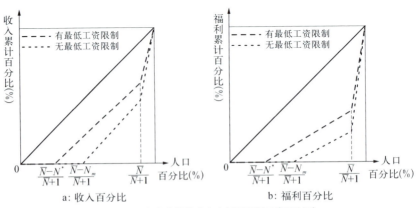

图 14.9 完全垄断劳动力市场下最低工资限制对
收入和福利分配洛伦茨曲线的影响

图 14.9 表明,在完全垄断劳动力市场条件下,无论是就收入分配不平等而言,还是就福利分配不平等而言,当实行最低工资限制时,不平等程度都比没有最低工资限制时更低。因此,在完全垄断劳动力市场下,实行最低工资限制有利于改善不平等状况。完全垄断劳动力市场下的最低工资限制对不平等的改善主要体现在两个方面:首先,最低工资限制提高了工人的工资水平和工人所获得工资收入总和占总产出的百分比,因此,最低工资限制改善了工人和资本家之间的不平等;其次,由于完全垄断劳动力市场条件下的最低工资限制不但提高了工资水平,而且还增加了就业水平,因此,它同时也改善了失业工人和就业工人之间的不平等。由于这两个方面的原因,因此,最低工资限制可以大大地改善垄断劳动力市场下的不平等。根据图14.9和以上分析,有以下性质 14.3:

性质 14.3 在劳动力市场完全垄断经济中,最低工资限制不仅增加了整个社会的产出水平和就业水平,而且还肯定会改善整个社会的收入和福利分配差距状况。

14.5 本章小结

本章主要讨论了完全竞争的劳动力市场和完全垄断的劳动力市场对收入分配不平等的影响,以及在这两种不同的劳动力市场结构中最低工资限制对不平等的影响。本章的分析表明,首先,同完全竞争的劳动力市场相比,完全垄断劳动力市场中更低的工资水平加剧了工人和资本家之间的不平等,更低的就业率则进一步加剧了工人之间的不平等。因此,完全垄断劳动力市场会加剧不平等。其次,在一个劳动力市场完全竞争的经济中,实行最低工资限制对不平等会产生两方面的影响:一方面,超过均衡工资水平的最低工资会使得劳动市场中的就业人数减少,同时就业工人的工资水平提高,因此,它会加剧工人内部的不平等;另一方面,在某些条件下,最低工资限制可能会使得工人收入总和占整个产出的比重更高,因此,这会减少工人和资本家之间的收入分配不平等。这就表明,在某些市场条件下,即使是在完全竞争的劳动力市场,最低工资限制也可能会缓解整个社会收入分配不平等。最后,本章的分析还表明:在劳动力市场存在买方垄断的情况下,实行最低工资限制一方面会增加就业人数减少失业,从而减少工人之间的不平等程度;另一方面,最低工资限制增加了工人的工资水平,降低了资本家的收入百分比从而减少了工人和资本之间的收入差距。因此,在完全垄断劳动力市场下,最低工资限制会大大地缩小收入差距。

就中国的实际情况而言,由于农民工在城市劳动力市场所处的特殊位置(郭继强,2005;陆学艺,2005;王检贵,2002),城市的劳动雇佣者对这些农民工而言,都在一定程度上具有垄断的地位。这一垄断地位可以说是导致生活在城市中的农民工同城市工人和城市农民工雇佣者之间巨大收入差距的主要原因①。因此,从降低城镇农民工和城市居民之间的收入不平等来看,消除导致城镇农民工雇佣者对农民工处于垄断雇佣地位的条件(招工时的户口限制),或者对农民工实行一个最低工资限制,这些都是非常有利于改善社会收入不平等的重要措施。退一步,即使完全消除城镇农民工雇佣者对农民工的垄断雇用地位,从而使得农民工雇佣市场是一个完全竞争的市场,但由于农民工供给曲线很平坦,农民工市场会在极低工资水平上达到均衡,这时劳动力需求弹性可能很小,因此,进行一个合适的最低工资限制也会有利于改善农民工和其雇主之间的收入不平等。总之,从改善城镇流动人口和城镇居民的不平等角度来看,实行农民工最低工资限制是必要的。

劳动力市场买方垄断的另一个例子是国有企业私有化过程中的工人就业问题。在中国国有企业改革过程中,有很多国有企业对原来的国企工人实行买断然后重新雇用的措施。在此过程中,由于原国有企业的工人所拥有的技术其实对原企业具有很大的依赖性,这些工人的技术在短期内是很难在原企业之外的企业就业的。因此,改革后企业在一定时期内对原职工具有垄断势力,并且由于改革后的企业关心的是利润最大化,所以它们对原职工无疑实行的是垄断定价的工资和就业策略。同原国有企业相比,改革后的企业一方面实行了大量的裁员,从而使得就业率极大地下降,这就使得失业人口(即下岗职工)急剧增加;另一方面,工资的垄断定价使得就业工人的工资水平也比较低,企业主则可以由此获得巨大超额利润,这也使得工人和企业主之间的收入差距急剧扩大。由于以上两种效应的作用下,国有企业改革对收入分配不平等的影响巨大,几乎可以说,国有企业改革在很大程度上是中国1990年代后期至2000年代初期不平等急剧加速的最主要原因之一。当然,关于国有企业改革对不平等的实际具体影响效用,还需要更详细的经验研究来支持,我们这里只是通过理论分析而得出的一个初步结论。

---

① 据中国社会科学院2002年的调查显示,2002年城镇居民的人均收入为9 786.90元,同期城镇流动人口的人均收入为6 364.7元,比城镇人口的人均收入要低35%(阿齐兹·卡恩和卡尔·李思勤,2008,p.43-47)。

第15章

从收入分配和经济发展视角看中国最低工资制度[①]

① 本章主要内容曾发表在《浙江社会科学》2011年第2期。此处做了一些数据等方面的更新。

中国 1993 年就颁布了有关最低工资的立法,但很长时间以来最低工资制度都没有得到完全实施。尽管学者对最低工资是否能保证最低劳动收入阶层的利益存在质疑,但全球绝大多数国家都在实施最低工资制度。本章基于中国的一些特殊国情,从动态的视角出发,讨论了最低工资制度对中国收入分配格局和经济发展的影响。本章通过分析认为,由于中国特殊的国情,一种合适的最低工资制度在中国可能会产生以下三种效应:第一,最低工资制度具有改善中国收入分配格局,缩小收入差距的功能;第二,一个各地区有差别的最低工资制度可能会促进中国的产业结构向内地转移,推动中国的产业结构升级;第三,长期来看,最低工资制度可能会导致低人力资本工人被迫进行人力资本投资,从而有助于中国人力资本的提升。

15.1 引言

关于最低工资制度对经济的影响,一直是经济学界最富有争议性的问题之一,其争论的焦点主要是公平和效率的问题。尽管学术界存在各种争论,但是,最低工资制度在国外却已经存在了 100 多年,并且纵观当今世界,几乎所有的发达国家和很多发展中国家,都实行了最低工资限制法案。中国对于最低工资的设定起步比较晚。虽然早在 1993 年中国就颁布了最低工资法规(《企业最低工资规定》),1994 年《中华人民共和国劳动法》确立了最低工资的法律地位,最低工资制度在中国正式实施。但从那时起一直到 2004 年中国颁布新的《最低工资规定》为止,这一制度都一直处于试行阶段。2009 年之后,随着金融危机的缓解和中国经济的逐渐复苏,最低工资的问题逐渐成了大家关注的焦点。2010 年之后,中国各个省(区、市)都在不断地提高最低工资标准。

关于中国实行最低工资的利弊,中国学术界也存在诸多争议。例如,张五常(2000)、平新乔(2005)通过理论分析认为,最低工资的实施或上涨会导致低收入的工人找不到工作、企业用工成本上升以及资本外流等现象,因此政府应对最低工资制度的实施持谨慎态度,而蔡昉(2010)则认为,随着中国劳动力由过剩向短缺转变,政府应该接受劳动力成本上涨的事实,并通过完善最低工资制度来改善收入分配状况。实证研究方面也没有一致结论。例如,Ni et al.(2011)研究认为,中国 2000—2005 年最低工资上涨在总体上对中国的就业影响不显著,东部地区最低工资上涨显著减少就业,但中部和西部地区最低工资上涨反而促进了就业。Xiao 和 Xiang(2009)对北京、上海、天津等 6 个城市 1995—2006 年数据进行分析后得出的结论认为,在工资方面,最低工资上涨对工资存在溢出效应,员工的工资差距被缩小;在就业方面,最低工资上涨显著增加员工的工作总时间与人均时间,但对就业总人数的影响不显著。Mayneris et al.(2014)的研究也认为,最低工资制度对就业不存在显著影响,原因在于最低工资通过提升全要素生产率带来的就业增加足以抵消劳动力成本增加带来的就业减少。但另一方面,罗小兰(2007,2009)的研究发现,最低工资上涨会降低中国农民工的就业水平,小幅提高各行业的工资。马双、张劼和朱喜(2012)的研究也发现,最低工资上涨会从整体上提高员工的工资水平,最低工资每增加 10%,企业平均工资将增加0.3%—0.6%;最低工资上涨还会减少就业。最低工资每增加 10%,企业雇佣人数将显著减少0.6%左右,且对不同行业,该影响有一定程度的差异。总之,关于最低工资是否会影响就业水平,不同的研究结论不一致。此处由于篇幅原因,对这些争论不再评述。本章以下主要是从收入分配和经济发展的角度,分析最低工资制度对中国经济可能产生的正面经济效应。

本章以下的结构安排是:第 1 节简单讨论最低工资制度对中国经济的可能影响;第 2 节分析中国最低工资制度的现状和执行情况;第 3 节在前两节分析基础上,提出对中国最低工资制度改革的一些建议。

15.2 最低工资制度可能产生的经济效应

现有反对最低工资制度的主流观点主要是,最低工资会干预价格自动最优配置资源的功能,从而会损失经济效率。但这种观点是基于完全自由竞争市场的假设。中国正处于经济体制转型的二元经济发展过程中,很多情况都同完全自由竞争市场经济的假设不一致。因此,正如以上一些研究所认为的,最低工资制度干预市场自由定价的那些负面影响在中国有些可能根本不存在,有些即使存在也可能非常微弱。另外,由于中国特殊的国情,一个适合中国国情的、有地区差别的、并且得到严格执行的最低工资制度可能还会带来一些正面的经济效应。本章下面将从收入分配和经济发展的角度简单讨论最低工资限制在中国可能产生的正面经济效应。

15.2.1 收入分配效应

从 1978 年改革开放到现在,中国的收入分配差距几乎一直在扩大,早在 2000 年之前中国收入分配的基尼系数就已经超过了国际上公认的警戒线0.4,2008 年中国基尼系数几

第 15 章 从收入分配和经济发展视角看中国最低工资制度

乎达到 0.5。虽然 2009 年之后中国基尼系数有所下降,但根据国家统计局最新公布的数据,2017 年中国基尼系数为 0.457,较 2016 年又上升了 0.002。如果中国的收入分配格局不能得到改善,或者继续恶化,这不但违背中国改革开放的最终目标,而且也会直接影响中国社会稳定并由此影响经济发展。因此,对于中国现阶段来说,衡量最低工资制度的利弊,考虑其对收入分配格局的影响非常重要。那么,最低工资制度是否能改善收入分配呢?王弟海(2008)的研究表明,首先,就收入分配效应来说,如果劳动力市场属于买方垄断,最低工资制度不但能够提高就业工人的工资水平,而且还会提高就业水平。因此,在这种情况下,最低工资制度可以极大地缩小资本和劳动收入分配差距,提高劳动收入占比。其次,即使是在完全竞争的劳动力市场,最低工资制度虽然可能会减少就业量,但是,在劳动力需求曲线非常陡峭的情况下,最低工资制度也会改善资本劳动收入间的分配差距,提高劳动收入占比。

更重要的是,对于中国这样一个典型的二元结构发展的经济,最低工资制度对于改善收入分配更具有重要意义。可以用一个简单的模型来分析最低工资制度对收入分配的影响。

图 15.1 显示了在一个二元经济结构中,最低工资限制对收入分配的影响。在图 15.1 中,整个社会的劳动力总量为 OL,直线 BFE 表示工业部门劳动力的边际生产力,它也代表了工业部门对劳动力的需求,曲线 AEC 表示农业部门劳动力的边际生产力,它同时也代表了工业部门劳动力的供给。如果劳动力市场是完全自由竞争的,由于工业部门和农业部门的工资必须相等,所以,均衡时社会的工资水平为 Ow^*,工业部门的劳动就业量为 ON^*,农业部门就业的劳动量为 N^*L。整个社会的总产出为 $S_{OBFECLO}$,其中劳动者获得的总收入为 S_{Ow^*HECLO},资本获得收入为 S_{Bw^*HEB}。如果实行最低工资制度,不妨假设最低工资限制为 w,这时工业部门就业的劳动力为 ON_1,农业部门就业的劳动者为 N_1L,总产出为 $S_{OBFDECLD}$,其中劳动者获得的总收入为 $S_{OwFDECLO}$,资本获得收入为 S_{BwFB}。相对于没有最低工资制度而言,实行最低工资制度损失了 S_{FDEF} 的总产出,其中,资本获得收入净损失了 $S_{w^*wFEHw^*}$,劳动者的收入增加量为 $S_{wFHw^*} - S_{HDE}$。所以,只要农业部门的劳动边际生产力变化的速度小于其在工业部门劳动边际生产力的变化速度,也就是说只要工业部门劳动力的需求曲线比供给曲线更陡峭,那么,$S_{wFHw^*} - S_{HDE}$ 就一定大于 0,这时,实行最低工资限制就一定能提高劳动者的绝对收入。当然,资本和劳动收入之比更会得到改善。特别是,在农业部门劳动力无限供给的情况下(即农

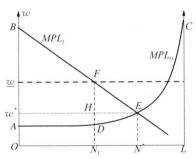

图 15.1 二元经济中最低工资限制对资本劳动收入比的影响

业部门的劳动边际生产力处于水平阶段),劳动收入一定会绝对的增加。因此,在二元经济存在的情况下,实行最低工资限制能够改善资本劳动收入比,改善收入分配差距状况。

由此可见,从理论上讲,最低工资制度对于改善收入分配无疑是有重大作用的。这也许就是各国长期以来一直存在最低工资制度的重要原因吧。

就中国而言,由于我们特殊的国情,最低工资制度对于改善收入分配更具有重要意义。中国是一个农业人口众多的国家,而且处于二元经济结构的发展阶段。由于农村富余人口众多,劳动力供给在绝对量上一直处于供过于求的状态①,这使得工资水平一直维持在极低的水平②,劳动收入占 GDP 的比重也一直持续下降。例如,根据罗长远和张军(2009)的研究,中国的劳动收入占比从 1987 年的 87% 左右下降到了 2006 年的 40% 左右。另据《中国统计年鉴》的数据,中国的劳动报酬占 GDP 的比重已经从 1987 年的 52% 左右下降到了 2007 年的 40% 左右,2008—2016 年有所上升,目前为 51%;劳动报酬占社会总产出的比重从 1992 年的 60% 下降到 2015 年的 52%,最低年份下降到了 47%(如图15.2所示)。另一方面,由于中国户籍制度的限制,以户口为标识的分割市场使得各地非本市户籍人员在就业方面受到极大的歧视性待遇,而对于一些特殊群体,就更有可能会受到雇用部门的垄断性工资定价。因此,对于中国现阶段来说,无论是从提高劳动收入占比来看,还是从打破城镇企业对农民工的垄断低工资定价来说,实行最低工资制度都是非常有益的。

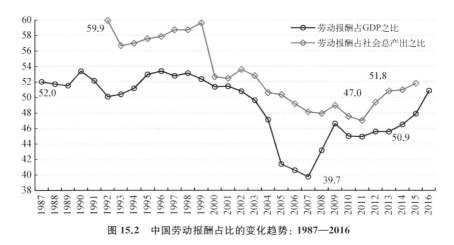

图 15.2　中国劳动报酬占比的变化趋势:1987—2016

① 根据蔡昉和王美艳(2007)的研究,2006 年我国总劳动力为 7.64 亿,其中农村劳动力为 4.8 亿,占总劳动力的 62.8%。如果除去采掘业,农业的人口就业量不足 40%。按照这一比例,我国农村剩余劳动力占总劳动力的比率为 20%,至少有 1.4 亿的剩余劳动力。

② 根据劳动和社会保障课题组的研究(2004),珠三角地区 12 年来月工资只提高了 68 元。佛山不少企业外来工月工资近 10 年来一直维持在 600—1 000 元的水平。

15.2.2 全国产业结构转移效应和沿海地区的产业升级效应

最低工资制度在中国还可以起到另一个在其他国家可能不存在的作用,即各地区有差别的最低工资制度可能会具有促进中国产业结构转移的效应和推动沿海地区的产业升级的效应。

根据东亚国家经济发展的历史经验,一些劳动密集型产业于20世纪50年代和60年代首先在日本得到迅速发展,60年代后劳动密集型产业转移到亚洲"四小龙"并带动了这些国家和地区的工业化过程,80年代之后再转移到东盟和中国东部地区。这一产业转移的理论已经被日本学者小岛清等总结为产业发展"雁行模型"理论[1]。但是,对于中国而言,从20世纪80年代开始至现在,虽然一些资本密集型和技术密集型产业在中国东部地区有了一定的发展,而一些劳动密集型产业仍然没有从中国东部地区转移到中西部地区。为什么中国东部地区的劳动密集型产业没有像产业发展"雁行模型"理论所预言的转移到中西部地区呢?这其中的主要原因就在于中国二元经济结构下特殊的劳动力市场结构。

根据产业发展"雁行模型"理论,产业结构能够实现转移和升级的最主要原因在于随着经济的发展:一方面原所在地的劳动者技术水平不断提高,因而有了可以发展更高端产业的人力资本基础和内在动力;另一方面,经济的发展也使得工人的工资不断提高,企业的劳动力成本不断上升,因而原来那些低附加值的劳动密集型企业无法支付高工资成本,从而使得该地区有了提升产业结构的外在压力。但是,对于中国这样一个区域经济发展差异巨大的二元经济发展中国家,由于中西部地区可以给东部地区提供大量低价的剩余劳动力,低层次的劳动密集型产业在东部地区没有工资提高的压力,因此,这些企业会仍然选择留在原地等待劳动力从中西部流向东部,而不愿意主动从东部转移到具有一定风险的中西部。这就使得虽然东部地区已经有了部分的产业结构升级,但是,低层次的劳动密集型产业仍然没有转移出去。在这种情况下,如果中国现在能够实行有差别的最低工资限制,使得东部地区的最低工资高于中西部地区工资,同时又使得东部地区和中西部地区的最低工资标准同各地区的生产力水平相适应,这就能够给东部地区以产业结构转移和产业升级的外在压力,促使一些劳动密集型产业向内地转移,从而既能实现东部地区的产业结构升级,又能促进内地经济的发展。当然,如果一视同仁地实行无差别的最低工资限制,则可能无法实现这一产业结构转移和经济发展的目标。

---

[1] 产业发展"雁行模型"理论可参阅汪斌:《国际区域产业结构分析导论》,上海三联出版社和上海人民出版社2001年版,第28—35页;或汪斌:《东亚工业化浪潮中的产业结构研究》,杭州大学出版社1997年版,第5—8页。

15.3.3 长期人力资本的积累效应

除了以上两种效应外,从长期来看,最低工资制度可能还会有一种促使工人进行人力资本投资,从而提升整个地区人力资本水平,促进经济发展的作用。这是因为,当实行最低工资制度时,一些低人力资本的工人由于其边际生产力低于最低工资水平,当厂商按照边际生产力等于工资原则来雇佣工人时,这些工人将无法得到企业雇佣。在短期内,由于这些工人的人力资本无法改变,他们将会失业。但是,从长期来看,这些工人可以通过进行再教育来提高其人力资本。当提高人力资本的成本不是太高,失业工人就会有激励去提高人力资本实现再就业。我们可以通过以下一个简单例证来对此说明。

假设某一工人不进行人力资本投资时的边际生产力为 A。如果他进行 C 成本的人力资本投资之后,人力资本的提高使得他的边际生产力提高到 B。在劳动力完全自由竞争市场下,厂商按照边际生产力等于工资来雇佣劳动力,该工人不进行人力资本投资时可以获得 A 的工资;进行人力资本投资后,他获得工资为 B。由于投资要支付 C 的成本,所以,进行人力资本投资后工人的净收益为 $B-C$。在这种情况下,只要

$$B - C < A$$

那么,工人的最优选择是不进行人力资本投资。但是,如果这时存在最低工资限制,不妨假设最低工资水平 $\underline{W}$ 满足

$$B > \underline{W} > A$$

由此,如果该工人不进行人力资本投资就没有工作,因为其边际生产力低于最低工资水平,他不会被厂商雇用,其净所得为 0。如果该工人进行人力资本投资,由于他边际生产力高于最低工资,所以厂商愿意以其边际生产力 B 的工资水平雇用他,这时他的净所得为 $B-C$。所以,在最低工资限制下,个人的最优选择是进行人力资本投资。

当然,需要强调的是,最低工资制度对人力资本的这种积累效用是在长时间内才能够显现出来的。不可否认,在短时间内,最低工资制度仍然可能会造成部分低能力的人群和一些特殊群体失业,从而会使得这些本来应该受到保护的人群反而会因此受到损害。因此,在实行最低工资制度的同时,一定要完善和健全社会保障体制,使得失业人员的最低生活得到保证。另外,进行人力资本再投资所需要的成本可能也会增加失业人员的负担。因此,政府还应该实行相应的免费就业再培训计划或制度。否则,最低工资制度的收入分配效应会极大地被弱化。

15.3 中国最低工资制度的现状

中国劳动部于 1993 年发布《企业最低工资规定》,开始建立最低工资制度。1994 年实施的《劳动法》中,明确中国实行最低工资制度,使得该制度以法律的形式确定下来。2004 年,劳动和社会保障部颁布了《最低工资规定》,推动了最低工资制度在中国的全面实施。到目前为止,中国各省都颁布了最低工资标准。但是,中国最低工资制度还存在着以下一些问题:

首先,中国各省(区、市)的最低工资标准都偏低,而且越是发达地区,最低工资标准相对越低。图 15.3、图 15.4 和表 15.1 分别显示了 2006 年世界各国最低工资与平均工资之比,以及中国 2008 年和 2017 年各省(区、市)最低工资与各省(区、市)平均工资之比。图 15.3 表明,全球大多数国家的最低工资标准与平均工资之比一般都在 40% 左右。图 15.2 和表 15.1 则表明,虽然从 2008 年到 2017 年,中国各省(区、市)的最低工资有所提高,但即使是在 2017 年,中国绝大多数省(区、市)的最低工资与平均工资之比不足 35%,有的甚至不足 20%。在当今世界上,绝大多数国家的最低工资标准一般与平均工资之比都超过了 35%。因此,相对于世界其他国家而言,目前中国的最低工资与平均工资水平之比过低,最低工资标准还有待于调整。另一方面,就最低工资的调整而言,有很多省(区、市)的最低工资同平均工资之比甚至呈现下降趋势。例如,都阳和王美艳(2008)的研究认为,1995 年最低工资与平均工资之比为 0.44,2006 年这一比例下降至 0.28。图 15.4 和表 15.1 都表明,2017 年同 2008 年相比,河北、辽宁、江苏、福建、江西、广西、海南、四川、重庆、云南等省(区、市)其最低工资与平均工资之比都在下降,还有部分省(区、市)最低工资之比存在局部下降。

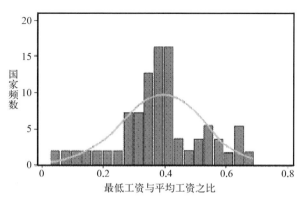

图 15.3 世界各国最低工资与平均工资之比的分布情况

注:数据来源为 Global wage Report(2008/09), International Labor Office, Geneva。

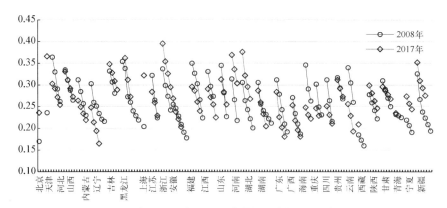

图 15.4 中国 2008 年和 2017 年最低工资与平均工资之比

注：数据来源系作者根据表 15.1 整理所得。

表 15.1 2008 年和 2017 年中国各省(区、市)的最低工资和平均工资

省(区、市)	2008 年			2017 年		
	月平均工资	最低工资	最低工资/平均工资	月平均工资	最低工资	最低工资/平均工资
北 京	4 694	800	0.170	8 467	2 000	0.236
天 津	3 479	820	0.236	5 607	2 050	0.366
河 北	2 063	750	0.364	5 439	1 650	0.303
	2 063	680	0.330	5 439	1 590	0.292
	2 063	600	0.291	5 439	1 480	0.272
	2 063	540	0.262	5 439	1 380	0.254
山 西	2 152	720	0.335	5 129	1 700	0.331
	2 152	670	0.311	5 129	1 600	0.312
	2 152	620	0.288	5 129	1 500	0.292
	2 152	570	0.265	5 129	1 400	0.273
内蒙古	2 176	680	0.312	6 676	1 760	0.264
	2 176	620	0.285	6 676	1 660	0.249
	2 176	560	0.257	6 676	1 560	0.234
	2 176	500	0.230	6 676	1 460	0.219
辽 宁	2 311	700	0.303	6 182	1 530	0.248
	2 311	600	0.260	6 182	1 320	0.214
	2 311	580	0.251	6 182	1 200	0.194
	2 311	540	0.234	6 182	1 020	0.165

第15章 从收入分配和经济发展视角看中国最低工资制度

(续表)

省 (区、市)	2008年			2017年		
	月平均工资	最低工资	最低工资/平均工资	月平均工资	最低工资	最低工资/平均工资
辽 宁	2 311	510	0.221			
	2 311	500	0.216			
吉 林	1 957	650	0.332	5 121	1 780	0.348
	1 957	600	0.307	5 121	1 680	0.328
	1 957	550	0.281	5 121	1 580	0.309
				5 121	1 480	0.289
黑龙江	1 921	680	0.354			
	1 921	650	0.338	4 645	1 680	0.362
	1 921	525	0.273	4 645	1 450	0.312
	1 921	500	0.260	4 645	1 270	0.273
	1 921	460	0.240			
	1 921	440	0.229			
	1 921	420	0.219			
上 海	4 714	960	0.204	7 132	2 300	0.322
江 苏	2 639	850	0.322	6 645	1 890	0.284
	2 639	700	0.265	6 645	1 720	0.259
	2 639	590	0.224	6 645	1 520	0.229
浙 江	2 846	960	0.337	5 092	2 010	0.395
	2 846	850	0.299	5 092	1 800	0.354
	2 846	780	0.274	5 092	1 660	0.326
	2 846	690	0.242	5 092	1 500	0.295
安 徽	2 197	560	0.255	5 661	1 520	0.269
	2 197	540	0.246	5 661	1 350	0.238
	2 197	500	0.228	5 661	1 250	0.221
	2 197	460	0.209	5 661	1 150	0.203
	2 197	420	0.191			
	2 197	390	0.178			
福 建	2 142	750	0.350	5 752	1 700	0.296
	2 142	700	0.327	5 752	1 650	0.287

(续表)

省（区、市）	2008年			2017年		
	月平均工资	最低工资	最低工资/平均工资	月平均工资	最低工资	最低工资/平均工资
福建	2 142	650	0.303	5 752	1 500	0.261
	2 142	570	0.266	5 752	1 380	0.240
	2 142	480	0.224			
江西	1 750	580	0.331	5 256	1 530	0.291
	1 750	520	0.297	5 256	1 430	0.272
	1 750	480	0.274	5 256	1 340	0.255
				5 256	1 180	0.225
山东	2 200	760	0.345	5 775	1 810	0.313
	2 200	620	0.282	5 775	1 640	0.284
	2 200	500	0.227	5 775	1 470	0.255
河南	2 068	650	0.314	4 666	1 720	0.369
	2 068	550	0.266	4 666	1 570	0.336
	2 068	450	0.218	4 666	1 420	0.304
湖北	1 895	580	0.306	4 659	1 750	0.376
	1 895	500	0.264	4 659	1 500	0.322
	1 895	460	0.243	4 659	1 380	0.296
	1 895	420	0.222	4 659	1 250	0.268
	1 895	380	0.201			
湖南	2 073	635	0.306	5 500	1 580	0.287
	2 073	530	0.256	5 500	1 430	0.260
	2 073	500	0.241	5 500	1 280	0.233
	2 073	480	0.232	5 500	1 130	0.205
	2 073	460	0.222			
	2 073	440	0.212			
广东	2 759	860	0.312	6 668	1 895	0.284
	2 759	770	0.279	6 668	1 510	0.226
	2 759	670	0.243	6 668	1 350	0.202
	2 759	580	0.210	6 668	1 210	0.181
	2 759	530	0.192			

第15章 从收入分配和经济发展视角看中国最低工资制度

(续表)

省（区、市）	2008年			2017年		
	月平均工资	最低工资	最低工资/平均工资	月平均工资	最低工资	最低工资/平均工资
广西	2 138	580	0.271	5 538	1 400	0.253
	2 138	500	0.234	5 538	1 210	0.218
	2 138	450	0.210	5 538	1 085	0.196
	2 138	400	0.187	5 538	1 000	0.181
海南	1 822	630	0.346	5 755	1 430	0.248
	1 822	530	0.291	5 755	1 330	0.231
	1 822	480	0.263	5 755	1 280	0.222
重庆	2 249	680	0.302	6 106	1 500	0.246
	2 249	560	0.249	6 106	1 400	0.229
	2 249	520	0.231			
四川	2 087	650	0.312	5 969	1 500	0.251
	2 087	550	0.264	5 969	1 380	0.231
	2 087	450	0.216	5 969	1 260	0.211
贵州	2 050	650	0.317	5 379	1 680	0.312
	2 050	600	0.293	5 379	1 570	0.292
	2 050	550	0.268	5 379	1 470	0.273
云南	2 003	680	0.340	6 126	1 570	0.256
	2 003	610	0.305	6 126	1 400	0.229
	2 003	520	0.260	6 126	1 180	0.193
西藏	3 940	730	0.185	6 708	1 400	0.209
	3 940	680	0.173			
	3 940	630	0.160			
陕西	2 162	600	0.278	5 619	1 680	0.299
	2 162	560	0.259	5 619	1 580	0.281
	2 162	520	0.241	5 619	1 480	0.263
	2 162	480	0.222	5 619	1 380	0.246
甘肃	2 001	620	0.310	5 477	1 620	0.296
	2 001	580	0.290	5 477	1 570	0.287
	2 001	540	0.270	5 477	1 520	0.278

(续表)

省(区、市)	2008年			2017年		
	月平均工资	最低工资	最低工资/平均工资	月平均工资	最低工资	最低工资/平均工资
甘肃	2 001	500	0.250	5 477	1 470	0.268
青海	2 582	600	0.232	6 378	1 500	0.235
	2 582	590	0.229			
	2 582	580	0.225			
宁夏	2 560	560	0.219	6 065	1 660	0.274
	2 560	530	0.207	6 065	1 560	0.257
	2 560	490	0.191	6 065	1 480	0.244
新疆	2 057	670	0.326	4 740	1 670	0.352
	2 057	550	0.267	4 740	1 470	0.310
	2 057	490	0.238	4 740	1 390	0.293
	2 057	460	0.224	4 740	1 310	0.276
	2 057	430	0.209			
	2 057	400	0.194			

注：① 数据来源为2008年数据来源于王弟海(2011)。2017年月最低工资水平来自于中国人社部网站，在岗职工平均工资来自于各省(区、市)统计局及官方文件。② 一般来说，由于每个省(区、市)各地区的经济发展都不平衡，各省(区、市)都针对不同地区制定不同的最低工资标准，所以，每个省(区、市)都有几个最低工资标准。

当然，这几年来中国各省(区、市)的最低工资标准已经有些调整，但是，相对于中国人均GDP和平均工资而言，还是比较低。例如，上海市2018年3月份进一步把最低工资标准提高到2 420元。根据上海市人保局网站显示，2017年度全市职工月平均工资为7 132元。即使不考虑2010年工资的增长，上海市最低工资同平均工资之比也仅为33.9%。远低于国际通行的40%的标准。如果考虑到中国工资收入占GDP比重偏低的事实(罗长远和张军，2009)，那么，中国最低工资标准就更显得低了。

其次，中国在最低工资制度的执行上也存在很多的问题。现实中能够自动实行的企业也不是很多，特别是对于农民工而言，能够被最低工资制度覆盖的人数就更少。例如，根据中国社会科学院人口与劳动经济研究所2001年底在上海、武汉、沈阳、福州和西安五个城市进行的劳动力调查，以小时最低工资的覆盖率计算，城市本地劳动力的覆盖率为79%，而外来劳动力小时最低工资的覆盖率仅为48%(都阳和王美艳，2008)。所以，最低工资的执行情况是非常糟糕的。

最后，相对于平均工资而言，各省(区、市)之间的最低工资的标准差距相差不大(如表

15.1所示)。例如,以2008年平均工资最高的北京和上海同平均工资最低的江西和湖北为例,北京和上海的平均工资都超过4 500元,而江西和湖北的平均工资不足2 000元,平均工资相差一倍多。但北京和上海的最低工资标准分别为800元和960元,而江西和湖北的则都是480—580元,最低工资标准之差显然低于平均工资之差。2017年各省(区、市)的最低工资的差距有所扩大,但仍然差距不大。仍以北京和上海同江西和湖北的最低工资为例,北京和上海2017年的平均工资分别为8 467元和7 132元,江西和湖北的平均工资分别为5 256元和4 659元,平均工资相差3 000元左右,而北京和上海的最低工资分别为2 000元和2 300元,江西和湖北的最低工资分别为1 530元和1 750元,它们之间的差距大概在500—800元。

15.4 关于中国最低工资制度的一些建议

通过本章以上分析,作者认为,尽管最低工资制度在完全竞争市场经济下会干扰价格自动最优配置资源的功能,但由于中国经济正处于一个经济转型的二元经济发展阶段,中国的一些特殊国情,如户籍制度、经济发展不平衡和农村流动人口众多的情况,一项适合中国国情的各地区差别对待的最低工资制度可能会对经济的长期发展具有正面效应,这主要体现在产业结构转移效应、人力资本投资效应和改善收入分配格局的效应。另一方面,尽管中国在2004年就已经颁布新的《最低工资规定》,并且各省(区、市)都以此制定了相应的最低工资标准。但是,中国的最低工资制度还存在一定的问题,主要体现在两个方面:一是最低工资标准偏低;二是各地区的最低工资相对差距太小,同各地区的经济发展水平差距不符合;三是最低工资标准的调整落后于经济发展水平;四是最低工资制度的执行和监督上也存在不足。

为了使得中国最低工资制度确实能够缩小收入分配差距、保障劳动者的合法利益,同时又能够起到促进中国经济发展的作用,基于本章前面的分析,本章提出以下几点建议:第一,由于中国地区经济发展不平衡,各地区的最低工资标准应该分地区实行差别对待,不同省(区、市)之间的最低工资标准应该适当扩大差距,以利于产业结构转型和产业层次转移。第二,由于中国各部门的垄断情况不同,最低工资应该分部门实行差别对待,以扭转垄断所造成的福利损失,同时又有利于缩小行业内部的收入差距。第三,最低工资应该同各部门和各地区的平均工资挂钩,以使得底层工人也能获得经济增长所带来的好处,有利于社会公平和缩小收入分配差距。第四,应该完善一些配套的劳动保障制度,以使得那些由于施行最低工资制度所带来的失业工人能够得到最低生活保障。第五,加大政府部门对企业是否实施最低工资制度以及实施具体执行情况的监督,而不是仅仅等到有人举报才去督促企业实行。这样才能使得最低工资制度成为一项切实有效的制度。

第16章

中国收入差距扩大的原因及其对策

前面几章分别讨论了不完全竞争劳动力市场、垄断和最低工资制度等因素对收入分配不平等的影响,本章将基于现有文献的研究结论,探讨经济中收入分配不平等长期的演化趋势,分析影响长期收入分配不平等的可能因素是什么,并对中国收入不平等扩大的原因进行讨论。本章的分析将表明,即使在一个最初完全平等的经济中,只要存在劳动能力或者偏好(如储蓄)的差异,且允许遗产机制存在,经济中就一定会存在持续的收入不平等,因为遗产机制的存在使得上一代的不平等延续到下一代。但在完备的市场经济条件下,经济中不存在收入差距持续扩大的机制,收入差距一般会趋于一个稳定的水平,且初始财富不平等不会影响长期不平等。但是,如果市场不完备,经济中的不平等可能会持续加剧,而且初始财富不平等和随机冲击带来的不平等会长期延续下去,教育等其他机制也会通过不完备市场扩大初始不平等。以下本章的结构安排是:第1节讨论导致收入分配不平等产生、持续和加剧的原因;第2节分析造成中国改革开放后收入差距持续扩大的可能原因和经济机制;第3节对如何改善中国收入分配格局,缩小中国收入差距提出几点意见和建议。

16.1 收入分配不平等产生、持续和加剧的原因的理论探讨

　　本节主要基于现有文献,就以下三个问题进行探讨:第一,收入分配不平等产生的原因是什么;第二,什么原因使得初始财富分配不平等对未来的收入和财富分配不平等具有持续性影响;第三,不平等的长期变化趋势如何,即长期不平等是不断加剧,还是趋近于一个稳定水平。根据现有文献的研究结论,能够导致持续性不平等产生的原因只有五种:随机因素的冲击、个人偏好的差异、能力的差异、年龄的差异,以及初始财富分配不平等。但是,能够使得不平等持续存在而且可能加剧的中间机制却很多,如图16.1所示(王弟海和龚六堂,2008a)。下面对这些因素逐一进行分析和讨论。

16.1.1 持续性不平等产生的原因

　　在长期内能够产生持续性不平等的原因归纳起来主要有以下几种。

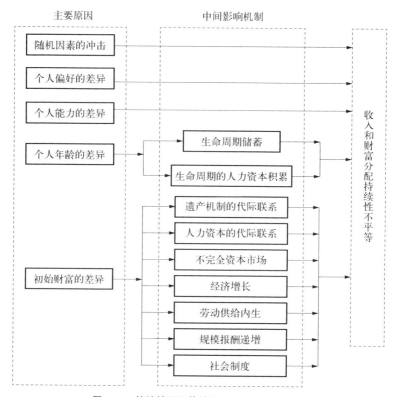

图 16.1 持续性不平等的主要原因和影响机制

首先,个人之间的自然特性和社会经济属性的差异是导致持续性不平等的主要原因。现有文献研究已经表明,当个人在能力和/或偏好上存在先天性差异时,即使初始时个人之间的财富水平完全平等,随着经济的发展,也会产生收入和财富分配持续性不平等①。这一结论的经济学直觉很容易理解:在承认按劳分配的前提下,能力的差异肯定会导致收入和财富分配不平等,而在承认私有产权和财富可以随时间积累的情况下,偏好(包括对闲暇和对时间的偏好)的差异也能产生持续性不平等。闲暇的偏好使得不同的人在闲暇和消费之间的替代不同,对闲暇更偏好的人总是倾向于用闲暇来代替劳动以及劳动收入所带来的消费,由此,更少参与劳动的人所获得的劳动收入自然也会更少些。对时间的偏好则表现在现在消费和未来消费之间的替代,一个更看重现在消费的人

---

① 个人之间的差异包括持久性差异和随机性差异。持久性差异能导致持续性不平等的文献有 Stiglitz(1969)、Chatterjee(1994)、Caselli 和 Venture(2000)与 Li et al.(2000),分析随机性差异能导致持续性不平等的文献有 Lucas(1992)、王弟海和龚六堂(2006,2008b)。

总是倾向于现在多消费少储蓄,由此,他/她在下一期的财富水平以及由储蓄所产生的利息收入也就更少些。其实,个人之间无论是由于能力和偏好等个人先天特征上而产生的差异,还是由于社会政治、制度和意识形态等所造成的身份、地位、户口和阶级等后天性的社会性特征的差异①,也无论这种差异是永久性的还是随机性的,只要这些差异在经济中长期存在,且它会影响个人的收入机会和储蓄行为,它就会导致持续性不平等的存在。而且,这种差异所产生的持续性不平等还可能会同其他经济机制相互作用而被扩大。

其次,社会中不同人群的年龄差异和个人生命周期内收入的不平等也是导致持续性不平等的重要原因。王弟海和龚六堂(2012)研究表明,在个人最大化其一生效用水平的假设下,个人会按照利率水平和个人效用的贴现率来平滑他一生的消费水平。因此,即使个人在每一时期都获得相同收入,如果单位投资在未来的收入通过个人主观贴现之后大于1,那么,每个人会倾向于在未来多消费。这就决定了个人会储蓄部分现在收入到未来消费,从而个人在不同年龄阶段会具有不同的财富水平。整个社会中不同年龄的人就会具有不同的财富水平。从而个人年龄的差距必然会带来财富水平的不平等。如果财富水平能够通过利率获得收入,即使个人的劳动收入相同,个人总收入水平也会存在不平等。因此,生命周期所带来的收入和财富分配不平等是个人优化选择的结果。在其他条件不变的情况下,这种生命周期所导致的不平等总是存在的。

再次,职业分化以及由此所导致个人人力资本投资的不同也是产生持续性不平等的一个重要原因。王弟海(2011)研究表明,如果经济中需要不同的职业同时存在,而且不同的职业所需要的人力资本投资成本或者教育时间不同,那么,不同职业间收入不平等是必然存在的。这一形式的不平等同生命周期形式的不平等一样,是经济主体最优选择和市场均衡的结果,它源自生产的多样性和人类需要的多样性。这一形式的不平等也同样是不可能消除的,但它可能会随着时间累积而加剧或者消弥。

最后,在私有制产权和财产可以继承的情况下,由于历史"遗传"的原因,个人初始财富分配总是存在不平等,而这一不平等肯定会在一定程度上影响后期的不平等。不过,初始财富分配对后期不平等的影响可能会随着经济发展而趋于消失,也可能导致持续性不

---

① 关于个人社会特征的差异对持续性不平等的影响,这方面的研究文献有,Benabou(1996a,1996b)和Durlauf(1996)等研究了社区分割对持续性不平等的影响,Coate和Loury(1993a,1993b)与Neal和Johnson(1996)等研究了统计性歧视对不平等的影响,Boudon(1974)、Piketty(1995,1998)等研究了源自观念自我实现的不平等,关于这方面详细的综述参见王弟海和龚六堂(2008a)。这些研究都表明,这种原本不影响个人生产和消费特征的后天社会性差异,如何在经济中产生了个人持续性收入和财富的不平等。在中国,由于个人居住户籍的差异对持续性不平等的影响——城乡差异和地区差异,更是这一社会制度造成持续性不平等的明显例证。

平等。在什么情况下初始财富不平等能够对收入分配不平等产生持续性影响,这是经济中最重要的一个问题。因为一旦初始财富不平等会持续性存在,再分配政策和一次性产权改革就显得至关重要。下面就这一问题进行讨论。

16.1.2 导致初始财富分配不平等具有持续性影响的机制

在新古典模型下,如果个人生命是无限的,那么,初始财富不平等将具有持续性的影响。因为在无限期的新古典模型中,在平衡增长路径上,均衡利率水平正好同个人的贴现率持平,因此,每个人将在任何时期内都会保持相同的消费水平,从而他们的财富水平也会保持不变。在这种情况下,如果个人没有能力上的差异,初始财富分配不平等将永远持续下去。所以,初始财富不平等对经济的影响在短期内不可能消失(Rutherford,1955;王弟海和龚六堂,2008a)。幸运的是,在个人生命有限的情况下,初始财富分配不平等不会永远持续下去,它在长期内会趋于消失(Rutherford,1955;王弟海和龚六堂,2008b)。我们可以设想一种最简单的情形,在个人不关心后代从而没有任何遗产联系机制的情况下,即便一个人的财富再多,它也会随着个人生命的结束而消失。因此,如果代际之间没有财富联系,一代人之间的财富分配不平等将会随着这一代人的结束而消失。不过,如果代际之间存在联系,那么初始财富不平等可能不会在短期内消失。代际间财富的联系越大,初始不平等对经济中持续性不平等的影响也就越长。由此,一切有助于消除财富代际联系的政策都有助于消除初始财富分配不平等的影响。

现实中每个人的生命都是有限的,所以,在完备市场经济条件下的新古典模型中①,初始财富的不平等并不会导致经济中持续性不平等的存在和加剧(Rutherford,1955;王弟海和龚六堂,2008b)。但在实际经济中,由于存在诸多其他机制的影响,这使得初始财富分配不平等具有持续性的影响,甚至在某些时候它会还随着时间的推移而加剧。总结起来,能够导致初始财富具有持续性影响的机制主要有以下几种。

(1) 代际联系的教育人力资本投资。在存在教育人力资本投资的经济中,初始财富分配不平等很多时候会通过代际联系的教育人力资本投资对经济产生持续性影响。初始财富分配不平等通过代际联系的教育人力资本投资产生持续性不平等是不难理解的:在存在教育和人力资本投资的情况下,下期的收入水平将直接同个人人力资本投资和教育程度有关,高投资和高教育都会导致下期高的收入。如果个人的教育和人力资本投资通过代际联系受到初始财富水平的影响,那么,下期的收入水平就会受到初始财富水平

---

① 这里所谓的完备市场经济中主要包括以下几点:第一,个人收入只来源于劳动收入和资本收入,即收入按要素分配;第二,资本借贷市场完善,不存在跨期借贷约束;第三,不存在垄断力量。

第16章 中国收入差距扩大的原因及其对策

的影响。在一般新古典模型中,上期财富对下期收入的影响经常是通过利率水平发生联系。在存在教育和人力资本投资的情况下,上期财富水平对下期总收入的影响不仅体现在资本收入上,而且还通过人力资本投资体现在劳动收入上。因此,这将必定会加大上下期之间收入的相关性。在这种情况下,即使教育和人力资本投资不会使得初始财富分配不平等具有持续性的影响,它也会延长初始财富分配不平等对经济的影响时间。在教育存在外部性和教育社区分割的情况下,教育和人力资本投资必然会加剧初始财富的不平等(Benabou,1996a、1996b;Durlauf,1996)。当然,教育和人力资本投资还可能和其他机制(如不完备资本借贷市场等)一起,加剧初始财富所导致的持续性不平等。

(2) 资本借贷市场的结构及其完备程度。现有很多文献从不完备资本市场角度讨论了初始财富分配对持续性不平等的影响。资本借贷市场的不完备性对收入分配不平等的影响主要在于,它使得个人和整个经济活动对初始财富具有依赖性。在不完备资本市场下,高初始财富的人凭借初始财富的优势,或者是获得低的借贷利息优势(Aghion and Bolton,1997;Galor and Zeira,1993;Piketty,1997),或者是获得高报酬的自主创业机会(Greenwood and Jovanovic,1990;Banerjee and Newman,1993;Matsuyama,2000;Ghatak and Jiang,2002),或者是获得更好的教育和训练机会(Loury,1981;Tamura,1991;Freeman,1996;Maoz and Moav,1999;Mookherjee and Ray,2002、2003)。那些初始财富水平低的人,由于不完全资本市场下初始财富对其选择机会的限制,只能待在低报酬的职业中。因此,富人会凭借其初始财富的优势,获得更高的回报率和收入水平,并能给下一期留下更多的财富;穷人由于初始财富水平的约束只能获得低报酬和低收入,并使得其后代同样只有低的初始财富水平。在下一期,只要财富水平还制约着个人的选择,经济就会重复同样的故事,从而初始财富水平的差异就会不断持续下去。由此,从长期来看,只要资本市场使得初始财富水平对个人选择产生持续性的约束,初始不平等就会对收入和财富分配不平等产生持续性影响。因此,不完备资本市场在短期内主要是通过限制个人的职业选择,或是限制个人人力资本和教育机会,或是限制个人投资机会等方式,使得个人的当期行为受到限制,这些限制都会使得个人每期的收入直接取决于他的财富水平,从而也取决于他上一期的收入水平,这就直接使得个人当期的收入受到其拥有的财富水平和上期的收入水平的影响,从而也使得不平等具有持续性影响。在存在稳定均衡持续性不平等的情况下,如果不完备资本市场使得相关的投资品(包括职业选择、工作能力、技术利用以及投资水平等)存在非规模报酬递减或不可分割性,那么,即使长期内不平等可能会缩小,但初始财富分配不平等仍会对未来分配不平等产生持续性影响(Mookherjee and Ray,2003)。

(3) 经济增长。关于经济增长过程中财富和收入分配不平等的演化规律方面的研究,最初开始于 Kuznets(1955,1963)。Kuznets 首先从经济增长过程中不平等长期演化趋势这一问题入手,运用美国、英国、德国等国家的跨国时间序列数据,对不平等的长期演化趋势进行了实证研究。他以一半依赖于数据,一半依赖于猜想的形式提出了著名的、有关经济增长和发展同不平等之间的 Kuznets 倒"U"形曲线,即各国的不平等曲线在其经济发展初期一般都会上升,随着经济的进一步发展则会慢慢下降。Kuznets(1955)同时也对不平等的这一演化趋势给出了各种猜测性的解释。现在关于经济增长和不平等之间的经验研究主要朝两个方面发展:一类文献主要围绕 Kuznets 倒"U"形曲线展开,即研究经济发展和增长过程中不平等的长期变化趋势是否真的同 Kuznets 倒"U"形假说相符合;另一类经验研究文献则主要检验经济增长和不平等之间如何相互影响,即他们之间到底是正相关还是负相关。在前一个方面,Kuznets 之后的很多学者运用其他数据对倒"U"形假说重新进行了检验,而且起初的研究都得出了同 Kuznets(1955)相一致的结论。例如,Lindert 和 Williamson(1985)的经验研究表明,从 1688 年开始英国的不平等发展趋势显示了显著的倒"U"形曲线,即不平等在工业革命开始上升,而在 19 世纪后期之后的很长时期内是下降的。Paukert(1973)运用跨国数据也验证了不平等在经济发展中先上升后下降的规律。Summers et al.(1984)则对国家间的收入不平等进行了检验,他们发现,1950—1980 年,工业化国家相互之间的收入不平等在剧烈地下降,中等收入国家间的收入不平等也逐渐下降,但是,低收入国家间的收入不平等却在上升。他们同时还发现,低收入国家人均收入的增长速度几乎是高收入和中等收入国家的一半。这就说明从横截面数据来看,不平等和经济增长之间似乎也是一种倒"U"形的关系。因此,可以说,直到 1970 年代,Kuznets 倒"U"形假说得到绝大多数的实证数据支持(Anand and Kanbur, 1993)。① 不过,20 世纪 90 年代之后的一些经验研究则表明,发达国家在 20 世纪 70 年代以前所经历的不平等下降趋势在最近三十年间发生了逆转,特别是在 20 世纪 80 年代以后,很多国家的收入不平等都显著地加剧(Murphy and Welch, 1992; Juhn et al., 1993; Machin, 1996; Lindet, 2000; Gottschalk and Smeeding, 2000 等)。例如,英国(1688—1995)和美国(1929—1994)历史上各个时期不平等的变化趋势图并不同 Kutznes 曲线吻合(王弟海和龚六堂,2007a),英国的不平等在工业革命初期显著加剧;从 19 世纪末期到 20 世纪中期,两国的不平等都在缓解。因此,这一时期不平等的变化规律是同 Kuznets 假说相吻合。但是,两国在 18 世纪到 19 世纪末期和 20 世纪 80 年代到 21 世纪初,不平等都在加剧。因此,不平等是否加剧也不一定同一国经济的发展阶段有关,或者说并不像 Kuznets 曲线所说,在经济发展初

---

① 不发达国家中经济增长是否导致了更高的不平等,这方面的证据还不是很清楚。对于 Kuznets 曲线在不发达国家中是否成立,早在三十年前 Adelman 和 Morris(1973)的研究就对此提出质疑。

期不平等会加剧,而到了后期就会下降。恰恰相反地是,如果从整个 20 世纪两国不平等的变化趋势来看,不平等的演化趋势不是 Kuznets 倒"U"形曲线,而是一种"U"形曲线。那么,由此是否可以认为在工业化初期不平等就一定加剧呢?这也不一定。比如亚洲"四小龙"在其工业化过程中就没有出现不平等加剧的现象。图 16.2 显示了中国台湾地区从 1964—1995 年相对基尼系数的变化情况,从图中可以看出,中国台湾地区在工业化过程中的不平等反而是下降的,而在其工业化之后(1990 之后)的不平等反而上升。因此,工业化过程本身也不一定会加剧不平等。

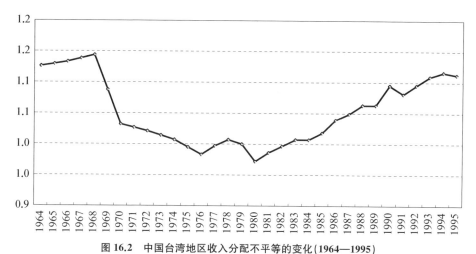

图 16.2　中国台湾地区收入分配不平等的变化(1964—1995)
注:数据来源为 Gottschalk and Smeeding(2000)。

由此可见,Kuznets 曲线所认为的不平等和经济发展之间存在倒"U"形关系并不是经济增长和经济发展过程中的必然现象。从理论上讲,经济增长是否会使得收入和财富分配持续性不平等对初始财富分配不平等产生依赖性,取决于财富积累率和经济增长率之间的关系。王弟海和龚六堂(2007b,2008b)的研究表明,在完备资本市场经济中,如果财富积累率大于经济增长率,初始财富分配不平等对持续性不平等具有长期影响;反之则相反。不过,在边际生产率递减的情况下,如果是利率内生的经济,在经济增长和发展过程中,由于财富积累会通过利率影响财富积累率,经济的内在作用最终会使得财富积累率小于经济增长率。因此,初始财富分配不平等对持续性不平等的影响总会随着经济的发展而消失,而且经济增长率越快,初始财富分配不平等对未来不平等的影响消失得越快。但是,即使是在利率内生经济中,我们也不能排除,在存在初始财富不平等的情况下,经济增长和经济发展短期内可能会使得不平等继续加剧。不过,即便在这种情况下,经济增长率的提高也会弱化上期收入不平等对下期收入不平等的影响。在利率外生的经济中,由于利率和储蓄率(取决于个人偏好)都是外生的,因此,财富积累率可能大于也可能小于经济增长率,这时初始财富分配不平等可能会对经济具有持续性的影响。

综上所述,就个人而言,初始财富分配不平等能够产生持续性影响的原因在于初始财富通过其他机制导致了个人机会的持续性不平等。如果这种机会的不平等仅仅是暂时性的,但随着经济的持续发展,经济增长能使得所有个人都获益,那么,个人初始财富的影响最终会趋于消失。在这种情况下,发展经济是解决初始财富分配不平等的最好方法。由此,我们可以说它是符合邓小平同志关于"让一部分人先富起来",先富的人带动和帮助后富的人,最后走向"共同富裕"的社会主义建设战略的构想。但是,如果其他经济机制使得财富分配所导致的个人机会不平等是永久性的,那么,初始财富的不平等总是对个人未来收入和财富不平等存在持续性影响。因此,初始财富的限制对个人收入和财富分配的影响是永久性的。这时,即便经济发展再快再久,总有一部分人由于初始财富的原因而处于低收入水平。这就有可能使得"共同富裕的发展道路"成为不可能。因此,要走"共同富裕的道路",就需要消除初始财富对个人机会的限制,或至少要消除个人初始财富对个人机会的持续性影响,这是走向"共同富裕"的关键。

16.1.3 导致财富和收入分配不平等加剧的机制

在经济发展过程中,同收入和财富分配不平等相关的另一个重要问题是:随着时间的推移,在什么情况下不平等会越来越加剧? 在什么情况下不平等会趋于收敛。也就是说,即便起初不平等可能会加剧,但在一定时间点之后,不平等总会趋于一个固定水平。这个问题换一种说法就是:导致财富和收入分配不平等加剧的原因是什么? 这一问题对社会和经济发展具有至关重要的意义。因为一个收入和财富分配不平等不断加剧的社会必然会滋生大众的不满,从而会导致社会的不稳定或动荡,而且经济的发展最终也会落空。从这一意义上说,消除导致不平等加剧的原因是维持社会稳定和经济持续发展的关键。

从现有文献的研究来看,可以从两个不同的角度来考虑财富和收入不平等的持续性扩大的情形。首先考虑一种比较简单的情形,即假设个人偏好、能力都相同,没有任何随机冲击影响,但存在初始财富不平等,这时不平等未来的变化趋势如何呢? 现有研究表明,在没有随机性冲击和个人差异情况下,除了在利率外生且具有增长的经济中(王弟海和龚六堂,2007b)、或者在规模报酬非递减(王弟海,2009)的情况之外,一般情况下不平等都是收敛的(Stiglitz, 1969; Chatterjee, 1994; Caselli and Venture, 2000; 王弟海和龚六堂,2006)。因此,一般情况下,如果没有随机因素和个人之间持续性的差异存在,即便是

第16章 中国收入差距扩大的原因及其对策

在不完备资本市场经济中,不平等也不可能永远加剧①。从这一意义上讲,可以说市场经济本身不会加剧不平等,因为完备的市场经济本身不存在加剧不平等的内在机制。不过,王弟海和龚六堂(2007b)的研究也表明,在利率外生的增长经济中或者在人力资本投资收益规模报酬非递减的情况下,即使经济中没有随机因素的影响,初始财富分配不平等也可能随着时间的推移和经济的发展而不断加剧。在利率外生的增长经济中,导致不平等加剧的原因在于过高的利率水平和个人对后代过高的遗产率,这时如果政府可以调控利率水平或者遗产率,则在市场经济条件下仍可以消除不平等的持续性恶化。王弟海(2009,第9章)的分析进一步指出,在人力资本投资收益规模报酬非递减的情况下,其实无论是在完备资本市场经济中还是在没有资本市场的经济中,不平等都会加剧。这一不平等持续性扩大的根本原因在于,人力资本投资的规模报酬非递减导致个人财富水平的持续性增长,而且财富水平越高的人,其财富增长率也越快。因此,不平等的持续性扩大根源在于公平和效率之间的冲突。而且,在这种情况下,完备市场经济中不平等持续扩大的可能性比不完备市场经济时更小。另外,现有文献也已经指出,一些社会制度,如地区分割、歧视性理念、教育制度等也都可能会使得初始财富分配不平等的影响持续存在,并可能不断扩大。②

另一种财富和收入不平等的持续性扩大的情形是存在随机冲击影响的经济。一方面,由于经济中的随机性因素总是存在,包括个人的能力、偏好以及其他随机收入的差异,因此,这些因素是否会导致不平等的持续性扩大对理解现实经济不平等的动态变化很重要。显然,如果经济在没有随机因素的影响下,存在着能够导致初始财富分配不平等持续加剧的经济力量,那么,在存在随机冲击的经济中,不平等肯定会不断地加剧。另一方面,在那些没有随机冲击影响不平等就不会扩大的经济中,在其他条件都不变的情况下,如果在每期都存在随机冲击(包括偏好、能力和随机收入)的影响,不平等也可能会持续性的扩大。王弟海和龚六堂(2008a)研究表明,如果存在个人能力、偏好和收入的随机冲击影响,短期内存在加剧不平等的内在机制。因此,控制市场机制扩大不平等的关键就在于控制这些随机冲击对个人收入的影响,特别是个人的非市场型随机收入,如非法收入、博彩收入等非要素收入。在个人短视性预期的情况下,加快经济增长也是短期内消除不平等加

---

① 不完备市场虽然可能会导致初始财富不平等对财富和收入不平等产生持续性的影响,但经济中仍然存在一个稳定的不平等状态。一旦经济达到这一稳定不平等状态时,不平等将不再变化。所以,不平等不可能永远加剧下去。关于这方面的文献综述可参见王弟海和龚六堂(2007a,2008a)。

② 研究教育制度对不平等的影响的文献有 Loury(1981)、Benabou(1996a)与 Glomm 和 Ravikumar(1992,2001)。Benabou(1996a,1996b)和 Durlauf(1996)讨论了社区分割对持续性不平等动态演化的影响。研究歧视性理念对持续性不平等的影响的文献有 Coate 和 Loury(1993a,1993b)与 Neal 和 Johnson(1996)等。

剧的重要途径。因为加快经济增长可以提高劳动收入在个人总收入中的占比,从而弱化随机冲击对收入不平等的影响。不过,王弟海和龚六堂(2006)已经证明,在个人生命有限且利率内生的情况下,随机因素的冲击不会导致不平等的持续性扩大。

16.2 中国收入差距扩大的原因:基于文献的讨论①

正如第12章的分析所表明,改革开放前和改革开放初期,中国收入分配不平等并不严重,相对世界其他国家和中国入世后的收入分配而言,甚至可以说是非常平等的,有的学者甚至称之"平均主义"或者是"大锅饭"。当然,这种过于平均主义的"大锅饭"严重影响了劳动者的积极性,以至于无论是农村"人民公社"体制下的农业生产力还是国有企业和集体企业的工业生产力,其生产效率都很低②。改革开放后中国进行了"效率优先、兼顾公平"的社会主义市场经济改革,按劳分配和按要素分配共同存在,这在调动劳动者劳动积极性和提高劳动者生产效率的同时,肯定也会扩大收入差距。但是,正如前面理论分析所表明,市场经济本身可能会带来收入分配不平等,但不存在使得收入差距持续扩大的机制。因此,一定存在某些不完全的市场因素和其他机制,共同导致了中国收入差距的持续扩大。到底是什么因素和机制,使得中国在改革开放后收入差距持续扩大呢?这一节将对此进行分析和讨论。

16.2.1 市场化改革是导致收入不平等上升的原因之一

首先,由于人们在能力和偏好等方面存在差异,以及生活中必然存在的不确定性,除非我们实行绝对的平均主义,否则,在存在私有产权的情况下,经济生活中个人之间实际收入和财富分配的不平等就会必然存在。即使在中国改革开放前,也同样存在收入和财富分配方面的不平等,这一事实就是个人天然差异存在的必然结果。但是,在改革开放前,首先,因为中国基本上实行的是以国营企业和集体企业为代表的生产资料公有制,私

---

① 本节的部分主要观点曾经发表在《世界经济情况》(2013年第4期)和《中国社会科学报》(2011年11月8日)。

② 关于我国改革开放前农村生产效率的分析,参见劳伦·勃兰特和托马斯·洛斯基《伟大的中国经济转型》第十三章"中国的农业发展"和吴敬琏《当代中国经济改革教程》第三章"农村改革"。关于我国国有企业和集体企业下工业生产效率的分析,参见劳伦·勃兰特和托马斯·洛斯基《伟大的中国经济转型》第十五章"中国的工业发展"和吴敬琏《当代中国经济改革教程》第四章"企业改革"和第五章"民营经济的发展"。

有企业和个体经济所占比重很少。因此,1949—1956年逐步实行生产资料公有化以后,居民除了拥有少量储蓄存款的利息收入以外,几乎没有财产性收入。其次,在政策上,中国当时的决策者认为,社会主义所追求的目标是社会公平,加上建设初期应该多积累、少消费,即使是劳动收入也应该是低而平均的。最后,这种离开效率谈公平,不求做大"蛋糕"只求"蛋糕"绝对平分的平均主义分配制度,往往导致绝对的无效平均和普遍贫困的最终结果。因此,改革开放前中国的收入分配不平等主要体现在工农收入差距上,实质上的不平等主要体现不同劳动者的实际收入同其实际能力和实际产出之间的不平等。但总体来说,以收入形式表现出来的收入分配平等程度很高。

实行市场化改革之后,收入分配由按劳分配逐步向按劳分配和按要素分配相结合的方式转变,资本、土地和知识技术等要素获得的收入在个人收入中所占的比重越来越大。在某种程度上,个人通过这些要素获得的收入占个人总收入的比重甚至超过个人通过劳动获得的收入。图16.3显示了1985—2012年中国农村居民收入结构的变化情况,图16.4给出了1990—2016年中国城镇居民收入结构的变化情况。从图16.3可以看出,1985—2012年中国农村居民纯收入中,通过承包土地所获得的家庭经营性收入占比越来越小,农民通过外出打工所获得的工资性收入占比越来越高;而经营性收入中,农村在农林牧渔业上的收入也越来越小,其他商业性经营收入占比越来越高。在城镇居民可支配收入比中,居民的工资性收入在不断下降,而财产性收入和经营性收入在不断上升。这也说明,中国城镇居民的收入结构多元化,不再单纯依靠劳动收入,劳动能力、土地、技术、知识、资产等都成为重要的收入要素。

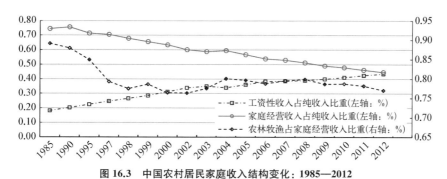

图16.3 中国农村居民家庭收入结构变化:1985—2012

注:① 数据来源为《中国统计年鉴》;② 农林牧渔占家庭经营收入比重为右轴,其他为左轴。

由于个人在要素上的占有存在时间积累效应,个人当前所拥有的财产和土地相当于个人之前的劳动所得的累积。如果个人的劳动能力不同,个人当期的财产和土地等资本数量肯定不同。知识技术则直接依赖于个人的学习能力和教育水平,知识技术的拥有量也同个人的能力有关。当收入分配形式从单纯的按劳分配向按劳分配和按要素分配相结合的分配方式转变时,这其实相当于扩大了个人劳动能力的不平等对收入差距的影响,因

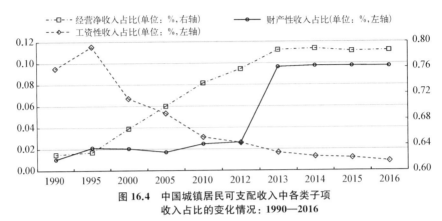

图16.4 中国城镇居民可支配收入中各类子项
收入占比的变化情况:1990—2016

注:① 数据来源为《中国统计年鉴》;② 工资性收入占比为右轴,其他为左轴;
③ 2013年及之后数据统计口径不同,所以数据出现跳跃现象。

而肯定会扩大个人收入差距的影响,同时财富不平等的时间积累也会进一步扩大收入差距。例如,根据李实(1997)的研究,城市居民财产收入从1988年占个人总收入的0.49%上升到1995年占个人总收入的1.3%。如果把自有住房租金估价也算作一种财产性收入,那么1995年城镇居民的财产收入已达到11.58%,比1988年的4.39%上升了7.19个百分点。另外,不仅狭义的财产收入有很高的集中率(1995年为0.489),而且自有住房租金估价也有相当高的集中率(1995年为0.371)。除了自有住房的租金估价以外,中国目前个人财产收入的形式主要还有利息、红利、租金等。

但是,个人之间的自然差异和生活中的不确定性是否必然会导致经济生活领域中居民收入分配不平等的持续加剧,这可能同社会经济制度和分配体制有关。中国自改革开放以来,逐步从计划经济向市场经济过渡,一方面分配方式发生了变化,另一方面私有经济的比重也在增加。这些方面的改革确实导致了不平等的产生和加剧,而且,改革开放过程中私有制经济的发展也是不平等产生的原因之一。不过,本章文献综述部分的理论分析已经表明,虽然从计划经济向市场经济的转变过程会使得收入分配不平等加剧,但是,一旦这种转变完成之后,市场经济本身并没有使得不平等持续加剧的机制。现有理论分析还表明(王弟海和龚六堂,2008),至少在完备的市场经济中,如果没有随机冲击的影响,无论是在短期还是在长期,市场机制本身都不会使得不平等持续性增加。而且在长期来看,即使经济中存在能力、偏好和其他随机收入的影响,不平等也不会持续性扩大。所以,认为中国收入不平等持续加剧的原因主要是因为中国市场经济改革,这至少从理论上是逻辑不严格的。我们只能说,在市场经济条件下,如果存在其他偏离完全市场的因素,如二元经济发展、垄断力量、不完备资本市场以及户籍制度所导致的城乡分割和地区分割等因素,那么,市场机制可能会持续加剧不平等。

16.2.2 二元经济发展、户籍制度和城乡劳动力市场分割是中国城乡收入差距扩大和劳动收入占比下降的主要原因

尽管在一元经济情况下,经济增长不会带来收入不平等的持续加剧,但是,经济增长却可能通过二元经济结构使得劳动和资本间的收入分配不平等加剧。这里可以通过一个简单模型来说明经济增长如何通过二元经济结构加剧劳动和资本收入分配不平等。如图16.5所示:整个社会的劳动力总量为$O_I O_G$,直线$B_1 E_1$和$B_2 E_2$表示工业部门的劳动边际生产力,它也代表了工业部门对劳动力的需求,曲线$AE_1 E_2 C$表示农业部门的劳动边际生产力,它同时也代表了工业部门的劳动力供给。假设劳动力市场是完全自由竞争的,开始时工业部门的边际生产力曲线为$B_1 E_1$。均衡时工业部门的工资水平为$O_I w_1$,工业部门的劳动就业量为$O_I N_1$,农业部门就业的劳动量为$O_G N_1$。整个社会的总产出为$S_{O_I B_1 E_1 \infty G O_I}$,其中劳动者获得的总收入为$S_{O_I w_1 E_1 N_1 O_I}$,资本获得收入为$S_{B_I w_1 E_1 B_I}$。

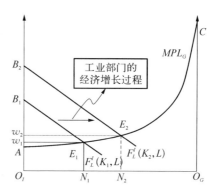

图16.5 二元经济中完全竞争劳动力中工资管制对经济的影响

注:图中纵轴表示工资和边际产出,横轴表示劳动供给。

随着工业部门物质资本积累的提高,或者是工业部门技术水平的提高,工业部门出现经济增长。由此,工业部门的劳动边际生产力曲线向右移动到$B_2 E_2$。均衡时工业部门的工资水平为$O_I w_2$,工业部门的劳动就业量为$O_2 N_2$,农业部门就业的劳动量为$O_G N_2$。整个社会的总产出为$S_{O_I B_2 E_2 \infty G O_I}$,其中劳动者获得的总收入为$S_{O_I w_2 E_2 N_2 O_I}$,资本获得收入为$S_{B_2 w_2 E_2 B_2}$。在这一经济增长过程中,大量农业人口转移到工业部门。但是,由于农业部门的人口众多,农业部门的劳动边际生产力极低且变化平缓。所以,尽管工业部门的人口增加,但工资却增加极少。经济增长的成果几乎全部被资本收入获得。在这一过程中,劳动收入占总产出的比重下降,资本收入占总产出的比重上升,资本和劳动之间的收入不平等加剧。

以上这一过程很好地解释了中国经济增长如何同二元经济相互作用加剧了中国的收入分配不平等。该模型得出的结果同中国经济增长过程中一些现象也非常吻合:首先,随着经济不断增长,改革开放前期很长一段时间,中国劳动收入和资本收入之比出现了不断下降的趋势,大概直到2010前后,才出现了劳动收入占比上升的现象。根据《中国统计年鉴》相关数据计算,如果按照劳动报酬占GDP之比的数据来看,中国劳动收入占比已从

1987年52.0%的峰值下降至2007年的39.7%,2007年这一占比开始上升,2016年上升到50.9%,但相对于改革开放初期仍下降了很多。如果按照劳动报酬占总增加值之比来看,中国劳动收入占比下降的更厉害(如图16.6所示)。其次,随着中国经济的不断增长,中国城市农民工的数量急速增长。蔡昉(2006)的研究表明,农村劳动力外出打工收入从1997年的3 890万增加到2005年的1.08亿;另一份研究(Cai et al.,2007)估计农村外出打工收入增长得更快,从2000年的7 849万增加到2006年的1.32亿。最后,中国进城农民工的工资一直很低,大致相当于农村市场的工资水平,且增长缓慢。例如,2001年深圳农民工的月平均工资为588元,低于1980年代的水平,而这588元的工资基本上同深圳市镇村企业人员2001年712元的月平均工资差不多。国家统计局农调队的调查也表明,2002年中国农民外出打工的月平均工资为582元(郭继强,2005)。

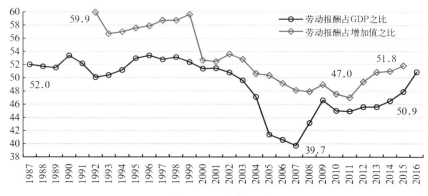

图 16.6　中国劳动收入占比的变化趋势:1987—2016

注:① 资料来源为本书第12章第5节。

16.2.3　地区经济不平衡发展、户籍制度和地区劳动力市场分割是地区收入差距扩大的根本原因

一般认为,中国现阶段所处的经济发展阶段和高速经济增长是导致中国收入差距扩大的重要原因。因为根据Kuznets曲线,经济从不发达阶段到发达阶段的发展过程中,初期不平等程度一般都会上升,随着经济的进一步发展,不平等程度则会慢慢下降(王弟海和龚六堂,2007)①。由于Kuznets曲线认为不平等和经济发展之间存在倒"U"形关

---

① 当然,这一规律也不是绝对的。例如,韩国和中国台湾地区在其工业化过程中,收入分配不平等都逐渐下降。

系,有些学者认为,中国收入差距的扩大和收入分配不平等的加剧是中国现阶段经济发展和高速经济增长的必然结果。但正如本章文献综述部分的分析所述,经济增长和经济发展并不必然导致持续性不平等的产生和加剧。相反,在某些情况下,更快的经济增长还是消除初始财富分配不平等和加快收入分配差距收敛的重要因素(王弟海和龚六堂,2007b)。因此,中国的高速经济增长并不一定是中国不平等加剧的原因,而更有可能的是,加快经济发展对于消除中国收入不平等具有重要的作用。当然,各地区的不平衡发展可能会导致地区间的收入差距扩大。但是,这并不是发展本身所带来的不平等,而是地区不平衡发展以及地区劳动力市场分割所共同产生的结果①。在中国改革开放以来的经济发展过程中,可能二元经济发展模式、过多的农村剩余人口和户籍制度所导致的不完全劳动力市场这三者的相互作用对收入分配不平等所产生的影响比经济发展本身对收入分配的影响要重要得多。

  其实,现有研究认为城乡和地区分割的户籍制度,以及地区和城乡经济不平衡发展的经济增长方式,可能是导致中国城乡居民收入差距和地区居民收入差距扩大的最主要原因(蔡昉等,2001;蔡昉和杨涛,2000;蔡昉,2003;姚先国和赖普清,2004;严善平,2006)。中国地区分割和城乡分割的户籍制度之所以会加剧居民收入不平等,其主要原因在于中国城乡经济和地区经济不平衡发展的经济增长方式,以及户籍制度所造成的城乡劳动力市场分割和地区劳动力市场分割。首先,由于国家改革开放是渐进性的,国家在改革开放过程中对城乡和不同地区实行了倾斜性的扶持政策,这使得城乡之间和各地区之间本来就已存在的经济不平衡继续扩大。户籍制度则进一步限制了这种不平衡增长所带来的经济利益被所有人群共同分享的可能性。由此,也就必然会导致城乡之间和不同地区之间的居民其工资报酬和资本报酬之间差距的持续扩大,从而也就使得城乡之间和不同地区居民间的收入差距持续扩大。其次,更重要的是,中国户籍制度并不是限制所有人的流动。对于那些高学历、高能力和高财富水平的人,各地区都不加限制甚至是鼓励他们进入本地区。因此,在这种不完全限制人口流动的户籍制度下,原来经济水平较好的地区势必会吸引更多高能力的人进入,从而这些地区将会拥有更多的人力资本。同时,更多的人力资本又会使得这些地区能吸引更多的物质资本,从而使得这些地区所有人的工资水平都更高。这就更会加剧不同地区个人间的收入差距,特别是不同地区低人力资本个人的收入差距。就城乡分割对不平等的影响,中国城乡收入差距几年来扩大的趋势可以佐证。由此可见,户籍制度所造成的城乡分割、地区分割和低能力人口流动的限制同地区发展不平等,可能是加剧中国不平等的一个重要因素。

---

  ① 见本书第12章的分析。

16.2.4 教育人力资本投资回报率的提高和高等教育自费的教育制度改革是导致社会收入阶层分化的重要因素

教育人力资本投资回报率的提高和高等教育自费的教育制度改革也对中国收入阶层分化产生很大的作用。前文分析表明，教育和人力资本投资对个人收入和财富分配的不平等具有很大的影响作用。如果个人的教育不受个人初始财富的约束，则教育不会加剧收入不平等。但是，一旦教育受到个人初始财富的约束，低收入和低财富水平的人可能永远只会获得低教育水平，从而总是停留在低收入阶层。由此，教育可能成为加剧不平等的重要途径，它甚至可能成为导致两极分化的直接原因。在中国原有的公费高等教育体制下，除了个人的教育时间投资外，个人几乎不需要为教育支付成本。因此，个人的教育投资不会受到个人初始财富水平的限制。但是，在高等教育自费的教育体制下，高等教育成本直接由个人承担，而中国教育投资的信贷市场又不完善，这就使得个人教育投资直接受到个人现有收入和财富水平的影响。特别是，在中国现阶段的分配方式下，随着经济的进一步发展，教育和人力资本投资对个人收入和财富分配所起作用越来越大，教育投资和人力资本在收入分配中作用的提高会直接扩大个人收入差距（白雪梅，2004；郭剑雄，2005；陈斌开等，2010；等等）。因此，教育人力资本投资回报率的提高和高等教育自费的教育制度改革是导致中国收入分配流动性下降、穷人变成富人的机会降低的最主要原因，也是导致中国劳动收入不平等扩大的重要原因之一。自费教育制度对收入分配问题所造成的另一个不利影响是，由于这一制度使得个人的教育投资会受到个人初始财富水平的限制，它会限制收入分配中的代际流动性。也就是说，在自费教育制度下，低收入阶层的下一代进入高收入阶层的可能性会变得越来越小，收入阶层代际流动性大大减小。如何消除个人现有收入和财富水平对个人教育投资的约束，对改善中国收入分配差距扩大状况具有非常重要的作用，这应当成为政府降低长期收入分配不平等的一种政策。

16.2.5 不完备资本市场和金融业垄断是中国城镇居民内部收入差距扩大的主要原因之一

不完备资本市场也是中国居民收入差距扩大的主要原因之一。因为在中国现有的金融体制下，由于资本市场的不完备性，资本拥有者常常可以通过国有资源的杠杆作用获得极高的非市场性收入，这也是导致中国少数高收入者收入过高的主要原因。市场经济条件下按要素分配的原则提高了资本在收入分配中的作用，这已经从社会阶层的流动性方面扩大了收入不平等程度。因为资本收入的获得使得上一代的收入差距会影响到下一代的收入差距,从而使得收入不平等在时间上产生累计作用,富者能通过资本收入变得越富。不过,如果资本市场是完备的,资本收入通过时间所积累的不平等是有限的,达到一定程度之后将会保持不变。但是,由于中国资本市场不完备,同劳动力相比,资本是一种相对稀缺的要素。为了发展当地经济,各地政府都通过提供低价资源给投资者的方式来吸引资本。因此,资本所有者可以利用资本来控制国有资源。一旦资本所有者获得了这种国有性质的垄断资源后,不但可以获得资本收益,而且还可以获得垄断性资源的收益。资本通过国有资源杠杆所获得的收益远高于资本市场上的正常报酬。这就极大地增加了资本所有者的收入,扩大了高收入阶层和中低收入阶层之间的收入差距。这一点可以通过最近几年不断涌现的煤商富豪、房地产富豪和其他资源型富豪得到验证。

16.2.6 垄断、再分配政策和"寻租"直接扩大了中国收入差距

本章前文的分析表明,从理论上说,在完备市场经济中,如果个人没有能力、偏好差异和随机收入的冲击,那么在平衡增长路径上,不平等会保持不变。如果经济中存在经济增长,则收入分配不平等可能会不断趋于稳定。但是,如果经济中存在着能力、偏好的差异和随机收入的影响,则不平等会不断加剧。能力和偏好在短期内一般是固定的,因此,"随机性"收入就成为短期内同分配制度本身相关且能够对不平等产生影响的主要因素。在中国市场经济改革过程中,这种"随机性"因素可能是使得中国不平等加剧的主要原因。具体说,这种"随机性"因素[①]包括垄断、制度改革中导致的收入再分配以及其他非法收入。

关于垄断力量对中国不平等的影响,这在直觉上是很好理解的。由于垄断力量的存在,而具有垄断力量的部门又可以按照市场经济机制定价,在个人利益最大化的情况下,垄断部门必定会制定一个高于完全竞争市场条件下的价格。正是凭借这种垄断定价,垄断者可以获得超过市场定价的垄断收入,这样就会使得垄断部门的收入和财富水平高于一般人的收入和财富水平。可以说,在中国,部门垄断和行业垄断对收入分配不平等的"贡献"是巨大的。关于这一点,通过比较垄断部门和行业同非垄断部门和行业的平均工资水平就不难发现。如电信、石油、铁路、金融等部门的工资水平都高于市场的平均工资水平。现有研究已经证实,垄断的存在是中国行业收入差距持续扩大的最主要原因之一

---

① 注:这里所讲的随机性收入,是指对于期初的每个人来说是随机的,因为在 0 期的时候,我们不知道究竟哪些人能够获得超出要素收入以外的收入。但是,在现实经济中的每个具体的时期来说,可能这种非要素收入并不是随机的,因为只有那些获得特殊地位或者掌握特殊"资源"的人,才可能在某种非完备的市场经济制度下获得收入。这种"随机性"收入并不是每个人都可以获得的。从这一意义讲,它并不是随机性收入。

（王锐，2007；姜付秀和余晖，2007；傅娟，2008等）。此外，即使国家对垄断部门进行价格控制，由于价格控制必然会使得这些部门供给的产品供不应求，这也会导致这些部门通过"寻租"来获得高于一般人的非法收入①。由此可见，在市场存在垄断力量的情况下，必然加剧收入和财富分配的不平等。所以，打破各种垄断，包括行业垄断、部门垄断和市场垄断，对于降低中国收入分配的不平等是必不可少的措施。

其次，政府改革开放中的每一次不完善制度改革都会造成一次性的财富集聚和收入不平等加剧。如果改革是一次性完成的，那么，在经济增长过程中，随着该项制度的逐渐稳定，这种一次性改革所导致的收入分配不平等可能会慢慢地消失。但是，如果总是不断地有各项新制度的改革出现，而且具有财富优势的人总可以在历次的制度变革中，凭借自己的财富优势在改革所带来的财富再分配中获得优势，那么，这就可能导致持续性的财富集聚和收入不平等的不断加剧。因此，随着改革开放的不断进行，尽管单项制度可能会得到完善，但由于经济中总有新制度的改革和财富的再分配出现，所以，整个经济中的收入分配不平等会不断加剧，而且，这种不平等的加剧可能会同市场力量相互作用而得到累积②。此外，各种制度的改革中所出现的信息先机以及随之而来的利益先机，也会导致一些寻租行为，由此而产生的贪污、行贿受贿和走私等其他一些非法收入渠道也是加剧收入分配不平等的一个重要方面。从这种意义上讲，尽量缩短改革的时间和降低制度的不稳定性，加强制度的透明性，减小各种"寻租"行为，这些都是能降低中国收入不平等的一些重要举措。

16.3 通过完善市场经济体制来改善中国收入分配格局，缩小居民收入差距③

以上分析表明，自1978年以来，中国经济取得巨大成就。同时，中国收入分配格局也发生了重大变化，居民收入差距正在不断扩大。中国目前这种居民收入差距日益扩大

---

① 例如，铁路部门内部人员进行的"倒票"行为（2006年3月16日武汉法院判决的武汉铁路分局副局长刘志祥事件）、税务部门的非法截留税收行为（2006年3月27日中央电视台播出的马鞍山市《举报人李文娟》事件）等。

② 关于我国各项制度初次出台后所导致的收入分配差距扩大，也许可以通过当年的"股市"改革、国企改革和现在的住房制度改革中所出现的财富集聚现象而得到验证，因为每一次改革开放都会产生一些"暴富"者和一些贫困者出现。本章由于篇幅限制关系无法对这方面做更深入的研究。

③ 本节的主要观点曾发表在《中国社会科学报》（2011年11月3日）和《世界经济情况》（2013年第4期）。

第16章　中国收入差距扩大的原因及其对策

的现象,显然有悖于中国"共同富裕"的改革开放目标。而且,如果任由其继续下去,还可能会导致中国国内消费需求下降并影响经济发展(王小鲁,2007)。因此,无论是从经济发展角度,还是从实现社会改革开放的目标而言,缩小中国居民收入差距,收敛收入分配不平等,将我们目前缺少中产阶层的"金字塔型"收入分配格局转变为以中产阶层为主的"橄榄球型"收入分配格局,已经变得越来越重要和迫切。基于本书的分析和讨论,为了改善中国收入分配不平等,中国应该不断完善社会主义市场经济体制,进行以下方面的必要改革。

16.3.1　改革户籍制度,完善劳动力市场,缩小城乡收入差距

由本章第1节和第2节的分析可知,城乡经济发展不平衡是中国城乡收入差距扩大的主要原因。就全国整体收入分配不平等的成因来说,来自地区间收入差距的不平等是一个最重要的原因之一。例如,王洪亮和徐翔(2006)通过对泰尔指数的分解研究认为,城乡收入差距和地区收入差距的持续扩大对全国总体收入不平等的扩大影响最大,其中城乡收入差距扩大最为重要,其他研究也得出了比较类似的结果(李实和赵人伟,1999)。中国城乡收入差距过大的主要原因在于中国二元经济发展的格局和城市经济的快速增长。由于中国农村人口过多,当前的户籍制度又限制农村人口向城镇的自由转移,而二元经济中农业生产技术落后,农业经济增长缓慢。因此,农村过多的剩余劳动力给城市经济发展提供足够多的低价劳动力,使得城市经济能够迅速积累资本并发展起来。但从农村转移出来的农民工由于其工资仍保持在极低水平,而户籍的限制也使得他们无法受到城镇社会保障制度的保护,因此,众多农民工无法享受城市经济发展的成果,其生活被抛弃在城市经济发展之外。所以,改变目前这种城乡二元经济发展的经济结构,是缩小城乡差距的根本途径。要改变城乡二元经济结构,首先就是要加快城镇经济发展,使得城市工业部门和第三产业部门能够吸收农业部门过多的剩余劳动力。同时,当农村过多的剩余人口转移到城市之后,农业才能实现机械化,提高农业生产力,从而实现农村部门经济和城市部门经济的共同发展,缩小工农劳动力边际产值间的差距,因而最终能够缩小城乡差距。当然,在这一过程中,要实现农村人口向城市自由转移,让绝大多数人能够在城市现代经济部门就业,改革中国的户籍制度,消除农村户口和城镇户口之间的等级差距和流动限制,从而消除对农村居民的歧视性待遇,这是一个必须要解决的问题。

16.3.2　保持各地经济平衡发展,实现产业结构转移,缩小地区差距

地区间收入差距扩大是导致中国不平等持续上升的重要因素之一,缩小地区间居民

收入分配差距对于消弥收入分配不平等十分必要。尽管第 13 章的分析表明,在劳动力可以自由流动的情况下,地区经济发展不平衡并不一定会导致地区居民收入差距的持续扩大,但是,中国在短期内劳动力市场仍无法完善,户籍制度短期内还无法取消的情况,促进各地区经济平衡发展,缩小地区经济差距就成为缩小地区收入差距的必要途径。就中国目前的经济发展格局来看,东部地区经济发展较快,其第二、第三产业的发展都比较快,而中西部发展比较落后,这些地方主要还是以第一产业为主,第二产业发展缓慢,第三产业除了一些省会城市外,几乎没有发展。目前要缩小各地区间经济发展水平的差距,首先,要实现产业结构的转移,这就需要通过产业政策和税收政策等措施支持中西部经济发展,缩小中西部同东部之间投资生产力方面的差距,促使东部地区的一些劳动密集型产业向中西部转移,并提升东部地区自身的产业结构。其次,要缩小东部和中西部的经济差距,还需要通过财政政策支持中西部,加快中西部地区的基础设施建设和制度建设,提高政府的办事效率,减少经济中的寻租行为和非市场交易行为,提升中西部地区的投资环境(包括制度方面的投资软环境和技术、基础设施等方面的硬环境)。这也是使得东部地区的一些劳动密集型产业能够转移到中西部地区的一种必不可少的因素。最后,要加大对中西部地区的科技教育投资,提高中西部地区的人均教育收入,普及义务教育从而提高人均教育程度,以提高中西部人力资本程度。

16.3.3 改变经济增长方式,提高劳动收入占比,缩小劳资收入差距

由于二元经济结构的存在和中国中西部农村地区劳动力的无限供给,中国城市经济增长过程成为一个工资低增长下的劳动资本收入比下降过程,这使得劳动收入和资本收入之间不平等日益加剧。为了缩小劳动和资本收入之间的差距,就必须改变东部地区这种单纯依靠劳动密集型产业粗放型扩张的发展模式,提升东部地区的产业结构,使东部地区的产业结构逐渐由劳动密集型向资本密集型和技术密集型转变,而劳动密集型产业逐渐向中西部地区转移。所以,提升东部地区的产业结构同劳动密集型产业向中西部地区的转移应该是同步进行的,是经济增长方式转化的两个方面。在提升东部经济产业结构的同时,促进东部劳动密集产业向中西部转移,这既可以提高东部地区劳动收入的比重,扩大中产阶级的比重,缩小东部地区内的居民收入分配不平等,又可以使得中西部地区的剩余劳动力在本地就业,加快中西部地区的经济发展,缩小地区间的经济发展不均衡,降低地区间收入差距。当然,要实现这种产业结构的转移,除了要对中西部地区的经济发展实行政策支持外,对东部地区也应该实行区别性的产业政策,对于资本密集型和技术密集型的产业,在东部地区应给予政策上的优惠以鼓励其发展,对于劳动密集型的产业,则应该使用政策上的倾斜措施促使其退出东部地区。

16.3.4 深化市场经济体制改革,打破行业和部门垄断,建立反垄断法律法规,缩小行业收入差距

改革开放以来中国行业间的收入差距一直在扩大,行业间收入差距的持续加剧也是中国居民收入分配差距和基尼系数扩大的一个重要原因之一。行业收入差距的扩大,其最主要的原因来自于垄断(岳昌君和吴淑姣,2005;杨俊、黄潇和李晓宇,2008)。因此,要缩小行业间的收入差距,完善经济机制,打破行业垄断,是其唯一的和必不可少的措施。由于垄断有时可能是市场竞争的必然结果所以为了完善市场经济机制,打破行业或部门垄断,国外都制定有反垄断法。中国现在大部分的垄断行业都是一些市场还没有完全放开的由国有企业垄断的部门和行业,比如银行、保险、铁路、邮电和电信、水电部门。针对中国的国情,要从根本上打破行业和部门垄断,完善市场竞争机制,首先就是要进行彻底的经济体制改革。除了那些有关国计民生和国家安全的部门或一些存在自然垄断特点的部门外,其他部门都应该放开行政垄断,引进市场竞争机制,让市场机制来主导其发展。这样才可以避免这些垄断部门通过垄断定价来获得高额垄断利润。当然,制定反垄断法来反垄断是西方国家常用的途径,制定和完善反垄断方面的法律也应该是中国打破垄断,缩小行业收入差距的一个重要措施。就目前情况而言,中国在这方面的立法还很不健全,虽然已颁布了《反不正当竞争法》《反垄断法》,但它们的实施效果还有待加强。针对各垄断行业的法规也很不健全。如电信业的立法讨论已久,可现在只有原信息产业部出台了一个《电信条例》,自来水、煤气、供热等行业至今也只有地方性法规。对于中国而言,可能大部分的垄断都来源于计划经济改革开放的不完全和不彻底。为此,要抓紧清理不利于打破垄断、实现自由竞争的法规,进一步完善《电力法》《航空法》《铁路法》等相关法律,并加快《电信法》《石油天然气法》等立法进程,使反垄断做到有法可依。

16.3.5 加大义务教育投资,支持对落后地区居民的高等教育投资,防止人力资本投资成为收入差距扩大的传导机制

中国行业收入差距的扩大,其另一主要的原因来自于个人教育人力资本的不平等(岳昌君和吴淑姣,2005)。随着改革开放的推进和市场经济体制的完善,对于既定的教育人力资本分布而言,由于不同教育人力资本的劳动者获得的收入水平也不同,这是市场机制按照边际生产力配置资源的结果,它符合市场经济机制的要求,也符合中国按要素分配的收入分配原则。但是,目前中国存在的问题有:第一,如果承认人力资本对收

入分配的合理性,那么,教育人力资本分布的不平等本身是否合理?第二,对于既定的教育人力资本分布,是否存在某种机制,使得随着时间的推移,由于不同教育人力资本的回报率的差距扩大,而使得中国源于教育不平等的收入不平等逐渐扩大?第三,是否存在某种机制,使得教育人力资本分布的不平等在逐渐扩大。从以上三个方面入手,通过缩小教育分布的不平等来缩小居民收入差距,这是降低不平等的重要途径。现有研究表明,中国的教育回报率正迅速提高(黄国华,2006),并且中国的教育回报率有随着受教育程度而升高的趋势,高中及以上教育者的教育收益率平均来说要比初中及以下教育程度者高(张车伟,2006)。中国不同教育年限的回报率之间的差距在逐渐扩大,教育回报率表现出了明显的异质性。中国教育回报率的提高导致了工资收入不平等的增加(陈玉宇、王志刚和魏众,2004)。

16.3.6 改革财政税收体制,发挥税收和转移支付等再分配手段在调整收入分配格局中的作用

为了弥补市场化改革过程中,当收入分配形式从单纯的按劳分配向按劳分配和按要素分配相结合的分配方式转变时,由于个人劳动能力的不平等和财富不平等的时间积累作用对收入差距的影响,政府应通过税收和转移支付等政策措施进行国民收入的再分配,调节个人的可支配收入。为此,需要进行以下方面的改革。

第一,在财政收入政策方面,通过改革税收体制,使得税收能够调节市场过程中产生的过高劳动收入和资本收入,减少一些同个人能力无关的、纯属由于市场化改革中体制不完善所造成的收入。首先,调节过高的资本收入和劳动收入可以通过个人所得税来实行。但由于目前中国的个人所得税征收体制和制度问题,个人所得税对现实中一些高收入阶层并没有起到"劫富济贫"的调节,而是相反。其次,应该通过设定和征收国有资源收入税,来调节那些在市场化改革过程中通过控制国有资源所获得的过高收入。例如,土地及其附属物增值所带来的收入、矿产由于价格市场化所带来的收入,以及其他资源带来的收入。

第二,应通过财政支出方面的政策来调节收入分配差距,主要是通过对失业人员和困难户的转移支付政策来缩小这些人群同其他人群的收入差距。

第三,应通过制定区别对待不同地区的财政政策来支持落后地区的经济发展,缩小地区收入差距。具体来说:一方面,在税收政策方面,应给落后地区税收优惠政策支持该地区发展经济,比如对该地区实行投资减免税或者其他优化政策;另一方面,在财政支出中,应增加对落后地区的转移支付以支持该地区的经济发展,比如加大对落后地区的公共基础建设,改善落后地区的投资环境,加大对落后地区的教育和再教育投资,提高该地区的

教育人力资本。

第四,通过财政支出政策加大对落后地区和乡村的教育投资,提高这些地区的人力资本,缩小城乡间和地区间的收入差距。

附 录

参考文献

中文文献

［1］阿齐兹·卡恩和卡尔·李思勤，2008，《中国居民收入增长与分配》，载李实、史泰丽和别雍·古斯塔夫森，《中国居民收入分配研究Ⅲ》，北京师范大学出版社，2008年。

［2］安虎森、颜银根和朴银哲，2011，《城市高房价和户籍制度：促进或抑制城乡收入差?》，《世界经济文汇》第4期。

［3］蔡昉，2010，《人口转变、人口红利与刘易斯转折点》，《经济研究》第4期。

［4］白重恩和钱震杰，2009a，《国民收入的要素分配：统计数据背后的故事》，《经济研究》第3期。

［5］白重恩和钱震杰，2009b，《谁在挤占居民的收入：中国国民收入分配格局分析》，《中国社会科学》第5期。

［6］白重恩和钱震杰，2010，《劳动收入份额决定因素：来自中国省际面板数据的证据》，《世界经济》第12期。

［7］白重恩、钱震杰和武康平，2008，《中国工业部门要素分配份额决定因素研究》，《经济研究》第8期。

［8］白素霞和陈井安，2013，《收入来源视角下我国城乡收入差距研究》，《社会科学研究》第1期。

［9］白雪梅，2004，《教育与收入不平等：中国的经验研究》，《管理世界》第6期。

［10］白暴力，2007，《农民工工资收入偏低分析：现实、宏观效应与原因》，《经济经纬》第4期。

［11］边燕杰和张展新，2002，《市场化与收入分配》，《中国社会科学》第5期。

［12］别雍·古斯塔夫森、李实、史泰丽和岳希明，2008，《中国收入不平等及其地区差异》，载李实、史泰丽和别雍·古斯塔夫森，《中国居民收入分配研究Ⅲ》，北京师范大学出版社，2008年。

［13］蔡昉，2003，《城乡收入差距与制度变革的临界点》，《中国社会科学》第5期。

［14］蔡昉，2007，《中国劳动力市场发育与就业变化》，《经济研究》第7期。

[15] 蔡昉和杨涛,2000,《城乡收入差距的政治经济学》,《中国社会科学》第4期。

[16] 蔡昉、王德文和都阳,2001,《劳动力市场扭曲对区域差距的影响》,《中国社会科学》第2期。

[17] 蔡昉和王美艳,2007,《农村劳动力剩余及其相关事实的重新考察——一个反设事实法的应用》,《中国农村经济》第10期。

[18] 蔡继明,1998,《中国城乡比较生产力与相对收入差别》,《经济研究》第1期。

[19] 陈斌开、张鹏飞和杨汝岱,2010,《政府教育投入、人力资本投资与中国城乡收入差距》,《管理世界》第1期。

[20] 陈超、柳子君和肖辉,2011,《从供给视角看我国房地产市场的"两难困境"》,《金融研究》第1期。

[21] 陈钊、陆铭和金煜,2004,《中国人力资本和教育发展的区域差异:对于面板数据的估算》,《世界经济》第12期。

[22] 陈宗胜,2018,《中国居民收入分配通论:有贫穷迈向共同富裕的中国道路和经验》,格致出版社、上海三联书店和上海人民出版社。

[23] 陈宗胜和周云波,2001a,《体制改革开放对城镇居民收入差别的影响》,《中国社会科学》第6期。

[24] 陈宗胜和周云波,2001b,《非法非正常收入对居民收入差别的影响及其经济学解释》,《经济研究》第4期。

[25] 程开明和李金昌,2007,《城市偏向、城市化与城乡收入差距的作用机制及动态分析》,《数量经济技术经济研究》第7期。

[26] 程永宏,2007,《改革开放以来全国总体基尼系数的演变及其城乡分解》,《中国社会科学》第4期。

[27] 戴维·罗默,1999,《高级宏观经济学》,商务印书馆。

[28] 邓伟,2011,《转型时期的国有经济与城乡收入差距——基于省级数据的实证分析》,《财贸经济》第9期。

[29] 丁志国、赵晶、赵宣凯和吕长征,2011,《我国城乡收入差距的库兹涅茨效应识别与农村金融政策应对路径选择》,《金融研究》第7期。

[30] 丁志国、赵宣凯和赵晶,2011,《直接影响与空间溢出效应:我国城市化进程对城乡收入差距的影响路径识别》,《数量经济技术经济研究》第9期。

[31] 董先安,2004,《浅释中国地区收入差距:1952—2002》,《经济研究》第9期。

[32] 杜海韬和邓翔,2005,《流动性约束和不确定性状态下的预防性储蓄研究》,《经济学(季刊)》第1期。

[33] 杜成宪和丁钢,2004,《20世纪中国教育的现代化研究》,上海教育出版社。

[34] 都阳,2010,《中国农村地区间居民收入差距及构成变化:1995—2008年》,《经济理论与经济管理》第7期。

[35] 都阳和王美艳,2008,《中国最低工资制度的实施状况及其效果》,《中国社会科学院研究生院学报》第6期。

[36] 段忠东,2007,《房地产价格与通货膨胀、产出的关系》,《数量经济技术经济研究》第12期。

[37] 范剑勇,2006,《产业集聚与地区间劳动生产率差异》,《经济研究》第11期。

[38] 范剑勇和朱国林,2002,《中国地区差距演变及其结构分解》,《管理世界》第7期。

[39] 范剑勇和张雁,2009,《经济地理与地区间工资差异》,《经济研究》第8期。

[40] 傅娟,2008,《中国垄断行业的高收入及其原因:基于整个收入分布的经验研究》,《世界经济》第7期。

[41] 高连水,2010,《我国经济转型过程中居民地区收入差距研究综述》,《上海经济研究》第11期。

[42] 高连水,2011,《什么因素在多大程度上影响了居民地区收入差距:基于1987—2005年省际面》,《数量经济技术经济研究》第1期。

[43] 龚刚和杨光,2010a,《论工资性收入占国民收入比例的演变》,《管理世界》第5期。

[44] 龚刚和阳光,2010b,《从工能性收入分配看中国收入分配的不平等》,《中国社会科学》第2期。

[45] 龚六堂,2002,《动态经济学方法》,北京大学出版社。

[46] 宫汝凯,2012,《税制改革开放与中国城镇房价水平:基于省级面板的经验证据》,《金融研究》第8期。

[47] 何新华和曹永福,2005,《从资金流量标看中国的高储蓄率》,《国际经济评论》第6期。

[48] 别雍·古斯塔夫森和李实,1999,《中国变得更加不平等吗?》,载赵人伟、李实和卡尔·李思勤,《中国居民收入分配再研究》,中国财政经济出版社。

[49] 别雍·古斯塔夫森、李实、史泰丽和岳希明,2008,《中国个人收入差距及其变动的分析》,载李实、史泰丽和别雍·古斯塔夫森,《中国居民收入分配研究Ⅲ》,北京师范大学出版社。

[50] 郭继强,2005,《中国城市次级劳动力市场中民工劳动供给分析——兼论向下倾斜的劳动供给曲线》,《中国社会科学》第5期。

[51] 郝大海和李路路,2006,《区域差异改革开放中的国家垄断与收入不平等——基于2003年全国综合社会调查资料》,《中国社会科学》第2期。

[52] 国家统计局农村调查总队,1987,《中国农民收入研究》,山西人民出版社。

[53] 国家统计局农调总队课题组,1994,《城乡居民收入差距研究》,《经济研究》第12期。

[54] 国家统计局农村社会经济调查总队,2001,《中国农村住户调查年鉴》,中国统计出版社。

[55] 郭剑雄,2005,《人力资本、生育率与城乡收入差距的收敛》,《中国社会科学》第3期。

[56] 韩其恒和李俊青,2011,《二元经济下的中国城乡收入差距的动态演化研究》,《金融研究》第8期。

[57] 黄先海和徐圣,2009,《中国劳动收入比重下降成因分析:基于劳动节约型技术进步的视角》,《经济研究》第7期。

[58] 黄智淋和赖小琼,2011,《中国转型期通货膨胀对城乡收入差距的影响:基于省际面板数据的分析》,《数量经济与技术经济研究》第1期。

[59] 黄祖辉和王敏,2003,《我国居民收入不平等问题:基于转移性收入角度的分析》,《管理世界》第3期。

[60] 姜春海,2005,《中国房地产市场投机泡沫实证分析》,《管理世界》第12期。

[61] 姜付秀和余晖,2007,《我国行政性垄断的危害:市场势力效应和收入分配效应的实证研究》,《中国工业经济》第10期。

[62] 金煜、陈钊和陆铭,2006,《中国的地区工业集聚、新经济地理与经济政策》,《经济研究》第4期。

[63] 阿齐兹·卡恩和卡尔·李思勤,1999,《中国的收入和不平等:1988年至1995年住户收入的构成》,载赵人伟、李实和卡尔·李思勤,《中国居民收入分配再研究》,中国财政经济出版社。

[64] 孔行、刘治国和于渤,2010,《使用者成本、住房按揭贷款与房地产市场有效需求》,《金融研究》第1期。

[65] 况伟大,2004,《空间竞争、房价收入比与房价》,《财贸经济》第7期。

[66] 况伟大,2006,《空间竞争、价格合谋与房价》,《世界经济》第1期。

[67] 况伟大,2008,《中国住房市场存在泡沫吗》,《世界经济》第12期。

[68] 况伟大,2010a,《预期、投机与中国城市房价波动》,《经济研究》第9期。

[69] 况伟大,2010b,《利率对房价的影响》,《世界经济》第4期。

[70] 况伟大,2012,《土地出让方式、地价与房价》,《金融研究》第8期。

[71] 劳动和社会保障部课题组,2004,《关于技术工人短缺的调研报告》,http://www.molss.gov.cn/news/2004/-908b.htm.

[72] 李稻葵、刘霖林和王红领,2009,《GDP中劳动份额演变的U型规律》,《经济研究》第1期。

[73] 李宏瑾,2005,《我国房地产市场垄断程度研究:勒纳指数的测算》,《财经问题研究》第3期。

[74] 李实,2003,《中国个人收入分配研究回顾与展望》,《经济学(季刊)》第2卷第2期。
[75] 李实和罗楚亮,2007a,《中国城乡居民收入差距的重新估计》,《北京大学学报(哲学社会科学版)》第2期。
[76] 李实和罗楚亮 2007b,《收入差距与社会公平》,中国社会科学院经济所网站。
[77] 李实和罗楚亮,2011,《中国收入差距究竟有多大:对修正样本结构偏差的尝试》,《经济研究》第4期。
[78] 李实和赵人伟,1999,《中国居民收入分配再研究》,《经济研究》第4期。
[79] 李实、赵人伟和张平,1998a,《中国经济改革开放中的收入分配变动》,《管理世界》第1期。
[80] 李实、赵人伟和张平,1998b,《中国经济转型与收入分配变动》,《经济研究》第4期。
[81] 李绍荣、陈人可和周建波,2011,《房地产市场的市场特征及货币调控政策的理论分析》,《金融研究》第6期。
[82] 李扬,1992,《收入功能分配的调整——对国民收入分配向个人倾斜现象的思考》,《经济研究》第7期。
[83] 李扬和殷剑峰,2005,《劳动力转移过程中的高储蓄、高投资和中国经济增长》,《经济研究》第2期。
[84] 李扬和殷剑峰,2007,《中国高储蓄率问题探究——1992—2003年中国资金流量表的分析》,《经济研究》第7期。
[85] 李焰,1999,《关于利率与我国居民储蓄关系的探讨》,《经济研究》第11期。
[86] 林光彬,2004,《等级制度、市场经济与城乡收入差距扩大》,《管理世界》第4期。
[87] 林毅夫和刘明兴,2003,《中国的经济增长收敛与收入分配》,《世界经济》第8期。
[88] 林毅夫、蔡昉和周洋,1998,《中国东西部地区企业职工收入差距的实证分析》,《经济研究》第6期。
[89] 林毅夫和刘明兴,2003,《中国的经济增长收敛与收入分配》,《世界经济》第8期。
[90] 林毅夫和刘培林,2003,《中国的经济发展战略与地区收入差距》,《经济研究》第3期。
[91] 刘民权和孙波,2009,《商业地价形成机制、房地产泡沫及其治理》,《金融研究》第10期。
[92] 刘建国,1999,《我国农户消费倾向偏低的原因分析》,《经济研究》第3期。
[93] 刘金全和郭整风,2002,《中国居民储蓄率与经济增长之间的因果关系研究》,《中国软科学》第2期。
[94] 刘生龙、王亚华和胡鞍钢,2009,《西部大开发成效与中国区域经济收敛》,《经济研究》第9期。
[95] 刘夏明、魏英琪和李国平,2005,《收敛还是发散:中国区域经济发展争论的文献综

述》,《经济研究》第 7 期。

[96] 刘小玄,2000,《中国工业企业的所有制结构对效率差异的影响》,《经济研究》第 2 期。

[97] 刘修岩和殷醒民,2008,《空间外部性与地区工资差异:基于动态面板数据的实证研究》,《经济学季刊》第 8 卷第 1 期。

[98] 梁云芳和高铁梅,2006,《我国商品住宅销售价格波动成因的实证分析》,《管理世界》第 8 期。

[99] 龙志和周浩明,2000,《中国城镇居民预防性储蓄实证研究》,《经济研究》第 1 期。

[100] 陆铭和陈钊,2004,《城市化、城市倾向的经济政策与城乡收入差距》,《经济研究》第 6 期。

[101] 陆学艺,2005,《农民工问题要从根本上治理》,载"三农"新论——当前中国农业、农村、农民问题研究》,社会科学文献出版社。

[102] 罗长远和张军,2009a,《经济发展中的劳动收入占比:基于中国产业数据的实证研究》,《中国社会科学》第 4 期。

[103] 罗长远和张军,2009b,《劳动收入占比下降的经济学解释:基于中国省级面板数据的分析》,《管理世界》第 5 期。

[104] 罗青,2005,《中国改革开放时期的基尼系数研究》博士论文,北京大学光华管理学院。

[105] 罗小兰,2007,《我国最低工资标准农民工就业效应分析——对全国、地区及行业的实证研究》,《财经研究》第 11 期。

[106] 罗小兰和丛树海,2009,《基于攀比效应的中国企业最低工资标准对其他工资水平的影响》,《统计研究》第 6 期。

[107] 吕江林,2010,《我国城市住房市场泡沫水平的度量》,《经济研究》第 6 期。

[108] 马双、张劼和朱喜,2012,《最低工资对中国就业和工资水平的影响》,《经济研究》第 5 期。

[109] 马拴友,2000,《中国公共资本与私人部门经济增长的实证分析》,《经济科学》第 6 期。

[110] 毛其林,2011,《经济开放、城市化水平与城乡收入差距:基于中国省际面板数据的经验研究》,《浙江社会科学》第 1 期。

[111] 牟俊霖,2012,《国有与非国有工业企业生产效率差异研究——基于 2008 年第二次经济普查数据》,《经济经纬》第 3 期。

[112] 潘文卿,2010,《中国区域经济差异与收敛》,《中国社会科学》第 1 期。

[113] 彭国华,2005,《中国地区收入差距、全要素生产率及其收敛分析》,《经济研究》第 9 期。

[114] 彭文平,2005,《利率管制、储蓄动员与经济增长——对东亚国家经济发展过程中高储蓄率的一种解释》,《世界经济文汇》第1期。

[115] 平新乔,2005,《关注民企劳资关系》,《民营视界》第6期。

[116] 齐天翔,2000,《经济转轨时期的中国居民储蓄研究——兼论不确定性与居民储蓄的关系》,《经济研究》第9期。

[117] 平新乔和陈敏彦,2004,《融资、地价与楼盘价格趋势》,《世界经济》第7期。

[118] 钱晓烨、迟巍和黎波,2010,《人力资本对我国区域创新及经济增长的影响——基于空间计量的实证研究》,《数量经济技术经济研究》第4期。

[119] 钱敏泽,2002,《中国现行统计方法基尼系数的推算及结果》,《经济理论与经济管理》第11期。

[120] 任若恩和覃筱,2006,《中美两国可比居民储蓄率的计量:1992—2001》,《经济研究》第3期。

[121] 邵新建、巫和恐、江萍、薛熠和王勇,2012,《中国城市房价的"坚硬泡沫"——基于垄断性土地市场的研究》,《金融研究》第12期。

[122] 施建淮和朱海婷,2004,《中国城市居民预防性储蓄及预防性动机强度:1999—2003》,北京大学中国经济研究中心,讨论稿系列No.C200413。

[123] 沈坤荣和耿强,2001,《外国直接投资、技术外溢与内生经济增长》,《中国社会科学》第1期。

[124] 沈坤荣和张璟,2007《中国农村公共支出及其绩效分析——基于农民收入增长和城乡收入差距的经验研究》,《管理世界》第1期。

[125] 宋光辉,2003,《不同文化程度人口对我国经济增长的贡献——我国经济增长与教育关系的一种实证分析》,《财经科学》第1期。

[126] 宋铮,1999,《中国居民储蓄行为研究》,《金融研究》第6期。

[127] 孙君和张前程,2012,《中国城乡金融不平衡发展与城乡收入差距的经验分析》,《世界经济文汇》第3期。

[128] 孙宁华、堵溢和洪永淼,2009,《劳动力市场扭曲、效率差异与城乡收入差距》,《管理世界》第9期。

[129] 谭政勋,2010,《我国住宅业泡沫及其影响居民消费的理论与实证研究》,《经济学家》第3期。

[130] 陶然和刘明兴,2007,《中国城乡收入差距、地方政府开支及财政自主》,《世界经济文汇》第2期。

[131] 唐平,1995,《我国农村居民收入水平及差异分析》,《管理世界》第2期。

[132] 田新民、王少国和杨永恒,2009,《城乡收入差距变动及其对经济效率的影响》,《经济

研究》第 7 期。

[133] 万广华,1998,《中国农村区域间居民收入差异及其变化的实证分析》,《经济研究》第 5 期。

[134] 万广华,2006,《解释中国农村区域间的收入不平等:一种基于回归方程的分解方法》,《经济研究》第 8 期。

[135] 万广华、陆铭和陈钊,2005,《全球化与地区间收入差距:来自中国的证据》,《中国社会科学》第 3 期。

[136] 万广华、张茵和牛建高,2001,《流动性约束,不确定性与中国居民消费》,《经济研究》第 11 期。

[137] 王德文、蔡昉和张学辉,2004,《人口转变的储蓄效应和增长效应——论中国增长可持续性的人口因素》,《人口研究》第 5 期。

[138] 汪斌,1997,《东亚工业化浪潮中的产业结构研究》,杭州大学出版社出版。

[139] 汪斌,2001,《国际区域产业结构分析导论》,上海三联书店。

[140] 王弟海,2006,《收入和财富分配持续性不平等的动态演化》,博士论文,北京大学光华管理学院,2006 年 6 月。

[141] 王弟海,2008,《垄断劳动力市场、最低工资限制和不平等》,《浙江社会科学》第 11 期。

[142] 王弟海,2010,《透视我国的高房价:一般均衡分析的视角》,《浙江社会科学》第 3 期。

[143] 王弟海,《完善市场制度,缩小收入差距》,《中国社会科学报》,2011 年 11 月 3 日。

[144] 王弟海,2011,《从收入分配和经济发展的角度看我国的最低工资制度》,《浙江社会科学》第 2 期。

[145] 王弟海,2011,《使房价稳中有降应成为政府的调控目标》,《世界经济情况》第 2 期。

[146] 王弟海,2011,《我国高储蓄的成因及影响:一般均衡分析的动态宏观经济视角》,《社会科学辑刊》第 2 期。

[147] 王弟海,2012,《我国收入分配格局的变迁和现状:原因、影响及其对策》,《社会科学辑刊》第 3 期。

[148] 王弟海,2014,《劳动力市场分割对地区经济发展和地区收入差距的影响》,《浙江社会科学》第 11 期。

[149] 王弟海、陈理子和张晏,2017,《我国教育水平提高对经济增长的贡献——兼论公共部门工资溢价对我国教育回报率的影响》,《财贸经济》第 9 期。

[150] 王弟海和龚六堂,2006,《新古典模型下收入分配的持续不平等的动态演化》,《经济学季刊》第 5 卷第 3 期。

[151] 王弟海和龚六堂,2007a,《增长经济中的消费和储蓄——兼论中国高储蓄率的原因》,《金融研究》第 12 期。

[152] 王弟海和龚六堂,2007b,《经济增长和持续性不平等:文献综述》,《新政治经济学评论》第 3 卷第 3 期。

[153] 王弟海和龚六堂,2007c,《持续性不平等的动态演化和经济增长》,《世界经济文汇》第 6 期。

[154] 王弟海和龚六堂,2008a,《收入和财富分配不平等的动态演化综述》,《经济学季刊》第 7 卷第 2 期。

[155] 王弟海和龚六堂,2008b,《Ramsey 模型中收入和财富分配不平等的动态演化》,《经济学报》第 4 卷第 1 期。

[156] 王弟海和龚六堂,2009a,《经济发展、教育投资与工资收入不平等的演化》,《世界经济》第 8 期。

[157] 王弟海、龚六堂和李宏毅,2008,《健康人力资本、健康投资和经济增长》,《管理世界》第 3 期。

[158] 王弟海和管文杰,2013,《完善市场经济制度,缩小收入差距》,《世界经济情况》第 4 期。

[159] 王弟海、管文杰和赵占波,2015,《土地和住房供给对房价变动和经济增长的影响》,《金融研究》第 1 期。

[160] 王弟海和吴菲,2009b,《持续性不平等产生和加剧的原因及其对中国的启示》,《浙江社会科学》第 4 期。

[161] 王弟海、严成樑和龚六堂,2011,《遗产机制、生命周期储蓄和持续性不平等》,《金融研究》第 8 期。

[162] 王洪亮和徐翔,2006,《收入不平等孰甚?地区间抑或城乡间》,《管理世界》第 11 期。

[163] 王检贵,2002,《劳动与资本双重过剩下的经济发展》,上海三联书店和上海人民出版社。

[164] 王美艳,2005,《城市劳动力市场上的就业机会与工资差异:外来劳动力就业与报酬研究》,《中国社会科学》第 5 期。

[165] 王擎和韩鑫韬,2009,《货币政策能盯住资产价格吗?——来自中国房地产市场的数据》,《金融研究》第 8 期。

[166] 王锐,《2007 垄断对我国行业收入分配的影响及对策研究》,《经济问题》2007 年第 2 期。

[167] 王少平和欧阳志刚,2007,《我国城乡收入差距的度量及其对经济增长的效应》,《经济研究》第 10 期。

[168] 王艺明和蔡翔,2010,《财政支出结构与城乡收入差距——基于东、中、西部地区省级面板数据的经验分析》,《财经科学》第 8 期。

[169] 王永钦和包特,2011,《异质交易者、房地产泡沫与房地产政策》,《世界经济》第 11 期。

[170] 王小鲁和樊纲:《中国收入差距的走势和影响因素分析》,2005,《经济研究》第 10 期。

[171] 王小勇,2006,《市场潜力、外部性与中国地区工资差异》,《南方经济》第 8 期。

[172] 王征和鲁钊阳,2011,《农村金融发展与城乡收入差距:基于我国省级动态面板数据模型的实证研究》,《财贸经济》第 7 期。

[173] 王志刚、龚六堂和陈玉宇,2006,《中国地区间生产效率与全要素生产率增长率分解:1978—2004》,《中国社会科学》第 2 期。

[174] 王云飞,2008,《我国贸易发展与居民收入差距》,《财贸经济》第 5 期。

[175] 魏后凯,1992,《论我国区际收入差异的变动格局》,《经济研究》第 4 期。

[176] 伍德里奇,J.M.,2003,《计量经济学导论》,中国人民大学出版社。

[177] 谢垩,2007,《财政分权、公共品供给与城乡收入差距》,《经济经纬》第 1 期。

[178] 谢伏瞻,1994,《中国收入分配的现状与政策分析》,《管理世界》第 2 期。

[179] 谢申祥和李孝松,2011,《贸易开放、FDI 与中国地区间收入差距:基于省际面板数据的经验分析》,《经济管理》第 4 期。

[180] 邢春冰,2008,《农民工与城镇职工的收入差距》,《管理世界》第 5 期。

[181] 邢春冰,2010,《迁移、自选择与收入分配——来自中国城乡的证据》,《经济学季刊》第 9 卷第 2 期。

[182] 邢春冰和李实,2011,《中国城镇地区的组内工资差距:1995—2007》,《经济学(季刊)》第 1 期。

[183] 许召元和李善同,2006,《近年来中国地区差距的变化趋势》,《经济研究》第 7 期。

[184] 许承明和王安兴,2006,《风险转移规制与房地产价格泡沫的控制》,《世界经济》第 9 期。

[185] 徐滇庆、高娜和章倩文:《徐滇庆:各国储蓄率相差悬殊中国高企持续多久》,网页地址:http://finance.sina.com.cn/economist/jingjixueren/20050602/18211650887.shtml。

[186] 徐忠、张雪春、丁志杰和唐天,2010,《公共财政与中国国民收入的高储蓄倾向》,《中国社会科学》第 6 期。

[187] 张海峰、姚先国和张俊森,2010,《教育质量对地区劳动生产率的影响》,《经济研究》第 7 期。

[188] 张军、吴桂英和张吉鹏，2004，《中国省际物质资本存量估算：1952—2000》，《经济研究》第10期。

[189] 张义博，2012，《公共部门与非公共部门收入差异的变迁》，《经济研究》第4期。

[190] 严善平，2006，《城市劳动力市场中的人员流动及其决定机制》，《管理世界》第8期。

[191] 严善平，2007，《人力资本、制度与工资差别》，《管理世界》第6期。

[192] 杨涛和盛柳刚，2007，《中国城市劳动力市场的一体化进程》，《经济学（季刊）》第3期。

[193] 杨建芳，2006，《教育、健康和经济增长：来自中国的证据》，博士论文，北京大学光华管理学院。

[194] 杨建芳、龚六堂和张庆华，2005，《人力资本形成及其对经济增长的影响》，《管理世界》第5期。

[195] 杨俊、黄潇和李晓宇，2008，《教育不平等与收入分配差距：中国的实证分析》，《管理世界》第1期。

[196] 杨俊、廖尝君和邵汉华，2010，《经济分权模式下地方政府赶超与劳动收入占比：基于中国省级面板数据的实证分析》，《财经研究》第8期。

[197] 杨伟民，1991，《地区间收入差距变动的实证分析》，《经济研究》第3期。

[198] 姚耀军，2005，《金融发展与城乡收入差距关系的经验分析》，《财经研究》第2期。

[199] 姚先国和赖普清，2004，《中国劳资关系的城乡户籍差异》，《经济研究》第7期。

[200] 叶志强、陈习定和张顺明，2011，《金融发展能减少城乡收入差距吗：来自中国的证据》，《金融研究》第2期。

[201] 袁志刚和宋铮，1999，《城镇居民消费行为变异与我国经济增长》，《经济研究》第11期。

[202] 袁志刚和宋铮，2000，《人口年龄结构、养老保险制度与最优储蓄率》，《经济研究》第11期。

[203] 袁志刚和樊潇彦，2003，《房地产市场理性泡沫分析》，《经济研究》第3期。

[204] 岳昌君和吴淑姣，2005，《人力资本的外部性与行业收入差异》，《北京大学教育评论》第10期。

[205] 岳希明、李实和史泰丽，2010，《垄断行业高收入问题探讨》，《中国社会科学》第3期。

[206] 曾安国和胡晶晶，2008，《城乡收入差距的国际比较》，《山东社会科学》第10期。

[207] 张车伟，2006，《人力资源回报率变化与收入差距："马太效应"及其政策含义》，《经济研究》第12期。

[208] 张军，吴桂英和张吉鹏，2004，《中国省际物质资本存量估算：1952—2000》，《经济研究》第10期。

[209] 张立军和湛泳,2006,《金融发展影响城乡收入差距的三大效应分析及其检验》,《数量经济与技术经济研究》第12期。

[210] 张明,2007,《20世纪90年代以来关于储蓄率研究的最新动态》,《世界经济》第4期。

[211] 张平,1998,《中国农村居民区域间收入不平等与非农就业》,《经济研究》第8期。

[212] 张涛、龚六堂和卜永祥,2006,《资产回报、住房按揭贷款与房地产均衡价格》,《金融研究》第2期。

[213] 张文武和梁琦,2011,《劳动地理集中、产业空间与地区收入差距》,《经济学季刊》第10卷第1期。

[214] 张五常,2000,《最低工资种祸根》,《南方周末》。

[215] 张义博和刘文忻,2012,《人口流动、财政支出结构与城乡收入差距》,《中国农村经济》第1期。

[216] 张跃和王天龙,2005,《中国地区间收入差距问题的模型分析》,《北京师范大学学报(社会科学版)》第5期。

[217] 赵人伟和李实,1997,《中国居民收入差距的扩大及其原因》,《经济研究》第9期。

[218] 赵人伟、李实和卡尔·李思勤,1999,《中国居民收入分配再研究》,中国财政经济出版社。

[219] 中华人民共和国国家统计局,《中国统计年鉴》(历年),中国国家统计出版社。

[220] 中华人民共和国国家统计局,《新中国五十年统计资料汇编》,中国统计出版社,1999年。

[221] 中国各省、自治区、直辖市历年统计年鉴。

[222] 中华人民共和国卫生部,《中国卫生统计年鉴》,中国协和医科大学出版社。

[223] 周京奎,2005,《货币政策、银行贷款与住宅价格:对中国4个直辖市的实证研究》,《财贸经济》第5期。

[224] 周京奎,2012,《住宅市场风险、信贷约束与住宅消费选择:一个理论与经验分析》,《金融研究》第6期。

[225] 周世军和周勤,2011,《政策偏向、收入偏移与中国城乡收入差距扩大》,《财贸经济》第7期。

[226] 周云波,2009,《城市化、城乡差距以及全国居民总体收入差距的变动:收入差距倒U形假说的实证检验》,《经济学季刊》第8卷第4期。

[227] 钟笑寒,2006,《劳动力流动与工资差异》,《中国社会科学》第1期。

[228] 邹至庄和牛霖琳,2010,《中国城镇居民住房的需求与供给》,《金融研究》第1期。

英文文献

[1] Adelman, I. and D. Sunding, 1987, Economic Policy and Income Distribution in

China, *Journal of Comparative Economics*, 62, 1021-1040.

[2] Arrow, K. J., 1962, The Economic Implications of Learning by Doing, *Review of Economic Studies*, 29(3), 155-173.

[3] Arora, S., 2001, Health, Human Productivity, and Long-term Economic Growth, *Journal of Economic History*, 61(3), 699-749.

[4] Aisa, R. and F. Pueyo, 2004, Endogenous Longevity, Health and Economic Growth: A Solow Growth for a Longer Life, *Economics Bulletin*, 9(3), 1-10.

[5] Aisa, R. and F. Pueyo, 2006, Government Health Spending and Growth in a Model of Endogenous Longevity, *Economics Letters*, 90, 249-253.

[6] Ando, A. and F. Modigliani, 1963, The "Life Cycle" Hypothesis of Saving, *American Economic Review*, 53(1), 55-84.

[7] Barro, R. J., 1996, Health and Economic Growth, paper presented at the "*Senior Policy Seminar on Health, Human Capital and Economic Growth: Theory, Evidence and Policies*", Pan American Health Organization and Inter-American Development Bank, Washington, DC.

[8] Barro, R., 1998, *Determinants of Economic Growth: A Cross-Country Empirical Study*, MIT Press Books, the MIT Press, Vol.1.

[9] Barro, R. and J. Lee, 1994, Sources of Economic Growth, *Carnegie-Rochester Conference Series on Public Policy*, 40, 1-46.

[10] Barro, R. and J. Lee, 2013, A New Data Set of Educational Attainment in the World, 1950-2010, *Journal of Development Economics*, 104, 184-198.

[11] Barro, R. J. and X. Sala-I-Martin, 1995, *Economic Growth*, New York, McGraw-Hill Inc.

[12] Bassanini, A. and S. Scarpetta, 2001, The Driving Forces of Economic Growth: Panel Data Evidence for the OECD Countries. *OECD Economic Studies*, 2001(2), 9-56.

[13] Baumol, W. J., 1967, Macroeconomics of Unbalanced Growth: the Anatomy of Urban Crisis, *American Economic Review*, 57, 415-426.

[14] Baumol, W., 1990, Entrepreneurship: Productive, Unproductive, and Destructive, *Journal of Political Economy*, 98(5), 893-921.

[15] Becker, G., 1962, Investment in Human Capital: A Theoretical Analysis, *Journal of Political Economy*, 70(5), 9-49.

[16] Benhabib, J. and M. Spiegel, 1994, The Role of Human Capital in Economic

Development Evidence from Aggregate Cross-Country Data, *Journal of Monetary Economics*, 34(2), 143-173.

[17] Benabou, R., 1996a, Equity and Efficiency in Human Capital Investment: The Local Connection, *Review of Economic Studies*, 63(2), 237-264.

[18] Benabou, R., 1996b, Heterogeneity, Stratification, and Growth: Macroeconomic Implications of Community Structure and School Finance, *American Economic Review*, 86(3), 584-609.

[19] Bhargava, A., D. T. Jamison, L. J. Lau and C. J. L. Murray, 2001, Modeling the Effects of Health on Economic Growth, *Journal of Health Economics*, 20, 423-440.

[20] Bisping, T. O. and H. Patron, 2008, Residential Investment and Business Cycles in an Open Economy: A Generalized Impulse Response Approach, *Journal of Real Estate Finance and Economics*, 37, 33-49.

[21] Bloom, D. E. and D. Canning, 2005, Health and Economic Growth: Reconciling the Micro and Macro Evidence, CDDRL Working Papers, Stanford Institute of International Studies, Stanford University.

[22] Bloom, D. E., D. Canning, and J. Sevilla, 2004, The Effect of Health on Economic Growth: A Production Function Approach, *World Development*, 32, 1-13.

[23] Bloom, D. E. and J. G. Williamson, 1998, Demographic Transitions and Economic Miracles in Emerging Asia, *The World Bank Economic Review*, 12, 419-455.

[24] Bunzel, H. and X. Qiao, 2005, Endogenous Lifetime and Economic Growth Revisited, *Economics Bulletin*, 5, 1-8.

[25] Buse, A., 1973, Goodness of Fit in Generalized Least Squares Estimation, *American statistician*, 27, 106-108.

[26] Cai, F. Y. Du and C. Zhao, 2007, Regional Labour Market Integration since China's World Trade Organization Entry: Evidence from Household-level Data, in Ross Garnaut and Ligang Song (eds): *China-Linking Markets for Growth*, Canberra: Asia Pacific Press, 2007.

[27] Canton, E., B. Minne, A. Nieuwenhuis, B. Smid, and M. Steeg, 2005, Human Capital, R&D and Competition in Macroeconomic Analysis, *ENEPRI*, Working Paper, No. 38.

[28] Chen, J., F. Guo and A. Zhu, 2011, The Housing-led Growth Hypothesis Revisited, *Urban Studies*, 48(10), 2049-2067.

[29] Chen, J., D. Dai, W. Hou and Q. Feng, 2010, the Trend of the Gini Coefficient of China, *BWPI working paper 109*.

[30] Chow, G. C., *China's Economic Transformation*, Malden, Massachusetts, Blackwell Publishers Inc., 2002.

[31] Chakraborty, S., 2004, Endogenous Lifetime and Economic Growth, *Journal of Economic Theory*, 116(1), 119-137.

[32] Coate S. and G. Loury, 1993a, Antidiscrimination Enforcement and the Problem of Patronization, *American Economic Review*, 83, 92-98.

[33] Coate S. and G. Loury, 1993b, Will Affirmative-Action Policies Eliminate Negative Stereotypes, *American Economic Review*, 83, 1220-40.

[34] Coulson, N. E. and M. S. Kim, 2000, Residential Investment, Non-Residential Investment and GDP, *Real Estate Economics*, 28(2), 233-247.

[35] Deaton, A. and G. Laroque, 2001, Housing, Land Prices and Growth, *Journal of Economic Growth*, 6(2), 87-105.

[36] Devlin, N. and P. Hansen, 2001, Health Care Spending and Economic Output: Granger Causality, *Applied Economics*, 8(8), 561-564.

[37] Durlauf, S., 1996, A Theory of Persistent Inequality, *Journal of Economic Growth*, 1, 75-95.

[38] Ehrilch, I. and T. F. Lui, 1991, Intergenerational Trade, Longevity and Economic Growth, *Journal of Political Economy*, 99 (5), 1029-1059.

[39] Fogel, R. W., 1994a, Economic Growth, Population Theory, and Physiology: The Bearing of Long-term Processes on the Making of Economic Policy, *American Economic Review*, 84(3), 369-395.

[40] Fogel, R. W., 1994b, The Relevance of Malthus for the Study of Mortality Today: Long-run Influences on Health, Mortality, Labor Force Participation, and Population Growth, *NBER working paper* h0054.

[41] Fogel, R. W., 2002, Nutrition, Physiological Capital, and Economic Growth, paper presented at the "Senior Policy Seminar on Health, Human Capital and Economic Growth: Theory, Evidence and Policies," Pan American Health Organization and Inter-American Development Bank, Washington, DC.

[42] Fogel, R. W., 2004, Health, Nutrition, and Economic Growth, *Economic Development and Cultural Change*, 52, 643-658.

[43] Gong, L. & D. Wang, 2006, Dynamics of the Persistent Wealth Inequality,

FEMES2006 Conference proceedings, July, 2006.

[44] Friedman, Milton, 1957, *A Theory of the Consumption Function*, *Princeton*, NJ: Princeton University Press.

[45] Galor, O. and J. Zeira, 1993, Income Distribution and Macroeconomics, *Review of Economic Studies*, 60, 35-52.

[46] Ghatak, M. and N. Jiang, 2002, A Simple Model of Inequality, Occupational Choice and Development, *Journal of Development Economics*, 69, 205-226.

[47] Gottschalk, P. A. and T. M. Smeeding, 2000, Empirical Evidence on Income in Industrialized Countries, in *Handbook of Income Distribution*, Vol. 1, Edited by A. B. Atkinson and F. Bourguignon, Printed in The Netherlands, Amsterdam.

[48] Green, R., 1997, Follow the Leader: How Changes in Housing and non-Housing Investment Predict Changes in GDP, *Real Estate Economics*, 25, 253 - 270.

[49] Greenwood, J., and B. Jovanovic, 1990, Financial Development, Growth, and the Distribution of Income, *Journal of political Economy*, 98, 1076-1107.

[50] Grossman, M., 1972. The Demand for Health: A Theoretical and Empirical Investigation, *NBER*, *Occasional Paper* 119, Columbia University Press.

[51] Hemmi, N., K. Tabata and K. Futagami, 2006. The Long-term Care Problem, Precautionary Saving, and Economic Growth, *Journal of Macroeconomics*, *In Press*, *Corrected Proof*, *Available online 22 December 2006*.

[52] Hicks, N. L., 1979, Growth vs. Basic Needs: Is there a Trade-off? *World Development*, 7, 985-94.

[53] Homburg, S., 1991, Interest and Growth in an Economy with Land, *Canadian Journal of Economics*, 24(2), 450-459.

[54] Hosoya, Kei, 2002, Health, Longevity, and the Productivity Slowdown, *Project on Intergenerational Equity*, *Institute of Economic Research*, *Hitotsubashi University*, *Discussion Paper Series*, No. 25.

[55] Hosoya, Kei, 2003, Tax Financed Government Health Expenditure and Growth with Capital Deepening Externality, *Economics Bulletin*, 5(14), 1-10.

[56] Howitt, P. 2005., Health, Human Capital, and Economic Growth, In *Health and Economic Growth: Findings and Policy Implications*, edited by Guillem Lopez-Casasnovas, Berta Rivera and Luis Currais. Cambridge, MA: MIT Press, 2005, 19-40Harbaugh, Rick. "China's High Savings Rates." Lecture given on the meeting of The Rise of China Revisited: Perception and Reality, 2003.

[57] Issa, H., 2003, Human Capital, Demographic Transition and Economic Growth, CGBCR Discussion Paper Series. University of Manchester, Manchester. Download paper from: Http://www.ses.man.ac.uk/CGBCR/Discuss.htm.

[58] Jamison, D. T., L. J. Lau and Jia Wang, 2004, Health's Contribution to Economic Growth in an Environment of Partially Endogenous Technical Progress, Disease Control Priorities Project, *Working Paper No. 10*.

[59] Jones, C., 2001, Was an Industrial Revolution Inevitable? Economic growth over the very long-run, *Advances in Macroeconomics*, 2, 1-45.

[60] Kraay, A., 2000, Household Saving in China, *World Bank Economic Review*, September, 2000.

[61] Juhn, C., K. M. Murphy and B. Pierce, 1993, Wage Inequality and the Rise in Returns to Skill, *Journal of Political Economy*, 101, 410-442.

[62] Kalemli-Ozcan, S., 2002, Does Mortality Decline Promote Economic Growth? *Journal of Economic Growth*, 7, 411 – 439.

[63] Kalemli-Ozcan, S., H. E. Ryder and D. N. Weil, 2000, Mortality Decline, Human Capital Investment, and Economic Growth, *Journal of Development Economics*, 62(1), 1-23.

[64] Keynes, J. M., *The General Theory of Employment, Interest, and Money*. London: Macmillan, 1936, pp.96-97.

[65] Knight, J., L. Song and H. Jia, 1999, Chinese Rural Migration in Urban Enterprises: Three Perspective, *Journal of Development Studies*, 35(3), 73-104.

[66] Krueger, A. B. and M. Lindahl, 2001, Education for Growth: Why and for Whom? *Journal of Economic Literature*, 39(4), 1101-1136.

[67] Kuijs, Louis, 2005, Investment and Savings in China, World Bank China Office Research, Working Paper No. 1, May 2005.

[68] Kuznets, S., 1955, Economic Growth and Income Inequality, *American Economic Review*, 45, 1-28.

[69] Lagerlof, Nils-Peter, 2003, From Malthus to Modern Growth: Can Epidemics Explain the Three Regimes, *International Economic Review*, 44(2), 361-800.

[70] Laxminarayan, R., 2004, Does Reducing Malaria Improve Household Living Standards? *Tropical Medicine and International Health*, 9(2), 267-272.

[71] Levine, R., and D. Renelt, 1992, A Sensitivity Analysis of Cross-Country Growth Regressions, *American Economic Review*, 82, 942-63.

[72] Li, W. and R. Yao, 2007, The Life‑Cycle Effects of House Price Changes, *Journal of Money, Credit and Banking*, 39(6), 1375-1409.

[73] Lindert, P. H., 2000, Three Centuries of Inequality in Britain and America, in *Handbook of Income Distribution* (I), Eds. by A. B. Atkinson and F. Bourguignon, 2000, Printed in the Netherlands, Amsterdam.

[74] Lindert, P. H. and J. G. Williamson, 1983, Reinterpreting Britain's social tables, 1688-1913, *Explorations in Economics History*, 20, 94-109.

[75] Liu, G. G., W. H. Dow, A. Z. Fu and J. Akin, 2003, Income Growth in China: on the Role of Health, Paper presented at the 4th World Congress of the International Health Economics Association (iHEA), San Francisco, Jun., 2003.

[76] Lorentzen, P. L., J. McMillan, and R. Wacziarg, 2005, Death and Development, NBER Working Papers 11620, National Bureau of Economic Research, Inc.

[77] Loury, G., 1981, Intergenerational Transfers and the Distribution of Earnings, *Econometrica*, 49, 843-867.

[78] Lucas, R., 1992, On Efficiency and Distribution, *Economic Journal*, 102, 233-247.

[79] Lucas, R., 1988, On the Mechanics of Economic Development, *Journal of Monetary Economics*, 22, 3-42.

[80] Mayer, D., H. Mora, R. Cermeno, A. B. Barona, and S. Duryeau, 2001, Health, Growth and Income Distribution in Latin America and the Caribbean: A Study of Determinants and Regional Local Behavior, in: *Investment in Health: Social and Economic Returns*, Pan American Health Organization, Washington, DC.

[81] Maoz, Y. and O. Moav, 1999, Intergenerational Mobility and the Process of Development, *Economic Journal*, 109, 677-697.

[82] Machin, S., 1996, Wage Inequality in the U. K., *Oxford Review of economic Policy*, 12, 47-64.

[83] Matsuyama, K., 2000, Endogenous Inequality, *Review of Economics Studies*, 67, 743-759.

[84] Mayneris, F., S. Poncet and T. Zhang, 2014, The Cleansing Effect of Minimum Wage: Minimum Wage Rules, Firm Dynamics and Aggregate Productivity in China, CEPII Working Paper, No. 2014-6, CEPII research center.

[85] McDonald, S. and J. Roberts, 2006, AIDS and Economic Growth: A Human Capital Approach, *Journal of Development Economics*, 80, 228-250.

[86] Meadows, D. H., D. L. Meadows, J. Randers and W. W. Behrens, 1972, *Limits to*

Growth, New York: Universe Books.

[87] Morand, O. F., 2004, Economic Growth, Longevity and the Epidemiological Transition, *European Journal of Health Economics*, 5(2), 166-174.

[88] Muysken, J., I. H. Yetkiner, and T. Ziesemer, 1999, Health, Labour Productivity and Growth, MERIT Research Memorandum, No. 99-030, University of Maastricht.

[89] Modigliani, F., R. Brumberg, 1954, Utility Analysis and the Consumption Function: An Interpretation of Cross-Section Data, In Kurihara, K. K., ed., *Post-Keynesian Economics*, New Brunswick: Rutgers University Press, 388-436.

[90] Modigliani, F., 1986, Life Cycle, Individual Thrift, and the Wealth of Nations, *The American Economic Review*, 76(3), 297-313.

[91] Modigliani, F., 1988, The Role of Intergenerational Transfers and Life Cycle Saving in the Accumulation of Wealth, *Journal of Economic Perspectives*, 2(2), 15-40.

[92] Modigliani, F. and S. L. Cao, 2004, The Chinese Saving Puzzle and the Life-Cycle Hypothesis, *Journal of Economic Literature*, 42(1), 145-170.

[93] Mookherjee, D. and D. Ray, 2003, Persistent Inequality, *Review of Economic Studies*, 70, 369-393.

[94] Mookherjee, D. and D. Ray, 2002, Contract and Wealth Accumulation, *American Economic Review*, 92, 818-49.

[95] Murphy, K. M. and F. Welch, 1992, The Structure of Wages, *Quarterly Journal of Economics*, 107(1), 35-78.

[96] Neal, D. A. and W.R. Johnson, 1996, The Role of Premarket Factors in Black-White Wage Differences, *Journal of Political Economy*, 104(5), 869-895.

[97] Ni, J., G. Wang and X. Yao, 2011, Impact of Minimum Wages on Employment: Evidence from China, *Chinese Economy*, 44, 18-38.

[98] Nichols, D.A., 1970, Land and Economic Growth, *American Economic Review*, 60(3), 332-340.

[99] Nordhaus, W. D., 1992, Lethal Model 2: The Limits to Growth Revisited, *Bookings Papers on Economic Activity*, 1992(2), 1-59.

[100] Paukert, F., 1973, Income Distribution at Different Levels of Development: A Survey of Evidence, *International Labour Review*, 108, 97-125.

[101] Piketty, T., 1997, The Dynamics of the Wealth Distribution and the Interest Rate with Credit Rationing, *Review of Economic Studies*, 64, 173-189.

[102] Piketty, T., L. Yang and G. Zucman 2017, Capital Accumulation, Private Property

and Rising Inequality in China, 1978—2015, NBER Working Paper No. 23368.

[103] Pindyck, R. S. and D. L. Rubinfeld, 2005, *Microeconomics*, Tsinghua University Press.

[104] Ramsey, F., 1928, A Mathematics Theory of Saving, *Economic Journal*, 38, 543-559.

[105] Ravallion, M. and S. Chen, 2004, China's (even) Progress against Poverty, World Bank, June 16, 2004.

[106] Rhee, C., 1991, Dynamic Inefficiency in an Economy with Land, *Review of Economic Studies*, 58(4), 791-797.

[107] Romer, D., 2001, *Advanced Macroeconomics*, second ed., New York: McGraw-Hill Companies, Inc..

[108] Romer, P. M., 1986. "Increasing Returns and Long-Run Growth," *Journal of Political Economy*, 94(5), 1002-37.

[109] Sachs, J. and A. Warner, 1997, Fundamental Sources of Long-run Growth, *American Economic Review (Papers and Proceedings)*, 87, 184-188.

[110] Savedoff, W. D. and T. P. Schultz, 2000, Earnings and the Elusive Dividends of Health, In Savedoff, W. D. and Schultz, T. P., *Wealth from Health*, Washington, D.C.: The Inter-American Development Bank, 2000, 1-34.

[111] Sanso, M. and R. M. Aisa, 2006, Endogenous Longevity, Biological Deterioration and Economic Growth, *Journal of Health Economics*, 25, 555-578.

[112] Schultz, T., 1961, Investment in Human Capital, *American Economic Review*, 51(1), 1-17.

[113] Schundeln, M. and J. Playforth, 2014, Private versus Social Returns to Human Capital: Education and Economic Growth in India, *European Economic Review*, 66, 266-283.

[114] Sohn, B., 2000, Health, Nutrition, and Economic Growth, Ph. D. dissertation, Brown University.

[115] Solinger, D.J., 1999, Citizenship Issues in China's Internal Migration: Comparisons with Germany and Japan, *Political Science Quarterly*, 114(3), 455-478.

[116] Stiglitz, J., 1969, Distribution of Income and Wealth among Individual, *Econometrica*, 37, 382-397.

[117] Strauss, J. and D. Thomas, 1998, Health, Nutrition and Economic Development, *Journal of Economic Literature*, 36, 766-817.

[118] Summers, R., I. B. Kravis and A. Heston, 1984, Changes in the World Income Distribution, *Journal of policy Modeling*, 6, 237-269.

[119] Tabata, K., 2005, Population Aging, the Cost of Health Care for Elderly and Growth, *Journal of Macroeconomics Volume*: 27(3), 472-493.

[120] Thomas, D., 2001, Health, Nutrition and Economic Prosperity: a Microeconomic Perspective, WHO Commission on Macroeconomics and Health, Background Paper for Working Group 1. April 2001.

[121] Tamura, R., 2006, Human Capital and Economic Development, *Journal of Development Economics*, 79(1), 26-72.

[122] Temple, J., 1999, The New Growth Evidence, *Journal of Economic Literature*, 37(1), 112-156.

[123] Temple, J., 2002, Growth Effects of Education and Social Capital in OECD Countries. *Historical Social Research*, 27(4), 5-46.

[124] Topel, R., 1999, Labor Market and Economic Growth, *Handbook of Labor Economics*, 3, 2943-2984.

[125] Wakabayashi, M. and M., Landis, 1999, Demographic Trends and Household Savings in China. *Interim Report IR-99-057*, International Institute for Applied Systems Analysis, November 1999.

[126] Wang, F. and X. Zou, 1999, History's Largest Labor Flow: Understanding China's Rural Migration inside China's Cities: Institution Barriers and Opportunities for Urban Migration, *AEA Papers and Proceedings*, 89(2), 276-280.

[127] Weil, D. N., 2006, Accounting for the Effect of Health on Economic Growth, Brown University, Providence, RI. Processed.

[128] Wheeler, D., 1980, Basic Needs Fulfillment and Economic Growth, *Journal of Development Economics*, 7, 435-451.

[129] World Bank, 1980, *Poverty and Human Development: World Development Report*, Washington, D.C.: The World Bank.

[130] Wong, T., C. Hui and W. Seabrooke, 2003, The Impact of Interest Rates upon Housing Prices: an Empirical Study of Hong Kong's Market, *Property Management*, 21(2), 153-170.

[131] Xiao, X. and B. Xiang, 2009, The Impact of Minimum Wage Policy on Wages and Employment in China, International Conference on Information Management, Innovation Management and Industrial Engineering.

[132] Zon, A. H. van and J. Muysken, 2001, Health and Endogenous Growth, *Journal of Health Economics*, 20, 169-185.

[133] Zon, A. H. van and J. Muysken, 2003, Health as a Principal Determinant of Economic Growth, Working paper, *MERIT-Infonomics Research Memorandum*.

[134] Zhang, J., J. Zhang and R. Lee, 2001, Mortality Decline and Long-run Economic Growth, *Journal of Public Economics*, 80, 485-507.

[135] Zhang, J., J. Zhang and R. Lee, 2003, Rising Longevity, Education, Savings and Growth, *Journal of Development Economics*, 70, 83-101.

图书在版编目(CIP)数据

中国二元经济发展中的经济增长和收入分配/王弟海著. —上海：复旦大学出版社，2019.6(2020.3 重印)
(纪念改革开放四十周年丛书)
ISBN 978-7-309-14074-3

Ⅰ.①中… Ⅱ.①王… Ⅲ.①中国经济-经济增长-研究
②中国经济-二元经济-经济发展-影响-收入分配-研究 Ⅳ.①F124

中国版本图书馆 CIP 数据核字(2018)第 269871 号

中国二元经济发展中的经济增长和收入分配
王弟海　著
责任编辑/方毅超

复旦大学出版社有限公司出版发行
上海市国权路 579 号　邮编：200433
网址：fupnet@fudanpress.com　http://www.fudanpress.com
门市零售：86-21-65642857　团体订购：86-21-65118853
外埠邮购：86-21-65109143
江阴金马印刷有限公司

开本 787×1092　1/16　印张 35.5　字数 676 千
2020 年 3 月第 1 版第 2 次印刷

ISBN 978-7-309-14074-3/F·2524
定价：98.00 元

如有印装质量问题，请向复旦大学出版社有限公司出版部调换。
版权所有　侵权必究